全国文化素质教育精品课程规划教材
国家语委"十二五"规划项目成果

大学人文语文

主　编　周金声　左怀建

人民出版社

责任编辑　陈鹏鸣　白　珺
版式设计　高荣华
封面设计　张　勍

图书在版编目(CIP)数据

大学人文语文/周金声，左怀建主编.—北京：人民出版社，2011
ISBN 978-7-01-010219-1

Ⅰ.①大… Ⅱ.①周…②左… Ⅲ.①语文—高等学校—教材②人文科学—高等学校—教材　Ⅳ.①H1②C43

中国版本图书馆 CIP 数据核字（2011）第 180041 号

大学人文语文
（第三版）
DAXUE RENWEN YUWEN
主　编　周金声　左怀建

人民出版社　出版发行
（北京市东城区隆福寺街 99 号　邮政编码：100706）
网址：http://www.peoplepress.net

北京昌联印刷有限公司　新华书店总店北京发行所经销
2011 年 8 月第 1 版　2017 年 1 月第 3 版第 5 次印刷
开本：787×1092 毫米　1/16　印张：27.5
字数：648 千字

ISBN 978-7-01-010219-1　定价：38.00 元
购书电话：010-62960802

《大学人文语文》（第三版）
编委会

顾　问	张福贵　李瑞山
主　编	周金声　左怀建
执行主编	吴　彬　赵丽玲
副主编	李　莉　张祥平　史苏敏
撰稿人	（以姓氏汉语拼音为序）

白　丁　陈国安　陈　超　戴五焕
冯文丽　何立明　杜湖湘　杜改俊
高　亮　高　静　黄东斌　胡波莲
韩铁刚　金前文　柯秋先　李　展
李　艳　李　刚　李振华　刘　建
刘　维　刘金星　蒲俊杰　宋先红
孙炳文　石秀华　王升云　徐亚军
杨海明　杨春艳　余兰兰　张剑平
张新珍　郑利锋　周　菁

序　言

科学文化与人文文化交融——兼论全面素质教育

华中科技大学教授
中国科学院院士　　　　　杨叔子
全国文化素质教育委员会主任

　　人类社会的历史本质上是一部文化史、文明史。文化基本上可分为人文文化与科学文化这两种文化，它们在不同程度上的交叉与结合，形成了介于它们之间的各种文化。而所谓的教育，主要是文化教育。人文教育主要是人文文化教育，科学教育主要是科学文化教育。
　　"祸兮，福之所倚；福兮，祸之所伏。"这是客观世界的辩证法。科学技术是一把双刃剑，既能赐福于人民，也可造祸于民，问题在于人如何去认识、去把握。两三百年来，科学文化迅猛发展，科技给人类带来了高度发达的物质文明，同时也导致了一系列极为严重的环境问题、资源问题、社会问题与精神问题以及科技本身发展问题。而且，科技发展的速度越来越快，科技成果的作用也越来越强大，由此带来的问题也越来越严重。美国未来学者约翰·奈斯比特在1999年出版的《高科技·高思维——科技与人性意义的追寻》一著中，深忧此事。他在2000年此著的中文版序中明确指出：科技"给人们送来神奇的创新，然而也带来了具有潜在毁灭性的后果。"怎么办？他坚定认为要做人性思索，要呼吁人性。而人性、责任感，也正是1999年6月"世界科学大会"所给出的最主要的信息。奈斯比特呼吁："我们是谁？我们应该成为什么样的人？我们应该怎样去实现？"这就需要科学文化与人文文化、科学教育与人文教育、人性与灵性的交融来实现。这正是时代的必然趋势。
　　人之所以为人，因为人有人特有的人性，人还有人特有的灵性，更有人性与灵性交融而升华成的精神境界。人性的开发与培育，主要靠人文教育；灵性的开发与培育，既要靠科学教育，也要靠人文教育。
　　科学文化主要是关于客观世界的，它所追求的目标主要是研究、认识与掌握客观实际及其本质与规律的，主要是求真，质言之，就是"是什么"。科学文化是"立世之基"，一切违背客观实际及实质及其本质与规律的认识与活动，必然失败与覆灭。然而，科学文化本身不能保证科技发展的方向正确，能造福于人，有利于社会，而引导这一发展方向的是人文文化。人文文化主要是关于精神世界的，它所追求的目标主要是满足精神世界需要与社会需要的终极关怀，主要是求善，质言之，就是"应该是什么"。人文文化是"为人之本"，一切危害人与社会的认识与活动，必须制止与消除。然而，人文文化本身也不能保证其发展的基础正确，能造福于人，有利于社会，保证这一基础正确的是科学文化。也就是说，人文主要为科学向导，科学主要为人文奠基；科学文化与人文文化的主要关系如此。

人文文化是"为人之本"。教育，首先是教会如何做人，是要开发人性，要有高度责任感。人文文化至少严重关系到如下七个方面：第一，民族的存亡。民族主要是人文文化的概念，而非"基因"的概念。只有中华民族、中华民族文化，经历了人类五千多年文明史的风风雨雨，不仅没有消灭，也从未中断，而且还在不断地向前发展。这表明：中华民族文化蕴含有深刻的、普适的、永恒的哲理，以这个文化凝成的民族精神具有无穷活力，以这个精神凝聚起来的中华民族具有不可压倒、不能战胜的强大生命力。这个精神的核心是爱国主义，爱国主义正是中华文化哲理中整体思想在价值观、人生观方面的集中体现：国重于家，家重于己。"天下兴亡，匹夫有责。"可以说，民族的人文文化，即民族文化，决定着民族的存亡。第二，国家的强弱。国家强弱取决于综合国力，这主要取决于：经济实力、军事实力、民族凝聚力，其中最重要的是民族凝聚力。民族凝聚力是人和，其核心是对民族文化的认同。第三，社会的进退。社会的进步是全面的进步，既包括物质文明的进步，也包括精神文明的进步。没有物质文明的进步、科学技术的发展，就是野蛮、愚昧；没有精神文明的进步、人文文化的发展，就是卑鄙、无耻；但仅有高度发达的物质文明、科学技术，而没有精神文明、人文文化，就是大灾难！第四，人格的高低。人格是度量人性、情感、做人的尺子。一个人的品质或思想素质，可分为三个层次：基础是人格，中层是法纪观念，顶层是政治方向。政治方向是第一位的，统领一切；方向一错，全盘皆输。但是，没有人格，就决不可能有真正的法纪观念与正确的政治方向；没有人格，就丧失了人应该有的一切。人文文化基本决定着一个人的人格。第五，涵养的深浅。一个人的涵养，主要指人文文化的涵养。一个人要成就伟大的事业，没有足够的人文涵养是不行的。第六，思维的智愚。美国斯佩里研究发现：左脑功能主要同科技活动有关，同系统的逻辑思维有关；右脑功能主要同文艺活动有关，同开放的形象思维、直觉、灵感、顿悟有关，其记忆量是左脑的一百万倍。右脑是原创性的源泉。因此，应开发右脑，而文艺主要开发右脑。但两脑相互联系，用其一废其二，不仅其二废，其一也不好。第七，事业的成败。人文文化主要两大作用：一是陶冶情操，提升精神境界，几乎决定着人性；一是活跃思维，开拓原创性创新源泉，严重关系着灵性。一般所讲的非智力因素或"情商"，实质上是人文素质的体现，对事业的成败起着主要作用。

当然，科学文化也异常重要，是"立世之基"。无科技发展，就无生产力发展，就无社会进步；无现代科技，就无现代文明。文化至少与蕴涵四个方面：知识、思维、方法与精神。人文知识是人文文化的载体，是精神世界的基础；人文思维是人之所以为人的关键，是人文文化发展的支撑；人文方法是人文知识、人文思维之所以得以实现的手段；而人文精神则是人文文化的精髓，是求善而至于至善的精神境界，并推动着人文知识、思维与方法等的发展。对于科学文化而言：第一，科技知识是反映客观世界及其规律的，是一元的；正因如此，所以是普适的，是生产力发展的源泉，而生产力是社会进步的动力。第二，科学思维主要是逻辑思维，这是正确思维的基础；一切反逻辑的，必然是错误的。第三，科学方法主要是实证方法，这是事业成功的前提；一切反实证的，必然导致失败。第四，科学精神则是科学文化的精髓，并推动着科学知识、思维与方法等的发展。科学精神就是就求真务实的人文精神；因为精神本身就是人文的。一切反科学精神的，必然是反客观世界及其规律的，是没有任何好下场的。

科学文化与人文文化同源于实践，同源于人脑，同源于人脑对实践的反映及对此反映的加工。正因所有文化，均源于实践，就往往不可能不体现客观实际的真实性，又正因所有文化，又均源于人脑，源于人对客观实际的认识，就往往不可能不体现精神世界的多样性。此即，科学文化中含有人文文化，人文文化中含有科学文化。对科学文化而言：科学知识是人对客观实际及其规律的认识，不一定等于客观实际及其规律；还有，"公理"就是"不证自明"的，就是体悟的、直觉的，其本质就是人文的。科学思维，固然大量的是系统的逻辑思维；然而，导致原创性突破的是直觉、灵感、顿悟。科学方法，固然大量的是严密的实证方法，但在导致重大成果时，往往靠体验。对人文文化而言：只要涉及客观实际，不关乎价值判断时，人文知识就是一元的。人文思维在高度重视直觉、灵感、顿悟时，也十分关注严密、精炼、系统、层次、呼应，即关注逻辑，具有说服力的作品莫不具有强有力的逻辑。人文方法，当然也重视实证，坚持源于实践，反对"闭门造车"。至于精神，当然是人文的，而且伟大的科学家莫不努力追求崇高的品德，求善；伟大的文艺家，莫不竭力反映深刻的实际，求真。我愿特别引用：爱因斯坦坚定认为，关心人的本身，应当始终成为一切技术上的主要奋斗目标；而现任英国皇家工程院院长的布鲁斯爵士明确表示，工程师不能只追求工程的最大效益而成为"文盲"。

显然，科学文化与人文文化的关系有三层：基层，形而下的一层，是实践，是大脑对实践的反映，两者完全一致。中层，知识层，包括思维、方法等在内，即作为科学文化与人文文化存在的形式这一层，两者不同。正因差于形态，异于功能，才将文化划分成种种不同的学科。但两者之中，仍然你中有我，我中有你，相交互补。在科技高度发达与高速发展的今天，更是如此。顶层，形而上的一层，是精神层面，是情感与思维、人性与灵性交融的境界层面，两者又完全一致。两者为了进一步的追求，都对已有的文化在继承的基础上反思、怀疑、批判、发展，以达到更深刻、更普适、更永恒。基层的实践无止境，中层的知识创新无止境，顶层的精神追求也无止境。没有科学的人文，是残缺的人文；没有人文的科学，是残缺的科学。人文贯串科学的始终，为其导向，提供动力，开辟原创性源泉，为其应用与发展搭建大好舞台；科学也贯串人文的始终，为其奠基，提供素材，避免荒缪，为其表现与发展提供强力手段。没有人文的科学教育，可能培养文盲、书呆子、机器人、乃至刽子手；没有科学的人文教育，可能培养出科盲、精神病患者、狂人、乃至毒枭。这决不是大家所希望的。

如上所述，科学文化与人文文化本来就是交融的，所以，应该交融，可以交融；但是，由于科技的迅猛发展，两者被人为地分离，危害越来越严重，所以，必须交融，务必交融。交融则两利，分离则两弊。交融不仅利于两者的发展，而且根本是有利于实现科学教育与人文教育的交融，有利于人的素质的提高。这主要表现在六个方面：第一，精神方面交融，有利于形成正确的人生追求。即求真，又求善，方能形成全面负责的责任感，从而有动力，有激情；从而可能全身心投入，达到忘我的境界；而创造性奇迹往往在这个境界中迸发出来，达到求真、务善、完美、创新。第二，知识方面交融，有利于形成完备的知识基础。知识是文化的载体，是思维、方法、精神等的基础；没有完备的知识基础，就没有全面发展的基础。第三，思维方面交融，有利于形成优秀的思维品质。优秀的思维，一要正确，二要有原创能力。逻辑思维保证思维的正确性，直觉、灵感、顿悟与形象思维保证思维的原创能力。第四，方法方面交融，有利于形成有效的工作方法。科学方法讲实证，讲"理"；人文方法讲体验，讲"情"。合"理"顺"情"，自然有效。第五，文化整体交融，有利于形成和谐的相互关系。科学文化承认客观，人文文化关怀客观。客观世界一是有差异，二是要和谐。有差异才要承认，要和谐就需关怀。既承认，又关怀，就可能同外界和谐相处。第六，文化整体交融，有利于形成健康的身心状态。科学文化主要解决生理健康问题，人文文化主要解决心理健康问题，而且心理健康往往严重影响生理健康，起着主导作用。

还应指出，科学文化与人文文化的交融，不仅是这两种文化的交融，两种教育的交融，而且也要文化所蕴涵的知识、思维、方法与精神及其有关方面的交融。四者之中，知识是基础，是文化的载体；没有知识，就没有文化，就没有一切。思维是关键，是"人为万物之灵"的"灵"，只有经过思维，才有活化知识、超越知识、创新知识。方法是根本，是穿山的路、过河的桥，只有经由方法，才能将活化、超越、创新了的知识，付诸实践。精神最为重要，是灵魂，熔铸在与充满着文化所蕴涵的方方面面，彼此无法分离，而且互动。知识越高深越渊博，思维越精邃越巧妙，方法越可行也越有效，而且当精神越向上越高尚时，文化就越先进越精湛，由此文化而育就的人，其素质就越高越优；相反，当精神越向下越卑鄙时，文化就越腐朽越恶毒，由此而育就的人，其素质就越劣越坏。在科学文化与人文文化被人为地分离的时代，文化的蕴涵也往往被人为地分离：人们急功近利，往往只重视"有用"的知识与方法，轻视"无用"的知识与方法，忽视思维，鄙视精神，无视文化的整体；实际上在异化文化，扼杀文化；文化不能化民，不能成俗，不能真正有利于人类社会可持续发展。

如果讲，科学主要是讲客观世界，讲"天道"；人文主要是讲主观世界，讲"人道"，那么，二者交融就是"主客一体""天人合一"。不但历史事实而且现代科学也已证明：主客不可分开，天人不能割裂。"天人合一"是我国一大优秀传统，也正是中华文化哲理中整体思想在世界观方面的精彩体现。如何交融？最根本的就是学习、思考、实践三者紧密结合：第一，学习是基础。只有"好好学习"，在前人知识的基础上继承，才能"天天向上"，才能发展。即使是错误的，也要知道错在何处。第二，思考是关键。善于分析问题，解决问题，还不够；还要善于发现问题，提出问题。如果不能发现问题，提出问题，只能分析问题，解决问题，那么只能永远跟踪，高级落后。人之所以为人，能创造，就在于人有人的灵性，能思考。第三，实践是根本。这至少体现在五个方面：第一，实践是检验真理的唯一标准。第二，实践是最大的教科书。第三，能力来源于实践。第四，品德来源于实践。学习只关系到认知过程，而实践还关系到非认知过程。能力与品德的形成，本质上即素质的形成，不但要有认知过程，也要非认知过程，这绝不能离开实践。第五，创新来源于实践。没有实践就没有创新。创新始于实践，终于实践，始终贯穿着实践。学习、思考、实践决非彼此孤立。要在学习中思考，否则是死读"书"；要在实践中思考，否则不是盲从，就是照章办事。思考把学习与实践紧紧联系在一起。通过思考，可在学习中实践，更可在实践中学习。尤应指出，不能脱离学习与实践去思考，不能空想。学习、思考、实践的紧密结合，科学文化与人文文化的本质交融，极有助于将精神升华到"止于至善"的境界，提高人的素质，实现人的全面发展。

当前国力的激烈竞争，不言而喻，竞争的关键是科学技术，竞争的根本是人才，竞争的基础是教育，竞争的关键就是自主创新。在科学技术高速发展与高度发达的今天，一个国家、一个民族，没有先进科学，没有现代技术，就会落后，一打就垮，痛苦地受人宰割；然而，一个国家、一个民族，没有民族文化，没有民族精神，就会异化，不打自垮，甘愿受人奴役。我们的教育就是要坚定地落实科学发展观，以育人为本，让科学教育与人文教育彼此交融，全面而协调地发展，以培育出首先具有强烈的爱国主义精神的、同时又具有强大的改革创新能力的高素质人才。

（此文是本人在《国家教育行政学院学报》2005年第10期发表的论文。今作了个别修改，作为《大学人文语文》的代序）

前　言
论大学语文的本质及其教与学

"语文"是口头语言和书面语言的联合简称。[①] 从学科来说，语文是一个以研究语言运用为本体的涉及言语、文字、文章、文学及文化的体系，是一门研究语言表达艺术规律和语用能力原理的学问。从课程来说，语文是一个以文本和言语案例为要件，以探寻如何提高语文素养和语用能力为核心，兼习人文文化知识而获得人文精神陶冶的综合性教学过程。

一、大学语文是以汉语言文本为本体的高等母语教育

语文素养是一种语言潜质开发与后天母语文化学识共同形成的综合素养，包括语用过程中所体现的学识、文风、情趣等人格涵养。语言运用能力指主体规范语感积累而形成的语言模因在实践中的良好表现。中小学语文通过一定时间和数量的听说读写教学与实践，培养了学生基本的语文素养和语文能力。大学语文是在中学语文基础上的更高层次的母语教育，要超越中学语文，就要将研读内容的重点放在中华优秀经典著作上。应通过督导学生阅读经典文本和学习语言文化获得更加丰富和高雅的美育及其人文精神的熏陶；一方面要促使每一位大学生能够准确地使用母语，达到合格，对未达标的学生起到补课的作用；更重要的是要努力帮助学生进一步提高语文素养，努力达到优雅地使用母语之境界。这是大学语文的基本定位和教学宗旨。

人类创造了语言，而语言使人类真正成长为区别于其他动物的高等动物。人类语言促进了人类认知的发展，而人类认知的发展决定着人类语言的进步。德国语言哲学家洪堡特说："语言介于人与世界之间，人必须通过自己生成的语言并使用语言去认识和把握世界。""语言的形成，包括具体语言的相互产生或汇合，是一个决定着人类精神发展过程的最重要的事实。"[②] 语言的掌握和运用使人扩大认知领域，提升认知的广度和高度；语言也使得前人的智慧和精神代代传承，生生不息。人通过语言创造了多维的意义的世界，也获得更加丰富的精神世界。所以，语言之于人类和人之个体发展提升起着至关重要的作用。语言能力的强弱影响着人的生存空间和创造能力，也影响着人的幸福指数和生活质量。作为母语高等教育核心

[①] 叶圣陶. 语文教育论集 [M]. 北京：教育科学出版社，1980：138.
[②] 威廉·冯·洪堡特. 论人类语言的结构的差异及其对人类精神发展的影响 [M]. 商务印书馆 1999：316.

课程的大学语文就是在这样的文化关系中显示出特殊的价值。

一个民族的兴盛与其语言文字的兴盛密切相关；一个人的心智发展也离不开语言的发展。柏拉图曾说："心灵在思想的时候，无非是在内心里说话。我认为思想就是话语。"① 索绪尔也说："从心理方面看，思想离开了词的表达，只是一团没有定形的、模糊不清的浑然之物。"② 语言模塑心智思维模式，思维反构语言心智模因。"语言是思想的直接现实。"③ 伽达默尔特别强调："一般来说，语言能力只有在自己的母语中才能达到。……我们是用母语的眼光学会看世界的。"④ 洪堡特进而强调："无论对于文明人或者野蛮人，母语都有远胜过异族语言的强大力量和内在价值。"⑤ 母语是铸造我们心智和文化血脉的基因。学习母语意味着在这个民族语言世界中成长。母语能力越强，学习其他文化知识才越便捷，"语文是成材的第一要素。"⑥ 哈佛大学前校长德雷克·博克深刻指出："所有的大学生都需要提高各种形式的表达能力，其中最广为人知的是精确而优美的书面表达能力，其次是清晰而有说服力的口头表达能力。……人们很难找到其他哪门大学课程能像口头和书面表达课程那样，让如此多本科生终身受益。"⑦

汉语言及其文字是人类史上唯一最早创造且至今生生不衰的语言文字。汉语文字是"从象形文字出发，……构成了一种富有艺术性的，任意地建立起来的字符系统；……汉字种字符在更大程度上成了概念的标志。"⑧ 世界最著名的语言学家索绪尔也认为"对汉人来说，表意字和口说的词都是观念的符号；在他们看来，文字就是第二语言"。⑨ 汉语汉字不但是形音义兼备的世界上最美的语言文字之一，而且是一种具有概念意义的益智的语言文字。"语言是构成思维的器官。……智力活动与语言是一个不可分割的整体。但智力活动本身也有必要与语音建立联系，否则思维就无法明确化，表象就不能上升为概念。"⑩ 所以，对于学习和使用汉语的人来说，不但要学好用好言语，还要学好用好具有"概念的标志"价值的汉字，能够写出规范的文章。"人之立言，因字而生句，积句而成章，积章而成篇。……振本末从，知一而万毕矣。"⑪ 大学语文课程教学要立足于经典文本，从语和文（字）两方面下功夫。不但要帮助青年学会自主学习，提高审美阅读能力，而且还要在精确而优雅地使用母语能力方面多做有效的训练，以提高大学生的沟通能力和写作能力。这正是语文课程与哲学、历史、思品等课程不同价值之所在。

---

① 徐彩华. 汉字认知与汉字学习心理研究［M］. 知识产权出版社，2010：12.
② 索绪尔. 普通语言学教程［M］. 商务印书馆，1980：157.
③ 马克思. 德意志意识形态. 马克思恩格斯全集（第三卷）［M］. 北京：人民出版社，1960：525.
④ 伽达默尔. 真理与方法（下卷）［M］. 洪汉鼎译. 上海译文出版社，2002：633.
⑤ 威廉·冯·洪堡特. 论人类语言结构的差异. 见姚小平选编并译注. 洪堡特语言哲学文集. 商务印书馆，2011：338.
⑥ 苏德洋. 父亲与交大——纪念父亲苏步青逝世六周年［J］. 交大报 2010-3-10
⑦ 德雷克·博克. 回归大学之道——对美国大学本科教育的反思与展望［M］. 华东师范大学出版社，2008：72.
⑧ 威廉·冯·洪堡特. 论人类语言的结构的差异及其对对人类精神发展的影响［M］. 商务印书馆，1999：48.
⑨ 索绪尔. 普通语言学教程［M］. 商务印书馆，1980：51.
⑩ 威廉·冯·洪堡特. 论人类语言的结构的差异及其对对人类精神发展的影响［M］. 商务印书馆，1999：65.
⑪ 刘勰. 文心雕龙·章句. 刘永济. 文心雕龙校释［M］. 北京：中华书局，2007.

二、大学语文是以人文文化知识为主要内容的人文教育核心课程

教育的英文单词 Education 由三个词根构成，前面的"E"是向外的意思，"ducate"是引导，"tion"是名词，引导出来。意思是把一个人的内心真正引导出来，帮助其成长成真正的人。这就离不开文化教育，而文化基本上可分为人文文化与科学文化。"人文文化是'为人之本'。""人文教育主要是人文文化教育，科学教育主要是科学文化教育。"① 大学的科学教育主要依靠专业课程和部分通识教育课程完成；人文教育主要靠公共基础课或通识教育核心课程完成。传承人文文化知识的载体主要是文、史、哲、艺、宗教等方面的著述，大学语文课程主要集中在人文文本教学，是有效落实人文教育的最重要的平台，故我们称之为"人文语文"。

语文教学有利于优秀民族文化的传承和文化自信的培育。"语言与人类的精神发展深深地交织在一起，……语言彷佛是民族精神的外在表现；民族的语言即民族的精神，民族的精神即民族的语言，二者的同一程度超过了人们的任何想象。"② 习近平主席强调："培育和弘扬社会主义核心价值观必须立足中华优秀传统文化。牢固的核心价值观都有固有的根本。抛弃传统、丢掉根本，就等于割断了自己的精神命脉。中华优秀传统文化是我们在世界文化激荡中站稳脚跟的根基。"③ 最近教育部颁发《完善中华优秀传统文化教育指导纲要》再次强调："大学阶段，以提高学生对中华优秀传统文化的自主学习和探究能力为重点，培养学生的文化创新意识，增强学生传承弘扬中华优秀传统文化的责任感和使命感。"高等教育是优秀文化传承的重要载体和思想文化创新的重要源泉。传承文化是高等教育的重要功能和神圣的使命。而语文课程内容就最大限度的容纳了中国优秀文化知识，而且主要以文学的手段承载和展示了中华民族文化的精品，"语文不仅是一种工具，更重要的是一种文化的构成，即语文是文化的存在，文化是语文的'底座'。"④ 大学语文是最方便学生集中学习高雅文化的平台，"不仅是一种语文训练，而且是一种文化训练。""所谓文化训练就是使学生对于物，对于我，对于今，对于古，更能明达，也就是朱（光潜）先生所谓'深一层'的'立本'"。⑤ 作为未来国家优秀公民的大学生，只有熟悉或掌握了中华优秀传统文化，才会真正从灵魂深处热爱祖国，才会从文化自觉走向文化自信。

大学语文教学是一种精神熏陶和人生锻造。"语言参与观念的构成。这是问题的关键，因为正是这类观念的总和构成了人的本质。"⑥ 大学语文教学的主要任务就是督导学生读书和提高语用能力。大学语文教材精选的文本都是历代文化精英心血的结晶，集中了中华民族文

---

① 杨叔子. 科学文化与人文文化交融——兼论全面素质教育 [J]. 国家教育行政学院学报，2005：10.
② 威廉·冯·洪堡特. 论人类语言结构的差异及其对人类精神的发展的影响 [M]. 商务印书馆，1999：52.
③ 核心价值观要像空气无所不在 [J]. 齐鲁晚报 2014-02-26.
④ 曹明海. 语文：文化的构成 [J]. 语文教学通讯·高中刊，2004（7）：4-5.
⑤ 朱自清. 论大学国文选目 [J]. 朱自清全集（第二卷）. 江苏教育出版社，1999：21-18.
⑥ 威廉·冯·洪堡特. 论人类语言结构的差异. 见姚小平选编并译注. 洪堡特语言哲学文集. 商务印书馆，2011：267.

化精髓。通过阅读可以开阔学生的视野，增加阅历，激发民族豪情，提升生命感悟。读书的过程就是使阅读者经历一番文化濡染的过程，足以改变人的气质。学习语文，就是探究生命的价值和意义。读者会自觉不自觉地将自己的生命和精神折射其中，通过体悟，获得人性教化，培植审美情操，净化道德心灵，提升人文品位。所谓"世事洞明皆学问，人情练达即文章"。语文教学过程渗透着师生共鸣的高雅情怀、胸襟学识和情趣修养等因素，师生双方的感情交流与契合，会潜移默化地完成润物细无声的心灵塑造。一个人一旦"感官升到较高的领域"，那么身心言行、品格风度也就可能得到净化，就有可能如冯友兰先生所说由"自然境界、功利境界"上升到"道德境界和天地境界"。

大学语文教学有利于智慧的提升和创新能力的培养。如今无人不晓培养创新人才的重要，但是创新不是技术理性能完成的，必须由人文文化与科学文化相交融才能发生；正确的、特别是杰出的科技创造必定有形象、想象、直觉、灵感、顿悟的人文思维。[①] 这些思维方式是语文教学中普遍使用的。达尔文说方法比知识重要，爱因斯坦认为想象力比方法更重要；联想和想象力是创新的源泉，人文艺术是培养想象力的温床。由于科技的突飞猛进，使人们淡忘了近代的科技创造是文艺复兴解放了思想、焕发出人的想象力的结果，反而更重视分析的逻辑思维。"美国佩斯里研究发现：左脑功能主要同科技活动有关，同系统的逻辑思维有关；右脑功能主要同文艺活动有关，同开放的形象思维、直觉、灵感、顿悟有关，其记忆量是左脑的一百万倍。右脑是原创性的源泉。因此，应开发右脑，而文艺主要开发右脑。"[②] 钱学森之问着眼于反思我国50年教育没有培养出大师的原因，就是缺失人文艺术教育所致，他总结自己的成长经验时说："艺术上的修养不仅加深了我对艺术作品中那些诗情画意和人生哲理的深刻理解，也学会了艺术上大跨度的宏观形象思维。我认为，这些东西对启迪一个人在科学上的创新是很重要的。科学上的创新光靠严密的逻辑思维不行，创新的思想往往开始于形象思维，从大跨度的联想中得到启迪，然后再用严密的逻辑加以验证。"[③] 清华大学袁德宁教授也强调说："创新教育的本质是人文过程。人文素质教育对各个科类的学生创新意识的形成都有重要作用。"语文教学涉及大量的富于想象的文学艺术精品，是启迪心智的最好媒介。语文教育本质上是语言艺术教育，其中渗透着丰富的直觉思维、艺术联想和灵感妙悟，是一种诗性的五彩缤纷的灵魂的涤荡。一个人通过语文展翅知性的苍穹，在与自然的、民族的、直觉的、感情的、审美的和理性的东西建立起网络触突联系，形成文理兼容的思想观念，才可能真正构成一个健全的人格；只有满怀创新激情和想象灵气的生命体，才能成为有创新智慧的生灵。

语文能力决定你的世界有多大，中外著名的科学家、学者、有远见的教育家都深悟此理。大数学家苏步青曾总结自己的经验说："深厚的文学、历史基础是辅助我登上数学殿堂的翅膀，文学、历史知识帮助我开拓思路，加深对数学的理解。"他在担任复旦大学校长发表"就职宣言"时明确表示："如果允许复旦大学单独招生，我的意见是第一堂先考语文，考后

---

① 杨叔子，余东升. 文化素质教育与通识教育比较研究［J］. 高等教育研究，2007. 6.
② 杨叔子. 科学文化与人文文化交融——兼论全面素质教育［J］. 国家教育行政学院学报，2005：10.
③ 钱学森最后一次系统谈话：中国大学缺乏创新精神［J］. 人民日报 2009－11－05.

就判卷子。不合格的，以下的功课就不要考了。语文你都不行，别的是学不通的。"[1] 当代著名国学大师任继愈先生也认为："培养全面发展的人才，只有语文课可以负担这个任务，其他课程无法替代。"[2]

三、改革大学语文教与学的策略和思路

面对"慕课"（MOOC）——大规模在线开放课程的迅猛发展，每一位老师都务必考虑自身角色的转换和责任的担当。大学语文再不能止于美文欣赏和文学史知识的介绍，更不能满足于课堂讲听记教学模式，而要充分利用课堂将网络学习与社会实践相结合，从"知识和能力、过程和方法、情感态度和价值观"三个维度去发展学生的能力体系和人格养成，必须指导学生研读经典，着力培育他们的语用能力和人文素养。因此，我们倡导"积极语用观"和"人文教养观"，期以大学语文课程担当起重任。"所谓积极语用，是表达主体基于独立人格和自由思维、富于创造活力的主动完整的表现型言语行为，它以个性言说、独立评论和审美表达等为形式特征，其中，独立评论是最能表征人的智慧，实现其思想价值的语用形式，也是标志一个社会之蓬勃活力的表现型言语。"[3] 为了培养学生这种积极语用的能力，教学要多采取对话讨论式，引进活生生的生活案例和语料，关注解决实际问题，追求得体优雅而个性化的表达境界；课堂必须转变成示范督导的场所，交流探讨的场所，习得展示的场所；将导学的作用延伸到课外，通过课程督导与课内外实践培养学生的自主学习精神和语用能力。

因此，教育理念上，我们倡导"冰山理论"。人的言语技巧表现如同冰山浮在面上的部分，真正的能力基于水下庞大的人文积淀和涵养，教师最重要的责任是督导学生积累和历练，探寻通过实践将知识内化并转化为能力的最佳途径和方法。教学策略上，我们坚持"框架理论"。帮助学生搭建起比较系统的人文知识框架，培养学生对民族语言文化的亲近感、自豪感，督导学生做健全自身的通识结构的泥瓦匠。教学方法上，我们提出"坎儿井理论"。"问渠哪得清如许，为有源头活水来"，在有限的教学时间里选择几口经典泉眼抉英探胜，示范方法，沿波讨源，激发兴趣，引导学生自主寻找源头活水。在教师责任上，我们主张"导游教练观"。法朗士揭示文本阅读的意义时认为，文艺欣赏和批评是灵魂在杰作中的寻幽访胜或探险。教师的责任只是传授方法，做好示范和进行指导，激发和培养学生自己去探索和研读的兴趣及其能力。为此，我们采用"专题—经典—美文—拓展—教练"的编写结构和"督导自探互动教学"手段，编出一部富于张力的精选的人文读本，一个指导语用训练的实践手册，一个艺海导航的创新教程。

（一）文化专题讲座——贴近生活、生命、心灵，拓宽视野，升华精神

中国传统文化体系，若从著述典籍而论，经史子集、万亿卷帙，概以"三玄""四书"

---

[1] 苏德洋. 父亲与交大——纪念父亲苏步青逝世六周年 [J]. 交大报 2010-3-10
[2] 郭齐勇. 深切怀念太老师任继愈先生 [J]. 光明日报 2009-07-21.
[3] 潘涌. 独立评论：积极语用观的要义 [N]. 中国社会科学报，2010年7月1日，第B09版.

"五经"①为渊薮；若由学术统绪而言，三教九流、百家争鸣，则以儒、释、道三家为其归致，这三家势为鼎足又相互渗透，自古就有"儒家治世，佛教治心，道教治身"之说，这些经典和思想对中华民族文化心理影响深远，浸入血脉。中国传统文化是中华民族几千年的文明结晶，其深刻的文化内涵对中华民族发挥着深远而持久的影响，是维系中华民族内在情感因素的精神纽带和思想基础。我们希望语文能最大限度地载负本民族丰富的文化思想和情感内涵，力担传承国学文化和培养民族精神之重任；同时发挥语文乃人学之特性，阐发力求贴近生活、生命和学生心灵，吸引学生，启迪学生，使之不断地感悟，从而获得身心健康。

因此，我们着眼于语言艺术文化，力求通过专题的形式梳理出古今中外语言文学和精神文化发展的主要脉络，帮助学生搭建起合理的人文文化知识结构。力求突出思想主线，揭示承传规律，贴近青年心灵，关注现实热点，体现普世价值。参照"百家讲坛"的模式，深入浅出、生动活泼地评介相关大师、学派、思潮以及语言艺术表现形式，不但指导学生从文学文化发展的角度认知不同文体的发展脉络和规律，而且就某些常用文体着力介绍其文体特点，再辅之以多元化的情景问题设计，启发学生领悟鉴赏和写作妙道，汲取语言运用经验，还鼓励学生模仿创作，最终获得审美品味的提升和写作能力的提高。

（二）经典文本导读——精读中外元典，体悟先贤哲思，启迪心灵智慧

世界各民族都有一批能经受得起时间考验、长久不衰的经典。每一部经典都是人类生命历程的里程碑。特别是上古轴心时代出现的经典巨著，先贤们的哲思经久不衰，至今依然闪耀着真理的光辉，滋润着历代人民的心田，令百代后生景仰观止，永远不会过时。他们对真理孜孜以求的精神和对学问顶礼膜拜的态度，以及对知识含英咀华的方法，都是现代大学生最好的精神营养。爱因斯坦说："对世界名著、文学名著没阅读、不欣赏的人，等于高度近视的人不戴眼镜。"郁达夫在《怀念鲁迅》一文中也说过："没有伟大人物出现的民族，是世界上可怜的族群；有了伟大人物不知道拥护、爱戴和崇仰的国家，是没有希望的奴隶之邦。"这些伟大的思想家、精神领袖的言行记录和经典著作是我们民族灵魂的源头，是我们的精神家园。诚如芝加哥大学前校长赫钦斯所说："一个从来没有读过世界上任何伟大的书的人，怎能称得上是受过教育的呢？"②

倡导读书，导读经典，激励自觉研读，是大学语文的核心任务，也是被许多经验证明了的提升大学生文化品味的有效方法。余秋雨先生认为："只有书籍，能把辽阔的空间和漫长的时间浇灌给你，能把一切高贵生命早已飘散的信号传递给你，能把无数的智慧和美好对比着愚昧和丑陋一起呈现给你。……历尽沧桑的成年人都知道，最重要的是自身生命的质量。生命的质量需要锻造，阅读是锻造的重要一环。"因此，语文必须加强国学经典导读，努力激励学生自觉研读，用经典的思想火花、先贤的智慧浸润身心，促其人格升华境界。

我们采取"文化专题"引领"经典名著"和"精品美文"研读相结合的方式，荟萃精品，呈现思想，启迪心智，积累为要。导读力求深入浅出，尽可能引录原著精彩片段进行品

---

① "三玄"为《周易》《老子》《庄子》，"四书"为《大学》《中庸》《论语》《孟子》，"五经"是《周易》《诗经》《尚书》《礼记》《春秋》。

② 转引自丁剑刚王生钰，试论经典阅读的目的与方法[J]. 山西大学学报（哲学社会科学版）2003：5.

评论析，使学生观斑窥豹；有时结合作者评传，活化先贤神采，形象演绎先哲幽思；选取各种最具代表性的文本精品，兼顾各类文体，配合专题讲解；每一篇章后介绍一些拓展资料，还有意识地类编了一批"咏月诗""音乐诗""咏史咏怀作品"等系列，使之触类旁通；结合名著和人生设计一些情景问题、比较问题和言语使用问题，激发学生进行争鸣和研讨，从而培养学生多维思辨的能力。

（三）督导深思笃行——加强积极语用实践，在语境历练中提高说写表达能力

中国传统教育向来十分重视"知行合一""学思互用"。大学语文要在衔接中学新课标语文的基础上有所提升，重点应放在综合实践教学改革方面，强调研读与实际结合，倡导学生自己动手、积极探索、主动发现，注重教育教学的生活化、操作化和情境化，让学生在"做"的过程中掌握知识，发展思维，培养能力。

"听说读写"被视作语文的基本能力要素，早已公认。但传统的语文课的语料基本来自文学作品，大都进行的是静态法则的分析，成效不显。我们通过自我反思机械认知而外化趋同的被动狭隘的复述性言语行为之弊，结合大数据新媒体时代特点，倡导大学语文"积极语用"教学观，就是强调以言语行为作为研究对象，注重"语境"的因素，重视语言在不同的社会环境中的交际功能。母语语用能力是职业核心能力的基础能力，大学语文应该瞄准职业核心能力市场的需求，做好大学生语用能力培养的教练工作，充分发挥出语文学科对人才可持续发展能力培养的优势。

在操作中，我们提出积极语用观的多维度语文要素，即以"思悟"为中枢、以"听""读""观"为输入、以"说""写""评"为输出且互为有机循环的"全语用"场境，从而处理好教与自学自训的关系，实现洋溢着主体个性活力且得体优雅的"表现性语用"。"观"和"评"两个要素的加入是数字时代对语文能力培养的必然要求。同时我们又将心理处理过程的"思悟"引入到语文能力要素结构模型中，以突出语文思维能力培养的重要性。事实上当下最遗憾的是许多学生陷于考试思维，不习惯针对问题进行思考，也就难以真正做好听说读写。所以我们更强调"思悟"培养。恩格斯有一名言："地球上最美丽的花朵是人类的智慧，是独立思考的精神。"[①]"大学语文应该以思维和写作能力培养为教学的核心"，[②] 第一要义是要努力激发学生独立思考的心智。常言说"言为心声"，"口乃心之门户"。"听、读、观"是汲取信息，是"思"的来源，但"学而不思则惘"；"思悟"是输入信息的消化，是说、写、评的源流；"说、写、评"是思悟之内容的外化。没有听读观，就没有思想源泉，也就无从说写评。积淀了思想，不会说写评，也不行，这又取决于说写的

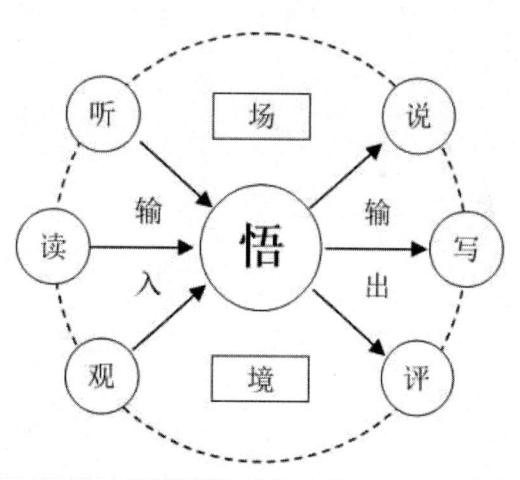

[①] 恩格斯. 自然辩证法［M］. 北京：人民出版社，1971：19.
[②] 光明日报 2011 年 01 月 11 日《大学生语文基础薄弱 高校母语教育亟待加强》。

技能和方法。对于中学生来说，听读是汲取知识信息的主要方式；对于大学生来说，读思更为重要。不但要多读，还要博读，更要勤思、多思、深思，才能为说写提供资源和动力。不但要进行通常的说写，还要积极进行评论和实用写作，要自觉针对一定的场景之问题，进行评述、评论，口笔并用；要评个所以然就务必理性思辨，言之有据，言之成理，才能够有效地激发语用兴趣，提高语文能力。

为此，我们一方面在每一专题和作品之后设计了"研习与探索"，提出若干启发性的结合现实生活的作业题，又专门在每一单元开辟了"习得展示"栏目，指导学生拓展查阅更新更多的资料，深入探索交流；或者创设情境，引导学生实践体悟，总结提升；或者责成学生进行现实文化策划活动，全程自主操作；或者故意提出几种相左之见，让学生展开论辩；或者要求学生进行实地调查研究，撰写报告等等；或者鼓励学生进行创作，进行朗诵、演讲比赛，制作微电影等。所提供的多种方式方法和信息资源，供师生参考选用。努力帮助学生从自然言语实践向自觉言语实践迈进，尽可能多的获得自觉言语实践活动的历练和积淀。所设演练题目努力将教师的主导作用延伸到课外，通过第二课堂、社团活动等多种渠道，积极引导学生在生活实践中融"知、情、意、行"为一体，使学生丰富人生经历，历练母语的应用能力，获得生命体验，拥有健康的生命。

编　者

二〇一五年七月

目　录

序言：科学文化与人文文化交融——兼论全面素质教育　（杨叔子）……（1）
前言：论大学语文的本质及其教与学 ……（1）
第一单元　中国上古人文语文 ……（1）
　名家名著与专题 ……（1）
　　第一节　华夏始祖的精神化石：古代神话传说 ……（1）
　　第二节　艺术的起源与风骚传统 ……（7）
　　第三节　中华文化的奇葩：《周易》 ……（15）
　　第四节　老子与《道德经》 ……（23）
　　第五节　孔子与《论语》 ……（30）
　　第六节　《史记》与传记文学 ……（38）
　作品研读 ……（44）
　　苏秦始将连横　《战国策》 ……（44）
　　学记（节选） ……（46）
　　宋人有酤酒者　韩非 ……（50）
　　中庸（节选） ……（52）
　　大学（节选） ……（54）
　　孝经（节选） ……（56）
　　谏逐客书　李斯 ……（58）
　　苏武传　班固 ……（61）
　习得展示 ……（66）
　　一、研讨会——"入世"与"出世" ……（66）
　　二、故事会——中外神话故事讲评 ……（67）

· 1 ·

第二单元　中国中古人文语文 (69)

名家名著与专题 (69)
- 第一节　汉字文化与中国书法艺术 (69)
- 第二节　魏晋士人个性自觉与诗意人生 (75)
- 第三节　唐诗鉴赏与古体诗写作 (81)
- 第四节　宋词欣赏与填词写作 (88)
- 第五节　古代散文与唐宋八大家 (97)
- 第六节　佛禅与佛禅智慧 (103)

作品研读 (103)
- 咏史　左思 (103)
- 春江花月夜　张若虚 (114)
- 登金陵凤凰台　李白 (117)
- 咏怀古迹（其三）　杜甫 (118)
- 西塞山怀古　刘禹锡 (121)
- 答李翊书　韩愈 (123)
- 长恨歌　白居易 (125)
- 梦天　李贺 (129)
- 无题二首（其一）　李商隐 (133)
- 山园小梅　林逋 (135)
- 武陵春　李清照 (137)
- 兴贤　王安石 (142)
- 文与可画筼筜谷偃竹记　苏轼 (144)
- 踏莎行·郴州旅舍　秦观 (146)
- 念奴娇·过洞庭　张孝祥 (148)
- 关山月　陆游 (149)
- 贺新郎二首·别茂嘉十二弟　辛弃疾 (152)

习得展示 (157)
- 一、朗诵会——诗意栖居与生态文明 (157)
- 二、诗词鉴赏与创作 (158)

第三单元　中国近古人文语文 (159)

名家名著与专题 (159)
- 第一节　中国小说的起源与发展 (159)
- 第二节　语用学视角下的《红楼梦》语言艺术 (165)
- 第三节　《赵氏孤儿》与中国古代戏曲 (175)
- 第四节　对联艺术的欣赏与写作 (180)
- 第五节　徐霞客的"千古奇书"与旅游文化 (188)

作品研读 ······ (194)
　〔双调〕夜行船·秋思　马致远 ······ (194)
　郑和列传　《明史》 ······ (196)
　廉耻　顾炎武 ······ (198)
　金缕曲·亡妇忌日有感　纳兰性德 ······ (200)
　王六郎　蒲松龄 ······ (203)
　刚柔互用不可偏废　曾国藩 ······ (206)
　少年中国说　梁启超 ······ (208)
　人间词话（节选）　王国维 ······ (213)
习得展示 ······ (216)
　一、演讲会——成功与梦想 ······ (216)
　二、成语字谜竞猜 ······ (217)

第四单元　中国现代人文语文 (218)

名家名著与专题 ······ (218)
　第一节　胡适与"五四"新文化运动 ······ (218)
　第二节　现代小说的转型及创作 ······ (224)
　第三节　新诗的鉴赏与创作 ······ (230)
　第四节　世纪之交的华语影像世界 ······ (237)
　第五节　诗意化流行歌词的欣赏与写作 ······ (244)
　第六节　现代小品、相声及其语言艺术魅力 ······ (254)
　第七节　网络文化与网络文学 ······ (264)
作品研读 ······ (271)
　伤逝　鲁迅 ······ (271)
　寻梦者　戴望舒 ······ (282)
　萧萧　沈从文 ······ (284)
　赞美　穆旦 ······ (293)
　回答　北岛 ······ (296)
　雨别　舒婷 ······ (298)
　祖国（以梦为马）　海子 ······ (299)
　错误　郑愁予 ······ (302)
　命若琴弦　史铁生 ······ (303)
　潘金莲　魏明伦 ······ (317)
　苏东坡突围　余秋雨 ······ (327)
　甲申文化宣言　许嘉璐等 ······ (336)
习得展示 ······ (339)
　一、创编小报——情爱与责任 ······ (339)

二、卧谈报告——10年后的一天："互联网+"时代下的未来生活情景 …………（340）

第五单元　外国人文语文 …………………………………………………（341）

名家名著与专题 …………………………………………………………（341）

第一节　古希腊神话传说与《荷马史诗》 ………………………………（341）
第二节　《圣经》及其对西方文化的影响 ………………………………（347）
第三节　文艺复兴与工业革命 ……………………………………………（352）
第四节　启蒙主义文学与歌德 ……………………………………………（359）
第五节　巴尔扎克、托尔斯泰与批判现实主义文学 ……………………（366）
第六节　卡夫卡与现代派文学 ……………………………………………（372）
第七节　中英格言警句经典互译品读 ……………………………………（379）

作品研读 …………………………………………………………………（388）

《圣经》二则 ………………………………………………………………（388）
爱的哲学　雪莱 ……………………………………………………………（393）
豹　里尔克 …………………………………………………………………（396）
当你老了　叶芝 ……………………………………………………………（398）
宛如月光　普鲁斯特 ………………………………………………………（400）
爱因斯坦与艺术世界　迈克尔·怀特、约翰·格里本 …………………（401）

习得展示 …………………………………………………………………（404）

一、论辩会——国学与西学 ………………………………………………（404）
二、话剧小品表演 …………………………………………………………（405）

附　录 ………………………………………………………………………（406）

附录一　汉字应用能力培养与应用水平测试指南 ………………………（406）
附录二　推荐阅读书目 ……………………………………………………（411）

后　记 ………………………………………………………………………（415）

第一单元　中国上古人文语文

名家名著与专题

第一节　华夏始祖的精神化石：古代神话传说

　　随着原始人类智慧和语言的丰富发展，人们逐步学会了以故事的形式表达对自然和社会现象的认识及愿望。但由于生产力低下，原始人对各种自然现象怀有强烈的敬畏感和神秘感，由此幻想存在着种种超自然的神灵和魔力。幻想创造了神，幻觉证实了神的存在，其形象逐渐由朦胧到清晰，乃至于对之加以膜拜和传颂，并想象神的生活和动作，这便产生了神话——"通过人民的幻想用一种不自觉的艺术加工方式加工过的自然和社会形态本身"。[①] 另一方面，原始人类的一些历史事件由于没有文字记载，在一代一代的口传过程中发生了变异，以至人神杂糅，在进入文明时代后被零零星星记录下来而成为传说——口传往日令人信以为真的人和事的叙述。[②] 因此，远古时代被人称作"神话时代"或"传说时代"。世界上有许多民族和国家，都曾有过自己的神话时代。初期，原始群成员不多，为了繁衍生息，主要同大

[①] 马克思，恩格斯. 马克思恩格斯选集（第2卷）. 北京：人民出版社，1972：113. 高尔基说："神话乃是自然现象，对自然的斗争，以及社会生活在广大的艺术概括中的反映。"（《苏联的文学》）袁珂说："神话是人类社会童年时期的产物，它反映了古代人们对于世界的一种幼稚的认识。神话虽出于幻想，但和现实却有密切关系……神话所反映出来的现实，乃是经过古代人们头脑中'幼稚的、想象的、主观幻想的'三棱镜所折光改造过的现实。"（《古神话选释》前言）。他还说："在本质上神话也和别的艺术一样，是反映一定的社会生活的，是产生在一定的社会基础之上的上层建筑，是一种作为观念形态的艺术。"（《中国古代神话》）

[②] 传说不是历史，因其无证可考，但具有历史的影子；传说基本上是虚构的故事，却总是辅以可见证的地方风物和叙述的语言风格，从而赢得人们的相信。传说中的人和物有历史上真实的，也有虚构的，其体裁却具有真实性特征；从讲述者和听众的心态来看，相信传说是传说的基石：即假话真说。神话的产生要比传说早，而传说却是神话的社会历史化；神话具有明显的非理性的神异色彩，而传说内含人的行为准则。

自然进行艰苦的斗争，因而创造了自然神。随着原始群成员增多，结成部落、部族，不仅要同自然斗争，还要为地盘和财产防御或袭击其他部落，于是便创造了人化的图腾神和神化的英雄神，人类进入了"英雄时代"，或称为"史诗时代"。

神话和传说是原始先民在社会实践中创造出来的精神产品，它在维系当时人们的社会性上具有重大的作用；它真实地记录了中华民族童年时代瑰丽的幻想和步履蹒跚的足印，对于难以稽考的人类早期发展过程有着历史性的意义①；它是远古历史的回音，是原始先民留给我们后人的一份珍贵的精神活化石，在很大程度上影响了中华民族精神的形成及其特征。

一、神奇的故事，丰富的内涵

作为口头文学的中国神话传说，原本十分丰富，由于中华民族主要生活在内陆，注重务实，加上儒家对神话采取"敬而远之"的态度，致使神话在文献古籍中载录甚少，不像古希腊神话那样被完整而有系统地保留下来。中国古代文献中，经、史、子、集等各类书中虽都有神话材料，但往往只是片段，具备完整故事情节的却不多。《淮南子》对神话的搜罗比较宏富，有关于海外三十六国、昆仑山、禹、以及九州八极等神话，中国著名的四大神话：女娲补天、共工触山、后羿射日和嫦娥奔月，都是由它保存下来的。最有神话学价值的古代著作是成书于战国初年的《山海经》。它是一部具有民间原始宗教性质的"古之巫书"（鲁迅语），其中保存我国古代神话资料最多。有对山神形貌的描述，有对奇形怪状动物的记载。在这种种龙首鸟身或人面马身等记载中，反映出了早期人类图腾崇拜的意识；不少故事已具有清晰的轮廓，其它的有些故事连缀起来也可以得到相当完整的故事构成鲜明的形象。

神话内容涉及自然环境和社会生活的各个方面，既包括世界的起源，又包括人类征服和改造自然的命运。关于世界是怎样形成的神话称为"创世神话"，其中盘古开天地流传最广，影响最大：

  天地混沌如鸡子，盘古生其中，万八千岁，天地开辟，阳清为天，阴浊为地。盘古在其中，一日九变，神于天，圣于地。天日高一丈，地日厚一丈，盘古日长一丈，如此万八千岁。天数极高，地数极深，盘古极长。后乃有三皇。（《艺文类聚》卷一）

先民由卵生生命现象设想宇宙也是破壳而生的，中国的阴阳太极观念可能就源于此。盘古头顶天脚踩地支撑了一万八千年，才使天地之间相距九万里。有了天地才有世界，万物才有生存空间。另一则神话还说盘古死后两眼变为日月，肢体变为山岳，血液变为江河，发髭变为星辰，皮毛变为草木，呼吸变为风云，声音变为雷霆。这种"垂死化身"的宇宙观，暗

---

  ① "历史"是可考证的过去曾存在的史事，有广义和狭义的区别：广义的历史，泛指一切事物（包括自然界和人类社会）的发展过程。狭义的"历史"，则是指使用文字对于历史事迹的记录和研究，周谷城说："历史一名词，代代表着历史之客观的存在与历史之文字的表现。"（《历史完形论》）

喻了人和自然的相互对应关系。同时，宇宙生成的人格化、意志化过程也反映了先民对自身力量的坚定信念。因而在中华民族的集体意识中盘古被视作最伟大的开天辟地之神。

关于宇宙万物产生的神话还有多种形态，特别是对生命之母太阳的崇拜，使得各民族都出现过绚丽多彩的太阳神话。如《山海经·大荒南经》中有"羲和者，帝俊之妻，生十日"；《山海经·海外东经》说："汤谷上有扶桑，十日所浴，在黑齿北。居水中，有大木，九日居下枝，一日居上枝。"说十日每天早晨轮流从东方扶桑神树上升起，化为金乌或太阳神鸟在宇宙中由东向西飞翔，到了晚上便落在西方若木神树上，表达了先民对日出日落现象的观察和感受。太阳是生命的源泉，但遥远而神秘，于是：

> 夸父与日逐走，入日。渴欲得饮，饮于河渭，河渭不足，北饮大泽。未至，道渴而死。弃其杖，化为邓林。（《山海经·海外北经》）

夸父是在与太阳赛跑以显示意志和力量，还是想追上太阳留住光明？是寄托探索宇宙奥秘的理想，还是在追寻生命的源头？他那奋力拼搏的勇气，和那融入太阳光芒之中的高大形象，构成了一幅气势磅礴的画面，永远振奋人心。而他在生命的最后一刻将杖化为桃林，以泽被后人，又体现出无比崇高的献身精神。

那么人是怎样产生的呢？先民根据用泥土可以造型的经验，创造了女娲抟土造人的神话：

> 俗说天地开辟，未有人民，女娲抟黄土作人，剧务，力不暇供，乃引绳絚于泥中，举以为人。故富贵者，黄土人也；贫贱凡庸者，絚人也。（《太平御览》卷七十八）

这则神话大概产生于母系氏族社会，既肯定了对女性延续种族的作用，也是对女性社会地位的认可；不但虚构了人类的产生，也试图阐释人类为什么会有社会地位的差别。

远古自然条件恶劣，人们常常遇到各种各样的灾难，如洪水、猛兽等。他们无法解释大自然的奥秘，只能对曾经有过的惨烈灾害加以描述，提醒人们对自然灾害保持戒惧的态度；往往将自身属性不自觉地移到自然之上，形成以己观物、以己感物的思维特征；他们无力战胜困难，便想象出无所不能的神或英雄，寄托自己征服和改造自然的愿望。

> 昔者共工与颛顼争为帝，怒而触不周之山，天柱折，地维绝，天倾西北，故日月星辰移焉，地不满东南，故水潦尘埃归焉。（《淮南子·天文训》）

这与开天撑地的神话不无关系，表达了先民对自然何以发生暴雨和洪水的理解，也反映了先民对星系多偏移西北、西北地形高于东南的认识。"天柱折"导致"四极废，九州裂。天不兼覆，地不周载"，结果是"女娲炼五色石以补苍天，断鳌足以立四极，杀黑龙以济冀州，积芦灰以止淫水"。（《淮南子·览冥训》）重整宇宙，解救了人类，表现了民族精神中不倦的创造伟力。

生存环境的艰苦,未能吞噬先民的生存意志,反而激发了先民不屈的奋斗精神,这种奋斗精神本身就意味着对于命运的抗争,由此而孕育出一大批反抗自然、反抗天帝的神话英雄。《山海经·海内经》载:

> 洪水滔天。鲧窃帝之息壤以堙洪水,不待帝命。帝令祝融杀鲧于羽郊。鲧复生禹,帝乃命禹卒布土以定九州。

鲧为了人类冒死窃取天帝的息壤,至死也要生子来完成解救人间水患的遗愿,不禁打动了天帝,更令百代生灵为之动容!刑天也是一位敢于斗争的英雄:

> 刑天与帝至此争神,帝断其首,葬之常羊之山。乃以乳为目,以脐为口,操干戚以舞。(《山海经·海外西经》)

即使断首也要拼死向天帝挥舞干戚,顽强的抗争精神何等壮烈!他所象征的知其不可而为之的悲剧性格,表现了人类顽强的生命力。同样向命运抗争的另一则神话,是以一个纤弱女子的形象来表现的:

> 发鸠之山,其上多柘木。有鸟焉,其状如乌,文首、白喙、赤足,名曰精卫,其鸣自詨。是炎帝之少女,名曰女娃,女娃游于东海,溺而不返,故为精卫,常衔西山之木石,以堙于东海。(《山海经·北山经》)

东海何其大,小鸟何其小!但面对剥夺自己生命的浩瀚大海,女娃却坚持以弱小的生命向其挑战,何等的悲壮!正是这种不屈不挠的抗争精神,支持先民走过那险恶而艰难的年代,成了中华民族生生不息的力量源泉。令历代子孙景仰和骄傲。陶潜在《读山海经》时止不住赞美激情,以铿锵的诗句发出了"精卫衔微木,将以填沧海;刑天舞干戚,猛志固长在"的高昂吟唱。

中国先民在与大自然的顽强拼搏中,积累了大量的经验和斗争技能,这些成功的历练成为神话传说的重要素材,不仅大大丰富了神话传说的内容,而且这些内容留下了后人了解先民历史过程的重要印记。"弓箭对于蒙昧时代,正如铁器对于野蛮时代和火器对于文明时代一样,乃是决定性的武器。"[①] 这是渔猎时代的重要标志。后羿是神话传说中的神射手,也许就是弓箭的发明者,因此人们把无上的勇力和荣誉都赋予了他,把他视作氏族的英雄。而后羿正是凭着自己发明的弓箭和神技,为民除害,造福人类。十个太阳是天帝俊的儿子,羿要射落九日,不仅需要英雄胆略,还要有超人的神技。人们把自身发展过程中所积累的各类重大发明,集中在神话英雄身上,并把他们看作是本部族的理想的象征。自然神从而被人类自己的神所代替,它标志着人类自身的主体性突出了。神话进入了一个英雄的时代。这是社会进步的结果。肯定人神祖和部族英雄改天换地的伟大力量,肯定他们对其自然神的征服和统

---

① 马克思,恩格斯. 马克思恩格斯选集(第四卷). 北京:人民出版社,1995:20.

帅，就是肯定人自身的力量。从这个意义上说，神话是先民本质力量的对象化，是神话时代的生产力。

对于进入农业初期社会的民族来讲，治水是一件头等重要的大事。禹是历史真实人物，他发明创造了疏导治水的方法，而且历尽千辛万苦，"八年于外，三过其门而不入"，精神不朽，业绩辉煌，值得永远牢牢记住。对他的传说，不仅表达了对英雄的崇拜，使后世子孙永远缅怀，同时也是为了记住那战胜灾难的成功经验。于是在传说的过程中，他的故事也逐渐神话化了。《淮南子》就叙述了禹一段神奇的家庭故事：

> 禹治洪水，通轘辕山，化为熊。谓涂山氏曰："欲饷，闻鼓声乃来。"禹跳石，误中鼓，涂山氏往，见禹方作熊，惭而去，至嵩高山下，方生启。禹曰："归我子！"石破北方而启生。

这则神话显然是进入奴隶社会后的产物，具有较高的叙述技巧，有人物，有言行描写，还有细节，情节曲折完整，俨然具备了后世小说的基本要素，可谓小说之滥觞。

二、超凡的价值，永恒的魅力

中国神话以其广博精深的意蕴，生动活泼的表现力，成为中国浪漫主义叙述文学的源头，为后世文学奠定了基础。正如马克思所说："希腊神话不只是希腊艺术的武库，而且是它的土壤。"[1] 神话不仅为各类文学作品提供了丰富的素材，也直接影响了文学创作的思维方式、表现手法、欣赏效果等。文学是国民精神的火光。一篇文学作品，只有表达了一个国家或民族集体的信念与行为方式，表达了该民族最深处的集体情感，才能得到集体的共鸣。神话作为人类集体无意识的产物，能够唤起民族最深层的记忆和想象，给作家带来意料不到的灵感与启示。后代的诗歌、小说、戏剧都从神话传说中汲取过营养。

马克思说："在野蛮期的低级阶段，人类的高级属性开始发展起来。……想象，这一作用于人类发展如此之大的功能，开始于此时产生神话、传奇和传说等未记载的文学，而业已给予人类以强有力的影响。"[2]起初，审美或艺术并未独立或分化，它们只是潜藏在种种原始巫术礼仪等图腾活动之中。"当这门宗教艺术以韵文的形式出现时，它是原始宗教诗歌；当这门宗教艺术以散文的形式出现时，它便是神话。"[3]在原始人精神生活中，围绕着神崇拜而衍生的包括图腾崇拜在内的原始宗教巫术，无论是作为神话本身还是它所代表的文化现象，在任何时候、任何地方、任何语境中都会向它的感知者散发出一种迷人的神秘。而神秘永远刺激想象力的生长，幽藏着一种超凡的人性镜像，为创新文化艺术提供不竭的智本资源。所以亚里士多德说："爱好智慧的人，亦是爱好神话的人。"

---

[1] 马克思，恩格斯. 马克思恩格斯选集（第二卷）. 北京：人民出版社，1972：113.
[2] 马克思. 摩尔根《古代社会》一书摘要. 北京：人民出版社，1965：54.
[3] 陈伯君. 原始宗教及其艺术的历史定位——再论原始宗教及其艺术的形成与演进. 中华文化论坛，2003（3）.

在中国向现代文明转型的过程中，中华民族的集体精神中存在着两个突出的情结：一是对失去了的旧精神家园的眷念；二是对伴随现代化而来的精神荒漠的困惑。每个人都做梦。精神心理研究表明，梦不管怎样光怪陆离，总是个人潜意识的反映，宣泄个人内心的意愿和恐惧。同样，每个民族也有它独特的梦——神话传说——不论如何荒诞不经，总与现实生活有着千丝万缕的联系。神话传说是先民以未经科学洗礼的智慧面对宇宙人生所产生的种种解释，因此盛载着他们的内心世界和集体意识，包孕着浓郁的时代情感因素，透过那些夸诞虚幻的表象，我们可以找到本民族的核心精神和历史事实的本源，"自然会引起一种家园之感"（黑格尔）。李泽厚指出："中国远古传说中的'神''神人'或'英雄'，大抵都是'人首蛇身'。"正是这些"以蛇图腾为主的远古华夏氏族、部落不断战胜、融合其他氏族部落，即蛇图腾不断合并其他图腾逐渐演变而为'龙'"。[①]可见，神话是我们中华民族核心文化的源头。这些神话意象在历史中固定下来，通过文化积淀，在一代代人的心底流淌，可以把我们领入先民曾经有过的那种深厚的情感体验之中，从而缓释现实的压力，超越平凡与世俗。一个民族，如果"失掉了神话，不论在哪里，即使在文明社会中，也总是一场道德灾难"。[②]中华民族面临历史的挑战，需要以神话这个"根"来凝聚民族的精神，正如荣格所说的那样："一个用原始意象说话的人，是在同时用千万个人的声音说话。……他把我们个人的命运转变为人类的命运，他在我们身上唤醒所有那些仁慈的力量，正是这些力量，保证了人类能够随时摆脱危难，度过漫漫的长夜。"[③]

【研习与探索】

1. 在一个民族的奋斗历程中，它的灵魂要不要有一种永不枯竭的力量源泉？今天，我们应该怎样去重建精神家园？这是摆在所有中国人面前的一个严肃问题。神话是一个民族最早的精神家园，在现代人类创造新的精神净土的工程中，神话传说有什么价值？有人认为："宗教源于神话，宗教与神话无本质差别，神话涉及死后世界、灵魂不朽的探索、文学艺术的想象性表现、梦的世界、英雄崇拜、宇宙观、现实与理想的分合等等，作为有限精神的我们人类无法祛除神话，而没有神话的人生也就变成枯燥无味。"对此你怎样看？

2. 请通过查阅研读有关资料，用最精炼的语言填写以下研究小结表：

	神话	传说	历史	仙话	迷信	科幻
基本性质						
时代来源						
主要特点						
创传方式						
如何评价						

[①] 李泽厚. 美的历程·远古图腾. 合肥：安徽文艺出版社，1994：13-15.
[②] 荣格. 集体无意识和原型. 马士沂译. 文艺理论译丛，第1辑.
[③] 荣格. 心理学与文学（中译本）. 北京：生活·读书·新知三联书店，1987：122.

3. 尤瓦尔·赫拉利在《人类简史》中说:"无论是现代国家、中世纪的教堂、古老的城市,或者古老的部落,任何大规模人类合作的基础,都在于某种只存在于集体想象中的虚构故事。所谓国家,也是立基于国家故事。"由此阐述你想到了什么?请将你的思考写成一篇文章。

4. 试以神话传说为题材编辑制作一段 flash。

(周金声)

第二节　艺术的起源与风骚传统

艺术是人类告别低等动物向高等动物转变的产物,它伴随着人类智慧的发展而发展。每一个时代的艺术作品都是那个时代集体智慧的结晶和表征,标志着那个时代的文明程度和智慧水平。

一、艺术的起源与上古歌谣

关于艺术的起源,有多种说法。其一"模仿说"。以亚里士多德为代表的雄霸西方千年的艺术理论,认为人从孩提时代起就有模仿的本能,一方面成为学习生存的手段,另一方面又为其精神寄托、获得情感的愉悦和满足。其二"游戏说"。席勒、斯宾塞认为艺术起源于人类所具有的游戏本能。其三"心灵表现说"。克罗齐、托尔斯泰认为艺术源于人的心灵体验,艺术就是人的主观想象和情感的表现。其四"潜意识说"。弗洛伊德认为艺术产生于人的内在驱力的压抑和升华。其五"巫术说"。英国人类学家爱德华·泰勒、弗雷泽认为原始人思维的最主要特点是万物有灵,原始部落的一切风俗、信仰和艺术,都起源于用虚构的超自然的力量来实现自己某种愿望的巫术礼仪。原始艺术是完全粘附在宗教巫术活动中,并带有明确功利目的的娱神形式;它主观上是娱神,客观效果上娱乐了活动者自己。

2002 年,美国斯坦福大学的人类学家理查德·克雷恩又提出了一种新学说,认为距今 10 万到 5 万年前,由于人类大脑影响学习和语言能力的"语言基因"——FOXP2 发生了生理突变,爆发了一场艺术、文化以及个体表达上的巨大革命,使人类有了"自我意识",开始装饰自己的形体外表——创造一些不具有实用价值、只具有象征意义的人工制品。

在我国流传最广的是"劳动说"。鲁迅在《且介亭杂文·门外文谈》中有一段精彩的描述:"我们的祖先的原始人,原是连话也不会说的,为了共同劳作,必须发表意见,才渐渐的练出复杂的声音来。假如那时大家抬木头,都觉得吃力了,却想不到发表。其中有一个叫道'杭育杭育',那么这就是创作。……倘若用什么记号留存了下来,这就是文学;他当然就是作家,也就是文学家,是'杭育杭育'派。"当这种劳动之歌与一定的语词相结合,就有了更丰富、确切的含义，经过长期积累，一种具有节奏性、音乐性的语言艺术——歌诗便逐渐形成，成为人们反映生活、增强记忆与抒发情感的一种特有形式，从而获得普遍地使用和流传。

原始时代没有专门的艺术，承载巫术或宗教活动性质的歌舞大概是最早的具有艺术特点的形式。《吕氏春秋》记载："昔葛天氏之乐，三人操牛尾，投足以歌八阕。"即可说明这种歌、舞、乐综合的形态特点。其中的歌后来就发展成了歌谣和诗。德国艺术史家克罗塞在《艺术的起源》中说："在艺术领域，再没有别种艺术，像诗歌那样能无限制地支配着无限制的材料的。"在原始宗教意识的支配下，原始人希望靠着这种有韵律的语言，来影响自然，使它服从自己的愿望。世界各民族的文明史几乎都以歌诗启其端，如古埃及刻在纸草上的各类歌诗，古巴比伦的《吉尔伽美什》，古印度的《罗摩衍那》等。在文字出现以前，歌谣就以口头传承的方式进行着，而且与人的生活密不可分。由于年代久远，当时又没有文字可以记录，因此大都湮没不存，所谓"虞夏之前，遗文未睹"（《宋书·谢灵运传》），只有在某些古籍中偶尔保存下来一些质朴的歌谣，如《吴越春秋》载的一首《弹歌》：

  断竹，续竹；
  飞土，逐宍（古"肉"字）。

这首歌谣很简短，但淳朴、自然，有很强的概括力。相传为黄帝时所作，描写了我国渔猎时代的人们砍竹、接竹、制造狩猎工具，然后用弹丸追捕猎物的劳动过程。在反映原始宗教文化的《周易》中，也保存了一些古老的歌谣，如《屯·六二》：

  屯如，邅如；
  乘马，班如；
  匪寇，婚媾。

写一群男子骑马突来，以为匪寇，转眼间闯进门抢走了姑娘，才知道是为了婚事。原来描绘的是古代社会确实存在过的抢婚风俗画。仅十二个字，但写得曲折、形象，有起有伏。又《中孚·九二》：

  鸣鹤在阴，其子和之；我有好爵，吾与尔靡之。

如果将这篇作品放在诗经之中，几乎无法与其他作品区别开来。这种借景寄意的写作方式无疑对后代诗的产生创造了条件。这说明，脱胎于原始宗教的原始歌诗，在人们生产、生存斗争中，既具有实际的武器作用——宗教作用，又有艺术的审美性。这双重性的关系，好比一架天平，当宗教的成份愈重，它的审美要求就愈低；当宗教的成份愈少，它的审美要求就愈高。当它完全超越了宗教功用，就会演变为一种纯粹的艺术。

二、《诗经》与现实主义传统

歌谣经过漫长的发展，到周代终于出现了一大批体裁成熟、艺术精湛、风格鲜明的民歌。经诸侯各国公卿献诗和采诗官采集整理，再经孔子删修，终于成就了我国第一部诗歌总集《诗经》。它与远古歌谣可谓文学艺术的滥觞，而"真正可以作为文学作品看待的，仍然要首推《诗经》中的国风和先秦诸子的散文。原始文字由记事、祭神变而为抒情、说理，刚好是春秋战国或略早的产物。它们以艺术的形式共同体现了那个时代的理性精神"。①《诗经》标志着中国文学史的光辉起点和现实主义文学传统的源头，它收录了我国西周初年至春秋中叶产生的305篇作品，主要出自当时北方中原地区，因其都是经乐师配乐用来演唱的"歌诗"，所以依其乐调分为风、雅、颂三类。"风"，土风俗曲，均为民间歌手创作。"雅"，正也，指周王朝国都地区的音乐，多为文人创作，也有民歌。"颂"，宗庙祭祀的音乐，是当时王朝中的史官或巫祝所作。诗三百篇是一个多彩多姿的意义的世界，反映了殷周时期的政治、经济、军事以及民俗风情等各个方面的现实情况，它就像当时社会的一部形象化的历史，一座琳琅满目的文化宝库。

其中尤以国风最为出色，而国风160篇中近半数是反映恋爱和婚姻的，"可说是最晶莹的圆珠圭璧"。②《诗经》中的恋歌，可以构成一曲表现邂逅—相思—热恋—成婚—婚后全过程的组歌。比如《郑风·野有蔓草》写在郊野"有美一人，清扬婉兮。邂逅相遇，适我愿兮"，两人一见钟情，便有了写幽期密约的《邶风·静女》：静女"俟我于城隅"，却故意"爱而不见"，逗得小伙子"搔首踟蹰"。姑娘突然跳出，送给小伙子一份礼物，让他爱不释手，视作心中的唯一，纵然"出其东门，有女如云。虽则如云，匪我思存。缟衣綦巾，聊乐我员"。（《郑风·出其东门》）他所钟情的依然是那位素衣民女。同样那么专注痴情，但在《周南·关雎》中的小伙子却经历了一番好事多磨：

> 关关雎鸠，在河之洲。窈窕淑女，君子好逑。
> 参差荇菜，左右流之。窈窕淑女，寤寐求之。
> 求之不得，寤寐思服。悠哉悠哉，辗转反侧。

这位小伙子钟情于一位贤淑貌美的姑娘，饱受了单相思的煎熬，痴诚而执着，最终巧以艺术才干博得芳心。此诗比兴新颖，细节逼真而有韵味，是脍炙人口的开篇名作。

表现青年男女两情相慕的名篇名句很多，诸如"投我以木瓜，报之以琼瑶""一日不见，如三秋兮"。有的比喻含蓄，有的大胆泼辣，《王风·大车》写一个姑娘直言不讳地表白自己的爱："岂不尔思，畏子不奔。"并发誓："穀则异室，死则同穴。"《鄘风·柏舟》中的女子向干涉自己爱情的父母表示："髧彼两髦，实维我仪。之死矢靡它。"这是先秦北方女子率真

---

① 李泽厚. 美的历程. 合肥：安徽文艺出版社，1994：59.
② 郑振铎. 插图本中国文学史. 北京：人民文学出版社，1957：48.

个性的自然吐露，展现出落落大方的纯朴美。她们所爱的对象都是普通人，"岂无居人，不如叔也，洵美且仁。"（《郑风·叔于田》）选择的标准，不是权贵，不看金钱，只中意其形貌和品行，完全发自人之天性，没有沾染丝毫的庸俗。所以爱得如火如荼，无比专注。《卫风·伯兮》就是写留守少妇对远征夫君"甘心首疾"的相思和祝福，第二章最为著名：

  自伯之东，首如飞蓬。岂无膏沐，谁适为容？

写得缠绵悱恻，充满了对丈夫的崇爱和忠贞。"女为悦己者而容"之典就出于此，表明我国自古就有忠于爱情的优良传统。《诗经》中的情诗都出自现实生活和个性的切身体验，大多表达的是热烈健康的感情和严肃认真的态度。

《诗经》中的《生民》《公刘》《绵》《皇矣》和《大明》五篇，直接记录和歌颂了我国原始周族的发展史，反映了周人征服大自然的伟大业绩。比如《大雅·生民》写后稷的母亲姜嫄因踩到天帝的足迹而受孕，生下稷后不敢养育而丢弃，但稷在牛羊、樵夫、鸟的奇迹般的救助下，得以成活长大，发明了农业，最终成为周民族的始祖和农业之神。《豳风·七月》逼真地描写了西周农人一年四季从事农业生产艰苦劳动的过程，使我们从中不仅了解到当时人们的生活状况，而且能真切地感受到他们的身心处境。《王风·黍离》写"闵周室之颠覆"，是最早的忧国悯故之作：

  彼黍离离，彼稷之苗。行迈靡靡，中心摇摇。
  知我者，谓我心忧；不知我者，谓我何求。
  悠悠苍天，此何人哉？

诗人目睹昔日繁华的故地，如今成了田野农林，不禁发出国破易主的悲鸣。面对国家的危机，《鄘风·载驰》中的许穆公夫人大义凛然地奔走他国求援，表现出满腔的热爱和平与坚决抵抗外辱的爱国主义情怀。《秦风·无衣》中的战士更是慷慨激昂地高唱着"王于兴师，修我戈矛，与子同仇"而奔赴卫国前线。"王于兴师"——只要统治者正义有为，国民便会"高山仰止，景行行止"。（《小雅·车辖》）但当统治者黩武穷兵，指挥不当而导致"王事靡盬""我戍未定"时，就会造成战士们"忧心烈烈"的悲怨，《小雅·采薇》就是反映这种长年南征北战而造成战士"靡室靡家"的痛苦。数年过去了，"曰归曰归"，眼见又一个"岁亦莫止"，却仍然无家可归，不禁"忧心孔疚"，对战争充满了厌倦。最后一章写得最为出色：

  昔我往矣，杨柳依依。今我来思，雨雪霏霏。
  行道迟迟，载渴载饥。我心伤悲，莫知我哀。

遥想当年依依惜别情景，更感到眼前在泥泞寒雪中行军之困苦，越发觉得步履沉重、饥渴难耐，从一个侧面表达了对统治者劳民穷兵政策的批判。

《诗经》中还有一些赞美君子谦恭有礼、讽刺统治者无耻丑行的作品，爱憎分明，决不虚美，也不掩恶，表现出刚正不阿的史家风范。如《鄘风·相鼠》抨击失德小人不如禽兽："相鼠有体，人而无礼；人而无礼，胡不遄死？"有不少作品直陈时弊、针砭朝政，有的甚至将矛头直指王公大臣，揭露批判他们的败德丑行。《毛诗大序》总结说："上以风化下，下以风刺上"，"言之者无罪，闻之者足以戒。"充分肯定了文艺批判现实的意义和作用。

《诗经》除少数叙事作品外，大都为抒情言志之作，奠定了中国以抒情为中心的诗歌传统。作者们普遍关注探究世界的终极价值，从不同的层面、不同的维度和不同的视角传达出对生命体验、意义求索和理想追求的关切。《诗经·魏风》说："心之忧矣，我歌且谣。"《尚书·尧典》称："诗言志，歌永言，声依永，律和声。"《毛诗大序》也说："诗者，志之所之也，在心为志，发言为诗。情动于中而形于言。"这是对《诗经》定性的古老而著名的论断，揭示了《诗》发生与意义诉求的内在联系。《诗经》表现的"饥者歌其食，劳者歌其事"的现实主义精神和真诚积极的人生态度，被后人概括为"风雅"精神。从这个意义上讲，《诗经》称得上是中华民族最古老的生命之诗、理想之歌。它推动诗人、作家去关心国家的命运和人民的疾苦，而不把文学看成流连光景、消遣闲情的东西；它为文学家用文学干预现实和批判社会黑暗政治作出了示范；老百姓可以用文艺的形式对上层统治者进行批判，包含着一定的民主因素。后来的开明朝代都设有采集民歌的机构，通过民歌"观风俗，知厚薄"。历代民歌是它的嫡传，从汉魏乐府直到近代歌谣都深刻体现了这种精神。

在表达方式上，周人创造了"赋、比、兴"之法，奠定了中国古典诗歌温柔敦厚之风。"比兴"不仅是一种借此言彼、托物寄情的诗性表达方式，而且逐步演绎成中国诗歌创作与批评的审美原则以及中国诗学的核心范畴。李泽厚说："'比兴'艺术形式的确定，由具有直接、具体、明确的神秘内容的严重表达形态转换为普泛适用的一般艺术形式，成为借物抒情的自由的形式。这即是说，包括自然景物的客观对象可以自由地成为日常生活中抒发情感的对象和手段的载体了。"①（并非朱熹所言"先言他物以引起所咏之辞"，而指的是诗句字面与内涵、所指与能指、言内与言外之意。②）诗三百中运用比兴最为圆熟的作品是《秦风·蒹葭》，全诗三章反复渲染清晨河滨凄秋之景，烘托迫切追寻而屡遭阻隔、"可望而不可即"的窘况，深秋的凄凉与求之不得的伤感浑然一体，构成了凄迷而又含蓄的艺术境界，给人留下回味无穷的余地，正所谓"文已尽而意无穷，兴也"③，开创了中国诗歌整体含蓄意境创造的先河。《诗经》中就是表达讽刺批判主题的作品，也往往表现得稳健深沉，含而不露。所以孔子说："温柔敦厚，诗教也。"以后的中庸思想由此发源。

《诗经》有丰富的文化内涵和很强的教化作用，是中国千年教育中普遍使用的文化教材。孔子认为，一个人的修养过程必须经过"兴于诗，立于礼，成于乐"的过程。还说："不学诗，无以言。""诗可以兴，可以观，可以群，可以怨。迩之事父，远之事君；多识于草木鸟兽之名。"（《论语·阳货》）意谓诗歌可以感发人的精神；可以认识社会，反映世风的盛衰得失；可以使人们交流感情，达到和谐；可以讽喻现实，批判社会黑暗和不良政治；使人懂得

---

① 李泽厚. 立象以尽意——从比兴到意境. 文学评论, 1986 (4).
② 详论见：周金声. 论兴. 文艺理论与批评, 1992 (2).
③ 钟嵘·诗品序.

做人的道理，至少可以增长见识。《诗经》至今以其永恒的魅力影响着中华民族的心灵。

三、《离骚》与浪漫主义传统

由于战国时代社会的根本变化，私人著述的风气大盛，于是涌现出第一位大诗人——屈原。他在学习楚地方民歌的基础上创造了一大批新体诗——楚辞，包括《离骚》《天问》《九歌》（11篇）、《九章》（9篇）、《招魂》等。这些不朽的诗篇，饱含着屈原丰富的哲学、政治思想，标志着我国文学史上从集体歌唱到个人专著的新纪元，奠定了屈原在中国乃至世界文化史上的崇高地位。1953年，世界和平理事会将屈原列为"世界四大文化名人"之一。[①]

《离骚》是屈原最重要的代表作，大约写于他第二次被放逐之时。全诗三百七十二句，其题旨，司马迁释为"离忧"（《史记·屈原列传》），班固释为"遭忧"（《离骚赞序》），王逸释为"别愁"（《楚辞章句》），是屈原在政治上遭受严重挫折，"发愤以抒情"（《九章·惜诵》）而创作的一首政治抒情诗，是一个爱国志士面临个人与国家的厄运，对过去和未来的思考，是一个崇高而痛苦的灵魂的自传。

《离骚》创造了以男女婚爱为中心的比兴象征体系，展现了一个忠君爱国者坚贞不二的心路历程。作者以女性身份先从自己的世系、品质和性情写起，充分自信"吾既有此内美兮，又重之以修能"，坚持佩饰香花异草以示精心修身，希望辅佐君王实现"美政"理想，唯"恐年岁之不吾与"，"日月忽其不淹兮，春与秋其代序；惟草木之零落兮，恐美人之迟暮"，满怀一片痴情。然而，却屡遭"党人"忌谗，君王原本"曰黄昏以为期兮，羌中道而改路"，"不察中情"反信谗变心。面对所爱"后悔遁而有他"，诗人却一如既往"指九天以为正兮，夫唯灵修之故也"；"不吾知其亦已兮，苟余情其信芳"。就是被君王抛弃了，诗人也自比一位饱受哀怨的弃妇，坚守着忠贞，神游天地、"上下求索"寻找规劝君王回心转意的机会。当幻想彻底破灭后，就不得已请灵氛占卜、询问出路，而在即将升腾远游之时，"忽临睨夫旧乡"，终于不忍心离开祖国，最后决心以死殉情。这种"恋君情结"的反复渲染，迸发出无可比拟的艺术魅力。一位对所爱奉献了一切的女性形象与一位悲壮的爱国忠臣形象交织叠印，飞跃到一个崇高的艺术审美境界，成为千古独创！

这个形象深深地植根于真实的生活，又蕴藏着超越平凡的理想主义精神。屈原生活在"诸侯并争，厚招游学"（《史记·秦始皇本纪》）的时代，各国争相招揽人才、礼贤下士蔚然成风。无数贤士都"待贾而沽"，奔走他国。屈原却执着地眷恋祖国，至死也不愿离开祖国一步。他在《离骚》《哀郢》《抽思》等篇中，热烈地表达了忠君恋国之情，如"楫齐扬以容与兮，哀见君而不再得。望长楸而太息兮，涕淫淫其若霰。""鸟飞反故乡兮，狐死必首丘。"等等。更可贵的是，其忠君爱国与恤民思想是密不可分的，"长太息以掩涕兮，哀民生之多艰"。为了在祖国实现以民为本、修明法度、举贤授能的"美政"理想，他不畏"路漫漫其修远兮，吾将上下而求索""亦余心之所善兮，虽九死其犹未悔"。屈原不仅是一位提出

[①] 世界四大文化名人：屈原、哥白尼、拉伯雷与何塞马蒂。

"美政"方案的政治思想家,而且也是一位具有"导乎先路"的实践者。他对外积极倡导联齐抗秦,不辞辛劳,合纵以求自立图强。当受到沉重的打击,甚至亲手培养的人才纷纷转向、处境孤立时,他也决不放弃自己的理想而妥协从俗,再三表示:

> 伏清白以死直兮,固前圣之所厚。
> 民生各有所乐兮,余独好修以为常;
> 虽体解吾犹未变兮,岂余心之可惩!

宁可怀抱理想而死,正是这种执着的爱国情怀,以"受命不迁","深固难徙,更壹志兮"(《九章·橘颂》)的为人作风,构成了屈原精神的特色,闪耀着理想主义的光辉异彩。

屈原两次被放逐,除了楚王昏聩的原因外,更重要的原因是中国固有文化中存在忌贤妒能的因素,崇尚理想、个性较强的个体容易遭受社会群体的排斥,比如汉代的班固也曾用华夏普遍的社会观指责屈原"露才扬己"(《离骚序》)。司马迁说:"屈平正道直行,竭忠尽智以事其君,谗人间之,可谓穷矣。信而见疑,忠而被谤,能无怨乎?"然而诗人坚信自己掌握着真理,拥有美好的品格。当诗人意识到他和自己所属的群体完全处于对立状态时,不仅没有恐惧,反而自信"謇吾法夫前修兮,非世俗之所服";"鸷鸟之不群兮,自前世而固然"。他在孤立中看到自己的高大,而对孤立他的社会投以蔑视。《离骚》是屈原用他的理想和桀骜不驯的生命所熔铸而成的宏伟诗篇,其中闪耀着诗人鲜明的个性光辉,这在中国文学史上还是第一次出现。朱光潜先生在论"悲剧与生命力感"时说:"对悲剧说来紧要的不仅是巨大的痛苦,而且是对待痛苦的方式。没有对灾难的反抗,也就没有悲剧。引起我们快感的不是灾难,而是反抗。"[①] 屈原在他的作品中,正是用他不屈不挠的反抗,直至用生命来张扬自己的人格精神,显示自己百折不挠、敢于斗争的生命价值,讴歌自己超越现实、超越时空的悲剧精神。卓荦人格,光耀千古!

忧愤深广的情思,强烈的政治色彩,幽思沉郁的情感,鲜明个性化之风格的有机结合,形成了屈骚独具的"崇高""悲壮"与"奇丽"兼备的整体美学特征,而这又是以丰富的浪漫主义的艺术方式体现出来的。"诗人吸取人类童年时代的神话思维,描绘了神游太空的宏大场面,展现了一个极富于幻想的诡异神奇的世界;复通过时空隧道,召集了众多的历史人物,往圣先贤上场,展现了足为人们明鉴的往古世界;更继承古老民歌的比兴传统,以香花美草、男女情思为象征,展现了一个五彩斑斓、情致缠绵悱恻的香草美人世界。"[②] 所谓"《离骚》之文,依诗取兴,引类譬喻,故善鸟香草以配忠贞;恶禽臭物以比谗佞;灵修美人以媲于君;宓妃佚女以譬贤臣;虬龙鸾凤以托君子;飘风云霓以为小人。其词温而雅,其义皎而明"。[③]屈原的许多作品,大都采用了"比德"的写法[④],赋予风云雷电、草木鱼虫等自

---

① 朱光潜.西方美学史.北京:人民文学出版社,1964:269.
② 褚斌杰.楚辞要论.北京:北京大学出版社,2003:126.
③ 王逸:《楚辞章句·离骚经序》
④ 在先秦时期的艺术观念中,认为自然之所以美,在于自然物中容载了某种道德伦理意义上的正面人格精神,观赏者从对象物中比附、联想出它所蕴含、所象征的某种人格美和道德美,才能使审美主体产生美感。审美主体在这种完满自足的道德境界中,获得了政治伦理人格的提升,体悟出道德精神高扬的美感。

然品物以人的意志情感，寄寓一定人格精神和道德属性，指向政教伦理。因此楚辞的比喻，不仅仅停留在个别事物的类比上，还体现于整个形象体系的构思中，因而又含有整体上的象征意义。这种审美观念，对我国古代文学产生了直接的影响，成为古代作家对自然美的一种普遍的审美观照方式。在形式上也打破了《诗经》的四言体，代之以六言为主、从三言到八言的参差错落的形式，灵活多变；配以"兮""于""乎"等虚字，协调音节。而且多用对偶，达百句以上；并已出现了错综对，如"固时俗之工巧兮，偭规矩而改错；背绳墨以追曲兮，竞周容以为度"。在一句中还往往以双声配双声，叠韵配叠韵，等等。这就形成了屈骚的诗句在错落中见整齐、在整齐中又富于变化的特点，读来节奏谐和，音调抑扬，表情达意更为深刻而委婉，具有一种起伏回宕、一唱三叹的韵致。屈原以前所未有的奇幻浪漫想象的气质禀赋，荆楚神话巫风文化的陶染，不同寻常的政治遭遇，三维构思的表现手法，反复致意的抒情方式，形成了屈骚沉郁顿挫、风逸缠绵、刚柔相济的艺术风格，最鲜明地体现了独特的艺术个性，成为中国文学史上第一座积极浪漫主义的高峰，不愧为鲁迅所评"逸响伟辞，卓绝一世"的绝唱。

【研习与探索】

1. 请收集现代民歌民谣若干，加以分类和评析。有条件者，可制作一组现代民谣动画片。

2. 艺术起源的研究对现代人发展艺术创造智慧有何启示？请查阅研读相关资料，就此写一篇小论文。

3. 《离骚》的比兴手法是在《诗经》的比兴基础上发展起来的，但它和《诗经》的比兴又有一些不同，这主要表现在：(1)《诗经》的比兴都是触景生情，是写实的；而《离骚》的比兴多为虚构、想象之辞，是诗人积极浪漫主义创作手法的组成部分；(2)《诗经》的比兴往往只是一首诗的片断，是一种简单的比喻和联想，而《离骚》的比兴却通过联想和想象，构成一种象征体。(3)《诗经》多用生活物象，《离骚》除了自然界的花鸟虫鱼外，人自身也成为比兴的媒介。请据此研读《诗经》和《楚辞》，试举例加以拓展论述。

4. 有人说，屈原失之于不会做人；有人说，是他生活的时代环境太恶劣。对此你有何见解？如果屈原生活在当代，会有怎样的结果？值得反思的是我们的文化，还是屈原的处世策略？

5. 针对当下社会现状或你身边的种种风气创作几篇民谣。

6. 请搜集部分不同时代、不同阶层的人对屈原的评论，进行比较，并结合时代看看有何异同。

（周金声）

第三节 中华文化的奇葩：《周易》

《周易》作为中国传统文化的第一元典，早在西汉时就被视为"六经之首"①，它代表着一种科技与人文相融合的文化模式，深刻影响了中国古代的科技文明、民族性格和中国人的思维方式及文化心理。我们熟悉的成语："仁者见仁""三阳开泰""洗心革面""革故鼎新""不速之客""文过饰非""防微杜渐""反目成仇""立竿见影"以及常用的词语"文明""人文""文化""启蒙"等都出自《周易》。《周易》已成为人们观察宇宙人生、锻炼思维能力、建筑哲学体系的理论基础，对于形成中华文化的特色，促进中华文化的发展产生了无与伦比的影响。

一、《周易》的产生与发展

现存的《周易》是由周文王所作的《经》和孔子所作的《传》所组成的。王充《论衡》也说："伏羲作八卦，文王演为六十四，孔子作《十翼》《象》《系辞》，三圣重业，《易》乃具足。"即所谓"人经三圣，世历三古"，认为伏羲、文王、孔子一脉相承，从无到有，穷而求变，由变而通，是对中华易文化的创造和进步做出巨大贡献的三个里程碑式的人物。

在西周以前，随着夏、殷两部落的兴盛，《连山》《归藏》就已经分别由活跃于局部地区的部落巫术，变成了用以实现国家管理与社会控制的工具。到了文王、周公时代，道理愈讲愈多，从而大有压倒并取代卜筮的趋势。经过缓慢的发展，到了孔子时代，周易发生了质的变化。孔子作《彖传》《象传》《文言》《系辞》《说卦》《序卦》《杂卦》十篇以解释古经。他在谈自己的《易》学观时，将自己与祝卜巫史相比较说："《易》，我后其祝卜矣，我观其德义耳也。……吾求其德而已，吾与史巫同途而殊归者也。君子德行焉求福，故祭祀而寡也；仁义焉求吉，故卜筮而希也。"②继孔子之后，荀子把这层意思说得更为干脆："善为《易》者不占。"吉凶由人，从"神道"向"人道"转进，中华易文化的发展，终于实现了由神学向（道德形而上学）哲学的变革。

历史上的《易经》，据说有三种，即所谓"三易"。《周礼·大卜》云："大卜掌三《易》之法，一曰《连山》，二曰《归藏》，三曰《周易》，其经卦皆八，其别皆六十有四。"与《周易》从"乾""坤"两卦开始，占测宇宙万物变易规律的学问不同，《连山易》以艮卦为首卦，象征"山之出云，连绵不绝"；《归藏易》，以坤卦为首卦，象征"万物莫不归藏于其中"，即万物皆生于地，终又归藏于地，一切以大地为主。《连山易》《归藏易》早已失传，

---

① "六经"：易、书、诗、礼、春秋、乐。
② 请参看：郭沂. 帛书《要篇》考释. 周易研究，2004 (4).

现代人讲《易经》，指的其实就是《周易》，但三《易》之间存在着传承关系。

《周易》的创制，虽是以卜筮为用，但其中包含着通天彻地、纵贯古今的深湛智慧，其实质乃含藏着无上的哲学意义。包含经传在内的《周易》一书，由于其内容诞生之古远，沟通天人之道之精微，及其核心思想之深邃，应被视为我国古代一部特殊的哲学专著。

二、《周易》的入门及其文化内涵

历史上对于《周易》的解释多种多样，仅对书名就有多种理解。关于《周易》的"周"字，历来说法颇多，如有人认为：周是"易道周普，无所不备"的意思，因为易以六十四卦三百八十四爻笼罩万事万物，所以卦爻的含义，自然是周延普遍的。汉代的经学家郑玄就认为"周"为"周普"之意，指"易学"的原理可以放之四海而皆准。也有人认为：《周易》就是指的周朝，但曾仕强教授认为周文王是精通易理的人，他是不会用自家的姓，冠在一本书上面，这是犯忌的事。他认为周是很周密、很周详，而且是周流不停，往复循环、生生不息的，因此才叫《周易》。根据汉代辞书《说文解字》的记载，"易"本指蜥蜴，蜥蜴随着环境而变化体色，可引申出变化之意。《说文》还指出，易的字形为上"日"下"月"，象征阴阳的变化之道。汉代的《易纬·乾凿度》又将易演化出"简易、变易、不易"三个意思。"易"的最核心含义还是"变化"，就是要人深知变化之道，并且能够恰到好处地应对自然、社会与自我不断发生的种种渐变与突变。"穷则变，变则通，通则久"（《系辞上》），通变、应变、革故鼎新，与时俱进，这就是《周易》所张扬和强调的宇宙观与知行观。

世传通行本《周易》由《易经》和《易传》两大部分构成，文献情况大致如下：

1.《易经》（《周易》古经）——殷末周初
（1）符号系统（卦爻符号）；（2）文字系统（卦辞爻辞）
①象辞（殷周歌谣、原始史记）②占辞（吉凶断语）

2.《易传》（《周易》大传）——战国秦汉
（1）《彖传》上下；（2）《象传》上下；（3）《文言传》；（4）《系辞传》上下；
（5）《说卦传》；（6）《序卦传》；（7）《杂卦传》。

伏羲八卦次序图：

乾一　兑二　离三　震四　巽五　坎六　艮七　坤八

以上八个符号，以乾、兑、离、震、巽、坎、艮、坤等八个字一一对应命名，将这八个东西的现象挂出来，就是八卦。古人认为宇宙就是由八卦符号代表的东西组成，宇宙的现象都挂在那里。八卦两两相重，就构成了六十四卦。乾卦代表天，坤卦代表地，这两个符号代表了时间、空间、宇宙。在这个天地以内，有两个大东西，一个是太阳，一个是月亮，像球一样，不断在转，所以离卦代表太阳，坎卦代表月亮。这两个东西不停地旋转于天地之间，于是有了四个卦挂出来了。震卦代表雷，巽卦代表风。雷电震动了就是雷，雷生万物，所以万物出乎震。一震动后，对面变成气流了，就是风。艮卦代表高山、陆地，兑卦代表海洋、河流、沼泽。在宇宙间，除了这八个大现象以外，再找不出第九样大的东西了。大的现象只有八个，可是这八个现象，变化起来就无穷无尽了。

所谓卦数，就是指易卦所代表的数字。上面所列"乾一"至"坤八"，为周易之八卦所代表的卦数，也称"先天八卦数"。用《周易》进行占卜，起数是关键。把筮得的数转换为六十四卦，根据的就是《周易》先天八卦数。

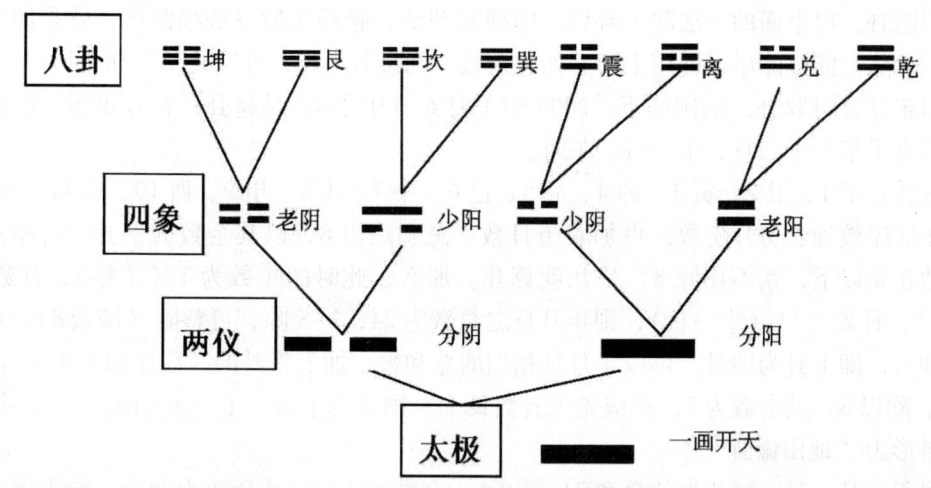

观上面的伏羲八卦次序图，最下面的是"太极"，象征着一，也就是道，模拟的是宇宙尚未演化、天地未分时的混沌状态。太极动而生阳，静而生阴，一阴一阳就是两仪，故《系辞传》说"一阴一阳之谓道"。古人观天下万物之变化，不外乎由太极而生阴阳，故画"▬▬"奇以象阳，画"▬ ▬"偶以象阴。"易有太极，是生两仪，两仪生四象，四象生八卦"，这就是先天八卦及其产生的过程。在这个演变过程中，首先是太极，其次是两仪，最后是八卦，象征着宇宙形成的过程。"▬▬"和"▬ ▬"构成了八卦的基本符号，是矛盾的形态和万物演变过程中的最基本的阴阳二气的基本符号。

伏羲八卦方位图：

从右图我们可以看到先天八卦方位与先天卦数的排列形式：由乾一至震四，系由上而下，再由下而上旋至巽五；由巽五至坤八，又由上而下，其路线形成S形的曲线，这种运动方式称为"逆行"。在其S形的运动轨迹中，由乾至坤，是按先天卦数乾一、兑二、离三、震四、巽五、坎六、艮七、坤八排列的。这种从上而下、先左后右、由少至多的数字排列方式，称作"逆数"。反之，由坤至乾、由下而上、先右后左、由多至少的数字，形成"顺行"的方式，称作"顺数"。

按先天八卦，乾坤，艮兑，震巽，坎离为两两对待之本，每一对中都含有顺逆、奇偶、阴阳，即阴中含阳，阳中含阴，阴阳错综交变，矛盾对立统一，这就是先天八卦方位图中的辩证思想。在先天八卦图中，八卦是本着阴阳消长、顺逆交错、相反相成的宇宙生成自然之理。根据先天八卦图和先天八卦数，我们即可以预测推断世间一切事物。

《易纬·乾凿度》说："卦者，挂也。言悬挂物象，以示于人，故谓之卦。"卦生象，卦象以卦形为前提，卦形有了，卦象就在其中了。那么，我们又该如何获得卦形呢？

先说起卦。凡起卦，八以内的数，不问数为多少，直接作为卦数。大于八的数，用八去除，所得余数作卦数。如果正好被八除尽，就是坤卦，无须再除。除不尽的数看余数，然后根据余数按《周易》先天八卦顺序数取卦，一为乾卦，二为兑卦，三为离卦，四为震卦，五为巽卦，六为坎卦，七为艮卦。

再说断卦。以上面的方法起了卦后，即须起动爻。起动爻的方法很简单，就是即以重卦的总数用六除。能被除尽，即用上爻。如有余数，则余数为几，即取几爻为动爻。

如以年月日时取卦，举例如下：2009年1月6日中午12时起卦，查万年历，得以下时辰：农历戊子年、十二月、十一日、午时。

地支数：子1、丑2、寅3、卯4、辰5、巳6、午7、未8、申9、酉10、戌11、亥12。

以年支序数加农历月份数，再加农历日数，总和除以8，以其余数为上卦。若年月日相加的和数在8以下，就不用除8，是几就算几。那么，此时的年数为1（子年），月数为12（十二月），日数为11（十一日），则年月日之总数为24，被8除，可整除（即余8），对应先天卦数坤八，即上卦为坤卦。再以年月日相加的总和数，加上算卦的时辰序数7（午时），其和为31，除以8，其余数为7，对应先天卦数艮七，则艮为下卦。上下卦相配，为上坤下艮，本卦的卦形为"地山谦卦"。

再以年、月、日、时相加的总和31除以6，余数为1，取其余数为动爻，则为谦之初六爻。动爻须变，是阳爻就变成阴爻，是阴爻就变成阳爻，不动的卦爻不变，动爻所在的卦将变成另外一个卦。则本卦谦之初六爻变成阳爻，下卦变离，本卦谦卦变为之卦"地火明夷"。①

起卦的方法多种多样，不一定非得以时间来起卦预测。我们也可以让别人直接报数字预测；或让其写字，数其字的笔画数起卦预测；或听到某种声音，数其声音起卦。这些方法均符合"易简而天下之理得"的至理妙道。孔子一方面推崇文王的伟大贡献，一方面却倡导"不占而已矣"。因为时代愈进步，知识愈普及，能够理智地推论出自己目前的处境，合乎六十四卦中哪一卦的状态，那就用不着占卜，直接查阅那一卦所揭示的道理，好好实践便是。若是找不出自己所处的卦位，不免还是有劳占卜了。②透过占卜来预知未来，是《易经》的主要功能之一。虽然测不准，还是很想测，这是人之常情，毕竟多一种参考，多一种选择，对每一个人来说，都是乐于见到的。特别对于初学者，从起卦开始探究《易经》的奥秘，未尝不是一条打开《易经》之门的便捷之路。

不管你占得了哪一卦，每一卦后面都有"卦辞"，每一爻后面有"爻辞"，是对这一卦和这一爻的解释或者典型占卜事迹的记录，相传为文王所作。在每一卦后面都有一段"彖辞"，"彖"有"判断、断定"之意，彖辞是对断定一卦之大旨。每一卦和每一爻的后面，有一段"象辞"，象：有形象、象征的意思，分为大象和小象。分析卦、爻的象征意义，注重由天地自然之象引申到君子人格的培育和建立，相传为孔子所作。这是周易中非常具有教育意义的一部分。比如：

---

① 郑同. 梅花易数讲义. 北京：华龄出版社，2009：3－6.
② 曾仕强. 易经的奥秘. 西安：陕西师范大学出版社，2009：43－44.

《益》卦☷，下卦为震，上卦为巽。益卦卦辞说："益，利有攸往，利涉大川。"

象传说：益，损上益下，民说无疆，自上下下，其道大光，利有攸往，中正有庆；利涉大川，木道乃行。益动而巽，日进无疆，天施地生，其益无方，凡益之道，与时偕行。

大象说：风雷，益。君子以见善则迁，有过则改。

从卦象上看，似乎是损上（九四）益下（初六），实际上是为了打下坚实的基础来稳定上层建筑。如果这样损上益下，那么人民必定喜悦无穷。因此，象传说"损上益下，民说无疆"。能够以君上的地位，施益给下民，他的道德必然大为广博，被覆万民。由于在上者中正不偏，大家喜庆，所以利有攸往；因为在上者伐木为船，可以顺利渡河，所以利涉大川。益卦震下巽上，下震动而上谦逊，当然每日都能精进，并无止境，好比上天施惠于下，使大地万物生生不已。不论哪一方，都普受利益。所以增益的道理，必须与时偕行，务求双方都满意。于是，大象希望我们不断增益善行，顺乎自然，不要矫揉造作；要不断反省，用心改造，不断充实自己。

初九，利用为大作，元吉，无咎。

小象说：元吉无咎，下不厚事也。

初九是最先的受益者，虽然地位卑微，原本不应该担负重任，但是以阳爻居阳位，又与六四相应，象征有能力，又获得上级的信任与支持，当然应该发扬增益的精神，大有作为。只要用心力求圆满，便能"元吉无咎"。倘若有差错，或考虑不周，那就令人不服，也容易由于招人妒忌而受害，不可能无咎了。

六二，或益之十朋之龟，弗克违。永贞吉。王用享于帝，吉。

小象说：或益之，自外来也。

六二是下卦的中爻，既中又正，深得九五的正应，充分加以信任和赏识。于是各种外来的助益，既可贵又多面。这时候心怀感恩，永远坚守正道，绝无非分的心，更不能私自获益而不分享大众。上级愈加信任，甚至可以代表上级祭祀天帝，用意在感念天恩，不忘根本。六二必须从中体会上级的美意，用心报答上级施益的恩惠。只要公而忘私，上下同心，必然有好处。

六三，益之用凶事，无咎。有孚。中行告公用圭。

小象说：益用凶事，固有之也。

六三多凶，但只有不得已时才可擅自做主，否则不容易获得上级的谅解。倘若诚信，又秉持中道而行，事后按照礼制，向上级禀告不得已的专横、鲁莽，尚能无咎。若是为了贪图权益，而擅自做主，那就有咎了。

六四，中行告公，从，利用为依迁国。
小象说：告公从，以益志也。

四多惧，六四是施益的开始，倘若假公济私，或者趁施益之时，要求私人的回报，必然多惧。若秉持中道而行，一切秉公办理，平时凡事公告，使众人明了而乐于顺从，又能依附上级的旨意，深得上级的信任，就算是迁移国都这样的大事，都可以提出建议。只要真正有利于人民，便能为上级所接受。

九五，有孚惠心，勿问，元吉。有孚惠我德。
小象说：有孚惠心，勿问之矣。惠我德，大得志也。

九五是君位，为施益的主体。老大诚信而有爱心，什么都不必问，当然元吉。"有孚惠我德"的"有孚"，则是人民的诚信，表现在感激政府的德政。政府有孚，人民也有孚，施益者和受益者双方面都讲求诚信。上下同心，在仁义道德的修养方面，多多增益；在声色货利的财富方面，合理加以节制。治国、齐家、理财、教育，无不如此。

上九，莫益之，或击之，立心勿恒，凶。
小象说：莫益之，偏辞也。或击之，自外来也。

凡事切忌物极必反，上九爻辞，即在提醒大家，损上益下到了上九尽头，往往变成损人利己，有了偏私，以致大家都不来增益，有时九五也不得出面规劝，甚至打击上九。立心不够坚定，有反恒常，是上九自招凶祸的主要原因。妥善和九五配合，不忘损上益下的基本精神，才能避凶。[①]

易学经过伏羲、文王、孔子三位贤人，接力棒跑了3500年，才有了辉煌的成果。孔子以后，每一个时代都有很多有志之士，前仆后继，不断地研究发展。以上是我们借助先哲时贤的研究成果，采用以点带面的方法引领大家打开易学大门的尝试。

三、《周易》的哲学思想和人文精神

《周易》是以象为本，以阴阳二象为基因，以八卦为基础构成的六十四卦象体系。这一

---

① 曾仕强，刘君政. 易经的中道思维. 西安：陕西师范大学出版社，2009：128–140.

体系通过"序变、数变、卦变、爻变"及其他变化，客观地反映了《易》的变性源于天地的变性，说明世界之所以变化发展的原理。通过对大量卦例的分析，取《周易》之精华，剥去《周易》卜筮的外衣，我们可以毫无置疑地认为，《周易》的内容核心是探索阴阳变化之"理"而不是"占"；是集形式思维、辩证思维、象数思维、模糊思维于一体，辩证思维为主干的综合思维的哲学实体，所以《周易》一书才成为古今中外绝无仅有的一部哲学绝唱。其哲学思想和人文精神主要表现在以下几方面：

（一）确立了"以德为本"的易学原则

易经所用的辞句，大多隐晦不明。历来各家解释，又多牵强附会。读《易经》有如解谜语，以致许多人敬而远之。实际上，《易经》的最高指导原则，就是"积善之家，必有余庆；积不善之家，必有余殃"（坤卦文言）。意思是多做好事，积累善行的人家，一定有充裕的喜庆；常做坏事，积累恶行的人家，一定会留祸殃给后代子孙。这句话，有如现代的交通信号灯，绿色通行而红色停止，是不需要证明，自然如此的。如果怀疑这句话的真实性，恐怕再努力研习《易经》，也是枉费时间和精力，毫无用处。

系辞上传接着"一阴一阳之谓道"，便指出"继之者善也"。一阴一阳的相互对应和作用，是万物的根本，我们把它叫做道。继承道开创万物，便是善。系辞下传指出：天地最伟大的德性，是化生万物。圣人最珍贵、最崇高的地位，凭什么来保持呢？用仁德和道义。人类在食、色两种本能之外，还有仁义，成为和一般动物不一样的特性。德本财末、德本才末，对现代人一切向钱看，而又特别重视才来说，应该显得十分有意义。

（二）确立了"阴""阳"对立统一的哲学范畴，建构了一个颇为完整的辩证法体系

在《周易》的六十四卦中，除了乾和坤两卦之外，其他所有的卦都兼有阴、阳两爻，整部《周易》都是阴阳思想的体现。《系辞上》说："一阴一阳之谓道"，认为一阴一阳的相互消长，是万事万物生长消亡的根本原因，也是周易卦爻变化、吉凶祸福产生的核心因素。因为阴阳能够相生相克，所以二者能够互相转化，并由此带动事物的发展变化。《易传》又进一步将"阴阳"与"天地""乾坤"统一起来，非常清晰地指明了这三者在《易经》中的先决地位和生化作用。中国哲学的三大问题，就是天人、群己、身心关系问题，无非都是阴阳关系问题。阴阳思想是中国传统文化的根本所在，同时也是中国传统哲学的基石所在，千百年来一直在中国社会的方方面面发挥着或隐或显的作用。这种思想，即使是在21世纪的今天，依然具有强大的生命力。

（三）关注春秋以来争辩激烈的"天人关系"，提出了一套关于自然与社会普遍规律的天、地、人三才之道的完整哲学思想体系

《易传·说卦》说："圣人之作《易》也，将以顺性命之理，是以立天之道曰'阴'与'阳'，立地之道曰'柔'与'刚'，立人之道曰'仁'与'义'。"天道、地道、人道相统一，构成天人之际三纲领，包含了宇宙演化、社会发展、人际关系的广泛思想内容。这种天人一体的宏观宇宙观，在世界思想史上有极大的优越性。以此为出发点，《乾卦·象传》进

一步指出:"乾道变化,各正性命,保合大和,乃利贞。"君子应该做到以仁心作本体,以为人尊敬;以优雅的举止,来行礼仪之道;以物利人,来符合"义"之精神;以正固的节操,来办好事务,即按照阴阳互补的原理使"利"和"义"这两个对立的东西和谐统一起来,这也是值得现代人认真借鉴的重要思想之一。

(四) 自强不息,厚德载物的精神

《乾卦·象传》曰:"天行健,君子以自强不息。"《坤卦·象传》言:"地势坤,君子以厚德载物。"中华民族的精神之一就是自强不息的精神,就是不断奋斗的拼搏精神,但是不要光讲奋斗,光奋斗就可能产生"亢龙有悔"(乾卦上九),所以还应有"厚德载物"来调节、补充。厚德载物是讲博大的情怀,海纳百川的超凡气度。换言之,人要效法大地海洋的雍容大度,虚怀若谷,会通万物,以成其功。乾坤两卦的这种刚健而又厚德的精神,是贯穿《周易》全书的一根红线,塑造了中华民族不畏艰险、不怕困难、不怕牺牲、勇于奋斗的民族品格,这是我们民族宝贵的精神财富。

张岱年说:"《周易》在中国传统文化中,影响是非常广远的。主要是因为在经、传中的辩证思维是深刻而又丰富的,对事物的变化过程、事物之间的关系、对立统一规律都有深刻的明确的论述。所以它影响到中国文化各个方面,在哲学、艺术、科学等等方面都有重要影响。"[①] 自先秦开始,无论是儒、道、释抑或其他学派,无论是两汉经学、魏晋玄学、隋唐佛学还是宋明理学等,历代哲学家、经学家及思想家大多精通易学,都不同程度地受到易学的滋养。几千年来,关于《周易》的注疏达3000多种,形成了庞大的易学体系,对中国的政治、哲学、军事、文化、民俗、建筑、艺术等等各个层面都产生了深远的影响。

《周易》中包含有丰富的古代数学概念和辩证思维模式,这引起欧洲学者的高度关注。德国自然科学家莱布尼兹及其论文《二进制位计算的阐述——关于只用0与1兼用其用处及伏羲氏所用数字的意义》;著名量子物理学家玻尔及其爵士徽章;欧洲哲学权威C·G捷恩及其英文版《易经》序言;美国高能物理学家卡普拉及其《物理学之道》都与中国古老的《周易》结下了不解之缘。

在漫长的古代社会,《周易》具有崇高的地位,被视为中华文化的开端,对中华文明和世界文明都产生了深远的影响。

【研习与探索】

1. 《周易》是如何产生的?它是一门什么样的学问?

2. 《周易》为什么认为道德修养是做人的根本?我们究竟如何趋吉避凶?《易经》的中道思维对现代人有哪些启示?

3. 有人说:"对中华民族来说,孔子是无法否定的。因为在他的背后,是这个民族割舍不了的文化家当。正是以这个无法否定的人物为里程碑,古老的《周易》才不再是一部纯粹

---

① 珊泉,陈建军. 中华周易. 北京:北京师范大学出版社,1988.

的卜筮之书而为巫史人员所专有。作为一个非常杰出的个人,孔子为中华《易》文化的发展,提供了一个千载难逢的契机,提供了一种比文王、周公更为深刻而理智的人文精神与这种精神所一定要显现出来的感召。没有这种契机与感召,《易》学的理性化、儒学化是不可能的。即使古老的《周易》里面含有许多科学成分与技术要素,要是没有经过孔子之手所实现的巨大变革,这些宝藏依然还会继续沉睡在更为漫长的黑暗里。要是没有孔子'以《易》说事'的创举,就不会引起一个民族以如此的热情和韧性对这样一部鬼魅般的经典进行没有完结的挖掘。《周易》也不会因其讲忧患、讲德性、讲哲理、讲智慧、讲人生、讲科学、讲技术,成为炎黄子孙的宝典,成为中国古代首屈一指的'百科全书',成为当之无愧的东方的'圣经'。"——就以这段话为引子,让我们各抒己见好吗?

(周金声　黄东斌)

第四节　老子与《道德经》

在中国思想史上,老子是独一无二的一位智者,他所开创的道学思想与孔子所奠基的儒学思想形塑了中国文化精神的根脉。在世界文化长廊中,《道德经》也是仅次于《圣经》发行量的一部经典著作。在长达数千年的华夏文明中,老子及其思想在历史的钩沉中不断被解读着,研习着,但却始终像一条绵延不息的河流,带给我们的是不尽的精神滋养。

一、老子其人与其书

尽管研究老子的著述从古至今从未止息,但文献典籍中的老子形象都是模糊化和碎片化的,这为后世历史性的追述生平留下了很多空白,但也正因此老子的形象被赋予了更加神秘的传奇色彩。

《史记》对先秦以来的学术思想有较为系统的概括和总结,在《史记》卷六十三《老庄申韩列传》中对老子生平就有如下一段记载:

老子者,楚苦县厉乡曲仁里人也。姓李氏,名耳,字聃。周守藏室之史也。

这段不足30字的简介为我们呈现的是关于老子最基本的信息。老子是楚国人。自古楚文化源远流长,楚地更是人杰地灵,道家思想以及屈原开创的楚辞体都是源于这方水土。关于老子其名,一说"老"是尊称,一说"老"是姓氏,春秋时期有老姓无李姓,李姓或由老姓转出。关于老子的身份,"守藏史"是周代管理图书的史官,相当于现在的国家图书馆馆长的职位,由此也可以想见老子博古通今深厚蕴藉的学术渊源。

孔子和老子都曾处身于礼崩乐坏的动荡年代,但二人在处世观念、人生信念、价值追求上给后人似乎留下了很多可资对比的历史印迹。比如,老子笃定"自隐无名"的信念,身后仅留下数千言的遗训;而孔子却坚信"名不正则言不顺"的仁政思想,修《诗》《书》,订《礼》《乐》,传《周易》,作《春秋》。老子一生潜心修道德要义,但从未招徒讲学;孔子一生经历了出仕和辞官的起落沉浮,虽未实现光复周礼的宏愿,但却将毕生的余热投入到有教无类的教育实验上。然而,看似两位毫无交集的先哲,其实却有着非同寻常的学理渊源,在《史记·孔子世家》《礼记·曾子问》以及《庄子》等篇章中都记载了这一传奇般的故事:

> 孔子适周,将问礼于老子。老子曰:"子所言者,其人与骨皆已朽矣,独其言在耳。且君子得其时则驾,不得其时则蓬累而行。吾闻之,良贾深藏若虚,君子盛德容貌若愚。去子之骄气与多欲,态色与淫志,是皆无益于子之身。吾所以告子,若是而已。"孔子去,谓弟子曰:"鸟,吾知其能飞;鱼,吾知其能游;兽,吾知其能走。走者可以为罔,游者可以为纶,飞者可以为矰。至于龙,吾不能知其乘风云而上天。吾今日见老子,其犹龙邪!"

尽管老子的言行处世都表现出与孔子不甚相同的价值追求,但无碍孔子以"龙"比喻老子,可见老子在孔子心中是怎样的一位令人高山仰止的智者,而从另一方面讲也促使我们从更深层次思考儒道互补的文化渊源。

老子和孔子不同,生前并未留下卷帙浩繁的文字,《道德经》的问世在《史记》中也略有记载:"老子修道德,其学以自隐无名为务。居周久之,见周之衰,乃遂去。至关,关令尹喜曰:'子将隐矣,强为我著书。'于是老子乃著书上下篇,言道德之意五千余言而去,莫知其所终。"说明老子秉持着他最初"自隐无名"的信念并无意为后人著书立说,即使勉强为之,也是惜字如金。

最初老子书称为《老子》,《道德经》是后来的称谓。《老子》有三个版本系统,一个是传世本的《老子》,以魏晋时期王弼的《道德真经注》为通行本。二是1973年在长沙马王堆战国楚墓中发现的帛书《老子》甲、乙、丙本。三是1993年在湖北荆门发现的郭店楚简《老子》版本,有甲、乙、丙三组。上篇起首为"道可道,非常道",故人称《道经》。下篇起首为"上德不德,是以有德;下德不失德,是以无德",故称为《德经》,合称《道德经》。《道经》言宇宙本根,含天地变化之机,蕴阴阳变幻之妙;下篇《德经》,言处世之方,含人事进退之术,蕴长生久视之道。

二、《道德经》的主要思想

(一) 老子"道"的思想

《道德经》是围绕着"道"而展开的思想旅行。关于"道"的解读,无疑成为理解整部

《道德经》的入口。《道德经》中对"道"的描述，为整部《道德经》提供了方向性的指引。

  道可道，非常道；名可名，非常名。无名天地之始，有名天地之母。故常无欲以观其妙；常有欲以观其徼。此两者，同出而异名，同谓之玄。玄之又玄，众妙之门。（第一章）
  道之为物，惟恍惟惚。惚兮恍兮，其中有象；恍兮惚兮，其中有物。窈兮冥兮，其中有精；其精甚真，其中有信。（第二十一章）
  有物混成，先天地生。寂兮寥兮，独立不改，周行而不殆，可以为天下母。吾不知其名，字之曰道，强为之名曰大，大曰逝，逝曰远，远曰反。（第二十五章）

  从"无名天地之始，有名天地之母"中我们可以推知"道"代表一种本源的力量，恰如我们总是在问世界从哪里来，要往哪里去，人从哪里来，要往哪里去。人们在无穷尽的时空中总是要探问我们的来路与去路，去探索世界的源初是怎样开始的。因为它的存在，我们就有了可以依恃的力量。那么"道"又有怎样的特性呢？我们可以从"无"与"有"这对关键词入手去理解"道"的存在。

  从第一章中我们似乎看到"道"的存在充满着矛盾统一的张力。一方面，"道"似乎是无形的，无声的，"道可道，非常道"，三个"道"三个不同内涵，"道"并不是我们用日常语言可以定义的。一般来说，我们看得见摸得着的事物都是可以定义的，可以命名的，但"道"不同，因为我们一旦要给它命名，它就不是那个"道"了。那么"道"难道真的是一种飘渺的存在吗？当我们困惑迷茫的时候，它又显示出一种"道法天地"的实存力量，因为天地间的奇妙和无穷似乎都与它相关。在《道德经》中用来形容"道"的存在的意象有：冲、谷、橐籥、门等，所谓"道冲而用之或不盈"，"道"就像盛水的器皿，中间是空的，但正因为它的空，我们才能不断注入水；反之，如果没有这个空洞，也就无法成就器皿的功用。"道"在"空"与"盈"之间持守着不竭的能量。"虚而不屈，动而愈出"，"道"的存在还像风箱一样，因为是空的，才能让空气流动充盈，才能让火借势烧得更旺。"道"在"虚"和"动"之间蕴藉着生命的活力。正因此，"道"的存在就像是盛水的器皿，深谷、风箱和门，看似中空但却能充盈万物，潜藏着无限的广容空间和生命孕育的力量。从这个角度上来讲，"道"的"无"恰成就了无限的"有"的空间。正如人类文明的进步常常是建立在否定之否定循环上升的基础上的，如果我们总是刚愎自用，反而阻塞了提升完善的空间。"天下万物生于有，有生于无"（《道德经》第四十章），"道"应物自然地周流于宇宙之中，它不会停滞于一时一地的"实存"性的囿困，而是不断地在超越中寻求意义的提升，"无"总是在一定程度上对"有"保持着高度的警惕，只有在运动变化中才能跳出既定的"有"，而这也正是"无"与"有"所维系的价值维度。从"道"的变化无穷和有无相生的特性，我们才能更加明白对自我的不断否定才能成就自我的超越，执着于既有只会失去创造的活力。

  其实，"道"的存在也正因为它的"虚怀若谷"才成就了其"海纳百川，有容乃大"的博大。在《道德经》中还有一组看似相反相对的词用来比喻"道"的存在，那就是"小"与"大"。"道"之"小"在于它"视之不见""听之不闻""搏之不得"，它并不是一个显露在外的超然的实体,然而,它又无时无刻不在运动变化着,它存在于宇宙万象之中,时刻作用于万物之中。正是"道"的潜隐使它"衣养万物而不为主,常无欲可名于小",它并不像一个高高在上自以为是的君王,号令天下标举万方,它只是像一个默默无闻的智者,无私忘我地贡献自己的能量。也因此,它又拥有"无冕之王"的桂冠,是它与万物共生共育,是它成就一切,滋养众生,以至于"万物归焉而不为主,可名为大"(《道德经》第三十四章)。老子对天地间"道"的追述让我们更加深刻地体会到对生命之源的探问,"道"作为孕育万物的存在,它像母亲一样无私忘我,不彰显自己也不自以为大,它始终以化育万物的不竭动力实现着生命的超越。也正因此,天地万物也因为它的存在而生生不息。

(二)老子"无为"的思想

老子的学说常被人理解为消极避世的,很大程度上是因为他主张"无为":

是以圣人处无为之事,行不言之教;万物作而不为始,生而不有,为而不恃,功成而弗居。(二章)

我无为,而民自化;我好静,而民自正;我无事,而民自富;我无欲,而民自朴。(五十七章)

对老子"无为"思想的理解不能断章取义,我们需要将老子思想联系起来才能更深入理解老子。"无为"首先是对当政者"有为"的反思:"民之饥,以其上食税之多,是以饥;民之难治,以其上之有为,是以难治;民之轻死,以其上求生之厚,是以轻死"(《道德经》第七十五章),统治者一旦将个人的权力诉诸于专制,就会让一切现存的社会严重失范。统治者好物,于是天下物欲横流;统治者尚武,于是天下屠戮横行;统治者立法,于是天下混乱无度。"天下多忌讳,而民弥贫;民多利器,国家滋昏;人多伎巧,奇物滋起;法令滋彰,盗贼多有"(《道德经》第五十七章),这里,批判的矛头直指现世生活中被冠以神圣的权威性的"德治""法治"。上层统治者推行的法律,是一把双刃剑,当它开始成为专制的国家工具时,反而成了可供操纵的鱼肉大众的利器,所以才有所谓的"和大怨,必有余怨"的无法根治的恶果。不仅如此,所谓"大道废,有仁义"(《道德经》第十八章),社会失范时标举的仁义,人性沦丧时倡导的孝慈,其实很大程度上只能成为"大道"衰微时的末技。正如蒋锡昌评点的那样:"至德之时,人皆仁义,故仁义不见。及世君失道,人皆恶逆,乃倡仁义之名以为救济。""至德之时"的社会,仁义是内在于心的本然,而"失道之时"仁义成了一种由上而下的道德律令,一种规范指导下的外在的修为,这种修为常常会变成虚伪的矫饰和机巧的工具,使整个社会伪诈渐生。从这个角度来说,上层统治的"有为"刺激着物欲世界的恶性膨胀,强化着等级分明的权力裁策,催生着贫富悬殊的恶果。相反,推行"无为而治"的社会,"不尚贤,使民不争;不贵难得之货,使民不为盗;不见可欲,使民心不乱。是以圣人之治,虚其心,实其腹,弱其志,强其骨,常使民无知无欲。使夫智者不敢为也。为无为,则无不治。"(《道德经》第三章)这就意味着,不用权力去强行分化社会的等级,不用单一物质利益的标尺去搅扰人们内心的平静,真正实现"我无为,而民自化;我好静,而民自正；我无事，而民自富；我无欲，而民自朴"（《道德经》第五十七章）的社会和谐。从一定程度上讲，"无为"就是不强为，不妄为，还政于民，使民心淳朴。西汉初年，文景之治时期，上层推行"修养生息"的"无为"之政，轻徭薄赋，息兵革武，反而造就了历史上难得一见的太平盛世。

"无为"并不限于对统治权力的批判，同样也针对个人价值行为的形塑。相对于上层统治者的"有为"，个人的"有为"常常表现在对个人主体性彰显下的偏执妄为。个体如果在行为上片面依照个人意志，一意孤行，就会导致一种行为的偏执，导致认知层面的二元分化。《道德经》第二章中有"天下皆知美之为美者斯恶已，天下皆知善之为善者斯不善也已"，王夫之评注道："天下之变万，而要归于两端生于一致，故方有'美'而方有'恶'。"也就是说，美与丑、善与恶是相反相因的，而我们一旦用静止的眼光偏执地为其分出善恶、美丑的两端，势必造成人为的、强行的事物分割，使得世界原本的和谐变成分裂和对立。曹雪芹写成《红楼梦》时也曾无人问津，更遑论后世所谓经典名著的雅称，但当我们放下时代的局限，以普适性的人性关怀去理解它时，才能品出其中的真味。因此，如果我们能用发展的整体的眼光去体认周遭的存在，我们就会发现"有无相生，难易相成，长短相形，高下相倾，音声相和，前后相随"（《道德经》第二章）的道理。从这一角度讲，《道德经》推崇如圣人一般的"处无为之事，行不言之教"就是让我们不要用个体性的语言囚笼去网住丰富的特性，也不要用随意的判断去绝然划分好坏美丑，《巴黎圣母院》中的卡西莫多一开始似乎并不可爱，但人性苏醒后又激发了他的大爱真情。

个体偏执地推行"有为"的另一个后果就是自我的异化。在现世生活中，人常常汲汲有为于一己之身，总希望通过一种真实的拥有确立自身的价值，然而世人如果仅仅将身体孤注一掷地投向物质世界的获取中，并将个体生命廉价地让位于权势和金钱，就会变本加厉，过于看重荣辱得失，进而不择手段，胡作妄为，最终就会沦落为物质的奴隶。正如高亨所说："得宠得辱，失宠失辱，皆若惊者，由于自私其身也。自私其身，则重视外物，重视外物，则情为物移，此人之通病也。"正因此，老子教导人们不要因物伤身，也不要因物丧失做人的精神。保持人格之独立，不为外物移性移情，才能应物自然，惠利天下。从这个角度来看，"无为"是一种"去甚，去奢，去泰"（《道德经》第二十九章）的人生态度。

（三）老子"自然"的思想

《老子》中的"自然"既不是指自然界或大自然，也不是与人类文明隔绝或没有任何人为努力的状态；更不是一种原始野蛮的自然状态。应该说它代表的是人类的一种自适其成的生存状态，一种人与万物和谐共存的理想状态。

"自然"在《老子》中首先指向的是生命自适其然的自在状态。在《道德经》中第一次出现"自然"的语境是这样的情形：

> 太上，下知有之；其次，亲而誉之；其次，畏之；其次，侮之。（《道德经》十七章）

王弼注:"太上谓大人也,大人在上,故曰太上,大人在上,居无为之事,行不言之教,万物作焉而不为始,故下知有之而已。"太古时期权力的存在并没有特别明显的作用,老百姓常常感觉不到统治者的存在。但随着权力工具的施行,人们开始敬畏权力甚至对滥用权力的人也表达着越来越多的激愤之情。为什么呢?因为有了所谓的礼法规约的社会体制:"上以仁义为治,下则亲而誉之;上以刑法为威,下则畏之;上以巧诈为事,下则侮之;此皆由君信不足于下,下乃以不信应之。"①上层要搞形象工程,社会就要劳民伤财;统治阶级要大兴土木,老百姓就要忍饥挨饿;政策要标举财富为贵,社会就要铤而走险,不择手段。这种体制划归下的人们往往沦为权力统治的对象,逐渐形成了社会两极的分化,高贵的与低贱的,上层的与底层的,有权的与无权的等等,这样一来,老百姓在失去了生命自我完整性的同时也失去了自在感。而《道德经》中推崇的却是上古的无权力统治的理想情境,在这里只有"功成事遂,百姓皆谓我自然",在不感到任何外力的强制作为下,人们能够自适其成。在《道德经》中与"自然"同义的还有"自化""自正"等,都意在表明一种不由外在规约的生命自我化育和自我完成。老子推崇"治大国,若烹小鲜"的理念,也就是不搅扰,不强行干涉,这样反而能使老百姓各得其所。反之,"苛政猛于虎",上层越是处处急功近利,底层越是水深火热。"我无为,而民自化;我好静,而民自正;我无事,而民自富;我无欲,而民自朴。"(《道德经》第五十七章)上层统治者若能摒弃强制妄为回归"无为",能无扰于民趋向"好静",能安顺其民持守"无事",那么就能戒除权力过分规约,使众民能够自适其成,自我化育。正如"道"的存在秉持着"衣养万物而不为主"以及"万物归焉而不为大"的精神,所以才能做到"以其终不自为大,故能成其大"(《道德经》第三十四章)。"道"的无私正是在于它依遵万物自生、自长、自成,使得万物"自己成为自己那样",并按照"自己那样"存在和变化着、发展着。

《道德经》所追求的"自然"境界还是一种人与万物和谐共作的生态宇宙,具有鲜明的反人类中心的思想。《道德经》中出现的"自然"状态,并未明确为只是作为生命个体的——人的"自然",而是指向宇宙所有存在的"万物"。第二十五章有:"道大,天大,地大,王亦大。域中有四大,而王居其一也。人法地,地法天,天法道,道法自然。"首先,这里的"王"字,从古代书写形式上三横代表的是天地人,而中间的一竖表示贯通天、地、人的人,把天地人都贯通的人,成为王。显然,此处的"自然"涵纳的是包括天、地、人在内的所有存在,"自适其然"并不是将人孤立于世界之外,而是将所有的存在加以联系性地统一观照,他们互相依存、紧密联系,形成的是充满生命张力的宇宙生态。而现代文明的历史恰恰是人与天地自然万物分化的历史,人从自己的需要出发,探索世界,征服他者,希求以此打破自然对人的束缚和限制,从而规范、支配和利用外在的客观世界。从不断彰显人与自然的独特性和优越性的意义出发,支配日益客体化的自然界,控制周遭的世界秩序。人类在这种强调人的绝对主体性的过程中,造成了人与自然的分裂,人与世界的疏离,二元对立的局面不可避免地产生了。

而《道德经》中有这样几个关键词强化着"自然"所指向的和谐宇宙生态系统,他们就

---

① 蒋锡昌. 老子校诂. 成都:成都古籍书店,1988:111.

是"朴""一"以及"玄同"。《道德经》所主张的"见素抱朴,少私寡欲"同样表现在对"自然"人生的追求中。三十七章有"道常无为而无不为,侯王若能守之,万物将自化。化而欲作,吾将镇之以无名之朴。无名之朴,夫亦将不欲,不欲以静,天下将自正。"这里的"自化"和"自然"一样,都是希望给予生命自生自长的自由空间,然而自我的发展如果造成了万物日益分化的危机,生命的存在就需要"迷途知返",重新回到"真朴"的和谐状态中。所谓"朴",就是树木未切分的状态,也就是保持事物的完整性。老子所追求的"自然"人生,就是不想让人类的行为割裂了与天地万物的依存关系,让人自在自为,同样也要让天地万物自在自为,不能因为人类的私利,忽视甚至泯灭天地万物存在的自在感。"昔之得一者:天得一以清;地得一以宁;神得一以灵;谷得一以盈;万物得一以生;侯王得一以为天下贞。"(《道德经》第三十九章)"一"代表天地之初"道"体混沌为一的状态,所谓"有物混成,先天地生",源初的世界是无分的一体。正基于此,《道德经》中提倡"贵一"。如何才能达到"真朴守一"的理想境界呢?《道德经》中还有"玄同"的思想:"塞其兑,闭其门,挫其锐,解其纷,和其光,同其尘,是谓'玄同'。故不可得而亲,不可得而疏;不可得而利,不可得而害;不可得而贵,不可得而贱。故为天下贵。"(《道德经》第五十六章)这里的"塞""闭"和"挫"强调对个体自身的行为进行自省性的警戒,人类的行为强调向外索取,对外征服,强力捍卫属人的尊严,但越是如此,我们就越容易失衡,不仅会被物质的世界搅扰了自适其然的安宁心境,而且人类的行为还会破坏大自然原本的和谐。随着现代文明进程的推进,有多少钢筋水泥的建筑淹没了小桥流水人家的恬然,又有多少车水马龙的喧嚣遮蔽了听取蛙声一片的惬意。今天,当我们重新去理解老子"自然"思想时,其实就是在对人类专断行为的一次反思,真正的智者不是凌驾在大自然之上的一个征服者,而是懂得与万物和谐共存的一个诗人。我们都不希望人类在"2012"的预言中去哀悼我们曾经失去的美好和质朴。

【研习与探索】

1. 你如何理解老子"道常无为而无不为"的思想?在现代社会,你觉得这一思想的价值和意义在哪里?

2. 陶渊明有"久在樊笼里,复得返自然"的人生慨叹,你如何理解陶渊明的"自然人生"?

3. 联合国秘书长潘基文获得第二届连任发表演说时,援引老子"天之道,利而不害;圣人之道,为而不争",强调应将这不朽的智慧应用到今天的工作中,在百家争鸣的思想中,找到行动上的统一性。对此你有何感想?

4. 熟读老子《道德经》,背诵其中你感触最深的10句,结合以上问题的思考,选取一个角度自拟题目,自选体裁撰文一篇。

(李艳)

第五节　孔子与《论语》

孔子是中国儒家思想的代表人物，是世界十大文化名人之一，对全人类都有着极其深远的影响。近年来，随着孔子学院在全世界的兴起，孔子几乎成了中国文化的代名词。那么，孔子到底是一个什么样的人？《论语》又是一部什么样的作品？孔子的当代价值到底在哪里？我们向孔子学什么呢？

一、平凡而伟大的孔子

在今山东曲阜东南有一座尼山，史书上也称尼丘山，是古代鲁国的名山之一，公元前551年，孔子就诞生在附近的陬邑昌平乡。传说孔子父母曾在尼丘山祈祷求子，孔子生下来时，头顶中间低四边高，很像尼丘山，于是他的父母便给他起名为丘，字仲尼。[①]"孔子"是人们对他的尊称。

孔子祖上是商朝贵族，但到他父辈的时候家族已经没落，父亲早逝，孤儿寡母，生活贫困，实际上已经下降为平民。孔子也并不隐晦自己青少年时代社会地位低下，曾自述说：

　　吾少也贱，故能多鄙事。（《子罕》）

据各种传记记载，孔子少年时给鲁国大夫季氏家放过牛、赶过车，还到乐队临时打工当吹鼓手。成婚之后，孔子要养母养家，跛足哥哥的妻女也要他来照顾。为了生存，他从低贱的杂活做起，做到仓库管理员、畜牧管理员等"委吏"，也是卑微的差事，后来做了季氏的家臣。他最大的特点是"学而不厌"，一步步在社会上被承认为有学识、有才干的人，享有好名声。不到40岁，他开始创办自己的学校。51岁，孔子开始从政，做了中都邑宰，工作一年，政绩斐然，升任鲁国司空，再升任大司寇，两年后，鲁国大治。55岁，开始代理鲁国宰相。但是，他的主政触犯了鲁国贵族的利益，更引起了邻国的恐慌，于是他们采用谗言、贿赂等手段，使鲁国国君沉湎酒色，不再采纳孔子的主张。

孔子看到自己的理想在鲁国不可能实现，毅然辞职，带着弟子周游列国，希望说服各国国君推行他的政治主张。从55岁到68岁，整整14年，为了理想，孔子以老迈之躯，颠簸在尘土飞扬的土路和坎坷的山路上，历尽千辛万苦。

[①] 参见：司马迁. 史记·孔子世家. 北京：中华书局，1982：1905.

齐景公待孔子,曰:"若季氏则吾不能,以季孟之间待之。"曰:"吾老矣,不能用也。"孔子行。(《微子》)

卫灵公问陈(阵)于孔子。孔子对曰:"俎豆之事,则尝闻之矣;军旅之事,未尝学也。"明日遂行。(《卫灵公》)

就这样,各国国君有的表面礼遇,却只把他当花瓶;有的闭门不纳,根本不理会他,或者不冷不热,婉言推却,没有一个国君真正采纳他的主张。他仓皇奔走于列国之间,不仅难以施展自己的抱负,还经常遭遇生命危险。有一次,在路经匡地时,孔子被误认作曾杀死匡地百姓的阳虎,被匡人包围起来,差点被杀死。还有一次,途经宋国,宋国大夫桓魋因为怕孔子威胁其地位,趁着孔子在大树下歇脚的时候,带着人马将大树砍倒,孔子惊魂未定,退到驿馆,桓魋又安排士兵伺机刺杀,孔子微服而走,才得以脱身。最可怜的是在陈、蔡的途中,孔子一行断粮七天,大家饿得下不了床……《史记·孔子世家》中记载,别人看见孔子狼狈的样子,说他"惶惶如丧家之犬",孔子听见了,自己也笑言"这倒是真的!"

68岁,他被弟子接回鲁国。知道自己的理想得不到推行,就把所有的精力投入到对文化典籍的整理与教学之中,寄希望于后世。70岁,他唯一的儿子孔鲤死了。71岁,他最爱的徒弟颜回病逝,因而大放悲声"天丧予!天丧予!"孔子的一生是多么坎坷啊。

尽管遭遇了各种磨难、挫折与失败,孔子对于理想的追求从来没有停止过。他是卓越的教育家,以伟大的人格、丰富的学识,吸引了数目众多的追随者,并培养出了被后世称为"七十二贤人"的杰出学生,被称为"万世师表"。他是伟大的思想家,也是中国上古文化的集大成者,他所创立的儒家学说,影响了中国后世几千年,直至今天,在世界范围内,仍然有着重大的影响。

终其一生,孔子获得成功绝不是偶然的。他有许多与凡人相似的苦难的成长经历,难能可贵的是,他能够即凡而圣。孔子从小立志,"吾十有五而志于学"(《为政》)。提倡不屈不挠、坚持到底的韧性精神:"岁寒,然后知松柏之后凋矣"(《子罕》);认为"日月逝矣,岁不我与"(《阳货》),强调对人生意义的执著和追求。抨击无所作为的人生态度"饱食终日,无所用心,难矣哉!"(《阳货》);倡导加强修养,不断完善自己:"见贤思齐焉,见不贤而内自省也"(《里仁》),"过,则勿惮改"(《学而》)。无论何等境地皆保持积极有为、乐观勤勉的人生观,"发愤忘食,乐以忘忧,不知老之将至"(《述而》)。这种孜孜不倦、不懈追求的精神是十分可贵的,也是他老而弥坚、获得成功的主要原因。

二、普适而不朽的思想

孔子的魅力在于其普适而永恒的思想,下面我们以三个层次展开介绍:第一,仁与礼,讲基本内容;第二,为学、为政、为人,讲致用价值;第三,中庸与和谐,谈时代意义。

(一)仁与礼

"仁"是孔子全部思想的核心,"礼"是"仁"的外在形式与表现,下面我们以这两个方面探索《论语》的基本内容。

1. 仁

"仁"字从象形文字演化而来,《说文解字》对于"仁"字的解释是"仁者,亲也,从人二"。古代音近义通,"仁"字之初始,即两人之意,是说两人及以上相互沟通,亲和融洽,人性、人格才能表现出来。如《中庸》有言:"达道者五,君臣、父子、夫妇、昆弟、朋友。"而其中,父子、兄弟尤其根本,如《论语》所说:"孝悌也者,其为仁之本与!"孝悌之本立,方能道生,"仁"这一概念才能成立,人才能从本质上成为人。

《论语》论及"仁"的地方很多,其中最为简明的概括是:樊迟问仁,子曰:"爱人"(《颜渊》)。爱什么人呢?子曰:"……泛爱众,而亲仁。"(《学而》)孔子说的"爱人",就是"泛爱众",这种"仁爱"并不等同于西方的博爱,博爱讲求绝对的平等,"仁爱"以孝悌为根本。大家来观察这样一组序列:

> "孝悌也者,其为仁之本与!"——"老吾老,以及人之老,幼吾幼,以及人之幼。"——"四海之内皆兄弟也。"——"亲亲而仁民,仁民而爱物。"——"天地人合一"

长久以来,孝悌不仅作为中华民族的传统美德,而且维护着中国政治社会的安定。其原理在于儒家的思维方式,就是由近及远、推己及人。这是一种综合的方式,讲求总体效果,注重"和",而不是个人的绝对自由。现世的伦理构成秩序,基本出发点是人和人的系联,推演之,就是社会的和谐,正如"忎"是古代"仁"字的另一个写法,即千心相合、众志合一,才合与仁,而与天地合德,才是"仁"的最高境界。所以,很好理解,中国社会温情脉脉,注重现世,伦理在中国社会中起到类宗教的作用。

"仁"道步步落实的途径,即忠恕之道。如"己所不欲,勿施于人"(《颜渊》),"己欲立而立人,己欲达而达人"(《雍也》),在忠恕之道的指引下,对个人而言,需要具有五种基本的品德才能称得上"仁"。

> 子张问仁于孔子。孔子曰:"能行五者于天下,为仁矣。""请问之?"曰:"恭、宽、信、敏、惠:恭则不侮,宽则得众,信则人任焉,敏则有功,惠则足以使人。"(《阳货》)

"恭"是一种待人和事的基本态度;"宽"是指理解别人,善待别人;"信"指不欺诈,讲信用;"敏"是指力行,提高效率,节约时间;"惠"是充分考虑别人的利益,互惠互利,形成共赢的格局。以此五者,必能通达于社会,"四海之内皆兄弟也"。正是因此,儒家以为"仁者不忧""仁者寿",唯有仁者才能长寿永恒。

2. 礼

"仁"是内在自觉的道德要求,而"礼"是外在制度性的规约。"礼"与"仁"之间存在着内在互动,"仁"是抽象的,"礼"是具体的,也是内在人性自然流露的结果。"礼之用,和为贵","礼"的目的和价值，在于维持和促进人伦关系的和谐，达到"和"的境界。

孔子对于"礼"的重视，尤其要放在其时代背景下考虑，从周公制礼作乐，到孔子之时，礼崩乐坏，即使孔子所生活的原属于礼乐正宗之国的鲁国，其礼仪制度亦彻底崩溃——"八佾舞于庭，是可忍也，孰不可忍也！"（《八佾》），针对这种社会乱象，孔子忧心如焚，渴盼社会稳定有序，呼吁"克己复礼"，首倡"正名"，提出"君君，臣臣，父父，子子"（《颜渊》），各安其位，以厘清各种关系，并配合乡饮酒、士相见、朝觐、聘问等一系列使人际关系融洽、上下级合作的关系准则，使社会、国家各色人等各守本分，不至于乱套。

需要注意的是，孔子并非抱残守缺式的维护周礼，周礼规定了森严的等级与不平等的权利和义务，在社会崩乱、新旧交替之时，孔子只是希望以周礼来恢复西周盛世。从深层观察，他是一位温和的改良主义者，这种改良是在"仁"与"礼"的结合之间实现的。"礼"重分，"仁"重和，孔子把"礼"与"仁"结合起来，希望从国君到庶民，时时事事依礼而行，人人都有一颗仁爱之心。虽然有上下尊卑贵贱的差别，却可以维护社会的稳定与和谐。"仁"使"礼"更富有协调的功能，使等级森严的宗法制度转向温情脉脉的人际关系。因此，"礼"具有了全新的、内外结合的内涵。如：

定公问："君使臣，臣事君，如之何？"孔子曰："君使臣以礼，臣事君以忠。"（《八佾》）

这里的君臣之礼是双向的，具有民主色彩，绝不是只对臣有要求，对君无节制。后世儒者将其扭曲为单向的关系"君要臣死，臣不得不死"，则背离了孔子与原始儒家的主张。

（二）为政、为学与为人

《论语》在新的历史条件下，依然闪耀着璀璨的智慧之光，具有普遍的应用价值。傅佩荣先生说："古人半部《论语》可以治天下，今人半篇《论语》可以护一生！"下面我们从为政、为学、为人的角度思考和探讨《论语》的致用价值。

1. 为 政

孔子主张的是以内外两种方法治理百姓，"内"是指用道德来引导，"外"是指用礼法来规范。

子曰："道之以政，齐之以刑，民免而无耻；道之以德，齐之以礼，有耻且格。"（《为政》）

子曰："听讼，吾犹人也。必也，使无讼乎！"（《颜渊》）

孔子重视道德与礼义的教育，认为提高人民的道德素质和礼义观念是治国之根本。他主张重德省刑，认为一个官吏能够大公无私地断案固然重要，但更重要、更根本的是通过教化，使人民化于德，习于礼，无争无讼。以对于内心的启发而非外在的强制性约束，达到规范风俗、教化百姓的目的。所以，养民教民是政治的第一要务，而能博施济众，方是圣人之德。

如孔子在谈论子产时说：

"有君子之道四焉，其行己也恭，其事上也敬，其养民也惠，其使民也义。"（《公冶长》）

在养民与教民之间，又提出"庶·富·教"的思想。

子适卫，冉有侍。子曰："庶矣哉！"冉有曰："既庶矣，又何加焉？"曰："富之。"曰："既富焉，又何加焉？"曰："教之。"（《子路》）

由此看来，孔子的政治思想是先富民而后教之。主张先解决物质生活问题，再解决精神生活问题。孔子承认精神生活以物质生活为基础，又肯定精神生活的价值高于物质生活的价值。

子贡问政。子曰："足食，足兵，民信之矣。"子贡曰："必不得已而去，于斯三者何先？"曰："去兵。"子贡曰："必不得已而去，于斯二者何先？"曰："去食。自古皆有死，民无信不立。"（《颜渊》）

孔子以为从事政治，必须使老百姓衣食充裕，军备充足、人民信任政府。如不得已而去，孔子提出的次第是军备、粮食、民信。他以民信为先，强调百姓对于政府的信念，如此，教民之要是实施德治，以身作则，以德感召：

子曰："上好礼，则民莫敢不敬；上好义，则民莫敢不服；上好信，则民莫敢不用情。夫如是，则四方之民，襁负其子而至矣；焉用稼！"（《子路》）

最为可贵的是，孔子着眼于民本，提出均平的观念："不患贫而患不安，不患寡而患不均，盖均无贫，和无寡，安无倾。"（《季氏》）他反对统治者横征暴敛，当季康子苦于鲁国盗贼多时，孔子告诫他："苟子之不欲，虽赏之不窃。"（《颜渊》）当得知冉求为季氏敛财时，孔子生气地说："非吾徒也，小子可鸣鼓而攻之！"（《先进》）

综上，孔子为政思想的核心是德治。这是对西周初期"敬德保民"思想和春秋以来"重民"思想的继承，折射出民本、民生、民享思想的光辉，充分体现了孔子博施济众的伟大理想与情怀。

2. 为 学

孔子在自述其成长过程时说："吾十有五而志于学，三十而立，四十而不惑，五十而知天命，六十而耳顺，七十而从心所欲不逾矩。"（《为政》）孔子以学习为成长方式，如"兴于诗，立于礼，成于乐"（《泰伯》）。而他的学习，不限于书本知识的学习，更重要的是学习做人、做事，强调实践与学以致用。

子曰:"诵《诗》三百,授之以政,不达;使于四方,不能专对;虽多,亦奚以为?"(《子路》)

在关注社会实用的同时,孔子以为"君子不器",不可像器皿一样,只为获得一种用途。学习的最根本宗旨在于"道",在于一种提升心灵境界的东西。

子曰:"志于道,据于德,依于仁,游于艺。"(《述而》)

这样,以"道"出发,从生命契入,化革人心,再落实具体。实现了这种学习,必能游刃有余于普通技艺。因此,他的人文教育包括四项内容。"文、行、忠、信。"(《述而》)从古代文献、行为规范、对人忠心、诚实守信四个方面教育学生。这种学习是一种为己之学,强调独善其身,还强调"推己及人",这正是儒家充实和完善自己的目的。

作为一名伟大的教育家,孔子在学习方法方面有一系列真知灼见:

第一,学思兼顾

子曰:"学而不思则罔,思而不学则殆。"(《为政》)

子曰:"吾尝终日不食,终夜不寝,以思,无益,不如学也。"(《卫灵公》)

第二,辩证思维

子曰:"攻乎异端,斯害也已。"(《为政》)

子曰:"吾有知乎哉?无知也。有鄙夫问于我,空空如也。我叩其两端而竭焉。"(《子罕》)

第三,温故知新

子曰:"温故而知新,可以为师矣。"(《为政》)

子曰:"学如不及,犹恐失之。"(《泰伯》)

第四,由博返约

子曰:"君子博学于文,约之以礼,亦可以弗畔矣夫!"(《雍也》)

子夏曰:"博学而笃志,切问而近思,仁在其中矣。"(《子张》)

第五,一以贯之

子曰:"赐也,女以予为多学而识之者与?"对曰:"然,非与?"曰:"非也!予一以贯之。"(《里仁》)

3. 为 人

《论语》的中心问题其实在讲做人,下面我们从理想与立志的问题、君子之道与完美人格、交友与处世之道三个角度进行透析。

(1) 理想与立志问题

颜渊、季路侍。子曰:"盍各言尔志?"子路曰:"愿车马、衣轻裘,与朋友共,敝之而无憾。"颜渊曰:"愿无伐善,无施劳。"子路曰:"愿闻子之志。"子曰:"老者安之,朋友信之,少者怀之。"(《公冶长》)

子路的志向就是我们称赞的与朋友"有福同享,有难同当",但是他思想上还有个"我",颜渊的志向"愿无伐善,无施劳",似乎不如子路豪迈,但是他并不把自己的"善"和"劳"当成一回事,"我"的观念已经淡薄了。至于孔子的志向,则是化及天下,使万物各得其所,毫不想到个人。子路有济人利物之心,颜渊有平及物我之心,夫子有万物得其所之心。如宋代程颐所评"夫子安仁,颜渊不违仁,子路求仁",境界格局是逐渐上升的。

(2) 君子之道与完美人格

"君子"是儒家人格的完美境界。首先,孔子以为不仁者肯定不能称为君子。子曰:"君子去仁,恶乎成名?君子无终食之间违仁,造次必于是,颠沛必于是。"(《里仁》)其次,孔子在总结人生经验时,提出君子"三乐"——益者三乐:乐节礼乐,乐道人之善,乐多贤友,益矣。君子"三愆"——侍于君子有三愆:言未及之而言,谓之"躁";言及之而不言,谓之"隐";未见颜色而言,谓之"瞽"。君子"三戒"——君子有三戒:少之时,血气未定,戒之在色;及其壮也,血气方刚,戒之在斗;及其老也,血气既衰,戒之在得。君子"三畏"——君子有三畏:畏天命,畏大人,畏圣人之言。"三乐""三愆""三戒""三畏"皆是孔子对于君子人格的精到概括。

"智""仁""勇"是孔子提倡的三种最高的品德标准。子曰:"知者不惑,仁者不忧,勇者不惧。"(《子罕》)仁人珍爱人的生命,同情人们遭遇的苦难与不幸,故无忧。子曰:"不仁者不可以久处约,不可以常处乐。仁者安仁,知者利仁。"(《里仁》)子曰:"君子成人之美,不成人之恶,小人反是。"(《颜渊》)孔子尚勇:"见义不为,无勇也。"(《为政》)但认为"勇"是和"智"紧密相连的。"子曰:暴虎冯河,死而不悔者,吾不与也。必也临事而惧,好谋而成者也。"(《述而》)

孔子认为完美人格的成就,必须排除各种干扰和诱惑,比如夫子自道"饭疏食,饮水,曲肱而枕之,乐亦在其中矣。不义而富且贵,于我如浮云"。(《述而》)再如孔子以咏叹调一样的语气赞美颜回:"贤哉,回也!一箪食,一瓢饮,在陋巷,人不堪其忧,回也不改其乐。贤哉,回也!"(《雍也》)他的信念从容和缓,却坚不可摧。"士不可以不弘毅,任重而道远,仁以为己任,不亦重乎?死而后已,不亦远乎?"(《泰伯》)

(3) 交友与处世之道

孔子把交朋友看成人生最大的欢乐,他说:"有朋自远方来,不亦乐乎?"(《学而》)曾子说:"君子以文会友,以友辅仁。"(《颜渊》)这些都成为指导我们交友的格言。人的一生不能没有朋友,但是择友应该是审慎的。孔子曰:"益者三友,损者三友,友直,友谅,友多闻,益矣。友便辟,友善柔,友便佞,损矣。"(《季氏》)朋友之间的共同语言是最重要的,子曰:"可与共学,未可与适道;可与适道,未可与立;可与立,未可与权。"(《子罕》)人生是丰富多彩的,朋友自然是有深有浅,也多种多样,如道友、文友、棋友等等。子曰:"饱食终日,无所用心,难矣哉!不有博弈者乎?为之犹贤乎已!"(《阳货》)如此看来,孔子的交谊乐观向上,也充满了生机与趣味。

那么,怎样与朋友相交、相处呢?其首要原则是讲信义。

子曰:"人而无信,不知其可也,大车无輗,小车无軏,其何以行之哉?"(《为政》)

第二，是要宽以待人。

  子曰："躬自厚而薄责于人，则远怨矣。"（《卫灵公》）

第三，是济人之危。

  子华使于齐，冉子为其母请粟。子曰："与之釜。"请益。曰："与之庾。"冉子与之粟五秉。子曰："赤之适齐也，乘肥马，衣轻裘。吾闻之也：君子周急不继富。"（《雍也》）

世上有三种人，一是雪中送炭，二是锦上添花，三是落井下石，君子是第一种人。

（三）中庸与和谐

  子曰："中庸之为德也，其至矣乎，民鲜久矣。"（《雍也》）全书只有这一章提出"中庸"二字，而《论语》的全部理论和实践，都贯彻着中庸思想。用现在的话说，中庸是一种辩证的方法论，即处理事物矛盾所采用的对立统一的分析方法。

  如孔子提出："质胜于文则野，文胜于质则史，文质彬彬，然后君子。"（《雍也》）以为只有真性情、真情感的合理表露，文质统一，才能达到君子的境界。因此，孔子主张允执其中，"叩其两端而竭焉"（《子罕》），才能实现对于事物最恰切的把握。如对于完美人格的表述，孔子认为，"中行"是最完美的，次为狂狷，"不得中行而与之，必也狂狷乎，狂者进取，狷者有所不为也。"（《子路》）孔子认为狂者率性而行，是勇于创新、敢于打破常规的人；狷者谨慎小心，是束手束脚、谨守规矩的人。两者同属次一等的理想人格；中行兼取狂狷二者之长，是第一等理想的人格；最次者，为乡愿，孔子痛恨地说："乡愿，德之贼也。"（《阳货》）乡愿，貌似中行，却没有真性情，是伪君子，真小人，还不如狂狷，狂狷各有所偏，但他们是很真实的。如此看来，孔子的中庸思想不是折中主义，折中主义是将不同的思想、观点、理论无原则和机械地结合，在原则对立的观点之间采取庸俗的调和主义，充当老好人，和稀泥。

  中庸思想则不同，其核心与精髓是"中正"——治理天下，处理一切问题，办理一切事情，首先要中正。中正不但要求不偏不倚，而且必须注意"过犹不及"。如：

  子贡问："师与商也孰贤？"子曰："师也过，商也不及。"曰："然则师愈与？"
  子曰："过犹不及。"（《先进》）

  凡事过头了不好，不及也不好，要恰到好处，这就是中庸，其理想的境界是致"太和"，如《礼记·中庸》所赞："和而不流，强哉矫！中立而不倚，强哉矫！"对于和谐与中道的重视，逐渐形成了中国文化的鲜明特征：中国文化重视和谐与一统，西方文化重视分别与对抗，由此形成了不同的文化传统。可贵的是这种"和"并不是"同"，而是重和去同，如孔子所说："君子和而不同，小人同而不和。"所谓"和实相生，同则不继"，只有不同元素的矛盾均衡统一，才能收到和谐的效果。如五味相和，才能产生香甜可口的食物；六律相合，才能形成悦耳动听的音乐；善于倾听正反各方意见的君王，才能造成"和乐如一"的局面。这种肯定事物多样性统一的广阔胸襟和海纳百川的气概，使中华文化在其后的历史曲折中，面对不同价值系统的区域文化与民族文化的撞击，以有容乃大的宏伟气魄，兼容并包，遐迩一体，实现了中华文明的多元统一，也是中华文明协和万方，不断获得勃发的生命力的奥秘之所在。全球化的今天，科学主义极端发展，儒家中庸、重和的思想尤其可贵。在文化的多元交互、冲突之中，和谐思想尤其具有现代意义与启示意义。

【研习与探索】

1. 如何理解孔子的"礼"和"仁"的思想？在现代社会，你觉得这一思想的价值和意义在哪里？

2. 孔子及《论语》的思想与汉代"独尊儒术"后解读的儒家思想一样吗？我们今天应该怎样重新认识孔子和《论语》？中国人应该像西方人崇拜《圣经》那样崇拜《论语》吗？

3. 子曰："己所不欲，勿施于人。""己欲立而立人，己欲达而达人。"这表现了孔子的忠恕之道。你能举出几个历史故事来证明孔子的忠恕之道么？

4. 你了解"孔门四科十哲"么？你认为伟大的教育家孔子在人才培养方面有哪些特点？

5. 《论语》作为一部语录体文本，辑录了孔子一生许多精彩的言行故事，其音容笑貌跃然纸上。请细品原著，体悟孔子与他人对话交流中表现出的师表风范，找出几则片段和话语分析其言语运用的妙道，向同学报告或诉诸笔端。

（刘维）

第六节 《史记》与传记文学

《史记》是中国史学上的一座丰碑。全书130篇，52万多字，所载上起传说中的黄帝，下迄汉武帝太初年间，涵盖了中华民族3000年社会历史的各个方面，第一次把中国社会的政治、军事、经济、民族、文化、法律、宗教、道德、文学、艺术、科学等方面的内容都包容在历史学的研究范围之中。《史记》也是一部卓越的文学作品，特别是其中的人物传记部分，具有很高的传记文学价值，对后世的历史散文以及各类文学都有巨大的影响。鲁迅曾称这部书为"史家之绝唱，无韵之《离骚》"，正是从史学和文学两方面肯定了它的性质和伟大成就。《史记》的作者是我国西汉伟大的史学家、杰出的文学家司马迁。他继承父志，为实现自己的著作理想,"弃小义,雪大耻,名垂于后世",体现了中华民族的脊梁精神。①

一、发愤著书,独创新体

　　司马迁,字子长,公元前145年生于左冯翊夏阳(今陕西韩城)一个书香门第、官宦之家;先代是周代史官,父亲司马谈是一个学识渊博、言论离经叛道、学术上很有抱负的人,在汉武帝时曾做太史令。司马迁"年十岁颂古文",后离开黄河西岸龙门山下的耕牧生活,随父到长安,"年十三学书",十七岁受业于董仲舒学《春秋》;后又从孔安国学《尚书》。司马迁晚年学术上的渊博、思想中的叛逆、著述中的创造性和坚持理想的操守,都与家庭影响关系密切。

　　20岁时,司马迁奉父命开始游历祖国的名山大川。他一生有过三次较大的出游。第一次是公元前126年,"南游江淮,上会稽,探禹穴,规九疑,浮于沅湘。北涉汶泗,讲业齐鲁之都,观孔子之遗风,乡射邹峄,戹困鄱薛彭城,过梁楚以归"。后来司马迁任汉武帝的侍从"郎中",又"奉使西征巴蜀以南,南略邛、笮、昆明",有了第二次游历的经历。第三次是公元前110年,随汉武帝巡行泰山"封禅",行路一万八千里。这一次次长途漫游,为司马迁后来撰写《史记》打下了坚实的基础。因为《史记》的资料来源,除了一部分"金匮石室"里的死资料,更多是来源于流传在广大地区人们口头上的活资料。也正是这些鲜活资料,才构成《史记》大放异彩的一个最基本的条件。

　　公元前104年,司马迁开始动笔,这年他42岁。汉武帝时,国家藏书非常丰富,"天下遗文古事,靡不毕集",却也是杂乱一堆。司马迁要以一人之力,来阅读整理,完成庞大的著书计划,工程之浩繁可想而知。然而就在公元前99年,48岁时,一副侠心义胆的司马迁因李陵事件触怒武帝,被定死罪,著书理想面临夭折。本来按旧例,入钱五十万可赎死,但司马迁官小家贫,"货赂不足以自赎",要想免死继续著书,唯有以"腐刑"代死罪。这无疑是一个身心蒙受奇耻大辱的选择。封建士大夫本来就视名节如生命,不要说受腐刑,就是公堂对簿也不能接受。即便是普通百姓,但凡"激于义理者","臧获婢妾犹能自决",何况著书立言的堂堂太史令呢!是生是死?何荣何辱?司马迁因此在两难抉择中熬煎,其痛苦是常人难以想象的。最终,司马迁以崇高的思想和卓绝的精神,跳出了封建统治的价值体系,悟出了"人固有一死,或重于泰山,或轻于鸿毛,用之所趣异也"这一崭新的荣辱观和人生观。他认为,一个人的身躯和生命的价值,最终应当依存于这个人的理想。自己的最高理想是完成《史记》,因此《史记》的传世才是自己立身扬名的最高标准,才是自己生死荣辱之大义,除此都是可弃的"小义"。于是,公元前98年,司马迁下"蚕室","就极刑而无愠色",用悲绝的行动刻写了什么是一个伟大人物的人生范本,也为中华文人的独立人格添加了浓重的一笔。公元前93年,司马迁53岁,最终完成了伟大的《史记》,成就"一家之言"。晚年,一直在宫中任职,公元前89年卒。

---

① 张大可. 司马迁评传. 南京:南京大学出版社,1994:215.

《史记》原名《太史公书》,由"十二本纪""十表""八书""三十世家""七十列传"组成。五种体例各有区别,但相互配合,形成了一个贯通天道与人事的有机整体。"十二本纪"记叙历代帝王世系兴衰和主要政绩,是纲领,统摄三千年的兴衰沿革。"十表"排列侯国间简要大事记;"八书"是有关经济、文化、天文、历法等专史(分类史)论述,均作为"十二本纪"的补充,形成一个纵横交错的叙事网络。"三十世家"围绕"十二本纪"展开,写王侯贵族的历史和事迹,恰似"二十八宿环北拱,三十辐共一毂,运行无穷"。本纪犹如北斗,世家就是环绕于北斗的二十八宿;本纪犹如车毂,世家就是汇集于车毂的辐条。至于"七十列传",写贵族、政治家、军事家、思想家、隐士、说客、侠士等不同阶层、不同类型人物的活动情况。在结构地位上,则是历史天宇上北斗和二十八宿以外的群星。[①]《史记》是一部"究天人之际,通古今之变,成一家之言"的伟大纪传体通史著作,在古典时代的历史理性观照下,体例上冲破了以往中国历史散文的局限,纳入更多的内容于其中,比较全面地反映了社会生活的总体风貌,是我国古代第一部大书。

二、 以人为本, 活化传主

古代书籍中,凡记事、立论、解经的著作,皆可谓之传,且一般都采取以记事为主的述传方式。但以人物为中心作传,并有着清晰人物传记意识,则是自《史记》始。

为后王立法,为人伦立准则,是《史记》确立的史传写作原则。司马迁"因史记作《春秋》","上明三王之道,下辨人事之纪,……善善恶恶,贤贤贱不肖",兴"王道之大者"。司马迁学习孔子作《春秋》,因事见义,在人物行状述写中,一方面阐明夏商周三王之道,让治国者借鉴;一方面分辨行事的伦理纲纪,让老百姓遵循;将赞美贤良、贬抑鄙恶的理想寓于实录之中,其目的是要在史传写作中彰显治国的大道理。这一点在故事编排、人物刻写中体现得淋漓尽致。孔子既非王侯也非贵族,司马迁却将其列于世家,就包含着景仰孔子、供人遵循的思想。陈涉列于世家,也意味着司马迁对农民起义予以很高的评价。司马迁述写刘邦为了逃命,几次将亲生儿女推下车去的文字中,就有对不合纲常伦理一面的挖苦讽刺:

> ……汉王乃得与数十骑遁去……道逢得孝惠、鲁元,乃载行。楚骑追汉王,汉王急,推堕孝惠、鲁元车下。滕公常下收载之,如是者三,曰:"虽急,不可以驱,奈何弃之!"于是遂得脱……

这里漫画刘邦无赖无情的嘴脸,其意"贤贤贱不肖",有着提醒后来者遵循礼仪大法的深层含义。所以,司马迁写人物传纪,既是在写一卷历史人物行事图,也是在写一本人伦道德理想书。

其次,选择代表性人物为传主,以悲剧性命运为内容,是《史记》描画的史传文体形

[①] 褚斌杰编著. 中国文学史纲要(一). 北京:北京大学出版社,1983:271.

态。春秋战国以来,"士"在社会上极为活跃,个人的作用十分突显。司马迁看到了个人在历史中的地位,将述史的着眼点专注于人及其命运,"传畸人于千秋"。既有建功立业的历史英雄,也有在社会生活中有一定影响的"闾巷布衣"。《项羽本纪》写项羽,《留侯世家》写张良,也有《循吏列传》写孙叔敖、郑子,《游侠列传》写朱家、郭解,还有《刺客列传》写荆轲,《货殖列传》写范蠡。无论身份性,注重代表性。同时,突出人物的悲剧命运。《李将军列传》从李广追杀匈奴始,至其不对簿自刎终,每一个细节,每一个场面,都饱含一生怀才不遇的悲剧色彩。千百年来,"君不见,沙场征战苦,至今犹忆李将军"的悲情传唱,就是司马迁悲情文笔悲感人心的结果。其实,李广"引刀自刭"的悲惨结局,"百姓闻之,知与不知,无老壮皆为垂涕"的悲壮场面,又何尝不包含着司马迁自己遭际的悲切情怀呢?所以,一部传纪既是一曲历代统治人物英雄谱,也是一组带有悲剧色彩的社会各个阶层的"畸人"群塑。

第三,"或重于泰山,或轻于鸿毛"的生命价值意义,是《史记》采制的史传人物标准。司马迁写了许多义士,均是不甘屈辱,为名节宁愿赴死。《田单列传》写齐国布衣王蠋"义不北面于燕,自尽身亡"。《屈原贾生列传》写屈原"死而不容自疏"。但也写了一些志士,出离世情,忍辱负重,司马迁认为是更加值得敬仰的"烈丈夫"。《越王勾践世家》写勾践卧薪尝胆,发愤雪耻。《伍子胥列传》写伍子胥弃小义,雪大耻,名重后世。司马迁以"实录"精神,大胆提出"勇者不必死节,怯夫慕义,何处不勉焉"这样惊世骇俗的人生价值标准。既表彰那些死节者,又表彰那些隐忍苟活者。虽与世俗相违,又颇谬于圣人之是非,但正是这个来自于痛苦的生命体验的意义标准,才使得《史记》中的人物传述得生动有情,历久弥新。

《史记》不仅确立了中国史传文学思想,还开拓了中国史传文学方法。

突出史传人物的社会典型性,"以文运事",活画传主,是《史记》传记人物的首要方法。司马迁对入传人物事迹的选择,或选择历史大事,突现人物个性。写张良便集中于辅佐刘邦争天下的"运筹"大事;或选择人物特点,表现某种思想。商鞅写刻薄、李斯写贪利、项羽写刚猛、刘邦写狡诈、韩信写多疑,均成为某一类人物的代表。

其次,运用互现法塑造人物。司马迁为了突出人物的主要精神面貌,将那些与人物相关、矛盾斗争最激烈最尖锐的事件,放在本传集中叙述和描写,而该人物的侧面留载他传。项羽曾经七十余战,事迹纷繁众多,但《项羽本纪》只重点写巨鹿之战、鸿门宴、垓下之围三个关键时期。重彩描绘,夸张铺叙,塑造出一个顶天立地的盖世英雄形象。而项羽凶残的一面,打过败仗诸短处,本传或轻描淡写,或略而不载,都放在《高祖本纪》《陈丞相世家》《淮阴侯列传》他篇中补叙出来。通过互现法取舍材料,冶文史于一炉,两全其美,这种手法是《史记》的一个伟大创造。

第三,故事情节化、语言性格化。司马迁传记人物,一般按时间纪事,包举一生言行事迹,构成首尾完备的故事。《高祖本纪》写了一个布衣登基的故事;《魏其武安侯列传》写了一个窦婴、田蚡等人互相倾轧的故事。《陈丞相世家》写了一个宰相陈平分社肉的故事。在语言上,善于用符合人物身份的口语来表现人物的神情态度和性格特点。刘邦和项羽都曾见过秦始皇,但写他们感慨陈词,从中可以体现出他们性格的不同。项羽说:"彼可取而代也!"语气坦率,可以想见他强悍爽直的性格;刘邦却说:"嗟乎!大丈夫当如此也!"语体曲折,正好表现他贪婪多欲的性格。

最后,在细节描写与大场面的结合上,也别开生面。《史记》的细节描写,打破史笔梗概叙事,使人物展示出生动可感的文学性。《留侯世家》写张良在下邳圯上为老人穿鞋子的细节,有一段揭示人物内心活动的白描文字,极为精彩,张良的胸襟和气度可触可感。司马迁对这个隐忍有容性格的侧面刻画中,又暗地里与他后半生的行事相呼相应,细节之讲究可以说是无不穷其极。除了捕捉细节写活人物,司马迁更善于大处着墨,写足场面。大场面的描写,由于容量大,更具有塑人造势的艺术效果。《周本纪》孟津观兵、《项羽本纪》鸿门宴、《陈涉世家》大泽乡起义、《孙子吴起列传》孙膑与庞涓斗智、《田单列传》火牛阵、《淮阴侯列传》韩信用兵。这些场面,个个有声有色,如临其境,简直"可以画、可以雕、可以塑,更可以搬上舞台和银幕"。①

三、史传传统,源远流长

中国史传文学是中国历史文学的一部分,具有历史文学的一般特性,兼有历史科学与文学艺术两种成分。从文学的角度看,它是以历史事件为题材,重在描写历史人物形象的文学作品;从史学的角度看,它是通过运用文学艺术的手段,借历史事件与历史人物的描述,来表达一定历史观的历史著作。中国史传文学总体的变化大致可以概括为先秦的传记萌动、两汉的古典辉煌、唐宋的史传嬗变和杂传繁荣、明清的传记趣味转向和现代传记内容形式的革新几个阶段。

我国史传文学产生的年代久远,可以追溯到历史文学的最初形态。与世界上其他国家一样,我国也存在着一个"传说的时代"。那时还没有产生文字,许多历史事件、历史人物故事,如黄帝擒蚩尤、鲧禹治洪水、姜嫄生后稷等,都是以口头方式流传的。自从产生了文字,代代口耳相传的神话、传说、史诗便被以书面的形式记录下来,一部分还被改造为史籍的材料。我国是一个十分重视历史典籍编写的国家,史籍丰富,如孔子修订了我国第一部历史典籍《春秋》。春秋战国时期,史籍编写空前发展,产生了《左传》《国语》《战国策》等不朽之作。史官或史学家在编撰这些史籍时,受到口头历史文学的影响,不乏丰富的艺术想象力。他们在叙述历史事件时,注意了情节与细节的生动;在描写人物时,突出了人物言行的个性特征,具有着引人入胜的艺术魅力。这些史籍又称为先秦史传文学。

继承先秦史传文学传统,并有重大创新的历史文学是《史记》。《史记》突破了先秦史传以事为中心的编年体形式,找到了一种新的表述方式,以成熟的传记文学开辟了我国历史文学的新纪元,为中国后世文学提供了塑造典型人物形象的一系列成功典范。继《史记》之后,另一部"包举一代"的传记文学名著是东汉班固的《汉书》。如果说《史记》最精彩的篇章是楚汉相争和西汉初期的人物传记,那么《汉书》的精华则在于对西汉盛世各类人物的

---

① 转引自:张大可. 司马迁评传. 南京:南京大学出版社,1994:249.

生动记叙。其文学性在总体上虽不及《史记》，但和秦汉之际那些乱世英雄相比，西汉盛世的法律经术文学之士的阅历尽管缺少传奇色彩，但却富有戏剧性。如晁错、李陵、苏武等人的传记，艺术性并不比《史记》人物传记逊色。从《汉书》开始，史传文学就出现了文学性减弱而史学性加强的倾向，这不仅因为班固的艺术才思不及司马迁，而且还因为奉旨修史束缚了班固艺术才能的充分发挥。

  中国以后的史籍，大多数沿袭《汉书》的体例，但注重的是史料的收集与史实的考辨，而不是辞采的精美与感情的充沛，文学性逐渐降低，这也是历史著作发展的必然结果。能重视并继承史传文学传统的，首先是那些杂史杂传，其作者的写作目的并不是为了修史，而是借史传的形式，向读者炫鬻奇闻异事，比起史传来，它淡化了纪实性而增强了虚构夸饰。在《史记》之前，已有《穆天子传》《晏子春秋》等杂史杂传。《史记》问世后，为杂史杂传提供了更为成熟的艺术手段，于是魏晋南北朝出现了一大批富有文学色彩的杂史杂传，如袁康、吴平的《越绝书》、赵晔的《吴越春秋》、刘向的《列女传》、佚名的《汉武故事》《蜀王本纪》等，其艺术特征已近乎小说。到了唐代，古文运动的两位领袖韩愈、柳宗元的散传《张中丞传后叙》《柳子厚墓志铭》和《段太尉逸事状》等，以清新的文笔和鲜明的形象塑造，为传记文学创作注入了新的生命力。其他文学名家如白居易、刘禹锡、李翱、李商隐等亦有佳作。这影响了宋代各体传记文学的普遍发展。如苏轼撰述的《司马温公行状》、朱熹的《张魏公行状》等，开了个人传记文学长篇之先河。明代市民传记兴起，自袁宏道的《徐文长传》等，描写更为细腻真切，更贴近生活。宋濂70余篇小传性质的单篇传记，在展现多种人格模式上有新突破。清代传记以切中时弊、现实感强而独具特色，如顾炎武的《吴同初行状》《书吴、潘二生事》是宣扬民族情绪的反抗性传记文；邵长蘅的《阉典史传》是反映民族情绪的传统性传记文。清代桐城派传记文学呈现出精致，但传记文学总的处于停滞状态，清中叶后戴名世《画网巾先生传》、方苞《左忠毅公逸事》等，均为流传后世的人物传记名作。近现代中西方文化冲突交融背景下，传记文学以现代性内容和白话文形式有了质的飞跃。如梁启超改良派传记文，胡适的《四十自述》，郁达夫的《日记九种》和《达夫自传》，郭沫若的《沫若自传》，沈从文的《从文自传》等。[1]

  20世纪初出现的报告文学，是现当代历史文学中一种继承了《史记》传记思想与艺术的新形式。报告文学把及时反映现实生活的新闻要求注入史传文学，为的是站在历史理性的高度，来观照变动不居的当下生活，更深刻地定义和回答人们在变革时代对层出不穷的新人物新事件的经验和疑问。与时俱进的报告文学，如20世纪30年代夏衍的《包身工》，40年代埃德加·斯诺的《红星照耀着中国》、萧乾的《流民图》和《血肉筑成的滇缅路》，50年代刘冰雁的《在桥梁工地上》，60年代末代皇帝溥仪的《我的前半生》，70年代徐迟的《歌德巴赫猜想》、黄宗英的《大雁情》，90年代安顿的《绝对隐私》、叶永烈的"红色三步曲"等等，是中国史传文学传统在中国现当代历史舞台上的滥觞。

---

[1] 陈飞主编. 中国文学专史书目提要. 郑州：大象出版社，2004：300.

【研习与探索】

1. 什么是"五体"？什么是"传"？司马迁对"五体"和"传"体有哪些创新？这些创新与司马迁的人格理想、人生目标和所处时代分别有什么关系？

2. 按种属关系，将"史传文学""历史著作""历史文学""传记文学""报告文学"几个词语予以线性排列，讨论一下文体流变的大致特点。

3. 可以展开联系，从多角度（比如就作者遭际、社会历史、文体意义、记史角度和褒贬标准等）谈一谈《史记》丰富的人文性内涵。

4. 选择一篇《史记》中的人物传记故事，从中剪辑出史学与文学结合得最好的人物细节，尝试制作一段用原来篇名命名的 Flash，与同学交流。

5. 如果司马迁不写《史记》，中国文学史将会有怎样的损失？

（何立明）

作 品 研 读

苏秦始将连横

*《战国策》*①

苏秦始将连横说秦惠王曰②："大王之国，西有巴、蜀、汉中之利③，北有胡貉、代马之用④，南有巫山、黔中之限，东有肴、函之固。田肥美，民殷富，战车万乘，奋击百万，沃野千里，蓄积饶多，地势形便。此所谓天府，天下之雄国也。以大王之贤，士民之众，车骑之用，兵法之教，可以并诸侯，吞天下，称帝而治，愿大王少留意，臣请奏其效⑤！"

秦王曰："寡人闻之：毛羽不丰满者，不可以高飞；文章不成者⑥，不可以诛罚；道德不

---

① 《战国策》是战国末年或秦汉间人编纂的一部国别体历史书。记事起于战国初，至六国灭亡时止，共约245年，包括东周、西周、秦、齐、楚、赵、魏、韩、燕、宋、卫、中山等12策。原名《国策》《国事》《短长》等。原作者不详，后经汉代刘向整理改编，定名为《战国策》，共33篇。

② 苏秦：字季子，东周洛阳人，少年时和张仪同学于齐。他策划联合六国抗秦，后被破坏，齐、魏共同伐赵，赵王责备苏秦，苏秦要求赵王派他去联合燕国。后又为燕国做间谍到齐国，骗取齐王的信任，最后在齐国被杀。连横：西方的秦国和太行山以东的国家连合。由西到东为横，故称连横。秦惠王：秦国的国君，名驷。

③ 巴、蜀：今四川地区。巴，以重庆为中心的川东地带；蜀，以成都为中心的川西地带。汉中：今陕西省南部地区。

④ 貉：兽名，皮可制裘。代马：今山西省北部代县等地所产的马。

⑤ 奏其效：陈述事情的效验。

⑥ 文章：指国家法令。

厚者，不可以使民；政教不顺者，不可以烦大臣①。今先生俨然不远千里而庭教之②，愿以异日③。"

……

说秦王书十上而说不行，黑貂之裘弊，黄金百斤尽，资用乏绝，去秦而归。赢縢履蹻④，负书担橐，形容枯槁，面目犁黑，状有愧色，归至家，妻不下纴，嫂不为炊，父母不与言。苏秦喟叹曰："妻不以我为夫，嫂不以我为叔，父母不以我为子，是皆秦之罪也！"乃夜发书，陈箧数十⑤，得太公阴符之谋⑥，伏而诵之，简练以为揣摩。读书欲睡，引锥自刺其股，血流至足。曰："安有说人主不能出其金玉锦绣，取卿相之尊者乎？"期年揣摩成，曰："此真可以说当世之君矣。"

于是乃摩燕乌集阙⑦，见说赵王于华屋之下⑧，抵掌而谈⑨，赵王大悦，封为武安君，受相印。革车百乘，锦绣千纯，白璧百双，黄金万溢⑩，以随其后。约从散横，以抑强秦。

故苏秦相于赵而关不通⑪。当此之时，天下之大，万民之众，王侯之威，谋臣之权，皆欲决苏秦之策。不费斗粮，未烦一兵，未战一士，未绝一弦，未折一矢，诸侯相亲，贤于兄弟。夫贤人在而天下服，一人用而天下从。故曰：式于政，不式于勇；式于廊庙之内，不式于四境之外。当秦之隆，黄金万溢为用，转毂连骑，炫熿于道，山东之国，从风而服，使赵大重。且夫苏秦特穷巷掘门、桑户棬枢之士耳⑫。伏轼撙衔⑬，横历天下，廷说诸侯之王，杜左右之口，天下莫之能伉。

将说楚王，路过洛阳。父母闻之，清宫除道，张乐设饮，郊迎三十里；妻侧目而视，侧耳而听；嫂蛇行匍伏，四拜自跪而谢。苏秦曰："嫂，何前倨而后卑也？"嫂曰："以季子之位尊而多金。"苏秦曰："嗟乎！贫穷则父母不子，富贵则亲戚畏惧，人生世上，势位富贵，盖可忽乎哉！"

【拓展资料】

1. 一人之辩，重于九鼎之宝；三寸之舌，强于百万之师。（［齐梁］刘勰《文心雕龙·

---

① "政教"二句：政治还不曾修明，不可以烦劳大臣用兵于外。
② 俨然：矜庄貌，郑重其事地。庭教之：来庭指教。
③ 愿以异日：愿意改日再领教。
④ 赢（léi）：通"累"，缠。縢（téng）：绑腿布。履：穿。蹻（qiāo）：草鞋。
⑤ 箧（qiè）：箱子。
⑥ 太公：姓姜，名尚，周文王臣，佐武王伐纣。阴符：后人托名太公所著的兵法书。
⑦ 摩：逼近。燕乌集阙：宫阙名。
⑧ 赵王：赵肃侯，名语。华屋：高大华美的宫舍。
⑨ 抵掌而谈：形容谈得很投机。抵掌，鼓掌。
⑩ 溢（yì），古代重量单位，合二十四两为一溢。
⑪ 关不通：函谷关内和关外的交通隔绝，指秦兵不能出函谷关。
⑫ 掘门：就墙壁挖洞成门。桑户：用桑木作的门。棬（quān）枢：用弯木作门轴。这里是形容苏秦出身于贫寒的家庭。
⑬ 伏轼：俯在车前横木上。撙衔：勒住马缰。这是说苏秦显耀后，出入都是坐车乘马。

论说》）

2. 张仪已学而游说诸侯。尝从楚相饮，已而楚相亡璧，门下意张仪，曰："仪贫无行，必此盗相君之璧。"共执张仪，掠笞数百，不服，释之。其妻曰："嘻！子毋读书游说，安得此辱乎？"张仪谓其妻曰："视吾舌尚在不？"其妻笑曰："舌在也。"仪曰："足矣。"（［汉］司马迁《史记·张仪列传》）

3. 纵横之学，本于古者行人之官……至战国抵掌揣摩，腾说以求富贵，其辞敷张而扬厉，变本而加恢奇焉，不可谓非行人辞令之极也。（［清］章学诚《文史通义·诗教（上）》）

4. 有献不死之药于荆王者，谒者操以入。中射之士问曰："可食乎？"曰："可。"因夺而食之。王怒，使人杀中射之士。中射之士使人说王曰："臣问谒者，谒者曰可食，臣故食之。是臣无罪，而罪在谒者也。且客献不死之药，臣食之而王杀臣，是死药也。王杀无罪之臣，而明人之欺王。"王乃不杀。（《战国策·楚策四》）

【研习与探索】

1. 苏秦在秦国游说失败的原因是什么？如何理解苏秦成败之际家人对他绝然不同的态度？
2. 结合学习实际，谈谈"头悬梁、锥刺股"与"简练以为揣摩"的关系。
3. 培根说："人不能像地球一样，把自己的利益定作绕以旋转的轴心。"苏秦是如何看待才智、功利和个人道德的？其结局如何？对后世有何启示？请以此为议题写一篇小论文。
4. 在"读文科无用"大行其道的年代，借"苏秦凭三寸不烂之舌挂六国相印"这一事实，谈谈我们究竟该怎样学好文科。

学记[①]（节选）

君子如欲化民成俗；其必由学乎。

玉不琢，不成器；人不学，不知道。是故古之王者，建国君民，教学为先。《兑命》[②]曰："念终始典于学。"其此之谓乎。

虽有嘉肴，弗食，不知其旨也。虽有至道，弗学，不知其善也。是故学然后知不足，教然后知困。知不足，然后能自反也。知困，然后能自强也。故曰教学相长也。《兑命》曰：

[①] 《学记》中国最早的体系极为严整的教育专著。《礼记》中的一篇，写作年代约在战国晚期。《礼记》主要记录秦汉以前儒家关于礼（包括典章、制度、仪节等）方面的言论，传说是孔子的弟子以及再传、三传弟子记录，后由西汉戴圣编辑成书。据郭沫若考证，《学记》成篇于公元前四至三世纪，作者为孟子的学生乐正克。《学记》全篇二十节，一千二百二十九个字，文字言简意赅，系统地阐明了教育的作用和目的，教育教学的制度、原则和方法，教师的地位和作用，在教育过程中的师生关系以及同学之间关系。

[②] 《兑（yuè）命》：《尚书》中的一篇。"兑"，亦作"说"，读"悦"，下同。

· 46 ·

"学学半①。"其此之谓乎。

　　古之教者，家有塾②，党有庠，术有序，国有学。比年入学，中年考校。一年视离经辨志，三年视敬业乐群，五年视博习亲师。七年视论学取友，谓之小成。九年知类通达，强立而不返，谓之大成。夫然后足以化民易俗，近者说服，而远者怀之，此大学之道也。

　　大学之教也时，教必有正业，退息必有居。学，不学操缦③，不能安弦；不学博依④，不能安诗；不学杂服⑤；不能安礼；不兴其艺⑥，不能乐学。故君子之于学也，藏焉⑦，修焉，息焉，游焉，夫然故，安其学而亲其师，乐其友而信其道，是以虽离师辅而不反⑧。

　　大学之法：禁于未发之谓"豫"，当其可之谓"时"，不陵节而施之谓"孙"，相观而善之谓"摩"。此四者，教之所由兴也。

　　发然后禁，则扞格而不胜。时过然后学，则勤苦而难成。杂施而不孙，则坏乱而不修。独学而无友，则孤陋而寡闻。燕朋逆其师。燕辟废其学。此六者，教之所由废也。

　　君子既知教之所由兴，又知教之所由废，然后可以为人师也。故君子之教喻也，道而弗牵，强而弗抑，开而弗达。道而弗牵则和，强而弗抑则易，开而弗达则思。和、易以思⑨，可谓善喻矣。

　　学者有四失，教者必知之。人之学也，或失则多⑩，或失则寡，或失则易，或失则止。此四者，心之莫同也。知其心，然后能救其失也。教也者，长善而救其失者也。

　　善歌者，使人继其声。善教者，使人继其志。其言也约而达，微而臧⑪，罕譬而喻，可谓继志矣。

　　君子知至学之难易，而知其美恶，然后能博喻。能博喻然后能为师；能为师然后能为长，能为长然后能为君。故师也者，所以学为君也⑫。是故择师不可不慎也。《记》曰："三王四代唯其师⑬。"此之谓乎。

　　凡学之道，严师为难。师严然后道尊，道尊然后民知敬学。是故君之所不臣于其臣者二：当其为尸则弗臣也⑭，当其为师则弗臣也。大学之礼，虽诏于天子，无北面，所以尊师也。

　　善学者，师逸而功倍，又从而庸之⑮。不善学者，师勤而功半，又从而怨之。善问者如

---

① 学（xiào）学：上"学"，教学。教与学，既是教别人，也是增长自己的知识，各占一半。
② 家有塾：据《周礼》，百里之内，二十五家为闾，同共一巷，巷首有门，门边有塾，以教闾巷中各家的子弟；五百家为党，党内设立"庠"，以教闾塾中所升入的子弟；万二千五百家为遂（即术），遂中设立"序"，以教党庠中所升入的子弟；首都或国都，设立大学，以教天子诸侯等贵族的子弟和遂升入的学习成绩优秀的子弟。
③ 操缦：缦，琴弦。调弦操弄乐曲。操缦非乐之正，然不先学操缦，则不能练就指法。
④ 博依：博通鸟兽草木天时人事之情状，多方譬喻。依，譬，依彼以显此。
⑤ 杂服：洒扫应对投壶沃盥等琐细之事情。服，事。
⑥ 兴：喜，歆。
⑦ 藏：怀抱。
⑧ 辅：朋友。
⑨ 和、易：和，无抵触；易，不费事，容易自由发挥、充分发展，不视学习为畏途。
⑩ 则：于。
⑪ 臧：善。
⑫ 师有君德，则弟子就师可学为君之德。
⑬ 三王四代：三王，夏、商、周三朝的开国君主。四代：虞、夏、商、周。
⑭ 尸：主也，指祭主，装扮作祖先神而受祭的人。古时代代表死者受祭祀的人。
⑮ 庸：功。

攻坚木，先其易者，后其节目，及其久也，相说以解。不善问者反此。善待问者如撞钟，叩之以小者则小鸣，叩之以大者则大鸣，待其从容然后尽其声。不善答问者反此。此皆进学之道也。

记问之学，不足以为人师。必也其听语乎，力不能问然后语之①；语之而不知，虽舍之可也。

良冶之子必学为裘②。良弓之子必学为箕③。始驾马者反之，车在马前④。君子察于此三者，可以有志于学矣。

古之学者比物丑类⑤。鼓无当于五声⑥，五声弗得不和。水无当于五色⑦，五色弗得不章。学无当于五官⑧，五官弗得不治；师无当于五服⑨，五服弗得不亲。

君子曰："大德不官，大道不器，大信不约，大时不齐。察于此四者，可以有志于学矣。"

三王之祭川也，皆先河而后海，或源也，或委也⑩，此之谓务本。

【拓展资料】

《礼记》除《中庸》《大学》，唯《学记》《乐记》最近道，学者深思自求之。（［宋］程颐《二程遗书》）

名曰《学记》者，以其记人学教之义。（［汉］郑玄《礼记正义》）

教，上所施下所效者；育，养子使作善也；化，教行也。（［汉］许慎《说文解字》）

学之为言觉也，悟所不知也。故学以治性，虑以变情。（［清］陈立《白虎通疏证》）

多寡易止，虽各有失，而多者便于博，寡者易以专，易者勇于行，止者安其序，亦各有善焉。救其失，则善长矣。（［清］王夫之《礼记章句》）

昔人有言：经师易得，人师难遇。唯诺之间，其力能问者，因问以致启发之功；其不能问者，告语以开其欲问之意。力不能问而语，语之而彼不知，则教者无所施其力矣，虽舍之可也。舍之以须其后，犹为不弃也。世人皆知诵说之为学，而不知游息之为学；皆知答问之为教，而不知不屑之为教。此教学之所以难也。（［宋］卫湜《礼记集说》）

---

① 力不能问：谓学生的才力不能应对提问。
② 良冶之子必学为裘：善冶之家，其子弟见其父兄世业冶铸金铁，使之糅合以补治破器，皆令完好，故此子弟从中领会而能学为裘袍，补续兽皮，片片相合，以至完好。
③ 良弓之子必学为箕：善为弓之家，使干角挠屈调和而成其弓，故其子弟亦观其父兄世业，从中领会而能学用柳条等编制成箕。冶与裘，弓与箕，其道绝不相同，而能从中领悟，这是强调学者贵在善悟，举一反三，触类而旁通。
④ 车在马前：用大马驾车在前，而将马驹系在车后，这样天天见车之行，而后用之驾车，则不复惊。
⑤ 丑：比。
⑥ 五声：宫、商、角、徵、羽。
⑦ 五色：青、赤、黄、白、黑。
⑧ 五官：耳、目、口、鼻、心。泛指政府的各级官吏。
⑨ 五服：斩衰、齐衰、大功、小功和缌麻，为表示血统亲属中亲疏等级关系的丧服，这里指代高祖父、曾祖父、祖父、父亲、自身五辈人。
⑩ 委：指水的流脉。

教师总是真正上帝的代言者，真正天国的引路人。……如果学生的每一个行动都由教师命令，他的许多行为的唯一顺序来自功课指定和由别人给予指示，要谈什么教育目的，就是废话。（［美］杜威《道德教育原理》）

古时候学者的精神，惟在刻苦研究与自由思索了，其意以学问有成，在乎自修，不在乎外界压迫。这种精神，我恐今日学校中多轻视之。……书院之废，实在是吾中国一大不幸事。（胡适《书院制史略》）

《学记》是中国最早的一部教育经典著作，在我国古代学术界也是备受推崇的名著。当我们浏览到山崎暗斋、山鹿素行、细井平洲、贝原益轩及其他我国杰出的教育家的教育学说和教育实践的遗著时，随处都能看出有关《学记》的章句及生动而蓬勃的精神。像这样一本名书，对日本教育史所发生的影响，是极为罕见的。（［日］谷口武《学记论考》）

《学记》深刻地阐述了教与学之间的矛盾，并要求教与学辩证的统一，明确地指出了教与学之间相互依存、相互促进的关系，认为教与学是不断深入、不断发展的同一过程的两个方面。教因学而得益，学因教而日进。教能助长学，反过来，学也能助长教，这就叫做教学相长，中国传统教育认为教学相长不只意味着教与学之间对立统一的关系，还意味着教师与学生之间平等的相互促进的关系。中国传统教育中的这些深刻的辩证法，即在现代世界教育学专著中亦属罕见。它比世界著名教育家夸美纽斯所著的《大教学论》早1800多年，可以说是世界教育史上最早的教育文献。在《学记》的古朴的教育思想体系中，我们差不多也可以找到现代教学论、教育心理学、教学法等各种观点的胚胎与萌芽，只不过它不是以现代系统的论证形式表述出来罢了。所以从这个意义上说，《学记》在人类的教育思想发展史上具有永恒的价值，显示出永久的魅力。（郭齐家《中国传统教育再认识》）

【研习与探索】

1. 阅读并梳理《学记》中的学习思想，对照某课程教学过程写一篇教与学的反思。

2. 中国古代教育乃"学""养"兼备，且以"养"为主，但现代教育常常只讲"学"而不讲"养"，由此，遂不知涵咏与持敬，高明之道缺焉。有人说，现代教育可以培养出一个知识很多的人，但却可能是一个修养与境界极差的人。结合大学校园的种种现象，谈谈你对"学"与"养"关系的认识。

3. 《学记》中提出教学相长、尊师重道、豫时孙摩、启发诱导、藏息相辅、长善救失等一系列教学原则，是我国古代教育教学思想的精华。可先以小组为单位，结合自己的学习体验、学习规划，谈谈对这些教学原则的理解，然后每组派一名代表以"《学记》对现代教育和自身学习的启示"为主题发表演讲。

4. 联合国科教文组织"国际21世纪教育委员会"在《学习——财富珍藏其中》的报告中，提出了关于教育的四大"支柱"：学会学习（learn to know）、学会做事（learn to do）、学会共处（learn to live together）、学会生存（learn to be）。2000多年前的《学记》中也早有"独学而无友，则孤陋而寡闻"的格言。可见，学友、协作对于学习多么重要。请你结合本门课程拟写一篇《合作学习倡议书》。

宋人有酤酒者

韩 非①

宋人有酤酒者，升概甚平②，遇客甚谨，为酒甚美，县帜甚高，然而不售。酒酸。怪其故，问其所知闾长者杨倩③。倩曰："汝狗猛耶？"曰："狗猛则酒何故而不售？"曰："人畏焉！或令孺子怀钱，挈壶瓮而往酤④，而狗迓而龁之⑤，此酒所以酸而不售也。"

夫国亦有狗，有道之士怀其术而欲以明万乘之主⑥，大臣为猛狗迎而龁之，此人主之所以蔽胁⑦，而有道之士所以不用也。

故桓公问管仲曰："治国最奚患？"对曰："最患社鼠矣⑧。"公曰："何患社鼠哉？"对曰："君亦见夫为社者乎？树木而涂之，鼠穿其间，掘穴托其中，熏之则恐焚木，灌之则恐涂阤⑨，此社鼠之所以不得也。今人君之左右，出则为势重而收利于民，入则比周而蔽恶于君⑩，内间主之情以告外⑪。外内为重⑫，诸臣百吏以为富。吏不诛则乱法，诛之则君不安，据而有之⑬，此亦国之社鼠也。"

故人臣执柄而擅禁⑭，明为己者必利，而不为己者必害，此亦猛狗也。夫大臣为猛狗而龁有道之士矣，左右又为社鼠而间主之情！人主不觉。如此，主焉得无壅⑮，国焉得无亡乎？

【拓展资料】

《韩非子》不但以其锋利深刻的思想光芒照耀千古，它的文学价值也相当高。郭沫若曾将它视为先秦散文的"四大台柱"之一，他说："孟文的犀利，庄文的恣肆，荀文的浑厚，

---

① 韩非（约前280—前233），韩国（今河南西北部及陕西东部）人，"为人口吃，不能道说，而善著书"，与李斯同出荀况门下。韩非见韩国之势削弱，上书韩王建议变法图强，未被采纳。著作受到秦王赏识，威胁韩王送韩非至秦。几年后遭李斯嫉妒，害死于狱中。他的学说集法家之大成，主张因时制宜，强调法治和君主集权。著有《韩非子》五十五篇。其文说理精密，文笔犀利，逻辑性强，特别善用寓言故事。本篇选自《韩非子·外储说右上》。
② 酤（gū）：同沽，卖。升：量酒器。概：刮平斗斛的用具。这句说分量很准确。
③ 闾长者：乡里中老年长者。
④ 挈：提携。瓮：储酒器。
⑤ 迓（yà）：迎接。龁（hé）：咬。
⑥ 明：使明白，晓喻。万乘（shèng）之主：拥有兵车万乘的国君，指大国之君。
⑦ 蔽：受蒙蔽。胁：受挟制。
⑧ 社：古代民间植树而祀之，以为社神。亦曰社主，所以祈福。社鼠：穴居社树中的老鼠。
⑨ 阤：同陀，崩落。
⑩ 比周：互相勾结。这两句说，在外面依仗国君权势之重，搜括人民；在内则互相勾结，掩盖自己的罪恶。
⑪ 间：窥探。
⑫ 外内为重：在内在外都造成他的重权。
⑬ 据而有之：依靠国君保全自己的权力地位。
⑭ 擅禁：擅，专擅。禁，禁令，指法令。
⑮ 壅（yōng）：蔽塞，堵塞。

韩文的峻峭，单拿文章来讲，实在是各有千秋。"

《韩非子》不仅是先秦诸子百家思想的一朵奇葩，而且也是一部立论鲜明、论谈犀利、文势充沛、气势磅礴的散文杰作。尤其是其中的寓言故事，不仅数量多，而且在思想上和艺术上都达到了很高的水平，许多寓言故事一直流传至今，成为我国文学创作史上取之不尽的宝贵财富。（马玉婷《韩非子译注》，见《中国古典名著译注丛书》）

韩非继承和总结了战国时期法家的思想和实践，提出了君主专制中央集权的理论。他主张"事在四方，要在中央；圣人执要，四方来效"（《韩非子·物权》），国家的大权，要集中在君主（"圣人"）一人手里，君主必须有权有势，才能治理天下，"万乘之主，千乘之君，所以制天下而征诸侯者，以其威势也"（《韩非子·人主》）。为此，君主应该使用各种手段清除世袭的奴隶主贵族，"散其党""夺其辅"（《韩非子·主道》）；同时，选拔一批经过实践锻炼的封建官吏来取代他们，"宰相必起于州部，猛将必发于卒伍"（《韩非子·显学》）。韩非还主张改革和实行法治，要求"废先王之教"（《韩非子·问田》），"以法为教"（《韩非子·五蠹》）。他强调，制定了"法"，就要严格执行，任何人也不能例外，做到"法不阿贵""刑过不避大臣，赏善不遗匹夫"（《韩非子·有度》）。他还认为，只有实行严刑重罚，人民才会顺从，社会才能安定，封建统治才能巩固。韩非的这些主张，反映了新兴封建地主阶级的利益和要求，为结束诸侯割据，建立统一的中央集权的封建国家，提供了理论依据。秦始皇统一中国后采取的许多政治措施，就是韩非理论的应用和发展。

《韩非子》说理散文，最具文学意味的还是数量居先秦散文之首的寓言故事。寓言在《战国策》《孟子》中还只是偶尔用之，在《庄子》中虽连篇累牍，但都为阐明一个中心思想，寓言仍只是议论说理文的一部分，而非独立的文学体裁。韩非开始有意识地系统收集、整理、创作寓言，分门别类，辑为各种形式的寓言故事集。像《内储说》《外储说》《说林》《喻老》《十过》，都是寓言专集。《韩非子》的寓言故事主要取材于历史事迹和现实，很少拟人化的动物故事和神话幻想故事，没有超越现实的虚幻境界和人物。和《庄子》中奇幻玄虚、怪诞神奇的寓言故事风格截然不同。韩非寓言形象化地体现了他的法家思想和他对社会人生的深刻认识。

韩非的许多寓言故事让我们耳熟能详，如"螳螂捕蝉""唇亡齿寒""滥竽充数""买椟还珠"等等。据统计，韩非著作中的寓言故事有 323 则之多，韩非的许多经典篇章都演绎成后世常用的成语。这些寓言脍炙人口，充满哲理，发人深思。

【研习与探索】

1. 试比较韩非子与庄子寓言的异同，模仿他们的作品创作一两篇寓言。
2. 请把韩文与《论语》《孟子》《墨子》进行比较，指出各自的特点，谈谈你从他们的著作中受到的启悟。
3. 你通过阅读本文，从治国安邦乃至市场营销的角度，悟出什么道理？
4. 以韩非子为代表的法家思想与儒道思想有何互补作用？中国古代的法制与现代西方法治有何异同和互鉴意义？请就此组织一场讨论。

中庸①（节选）

天命之谓性②，率性之谓道③，修道之谓教。道也者，不可须臾离也，可离非道也。是故君子戒慎乎其所不睹，恐惧乎其所不闻。莫见乎隐，莫显乎微，故君子慎其独也。喜怒哀乐之未发，谓之中；发而皆中节④，谓之和。中也者，天下之大本也；和也者，天下之达道也。致中和，天地位焉，万物育焉。（第一章）

子曰："好学近乎知，力行近乎仁，知耻近乎勇。知斯三者，则知所以修身；知所以修身，则知所以治人；知所以治人，则知所以治天下国家矣。"

凡事豫则立，不豫则废。言前定则不跲⑤，事前定则不困，行前定则不疚⑥，道前定则不穷。（第二十章）

博学之，审问之⑦，慎思之，明辨之，笃行之⑧。有弗学，学之弗能弗措⑨也；有弗问，问之弗知弗措也；有弗思，思之弗得弗措也；有弗辨，辨之弗明弗措也；有弗行，行之弗笃弗措也；人一能之己百之，人十能之己千之。果能此道矣，虽愚必明，虽柔必强。（第二十章）

故曰：苟不至德，至道不凝⑩焉。故君子尊德性而道⑪问学，致广大而尽精微，极高明而道中庸。温故而知新⑫，敦厚以崇礼⑬。是故居上不骄，为下不倍⑭；国有道⑮，其言足以兴；国无道，其默足以容⑯。《诗》曰："既明且哲，以保其身。"⑰ 其此之谓与⑱！（第二十七章）

---

① 《中庸》是儒家阐述"中庸之道"，并提出人性修养的教育理论著作。原属《礼记》的一篇，早在西汉时代就有专门解释《中庸》的著作，南宋朱熹作《中庸集注》，把《中庸》和《大学》《论语》《孟子》并列称为"四书"。此后《中庸》成为学校官定的教科书和科举考试的必读书，对古代教育产生了极大的影响。《中庸》的作者有多种说法。《史记·孔子世家》说："子思尝困于宋……作《中庸》。"郑玄注："中庸者，以其记中和之为用也；庸，用也。孔子之孙子思作之，以昭明圣祖之德也。"近人冯友兰认为今本《中庸》的中段多言人事，发挥孔子的学说，文为记言体，符合子思所作《中庸》的原貌，其首末二段多言天人关系，似就孟子哲学中的神秘主义倾向加以发挥，其文为论著体裁，大概为后儒所加。

② 天命：天赋。朱熹解释说："天以阴阳五行化生万物，气以成形，而理亦赋焉，犹命令也。"（《中庸章句》）所以，这里的天命（天赋）实际上就是指人的自然禀赋，并无神秘色彩。

③ 率性：遵循本性。率，遵循，按照。

④ 中：符合。节：节度、法度。

⑤ 跲（jiá）：绊倒，这里为失言的意思。

⑥ 疚：愧疚，后悔。

⑦ 审：详细、慎重。

⑧ 笃：意为切实、坚持。

⑨ 措：停下，放下。

⑩ 凝：凝聚、集中。

⑪ 道：讲求、致力于。此处不是指治国之道的道。

⑫ 故：旧有的已经掌握了的知识。新：新的知识，尚未掌握的知识。

⑬ 敦厚：忠厚朴实、不圆滑。崇：推崇、崇尚。

⑭ 倍：同"背"，违反。

⑮ 有道：治理国家、安定社会秩序的原则。

⑯ 默：沉默。容：为避遭祸端而容身之处。

⑰ 《诗》：见《诗经·大雅·烝民》。哲：智慧。

⑱ 其：表示推测的语气词，大概、恐怕之意。与：同欤，表示疑问的语气词。

第一单元 中国上古人文语文

【拓展资料】

中庸之为德也，其至矣乎！民鲜久矣。(《论语·雍也》)

子贡问："师与商也孰贤？"子曰："师也过，商也不及。"曰："然则师愈与？"子曰："过犹不及。"(《论语·先进》)

博学而笃志，切问而近思，仁在其中矣！(《论语·为政》)

不学自知，不问自晓，古今行事，未之有也。(王充《论衡》)

格物即慎独，即戒惧。(王阳明《传习录》)

深计远虑，所以不穷。(黄石公《素书》)

读书有三到：谓心到，眼到，口到。心不在此，则眼不看仔细。心眼不专一，却只漫浪诵读，决不能记。记不能久也。三到之中，心到最急，心既到矣，眼口岂不到乎？(朱熹《训学斋规》)

子程子曰："不偏之谓中；不易之谓庸。中者，天下之正道。庸者，天下之定理。"此篇乃孔门传授心法，子思恐其久而差也，故笔之于书，以授孟子……中者，不偏不倚，无过不及之名；庸者，平常也……喜怒哀乐，情也；其未发，则性也；无所偏倚，故谓之中。发皆中节，情之正也，无所乖戾，故谓之和……其味无穷，皆实学也。善读者，玩索而有得焉，则终身用之，有不能尽者矣。(朱熹《中庸章句》)

善读《中庸》者，只得此一卷书，终身用不尽也。(程颐《二程遗书》)

(中庸哲学是)孔子的一大发现，一大功绩，是哲学的重要范畴，值得很好地解释一番……依照现在我们的观点说来，"过与不及"乃指一定事物在时间与空间中运动，当其发展到一定状态时，应从量的关系上找出与确定其一定的质，这就是"中"或"中庸"或"时中"。(《毛泽东书信集》)

中庸思想的主要涵义是：在事物的发展过程中，对于实现一定的目的来说，有一个一定的标准，达到这个标准可以实现这个目的，否则就不可能实现这个目的。没有达到这个标准叫做"不及"，超过了这个标准叫做"过"。如果超过了这个标准，就不可能实现原来的目的，而会转变到原来目的反面。所谓"中庸之为德"就是经常遵守一定的标准，既不过，亦不是不及，这是中庸的品德。(张岱年《论中国文化的基本精神》)

【研习与探索】

1. 有人认为"中庸"是折中之道，通俗地说就是"和稀泥"。你认为对吗？为什么？

2. "慎独"作为一种经由自我道德修养后达到的境界，其要义是心诚、理性自觉、真善一体、毋自欺毋欺人。这些内涵是否有助于促进网络环境中大学生网络道德品质的自我养成？请结合实际谈谈自己的看法。

3. "格物致知"的内涵是什么？对你有何启发？请查阅相关资料，结合自己的学习实践写一篇短文。

4. 新时期是张扬个性还是恪守中庸之道，请同学们分组讨论后派代表详细阐述本组的观点。

大学（节选）

大学之道①，在明明德②，在亲民③，在止于至善④。

知止而后有定⑤，定而后能静，静而后能安，安而后能虑⑥，虑而后能得。

物有本末，事有始终。知所先后，则近道矣。

古之欲明明德于天下者，先治其国。欲治其国者，先齐其家⑦。欲齐其家者，先修其身。欲修其身者，先正其心。欲正其心者，先诚其意。欲诚其意者，先致其知。致知在格物⑧。

物格而后知至，知至而后意诚，意诚而后心正，心正而后身修，身修而后家齐，家齐而后国治，国治而后天下平。

自天子以至于庶人，壹是皆以修身为本⑨。其本乱而未治者否矣⑩。其所厚者薄，而其所薄者厚⑪，未之有也。

汤之《盘铭》曰："苟日新，日日新，又日新。"⑫《康诰》曰："作新民。"⑬《诗》曰："周虽旧邦，其命维新。"⑭ 是故君子无所不用其极。

所谓诚其意者，毋自欺也。如恶恶臭，如好好色⑮，此之谓自谦⑯。故君子必慎其独也。小人闲居为不善，无所不至，见君子而后厌然⑰，掩其不善，而着其善。人之视己，如见其肺肝然，则何益矣。此谓诚于中，形于外，故君子必慎其独也。曾子曰："十目所视，十手

---

① 《大学》原属于《礼记》中的篇章，旧说为曾子所作，实为秦汉时的儒家作品，是中国古代讨论教育理论的重要著作。经北宋程颢、程颐竭力尊崇，南宋朱熹又作《大学章句》，与《中庸》《论语》《孟子》并称"四书"。宋、元以后，《大学》成为学校官定的教科书和科举考试的必读书，对古代教育产生了极大的影响。大学：与小学相对，通常有两种含义：其一是指学问。"大学"即大人之学，指有关人的道德修养、政治哲理的高深学问；"小学"则是训诂文字音义的学问。其二是指学校。古人八岁入小学，学习洒扫、应对等日常礼节。十五岁入大学，学习为人处事的道理。

② 明明德：明字前者为动词，有"推崇而彰显"之意。后者为形容词，有"盛明"的意思。郑玄注："明明德，谓显明其至德也。"意即推崇而彰显盛明之美德。《尔雅·释训》："明明，察也。"明明德，就是察德。

③ 亲：程子认为是"新"，朱熹从之。"新民"即使人民革旧布新。

④ 至善：达到最完善的境界。

⑤ 知止：知道要达到的地步。

⑥ 虑：考虑周到，处世精详。

⑦ 齐：整顿，治理。

⑧ 格物：《尔雅·释诂》："格，至也。"《大学》郑玄注："格，来也。物犹事也。"意即考察和研究万事万物。知识必须通过对事物的研究才能得到。格物、致知、诚意、正心、修身、齐家、治国、平天下，是儒家研究学问的八个条目。

⑨ 壹是：一切，一律。

⑩ 否：不对，不行。

⑪ 所厚者薄：对应当看重的反而轻视。所薄者厚：对应当看轻的反而重视。

⑫ 盘铭：指商汤时期在沐浴用的盘上刻的告诫或自警之词。苟（jì）：孔疏解释为"诚也"。《说文·苟部》："自急敕也……犹慎言也。"这三句话的意思是日复一日，精进不已。

⑬ 作新民：在《康诰》中的本意是将殷民改造为新人，《大学》引此意为鼓励求学者自觉改造，不断自新。

⑭ "周虽旧邦"两句：引自于《诗经·大雅·文王》，意思是周朝立国虽然已经经久了，但由于文王能日新其德，故能担当起更新天下的使命，使姬周显得年轻而充满活力。

⑮ 恶（wù）恶臭：厌恶污秽之气。好（hào）好色：喜欢美色。

⑯ 自谦（qiàn）：自然而然，自以为快慰、满足。

⑰ 厌然：郑玄注：闭藏貌。这里可以理解为掩饰的意思。

所指，其严乎！"富润屋，德润身，心宽体胖，故君子必诚其意。

【拓展资料】

名曰"大学"者，以其记博学可以为政也。（郑玄《三礼目录》）

《大学》，孔氏之遗书，而初学入德之门也。（《二程集·大学解》）

大学之书，古之大学所以教人之法也。

天运循环，无往不复。宋德隆盛，致教休明。于是河南程子两夫子出，而有以接乎孟氏之传。实始尊信此篇而表章之，既又为之次其间编，发其归趣然后古者大学教人之法、圣经贤传之指，粲然复明于世。（朱熹《大学章句序》）

某要人先读《大学》，以定其规模；次读《论语》，以立其根本；次读《孟子》，以观其发越；次读《中庸》，以求古人之微妙处。（《朱子语类》）

大学是保存和传授普遍性知识的场所，它的"目的"不能是发现或功利，而应是传播永恒真理。（纽曼）

大学训练是达到一种伟大而平凡目的的手段，它旨在提高社会的思想格调，提高公众的智力修养，纯洁国民的情趣，为大众的热情提供真正的原则，为大众的志向提供明确的目标，扩展时代的思想内容并使这种思想处于清醒状态，推动政治权利的运用以及使个人生活之间的交往文雅化。（纽曼）

青年人离开学校时，应是作为一个和谐发展的人，而不只是作为一位专家。否则，他连同他的专业只是就像一只受过训练的狗，而不像一个和谐发展的人。而要成为一个和谐发展的人，则要培养全面的自我辨别力，而这取决于自由而全面的教育。（爱因斯坦）

如果你们想使你们一生的工作有益于人类，那么你们只懂得应用科学本身是不够的。关心人本身，应当始终成为一切技术上奋斗的主要目标。（爱因斯坦）

大学者，非谓有大楼之谓也，有大师之谓也。（梅贻琦）

大学期内，通专虽应兼顾，而重心所寄，应在通而不在专。（梅贻琦）

教育的目的，不只限于知识的传授，尤其是高等教育，其主要任务是教育学生思考。（吴大猷）

一个大学生应该对人类知识文化有相当程度的了解，对自己民族的学术文化有一基本的欣赏与把握，同时，他应该养成一种独立思考、判断的能力；一种对真理、对善、对美等价值之执着的心态。（金耀基. 大学之理念. 北京：生活·读书！新知三联书店，2001：11.）

大学要重视"人文"（humane）学问的传授……特别是通过不同学科领域知识的渗透，使从事科学研究的人开始懂得鉴赏艺术，从事艺术创造的人逐渐了解科学，使我们每一个人的生活更加丰富多彩。正是这样，尽管在复杂的条件下，无论哈佛还是其它大学都在竭尽全力为更好地传承文理融合的"通识教育"（liberal education）而努力。[哈佛大学校长尼尔·陆登庭. 21世纪高等教育面临的挑战. 高等教育研究，1998（4）.]

【研习与探索】

1. 你是如何理解大学之道的？现代大学的本质应该是怎样的？
2. 谈谈你对"格物""致知""诚意""正心""修身""齐家""治国""平天下"八个方面之间关系的看法与认识。
3. 请以"大学精神"为关键词查阅相关资料，考察你所在大学的现实状况，撰写一篇《对我校文化精神的反思》。
4. 请搜集整理中外知名大学的校训，进行归纳分析不同类型大学的校训反映出的办学理念，有何异同？有何启示？
5. "知止而后有定……虑而后能得"，此话在就业至上的时代，对大学生职业人生规划有何作用？

孝经①（节选）

第七　三才章②

曾子③曰：甚哉！孝之大也。子曰：夫孝，天之经④也，地之义⑤也，民之行⑥也。天地之经，而民是则之⑦，则天之明⑧，因地之利⑨，以顺天下。是以其教不肃而成，其政不严而治。先王见教之可以化民也⑩，是故先之以博爱，而民莫遗其亲。陈之以德义，而民兴行。先之以敬让，而民不争。道之以礼乐，而民和睦。示之以好恶，而民知禁。诗云："赫赫师

---

① 《孝经》出自孔子故居墙壁藏书中。据传孔壁藏书为孔子裔孙孔鲋于秦末时所藏，汉武帝时鲁恭王扩建宫舍，推倒孔子故居墙壁始被发现。关于《孝经》的作者，说法不一。《史记·仲尼弟子列传》载："孔子以为（曾参）能通孝道，故授之业。作《孝经》。"元朝人熊禾为董鼎《孝经大义》作序说："曾氏之书有二，曰《大学》，曰《孝经》。"也有人认为是曾子问孝于孔子，退而和学生们讨论研究，由学生们记载而成。
② 三才：指天、地、人。《正义》："天地谓之二义，兼人谓之三才。"《易·说卦》："立天之道曰阴与阳，立地之道曰柔与刚，立人之道曰仁与义，兼三才而两之。"
③ 曾子：姓曾，名参，字子舆，春秋末年鲁国南武城（今山东嘉祥）人。生于公元前505年（周敬王十五年，鲁定公五年），死于公元前435年（周考王五年，鲁悼公三十二年）。出身没落贵族家庭，少年就参加农业劳动，后师从孔子。他勤奋好学，得孔子真传。曾子积极推行儒家主张，传播儒家思想，并在修身和躬行孝道上颇有建树，是孔子学说的主要继承人和传播者，在儒家文化中具有承上启下的重要地位。
④ 经：《白虎通·五经篇》疏："经，常也。"《汉书·五行志》："礼，王之大经也。"颜师古注："经，谓当法也。"天之经，盖谓天下之常法。《大戴礼·大孝篇》："夫孝，天下之大经也。"
⑤ 义：《淮南子·缪称篇》："义者，比于人心而合于众适者也。"《吕览》曰："义也者，万事之纪也。言事适合于众人。故曰地之义也。"
⑥ 《尔雅·释宫》："行，道也。"《汉书·杜周传》："孝，人行之所先也。"民之行，意思是民所履之道。《左传·昭公二十五年》云："子大叔见赵简子，简子曰：'敢问何谓礼？'对曰：'吉也闻诸先大夫子产：夫礼，天之经也，地之义也，民之行也；天地之经，而民实则之，则天之明，因地之性。'"简子赞曰："甚哉！礼之大也。"
⑦ 《尔雅·释诂》："则，法也。"则，动词，效法。是则之，意思是把这作为法则。
⑧ 《荀子·劝学篇》："天见其明。"杨倞注："明谓日月，盖日月流行，以定四时。"
⑨ 《说文》："因，就也，从口从人。"因地之利，意思是就各地之利而利之。因，凭依。
⑩ 《白虎通·三教篇》："教者，何谓也？教者，效也。上为之，下效之。民有质朴，不教不成。"孟子曰："大而化之谓圣。"又曰："夫君子所过者化。"又曰："有如时雨化之者。"

尹，民具尔瞻。"①

第十二　广要道章②

子曰：教民亲爱，莫善于孝。教民礼顺，莫善于悌③。移风易俗，莫善于乐。安上治民，莫善于礼。礼者，敬而已矣④。故敬其父则子悦，敬其兄则弟悦，敬其君则臣悦。敬一人而千万人悦。所敬者寡而悦者众，此谓之要道也。

第十七　事君章

子曰：君子之事上也，进思尽忠，退思补过，将顺其美，匡救其恶，故上下能相亲也。诗云："心乎爱矣，遐不谓矣，中心藏之，何日忘之。"⑤

【拓展资料】

夫孝，天之经，地之义，民之行也，举大者言，故曰《孝经》。（［汉］班固《汉书·艺文志》）

当代学者舒大刚认为：根据大足石刻《古文孝经·三才章》以"夫孝天之经地之义"为章首的分章情形，结合定县八角廊出土竹简《儒家者言》第二十四章有关《孝经》残文的研究，《孝经》命名很可能系取首章关键词组（或第二章首句关键词）构成，这与春秋末、战国初命篇的习惯相合。由此亦可证，《孝经》成书于春秋、战国之际的传统说法，是可信的。

《孝经》全书共为十八章，将社会上各种阶层的人士——上自国家元首，下至平民百姓，分为五个层级，而就各人的地位与职业，标示出其实践孝亲的法则与途径。这是自古以来读书人必读的一本书，所以被列为"十三经"之一。

《孝经》是我国历史上第一部系统地论述伦理道德的著作，反映了儒家积极用世的人生态度和有补于政的人生理想。其思想之完备，意义之巨大，影响之深远，已远非一部伦理著作可以概括。权威地位加之通俗表达形式，决定了它在传统社会生活中的巨大影响，从国家理念到政治制度，从道德意识到伦理规范，从社会心理到国民品性，无不受其惠泽。可以这样设想，离开这部著作，就无法全面理解儒家文化的内涵和衍生义，无法深刻认识中华民族的本质特征。

【研习与探索】

1. 请收集有关"孝"的故事，组织一个故事会。

---

① 尔瞻：《诗经·小雅·节南山》："节彼南山，惟石岩岩。赫赫师尹，民具尔瞻。"郑玄笺："师尹，天子之大臣为政者也。"《汉书·董仲舒传》："赫赫师尹"颜师古注："赫赫，显盛也。"《尔雅·释诂》："瞻，视也。"具，同"俱"。民具尔瞻，意思是人民瞻视汝所为。
② 广要道：从大的方面说明孝道。
③ 顺：顺序，这里指长幼之序。悌：敬事兄长，尊敬长上。
④ 唐玄宗注："敬者，礼之本也。"《孟子·告子篇》："恭敬之心，礼也。"
⑤ 语出《诗经·小雅·隰桑》。遐不谓矣：遐，通"何"。中心藏之：中心，即心中。

2. 请给你的父母或爷爷奶奶写一封信或者一首诗。

3. 在维系社会关系的稳定性、和谐性方面,以下对上的心悦诚服是至关重要的。因此,《孝经》十分强调"孝、悌、乐、礼"的教化作用。请结合第十二章,谈谈你对当前建设和谐社会问题的看法。

谏逐客书

李 斯①

臣闻吏议逐客,窃以为过矣②。

昔缪公求士③,西取由余于戎④,东得百里奚于宛⑤,迎蹇叔于宋⑥,来丕豹、公孙支于晋⑦。此五子者,不产于秦,而缪公用之,并国二十,遂霸西戎。孝公用商鞅之法,移风易俗,民以殷盛,国以富强,百姓乐用,诸侯亲服,获楚、魏之师⑧,举地千里,至今治强。惠王用张仪之计⑨,拔三川之地⑩,西并巴、蜀⑪,北收上郡⑫,南取汉中⑬,包九夷⑭,制鄢、郢⑮,东据成皋之险⑯,割膏腴之壤,遂散六国之从,使之西面事秦,功施到今⑰。昭王得范

---

① 李斯(?-前208年),楚国上蔡(今河南省上蔡县)人,曾与韩非师从荀子学帝王之术。早年为楚小吏,后入秦,拜为上卿,协助秦王推行一系列加强封建君主专制的措施,官至丞相,又助秦始皇统一天下。始皇死,李斯明哲保身,听任赵高矫诏杀太子,另立二世。后被赵高陷害而腰斩。李斯不仅是中国封建社会早期著名的政治家,也是秦代唯一的作家,鲁迅先生说:"秦之文章,李斯一人而已。"谏:直言规劝。逐客:驱逐在秦的外国人。书:上书,古代一种向君王陈述意见的文体。

② 窃:私下。谦词。过:错误。

③ 穆公:秦穆公,名任好,春秋时秦国国君,公元前659年—前621年在位,春秋五霸之一。

④ 由余:春秋晋国人,先在西戎作官,后投奔秦,助穆公统一西戎各部。西戎:指当时在西部的少数民族。

⑤ 百里奚:楚国宛(今河南省南阳)人,曾为虞国大夫。晋灭虞后,以百里奚作为晋献公之女的陪嫁奴仆入秦,后逃回宛地。穆公听说他贤能,设计用五张公羊皮赎回,任为大夫。

⑥ 蹇(jiǎn)叔:原是西戎岐(今陕西省岐山县)人。游于宋,经百里奚推荐入秦,秦穆公厚礼聘为上大夫。

⑦ 丕豹:原为晋人,因晋惠公杀其父而逃到秦国,穆公任他为大将。公孙支:寓居于晋,穆公收为谋臣,任为大夫。

⑧ 获楚、魏之师:《史记·楚世家》:(楚)"宣王三十年,秦封卫鞅于商,南侵楚。"《秦本纪》:"孝公十年,卫鞅为大良造,将兵围魏安邑,降之。""二十二年,卫鞅击魏,虏魏公子卬。"

⑨ 惠王:秦惠文王,名驷,孝公之子,公元前337年—前311年在位。张仪:魏人,惠文王时为秦相,著名的纵横家,用"连横"策略破六国"合纵"。

⑩ 拔:攻取。三川:指黄河、洛河、伊水。三川之地:指今河南省黄河以南、灵宝以东一带,原属韩国地区。

⑪ 巴、蜀:当时的两个小国名。巴在今四川东部。蜀在今四川西北部。

⑫ 上郡:郡名,战国时属魏,辖地约相当于今陕西北部及内蒙古的部分土地。

⑬ 汉中:郡名,战国时属楚,辖境当今陕西省西南一带。

⑭ 包:占有、吞并。九夷:指居于楚国境内的少数民族。

⑮ 鄢(yān):楚古都,在今湖北省宜城县。郢(yǐng):楚都,在今湖北省江陵西北。

⑯ 成皋:古邑名,在今河南省荥阳汜水镇,原名虎牢,后改成皋,形势险要,为古代军事要地。

⑰ 施(yì):延续。

·58·

睢①，废穰侯，逐华阳②，强公室，杜私门③，蚕食诸侯，使秦成帝业。此四君者，皆以客之功。由此观之，客何负于秦哉！向使四君却客而不内，疏士而不用，是使国无富利之实，而秦无强大之名也。

今陛下致昆山之玉④，有随、和之宝⑤，垂明月之珠⑥，服太阿之剑⑦，乘纤离之马⑧，建翠凤之旗⑨，树灵鼍之鼓⑩。此数宝者，秦不生一焉，而陛下说之，何也？必秦国之所生然后可，则是夜光之璧不饰朝廷，犀象之器不为玩好⑪，郑、卫之女不充后宫，而骏良駃騠不实外厩⑫，江南金锡不为用，西蜀丹青不为采。所以饰后宫充下陈娱心意说耳目者⑬，必出于秦然后可，则是宛珠之簪⑭，傅玑之珥⑮，阿缟之衣⑯，锦绣之饰不进于前，而随俗雅化佳冶窈窕赵女不立于侧也。夫击瓮叩缶弹筝搏髀⑰，而歌呼呜呜快耳者，真秦之声也；《郑》《卫》《桑间》《韶虞》《武象》者⑱，异国之乐也。今弃击瓮叩缶而就《郑》《卫》，退弹筝而取《韶虞》，若是者何也？快意当前，适观而已矣⑲。今取人则不然。不问可否，不论曲直，非秦者去，为客者逐。然则是所重者在乎色乐珠玉，而所轻者在乎人民也。此非所以跨海内制诸侯之术也。

臣闻地广者粟多，国大者人众，兵强则士勇。是以太山不让土壤，故能成其大；河海不择细流，故能就其深；王者不却众庶，故能明其德。是以地无四方，民无异国，四时充美，鬼神降福，此五帝、三王之所以无敌也⑳。今乃弃黔首以资敌国，却宾客以业诸侯，使天下之士退而不敢西向，裹足不入秦，此所谓「藉寇兵而赍盗粮」者也㉑。

夫物不产于秦，可宝者多；士不产于秦，而愿忠者众。今逐客以资敌国，损民以益仇，

---

① 昭王：秦昭襄王，名则，一名稷，惠文王之子，武王之弟，公元前306年—前251年在位。范睢（jū）：战国时魏人，后入秦为昭王相，主张远交近攻的策略，使得秦国逐步歼灭诸侯力量。封于应，又称应侯。
② 穰（ráng）侯：即魏冉，秦昭王母宣太后异父弟。秦武王去世，在内乱中拥立昭王。初任将军，后屡次任相，封于穰，故称穰侯。华阳：宣太后同父弟，封于华阳，故称华阳君。他与魏冉专权三十多年。后昭王听范睢的意见，废太后，放逐魏冉、华阳。
③ 公室：指王权。私门：指贵族豪门。
④ 致：得到，求得。昆山：即昆仑山，传说盛产美玉。
⑤ 随和之宝：指随侯珠、和氏璧，是当时认为最珍贵的宝物。
⑥ 明月之珠：一种宝珠。《后汉书·西域传》说，罗马帝国产明月珠。一说指夜光珠。
⑦ 服：佩。太阿之剑，即太阿剑，宝剑名。
⑧ 纤离：古骏马名。
⑨ 建：竖。翠凤之旗：用翠鸟羽毛组合成凤凰形图案的旗子。
⑩ 树：设置。灵鼍（tuó）鼓：用一种鳄鱼皮做成的鼓。
⑪ 犀象之器：犀牛角和象牙制成的器具。
⑫ 駃騠（jué tí）：骏马名。厩（jiù）：马棚。
⑬ 充下陈：站满侍女的行列。
⑭ 宛珠：宛地产的宝珠。
⑮ 傅：同附。玑：不圆的宝珠。珥：耳环。傅玑之珥：泛指带着珠子的耳环。
⑯ 阿：齐国东阿县产缟帛。缟：白色的丝织品。
⑰ 瓮、缶（fǒu）：均为秦产陶制乐器。搏髀（bì）：拍大腿，指打拍子的动作。
⑱ 郑、卫：指郑、卫的地方音乐。桑间：卫国地名，此地民间音乐极优美动听。韶虞：韶是虞舜的乐曲，故称韶虞。武象：是周武王时的乐舞。
⑲ 适观：满足于观感。
⑳ 五帝三王：古籍关于五帝三王说法很多，这里泛指古时的圣君贤主。
㉑ 藉：借给。赍（jī）：赠送。

内自虚而外树怨于诸侯，求国无危，不可得也。

【拓展资料】

李斯者，楚上蔡人也。年少时，为郡小吏，见吏舍厕中鼠食不洁，近人、犬，数惊恐之。斯入仓，观仓中鼠，食积粟，居大庑之下，不见人、犬之忧。于是李斯乃叹曰："人之贤、不肖，譬如鼠矣，在所自处耳！"（汉·司马迁《史记·李斯列传》）

李斯以闾阎历诸侯，入事秦，因以瑕衅，以辅始皇，卒成帝业，斯为三公，可谓尊用矣。斯知六艺之归，不务明政以补主上之缺，持爵禄之重，阿顺苟合，严威酷刑，听高邪说，废嫡立庶。诸侯已判，斯乃欲谏争，不亦末乎！人皆以斯忠而被五刑死，察其本，乃与俗议之异。不然，斯之功且与周、召列矣。（汉·司马迁《史记□李斯列传》）

人或传其（韩非）书至秦。秦王见《孤愤》《五蠹》之书，曰："嗟乎，寡人得见此人与之游，死不恨矣！"李斯曰："此韩非之所著书也。"秦因急攻韩。韩王始不用非，及急，乃遣非使秦。秦王悦之，未信用。李斯、姚贾害之，毁之曰："韩非，韩之诸公子也。今王欲并诸侯，非终为韩不为秦，此人之情也。今王不用，久留而归之，此自遗患也，不如以过法诛之。"秦王以为然，下吏治非。李斯使人遗非药，使自杀。韩非欲自陈，不得见。秦王后悔之，使人赦之，非已死矣。（《史记》卷六十三《老子韩非列传》）

起句即见事实，最妙；中间论物不出于秦而秦用之，独人才不出于秦而秦不用，反复议论痛快，深得作文之法，未易以人废言也。（宋·李涂《文章精义》）

文章用意庸，易起人厌，须出人意表，方为高手。如李斯《谏逐客书》，借人扬己，以小喻大，另是一种巧思。能打破此等关窍，下笔自惊世骇俗矣。（明·归有光《文章指南》二集）

李斯既在逐中，若开口便直斥逐客之非，宁不适以触人主之怒，而滋之令转甚耶！妙在绝不为客谋，而通体专为秦谋。语意由浅入深，一步紧一步，此便是游说秘诀。……意最真挚，笔最曲折，语最委婉，而段落承接，词调字句，更无不各具其妙。（清·余诚《重订古文释义》）

【研习与探索】

1. 一篇不足千字的上书，为什么能说服刚愎自用的君王？其成功的主要原因有哪些？你从中受到怎样的启发？请结合实际生活谈谈其中蕴含的公关艺术。对当代大学生面试有何启发？

2. 具体分析本文正反论证、利害对举的说理方法，并请用最精练的语言概括出本文的写作特色。

3. 中国政法大学教授龙卫球在《法家人物李斯评议》中说："这篇为'游士'一辩的谏文，并非'惜才'之论，而是'功利'之言说，他的那些机巧的比喻，包括如果不纳外国女子便后宫无'佳冶窈窕赵女'的形象说法，都透着一股浓烈的'利好'气味。他建议用外国人才，用他自己的表白来说不过是一种'跨海内，制诸侯之术也'。正是因为这样，在他早期为秦王所用担任长史时，就献出了'买士杀士之计'，对凡为他国所用的人才，建议秦王要么贿买要么杀掉，即'厚遗结之；不肯者，利剑刺之'。"对此你如何看？

4. 查阅李斯生平资料，以"人格、能力、命运"为主题词写一篇小论文。

苏武传

班　固①

武字子卿，少以父任，兄弟并为郎②，稍迁至栘中厩监③。时汉连伐胡，数通使相窥观④。匈奴留汉使郭吉、路充国等前后十余辈⑤，匈奴使来，汉亦留之以相当⑥。天汉元年⑦，且鞮侯单于初立⑧，恐汉袭之，乃曰："汉天子我丈人行也⑨。"尽归汉使路充国等。武帝嘉其义，乃遣武以中郎将使持节送匈奴使留在汉者⑩，因厚赂单于⑪，答其善意。武与副中郎将张胜及假吏常惠等募士斥候百余人俱⑫。既至匈奴，置币遗单于⑬；单于益骄，非汉所望也。

方欲发使送武等，会缑王与长水虞常等谋反匈奴中⑭。缑王者，昆邪王姊子也，与昆邪王俱降汉⑮，后随浞野侯没胡中⑯，及卫律所将降者⑰，阴相与谋劫单于母阏氏归汉⑱。会武等至匈奴。虞常在汉时，素与副张胜相知，私候胜曰⑲："闻汉天子甚怨卫律，常能为汉伏弩

---

① 班固（32—92），字孟坚，扶风安陵（今陕西咸阳东）人，东汉著名的史学家、文学家。青年时代在太学读书，后继父亲班彪志续写《史记后传》，被人告发私改国史而入狱。汉明帝读其原稿颇为赞赏，召令修史。历二十余年基本完成《汉书》。晚年因窦宪事牵连入狱死。一部分"志""表"由其妹班昭和马续续成。《汉书》是我国第一纪传体断代史。班固作《两都赋》是汉代京都大赋中的名篇。而其《咏史诗》则是最早的文人五言诗。本文节录自《汉书·李广苏建传》。该传中专门叙述苏武事迹的文字原有三部分，这里所选为主体部分，另有叙其归汉后深受尊宠、英名远扬和作者的赞语未录。
② 汉制，二千石以上的官员，其子弟可任为郎。郎：官名，皇帝近侍。兄弟：指苏武之兄苏嘉、弟苏贤。苏武父苏建因功封平陵侯，任代郡太守，苏武兄弟因此均得为郎。
③ 稍迁：逐渐升迁。栘（yí）：木名，即唐棣，汉代宫中有栘木园。厩监：主管马厩（马棚）的官。
④ 通使：互派使者。窥观：窥探对方虚实情况。
⑤ 郭吉、路充国：人名，都曾为汉出使匈奴。十余辈：犹言十几批。
⑥ 相当：相抵。
⑦ 天汉：汉武帝年号，时当公元前100年。
⑧ 且鞮（jū dī）侯单于：匈奴的一个单于，且鞮侯是他的号。
⑨ 丈人：尊长之称。丈人行（háng）：犹言长辈。
⑩ 中郎将：官名。节：使臣所持信物，以竹为之，上缀以三层牦牛尾。
⑪ 厚赂：以丰厚礼物赠送。
⑫ 假吏：临时兼任使臣的属吏。募士：招募来的士卒。斥候：侦察探路的人。
⑬ 遗（wèi）：赠送。
⑭ 缑（gōu）王：匈奴的一个亲王。长水：水名，在陕西蓝田西北。长水虞常：犹言长水人虞常。
⑮ 昆邪（hún yé）王：匈奴的一个亲王。姊子：姐姐之子。他们曾一同于武帝元狩二年率部降汉。
⑯ 浞（zhuó）野侯：汉将赵破奴的封号。赵破奴于武帝太初二年（前103年）率军击匈奴，战败被俘，其军皆陷没于匈奴。
⑰ 卫律：原生长于汉，其父是长水胡人，后降匈奴，被封为丁灵王。所将降者：所带领的投降匈奴的人，指虞常。
⑱ 阴：暗中。阏氏（yān zhī）：匈奴王后的称谓。
⑲ 私候：私下秘访。

射杀之，吾母与弟在汉，幸蒙其赏赐。"张胜许之，以货物与常。后月余，单于出猎，独阏氏子弟在①。虞常等七十余人欲发，其一人夜亡告之②。单于子弟发兵与战，缑王等皆死，虞常生得。单于使卫律治其事③。张胜闻之，恐前语发，以状语武。武曰："事如此，此必及我，见犯乃死，重负国！④"欲自杀，胜惠共止之。虞常果引张胜。单于怒，召诸贵人议，欲杀汉使者。左伊秩訾曰⑤："即谋单于，何以复加⑥？宜皆降之。"单于使卫律召武受辞⑦。武谓惠等："屈节辱命，虽生何面目以归汉？"引佩刀自刺。卫律惊，自抱持武。驰召医，凿地为坎⑧，置煴火⑨，覆武其上，蹈其背以出血⑩。武气绝，半日复息。惠等哭，舆归营。单于壮其节，朝夕遣人候问武，而收系张胜。

武益愈。单于使使晓武，会论虞常⑪，欲因此时降武。剑斩虞常已，律曰："汉使张胜谋杀单于近臣，当死；单于募降者，赦罪。"举剑欲击之，胜请降。律谓武曰："副有罪，当相坐⑫。"武曰："本无谋，又非亲属，何谓相坐？"复举剑拟之，武不动。律曰："苏君，律前负汉归匈奴，幸蒙大恩，赐号称王，拥众数万，马畜弥山，富贵如此。苏君今日降，明日复然。空以身膏草野，谁复知之？"武不应。律曰："君因我降⑬，与君为兄弟；今不听吾计，后虽复欲见我，尚可得乎？"武骂律曰："女为人臣子，不顾恩义，畔主背亲，为降虏于蛮夷，何以女为见？且单于信女，使决人死生，不平心持正，反欲斗两主观祸败。南越杀汉使者，屠为九郡⑭；宛王杀汉使者，头县北阙⑮；朝鲜杀汉使者，实时诛灭⑯。独匈奴未耳。若知我不降明⑰，欲令两国相攻，匈奴之祸，从我始矣！"

律知武终不可胁，白单于。单于愈益欲降之。乃幽武置大窖中，绝不饮食。天雨雪。武卧，啮雪与旃毛并咽之⑱，数日不死。匈奴以为神，乃徙武北海上无人处，使牧羝⑲。羝乳，

---

① 独阏氏子弟在：指只有阏氏与单于的年轻子弟在。
② 夜亡：连夜逃去。
③ 治：审理惩办。
④ 重：更加。
⑤ 左伊秩訾：匈奴的一个王。
⑥ 即谋单于，何以复加：假如是谋害单于，又用什么办法再加重处罚呢？
⑦ 受辞：受审。
⑧ 凿：挖。坎：坑。
⑨ 煴（yūn）火：无火焰的微火。
⑩ 蹈：指轻轻挤压。
⑪ 会论：会同审判。
⑫ 相坐：相连坐，指一人犯罪，亲属受牵连处罚。
⑬ 因：通过，依靠。
⑭ 南越，西汉初占据今广东、广西部分地区的割据国家。汉武帝元鼎五年（公元前112年），南越相吕嘉杀汉使者，汉派兵灭了南越，以其地为南海、苍梧、郁林、合浦、交趾、九真、日南、珠崖、儋耳九郡。
⑮ 宛王：西域的大宛国王。汉武帝太初元年（前104年）汉使前往求良马，宛王不予，还截杀归途中的汉使。武帝乃派李广利伐大宛。太初三年，汉攻大宛，大宛贵族杀国王毋寡并献良马投降。四年，李广利携毋寡头回京师。县：同悬。北阙：指宫北的城楼。
⑯ 朝鲜杀汉使：《史记·朝鲜列传》载，朝鲜王右渠于元封二年袭杀曾出使过朝鲜的汉辽东东部都尉涉何。武帝遣将攻朝，迫使朝鲜尼溪相参杀右渠降汉。
⑰ 若：你。
⑱ 啮（niè）：咬，嚼。旃：同"毡"，北方特有的牛羊毛压制垫毯。
⑲ 羝（dī）：公羊。

乃得归①。别其官属常惠等②，各置他所。武既至海上，廪食不至③，掘野鼠去屮实而食之。仗汉节牧羊，卧起操持，节旄尽落④。积五、六年，单于弟于靬王弋射海上⑤。武能网纺缴⑥，檠弓弩⑦，于靬王爱之，给其衣食。三岁余，王病，赐武马畜、服匿、穹庐。王死后，人众徙去。其冬，丁令盗武牛羊⑧，武复穷厄。

初，武与李陵俱为侍中⑨。武使匈奴明年，陵降，不敢求武。久之，单于使陵至海上，为武置酒设乐。因谓武曰："单于闻陵与子卿素厚，故使陵来说足下，虚心欲相待。终不得归汉，空自苦亡人之地，信义安所见乎？前长君为奉车⑩，从至雍棫阳宫⑪，扶辇下除⑫，触柱，折辕，劾大不敬⑬，伏剑自刎，赐钱二百万以葬。孺卿从祠河东后土⑭，宦骑与黄门驸马争船⑮，推堕驸马河中，溺死，宦骑亡。诏使孺卿逐捕。不得，惶恐饮药而死。来时太夫人已不幸⑯，陵送葬至阳陵。子卿妇年少，闻已更嫁矣。独有女弟二人⑰，两女一男，今复十余年，存亡不可知。人生如朝露，何久自苦如此？陵始降时，忽忽如狂，自痛负汉；加以老母系保宫⑱。子卿不欲降，何以过陵？且陛下春秋高，法令亡常，大臣亡罪夷灭者数十家，安危不可知。子卿尚复谁为乎？愿听陵计，勿复有云！"武曰："武父子亡功德，皆为陛下所成就，位列将，爵通侯⑲，兄弟亲近⑳，常愿肝脑涂地。今得杀身自效，虽蒙斧钺汤镬㉑，诚甘乐之。臣事君，犹子事父也。子为父死，亡所恨，愿无复再言。"陵与武饮数日，复曰："子卿，壹听陵言。"武曰："自分已死久矣㉒！王必欲降武，请毕今日之欢，效死于前！"陵见其

---

① 乳：生子。
② 别：分别，隔离。
③ 廪食：官府所供食物。
④ 节旄尽落：旄节上缀着的牦牛尾饰物都落尽了。
⑤ 于靬（wū qiān）王：且鞮侯之弟。弋射：用丝绳系住箭尾而射。这样箭不致丢失。海上：北海边上。
⑥ 能网纺缴（zhuó）：即会结网纺缴。缴是用来系箭尾的细丝绳。
⑦ 檠（qíng）：校正弓弩的工具。此处用作动词，校正的意思。
⑧ 丁令：也称"丁灵""丁零"，部落名。这时卫律为丁灵王。
⑨ 李陵：字少卿，李广孙。武帝时以五千步卒对抗数万匈奴，力竭被俘，后招为单于驸马。侍中：掌皇帝乘舆服物的官。
⑩ 前：犹言不久前。长君：指苏武之兄苏嘉。奉车：即奉车都尉，掌管皇帝所乘车辆的官。
⑪ 从：指随从皇上。雍：地名，在今陕西省凤翔县南。棫（yù）阳宫：宫名。
⑫ 辇（niǎn）：皇帝所乘的车。除：殿前台阶。
⑬ 劾：弹劾，揭发罪状。大不敬：古代称不敬天子叫大不敬，是一种不可赦免的罪名。
⑭ 孺卿：指苏武之弟苏贤。从祠：跟随皇上祭祖。河东：郡名，在安邑（今山西省夏县西北）。后土：土地神。
⑮ 宦骑：骑马侍卫皇帝的宦官。黄门：宫禁之门。驸马：即副马，本是皇帝副车所驾之马，这里指掌管副马的官。汉武帝时在黄门饲养良马，所以称"黄门驸马"。
⑯ 太夫人：对人母亲的敬称，这里指苏武的母亲。不幸：去世。
⑰ 女弟：妹妹。
⑱ 保宫：本是官府居室，武帝时改作监狱，专门囚禁犯罪大臣及其眷属。李陵被俘后，传言其投降，武帝把他母亲囚系在保宫。
⑲ 苏武父建曾为右将军，兄嘉为奉车都尉，己为中郎将，弟贤为骑都尉。爵通侯：封爵为列侯。王子封侯为诸侯，异姓封侯称列侯。苏武父苏建封平陵侯。
⑳ 兄弟亲近：指兄弟三人都为武帝的亲近侍从。
㉑ 钺（yuè）：大斧。这里用作动词。镬（huò）：大锅。汤镬：古代把人放在镬里的沸水中煮死的刑罚。
㉒ 自分：自己料定。

至诚,喟然叹曰:"嗟呼!义士!陵与卫律之罪上通于天①!"因泣下沾衿,与武决去。

陵恶自赐武②,使其妻赐武牛羊数十头。后陵复至北海上,语武:"区脱捕得云中生口③,言太守以下吏民皆白服,曰:'上崩。'"武闻之,南乡号哭④,欧血,旦夕临数月⑤。

昭帝即位。数年,匈奴与汉和亲。汉求武等。匈奴诡言武死。后汉使复至匈奴,常惠请其守者与俱,得夜见汉使,具自陈道。教使者谓单于言:"天子射上林中⑥,得雁足有系帛书,言武等在某泽中。"使者大喜,如惠语以让单于⑦。单于视左右而惊,谢汉使曰:"武等实在。"于是李陵置酒贺武曰:"今足下还归,扬名于匈奴,功显于汉室,虽古竹帛所载,丹青所画,何以过子卿!陵虽驽怯⑧,令汉且贳陵罪⑨,全其老母,使得奋大辱之积志⑩,庶几乎曹柯之盟⑪。此陵宿昔之所不忘也⑫!收族陵家⑬,为世大戮⑭,陵尚复何顾乎⑮?已矣!令子卿知吾心耳⑯!异域之人,壹别长绝!"陵起舞,歌曰:"径万里兮度沙幕⑰,为君将兮奋匈奴⑱。路穷绝兮矢刃摧,士众灭兮名已隤⑲,老母已死,虽欲报恩将安归?"陵泣下数行,因与武决。单于召会武官属⑳,前以降及物故㉑,凡随武还者九人。

武以始元六年春至京师㉒,诏武奉一太牢谒武帝园庙㉓,拜为典属国㉔,秩中二千石㉕,赐钱二百万,公田二顷,宅一区。常惠徐圣赵终根皆拜为中郎,赐帛各二百匹。其余六人,老归家,赐钱人十万,复终身㉖。常惠后至右将军,封列侯,自有传。武留匈奴凡十九岁,

---

① 上通于天:犹言罪恶滔天。
② 恶:自以为羞耻。
③ 区(ōu)脱:译音语,指匈奴边境某地区。云中:汉郡名,治所在今内蒙古托克托东北,当时是汉朝的边郡。生口:活口,这里指俘虏。
④ 乡:通"向",面向。
⑤ 欧:通"呕"。临:哭奠死者。
⑥ 上林:汉代著名的狩猎游乐苑,故址在今陕西省长安县西。
⑦ 让:责问。
⑧ 驽怯:笨拙怯懦。
⑨ 贳(shì):宽赦。
⑩ 奋:奋发。积志:积蓄在心头的志愿。意谓使我在奇耻大辱中积蓄的心志奋发出来。
⑪ 庶几乎:差不多。曹柯之盟:据《史记·刺客列传》记载,鲁国将领曹沫与齐战,三战三败。鲁庄公于是与齐讲和。庄公与齐桓公会盟于柯(地名),曹沫持匕首劫齐桓公,迫他归还侵占的鲁地。这句是说,也可能我会像曹沫在柯地齐鲁会盟时一样,做出一番事迹。
⑫ 宿昔:以往,曾经。
⑬ 收族:收捕灭族。
⑭ 戮:羞辱。
⑮ 顾:留恋。
⑯ 已矣:完了。这句是说,我是完了,只是想让你细道我的心迹罢了。
⑰ 幕:通"漠"。
⑱ 奋:奋战。
⑲ 隤:同"颓",败坏。
⑳ 官属:部下,下属的官员。
㉑ 前已降:从前已投降的。物故:即殁故,犹死亡。
㉒ 始元:汉昭帝年号。始元六年,即公元前81年。
㉓ 太牢:以一牛、一猪、一羊为祭品叫一太牢。谒:拜见。园庙:陵园,帝后陵寝和祀祖祠庙。
㉔ 典属国:掌管归附汉朝的属国事务的官。
㉕ 秩:官秩,官俸等级。汉代二千石之官秩又分中二千石、二千石、比二千石等。中二千石最高。
㉖ 复:免除徭役。

始以强壮出，及还，须发尽白。

【拓展资料】

　　司马迁、班固父子，其言史官载籍之作，大义粲然着矣。议者咸称二子有良史之才：迁文直而事核，固文赡而事详。若固之序事，不激诡，不抑抗，赡而不秽，详而有体，使读之者而不厌，信哉其能成名也。（〔南朝宋〕范晔《后汉书·班固传》）

　　《汉书》叙事，较《史记》稍见繁细，然其风趣之妙，悉本天然。（林纾《春觉斋论文》）

　　孔子称：志士仁人，有杀身以成仁，无求生以害仁。使于四方，不辱君命，苏武有之矣。（〔东汉〕班固《李广苏建列传赞》）

历代咏苏武诗

咏苏武

唐·李白

苏武在匈奴，十年持汉节。
白雁上林飞，空传一书札。
牧羊边地苦，落日归心绝。
渴饮月窟水，饥餐天上雪。
东还沙塞远，北怆河梁别。
泣把李陵衣，相看泪成血。

边上闻笳

唐·杜牧

何处吹笳薄暮天，塞垣高鸟没狼烟。
游人一听头堪白，苏武争禁十九年。

苏武庙

唐·温庭筠

苏武魂销汉使前，古祠高树两茫然。
云边雁断胡天月，陇上羊归塞草烟。
回日楼台非甲帐，去时冠剑是丁年。
茂陵不见封侯印，空向秋波哭逝川。

忆秦娥

宋·刘辰翁

梅花节，白头卧起餐毡雪。
餐毡雪，上林雁断，上林书绝。
伤心最是河梁别，无人共拜天边月。
天边月，一尊对影，一编残发。

【研习与探索】

1. 在当前既融合又竞争的国际形势下，苏武形象有何现实意义？司马迁曾为李陵辩解而受腐刑，你如何评价李陵？

2. 有人说汉代并无民族观念，苏武只是汉朝国家的代表，无愧为爱国英雄，而不宜把他列为"民族英雄"。您如何认识？

3. 请从儒家经典中寻找一些关于"忠诚"的论述，谈谈现代企业员工应该如何理解"忠诚与敬业"。

4. 请用三百字为苏武写一篇小传，或者编写一个苏武故事小脚本，找相关专业的同学合作制作一个多媒体节目。

5. 苏武同羊有一种特别的文化关系。小肥羊连锁店即将开业，拟借"苏武"的名人效应写则广告词。请你尝试应聘为其写几则广告词。

习得展示

一、研讨会

主题："入世"与"出世"

目标：

1. 深入理解儒家、道家思想的本质，弄清两者的价值和互补关系。
2. 结合生活，体悟积极奋发有为与谦虚修心不争的辩证关系和意义。
3. 学会对进退、荣辱、生死的变通思考，正确处理逆、顺境遇。

流程：

1. 每位同学认真研读教材中的相关专题和课外资料。再分成5人左右的学习小组，分别侧重查阅某一方面的资料，尽可能多地搜罗儒道相关素材。

2. 通过小组讨论，理清思路，形成小组核心观点和陈述纲要。制作出相应的课件或者道具。

3. 课内研讨。先由每组代表上台展示课件，陈述本组观点。再由小组其他成员补充。

4. 评说与探讨。各组展示完毕，其他组员和教师针对展示过程中出现的问题进行提问、讨论和评点。

提示：

1. "入世"指积极有为，参与社会生活，是儒家的基本立场。儒家注重社会秩序，强调人的主观能动性和社会角色，关注个体与他人的和谐相处。"出世"指出离人世间，超然脱俗，是道家的基本立场。道家思想的核心是自然、无为，向内审视，关注个体自我的身心和谐。人立于世，既处于个人与他人的社会关系之中，也面临着自我身与心、情与理的纠葛。两相如何互补，共存一身，值得每一个人体悟与践行。

2. 从儒家、道家思想的角度，可以拓展探讨一下"仁""礼""独善其身""自然""无为""上善若水""舌柔长存"等关键词的含义，反思中国人的民族性格特点。

3. 联系生活实际，谈儒家、道家思想的积极性和局限性。如怎样区分汉代以前的孔学与汉以后的儒家异同，如何正确理解鲁迅《狂人日记》中批判的"吃人"的礼教，道家思想的积极因子和消极因素，等等。

4. 也可以在QQ群和微信群中安排讨论，将讨论的结果整理出了到课题演示，进而拓展研讨。

二、故事会

主要内容： 中外神话故事讲评

目标：

1. 比较系统地掌握中国古代神话故事知识，识记十则以上神话故事，基本弄清楚神话、传说和历史三者的概念和关系，理解中华先民的生存处境和精神面貌。

2. 进一步阅读希腊神话和圣经故事，拓展对西方基因的认知。

3. 掌握讲故事技巧，领悟神话故事的精神内涵，增强民族自豪感。

流程：

1. 研读教材中的神话专题，进一步搜集更丰富的神话故事资料。鼓励根据某神话故事创作PPT或者flash短片。

2. 主动面对宿舍同学讲述某些神话故事，推选出讲得好的面对全班讲述一个系列的神话故事，再推选出优秀者面向大课堂进行故事讲述和评论。

3. 教师对讲述者予以点评，计入平时成绩。

提示：

1. 讲述要求脱稿，使用短句，尽量口语化。不仅说清故事本身，还要说出从中所受的启发和教益。

2. 神话故事是人类先祖留下的精神遗产，是当代人精神家园的文化源头。神话与迷信有本质上的区别，需要用心体悟蕴藏其中的文化意义，领略中华民族先祖的坚韧品格和飞腾想象的积极因子。

3. 拓展延伸方面，建议选读《淮南子》《山海经》《搜神记》《封神榜》《西游记》等，领略其中多姿多彩的奇异故事和形象。进而阅读《希腊神话故事》之类的书籍，进行中西神话比较讲解。

4. 神话故事堪称现代动漫设计的珍贵文化资源，可以利用这些资讯做创意展示。也可以推荐展示发见或者自己创作的优秀影视动画片。

第二单元　中国中古人文语文

名家名著与专题

第一节　汉字文化与中国书法艺术

　　汉字是目前世界上正在使用的约210种文字中最古老最独特的文字，是唯一的一种以象形为基础、表意为主导而又兼有表音因素的表意体系文字。"汉字保留了19世纪以前人类最丰富的记录，总量超过人类文明史上所有其他文字所保留的总和"[①]。其审美性更是其他任何文字无可比拟的。

一、中国文化的基因　传承文明的载体

　　有人类以来，是社会的历史；有工具以来，是文明的历史；有文字以来，就是文化的历史。从这个意义上说，汉字就仿佛是中国文化的基因，承载乃至调控着华夏文化的遗传和发展。

　　汉字是中华民族独立创造出来的自源文字，从原始文字的出现到形成为完整的文字体系，经历了漫长的历史。基于现代考古学的发现认为，最早的汉字是安阳等地出土的甲骨文，距今3000多年（前1200），而其形成的时代大约在4500年前。还有人认为仰韶文化出土的刻划符号是最早的汉字（前4500-前2500），距今约6000年。意大利学者安东尼奥·阿马萨里《中国古代文明》认为："在距河南舞阳县城北22公里处的贾湖发现的安阳类型的甲骨文时

[①] 唐德刚（美籍华裔学者）语，转引自：纪德裕. 汉字拾趣. 上海：复旦大学出版社，2002：1.

期铭文，距今有七八千年的历史。"

　　关于文字是如何产生的，也有多种推测。有的认为汉字源于庖牺（伏羲）创造的八卦，有的认为认为汉字起源于结绳记事和刻契方法。从考古材料看，这些活动的出现均在文字产生之前，对文字的产生和书写可能有促进作用。也许就是在人们长期从事这类活动中，逐步创造出比较丰富的有意义的符号，渐渐地得到总结而形成约定的文字，其中有些智者可能发挥了重要作用，比如传说的"仓颉"等人，因而自古就有"仓颉造字"之说。目前学界普遍认为汉字主要起源于图画，我们从大量考古发现的远古陶文中可以看出绘画向符号演变的轨迹。大约在公元前17世纪，夏朝和商朝之交，汉字发展成为具有完整体系的文字。

　　汉字的造字方法，许慎在《说文解字》中提出了"六书"之说，即象形、指事、会意、形声、转注、假借，前四种是造字的方法，后两种是用字的方法。象形就是通过描画事物外形的造字法，用这种方法造的字叫象形字。如：🦅像鸟形，〰像流动的水形。指事是在象形符号的基础上加上抽象符号来表示意义，用这种方法造的字叫指事字。如：在"木"下加"一"为"本"，表示树根；在一横上加一画表示"上"，在下面写一画表示"下"。会意是把几个表意符号组合在一起，表示新的意义，用这种方法造出来的字叫会意字。如："监"，篆文写作🔳，用眼睛向有水的器皿看，表示临水自照，即照看的意思，后来写作"鉴"。由表意的意符和表音的音符结合起来造的字，叫形声字，如：🔔从金令声，表示铃铛；🌊，从水工声，表示长江。

　　现在能看到的最早的成批的古代汉字是产生于殷商时期的甲骨文。目前发现的甲骨大约有15万片，甲骨文大约有4500个单字，其中已经解读出来的大约三分之一左右。甲骨文的象形程度和图画意味比较重，例如🔷，表示人的眼睛，为"目"字；🔶，画的是一个人低头就食的样子，即"即"字。有些字的写法不固定，一个"车"字在就有十多种写法，如：🚗，字的大小也不完全一样。西周通行的文字主要是铜器铭文，叫"金文"，或"钟鼎文"。和甲骨文相比，金文笔画变得粗壮丰满，屈曲圆转，字的大小比较匀称，结构日趋方正，呈现出线条化和简易化的趋势，象形程度有了明显的降低。战国时期，中原分裂为几个诸侯国，"言语异声，文字异形"，各种俗体流行。战国晚期，开始流行一种"籀文"，又叫"大篆"，相传是周宣王的太史籀所造。字形趋向规整，线条均匀圆曲，形体呈长方形，奠定了"方块汉字"的雏形，象形程度进一步降低。公元前221年，秦统一六国后，实行"书同文"政策，在大篆的基础上简化、规范，统一写法，产生了小篆，实现了中国历史上汉字的第一次大统一，汉字基本结构至此定型，两千年来的印章一直用小篆镌刻。小篆上承金籀古文字，下启楷隶今文字，是我们探寻汉字秘密的桥梁。秦代还创造了一种小篆的简便俗体——因为多用于办普通文书的徒隶——故称"隶书"。隶书把小篆匀圆屈曲的线条改为平直方正笔画，大量简化，结构呈扁方形，使汉字字形和结构发生了一次大变革，几乎完全失去了象形的意味。这种变化文字学上称做"隶变"，成为古今汉字的分水岭，从此汉字凸现出线条的符号性质。到了汉代，隶书成为正式书体，隶书的草率写法就成为草书。同时在隶书的基础上产生了楷书。楷书的横画收笔用顿势，增加一些捺笔和硬钩。经过魏晋时代长达二百多年的应用，楷书发展成熟，最终成为占统治地位的字体，一直用到现在。介乎草书和楷书之间的是行书，它比草书容易辨认，很有实用价值。

自汉朝至今，汉字一直是世界上影响最大、应用最广的一种文字。公元285年前汉字开始在朝鲜应用；公元3世纪左右，汉文典籍大规模进入日本；公元前112年，汉武帝在南越设郡，汉字便正式成为越南的文字。19世纪以来，汉字随着大批华人走向世界而落地生根，其影响更加深广，逐渐形成了以中国大陆为中心的"汉字文化圈"。

汉字文化圈包括三个层次：其一是以汉语为母语的中国大陆和港澳台广大地区。其二是由于华人比例较大，使汉语汉字成为官方或半官方语言文字的国家，包括新加坡、马来西亚、泰国、印度尼西亚、菲律宾等。其三是历史上曾经借用汉字记录本国语言或改革本国文字的国家，包括朝鲜、韩国、越南、日本等国家。现在，汉字是联合国的6种工作文字之一。20年来，随着中国经济的振兴，随着汉字电脑技术的突破和应用，汉字在东南亚各国的应用也大有复兴之势；在欧美国家里，目前学习汉语、汉字的人也日见其多，许多大学还把汉语作为第二外语纳入教学。随着中国经济的腾飞，国力的增强和影响力的扩大，汉字越来越显示出国际性的价值。

汉字是中国人的第五大发明，是中华民族的精神纽带。汉字不论是刻在龟甲上，铸造在青铜器上，还是书写在纸帛上，五千年来其形态在变，但表意的特性没有变。正如香港著名实业家、语言文字理论家安子介先生所说，汉字记录的不是固定的语音，而是观念[①]。汉语方言之多，远远超过欧洲语言总数，中国方言语音上的差距之大，也远远超过欧洲的许多语言，但数千年的中华帝国却没有分崩离析，使用同一语言的罗马帝国、阿拉伯帝国却早已四分五裂。拉丁语曾是罗马帝国的语言，而当罗马皇帝的子民们用拉丁字母拼写自己的方言时，就出现了西班牙语、法语、意大利语等语言。随后罗马帝国也解体了，拉丁语也渐渐死亡了。这种情况之所以没有在中国历史上发生，主要是归功于十分独特的方块汉字。中国大陆70%的人母语是北方话，香港居民96%的母语是粤语，台湾73%的人口操闽南话。方言各异的两岸三地的中国人都认同汉字，他们都把用汉字印刷或书写的文书、文艺作品、报刊杂志和教科书等等，看作是自己文化的一部分。同一概念在中国语文众多的方言里用众多的音素表述着，但记录下来的文字符号却是一个。汉字保存初民悠远记忆的历史性、纯粹性，具有其它文献不可替代的价值。汉字作为汉语中最基本的文字符号，犹如华夏子民血液中的基因，一直是炎黄文明忠实的记录者和中国文化坚实的载体。

二、 科艺双备的功能特质 生生不息的文化魅力

世界上曾有几种重要的古老文字，如埃及的圣书字、两河流域的楔形文字、美洲的玛雅文等，但是它们已经停止使用，成为死去的文字；只有汉字这"东方魔块"世代相传，使用至今；而且在进入计算机时代后，焕发出强健的生命力。

[①] 引自：朱竞. 汉语的危机. 文化艺术出版社，2005：211.

汉字是一种最具科学性、艺术性和文化内涵的文字，其本质特点决定了它生生不息的文化魅力。

首先，从形体上看，汉字虽比拼音文字复杂，但其形体基本上由横（提）、竖、撇、点（捺）、折五种主要笔画构成，依照一定规则可以构成成千上万的汉字。常用字也十分集中，只要掌握三四千个常用字，就能阅读和写作丰富思想内涵的文章。据数理语言学统计，毛泽东选集四卷用字2981个，老舍的《骆驼祥子》2413个，就连《红楼梦》也才4200个。汉字固定的笔画、笔顺特点，便于最先进的电子化服务。据微软公司试验证明，汉字键盘输入速度已超过西方拉丁字母文字的输入速度。汉字视觉分辨率高，字形占空间小，因而阅读速度快。有人统计，阅读汉字的速度，是阅读英文的1.6倍。汉字的字形还可使人产生联想和想象，有助于智力的发展。神经心理学和神经语言学的研究结果表明：拼音文字是偏向大脑左半球的"单脑文字"，而汉字则是大脑左、右两半球并用的"复脑文字"。学习汉字可以充分开发大脑左右两个半球的潜力。研究表明，汉字的内在规律被发现前，它可能是世界上最复杂的文字；而规律一旦掌握，它就是世界上最科学、最简便、最优美的文字。

其次，汉字有很强的构词能力。汉语可以轻松地用常用字组成新词和新词组来表达新事物、新概念，如"电脑""空调""网络""多媒体""知识经济"等等，它们既易学又易记。汉字好比"预制件"，构组新词如同"搭积木"，十分简便，非常适宜于一日千里的科技发展。而西方拼音文字在适应日新月异的社会发展中，新词猛增，据统计，目前英语单词已达50多万，人们的记忆不堪承受。汉字在负载巨大增长的信息时，不仅不感到费力，还仍然保持着在诸多文字中最简明的特点，几乎像永动机一样的万能。可以毫不夸张地说，每个汉字都是文化意义上的全息码。汉字具有负载密集信息的能力、信息含量大的特性[1]。汉字担任了负载史前文明信息的任务，也担任了记载人类文明史中信息的任务，它也必将迎接更大的辉煌。

第三，汉字是表意兼表形，具有很强的审美性。鲁道夫·阿恩海姆认为所有人类认识活动的领域中"真正的创造性思维活动都是通过'意象进行的"。中国人的思维具有明显的"意象"思维特征，汉字、书画都是典型的代表。安德烈·勒鲁瓦·古昂认为，汉字在声音与注音符号（一群意向）之间创造了一种象征关系，这就为中国的诗歌和书法提供了很大的施展空间；中国文字在人类历史上代表了一种平衡状态，它一方面相当准确地表达了数学或生物学概念，另一方面又保留了运用最古老的文字表达系统的可能性，汉语符号的并置创造的不是句子，而是一组有意味的意象，意象的张力充满了暗示的意义[2]。汉字的形体和象形结构中已具有抓住事物主要特征加以再现的表现因素，它在再现物体之"象"时也同时表达了造字者的主观审美情感。汉字对物象的简约化和概括化，并不完全脱离"象"和"形"，这就为理解和想象创造了一个颇富张力的施展空间。比如：王蒙的小说《黑眼》，所有西方翻译者都困惑：这个"眼"是单数还是复数。在汉字里，"眼"是一个有自己独立性的字，有更高的概括性灵活性，可以代表主人翁的双眼，也可以象征黑夜，也可以指文本里面描写的孤独的电灯泡。汉字提供了一种能指和所指不固定的符号，培养一种追本溯源层层推演的

---

[1] 李秀琴. 从中西文字体系看汉字文化与中国人的思维方式. 中国哲学史，1998（4）.
[2] 安德烈·勒鲁瓦·古昂. 手势与语言. 波士顿：马萨诸塞技术学院出版社，1993：207-209.

思考方法，眼是本，第二才是一只眼多只眼的考虑，在专用时还可以发挥出"新眼""开眼""天眼"等等。

每一个汉字几乎都凝聚着中华民族的创造智慧，每一类字都可以分析出中国人的哲学精神。汉字是汉文化的根，是中华民族血脉之基因。中华儿女的乡情乡愁乡思永不止息，汉字文化是中华儿女生生不息的精神家园。

三、线条传神的艺术奇葩

世界各国的文字都有书写技巧，但只有汉字书写很早就成为一种艺术。汉字是中国独特的书法艺术的符号载体，书法是汉字的审美艺术化。不论是甲骨文、钟鼎文，还是汉碑、颜柳或王羲之的行书、张旭的狂草，都是中国人对汉字字体的一种艺术设计和生活体悟。在汉字这种区别于西方文字的创造过程中，中国人将自己对外部世界的感受和观念，以及自身的情感体验和道德标准都放在了这个方块字系统内。书法精简为黑的线条和白的纸面，黑白二色穷极了线条的变化和章法的变化，暗合中国哲学的最高精神"万物归一""一为道也"。从这个意义上说，中国书法具有独特的文化哲学性，甚至有人称之为"中国哲学中的明珠"。

古往今来，书家无穷，字体众多，令人眼花缭乱。但无论如何变化，书法艺术总是通过优美的点线和布白（形），来体现书家的本真世界和自我灵态（神）。因此，书法艺术美集中表现在"形"和"神"这两个方面，所谓"书道妙在性情，能在形质"。（包世臣《艺舟双楫》）

点画是构成文字的基本要素，也是书法的基本功。一字之内，横直撇捺等笔画，怎样才算好，才算美，关键在于用笔，在书写时，往往要用方笔、圆笔、中锋、侧锋，用不同笔法写出的点画，就会有不同的造形与效果；不论用何种笔法，若每笔自始至终都能精力贯注，毫不松懈，潜心创作，各式各样的美姿自会生于笔下："点如高山坠石"，"横如千里阵云"，"戈如百钧弩发"，"牵如万岁枯藤"……

结众画为一字，叫结体，结体讲"计白当黑"；结众字而成篇，叫章法，章法讲"分间布白"。有时二者互用，而以"布白"表现出来。一幅书法作品，字字各有其位置，行行均有其排列。墨是字，白也是字；有字的地方固然重要，无字的地方也重要。单字的结体间架要与整幅作品的分间布白相协调。同样的字，不同人写出来形状各异，就像人都有五官，但因形态部位的差别，而各有面貌。欧阳询楷书，点画刚劲，褚遂良楷书则结构疏朗。总之，结构向背开合，照顾呼应，疏密相间，务求变化，以尽灵活之趣。所谓疏处可以跑马，密处不使透风，错落如扶老携幼，参差若楼观飞惊，如此结字方显精神。章法在于字与字、行与行之间的安排，横斜疏密，上下牵连，左右顾瞩，均须照应。同时，字与字之虚实应用，与绘画上布白的道理相通。大致篆隶楷书章法较平正，行草书章法则趋险奇。

著名书画大师徐悲鸿曾用"正而奇""奇而正"来概括书法艺术美的两个明显特点，以章草名世的罗湛先生亦有诗云："文似看山不喜平，作书尤贵势峥嵘。秦砖汉瓦旁搜采，偏正欹斜意趣生。"所谓"正"，是指自然端庄，如欧、褚、颜、柳；"奇"是指神奇，如《石门颂》、大小二爨、黄庭坚的草书等。由此可知，正与奇，二者之间存在着既对立又统一的辩证关系；有的正奇各有侧重；有时正中有奇，奇中有正，或"似奇而反正"。关键在于把握其分寸，正者虽规整易失于拘谨；奇者自然而易失于狂怪。

书法作品，不是由意义毫不相关的文字所构成，字与字，行与行在内容与形式上都有内在的不可分割的联系。古人论书，往往谓其笔断意连，行气贯穿，字字首尾相应，血脉畅通，行乎其所不得不行，止乎其所不得不止。书法中的行气与文章之行文相仿佛，有起承转合，有委婉顿挫，迅疾如瀑布急湍，流畅如行云流水。行气亦需有变化，行笔速度有疾有缓，乃得灵动，如唐怀素草书疾则如惊雷激电，缓则如夏云出岫，行气之美，具现纸面。

我们从视觉上注意线条的长短、宽窄、浓淡、起落、斜正、强弱及墨色，固然必要，而仔细体察，书法家通过运笔的疾徐、轻重、方向、意图抒发出来的情感和修养，则更为必要。即除了我们能够从纸上直接看到的书法线条造形给的美感而外，还要去挖掘、发现、领悟用眼睛看不到的、比较含蓄的神，这才是构成书法艺术美感为重要的因素，它直接关系到作者的雅俗，影响着观者的爱憎。

书法艺术的线条、韵律和节奏，是没有具体物相的意象，由于线条筋骨、气势、飞动神态的不同，而呈现出不同的神彩或叫神韵，即书法家利用线条的笔墨节奏，寄寓的特殊的情感。欣赏其神韵需要通过变化多端的艺术想象才能追求得到。不同书家，抒发的情感不同，书写的内容不同，感情也有区别。当其下笔之时，未必作意为之；而是势来不可遏，水来不可挡，感物而支，水到渠成。祝允明曾说："喜则气和而字抒，怒则气粗而字险，哀则气郁而字敛，乐则气平而字丽。"如果说音乐抒情性主要表现为旋律，书法抒情的旋律则主要表现为线条。随着人的喜怒哀乐的不同的变化，写出来的字效果也各有所异。一幅狂草，人们虽然无法通读，但也无妨人们理解作者的审美情趣。法籍华人熊秉明先生认为，颜书大度雍容，丰满有力，流露出儒家入世的思想；怀素的字流畅潇洒，飘飘欲仙，有出世的思想。扬雄说："言为心声，书为心画。"作为无声旋律，优秀的书法作品总是或隐或显，或多或少地表现出作者的气质、意趣，以至整个内心世界，表达真挚而丰富的情趣。

从布白也可体悟书法艺术的神。一幅书法作品，墨是字，白也是字。古人论书云："书在有笔墨处，书之妙趣在无笔墨处。有处仅存迹象，无处乃传神韵。"老子所谓"有之以为利，无之以为用，有无相生，计白当黑"，就是这个道理。笔画和空白，是互相依存，互相制约的。"有处和无处"互相衬托，便显得其妙而无穷，有笔墨处仅存迹象，那空白的，往往是高妙的神韵所在。不同的分行布白，会传出不同的神韵，给人以不同的美感。有这样一幅构思奇特的书法作品，在一个横幅长方宣纸上，右下方写的是个"峰"字，左上方是跋语和下款，观之，主题"峰"字比较突出，犹如异峰突起，落款好像远树小草，中间是一片广阔无垠的天地。这片空白可以理解为云，也可视作是雾或者大海。它虽然没有一点笔墨，但"此时无声胜有声"，可以给人以更丰富的想象。

书法艺术是一种抽象的艺术，表现出一种特殊的美。书家挥毫时，每于自然万物中汲取各样的美化于笔端，所谓"囊括万殊，裁成一相"。所以历来的书论、书评多用自然景观、人物情态来形容各家书法。如说王羲之的楷书如阴阳四射，寒暑调阳，行草如清风出袖，明月入怀；张旭书如神蛟腾霄，夏云出岫；颜书如金刚嗔目，力士挥拳；苏轼书如古槎怪石，怒龙喷浪。在纸上并不见这些形态美的具象呈现，而是透过有节奏的线条，让人兴起共鸣和想象，并由此共鸣中听到书法律动的声音，联想到书法中蕴藏的物象。张怀瓘所谓的"无声之音""无形之象"，正是对汉字书法及其抽象神韵的阐释和高度概括。

【研习与探索】

1. 关于汉字的起源有多种说法，你怎么看汉字的起源问题？
2. 请搜集中国最著名的几个书法家的代表作品，品味其美妙之处，力求能说出它的特点。并选一二种进行临摹练习，努力提高自己的汉字书写水平。
3. 面对多元世界"汉语热"的大潮兴起，作为中国的大学生，应该如何对待自己的母语和母语文化？请就此主题举办一场演讲活动。
4. 请查阅几部关于汉字字源、汉字文化、书体演变等著作，就儒道释中常用汉字做个字形、本义、演变的小考，你会获得对中国文化新的认识和新发现的乐趣。

（周金声　赵丽玲）

第二节　魏晋士人个性自觉与诗意人生

一

谈论魏晋士人，先说说士人的来源。商周之前，士是贵族。在"周王—诸侯—卿、大夫—士"贵族序列中，士是最末一个等级。通古今，辩然否，谓之士。到了春秋战国，礼崩乐坏，社会通道开放，或士沦为民人（布衣），或民人升为士。"士+人"阶层出现，士人诞生。春秋说诸子，战国说士人。庄子是没落贵族，依然是士；孔子是贵族远室的后裔，沦落为士人。孔子信仰"天下有道"，坚持"士志于道"，创建以"道"为核心的士人话语，是中国第一个士人。孔子与诸子一道，百花齐放，百家争鸣，开启了中国文化的"轴心时代"。

士人拥有"知识、道德和勇力"。战国是一个自由时代，士人是最有活力的阶层，主要类型是游士。苏秦纵横六国、取卿相之尊，是游士中的典型。西汉独尊儒术，掌握了"天命"阐释权的儒学经士是主体。汉代察举看重名节风尚，影响了东汉末年清议之风。清士裁量执政、互通声气形成士林，是中国知识分子群体意识最早觉醒的一批人。两晋远承汉末婞直之风，结果是产生了一群魏晋名士。名士有士族门阀政治和荫户制度支撑，与世独立，王权无可奈何，形成贵族制度消失后一股制衡王权的力量。说到底，战国游士无恒产者无恒心，魏晋名士拥有庄园田产才能保持独立。谢灵运《山居赋》描写自己的大田庄，无所不出，甚至产"熊罴豹虎"。真名士自风流,门第经济保证精神品质,衣食无忧成就伟大著述。魏晋是一个"人的觉醒和文的自觉"时代,士人的品性、风范,如进德修业、礼贤下士、人格节操、义士情怀、恭敬谦和等,影响社会公序良俗。

士人文化太孱弱,王权政治太黑暗,文化与政治较量,总是杀戮占上风。魏晋士人如不觊附司马氏集团,就得退以放达、任诞、佯狂来避祸。到此,中国士人的个性和人生从舍生取义往后退,从经学退到玄学,从儒学退到佛学,从王道论退到人生意义论,一直退到了清谈性命。中国士人的路越走越窄。

"士有道则出,无道则隐"。到了东晋陶渊明,士隐南山,虽士不仕,以菊花与诗、酒作伴,躬耕桑田,将"悠然见南山"的博雅人生与"猛志固常在"的高地人格,二者完美融合一体,别开生面的人生人格,为后世的士人另开了一个新天地。

二

要看魏晋士人个性自觉与诗意人生,可以从隐士陶渊明看仔细。

按照古代儒家传统,士不做官枉为士。陶渊明(365~427),晋宋浔阳柴桑(今江西九江)人,曾祖陶侃是东晋开国元勋,祖父陶茂、父亲陶逸都作过太守。到了陶渊明,八岁丧父,家道中落。后来,他说自己"家贫,耕植不足以自给。幼稚盈室,瓶无储粟。……亲故多劝余为长吏,脱然有怀,求之靡途。"无论"脱然有怀"的儒家心志,还是解衣食之忧,陶渊明"投耒(lěi)去学仕",走为官之道是应有之义。二十九岁任江州祭酒,三十五岁任桓玄的僚佐,四十岁任刘裕的参事,四十一岁任刘敬宣的参事,四十二岁任澎泽令。他一生有五次出仕,每次任职时间都很短,累计不过四五年。这说明两点,鹏鸟择木而栖,仕宦非得其所畅。他说"余尝学仕,缠绵人事,流浪无成,惧负素志"。相反,他出仕时常以归隐相伴,与处相欢无比。那一年,他三十六岁,母卒辞官回家。三年生活居隐,因脱离人事,心情恬然,写了不少好诗。

> 迈迈时运,穆穆良朝。袭我春服,薄言东郊。山涤余霭,宇暧微霄。有风自南,翼彼新苗。(《时运》)

陶渊明苦于职事,安于居隐,外似儒内实道,故得其所便怡然自乐。诗中乡间情状,轻松真诚;脾性冲和,不喜不惧。其中,有一种冲淡自然、平和闲远的亲近。《癸卯岁始春怀古田舍》等另外一批代表诗篇,都写于此时。对比之下,那一个食之无味、弃之可惜、终于无趣的官场,陶渊明更感到乡间之纯和。他下决心彻底逃离,这为之埋下伏笔。

陶渊明身无闲钱,家无余资,后来的逃离便是文化逃离。因为当历史进入魏晋之后,儒教开始失效了。本来儒教是一种社会纪律,告诉人们日常行为中应该做什么和怎么做,是一些规范、原则和方法。到了魏晋,对于为什么要这样做?尤其是这么做的根据何在?儒家回答不了。现实中儒家也遇到难题,汉魏晋时代一条线下来,相沿不远,变迁极多,动辄两三个朝代。一方面高呼儒家"以孝治天下",另一方面动辄改朝易代。对这个混乱现象,儒学难以作出合理解释。既然不能回答困惑,"脱然有怀"的儒家心志,陶渊明自然就轻轻放下了。陶渊明生活的晋代,也处于朝代更易的时期,与孔融于汉末,亦与嵇康于魏末略同。但他的态度冲淡得多,已经比嵇康、阮籍自然,也比孔融平和了。

当儒学捉襟见肘之日,便是玄学、佛学、道教、科技常识取而代之时。这些旁道杂学一起跻身知识、思想和信仰资源库中,成为人们在乱世中安身立命的新根据。因此,一枝优渥菊花似的陶渊明,是随礼乐文化衰落而摇摇长出。

对于这言行不一、遽然万变的世道,陶渊明自号五柳居士,已经见惯。他在魏晋玄言清谈余脉下,渐渐摆脱儒教约束,探索其与释道并举,走一条曲曲折折,先官后隐的路,凝成一个动荡的世代,退而自保、洁身自好的人生,做了一个"代表平和的文章的人",有着"看似平和"的性情。疏离王权之所失去的,必换来个人空间拓展之丰富弥补之。在"仕"之表现极差的表象下,陶渊明在"处"之内涵里融注了丰富别致的内容。如同阮籍的"醉卧"、嵇康的"锻铁"、谢安的"高卧东山"、葛洪的炼丹修道、宗炳的醉心山水一样,陶渊明"躬耕田园"蕴藉无限,成为后世的精神富矿、人生美谈和人格佳话。

这样一来,陶渊明牺牲了政治理想,换得了个性人生。

三

如上所述,儒学之功能从西汉重整社会的利器,跌落到魏晋不再具备合法性证明,滋味适如嚼蜡,地位形同敝屣,食之无肉,扔之可惜。四十一岁时,陶渊明解甲归田,由于生活窘迫,一度出任彭泽县令。任职仅八十余天重又辞去,归去来兮。这是陶渊明一生前后两期的分水岭。

> 郡遣督邮至,县吏白:"应束带见之。"潜叹曰:"我不能为五斗米折腰向乡里小人!"即日解印绶去职。"

在儒教看来,"解印绶去职"简直是与全体社会做决裂。儒家理想里,凡士总要拼命地追求入仕。入仕太重要了,除了衣食,做官还是德才学识的证明。朝廷号称"以才德取士",入仕者被认为是才华卓越的大人,未入仕或仕途不畅者,则是才华和品德低下,不合标准的小人。这样一来,士不做官决不是一个正常人。何况中国文化是耻感文化,看重的是世人的眼,无官是一种耻辱。由此,很多怀才不遇之士被蔑视,会有一种被侮辱的感觉。陶渊明有仕不做,拂袖而去,这样做是不知耻的表现,简直是与全体社会宣告决裂。辞彭泽令不久,陶渊明挥毫呵成《归去来兮辞》,以逍遥之姿来回应他人的眼,诗行字间,溢满觉悟和愉悦:

> 归去来兮,田园将芜胡不归!既自以心为形役,奚惆怅而独悲?悟已往之不谏,知来者之可追。实迷途其未远,觉今是而昨非。

在众人侧目之下能够轻松自如，这表明陶渊明背后有强大的精神资源。这就是魏晋士人志趣转向，已经不再片面追求立功、立德，亦崇尚立言。事实上，正是因着"田园诗"，陶渊明得以安顿人生，流芳后世。所以，陶渊明诗意人生犹如一株大树，是生长在陶诗这块田地之上；其自觉个性又犹如一杆旗帜，高高招飘在人生树顶上。没有陶诗就没有陶渊明。其人生个性，不以诗文重，却以诗文显。陶渊明的田园诗是中国诗歌史上的重大创举，恬静、真诚、简约。透过诗中的田园景物和田园生活，陶渊明的精神立于其上。这是魏晋崇尚"立言"的好处，这就是海德格尔概括的"存在的家。"从田园、菊花、酒和南山、桃花源中，陶渊明获得了自我，进入了历史，完成了真实的存在，拥有了人生的意义。

> 结庐在人境，而无车马喧。问君何能尔？心远地自偏。采菊东篱下，悠然见南山。山气日夕佳，飞鸟相与还。

魏晋时代，热心时政、积极世务将付出沉重人格代价。生活既然在政务上了然无趣，不如从日益狭小的政治空间走出，"越名教而任自然"，进入一片无限宽广的艺术人生，在智感、美感领域不断研究、开拓。这样一来，也就扩大和强化了生命的宽度和密度。在粗鄙道德下的政务、世务和俗务之外，陶渊明成就了作为一个人的第二生命。所以他发展了人，也完善了人。他通过自己证明了魏晋是一个"人的觉醒和文的自觉"时代。

陶渊明的个性和人生的发展和完善是原创性的。在中国文化下，陶渊明不似西方以彼岸宗教资源来超越现实的约束，他"依据其家世信仰"，以"承袭魏、晋清谈演变"，将"道教之自然说而创改"，形成了"新自然说"，来作为超脱世俗的思想文化力量。他的与世独立，是跟"自然与名教"的对立不相同。阮籍、刘伶辈之佯狂任诞，仅限于不与当时政治势力合作。而陶渊明"新自然说"不积极抵抗政治、不"养此有形之生命"之养生，也不"别学神仙"，摆脱了"形骸物质之滞累"而更加冲淡致神，有"融合精神于运化之中，即与大自然为一体"的超脱。陶渊明做人、做事和做诗，平和恬淡，从未见过。

> 就其旧义革新，"孤明先发"而论，实为吾国中古时代之大思想家，岂仅文学品节居古今之第一流！（陈寅恪）

强大的思想产生真实。陶渊明"躬耕田园"生活背后，是"大思想"做了存在的基石。首先是有"大思想家"才有"五柳居士"，才有"田园诗人"。之前，他不得不在官僚与隐士这两种社会角色位置中做选择。当"孤明先发"，思想精神上完成"旧义革新"蜕变，隐居之下，返璞归真，自然而然。一般来讲，人们只是眼见其"躬耕自资"的情景，"采菊东篱下"的心境，"摘我园中蔬"的乐事，"夏日抱长饥"的实况。殊不知，这一切历史表达深深源于他强大的思想。隐者陶渊明，恒久在一朵东篱的"菊"上；"归去来兮"者陶渊明，永驻在墟里一间"大人先生"家中。由此，陶渊明有了生命，生活在真实中。

人说他"贞志不休，安道苦节，不以躬耕为耻，不以无财为病"，这是世人的眼；自己眼里看到的是什么呢？

结庐在人境，而无车马喧。问君何能尔？心远地自偏。采菊东篱下，悠然见南山。山气日夕佳，飞鸟相与还。此中有真意，欲辨已忘言。

所以，仅用"隐士"概括陶渊明的个性和人生是远远不够的。在后期，他并非没有再度出仕的机会，他一一拒绝。晚年，"倾壶绝余沥，窥灶不见烟"，时人眼里愈来愈贫困的生活，后人眼里是一份"新自然观"下巨大精神遗产。

强大到把田园理想搭建在日常生活中，实在是难能可贵。陶渊明超越了魏晋的矫情，将高雅与凡俗集于一身，为后世士人建构了新的个性人格和人生风范。

四

中国的学问就是伦理学，只有打破一切伦理制约，士人的位所会越来越自由。士人获得独立，是从陶渊明开始的。

宋文帝元嘉元年（424），江州刺史檀道济到访，陶渊明病已多日。檀道济劝他："今子生文明之世，奈何自苦如此？"陶渊明回答，道"潜也何敢望贤，志不及也。"陶渊明的伦理旨趣早已不是"贤人"，建功立业不是陶某的人生志向，而是"秉耒欢时务，解颜劝农人"中的"农人"。陶渊明此举不同于以往士人，士不必然为仕、不必然以仕处世，这就重构了权力关系。战国游士以逐利处世、汉代议士以名德处世、魏晋名士以玄言处世，而陶渊明以田园处世。他更彻底，以读书人身份隐逸乡间，耕读为乐，精神意志上非但与王权比肩，根本就是不入我法眼，另开出一片新天地，获得了更多自由。

> 士在中国史上形成了一个源远流长的传统；……士的传统既是一活物，在一个接一个的内部"断裂"中更新自身。（余英时）

自古以来，士人与王权关系有一个从依附到独立的过程。士人推行道义，是从唐儒"致君尧舜上"，到宋儒"得君行道"，再到明儒民间讲学、启蒙社会，最后清儒"实事求是"、开拓文化新空间，这么一路走下来。陶渊明在这个变化过程中，给士人文化提供了"田园"这个新精神资源，为新个性人格埋下了伏笔。他从隐逸开始与权贵对峙，规避权贵，所借用的思想资源是魏晋玄学。孔融的父子母子关系新论，背后其实是新的君臣关系，或者说是儒士与君王关系重新确立，是对等关系而非依附关系。由此发展出了后来的儒士要做帝王师，要用道统、学统来与王权对峙。这也是为什么到了宋代，苏轼能够笑傲中三次流放，"日啖荔枝三百颗，不辞长做岭南人"，淡泊阔达的精神渊源。这也是苏东坡发掘湮没两个朝代数百年的陶渊明，与之产生共鸣的缘故。由此，开掘了一条士人行道，面向社会，移风易俗之正途。

"魏晋风度"绵延至晋宋，陶渊明承传了清谈名士的文化遗传密码，集合了"猛志逸四海"和"性本爱丘山"两种志趣于一身，儒道互补，在平淡生活中艺术化人生，在田园诗文中提升"自然"至美学臻境，在士人文化自由人格的构建中，超越了"魏晋清谈"的矫情内涵，进入到"隐逸文化"的新境界，扎根在董道直行、不卑不亢的原始儒学土壤里。儒士的位所，与帝王比肩，越来越高，越来越独立，是从陶渊明开始。

最后，陶渊明能够拥有自觉个性和诗意人生修养，最根本在于将知识、思想和信仰不拘于一端，而是来自两种以上的文化。具体说，来自"三不朽"（立德、立功、立言）的人生多样选择；也来自"善美真"（儒学是德感文化，道家是美感文化，佛学是智感文化）的统一。这就提醒今天的大学生，一个人要获得自由的个性和人生，须在不同的、多样化的文化间徜徉，而非拘泥于单一的规范不能自拔。陶渊明兼收并蓄，创造了高地人格和博雅人生，显现了不同知识之间融通互补之生命力。用今天的话来说，陶渊明成就了所处时代中，一个"全面发展的人"，一个"纯粹"的人，一个"自由"的人。

陶渊明死于元嘉二十六年（427），时年六十三岁。死前曾留下《自祭文》，要求死后轻哀薄，"不封不树"。

一千多年来，在他隐居的庐山脚下，人们修建了渊明墓和陶祠，虽屡毁更屡兴，每一朝代都不曾废弃。直到今天，菊花与酒，儒道兼收，仕处并蓄，进退一身，这一杆隽书"魏晋风度"的旗帜，飘逸地插在中国士人一路走来的里程碑上。这是一条陶渊明开辟的路，走上此路的纷纷后来者，个个无不从容。当事业失意了以后，或厌倦了官场的时候，王维、白居易走来这条路上，苏轼、袁中郎走来这条路上，近至周作人、林语堂也走来这条路上。人说"春秋是思想的时代，世说新语是审美的时代"，今天，这条路上给我们一个启示：

一个民族（和个人），仅有伟大的思想是不够的，还要有伟大的人格来支撑。

（李冬君）

【研习与探索】

1. 什么是"士人"？什么是"道"？尝试弄清士人与儒学的关系，了解魏晋士人为何要借助玄学、佛学、道教、科技常识等知识资源？

2. 一般认为魏晋"人的觉醒和文的自觉"是针对王权政治而言的，从陶渊明看"觉醒"在何处？"自觉"在哪里？对后世有哪些影响？

3. 谈谈什么是陶渊明的个性自觉？什么是他的诗意人生？陶渊明的选择对我们大学生今后的事业和生活，个人的安身立命有何启示？

4. 说说古代"士人"与今天"知识分子"有何异同？他们是社会的"道德"和"良心"吗？如果是，如何继续葆有呢？如果不是，谁为社会提供这些东西呢？

（何立明）

第三节　唐诗鉴赏与古体诗写作

中国诗歌发展到唐代达到了全盛期。唐诗作为中华诗歌的优秀典范是中国文化最宝贵的财富之一。

一、唐诗概况

唐代社会经济的繁荣和东西方文化的交流，唐代的统治者大都欣赏和创作诗歌，以诗赋取士的科考制度，极大地激发了广大中下层文人士子创作诗歌的热情，加之唐代儒释道并存，各民族交流频繁等等，这些为唐诗的发展、繁荣提供了开放、民主的社会环境。据清康熙时所撰《全唐诗》记录，唐代诗人有两千三百多人，诗歌作品四万八千九百余首。古典诗歌的体制在唐代也基本大成，五七杂言、乐府歌行，诸体皆备。其中以律诗成就为最高。

我们通常将唐代诗歌划分为初唐（618－713）、盛唐（714－766）、中唐（767－835）、晚唐（836－906）四个时期，这种区分有利于说明唐诗发展的阶段性以及时代性，纵然各期之间的年代界限难以截然分清，但大致可以看出唐诗的不同风格趋势。

初唐是唐诗经过革新走向兴盛的准备阶段。初唐早期的诗歌主要沿袭南朝诗风，最重要的代表人物就是上官仪，其诗风"绮错婉媚"，多为应制而作，内容空洞。但他对诗歌形式的讲求，对律诗的形成起着重要的作用。随后，"初唐四杰"的崛起，以出色的创作实绩给诗坛吹来了强劲的革新之风，他们的作品拓宽了诗歌的表现领域，正如闻一多在《宫体诗的自赎》所说"初唐四杰"使得诗歌从宫廷台阁移到江山、荒漠和市井。同时他们的作品还增强了诗歌的情感力量，具有"抚穷贱而惜光阴，怀功名而悲岁月"（王勃《春思赋》）的朴实真情。陈子昂提出了"风骨"和"兴寄"之说，对盛唐诗歌的精神风貌产生了深广影响。

盛唐不仅是唐诗也是我国诗歌发展的鼎盛时期。这一时期的诗歌创作，可以分作四派，以王维、孟浩然为代表的擅咏自然景物和田园风光的诗人，上承陶渊明、谢灵运，以闲淡简远的笔调表现他们隐逸生活的情趣。岑参、高适则善用乐府体，意气雄放地吟写边塞风光和边塞生活。"诗仙"李白和"诗圣"杜甫作为全唐文学的"双子星座"，或天真狂放地复古咏怀，或沉郁顿挫地写实抒情。盛唐诗歌在派别林立中，形成了"声律风骨兼备"的浑厚充盈的盛唐气象。

中唐时期由盛入衰，诗风也随之出现了重大变化，其中韩孟诗派和元白诗派最能体现出中唐诗人的开拓精神。韩愈、孟郊代表的奇险诗派，包括贾岛、张籍、李贺等，追求险怪新奇、艰难生涩的审美趣味，倾心于遣词造句和立意构思，富有独创精神。元稹、白居易提倡的"新乐府运动"，强调诗歌的现实关怀，主张用新题乐府诗写时事，追求通俗平易的诗风。

李商隐、温庭筠、杜牧是晚唐三大家。李商隐是一位杰出的哲理抒情诗人，其诗绮丽绵密，意义深蕴，语言精工。温庭筠与李商隐齐名，时号"温李"，精于音律，诗歌秾艳精巧。杜牧的律诗和绝句的成就都很高，在晚唐诗坛自为翘楚。

二、 唐诗鉴赏

唐代诗歌主题呈现多元化态势，赠别、思乡、爱情、悼亡、咏物、咏怀、贬谪、讽喻、边塞、怀古、山水田园等均有脍炙人口的经典佳作。唐诗凝聚着唐代人民丰富多彩的生活，渗透着他们对人生的体验、对世界的思考，传达出诗人们的喜怒哀乐，记载了人生的悲欢离合。

要掌握解读唐诗的钥匙，可以从以下几个方面入手：

（一） 诗歌语言的审美品评

诗歌是语言的艺术。按照索绪尔的观点，作为符号的语言，是由能指和所指构成的，"能指"是指语言的声音形象和书写形象，"所指"是指语言所反映的事物的概念。所以简单地说，唐诗语言的审美可以从语音美、字形美和语义美入手进行分析。

首先注意唐诗的语音美。对于诗歌语言来说，语言的语音美是指语音调配组合之美。唐诗的语音修辞手段除了大家知道平仄相合和押韵以外，已经广泛使用双声、叠韵以及叠字等方法。双声词是指两个音节声母相同，叠韵是指两个音节的韵母相同，叠字兼有双声叠韵的作用，是声韵交错的重叠。如白居易的"田园寥落干戈后，骨肉流离道路中"，"寥落""流离"声母相同构成双声，而且都处在诗句的第二个节拍上，还构成了声律上的对仗与呼应；杜甫《登岳阳楼》中的"吴楚东南坼，乾坤日夜浮"，"吴楚""乾坤"双声叠韵连用，声韵谐和；王维的《送元二使安西》中"客舍青青柳色新"，叠字"青青"连用，动听悦耳，富有音乐性和优美的旋律感。此外唐诗还善用拟声词。拟声词又叫象声词，唐诗中出现的拟声词并不是客观世界声音的简单再现，而是诗人根据汉语自身的特点对客观世界的声音进行加工改造后的结果。如"车辚辚，马萧萧""晨鸡喔喔茅屋傍，行人起扫车上霜"等，运用拟声词达到声律和谐的目的。

其次要注意到唐诗中的字形美。汉字是从象形字演变而来的，所以汉字在字形上还保留着表意作用。在唐诗汉字的形式美方面，西方汉学家的研究比较突出。法国汉学家程抱一在《中国诗画语言研究》中认为汉字作为表意文字，"并非'描述'世界的指称系统，而是组织联系并激起表意行为的再现活动"，他们利用汉字字形的表意特征来完成唐诗的鉴赏，拓宽了研究唐诗的思路。如刘长卿的诗句"芳草闭闲门"（《寻南溪常道士》），单单从诗的题目，我们就可以获知这是一首关于寻访隐士的诗歌。西方汉学家将研究焦点聚焦在字形上，认为"芳草"二字含有草字头，表明大自然草木茂盛的景象，后三字"闭闲门"均用门字旁，依次排列，表明诗人越接近隐士居所，视野就越明净，越朴实无华，而"裸露的门的意象"也似乎成为禅意的象征，象征着隐士纯净的心灵。又如杜甫《登高》诗句"无边落木萧萧下，不尽长江滚滚来",上句三个草字头连用,能让人联想到无穷的树林里无边的落叶簌簌而下;而下一句里"江""滚滚"三个水字旁,更描摹出无尽的长江水翻腾而来,波涛滚滚。笔力出神入化,堪称"古今独步"的"句中化境"。从字形入手的研究唐诗,有助于还原诗歌独特的造型美。

最后要注意辨析诗歌词语的语义。诗歌中的词语除了包含着本义和转义的字面意义外,往往还有一系列的联想意义和暗含意义。比如在唐诗中使用比较多的"明月"一词,除了其理性意义外,还暗含了"明亮的""圆的""润洁的""凄清的"这些本来就属于月亮的一般特征意义,由此激发人们联想,成为表达思念、乡愁、团圆、离别等的寄托物。唐代诗人们还从月亮的阴晴圆缺上,联想到宇宙人生的永恒和多变,如张若虚《春江花月夜》中的"江畔何人初见月?江月何年初照人?人生代代无穷已,江月年年只相似",寄寓了丰富多层次的感怀。

通常情况下,要想解释唐诗的词义还要注意上下文和篇章语境。有时候,还可以在同时代或者同文体中找一些相关的例子,加以辨析。

(二) 语境意义的解读

真正读懂诗歌,不能简单地照搬诗歌语词的字面意义,要系统地理解诗歌的形式特点和语境内容及其言外之意。

1. 要努力体悟诗歌的个人语境,寻求读者与作者之间的心灵共鸣。《毛诗·诗大序》"诗者,志之所之也,在心为志,发言为诗,情动于中而形于言。"诗歌的主要追求就是表现诗人个性化的主观心灵世界,而心灵的宝座是建立在内心世界和外在世界相通之处,读者的心灵与作者的心灵要通过文本提供的意象来契合。因此,鉴赏诗歌也要用心灵与文本对话,要从作家生平、个性及心理等方面入手,体悟隐藏在字里行间的象外之象,言外之意,可以说是作者心灵的呼唤。其实,作品只提供了一个语言的召唤结构,还需要读者从中发现自我,形成共鸣,所谓"作者未必然,读者未必不然",读者的人生阅历、个性禀赋、艺术品位和文化修养都会影响鉴赏的效果。法朗士说得好:"文艺批评是灵魂在杰作中寻幽访胜。"谁多用心用力,谁就会有更多的发现,获得多元化的收获,这正是唐诗无穷魅力之所在。也正如克罗齐《美学原理》所说:"要了解但丁,我们就必须把自己提高到但丁的水平。"李白曾赋诗赞孟浩然:"吾爱孟夫子,风流天下闻"(《赠孟浩然》),杜甫却曰:"吾怜孟浩然,短褐即长夜。赋诗何必多,往往凌鲍谢"(《遣兴》其五)。读者要透彻理解孟浩然的诗歌,理解李白和杜甫眼中的孟浩然形象之所以有这样的分野,就要对孟浩然三十岁至四十岁的十多年间,周游洛阳、吴越、长安等地的人生经历有所了解,要知道这期间孟浩然多次漫游,其意图仍在谋取仕途机会。他诗歌中勾勒出的陶醉于自然美景而超凡脱俗的人生态度,是出于治愈自己心灵上怀才不遇创伤的需要。由于李白和杜甫个性上的区别,一个豪迈乐观、洒脱不羁,一个深怀儒家仁爱精神和忧患意识,他们的家世、生平、艺术素养也各不相同,所以他们对孟浩然人生经历的情感体验也个性鲜明,形成了各自的独特解读。

2. 要理解唐代时代精神和社会背景,充分考察唐代的生活经济、社会、政治等方方面面,才能对唐诗有进一步的理解。盛唐是唐朝最鼎盛的时代,也是中国封建社会经济最繁荣昌盛的时期，政治安定，国力强盛，百姓生活殷实富裕。这种富有生命力的社会经济形态影响了时人的心态和性格，诗人们气魄豪迈、胸襟开阔。他们富有理想和抱负，对国家、个人前途都充满了自信与自豪。同时科举制度的完善进一步激发了他们对功名的渴望，他们以"济苍生""安社稷"为己任，形成了积极进取，渴望建功立业的时代大潮。盛唐这种治世理想，是融合任侠、纵横、儒、道等各家思想的产物。盛唐的时代精神，或直接作用于诗人创作，或者潜移默化地滋养着诗歌的感情和风格。岑参豪迈宣言："古来青史谁不见，今见功名胜古人"（《轮台歌奉送封大夫出师西征》）；李白的诗歌是最能用文字现着蓬勃、饱满、充实、积极的盛唐精神风貌，他有时放声吟咏："仰天大笑出门去，我辈岂是蓬蒿人"（《南陵别儿童入京》），"大鹏一日同风起，扶摇直上九万里。假令风歇时下来，犹能簸却沧溟水"（《上李邕》），"广张三千六百钓，风期暗与文王亲"（《梁甫吟》），有时襟怀壮阔雄放，气势非凡："黄河落天走东海，万里写入胸怀间"（《赠裴十四》），就是在仕途不顺的情形下，他仍然信念明朗，充满自信地呼喊："天生我材必有用，千金散尽还复来"（《将进酒》），"长风破浪会有时，直挂云帆济沧海"（《行路难》）；杜甫也自信地说："许身一何愚，窃比稷与契"（《自京赴奉先县咏怀五百字》），"致君尧舜上，再使风俗淳"（《奉赠韦左丞丈二十二韵》），"再光中兴业，一洗苍生忧"（《凤凰台》），"安得壮士挽天河，净洗甲兵长不用"（《洗兵马》）。就审美理想来看，唐代各种民族相互流通，各种文化相互交流，文学风格因此多姿多彩，王孟诗派山水的孤清幽冷，边塞诗派的刚健雄劲，李白的自然清新飘逸，杜甫的豪健沉雄悲壮，韦应物的高雅闲淡，杜牧的独特拗峭，李商隐的"设彩繁艳，吐韵铿锵，结体森密，而旨趣之遥深者未窥焉"（清冯浩《玉溪生诗笺注序》），构成了异彩纷呈的唐代诗坛。

3. 还要学会理解唐诗的文学传统语境和历史文化语境。唐人在诗歌创作上尽管有许多自己的创新，但是主要形式是对前代优秀文学传统继承而来。唐代文人吸取精华，剔除糟粕，兼收并蓄，转益多师。《诗经》、汉乐府、六朝诗歌都是唐代诗人仿效的对象，"永明体"对声律的追求和宫体诗的婉转绮靡则是唐代诗人学习和改造的对象。唐诗的成熟离不开前代文学传统的滋养。如"窦融表已来关右，陶侃军宜次石头"（李商隐《重有感》），引用了窦融和陶侃的典故。前一句中的窦融是一位汉将，曾上表愿意将自己的军队交给皇帝调遣。"关右"指的是首都。后一句出自《晋书·陶侃传》："侃戎服登舟，与温峤、庾亮俱会石头诸军，与峻战，斩峻于阵。"作者在此处使用历史典故表现了对现实问题的关注，对动荡时局的忧虑。当时宦官专权，文宗皇帝实质上被控制，昭义节度使刘从谏上疏说："谨修封疆，缮甲兵，为陛下心腹；如奸臣难制，誓以死清君侧。"（《新唐书·宦官列传上》）但是刘从谏则是空陈忠言，并未采取进一步的行动，李商隐把刘从谏和窦融、陶侃相比，希望他不仅仅是宣称准备行动，而是能领兵进京，采取实际行动清除宦官。读这样的诗歌，接受者只有把诗歌的语义放在大的文化语境中，才能理解其语言的精义和多元化的意义。

这也说明要创作出好作品，离不开研读前人的优秀作品，只有在充分汲取前人的创作经验的基础上才能够真正创新和发展。

（三）把握意象，品味意境

唐诗艺术之所以成为中国古典诗歌的高峰，最主要的就是意象和意境艺术的完备和成熟。

所谓"意象"就是诗人的主观感受与自然客观物象的融合，是外在的客观景象与作家内在思想感情的统一，简言之即寄寓了作者情意的有意味的形象。意象是构筑诗歌的符号，是诗歌反映社会和人生、抒发诗人感情、表现诗人情志的主要手段。初唐王勃俯瞰长江，感到这浩浩荡荡、奔流不息的大江，仿佛也因为自己的长期淹留而悲伤痛苦："长江悲已滞，万里念将归。况属高风晚，山山黄叶飞。"（《山中》）意象组合境界阔大又凄凉萧瑟，将羁旅归途表现得悲凉浑壮。诗歌后半部分的"高风晚""黄叶飞"看上去也是客观景色的描绘，但是"况属"一词的统摄，弱化了景物的客观性，涂抹上了浓重的主观色彩。在李白的《闻王昌龄左迁龙标遥有此寄》中"我寄愁心与明月，随君直到夜郎西"，一方面保持着月亮的自然属性和自然品质，另一方面，月亮也变形为主观情感的材料。暮春之夜，诗人遥望明月，思友之情油然而生，于是将"月"想象成寄托愁心、追随友人的信使，超越了"物象"时空的束缚，成为表达自己主观情思的载体。

　　意境和意象一样都是鉴赏诗歌艺术的核心内容。意境是在意象基础上完善起来的，是意象的升华。"意境"是诗人通过创造或组合一系列的意象，再造出的一种审美艺术境界。意境是主体心灵突破意象的局限创设出来的更为广阔的审美空间，即"境生于象外"。比如单独一个"舟"字，只是一个简单的物象。"孤舟"就在客观事物中融入了诗人的主观感受，构成了意象。到了柳宗元笔下则演变成了"孤舟蓑笠翁，独钓寒江雪"，在茫茫大雪之中，一位穿着蓑衣、逮着笠帽的老渔翁，乘着一叶孤舟，孤独地在寒江上垂钓，寥寥几笔勾勒出一幅寒江独钓图，意境幽僻，情调凄寂，抒发出作者孤独郁闷，但又傲然不屈的性格。

　　优秀的意境总是情与景的完美结合。唐代最常见的创造意境的方式主要有触景生情、借景生情、情景交融等。《滁州西涧》："独怜幽草涧边生，上有黄鹂深树鸣。春潮带雨晚来急，野渡无人舟自横。"是韦应物任滁州刺史时创作的一首写景七绝。一开头就选取了"幽草""黄鹂"两种常见景物，用"独怜"表露自己恬淡，安贫守节的情怀。最后一句"野渡无人舟自横"在水急舟横的客观物境中，表达出韦应物甘于寂寞、闲适的情怀。全诗以心照境，境生象外，弦外有音。张若虚的《春江花月夜》以月始，以月终，情景理三者完美融合，韵味无穷，成为"孤篇盖全唐"的千古绝唱。

三、古典诗歌的创作

　　古典诗歌到了唐代，就大体分为古体诗和近体诗两类。近体诗也称今体诗，是唐代兴起的格律诗体。古体诗是除楚辞外，唐之前的先秦汉魏南北朝的诗体。对现代读者来说，古体诗除了用韵以外，不受其他格律限制。而格律诗创作在字数、用韵、平仄、对仗方面都有格律限制。

　　格律诗通常分为绝句、律诗和排律三类，在字数上有规定，律诗每首八句。绝句只有四句，故又被称为"截句"。排律一般多于八句，从十句到上百句不等，所以也被称为长律。这三类里，绝句和律诗最为常见，有五言或者七言之分，所以也称为"五绝""七绝"或者"五律""七律"。

除了字数上的限制外，为了充分发挥汉语的语音美感，格律诗形成了比较完整的一套写作程式，在字句间的声律和用韵上都有严格的约束，所以格律诗的写作需要遵守一些技术性规则：

（一）用　　韵

刘勰在《文心雕龙·声律》里说："同声相应谓之韵。"也就是把韵母相同或者韵母基本相同的字用在诗歌一部分句子末尾，而且同是平声或者同是仄声，就是押韵。所谓"韵脚"就是句子末尾押韵的字。古体诗用韵比较宽泛，而近体诗用韵则有一定的讲究，不能随意改变：（1）诗的首句可以用韵，也可以不用韵。如王昌龄的《从军行》第一句"秦时明月汉时关"，就用了全诗的"an"韵，而王维的《辋川闲居赠裴秀才迪》第一句"寒山转苍翠"，就没有使用全诗的"an"韵。（2）除第一句外，押韵的句子是固定的，只能在偶数句用韵，不能在奇数句用韵。也就是说，律诗的二、四、六、八句用韵，绝句的二、四句用韵。（3）一首诗用韵的字不能重复，而且一韵到底，不能换韵。（4）限用平声韵。

如李白的《早发白帝城》：
朝辞白帝彩云间，千里江陵一日还。两岸猿声啼不住，轻舟已过万重山。

这是首七言绝句。全诗第一句、第二句、第四句都押"an"韵，第三句是奇数句按照规定不能用韵，且全诗用了没有重复字的平声韵。

（二）四声和平仄安排

从声音的高低和抑扬顿挫来看，古代汉语分为平声和仄声两大类，包括平、上、去、入四个声调。但是现代汉语中，入声已经消失，平声也发生了变化，即通常所说的"平分阴阳，入派三声"。就现代汉语的情形来说，平声分为阴平和阳平，对应现代汉语的第一声和第二声；仄声包括现代汉语的第三声和第四声。近体诗写作时，将平声和仄声交错使用，就形成了高低相间的抑扬顿挫，听起来十分悦耳。

按照吴文蜀在《诗词曲格律讲话》中的归纳，近体诗的平仄规律主要有三点：（1）句中平仄交错，即诗中的双数字必须平仄交错使用。（2）句间平仄对立，即一对句子的上下两句，句中双数字的平仄声必须对立。符合这种规则就是平仄相对。（3）两联间平仄相粘，所谓相粘，就是平仄声相同的规则。所谓两联相粘，即诗中的第二句和第三句、第四句和第五句、第六句和第七句，双数字的平仄必须相同。如果违反平仄对立或者平仄相粘，就叫做"失对""失粘"。

这样的话，根据首句第二个字可以分为平起式和仄起式；同样根据首句最后一个字的，可以分为平收式和仄收式。王力在《诗词格律概要》中认为律诗一般有四种句型格式：平起平收式、平起仄收式、仄起平收式和仄起仄收式。如以七律为例，刘长卿的《送友人》"新年草色远萋萋"属于平起平收式；杜甫《客至》"舍南舍北皆春水"是典型的平起仄收式，《登楼》"花近高楼伤客心"属于仄起平收，《阁夜》"岁暮阴阳催短景"则属于仄起仄收。

近体诗五律、五绝、七律、七绝都是以这四种句型为基础，然后再根据格律诗的平仄规则进行调整。如：平起仄收的诗歌，一般格律如下：

首联：⊕平⊛仄平平仄，⊛仄平平仄仄平。
颔联：⊛仄平平平仄仄，⊕平⊛仄仄平平。
颈联：⊕平⊛仄平平仄，⊛仄平平仄仄平。
尾联：⊛仄⊕平平仄仄，⊕平⊛仄仄平平。

而仄起平收式的诗歌，一般格律安排则是：

首联：⊛仄平平仄仄平，⊕平⊛仄仄平平。
颔联：⊕平⊛仄平平仄，⊛仄平平仄仄平。
颈联：⊛仄⊕平平仄仄，⊕平⊛仄仄平平。
尾联：⊕平⊛仄平平仄，⊛仄平平仄仄平。

其实关于格律诗还有许多讲究，如要注意避免孤平和避免诗句末三字的三平三仄。如果出现了平仄不合格律的句子，就叫做"拗句"。虽然出现了拗句，但是诗人如果采取了补救的办法，就是"拗救"。唐人比较善用"拗救"的方法，到了宋代，拗救的格律就比较罕见了。如果想全面了解格律诗，大家还需要阅读有关专著。

(三) 对　仗

也叫对偶，是指一联中出句和对句词义相近或者相反，词性相同，平仄相对。

五律七律诗的颔联和颈联要求必须用对仗，首联和尾联不需要对仗，但是也不排除使用对仗。如杜甫的《登高》四联对仗工整，且一句之中也有对仗，真可谓"一篇之中，句句皆律，一句之中，字字皆律"。如果是长律，跟律诗要求差不多，除了首联和尾联以外，其他每一联都要求使用对仗。绝句是不讲究对仗的。

当然，以上只是介绍了古诗创作的相关格律规则，如果想完成一首古诗体的创作，还需要在构象、造境、炼字、布局上下功夫。

关于现代社会古体诗的存在是否合法的问题，大多数学者认为，现代白话文兴起之后，古体诗写作并没有退出历史舞台，仍有着合理的生存空间和顽强的生长态势。但如何在古典诗歌中融入现代人的思想内涵和情感态度，使之一方面符合现代价值取向，另一方面又兼具古典诗歌的形式格律要求，是困扰当今古体诗创作的瓶颈问题。近年来柳忠秧、周啸天等传统诗歌创作屡屡获奖，在文坛上引起了一场场论战，双方的火力主要集中在以什么样的合理尺度评价现代古体诗词创作上。虽然这些论战并未尘埃落定，但是古体诗词的创作引起了人们更多的关注，古体诗的写作队伍和出版刊物都在不断扩大。现代古体诗在追求精炼、韵味的古典美之外，正积极努力面向当下生活，试图描写出现代人复杂的心灵和情感世界。这些探索和创新必将激活古体诗词的生命力，使之不断超越自身，开创出一片新的天地。

【研习与探索】

1. 欣赏唐诗的语言美，除了关注词的词义外，我们还应该关注唐诗中词语的特殊搭配。请收集并整理，唐诗中词语反常搭配的例句，并说说它们的好处。

2. 尝试选一首唐诗改编成新诗或者散文诗，力求传达出原诗的韵味。

3. 茅盾文学奖获得者周啸天认为作诗主要是"兴会"和"写语言"的问题，你有何感触和兴会？能就"春"写一首古体诗吗？

4. 请运用格律诗的技术规则，谈谈你对现代中国人创作出来的旧体诗歌的看法。

（张新珍）

第四节　宋词欣赏与填词写作

被视为一代之文学的宋词，是宋代文学的灵魂。词起源于隋唐之际，是配合当时流行音乐的歌唱，以依调填词的方式创作出来的一种新型的歌唱艺术，因此词最初也称为曲子词。从广义上看，词就是诗，因此词又有"诗余"之称。比起诗来，词与音乐的关系更为密切，也可以说它是和音乐曲调紧密结合的特种诗歌形式。

一、宋词概况

（一）词的产生与发展

在文学发展史上，当某种文体达到了一定的境地之后，因其内在和外在的种种原因，不得不让位于一种新的文体，这是文学发展的规律使然。就诗而言，由四言诗到古体诗再到近体诗，无不说明诗歌兴衰和转变的因果性。诗自唐朝以后，无论形式音律还是内容风格，都达到了精致完美的境地，后人想要超越几乎没有可能。这并非后人的才情不如前人，实因"文体通行既久，染指遂多，自成习套。豪杰之士，亦难于其中自出新意，故遁而作他体，以自解脱。"（王国维《人间词话》）词在宋朝，正是针对诗的衰微而兴起的一种体裁，他由晚唐五代而入宋，恰逢其朝气蓬勃之期。抒情写恨的内容，虽在西蜀南唐词人的笔下，成就了许多名篇，但那些伤时吊古、写景咏物、说理谈禅、歌咏田园和感伤国事的种种方面，都有待开拓和创造。作为文学创作的一个新领域，因为涉猎者不多，作者很容易显出他的才情和创造力，新的词句、意境和风格也会时时出现。宋代的词体词调已成熟完备。据统计，宋代词人共用调881个；如果计入同调异名者，则有1407调；倘若再加上一调多体的情况，则宋词所用词调约有2000种之多。词调的丰富和完备、形体的成熟与多变、规范的建立与完善，既是宋词昌盛气象的表现之一，也是宋词繁荣的原因之一。

根据唐圭章先生的《全宋词》和孔凡礼先生的《全宋词补辑》统计，现存宋代有姓氏可考的词人共1493人，词作21055首。宋代不仅词人众多，而且名家辈出，巨星迭现。就单个词人的创作数量来看，其创作成果也表现出空前繁盛的现象。宋代词人中，存词数量在100

首以上的就有 51 人，如辛弃疾 629 首、苏轼 362 首、吴文英 341 首、张炎 302 首、贺铸 283 首、刘克庄 269 首、晏几道 260 首、欧阳修 242 首、张孝祥 224 首、柳永 213 首。

与此同时，宋代词人的专集也开始出现。这既是检验一个作家创作成就大小的标志，也是衡量一种文体或一代文学繁荣与否的指标。根据王洪先生的《唐宋词百科大辞典·典籍》统计，宋人有词集传世者多达 313 人，如柳永的《乐章集》、苏轼的《东坡乐府》、秦观的《淮海集》、周邦彦的《清真集》和辛弃疾的《稼秆词》等。这些词人专集的产生和流行，实为宋词创作丰硕成果的集中体现和主要标志。从整个词史的发展进程来看，宋代词人堪称是一支创作成果丰富、艺术特点鲜明、历史影响深远和结构完善整齐的创作队伍。

（二）宋词主要风格流派

就风格流派而言宋词一般可分为豪放和婉约两派。此说最早出于明代张綖《诗余图谱·凡例》："按词体大略有二：一体婉约，一体豪放。婉约者欲其辞情蕴藉，豪放者欲其气象恢弘。盖亦存乎其人，如秦少游之作多是婉约，苏子瞻之作多是豪放。大约词体以婉约为正。"张綖总体上把宋词划分为"婉约"和"豪放"两大类型，并分别用"辞情蕴藉"和"气象恢弘"来描述两种类型风格的审美内涵。此说影响较大。

词派的划分还有一说，主要是针对词的发展演变史，如《四库全书总目·东坡词提要》："词自晚唐五代以来，以清切婉丽为宗。至柳永而一变，如诗家之有白居易；至轼而又一变，如诗家之有韩愈，遂开南宋辛弃疾等一派。寻源溯流，不能不谓之别格，然谓之不工则不可。故至今日，尚与《花间》一派并行而不能偏废。"将词划分为婉丽的"花间"一派、柳永一派和苏辛一派。这种分法其实更符合词的发展史。

二、宋词审美

词的艺术特色和审美特征是在与传统诗文的比较中逐步显现出来的，当词体文学在晚唐五代之际慢慢定型并走向成熟的时候，人们就开始注意到她的独特风采。到了宋代，词的特色与美感在与诗文的比较中得到了进一步的体现。

（一）丰富多彩的标题之美

文学作品的标题对作品的主题思想和美学意蕴的表现具有不可忽视的作用，中国古代的诗歌诗论对制题制序比较讲究。宋词的标题不仅在字数上趋于规范化，多以三字为调名，在标题的形式上也趋于多样化，有调、有题、有序，而且在意蕴的表现上更趋于审美化，能给人以更为丰富多彩的审美联想和审美体验。

每首词都有一个调名，常称之为"词调"或"词牌"，如《念奴娇》《更漏子》和《醉花阴》等。一首词的调名与一首诗的诗题并不相同，诗题是诗内容的概括，词调则是乐曲内容及其性质的标志。词在创作初期，其内容往往与词调内容相符合，古人称之为"缘题而赋"，如《杨柳枝》写杨柳，《女冠子》叙道情等等。在这种情况下，词的调名实际上具有代词题的作用。后来，词的内容与曲调内容逐渐分离开来，调名只表示它的音乐性质与格律特征，于是有些词人便在调名下另加题目或小序，以揭示创作缘起和所表现的思想内容。这样，一首词在标题的形式上有调、有题、有序，比之传统诗歌较单调的标题形式显得更为丰富。同时，词序的写作，如苏轼和姜夔等人的词序也更注重艺术性和抒情性，与词作本文的配合更为密切。

现存唐宋词调数百种，几乎每一个词调的名称都能给人以美的享受和联想，如《西江月》《浪淘沙》《蝶恋花》和《武陵春》等。至于词序的优美，现仅以姜夔的《扬州慢》为例。其序云："淳熙丙申至日，予过维扬。夜雪初霁，荠麦弥望。入其城，则四顾萧条，寒水自碧。暮色渐起，戍角悲吟。予怀怆然，感慨今昔。因自度此曲。千岩老人以为有《黍离》之悲也。"此序写创作缘起及作品格调，清雅凝炼，与词作呼应，有相得益彰之妙。

（二）摇曳多姿的结构之美

宋词外在形式上的另一个显著特征是片、段的划分，这与齐言的近体诗相对单调的形式形成鲜明的对照。宋词在体式上有单片体和多片体之分。作为入乐歌唱的歌词，词的分片，主要是依据乐曲的分段而来的。唐宋时代，乐曲的一段称之为一"遍"，"遍"又作"片"，也称"阕"。乐曲分为两遍的最多，因此词中的双片体也最多。两遍的乐曲在演奏和演唱时以暂时休止来表示，而歌词的上下片之间在书写和刻印上则以空格为标志。两片体的词，有上下片完全一样的，称双叠体，它表明下片是依上片的乐曲重奏一遍，这类曲调大多是篇制较短小的令曲和杂曲。也有上下片不一样的，它表明乐曲的前后两段有变化，一般是前段较短，后段较长，这类曲调大都是慢曲。三叠和四叠词调不多见，这主要是因为曲调太长，不便于歌唱和流行的缘故。

词的形体结构于晚唐五代渐趋定型成熟，但局限于令词一体。至宋代，词的形体发展才变得多彩多姿，长、短并用，令、慢兼胜。宋词不仅创造了灵活多样的形体结构方式，而且打破了齐言诗凝重刻板的主体结构，丰富了中国古代诗歌的形体美。

宋词片段的划分所带来的形体美，我们可以通过具体的作品来加以分析，如《浣溪沙》词牌，属令曲，双片体，现以晏殊词为例：

　　一曲新词酒一杯，去年天气旧亭台，夕阳西下几时回？无可奈何花落去，似曾相识燕归来，小园香径独徘徊。

从形体上看，《浣溪沙》由六句七言组成，王力先生曾在《诗词格律》中指出此调"很像一首不粘的七律减去第三、第七两句"。从总体的视觉形象而言，它依然是一个齐言的方阵，然而仔细观察就会有新的发现：其一，此调分上下两片，这就打破了七律以七言八句为一整体的固定结构，使得结构走向开放，形体变得丰富起来。其二，此调上下两片各由三句组成，这又打破了中国古代诗体尤其是近体诗以四句或八句等偶数句式为单位的结构形式，具有一种摇曳多姿的和谐美感。《浣溪沙》一调在宋词的创作中使用频率最高，与它接近于近体诗而又比近体诗新颖多姿的形体特征不无关联。

（三）参差多变的句式之美

宋词在形体上有一个最重要的形体特征，即长短不齐、错落有致的杂言句式。早在北宋，词就有了"长短句"的称谓，表明宋人对词以长短句为主体的形制已有所认识。唐宋词以前的诗歌作品如《诗经》《离骚》和乐府诗等，虽不乏长短不齐的句式，但大体整齐，如《诗经》以四言为主；《离骚》以六七言为主；汉魏六朝的乐府诗以五言句式为主。至于唐代成熟的近体诗无论五言还是七言体，都是一个个齐言的整齐方阵。宋词中虽然也有少量整首词全为五言或全为七言句式的齐言体作品，但长短句已占据词体的绝对主导地位。只有当词在唐宋时代出现和兴盛之后，长短句才以一种新型诗体的身份和魅力，取得了与齐言诗并驾齐驱的地位。

宋词的句式，从一字句到十一字句应有尽有。据统计，《全宋词》中使用频率最高的句式依次是：四言句，71105句；七言句，69037句；五言句，54097句；六言句，38539句；三言句，27781句。可见宋词的句式已打破了长期以来五、七言的奇言诗歌一统天下的传统格局，堪称中国古代诗体演变的一大进步。词的长短句式，虽极尽参差变化，但并非随意为之，而是"依曲拍为句"，有具体的法度规范可以依照。宋代词体由长短句所呈现的这种形体美，如果我们严格按照现代化的排版形式分行排列的话，可能会得到更鲜明的体现。现以宋蔡伸的《十六字令》为例：

天。休使圆蟾照客眠。人何在？桂影自婵娟。

此为单片的小令，虽然没有分片的结构优势，但长短句的运用依然给作品带来了参差多变的句式美，短短4句16个字，就杂用了一言、三言、五言和七言共四种句式，而且极尽参差跌宕之变化。宋词不仅以参差不齐的杂言句式为主体，而且句法也更加灵活多变，既有"散句"，也有"对句"，还有"参差句"。这样，宋词也就突破了一般诗歌的节奏和句法，可谓骈散并用，奇偶相生，极尽错综跌宕之美。

（四）谨严和谐的声律之美

词本身是配乐歌唱的歌词，可称之为音乐文学，是一种融歌、舞、乐为一体的综合艺术形式。宋词外在的音乐美特性是显而易见的，这也决定了词从产生到消费都带有音乐性，从形式到内容都具有音乐美的特征。词的创作后来虽然已经开始出现脱离音乐歌唱走上了案头文学或格律化的某些迹象，但通观宋词发展的整个历史时期，宋词与音乐歌唱相辅相成的关系仍然十分密切。由于时空的变换和词乐的失传，歌唱的宋词究竟如何悦耳动听，今天的读者已经难以像当时的听众那样去亲身体验了。所幸的是，与宋词外在音乐美相协调的内在音乐美的特性依然保留完好，这就是声律，而且离开了外在的音乐美之后词的声律显得更加鲜明。

讲求声律是汉语诗歌尤其是近体诗的一个重要特征。词在近体诗兴起和繁荣的同时，作为歌词，更要求以文字的声调配合音乐的腔调，以求协律动听。近体诗的声律只分平仄，上、去、入三声统称为仄声或侧声,不再严加分辨,在诗句中运用大体上是两平两仄交替使用。这一声律规则的发明与运用,使得近体诗比古体诗获得了更为鲜明的声律美特征,但近体诗依然没有音乐方面过多的要求。词作为合乐歌唱的歌词,既要"合之管弦",又要"付之歌喉",其对声律美的讲究便有了多重的需求。比如作词除了分字声的平仄之外,有时还须分辨四声和阴阳,字声的配合方式也比近体诗更加复杂多变。总之,当时的填词者不仅要懂诗歌的声律,还要通音乐的音律,如此才能做到"审音用字",使歌词与曲调、字声与乐律达到水乳交融的地步。当然,在创作上如此精雕细凿,虽然使汉语诗歌在近体诗之后具有了更悠扬动听的音乐美感,但客观上不利于这种艺术形式的普及,使得创作的面越来越窄,创作群体越来越受到局限。因此,我们现在欣赏遗失了音乐性的词,主要强调的是其声律之美。

宋词既是歌词,也是格律诗。在押韵这一点上,它与任何形式的诗歌都是相同的。但在押韵的方式和特征上,它又与一般的诗歌尤其是近体诗大不一样。近体诗在押韵方面特别严格,一般是偶句押韵,而且是押平声韵,一韵到底。词的押韵并没有一个共同的规范和法式,不同的词调有不同的押韵方式。韵位的确定,韵声的选择,都因调而异,各不相同,有一千个词调,就有一千种押韵方式。值得一提的是,每一个具体的词调的押韵方式,并非由作者随意而定,而是由词调词腔的音乐决定的。依据不同曲调填写的词,其押韵的韵位及韵数也随之各异。韵密的,密至一句一韵,韵疏者,疏至三、四句甚至五、六句一韵。也有一调一词之中,韵位疏密相间的情况。比起近体诗的偶句押韵、韵位固定的单调风貌,词韵显得更加丰富。

(五) 细腻感伤的情思之美

宋词由于其特殊的表现方式,具有与生俱来的阴柔之美的特性,因此人们已经形成了"词为艳科"的共识。唐宋词人所选用的曲调,大多是一些声情与内容偏于柔媚香软的小调和情歌,词的艺术风格也就自然趋向于柔媚婉约之风。其次,也与歌伎的演唱消费特征和传播方式有关。其三,还与宋代文人柔弱的文化心态和审美情趣有关。晚唐五代以来,由于社会政治的衰微和经济重心的逐步南移,尤其是宋代城市经济的繁荣和文官文化的发达,使得广大文人不断加重了感伤的情调、多情的气质和柔弱的风采。理学家程颐曾这样解释当时社会呈现柔弱情态的原因:"盖自祖宗以来,多尚宽仁……由此人皆柔软。"这种柔弱的心理必然会影响宋代词人向柔趋婉的审美情趣,并最终在词的创作上表现出来。

与此同时,宋词还具有浓郁的抒情性和情思美的特色。如宋张炎《词源》云:"簸弄风月,陶写性情,词婉于诗。盖声出于莺吭燕舌间,稍近于情可也。"可见,词至宋代,已经发展成一种比传统诗文表现得更纯粹、更广泛、更婉转和更细腻的抒情性和情思美。诗歌所表现的内容题材较为广泛,而宋词专就男欢女爱、人生际遇、离情别绪、春愁秋恨、风花雪月、悲欢离合、羁旅行役和兴亡盛衰之事进行挖掘抒写,而且越掘越深,越写越细。欧阳修《玉楼春》云:"人生自是有情痴,此恨不关风和月。"柳永《雨霖铃》云:"多情自古伤离别,更那堪冷落清秋节。"张先《千秋岁》云:"心似双丝网,中有千千结。"秦观《浣溪沙》云:"自在飞花轻似梦,无边丝雨细如愁。"从中可以看出宋代词人对情感世界的抒写与刻画,已经达到了极其细腻的程度。因为深于忧患的文化精神的熏陶,诗穷而后工创作审美的导向,加之不如意的人生和苦难的社会等因素的综合影响,宋词抒写的情感带有普遍浓郁的感伤色彩。感伤不仅构成了宋词的感情基调,而且成为宋词有别于其他文体的一个重要的审美特征。翻开《全宋词》,我们读到的大多是悲、愁、怨、恨、哀、痛、忧、伤、涕、泪、梦和魂这些令人感慨伤感的字眼。就是那些最为脍炙人口的名篇名句也大多浸满了泪水饱含着忧伤。不仅像晏几道和秦观这样的本色词人被推为"古今伤心人也",即使像苏轼、辛弃疾这样的所谓"豪放"派词人,他们的词作也常有悲怆之音。

(六)个性鲜明的意境之美

意境是中国古代诗歌追求的一种境界,这是一种情景交融的美学境界。诗歌意境的创造在唐代诗歌中已达到了登峰造极的地步,后来的词体似乎难已为继。然而宋词凭借音乐的美饰、长短句的形体以及歌者的表演,为中国古代诗歌意境的创造开辟了另一片风光旖旎的胜景。词的意境不同于诗的意境,缪钺先生在《论词》中说:"诗显而词隐,诗直而词婉。"比较而言,诗境表现为开阔明朗,而词境则表现为柔婉朦胧。词的意境创造,关键在于情景的融合和内外的统一。

个性鲜明的宋词意境突出表现为如梦如幻和由浅入深的特点。通过不同的画面组合,产生特定的感受。如欧阳修《踏莎行》上阕:"候馆梅残,溪桥柳细,草薰风暖摇征辔,离愁渐远渐无穷,迢迢不断如春水。"词极写旅人之感。前三句描写初春景色:候馆、残梅、溪桥、细柳、熏草、暖风、征辔,由简单的一幅幅画面,构成特定的场景,通过景物的不断变化,让读者领会到旅者离馆舍,过溪桥,在暖风香草中策马前行。愁因离而生,且在特定的环境中渐远渐无穷,不断如春水。要在不断变化的景物中读出人物的情感,读者需仔细吟咏方能领会。而宋词意境的由浅入深实为由实而虚,即往往由实境开始,进而转至虚境,是意境由浅入深的深化过程。如辛弃疾的《摸鱼儿》,表面上看是惜春之作,其实是借惜春寄托对国事的忧虑。

总之,宋词意境中普遍而又真实的情感、温婉而又细腻的情思是其内核,精美的语言、轻灵的物象和多姿的形体是其外貌;而形与神、情与景又凭借婉转含蓄、自然精巧的表现手法,达到浑然一体的艺术境界,使其呈现出一种意境朦胧含蓄不尽的美感。宋词中虽然不乏明朗阔大的意境类型,但从总体上看,宋词的意境创造仍偏于阴柔一类。缪钺先生在其所著《诗词散论·论词》中,曾揭示词区别于诗的四个特征:"文小""质轻""径狭""境隐"。其中论"境隐"说:"若夫词人,率皆灵心善感,酒边花下,一往情深,其感触于中者,往往凄迷怅惘,哀乐交融,于是借此要眇宜修之体,发其幽约难言之思……故词境如雾中之山,月下之花,其妙处正在迷离隐约。"对词境本质特征的体认可谓形象而精辟。缪先生还举秦观的《浣溪沙》为例:"漠漠轻寒上小楼,晓阴无赖似穷秋。澹烟流水画屏幽。自在飞花轻似梦,无边丝雨细如愁。宝帘闲挂小银钩。"然后概括指出:"盖词取资微物,造成一种特殊之境,借以表达情思,言近旨远,以小喻大,使读者骤遇之如在耳目之前,久诵之而得隽永之趣也。"这些分析深刻地说明了宋词柔婉朦胧的意境之美。

三、填词写作

同其他文学形式一样,词创作的目的同样是反映人们的生活和抒发情感。不同的是,创作词强调依律"填"词而非自由"写"词,因此,其受到的制约程度相对于其他的文学形式要大一些。具体说来,填词写作除了需要具备基本的文学写作能力外,还要求了解词律和词韵,依律用韵才能进行填词写作。

(一) 词牌应用举隅

每首词都有特定的名称,如《卜算子》《西江月》《一剪梅》等,称为词牌。每个词牌的格律都有明确的规定,即每首词中句子的平仄和韵脚是规定的,作词乃依律填写。如:《卜算子》为双调,四十四字,前后阕各两仄韵。句子平仄如下(其中括号里面的字可平可仄):

(仄)仄仄平平,(仄)仄平平仄。(仄)仄平平仄仄平,(仄)仄平平仄。
(仄)仄仄平平,(仄)仄平平仄。(仄)仄平平仄仄平,(仄)仄平平仄。

例词1:陆游《卜算子·咏梅》

驿外断桥边,寂寞开无主。已是黄昏独自愁,更著风和雨。
无意苦争春,一任群芳妒。零落成泥碾作尘,只有香如故。

其平仄为:

仄仄仄平平,仄仄平平仄。仄仄平平仄仄平,仄仄平平仄。
平仄仄平平,仄仄平平仄。平仄平平仄仄平,仄仄平平仄。

其韵脚为:主、雨、妒、故。

例词2:毛泽东《卜算子·咏梅》

风雨送春归,飞雪迎春到。已是悬崖百丈冰,犹有花枝俏。
俏也不争春,只把春来报。待到山花烂漫时,她在丛中笑。

其平仄为:

平仄仄平平,平仄平平仄。仄仄平平仄仄平,平仄平平仄。
仄仄仄平平,仄仄平平仄。仄仄平平仄仄平,平仄平平仄。

· 94 ·

其韵脚为：到、俏、报、笑。

例词3：余再山《卜算子·蜡梅》

不似百花娇，独绽霜天冻。远看疏枝点点黄，续续幽香送。
花艳不生香，瓣复难招凤。世上全才哪里寻，踏碎寒花梦。

其平仄为：

仄仄仄平平，平仄平平仄。仄仄平平仄仄平，仄仄平平仄。
平仄仄平平，仄仄平平仄。仄仄平平仄仄平，仄仄平平仄。

其韵脚为：冻、送、凤、梦。

（二）句式应用举隅

1. 一字句

一字单独成句的词牌仅有《十六字令》的首句。一字句常用作领字，且多为虚字。常用的一字有：但、更、又、乍、总、奈、似、况、凭、甚、须、怎、这、渐等等。

2. 二字句

①用作领字。如："休说""哪堪"等。②用于换头处。如姜夔《暗香》中的换头二字句"江国"，史达祖《双双燕》中的换头二字句"芳径"。其三，用作叠句。如李清照《如梦令》中的"知否，知否"。

3. 三字句

①用作领字。如："更能消""又还是"等。②用于词的首句或换头处。如《唐多令》《阮郎归》《鹧鸪天》等。句式如下：1）一二式。如"人悄悄""月流辉"等。2）二一式。如"秦楼月""音尘绝"等。

4. 四字句

词的常用句式之一，句式如下：①二二句式。这种句式较多，如"新月娟娟""西风残照"等。②一三句式。如："揾英雄泪""访铜雀台"等。③三一句式。如"倚阑干处""乱鸦啼后"等。

5. 五字句

词的常用句式之一，平仄格律类似五言格律诗句法。①一四句式，如"望秦在何处""更一分风雨"等。②二三句式，如"化作相思泪""波上寒烟翠"等。③三二句式，如"一声声更苦""月与灯依旧"等。

6. 六字句

①二四句式。如"匆匆春又归去""船头江水茫茫"等。②三三句式。如"都付与莺和燕"等。③四二句式。如"七八个星天外""两三点雨山前"等。④一五句式。如"但目送芳尘去""有暗香盈袖"等。

7. 七字句

词的常用句式之一。平仄格律类似七言格律诗句法。句式如下：①四三句式，如"暮霭沉沉楚天阔""萋萋芳草忆王孙"。②二五句式，如"多情自古伤离别""流到瓜洲古渡头"。③三四句式，如"杨柳岸晓风残月""更能消几番风雨"。④一六句式，如"念去去千里烟波""待夜深重倚层霄"。

八字及八字以上的句子称为长句，长句在词中使用相对较少。如八字句"误几回天际识归舟""英雄无觅孙仲谋处"等。九字句，如"斜阳正在烟柳断肠处""几度小窗幽梦手同携"等。十字句，如"见说道天涯芳草无归路""君不见玉环飞燕皆尘土"等。

（三）词创作构思举隅

鉴于词体自身的特点，初学者可按照循序渐进的原则。在开始创作时可首先按词的上下阕来分别构思，即上阕或写景或叙事，下阕或抒情或议论，这样比较好把握。如毛泽东《沁园春·雪》，上阕写景，下阕抒情，可谓思路清晰。

随着创作实践的积累和创作水平的提高，在构思上也可将写景、叙事、抒情和议论揉在一起来写。如毛泽东《水调歌头·游泳》：

才饮长江水，又食武昌鱼。万里长江横渡，极目楚天舒。不管风吹浪打，胜似闲庭信步，今日得宽余。

风樯动，龟蛇静，起宏图。一桥飞架南北，天堑变通途。更立西江石壁，截断巫山云雨，高峡出平湖。神女应无恙，当惊世界殊。

上阕叙事写景抒情，下阕写景叙事议论，构思巧妙，笔法轻灵。

创作之法，由于作者个性差异，实难以偏概全。古今词论中，鉴赏论者多，创作论者少。今试录况周颐先生《蕙风词话》数则如下：

1. "真字是词骨：真字是词骨。情真、景真，所作必佳。"
2. "学词须按程序：词学程序，先求妥贴、停匀，再求和雅、深秀，乃至精稳、沉著。"
3. "作词要意不晦语不琢：初学作词，只能道第一义，后渐深入。意不晦，语不琢，始称合作。"
4. "选句要自然：填词之难，造句要自然，又要未经前人说过。自唐五代已还，名作如林，那有天然好语，留待我辈驱遣。必欲得之，其道有二：曰性灵流露，曰书卷酝酿。性灵关天分，书卷关学力。学力果充，虽天分少逊，必有资深逢源一日，书卷不负人也。"
5. "述所历词境：人静帘垂，灯昏香直。窗外芙蓉残叶飒飒作秋声，与砌虫相和答。据梧冥坐，湛怀息机。每一念起，辄设理想排遣之。乃至万缘俱寂，吾心忽莹然开朗如满月，肌骨清凉，不知斯世何世也。斯时若有无端哀怨枨触于万不得已；即而察之，一切境象全失，惟有小窗虚幌，笔床砚匣，一一在吾目前。此词境也。"

以上五则文字，真切地概括了词创作过程中的文学性质，值得我们体会和借鉴。

（四）词律词韵举隅

1. 词律可参考清代万树的《词律》或谢映先的《中华词律》。
2. 词韵可参考清代戈载的《词林正韵》或《中华诗词》编辑部编的《中华新韵》。

【研习与探索】

1. 谈谈词与诗的联系与区别。
2. 胡仔在其著作《苕溪渔隐丛话》说："先君尝云，坡词'低绮户'当云'窥绮户'，一字既改，其词愈佳。"这种说法有道理吗？为什么？
3. 从梅、兰、菊、竹、松、柳、荷、桂中任选一物为题，以《浣溪沙》为词牌填写一首词。《浣溪沙》词律如下：双调四十二字，前阕三平韵，后阕两平韵，一韵到底。后阕开始两句一般要求对仗。

（仄）仄平平仄仄平，（平）平（仄）仄仄平平。（平）平（仄）仄仄平平。）

（仄）仄（平）平平仄仄，（平）平（仄）仄仄平平。（平）平（仄）仄仄平平。

（后阕前两句往往对仗。）

【例词参考】 浣溪沙〔宋〕晏殊

一曲新词酒一杯，去年天气旧亭台，夕阳西下几时回？

无何奈何花落去，似曾相识燕归来，小园香径独徘徊。

（余再山）

第五节　古代散文与唐宋八大家

中国是"诗"的王国，也是"文"的王国！一部诗文史就是中国知识分子的一部生命史、情感史和审美史，以至于几乎就是一串串最重要的中国人"民族"行进的印迹。我们之所以千载以下而能倾听到先民无奈的歌哭，触摸到他们愉悦的心跳，均赖于一卷卷的诗文。

一、古代散文

古代散文绵延了三千多年，至今未衰。从最早的几个字、十几个字、数十字的甲骨卜辞开始，到数百字的西周钟鼎铭文，古代散文就已经是一个灿烂的存在了。卜辞虽简约，但已是散文雏形，西周的铭文渐趋繁丽，有《毛公鼎》文长达四百九十余字，而《虢季子白盘》文散体中杂韵语，通篇用韵，近于《尚书》训诰之体。一般而言，《尚书》被认为是古代散文的滥觞，其包括《虞书》《夏书》《商书》和《周书》四部分，历来有"佶屈聱牙"之评，可见其不易索解，其实这是当时比较接近于口语的记录，只不过与后代容易明白的古文不同，读它时也就会感到古奥莫测了。

古代散文的第一个高峰是先秦历史散文和诸子散文，这是中国古代散文发展中的第一个阶段。历史散文以《春秋》及其"三传"、《国语》和《战国策》为代表，或简要凝炼，或委婉流利，或详赡叙事，或生动写人，或谨严，或浮夸，风格虽然并不一致，但这标志着写人叙事一类散文的辉煌开端是毋庸置疑的。诸子散文以《庄子》《孟子》《荀子》《韩非子》《论语》《墨子》为代表，或汪洋恣肆，或犀利峻峭，或生动善喻，或深思质朴，非唯以存一代之文献，实是抒情论述一类散文后人取法的典范。

在古代散文发展的这第一个阶段，"骈、散不分"是文体发展中的重要特点①，这时的散文是广义的散文，包括骈文，甚至辞赋亦在其内。骈文是用对偶的句子写成，散文则不讲对偶，句子长短不拘，比较自由。隋唐后，骈文又叫时文，六朝以后，又多用四、六字对偶成句，所以将这种更工整的骈文又称为四六文。还有一个概念：韵文，指的是有韵脚的押韵文章，散文骈文皆可有韵，譬如赋为韵文，然而苏轼的《赤壁赋》则是散文化的②。所以，散文、骈文和韵文是三个不同的范畴，韵文与骈、散文有交叉。再有一个"古文"概念，又称古文辞，指的是散体的文言文，这个概念出自于韩愈，"时时应事作俗下文字，下笔令人惭"，"不知古文直何用于今世也！"（《与冯宿论文书》）韩愈的弟子李翱则称自己"不协于时而学古文"，俗下文字，指的是唐代盛行的骈体文以及应科目考试的偶体时文，相对而言，"先秦盛汉辨理论事质而不芜者为古文"。现在一般论者认为的古文主要包括先秦盛汉的散体文和"唐宋八大家"所开创、后世所沿用的新体散文。

古代散文的第二个阶段是秦汉魏晋南北朝，散体文发展到极为成熟的地步，在东汉时骈体文也萌芽了，并于南北朝迅速发展成熟，当然这时的散体文并不是与骈体文壁垒森严的，如辞赋便是同时与骈体文和散体文有着密切关系的特殊文体。贾谊政论和《史记》《汉书》是汉代散体文的代表，魏晋南北朝因骈体文大兴几于独占天下，王羲之、陶渊明辈的散文，或为其书名所掩，或为其诗名所掩，文名总不为世人所重，而《世说新语》虽作小说看，却又是那时散体文的一枚极为晶莹的圭玉。

古代散文的第三个阶段是唐宋两代，这是古文的又一次绚烂异彩。中唐开始，韩、柳大倡古文运动，奠定了古文在古代文学史上的不祧地位。宋代有王禹偁和苏舜钦导夫先路，欧阳修和苏东坡各领一代风骚，王安石、曾巩、苏洵和苏辙为主军，可以认为这是古文的全盛时期。"唐宋八大家"也就成了古代散文史上一个特有的名词了。韩、柳与宋六家所不同的是：韩柳倡文以贯道，欧苏等倡文以载道。郭绍虞先生在《文学观念与其含义之变迁》中说："唐人主文以贯道，宋人主文以载道……贯道必借文而显，载道是文须因道而成：轻重之间，区别显然。"③ 真是的论！

古代散文的第四个阶段是元、明、清三代。"五·四"迄今人所作的文言文似可认为是

---

① 陈柱. 中国散文史·序. 上海：上海书店，1984.
② 刘麟生. 骈文概论. 海口：海南出版社，1994：3.
③ 郭绍虞. 郭绍虞说文论. 上海：上海古籍出版社，2000：28.

馀绪而已,它已退出了中国文学的主流。元代极短,虞集和姚燧略有可观。明代散文的发展流派纷繁,刘基、宋濂继唐宋古文一脉,前后七子为秦汉派,唐顺之、归有光为唐宋派,后期又有公安派和竟陵派也承法乳于唐宋古文家①。清代散文是古代散文的回光返照,清初侯方域、魏禧和汪琬称国初三家,又有顾亭林、黄梨洲和王船山三大儒皆是古文射雕手。其后,桐城派三杰:方苞、刘大櫆和姚鼐倡义理、考据、词章,桐城派的文坛盟主地位便无可撼动了,张惠言等的阳湖派,和稍后些的曾国藩的湘乡派则便成了羽翼。近代的严复、林纾、姚永朴兄弟和康、梁师徒就是古代散文的余霞散绮了。

二、 唐宋八大家

唐宋八大家是:唐代的韩愈和柳宗元二家,宋代有六家,一个"老师",四个"学生",一个"学生家长"。"老师"是欧阳修,"学生"是王安石②、曾巩、苏轼和苏辙(三人同科进士,欧阳修为主试官,便是东坡兄弟的座师,曾巩本来就从欧阳修游学,欧阳修则又是曾巩的业师),"学生家长"当然是苏洵了。

"唐宋八大家"正式得名于明后期唐宋派古文家茅坤所编的《唐宋八大家文钞》,而《四库全书总目》则说:"明初朱右已采录韩、柳、欧阳、曾、王、三苏之作为《八先生文集》,实远在坤前。"其实,在朱右编《八先生文集》和茅坤编《唐宋八大家文钞》中间还有唐顺之编了一部《文编》,于唐宋两代就只选了这八人的文章。清代虽然也有人对唐宋散文只选这八家或八家并称持有异议,当然也产生过好几部类似的选本,正如顾易生先生在《怎样学习古代散文》中所说的那样:"八家的散文成就自有差别,但他们各自在当时文坛作出独创性贡献,其作品得到长期传诵不是偶然的。"③

与唐宋八大家密切相关的是:"唐宋古文运动"。唐代古文运动是以韩愈和柳宗元为首,对六朝以来流行的骈俪文体提出强力批评,要求恢复先秦两汉以来的散体文传统。韩愈甚至说:"非三代两汉之书不敢观,非圣人之志不敢存。"(《答李翊书》)柳宗元也说:"凡为学,……以知道为宗。凡为文,去藻饰之华靡,汪洋自肆,以适己为用。"(《柳浑行状》)用"文以明道"和"文以贯道"的宗旨进行了一场文体革新和思想革新运动。韩、柳要求文辞一定要从心里真诚的流出,不要蹈袭前人言语,少用那些怪字僻词,文章力求朴实简洁。其实这些理论一直影响到稍后些时候的新乐府运动,可以说古文运动和新乐府运动是唐代文学史上最重要文学现象了。韩愈有学生:李翱、皇甫湜、李汉等人传衣钵,李翱之后再传有孙樵,继之以杜牧、罗隐、陆龟蒙等人。韩、柳在中唐散文史上的分庭抗礼、对张旗帜标志着唐代古文运动的高潮。宋代古文运动的高潮在经过宋初柳开和王禹偁的准备,在庆历新政前后与那场政治改革同时来到了。当时的文坛领袖是欧阳修,他通过主持进士考试和奖掖后进等手

---

① 钱仲联. 古文经典. 上海:上海书店出版社,1999.
② 欧阳修为之延誉,擢进士上第,因可称学生,此说虽蔡上翔有所考证,但仅为反面设问而已,故仍从《宋史》本传。
③ 顾易生. 顾易生文史论集. 上海:复旦大学出版社,2002:457.

段，高举中唐古文运动的大旗，积极从事古文创作。到了熙宁变法前后，文坛中心人物则是苏轼和王安石了，他们则更加发展了欧阳修所倡导的平易自然的文风，文以载道，文以达情，唐宋八大家在散文发展史上全部登场了。无论在唐还是在宋，古文运动都是以复古为创新、作文为现实服务的，是在明确理论指导下自觉的散文革新运动。

唐宋八家虽然不在同时代，并没有专门的组织形式，但在散文创作和理论上有很多相近的地方，如在散文理论方面都强调文道统一、要作现实之文，要尚古而不泥古，要以自己的道德修养资助古文创新；他们创作的文章也都是真情流露，语言新奇而平易自然，所论均有"鸣不平"之气和"除弊事"之旨，使文坛气象一变。

韩愈散文气势充沛，纵横开合，奇偶交错，巧譬善喻；或诡谲，或严正，艺术特色多样化；扫荡了六朝以来柔靡骈俪的文风。其论说文最为突出，有《原道》《论佛骨表》《原性》等，大都格局严整，层次分明。人称韩文"奇崛"，主要即指其论说文，因其深有感慨，又真率大胆，慷慨激昂。杂文如《杂说》《获麟解》，比喻巧妙，寄慨深远；《进学解》，运用问答形式，笔触幽默，构思奇特，锋芒毕露。他的抒情文《祭十二郎文》《祭柳子厚文》等是祭文中的千年绝调，具有浓厚的抒情色彩；墓志更是"篇篇不同"①，文法极古又极奇，如《施先生墓志》《柳子厚墓志铭》等。叙事文在韩文中比重较大，他继承《史记》传统，叙事中刻画人物，议论、抒情与记叙完美统一。《张中丞传后叙》是公认的名篇，请读其中一段：

南霁云之乞救于贺兰也，贺兰嫉巡、远之声威功绩出己上，不肯出师救。爱霁云之勇且壮，不听其语，强留之，具食与乐，延霁云坐。霁云慷慨语曰："云来时，睢阳之人不食月余日矣。云虽欲独食，义不忍；虽食，且不下咽。"因拔所佩刀断一指，血淋漓，以示贺兰。一座大惊，皆感激，为云泣下。云知贺兰终无为云出师意，即驰去。将出城，抽矢射佛寺浮屠，矢著其上砖半箭，曰："吾归破贼，必灭贺兰，此矢所以志也。"愈贞元中过泗州，船上人犹指以相语。城陷，贼以刃胁降巡。巡不屈，即牵去，将斩之。又降霁云，云未应，巡呼云曰："南八，男儿死耳，不可为不义屈。"云笑曰："欲将以有为也；公有言，云敢不死！"即不屈。

这是作者在读李翰写的《张巡传》后为增补事实而作的书后叙（一种文体），通过驳斥诬蔑许远的错误论调，记述南霁云的事迹与补叙张巡、许远轶事，赞美安史之乱中抗击叛军的英雄，斥责畏敌怕死和诬蔑英雄的小人。前半叙事言坚实而肯切，后半议论辞犀利而激越。通过细节描写，淋漓尽致地刻画出人物的忠贞刚烈与嫉恶如仇的个性，极其传神。又如文中：

守一城，捍天下，以千百就尽之卒，战百万日滋之师，蔽遮江淮，沮遏其势，天下之不亡，其谁之功也？当是时，弃城而图存者，不可一二数；擅强兵坐而观者，相环也。不追议此，而责二公以死守，亦见其自比于逆乱，设淫辞而助之攻也。愈尝从事于汴、徐二府，屡道于两府间，亲祭于其所谓双庙者。其老人往往说巡、远

---

① 李涂. 文章精义. 北京：人民文学出版社，1960.

时事云。

　　昌黎此处用数个长句，声调急促而且高昂，情辞慷慨而激烈，为伸张正义而"辨诬"，这种语言风格是再好不过的了，堪称妙文。

　　柳宗元散文"雄雅"著称，柳氏之文成就主要得力于贬斥之时，韩愈说他："深博无涯涘"（《柳子厚墓志铭》），刘禹锡说他："雄深雅健，似司马子长。"（《唐故柳州刺史柳君集》）如果说韩愈的碑文墓志远胜于柳宗元，那么，柳宗元的记山水之文则是韩愈所远不及的。柳文以游记和寓言为最工，如《临江之麋》《黔之驴》《永某氏之鼠》，"永州八记"、《游黄溪记》等。宋六家之于韩、柳，传记远不及其之瑰奇，而论议之文的条畅动听与其相埒，叙事写人记游的善于言情并具神韵则有从韩、柳出而有变化、略胜一筹的地方。

　　欧阳修是北宋前期的文坛祭尊，宋六家的其它五人均得其识拔和奖许，他文学创作中以散文成就最高，计五百馀篇，属辞简古。包括政论、史论、记叙、抒情、墓志和随笔等，各体具备，无体不工。欧阳修为文政论、史论学《史记》与韩昌黎，如《朋党论》驳斥朝廷，即为驳斥天子，得韩文率真说言的气概；再如《伶官传序》，"抑扬顿挫，得《史记》神髓，《五代史》中第一篇文字。"① 记、序之文朴素平易注重抒情，哀乐由衷，情文并茂，如《送董邵南序》《蓝田县丞厅壁记》极有韩文神味，世之所称"六一风神"，大概说的就是这类文字吧。欧阳修散文中序跋杂记最是动情，最有风韵，真是有"恣态"的好文章，陈石遗认为《丰乐亭记》是其中最完美的一篇："其一小段已简括全亭风景，耐横插滁于五代干戈之际，得势有力。然后说由乱到治，与由治回想到乱，一波三折，将实事于虚空中摩荡盘旋，此欧共平生擅长之技，所谓风神也。'今滁于江、淮'一小段，与'修之来此'一段，归结到太平之可乐，与名亭之故，收煞皆用反缴笔为佳。"（《石遗室论文》）而像这样最工言情的杂记还有《有美堂记》《岘山亭记》，均极尽吞吐夷犹，名篇《醉翁亭记》就更加的辞意圆润、胸怀旷放了。

　　苏轼是宋六家中可与欧阳修比肩而有过之的散文巨匠，东坡为文如行云流水，随物附形，自然随意，"滔滔汩汩"。少年时得欧阳修推许："学问通博，资识明敏，文采烂然，论议蜂出。"东坡论事文有贾（谊）陆（贽）之势，纵论古今；各体杂文，涉笔成趣；赋体之文，别具特色。记叙文是东坡散文中成就最高的，包括碑传文、山水记、亭台记等等，写人的碑传文中如《方山子传》简直就是一篇"传奇"！山水记中前后两篇《赤壁赋》正可视为奇文华章、千古绝唱！这是一篇近于杂文小品式的赋体散文，不同于骚体，也不同于俳体，或韵或散，不拘文格，得司马迁《伯夷列传》之韵致②。《石钟山记》《雩泉记》也是山水记中杰构。亭台记中《超然台记》最可称颂，此文深有得于《庄子》，开篇紧切"超然"题义凌空而起，"凡物皆有可观。苟有可观，皆有可乐，非必怪奇玮丽者也。""乐"字首起，又全文贯穿，"无往而不乐"到"游于物之外"，昭揭台之所以名为"超然"的精义。通篇理、情、事、景浑为一体。此类名篇尚有《喜雨亭记》《临虚台记》《放鹤亭记》《醉白堂记》等等。东坡散文中最可爱者莫过于小品书札了，如《记承天寺夜游》：

---

① （清）沈德潜. 唐宋八大家文读本（卷一四）.
② （宋）罗大经. 鹤林玉露（甲集卷六）. 北京：中华书局，1983.

元丰六年十月十二日，夜，解衣欲睡，月色入户，欣然起行。念无与乐者，遂至承天寺寻张怀民。怀民亦未寝，相与步于中庭。庭下如积水空明，水中藻荇交横，盖竹柏影也。何夜无月？何处无竹柏？但少闲人如吾两人者耳。

仅八十余字，叙事、写景、抒情一体得之，平平淡淡起笔，句句紧紧相连，密不能嵌入一字，也不能去掉一字，雅洁如此足可称妙品！"庭下如积水空明，水中藻荇交横，盖竹柏影也。"真是神来之笔，因中庭散步，故目触庭下空明，疑身浸积水，"藻荇"也十分分明，而"盖"字一转，神回现实，复以两问句蓄势，"但少闲人如吾两人者耳"，言已尽而意无穷，收笔处极耐人寻味。

又如《与王庆源书》：

寓居官亭，俯迫大江，几席之下，云涛接天。扁舟草屦，放浪山水间。客至多辞以不在，往来书疏如山，不复答也。

寥寥数笔，便把所居环境之气象的壮阔，寄情山水的悠闲和惬意自得，有意避嫌而不涉世事的疏懒，活脱脱的描摹出来了，语虽简而淡，情之激愤却隐然乎字里行间。

东坡散文中书画艺文札记序跋也是成就突出的部分，苏洵嗜画，东坡自幼受其影响便笃好书画，他本身就是一个画家、书法家，所以这些书画序跋均是东坡艺术修养的集中体现，其中动人心魂的是《篔筜谷偃竹记》，此文虽是题画记，但因写于其画作者文同逝世半年以后，便类乎悼念之文。东坡之善作文，在乎动真情。有真情挚意在，何患乎无妙文佳作！

王安石年长苏轼十五岁，一生倾心于新法革新，常以政治家角色作文，主张文章"以适用为本"，"务为有补于世"（《上人书》）。论述文长于说理，气势果毅，如《答司马谏议书》，谨严犀利，倔强而峭拔，"拗相公"的情态一展无遗而跃然纸上。王安石小品文中妙品较多，最为夺目者《读孟尝君传》：

世皆称孟尝君能得士，士以故归之，而卒赖其力以脱于虎豹之秦。呜乎，孟尝君特鸡鸣狗盗之雄耳，岂足以言得士！不然，擅齐之强，得一士焉，宜可以南面而制秦，尚何取鸡鸣狗盗之力哉？夫鸡鸣狗盗之出其门，此士之所以不至也。

百字之内，论题如此宏大，"语语转，笔笔紧"，沈德潜认为是"千古绝调"，真非虚辞！苏洵、苏辙散文并不像袁枚说的那样"三苏之文，如出一手"，与东坡相比他们也各有面目，苏洵散文"纵横驰骋"，苏辙散文"汪洋淡泊"。苏洵长于议论，有《六国论》：

六国破灭，非兵不利，战不善，弊在赂秦。赂秦而力亏，破灭之道也。或曰："六国互丧，率赂秦耶？"曰："不赂者以赂者丧，盖失强援，不能独完。故曰，弊在赂秦也。"

开篇由"古人以往成败之迹"讲起,切入讨论主题"弊在赂秦"继而"讥时之弊",所谓"施之于今,无所不可也",全文极为惊警,深为后人传诵。

苏辙记叙文中有《黄州快哉亭记》堪称洒脱之文,此外,还有《庐山栖贤寺新修僧堂记》和《武昌九曲亭记》也是其代表作,当然,苏辙一生极用心作政论文与史论文,写得"论事精确,修辞简严"①。

曾巩得欧阳修知遇,虽学术观点不尽同于欧公,但散文理论和创作则较接近。曾巩并不太讲文采,以自然淳朴见称于世,有柔美之姿,如《拟岘台记》《墨池记》等都是佳作。

"唐宋八大家"是古代散文史上一个特殊的文化符号,他们几乎是滋养后代文人极为重要的一泓清泉,当然他们中间的苏东坡几乎一个人就成为了中国文学史上一个极富内涵的文化符号!

【研习与探索】

1. 试选择唐宋八大家的散文选本,仔细揣摩五篇你认为好的文章,然后说说他们各自的风格和写作成功之道。

2. 有选择地读苏轼的文章,并结合他的诗词作品,谈谈你对"苏东坡是中国文学史上一个独特的文化符号"的理解。

3. 古代的散文和诗词一样也是可以吟诵的,你不妨试着从网上搜索一下"古文诗词吟诵论坛",下载唐宋八大家散文吟诵的声音文件,听一听,体会一下那种调子,最好能跟着诵读或背诵一两篇。

(陈国安)

第六节　佛禅与佛禅智慧

禅门有偈,"青青翠竹,尽是法身;郁郁黄花,无非般若"。你可曾好奇过,它要传达的精神是什么?也许你曾听过"身是菩提树,心如明镜台"。也许你曾思考过"本来无一物,何处惹尘埃"。可是,禅什么?悟是什么?禅门优美的诗偈,所传达的甚深密意是什么?欲探其玄妙,我们从大乘佛法的东传说起……

---

① (清)吴省兰. 宋史本传.

一、佛教的发源与大乘佛法的东传

2500年前,在古印度迦毗罗卫国(位于北印度,今尼泊尔南部)诞生了一位光耀古今的圣人——释迦牟尼("释迦"是种姓名称,"牟尼"是尊称,合在一起是"释迦族的圣人"的意思)。他的名字叫乔答摩·悉达多。父亲净饭王是迦毗罗卫(今尼泊尔南境)国王,母亲摩诃摩耶夫人为邻国天臂城善觉王之女。释尊生于高贵的王族,拥有世间的一切才华和享用。然而,年少时的几番出游让他目睹了宫墙之外的世间百态:众生于生老病死的长河中辗转呻吟、悲切酸楚。回驾返宫后,太子于无常之苦念念挂心:世间一切终归无常,有谁能超越生死?为济拔世间,二十九岁(一说十九岁)时,他毅然离开王宫出家,寻求解脱之道。遍参宗教师,六年苦行修,他终在摩揭陀国的菩提伽耶,跏趺端坐,夜睹明星而悟道,成为世间的正觉者——佛陀。

此后,释尊传布真理,组织僧团,向大众阐扬宇宙人生的真谛与内心的灭苦之道。佛陀的言教,成为后世集结佛经的依据。释尊说法四十九年,八十岁时,于印度的拘尸那迦示现涅槃,结束了一代教化。以建立僧团及结戒的原因,释尊教法传沿至今,影响遍及全人类。

自西向东,灯火相传。佛法东传,藉经典为媒介,在中华大地上再现了佛陀教化人间的盛况。于其中搭建桥梁的,一是国人的西行求法,一是佛教典籍的传译。诗曰:晋宋齐梁唐代间,高僧求法离长安;去人成百归无十,后者焉知前者难。([唐]义净大师)西行求法,是影响我国文化至钜的大事。魏晋以降,佛法输入,国内的贤智之士,开始明晰:六艺九流之外,尚有学问。一批具有崇正信仰的古德,为求正知正见,不惜身命,踏上了向西的征途。自魏晋时期颖川朱士始,其后的西行者,代不乏人。前人西行,深怀"宁向西方一步死,不向东土半步生"的悲愿。义净大师道出了这种舍危躯、追胜义的精神追求:"莫徇今生乐,何祈后代荣。誓舍危躯追胜义,咸希毕契传灯情。"唐朝时候,玄奘大师达到了西行求法的最高潮。

同此愿心的,还有恢宏广阔的译经事业。佛经译述,可略分为三个时期:东汉至西晋为前期、东晋至南北朝为中期、隋统一至唐中叶为后期。

前期佛经翻译的特点是数量可观,但多是零品断简,少有整部全品。东汉明帝时,因明帝夜梦金人,派遣使者蔡愔等十八人,西去求经,到大月氏国,将迦叶摩腾、竺法兰两位法师迎归洛阳,安置在白马寺,译出《四十二章经》,藏于兰台石室,是为佛教传入中国的开始。译经事业真正大规模的开始,是在鸠摩罗什大师来华之后。

中期的佛经翻译事业,卓越贡献者有鸠摩罗什、佛驮跋陀罗和真谛三藏。

鸠摩罗什大师,是印度大乘佛教建设者龙树菩萨的四传弟子。前秦苻坚时代,秦王苻坚仰慕鸠摩罗什的学问,不惜调派大军出征。苻坚派遣将军吕光西征龟兹。但是,苻坚兵败后,吕光将军便占据姑臧(今甘肃武威,又名凉州)自称凉国,鸠摩罗什为吕光所得。姚秦时代,吕隆来降,鸠摩罗什大师才得以进入中原。姚兴礼请罗什大师于逍遥园,事以国师之礼,专事佛典翻译。所有参加译事的僧众,都由姚秦政府供养。从此名僧辈出,佛教声望日隆。

罗什大师译经，意义与文不悖，文字典丽，发挥幽致。至今许多广为流通的汉传大乘佛典，如《维摩诘经》《金刚经》等，都出自罗什大师之手。

佛驮跋陀罗是北天竺人，少时以禅律驰名。姚秦弘始六年，佛驮跋陀罗到达长安。鸠摩罗什大师倒屣相迎。在学问上，他们互有切磋，发挥奥义。后来，因为一些分歧，佛驮跋陀罗飘然南下，先后与慧远大师、法显大师共事翻译。刘宋永初二年时，译出《华严经》，对中国佛学的发展影响甚大。

真谛法师，是印度优禅尼国人，精通大乘佛典。南北朝梁武帝时，法师携带大量梵文经典来到梁都。着手译经时，发生了"侯景之乱"。法师辗转各地，在兵荒马乱的年代里，译经不辍。真谛法师及其弟子共译出佛典数卷，著名的有《大乘起信论》《大乘唯识论》等。

后期译经事业中，出了一位佛教翻译界空前绝后的伟人——玄奘大师。玄奘大师西行求法的行迹载于其著述的《大唐西域记》中。明人以此为底本，创作了文学作品《西游记》。然而，文学作品中玄奘大师的形象，并不能如实、全面地呈现历史的原貌。玄奘大师的求法行迹与译经事业，如鲁迅先生所言，是"中华民族的脊梁"。

玄奘大师是洛阳人，生于隋开皇十六年，幼年聪悟，少年出家。因慨叹众师所论不一，验之圣典亦隐显有异，莫可适从，乃誓游天竺，以问惑辨疑。贞观二年，奘师从长安出发，孤身涉险，历尽艰难，遍历西域诸国，终至印度那烂陀寺。印度游学期间，玄奘大师于戒贤论师门下，研习诸论，历谒名贤。贞观十九年正月，玄奘大师返抵长安，归国时，僧俗出迎者多达数十万。太宗皇帝更是迎慰甚厚，在长安弘福寺召见玄奘大师，并特地制作《三藏圣教序》。归国后，玄奘大师网罗贤者，大开译场。前后十九年间，译出重要经论数千卷，最有价值者是《瑜伽师地论》《大般若波罗密多经》《大毗婆娑论》《成唯识论》。其中《成唯识论》，名虽为译，但实如自著，树立了法相宗的纲维。

二、 中国佛学的特质在禅

随着佛经翻译的逐渐完备和僧团组织的形成，在经历多年的碰撞融合后，至隋唐时期形成了许多中国化的佛教思想体系和佛教宗派。这个时期形成的佛教宗派，有天台宗、华严宗、唯识宗、禅宗等宗派。

民国时期的高僧太虚大师有一则著名的论断——"中国佛学特质在禅"[①]。佛教传入中国，首先面临的是本土化的契机。当时中国士文化的特征是崇尚玄简：言谈上推崇隽朴，要言不烦但能表现精义；士君子风度上，唯清高静逸是崇；生活品行上，崇尚自食其力的简朴淡泊。这些"玄简士气"，使得佛教传入中国后，没有变成神咒感应的信仰或是过分崇尚思辨的学术。佛教在中国崇"玄"尚"简"的文化氛围中，形成了精澈的禅风。

（一） 禅宗以前的"禅"

"禅"是佛教词汇"禅那"的简称，梵语的音译。其意译为"思维修"或"静虑"，是

---

① 《佛学常识》（太虚著 中华书局2013年版77页）

佛教的一种修持方法。禅定是一种令心专注于某一对象，而达于不散乱的状态。另外，"禅那"还译为"弃恶"，指舍去贪、嗔、痴、慢、疑等一切诸恶。这些恶因，盖覆了自性清净心的功用。而修定能将诸恶弃除，使心恢复本来清净。

禅宗之前的禅法，与后来"教外别传"的禅宗不同，它强调依教观修。所谓"依教"就是依教理：对于禅定的修习，要经过调身、调息、调心的一定程序，不能躐等地渐次而修。东汉桓帝建和二年，安世高来到中国洛阳，翻译了《安般守意》与《阴持入经》等专门修习禅定的经典，并教人修数息观和控制心的方法。这两部佛经也就成为当时修禅的根本方法。后人称这种方法为"安般禅"。禅宗以前的禅法，除安般禅外，尚有五门禅、念佛禅和实相禅。这些禅法，有人称之谓"古禅"；后来达摩东来所传的禅法，被称为"今禅"，也就是禅宗之"禅"。

（二）禅宗之"禅"

禅宗，又称佛心宗、达磨宗、无门宗。《五灯会元》记载："世尊在灵山会上拈花示众。是时，众皆默然。唯迦叶尊者破颜微笑。世尊曰：吾有正法眼藏、涅槃妙心、实相无相、微妙法门、不立文字、教外别传，付嘱摩诃迦叶。"禅宗的特征是以心传心，不依言教，系教外别传。

灵山之会后，大迦叶尊者成了禅宗的第一祖。自此历代祖师传法付衣，直到菩提达摩，成为西天第二十八祖。达磨祖师，在梁武帝时自南天竺到达建业，成为我国禅宗初祖。达摩初来中国，谒梁武帝，然因不契机，遂至嵩山少林寺面壁九年。九年后，达摩等来了慧可。他将僧伽黎衣和宝钵付于慧可，并留有偈曰：

吾本来兹土，传法救迷情；
一花开五叶，结果自然成。

达摩所说的"一花开五叶"，传至六祖慧能时，得到了印证。达摩之后，慧可传僧璨，僧璨传道信，道信传弘忍。五祖弘忍住蕲州黄梅东山，传法于六祖慧能。五祖之下另出神秀一系，于北方弘扬禅法。慧能继为六祖后，避难南方，历15年，后于曹溪大振禅风，成为南宗禅之祖。此后，禅风遍行中国，形成五家七宗的格局。五家即临济宗、沩仰宗、曹洞宗、云门宗、法眼宗。七宗就是在五家之外加临济宗的两个分支黄龙派、杨岐派。

关于六祖慧能，最广为人知的是他与神秀禅师的公案。据《坛经》记载，二人同在黄梅五祖弘忍处参学。一日，弘忍和尚召集大众，要求众人根据自己的修行体会写一首偈子，并说"如果有人契悟了佛意，我就把法衣传付给他，立他为六祖"。当时，五祖门下的弟子中，以神秀上座最为出色，他兼通内外之学，经常为大众讲经说法。因此，神秀禅师成为众望之归。

可是，神秀却陷入了忧思，"众人不敢写偈子，是因为我是他们的教授师。所以，我应该向大和尚呈上偈子。可是，我呈偈子是为了求法，而不是为了夺取祖位。然而，我若不向大和尚呈偈子，大和尚怎么知道我心中见解深浅呢？"反复思量后，神秀于夜深时，书偈于廊壁上：

"身是菩提树，心如明镜台。
时时勤拂拭，莫使惹尘埃。"

五祖看偈后，知神秀入门未得，没有明心见性。但仍然在大众面前，大加赞叹，"依此偈修，免堕恶道；依此偈修，有大利益。"

一日，慧能在碓坊舂米，有位童子在诵神秀的偈子，刚好经过碓坊。慧能上前打听，童子便将事情的原委告诉了慧能。慧能听了，恳请童子，"我也想诵此偈，与秀上座结来生缘。请您引我到写有偈子的廊壁前礼拜。"

来到廊壁前，慧能也请人写出了他的偈子：

"菩提本无树，明镜亦非台。
本来无一物，何处惹尘埃？"

大众见偈，无不惊愕。五祖见此，担心有人伤害慧能，便将偈子抹掉，并说"亦未见性"。第二天，五祖来到碓坊，见慧能腰间挂着石头舂米，说道："求道之人，为法忘躯，当如是乎？"又问道："米舂熟了吗？"慧能回答道："米熟久矣，犹欠筛在。"五祖用拄杖在碓头上敲了三下便离开了。

慧能领会了五祖的意思，当天晚上三更，来到五祖的丈室。五祖为他讲解《金刚经》。当讲到"应无所住而生其心"的时候，慧能豁然大悟——原来一切万法不离自性！并一连说了五个"何期"，来表达自己悟道时的惊喜和见地：

"何期自性本自清净！
何期自性本不生灭！
何期自性本自具足！
何期自性本无动摇！
何期自性能生万法！"

弘忍和尚知道慧能已经大悟，便将顿教法门和祖师衣钵传付给慧能；又担心有人加害于慧能，于是连夜将他送到九江。临行前，五祖又嘱咐："汝今好去，努力向南，不宜速说，佛法难起。"慧能离开黄梅15年后，于曹溪大振禅风，一花五叶，禅门开出了波澜壮阔的新格局。

（三）禅观世界：郁郁黄花，无非般若

慧能对禅定的含义进行了创造性的转换，将禅定与般若智慧等同起来。由此，明心见性成为禅门的旨归。《坛经》中有如下记载：

"黄梅付嘱？如何指授？慧能曰：指授即无，惟论见性，不论禅定解脱。"

"外离相为禅，内不乱为定。外若着相，内心即乱。外若离相，心即不乱。本性自净自定。只为见境思境即乱，若见诸境心不乱者，是真定也。善知识，外离相即禅，内不乱即定。外禅内定，是为禅定。"[1]

慧能从般若见出发，对"禅定""坐禅"进行了新的解释，据此形成了禅宗由外境无著而当下契悟本心、本性的独特禅法，这是对于《金刚经》"应无所住而生其心"的灵活运用[2]。六祖慧能的这一转化，在历史上诞生了一个新的契机：从他开始，印心的方法，纯用般若。并且把般若进行了中国化的的总结：一切现成，平常心是道。

般若是佛法的核心。佛陀说法有四十九年，在他日照中天的中年时期所宣说的法义是最彻底的。这一时期，佛陀所讲的全部都是般若。玄奘大师往西天取经归来，经典翻译成就最大的，也是六百卷《般若经》。

在般若学中，展现般若精髓，并广为流传的，是《心经》。佛陀宣说《心经》时，是在灵鹫山。当时，佛陀被诸菩萨、弟子围绕，于甚深法性光明境界入定。舍利弗对"般若波罗蜜多"提出疑问，由观世音菩萨辩答，说出《心经》的内容。佛出定后，认可菩萨所说，欢喜赞叹。

全文如下：

观自在菩萨，行深般若波罗蜜多时。照见五蕴皆空，度一切苦厄。

舍利子，色不异空，空不异色，色即是空，空即是色，受想行识，亦复如是。舍利子，是诸法空相，不生不灭，不垢不净，不增不减。是故空中无色，无受想行识，无眼耳鼻舌身意，无色声香味触法，无眼界，乃至无意识界。无无明，亦无无明尽，乃至无老死，亦无老死尽。无苦集灭道，无智亦无得。以无所得故，菩提萨埵，依般若波罗蜜多故，心无挂碍，无挂碍故，无有恐怖，远离颠倒梦想，究竟涅槃。三世诸佛，依般若波罗蜜多故，得阿耨多罗三藐三菩提。故知般若波罗蜜多，是大神咒，是大明咒，是无上咒，是无等等咒，能除一切苦，真实不虚。故说般若波罗蜜多咒，即说咒曰：揭谛揭谛，波罗揭谛，波罗僧揭谛，菩提萨婆诃。

古往今来，高僧大德都对《心经》倍加推崇。明代高僧紫柏真可赞言："夫《心经》一书，乃世间出世间圣贤豪杰之神术也。"民国高僧弘一法师云："《心经》虽二百余字，能包六百卷大般若义，毫无遗漏，故曰心也。"

《心经》开宗明义的第一句话，就是这部经的总纲[3]。于此，净慧长老所著的《心经禅

---

[1] 《六祖坛经笺注》（丁福保笺注 国际文化出版公司 2013 年版 190 页）
[2] 《中国哲学史》（郭齐勇编著 高等教育出版社 2009 年版 229 页）
[3] 《心经禅解》（净慧法师著 文化艺术出版社 2010 年版 5 页）

解》中有如下梳理[①]：

"观自在菩萨"是能修能证的人；"行深般若波罗蜜多时，照见五蕴皆空，度一切苦厄"是所修所证的法。

"行深般若波罗蜜多时"，就是般若见，是见地。"照见五蕴皆空"，是功夫。"度一切苦厄"，就是结果。深般若就是甚深般若，甚深智慧，大智慧。深般若不是拿来谈论的，是要具体地去行，去实践，也就是要孜孜不倦地按照般若的要求，住在般若的境界当中。

"照见五蕴皆空"，一切的力量都在这句话上。"五蕴"就是色、受、想、行、识。这五件事聚合在一起就是我们的生命体，就是我们生活的现实。凡夫有染污的五蕴，圣贤有清净的五蕴。

我们的生命是什么呢？就是色、受、想、行、识。色是指的色法，指物质世界；受、想、行是心法，心理活动，指精神世界；识，则是我们精神的主体，认识的主体，就是我们的心，属于心王。一个色字把地、水、火、风四种基本元素所构成的物质世界，人体眼、耳、鼻、舌、身等感觉器官，色、声、香、味、触、法等感觉对象，全部包罗无遗。山河大地、草木丛林，一切有生命的、无生命的，都在一个"色"字当中。

"照见"就是用般若的力量，观照的力量，突破这五蕴的障碍。"空"有突破、超越、转变的意思，不是要消灭五蕴，而是要突破五蕴的障碍。突破了什么东西呢？突破了迷惑，超越了迷失的境界，进入到觉悟的境界，所以能够度一切苦厄。"一切苦厄"，不是指某一个苦厄。一切苦厄度尽，就是二障——烦恼障、所知障断尽，二执——人我执、法我执破尽，证得大涅槃，那才可以称得上是度尽一切苦厄，彻底地超越了[②]。

般若强调万有诸法是性空，最大的特质，是让人确立空性正见来对现象界建立认识——在对于心和物方面的重要发挥，不允许确定实体——不允许心存有实体，也不允许物存有实体，色身、五根、六尘，都不允许存有实体。

空性正见的意义在于引导人不断地突破自我生命上的局限、认识上的局限、思想境界上的局限。佛教把生命的局限性，称作"我执"，就是对自我的执着；将认识上的局限与思想境界上的局限叫做"法执"。般若是一把利剑，对我法二执进行釜底抽薪地剥除。世界最大的意义就是让人了解空性，籍由空性正见的树立，生命得以自由、获得解脱。

禅门有偈，"青青翠竹，尽是法身；郁郁黄花，无非般若"，这是对般若精神的发挥。透过"实有"的现象看到事物空性的本质——"无实体而有作用（以无为用）"的本质。世界的实相——空性是佛教世界观意义的根源。"虚空能含日月星辰，大地山河，一切草木，恶人善人，恶法善法，天堂地狱，尽在空中"，由此，无尽空性，开演出楞伽妙境。

三、 楞伽妙境： 珍奇眼前， 落虹满天

王国维在《人间词话》中，对于诗词境界有如下品评：

[①] 下文《心经》梳理的部分，转引自《心经禅解·照见五蕴皆空，超越自我》（（净慧法师著 文化艺术出版社），因适应阅读需要，有所删动。
[②] 《心经禅解》（净慧法师著 文化艺术出版社 2010 年版 98 页）

"有有我之境，有无我之境。有我之境，以我观物，故物皆著我之色彩。无我之境，以物观物，故不知何者为我，何者为物。"①

《人间词话》是近代词坛颇有影响的一部作品。王国维先生主张以"境界"对诗词进行品评；在谈"境"时，以"有我之境"和"无我之境"对诗词作出归纳。"无我之境"，是说在巧妙的境界运作中，将自己变成如实了解此境界的旁观者。"此在唯豪杰之士能自树立耳"，这是高手的境界。因为真正的"无我"一定要以直接证悟为基础。没有证悟，"无我"之境是臆造不出来的。可以说，禅境就是一种无我之境。

清代后期桐城派（清代文坛最大文学流派）的代表人物方东树，在谈及文艺时，有这样论述："凡诗、文、书、画，以精神为主。精神者，气之华也。"他将艺术的范畴由诗、文扩展至书、画。

（一）诗词中的禅境

【唐】王维，字摩诘，他是诗坛上久负盛名的山水诗人，亦是一位知行合一的禅者。王维笔下的山水，是禅心的展露，呈现出自性之美——空灵、淡远、自在。有诗言：

"空山不见人，但闻人语响。返景入深林，复照青苔上。"（《鹿柴》）
"轻舸迎上客，悠悠湖上来。当轩对樽酒，四面芙蓉开。"（《临湖亭》）
"太乙近天都，连山到海隅。白云回望合，青霭入看无。"（《终南山》）

【唐】白居易的《白云泉》，谈清闲难得，不欲入世俗的滚滚洪流。

天平山上白云泉，云自无心水自闲；
何必奔冲山下去，更添波涛向人间！

【宋】苏轼跟佛印禅师之间有一些共相酬对的诗词，其中一首：

粗沙施佛佛欣受，怪石供僧僧不嫌；
空手持来还要否，更无一物可增添！

"粗沙施佛"是一则典故，取自佛经公案。佛陀的一位弟子，实在没有能力供养佛陀，以拳拳供养心，捧了一把经舍外的粗沙献给佛。佛陀欣然接受，并说，"在今天所有的供养当中，这捧沙是最珍贵的供养。"粗沙来供佛，佛欣然接受了，怪石来供僧，僧人也不嫌弃。

苏轼引用这个典故要表达什么呢？——今天我要奉献给你的礼物捧在我的手上，手一张开，这份礼物其实是什么都没有，"更无一物可增添"。我要把这什么都没有的礼物送给你，

---

① 《人间词话》（王国维著 上海古籍出版社 2011年版 5页）

你喜欢吗？你接受吗？

【宋】龙牙居遁禅师，有首诗，是从正面描述关于人情道理的。

　　人情浓厚道情微，道用人情世岂知；
　　空有人情无道用，人情能得几多时？

"人情浓厚道情微"，如果人情过分浓厚了，那么道情就微薄、道心就会失去。"道用人情世岂知"，真正在道用境界中理解人情，谁又能懂？真正道中人又如何看人情呢？"空有人情无道用，人情能得几多时"，人世间的情感、交情是无常的，如果只有人情、没有道用，人情又能维持多久？

【宋】法常和尚，于入寂前的清晨，依《渔父词》声律写下《楞严一笑》，写完即榻收足而逝。

　　此事楞严尝露布，梅花雪月交光处，一笑寥寥空万古。
　　凤瓯语，迥然银汉横天宇。
　　蝶梦南华方栩栩，斑斑谁跨丰干虎？
　　而今忘却来时路，江山暮，天涯目送飞鸿去。

这是一桩自己要离开大众的公案，里面没有悲悲切切，描述的是正在送走悲苦、一个无我的生命境界。"而今忘却来时路"，借寒山诗"十年归不得，忘却来时道"，说自己多年没有回家，如今连以前来这里的路，都忘得一干二净。因为沉潜于不断的修行之中，连生命的足迹都已忘却，达到了毫无粘著的境界。

（二）小说中的禅境

有人读《红楼梦》，会把它看成一部帮助悟道的好书。现摘录片段，窥其一斑。小说开头从葫芦庙写起，并留一对联："假作真时真亦假，无为有处有还无。"《好了歌》，也于此时唱出：

　　世人都晓神仙好，唯有功名忘不了；古今将相在何方？荒冢一堆草没了。
　　世人都晓神仙好，只有金银忘不了；终朝只恨聚无多，及到多时眼闭了。
　　世人都晓神仙好，唯有娇妻忘不了；君生日日说恩情，君死又随人去了。
　　世人都晓神仙好，只有儿孙忘不了；痴心父母古来多，孝顺儿孙谁见了！

接着又再警策说："可知世上万般好，便是了，若不了，便不好，若要好，需是了。"这首《好了歌》，竟然与明代高僧莲池大师的《七笔勾》（网上有）遥相呼应，如出一辙。

往下，行者当下领旨，重新振作，并呈其所悟：

陋室空堂，当年笏满床，衰草枯杨，曾为歌舞场……你方唱罢我登场，反认他乡是故乡。甚荒唐，到头来，都为他人做嫁衣裳！

为何会"反认他乡是故乡"？此处"故乡"，并不是如"河南""河北"的一方乡土。这里点出的是"自性"迷与悟的问题。《法华经》中，有关于游子的譬喻。所谓"游子"，是指人忘却自己的真心，认"识心"为自我。《楞严经》有言："无始生死根本，则汝今者与诸众生，用攀缘心为自性者。""反认他乡是故乡"即是譬喻以"攀缘心"为"自性"，迷失真正自我。所以，谋虚逐妄，终无了期，"甚荒唐，到头来，都为他人做嫁衣裳！"

（三）书画中的禅境

中国近现代艺术史，绕不开一个人——弘一法师（俗名李叔同）。赵朴老曾为法师写偈言："深悲早现茶花女，胜愿终成苦行僧。无数奇珍供世眼，一轮明月耀天心。"

他是才华横溢的艺术教育家，更是一代高僧。他是第一个向中国传播西方音乐的先驱者，创作的《送别歌》成为经典名曲。这位集诗词、书画、篆刻、音乐、戏剧于一身的艺术大师，在多个领域，开创了灿烂的先河。出家后，弘一法师诸艺俱疏，唯有书法未能割舍。为僧以前，弘一书法有绚烂之致的风骨；身处缁门后，书风突变，弃峥嵘圭角，转入雅逸恬淡、枯寂孤清。纵观弘一遗墨，藏锋稚拙，恬淡自若，实是禅心妙运。"刊落锋颖，一味恬静"，清逸的线条泯灭了个性，实是于无我之境而创造的"平淡美"的极致。由是，将中国古代的书法艺术推向了极至，"朴拙圆满，浑若天成"。

我们羡慕弘一大师的"绚烂之极归于平淡"。可是，"归于平淡"并不是一种消极和收敛，而是从光源末端找到了光源的方向，将分散的、无力的部分汇集到了终极的、原本的、最有力量的和最炽盛的大智慧上去了。观览禅匠诗文书画，禅艺的精神旨归，从来不是松松垮垮、唯唯若若、暮气沉沉，它有一副"般若"的质地，叫做"日照中天"。

【研习与探索】

1. 考察你所在区域的佛寺，写一篇佛寺游记。
2. 观看电影《一轮明月》（影片记述李叔同传奇一生），并查阅弘一法师相关著作如《李叔同说佛》《悲欣交集：弘一法师自述》《弘一法师永怀录》等，以"一代高僧的人生抉择"为主题，题目自拟，写一篇观后感。
3. 准备两三首古代禅诗（如《寒山拾得诗》）在课堂上讲一讲。
4. "禅"不只是深山古刹的闭目冥思，在当代有着更为活泼的形式。如河北赵县柏林禅寺"生活禅"夏令营，开启了青年学子禅文化夏令营的先河；又如位于青海湖畔的北海禅院，是国内最早以"禅"为特色的佛教夏令营，被誉为"最美禅修营"。搜集相关资料，利用暑期时间，进行田野调研，了解当代禅文化实践的特征。

（郑利锋）

作品研读

咏 史

左 思①

郁郁涧底松②，离离山上苗③。
以彼径寸茎④，荫此百尺条⑤。
世胄蹑高位⑥，英俊沉下僚⑦。
地势使之然，由来非一朝。
金张藉旧业⑧，七叶珥汉貂⑨。
冯公岂不伟，白首不见招⑩。

【拓展资料】

关于门阀制度：西晋王朝是代表世族大地主利益的腐朽政权，势力雄厚的世家大族，依靠门阀制度垄断了政治、经济以至文化特权，形成了"上品无寒门，下品无世族"，"公门有公，卿门有卿"的门阀政治。所谓门阀，是以家庭门第为资本的政治集团。门第列在上品的世家大族为"高门"，也叫门阀士族；门第列在下品的中小地主为庶族，又称"寒门"。庶族地主子弟，只能做一般的和较低的官吏；而世族地主子弟则世代把持高官显职。门阀士族是

---

① 左思（约250－305），字太冲，齐国临淄（今山东临淄）人。西晋文学家，与潘岳、陆机齐名，又与刘琨、郭璞并称"江左三杰"。出身寒微，博学能文，曾因其妹左棻以才名入选宫中而官秘书郎，但仕进失意。晚年退居，专意典籍。构思十年而成《三都赋》，富贵之家竞相传抄，一时洛阳为之纸贵。其文学成就主要在五言诗，今存十四首，其诗风格雄浑，气势充沛，笔力遒劲，善于讽谕，有"左思风力"之称。后人辑有《左太冲集》。《咏史诗》共八首，是左思的代表作。大都借史咏怀，托古讽今，通过对古人古事的吟咏来抒写自己的雄心壮志和遭受压抑的愤懑，表达对世族权贵的蔑视和对门阀制度的不满。这组诗历来为高洁自许、怀才不遇的文人所乐道。
② 郁郁：茂盛葱郁貌。涧底松：比喻屈居下位的寒门才士。
③ 离离：下垂貌，一说分散、疏落貌。山上苗：比喻窃居高位的世族子弟。
④ 径寸茎：直径仅一寸的茎干。指山上矮小的草苗。
⑤ 荫：遮盖。百尺条：指涧底高大的松树。
⑥ 世胄（zhòu）：世族子弟。蹑（niè）：登上。
⑦ 英俊：英才贤俊。此指寒门才士。沉下僚：埋没于低职小官。
⑧ 金：指西汉宫廷权贵金日䃅家族。自汉武帝至汉平帝，七代为内侍。张：指西汉宫廷权贵张汤家族。自汉宣帝后，有十余人为侍中、中常侍。藉（藉）：凭借、依靠。旧业：祖先遗业。
⑨ 七叶：七世，七代。珥：插。汉貂：汉代侍中、中常侍等官帽上，皆插貂尾作装饰，是为贵族标志。《汉书·金日䃅传赞》："七世内侍，何其盛也。"戴逵《释疑论》："张汤酷吏，七世珥貂。"
⑩ 冯公：指西汉冯唐。汉文帝时，年已七十余，而仍居中郎署长微职。荀悦《汉纪》有"冯唐白首，屈于郎署"之语。汉武帝时，冯唐年已九十而终未被重用。王勃《滕王阁序》云："冯唐易老，李广难封。"

当时地主阶级中的一个特权阶层。左思文才出众,其妹左棻又以才名入选宫中,荣为贵嫔,但其一生仍不得志,主要是由于出生寒微而得不到当时门阀社会的重视。

【研习与探索】

1. 钟惺、谭元春《古诗归》卷八,谭评"荫此"句云:"'荫'字有心眼升降之妙。"钟云:"十字运开,可作一段战国策文。"试谈谈你的理解与评价。

2. 左思一篇《三都赋》,何以能使洛阳纸贵、名动一时?请查阅此赋并谈谈你的见解。

3. 西晋"竹林七贤"之一的阮籍亦长于五言诗,作有八十二首《咏怀诗》,多用比兴、寄托手法,隐晦曲折地表达心迹,历来受人推崇。试将左思《咏史诗》与其进行比较,仔细品味二者的人文精神内涵与文学审美价值。

4. 客观环境、社会制度对一个人的成功究竟有多大影响?试就封建文化与现代人才观写一篇1000字左右的杂文。

春江花月夜

张若虚①

春江潮水连海平,海上明月共潮生。滟滟随波千万里,何处春江无月明!
江流宛转绕芳甸,月照花林皆似霰②;空里流霜不觉飞,汀上白沙看不见。
江天一色无纤尘,皎皎空中孤月轮。江畔何人初见月?江月何年初照人?
人生代代无穷已,江月年年望相似。不知江月待何人,但见长江送流水。
白云一片去悠悠,青枫浦上不胜愁③。谁家今夜扁舟子?何处相思明月楼?
可怜楼上月徘徊,应照离人妆镜台。玉户帘中卷不去,捣衣砧上拂还来。
此时相望不相闻,愿逐月华流照君。鸿雁长飞光不度,鱼龙潜跃水成文。
昨夜闲潭梦落花,可怜春半不还家。江水流春去欲尽,江潭落月复西斜。
斜月沉沉藏海雾,碣石潇湘无限路④。不知乘月几人归,落月摇情满江树。

---

① 张若虚,江苏扬州人。曾任兖州兵曹。生卒年、字号均不详。唐中宗神龙(705~707)年间以"文词俊秀"闻名长安。与贺知章、包融、张旭并称"吴中四士"。其作品大部散失,《全唐诗》仅存诗二首。其中《春江花月夜》是乐府旧题,属《清商曲辞》中的《吴声歌曲》。原曲或说创自陈后主叔宝,或说创自隋炀帝杨广。大都是描写景色;形式或为五言四句,或为五言六句,体制短小,格局拘束。张若虚借旧题,开拓新内容,扩展篇制,格调与境界远超前人。

② 芳甸:花草丛生的原野。霰(xiàn):细小的雪粉末。

③ 青枫浦:一名双枫浦,在今湖南浏阳,古渡码头。

④ 碣石:在今河北省昌黎县海中。潇湘:在今湖南省。这里代指北方和南方。

【拓展资料】

咏月诗选

望月怀远

唐·张九龄

海上生明月，天涯共此时。
情人怨遥夜，竟夕起相思。
灭烛怜光满，披衣觉露滋。
不堪盈手赠，还寝梦佳期。

峨眉山月歌

唐·李白

峨眉山月半轮秋，影入平羌江水流。
夜发清溪向三峡，思君不见下渝州。

月下独酌

唐·李白

花间一壶酒，独酌无相亲。
举杯邀明月，对影成三人。
月既不解饮，影徒随我身。
暂伴月将影，行乐须及春。
我歌月徘徊，我舞影零乱。
醒时同交欢，醉后各分散。
永结无情游，相期邈云汉。

夜　月

唐·刘方平

更深月色半人家，北斗阑干南斗斜。
今夜偏知春气暖，虫声新透绿窗纱。

月 夜

唐·杜甫

今夜鄜州月，闺中只独看。
遥怜小儿女，未解忆长安。
香雾云鬟湿，清辉玉臂寒。
何时倚虚幌，双照泪痕干？

月夜忆舍弟

唐·杜甫

戍鼓断人行，秋边一雁声。
露从今夜白，月是故乡明。
有弟皆分散，无家问死生。
寄书长不达，况乃未休兵。

夜 直

宋·王安石

金炉香烬漏声残，剪剪轻风阵阵寒。
春色恼人眠不得，月移花影上阑干。

阳关词·中秋月

宋·苏轼

暮云收尽溢清寒，银汉无声转玉盘。
此生此夜不长好，明月明年何处看。

【研习与探索】

1. 试从音韵旋律的角度分析这篇作品的韵律美，配合《春江花月夜》乐曲背诵全诗。
2. 比较几首吟咏花或月的作品，体悟其独特的艺术风格和哲思意蕴。
3. 请尝试用口述向同学讲解这首诗所营造的诗情、画意、哲理交融的幽美意境。

登金陵凤凰台

李 白①

凤凰台上凤凰游②,凤去台空江自流。
吴宫花草埋幽径③,晋代衣冠成古丘④。
三山半落青天外⑤,二水中分白鹭洲⑥。
总为浮云能蔽日⑦,长安不见使人愁。

【拓展资料】

1. 李白素有远大抱负,立志要"申管晏之谈,谋帝王之术,奋其智能,愿为辅弼,使寰区大定,海县清一。"(《代寿山答孟少府移文书》)天宝元年(742),李白经人推荐而应诏入京时,其心情是十分兴奋的,意欲一展平生抱负,声称"会稽愚妇轻买臣,余亦辞家西入秦。仰天大笑出门去,我辈岂是蓬蒿人!"(《南陵别儿童入京》)但到了长安之后,唐玄宗只是把李白当作点缀宫廷生活的御用文人,而他那傲视权贵的作风,又招致了权贵们的谗毁。天宝三年(744),李白被唐玄宗"赐金放还"而被迫离开长安时,其政治理想破灭,心情是十分沉痛的,他"五噫出西京",感叹"长啸梁甫吟,何时见阳春?""梁甫吟,声正悲,"(《梁甫吟》)"大道如青天,我独不得出?"(《行路难》其二)同时也一表"安能摧眉折腰事权贵,使我不得开心颜"(《梦游天姥吟留别》)的心志,一申"长风破浪会有时,直挂云帆济沧海"(《行路难》其一)的豪气。这就是李白的风神。

2. 作为一位天才诗人,李白的思想是十分复杂和矛盾的。他身上兼有儒家的济世有为、道家的隐逸求仙、游侠的任气重义等多种思想元素。龚自珍《最录李白集序》云:"庄、屈实二,不可以并,并之以为心,自白始;儒、仙、侠实三,不可以合,合之以为气,又自白

---

① 李白(701-762),字太白,祖籍陇西成纪(今甘肃天水附近)。其先祖在隋末因罪流徙中亚,李白就出生在碎叶城,五岁时随家迁居四川绵州彰明县(今四川江油县)青莲乡,自号"青莲居士"。志向远大,"常欲一鸣惊人,一飞冲天",但又生性高傲,"不屈己,不干人",因而不屑于以科举求取功名。早年在蜀中读书,25岁以后开始"仗剑去国,辞亲远游",漫游干谒,以求仕途。天宝元年(742)奉诏入京,供奉翰林,人称"李翰林",贺知章誉之为"谪仙人"。后因不愿"摧眉折腰事权贵",天宝三年(744)即请离京,自适漫游。安史之乱中,应召为永王李璘幕府,本欲报国平乱,却因永王争夺帝位兵败而受牵连,被放逐夜郎(今贵州桐梓一带),途中遇赦。宝应元年(762),病死于当涂(今安徽当涂县)。李白是中国文学史上继屈原之后最伟大的浪漫主义诗人,代表着盛唐诗歌的最高成就。其诗想象丰富瑰丽,夸张大胆奇特,感情热流奔放,笔力纵横驰骋,语言明朗自然,形成了飘逸、浪漫的独特风格,被誉为"诗仙"。与杜甫并称"李杜"。存诗900多首,有《李太白全集》。
② 金陵凤凰台:在金陵城(今江苏南京市)之东南凤凰山上。相传南朝刘宋元嘉年间,有凤凰翔集于此山,因建凤凰台于山上,山亦名曰凤凰山。
③ 吴宫:三国时吴国建都于金陵。
④ 晋代:指东晋,建都于金陵。衣冠:代指风流人物。
⑤ 三山:在金陵西南长江东岸,有三峰并列,南北相连,故名"三山"。陆游《入蜀记》云:"三山,自石头及凤凰山望之,杳杳有无中耳。及过其下,距金陵才五十余里。"
⑥ 白鹭洲:在金陵西长江中,把长江分割成两道。
⑦ 浮云:比喻小人。陆贾《新语·慎微篇》:"邪臣之蔽贤,犹浮云之障日月也。"

始。其斯以为白之真源也矣。"

3. [宋] 郭祥正《凤凰台次李太白韵》:"高台不见凤凰游,浩浩长江入海流。舞罢青娥同去国,战残白骨尚盈丘。风摇落日催行棹,湖拥新沙换故洲。结绮临春无处觅,年年荒草向人愁。"明代朱承爵评此诗曰:"真得太白逸气。其母梦太白而生,是岂其后身邪?"(《存余堂诗话》)

【研习与探索】

1. 相传李白很欣赏崔颢的《黄鹤楼》,欲拟之较胜负,乃作《登金陵凤凰台》。后人多认为李白此诗是拟崔颢而作,但各有千秋。试比较二诗抒写思怀及艺术风格之异同。

2. 从屈原到李白,多少文人墨客借诗歌抒写怀君之思。你是怎样理解中国古代文人士子对君王的这种特殊情怀的?

3. 李白被誉为"诗仙""谪仙人",他自己也说:"兴酣笔落摇五岳,诗成啸傲凌沧洲。"(《江上吟》)这主要是就其诗歌的浪漫风神而言的。试结合具体作品,谈谈李白诗歌的浪漫主义风格主要体现在哪些方面?

咏怀古迹(其三)

杜 甫①

群山万壑赴荆门②,生长明妃尚有村③。
一去紫台连朔漠④,独留青冢向黄昏⑤。

---

① 杜甫(712-770),字子美,祖籍襄阳(今湖北襄樊),生于巩县(今河南巩县)一个世代"奉儒守官"的封建官僚世家。自幼好学,七岁能诗,怀有"致君尧舜上,再使风俗淳"的治国济民之志,但多次应试不第,仕进失意,漂泊不定。大历五年(770),病逝于湘江之上的孤舟。曾居长安杜陵(今陕西西安东南)附近的少陵,自称"少陵野老""杜陵布衣""杜陵野客",后世亦称"杜少陵"。晚年曾被举荐为检校工部员外郎,后世因称"杜工部"。杜甫是唐代伟大的现实主义诗人,被后世尊为"诗圣"。其诗伤时悯难,忧国忧民,具有极强的历史意义和认识价值,被誉为"诗史"。其诗众体兼备,包罗万汇,格律严谨,语言凝练,博大精深,沉郁顿挫,艺术成就极高。存诗1400多首,有《杜少陵集》《杜工部集》。《咏怀古迹》共五首,当是大历三年(768)杜甫离开夔州,出峡至江陵、归州时所作。五首诗分咏途经诸地著名古迹,以抒胸中之感慨。

② 荆门:山名,在今湖北省宜都县西北。形状似门,上合下开。

③ 明妃:指王昭君。汉元帝宫女,姓王名嫱,字昭君。西晋时因避晋文帝司马昭之讳而改称明君,又称明妃。昭君村在归州(今湖北秭归)东北四十里。

④ 紫台:即紫宫,指汉代皇宫。朔漠:北方沙漠之地。此指匈奴。《汉书·匈奴传》载:竟宁元年,呼韩邪单于来朝,自言愿婿汉。元帝以后宫良家子王嫱字昭君赐单于。

⑤ 青冢:长着青草的坟墓,指王昭君之墓。在今内蒙古呼和浩特市南。传说胡地只生白草,独王昭君墓上草色常青,故称青冢。

画图省识春风面,环佩空归夜月魂①。
千载琵琶作胡语②,分明怨恨曲中论③。

【拓展资料】

1. 唐·孟棨《本事诗·高逸》:"杜逢禄山之难,流离陇蜀,毕陈于诗,推见至隐,殆无遗事,故当时号为'诗史'。"

2. 历代咏王昭君作品选录:

昭 君

唐·汪遵

汉家天子镇寰瀛,塞北羌胡未罢兵。
猛将谋臣徒自贵,蛾眉一笑塞尘清。

王昭君二首

唐·李白

汉家秦地月,流影照明妃。一上玉关道,天涯去不归。汉月还从东海出,明妃西嫁无来日。燕支长寒雪作花,蛾眉憔悴没胡沙。生乏黄金枉图画,死留青冢使人嗟。

昭君拂玉鞍,上马啼红颊。今日汉宫人,明朝胡地妾。

明妃曲二首(其一)

宋·王安石

明妃初出汉宫时,泪湿春风鬓脚垂。
低徊顾影无颜色,尚得君王不自持。
归来却怪丹青手,入眼平生几曾有。
意态由来画不成,当时枉杀毛延寿。

---

① 画图二句:据《西京杂记》卷二载,"汉元帝后宫既多,不得常见,乃使画工图形,按图召幸。宫人皆赂画工,昭君自恃容貌,独不肯与,画工乃丑图之,遂不得见。后匈奴入朝,求美人,上按图以昭君行。及去,召见,貌为后宫第一。帝悔之,而重信于外国,故不复更人。乃穷案其事,画工毛延寿等弃市。"省识:解识,辨识。春风面:形容王昭君美丽的容貌。环佩:古代妇女所佩的玉饰。此代指王昭君。琵琶:胡人习用的弹拨乐器。

② 胡语:胡音,胡地的音律。

③ 曲中论:曲中诉说。《乐府诗集·琴曲歌辞》有四言《昭君怨》一首,题为汉王嫱作,不可信,当是后人同情昭君之作。

一去心知更不归，可怜着尽汉宫衣。
寄声欲问塞南事，只有年年鸿雁飞。
家人万里传消息，好在毡城莫相忆。
君不见，咫尺长门闭阿娇，人生失意无南北。

明妃曲和王介甫作

宋·欧阳修

胡人以鞍马为家，射猎为俗。泉甘草美无常处，鸟惊兽骇争驰逐。谁将汉女嫁胡儿，风沙无情貌如玉。身行不遇中国人，马上自作思归曲。推手为琵却手琶，胡人共听亦咨嗟。玉颜流落死天涯，琵琶欲传来汉家。汉宫争按新声谱，遗恨已深声更苦。纤纤女手生洞房，学得琵琶不下堂。不识黄云出塞路，岂知此声能断肠。

再和明妃曲

宋·欧阳修

汉宫有佳人，天子初未识。一朝随汉使，远嫁单于国。绝色天下无，一失难再得。虽能杀画工，于事竟何益？耳目所及尚如此，万瑞安能制夷狄！汉计诚已拙，女色难自夸。明妃去时泪，洒上枝上花。狂风日暮起，漂泊落谁家。红颜胜！人多薄命，莫怨春风当自嗟！

天净沙

元·马致远

西风塞上胡笳，月明马上琵琶，那底昭君恨多。李陵台下，淡烟衰草黄沙。

此外，元代以王昭君故事为题材的杂剧，有马致远《汉宫秋》、关汉卿《汉元帝哭昭君》、张时起《昭君出塞》和吴昌龄《月夜走昭君》等，可惜后三者都已经失传，唯有马致远的《汉宫秋》被人们千古传诵。

【研习与探索】

1. 汉代昭君出塞本是历史之事，后世文人多以文学作品进行吟咏，如何理解"昭君"文学中的"民族主义"与封建意识？如何历史地看待千百年来屡见不鲜的女子和亲政策？

2. 杜甫是一个继往开来的伟大诗人，其诗包罗万汇的"集大成"表现在哪些方面？而他称雄百代的艺术创新又体现在何处？试结合作品加以阐释。

3. 前人认为李白是天授的奇才，浪漫不拘，为"诗仙"；杜甫是人能的极致，严谨沉厚，为"诗圣"，他们共同代表了盛唐诗歌创作的最高水平，但风格恰好形成鲜明对照，试结合二人作品加以比较。

4. 杜甫忧国忧民的精神有什么现实意义？试就此写一篇1000字左右的论述文。

西塞山怀古

刘禹锡①

王浚楼船下益州②，金陵王气黯然收③。
千寻铁索沈江底④，一片降幡出石头⑤。
人生几回伤往事，山形依旧枕寒流。
从今四海为家日⑥，故垒萧萧芦荻秋。

【拓展资料】

1.《晋书·王浚传》："吴人于江险碛要害之处，并以铁锁横截之。又作铁椎，长丈余，暗置江中，以逆距船。先是，羊祜获吴间谍，具知情状。浚乃作大筏数十，亦方百余步。缚草为人，披甲持杖，令善水者，以筏先行。筏遇铁椎，椎辄着筏去。又作火炬，长十余丈，大数十围，灌以麻油，在船前。遇锁，燃炬烧之。须臾，融液，断绝，于是船无所碍。……浚入于石头。（孙）皓乃备亡国之礼，素车、白马、肉袒、面缚、衔璧、牵羊，大夫衰服，士舆榇……造于垒门。"

2. 刘禹锡的诗取境优美、精炼含蓄，往往能以清新的语言表达自己对人生或历史的深刻理解，因而被白居易推崇备至，誉为"诗豪"。

其诗《金陵五题》每题一首，都是咏怀有关金陵城的古迹的。《五题》中以下面选的《石头城》《乌衣巷》二首最为历来所传诵。

---

① 刘禹锡（772—842）：字梦得，洛阳（今河南洛阳市）人，中唐诗人。贞元九年（793）与柳宗元同榜进士，又中博学宏词科，官监察御史。因参加王叔文革新活动，被贬。后复用，至礼部尚书。《全唐诗》编其诗十二卷。早年和柳宗元交谊最深，晚年在洛阳，与白居易酬唱颇多，并称刘白。西塞山：西塞山有两座，一在浙江省吴兴县西南处，另一座在湖北省大冶市外东方九十里处，本诗作者刘禹锡是到湖北省的西塞山游览时写的。西塞山山锁洪流，形势险峻，是六朝有名的军事要塞。

② 王濬（jùn）：西晋大将。晋武帝太康元年（280）率水师八万顺江而下，攻取吴都建业（今南京市）。楼船：高大的战船。益州：晋益州州治在今四川成都。

③ 金陵王气：指东吴王朝的气数。旧说天子所在的地方，其上空有一种"王气"。

④ 寻：古代以八尺为一寻。千寻，极言其长。铁索：铁链。《晋书》记载，东吴曾在长江险要处用铁链连结，封锁江面，并作大铁椎置于江心。王濬先用木筏触带铁椎，然后用火炬烧熔铁链，使战船顺利前行。

⑤ 幡：旗子。石头：城名，在今江苏江宁县西石城山。

⑥ 四海为家：国家统一，这里指大唐帝国一统天下的局面。《史记·高祖本纪》："天子以四海为家。"

石头城

山围故国周遭在,潮打空城寂寞回。
淮水东边旧时月,夜深还过女墙来。

乌衣巷

朱雀桥边野草花,乌衣巷口夕阳斜。
旧时王谢堂前燕,飞入寻常百姓家。

3. 唐代怀古诗集粹:

易水送人

骆宾王

此地别燕丹,壮士发冲冠。
昔时人已没,今日水犹寒。

金陵怀古

许 浑

玉树歌残王气终,景阳兵合戍楼空。
松楸远近千官冢,禾黍高低六代宫。
石燕拂云晴亦雨,江豚吹浪夜还风。
英雄一去豪华尽,唯有青山似洛中。

题乌江亭

杜 牧

胜败兵家事不期,包羞忍辱是男儿。
江东子弟多才俊,卷土重来未可知。

汴河怀古

皮日休

尽道隋亡为此河,至今千里赖通波。

若无水殿龙舟事，共禹论功不较多。

【研习与探索】

1. 阅读刘禹锡《金陵怀古》《西塞山怀古》《金陵五题》等怀古诗歌，并比较历代诗人所写的怀古诗，分析刘禹锡怀古诗歌的艺术特色人生启迪。

2. 刘禹锡曾在遭受政治打击10年前后写过两首借咏桃花而讽新贵抒豪情的绝句，最能表现诗人自信和豪爽的性格，请就这两首诗结合作者生平体会诗歌借此言彼的构思方法，写一篇读后感。

自朗州承召至京戏赠看花诸君子

紫陌红尘拂面来，无人不道看花回。
玄都观里桃千树，尽是刘郎去后栽。

再游玄都观

百亩庭中半是苔，桃花净尽菜花开。
种桃道士归何处，前度刘郎今又来。

3. 用"和平与发展"为题，写一篇小论文。

答李翊书

韩　愈①

六月二十六日，愈白：李生足下，生之书辞甚高，而其问何下而恭也？能如是，谁不欲告生以其道②？道德之归也有日矣，况其外之文乎？抑愈所谓望孔子之门墙而不入于其宫者③，焉足以知是且非邪？虽然，不可不为生言之。

生所谓立言者是也。生所为者，与所期者，甚似而几矣。抑不知生之志，蕲胜于人而取于人耶④？将蕲至于古之立言者耶？蕲胜于人而取于人，则固胜于人而可取于人矣。将蕲至

---

① 韩愈（768－824），祖籍昌黎（三国时郡名，唐时属河北道，故址在今辽宁省境内），故世称韩昌黎，是唐代古文运动的倡导者和领袖。主张"辞必己出"，强调"惟陈言之务去"，对当时及后代的散文创作都有重大的影响。苏轼誉其为"文起八代之衰，道济天下之溺"。韩愈的诗歌也颇有成就，笔力矫健，境界雄奇，在唐代诗坛别入一格。有《昌黎先生集》。本文录自高步瀛选注《唐宋文举要》。李翊，后学书生，贞元十七年投书韩愈求教，受韩举荐，贞元十八年中进士。

② 告生以其道：在这里，道主要指仁义。

③ 望孔子之门墙句：《论语·子张》："子贡曰：譬之宫墙，赐之墙也及肩，窥见室家之好。夫子之墙数仞，不得其门而入，不见宗庙之美、百官之富。及其门者或寡矣。"作者借用宫墙之论以自谦。全句意思是：我韩愈就是所谓的望见孔子的门墙而又没有进入到他家里去的人。

④ 蕲（qí）：同"祈"，求。

于古之立言者，则无望其速成，无诱于势利①。养其根而竢其实②，加其膏而希其光③。根之茂者其实遂④，膏之沃者其光晔⑤，仁义之人，其言蔼如也⑥。

抑又有难者，愈之所为，不自知其至犹未也。虽然，学之二十余年矣。始者，非三代两汉之书不敢观⑦，非圣人之志不敢存。处若忘，行若遗，俨乎其若思，茫乎其若迷⑧。当其取于心而注于手也，惟陈言之务去⑨，戛戛乎其难哉⑩！其观于人，不知其非笑之为非笑也。如是者亦有年，犹不改。然后识古书之正伪，与虽正而不至焉者⑪，昭昭然白黑分矣。而务去之，乃徐有得也。当其取于心而注于手也，汩汩然来矣。其观于人也，笑之则以为喜，誉之则以为忧，以其犹有人之说者存也。如是者亦有年，然后浩乎其沛然矣⑫。吾又惧其杂也，迎而距之⑬，平心而察之，其皆醇也，然后肆焉⑭。虽然，不可以不养也。行之乎仁义之途，游之乎诗书之源，无迷其途，无绝其源，终吾身而已矣。气，水也，言，浮物也。水大而物之浮者大小毕浮⑮。气之与言犹是也，气盛，则言之短长与声之高下者皆宜。

虽如是，其敢自谓几于成乎？虽几于成，其用于人也奚取焉⑯？虽然，待用于人者，其肖于器邪？用与舍属诸人⑰。君子则不然，处心有道，行己有方，用则施诸人，舍则传诸其徒，垂诸文而为后世法⑱。如是者，其亦足乐乎，其无足乐也！

有志乎古者希矣，志乎古必遗乎今⑲，吾诚乐而悲之⑳。亟称其人㉑，所以劝之，非敢褒其可褒而贬其可贬也。问于愈者多矣，念生之言不志乎利，聊相为言之。愈白。

---

① 无诱于势利：不要为势利所引诱。
② 竢（sì）：等待。
③ 膏：油，古代用油灯照明。
④ 遂：成长，这里形容果实累累。
⑤ 晔（yè）：光辉灿烂，形容光盛。
⑥ 蔼如：和煦的样子。
⑦ 三代：夏、商、周。
⑧ 处若忘四句：当呆着的时候像是忘掉了什么，走路的时候像是丢了什么，严肃的样子，像在思考什么，茫茫然的样子，又像没有搞清楚什么。这四句形容他专注用功，几乎进入了忘我境界。
⑨ 惟陈言之务去：努力去掉人们曾说过的话。为力求创新的意思。
⑩ 戛戛（jiá）：象声词，形容费劲。
⑪ 识古书之正伪二句：正，醇正，指"仁义之人，其言蔼如"的作品。伪，指不符合上述标准的作品。不至，还没有达到完美境地。
⑫ 沛然：水流盛的样子。比喻文思阔大充沛。
⑬ 距：同"拒"。之：指文章中不纯的东西。
⑭ 肆（sì）：放纵，放手写去。
⑮ 毕浮：全都浮起来。
⑯ 虽如是三句：意谓虽然如此，难道就敢自称已接近于成功了么？即使可说已接近成功，但被别人采用时，究竟有什么可取之处呢？奚：何。
⑰ 待用于人三句：等待被别人采用的，难道就全像器具一样吗？用与不用都决定于别人。
⑱ 垂诸文而为后世法：写成文章流传下去，要求能为后世所效法。
⑲ 遗于今：不被当世人看重。
⑳ 吾诚乐而悲之：对这种人我的确既感到快乐而又觉得悲哀。之：指"有志乎古者"。
㉑ 亟称其人：多次称赞这种人，指志乎古的人。

· 124 ·

【拓展资料】

1. 韩愈，父仲卿，无名位。愈生三岁而孤，养子从父兄。愈自以孤子，幼刻苦学儒，不俟奖励。大历、贞元之间，文学多尚古学，效扬雄、董仲舒之述作，而独孤及、梁肃最称渊奥，儒林推重。愈从其徒游，锐意钻仰，欲自振于一代。洎举进士，投文于公卿间，故相郑余庆颇为之延誉，由是知名于时。（［后晋］刘昫等《旧唐书》）

2. 性方道直，介然有守，不交势力，自致名望。（［唐］白居易《白氏长庆集》卷三八）

3. 尝观韩吏部歌诗累百首，其驱驾气势，若掀雷揭电，奔腾于天地之间，物状奇变，不得不鼓舞而徇其呼吸也。（［唐］司空图《题柳柳州集后序》）

4. 退之以文为诗，子瞻以诗为词，如教坊雷大使之舞，虽极天下之工，要非本色。（［宋］陈师道《后山诗话》）

5. 宋人好附会名重之人，称韩文杜诗，无一字没来历。不知此二人之所以独绝古今者，转妙在没来历。（［清］袁枚《随园诗话》卷三）

【研习与探索】

1. 韩愈为人、为学、作文的经验对我们有何启迪？
2. 针对李翊投书获荐之事，谈谈道德修养与人生成败的关系。
3. 结合作品实际，说明本文如何借助比喻把抽象的道理说得生动明白。
4. 以"行之乎仁义之途""无望其速成""无诱于势力"为主题写一篇千字小论文。

长恨歌

白居易[①]

汉皇重色思倾国[②]，御宇多年求不得。杨家有女初长成，养在深闺人未识。天生丽质难自弃，一朝选在君王侧[③]。回眸一笑百媚生，六宫粉黛无颜色。春寒赐浴华清池，温泉水滑

[①] 白居易（772—846）字乐天，下邽（今陕西渭南）人。自号醉吟先生，亦称香山居士。贞元年进士，授翰林学士。因直言贬江州（今九江）司马，徙忠州（今重庆忠县）刺史。与同年元稹共同发起旨在揭露时弊的"新乐府运动"，号"元白"。与刘禹锡酬咏，并称"刘白"。其诗文兼擅，尤以诗名世，有"诗史"之誉。《长恨歌》《琵琶行》代表他最高成就。卒谥曰文。有《白氏长庆集》传世，存诗约3000首，为唐人之冠。

[②] 汉皇：借指唐玄宗。倾国：指绝色美女。《汉书·外戚传》："李延年善歌，侍武帝，歌曰：'北方有佳人，绝世而独立。一顾倾人城，再顾倾人国。宁不知倾城与倾国，佳人难再得。'上叹息曰：'善！世岂有此人乎？'平阳主因言延年有女弟，上乃召见之。实妙丽善舞，由是得幸。"

[③] 据《新唐书·后妃传》，杨玉环为杨玄琰女，晓音律，善歌舞。随叔父入长安，初为玄宗子寿王之妃。后李隆基看中，碍于名分，先令其出宫作女道士，然后入宫得幸。从此六宫妃妾、才人，遂无亲近者。

· 125 ·

洗凝脂①。侍儿扶起娇无力，始是新承恩泽时。云鬓花颜金步摇②，芙蓉帐暖度春宵。春宵苦短日高起，从此君王不早朝。承欢侍宴无闲暇，春从春游夜专夜。后宫佳丽三千人，三千宠爱在一身。金屋妆成娇侍夜③，玉楼宴罢醉和春。姊妹弟兄皆列土④，可怜光彩生门户。遂令天下父母心，不重生男重生女。骊宫高处入青云，仙乐风飘处处闻。缓歌慢舞凝丝竹⑤，尽日君王看不足。渔阳鼙鼓动地来，惊破霓裳羽衣曲⑥。九重城阙烟尘生，千乘万骑西南行。翠华摇摇行复止⑦，西出都门百余里。六军不发无奈何，宛转蛾眉马前死。花钿委地无人收，翠翘金雀玉搔头。君王掩面救不得，回看血泪相和流。黄埃散漫风萧索，云栈萦纡登剑阁⑧。峨嵋山下少人行，旌旗无光日色薄。蜀江水碧蜀山青，圣主朝朝暮暮情。行宫见月伤心色，夜雨闻铃肠断声。天旋地转回龙驭，到此踌躇不能去。马嵬坡下泥土中，不见玉颜空死处。君臣相顾尽沾衣，东望都门信马归。归来池苑皆依旧，太液芙蓉未央柳。芙蓉如面柳如眉，对此如何不泪垂。春风桃李花开日，秋雨梧桐叶落时。西宫南内多秋草⑨，落叶满阶红不扫。梨园子弟白发新，椒房阿监青娥老⑩。夕殿萤飞思悄然⑪，孤灯挑尽未成眠。迟迟钟鼓初长夜，耿耿星河欲曙天⑫。鸳鸯瓦冷霜华重，翡翠衾寒谁与共⑬。悠悠生死别经年，魂魄不曾来入梦。临邛道士鸿都客⑭，能以精诚致魂魄。为感君王辗转思，遂教方士殷勤觅。排空驭气奔如电，升天入地求之遍。上穷碧落下黄泉⑮，两处茫茫皆不见。忽闻海上有仙山，山在虚无缥缈间。楼阁玲珑五云起，其中绰约多仙子。中有一人字太真，雪肤花貌参差是⑯。金阙西厢叩玉扃，转教小玉报双成⑰。闻道汉家天子使，九华帐里梦魂惊。揽衣推枕起徘徊，珠箔银屏迤逦开⑱。云鬓半偏新睡觉，花冠不整下堂来。风吹仙袂飘飘举，犹似霓裳羽衣舞。

---

① 华清池：温泉，在陕西临潼骊山华清宫。后文"骊宫"即指华清宫。凝脂：语出《诗经·卫风·硕人》"肤如凝脂"。形容皮肤洁白滑润。云鬓：形容女子鬓发轻盈飘逸。金步摇：金制垂珠头钗，行则摇动。

② 云鬓：形容女子鬓发轻盈飘逸。金步摇：金制垂珠头钗，行则摇动。

③ 金屋：用汉武帝"金屋藏娇"典，指杨贵妃所居之处。《汉武故事》："帝为胶东王数岁，长公主抱置膝上，问曰：'儿欲得妇否？'曰：'欲得。'长公主指左右长御百余人，皆云不用。指其女，'阿娇好否？'笑对曰：'好！若得阿娇作妇当作金屋贮之。'"

④ 列土：封侯。杨妃得专宠，叔父兄弟皆封侯，姐妹封国夫人，富比王室。

⑤ 缓歌慢舞：轻歌曼舞。凝丝竹：指歌舞紧扣乐声。丝竹：弦乐和管乐。

⑥ 渔阳鼙鼓：指安禄山叛乱。天宝十四年（755）十一月，安禄山打着"清君侧"的旗号反于范阳。渔阳在今北京大兴县，古称蓟州，天宝中改渔阳郡，隶属范阳节度。安禄山反，渔阳从之。白居易托古讽今，借汉彭宠据渔阳反汉事代指安禄山反唐。鼙（pí）鼓：军鼓、战鼓。霓裳羽衣曲：舞曲名，旧传为玄宗所作。

⑦ 翠华：皇帝仪仗用翠鸟羽毛为饰的旗帜。

⑧ 云栈：高耸入云的栈道。萦纡：弯曲盘旋。剑阁：在今四川剑阁县东北大、小剑山之间。

⑨ 西宫南内：唐宫城在皇城北，谓之西内（西宫），兴庆宫在皇城东南，谓之南内。

⑩ 梨园弟子：由玄宗执教的宫内习艺者。椒房：汉后居室以椒粉涂壁，取其清香及花椒多子的吉利。阿监：侍奉帝妃的女官、奴仆。青娥：原称少女，引申指青春容颜。

⑪ 悄然：忧愁的样子。

⑫ 耿耿：明亮貌。河：指银河。

⑬ 鸳鸯瓦：指嵌合成对的瓦片。霜华：霜花。翡翠衾：指绣有成双翡翠鸟的被子。

⑭ 临邛（qióng）句：说四川道士客居京城。临邛：今四川邛崃县。鸿都：洛阳北宫门，此处借指东城。

⑮ 碧落：道家称天界为碧落。

⑯ 参差：仿佛。

⑰ 金阙：道教所说的仙境上的清宫有两阙，一名金阙，一名玉阙。阙：门楼上的楼观。扃（jiǒng）：门。小玉：吴王夫差女名小玉。双成：西王母座前玉女。这里均借指杨玉环在仙山的侍婢。

⑱ 珠箔：用珠子编成的帘子。迤逦：曲折相连。

玉容寂寞泪阑干，梨花一枝春带雨。含情凝睇谢君王，一别音容两渺茫。昭阳殿里恩爱绝，蓬莱宫中日月长。回头下望人寰处，不见长安见尘雾。唯将旧物表深情，钿合金钗寄将去①。钗留一股合一扇，钗擘黄金合分钿。但教心似金钿坚，天上人间会相见。临别殷勤重寄词，词中有誓两心知。七月七日长生殿，夜半无人私语时。在天愿作比翼鸟，在地愿为连理枝。天长地久有时尽，此恨绵绵无绝期。

【拓展资料】

1. 白居易的诗歌理论集中体现在《与元九书》中。主要观点是：倡导诗歌的政治作用，主张"文章合为时而著，歌诗合为事而作"，能"补察时政""泄导人情"。其次，提出诗歌的根源在于现实生活，"感于事"，"动于情"，然后形成歌诗。再次，总结了诗歌的特性，认为："感人心者莫先乎情，莫始乎言，莫切乎声，莫深乎义。诗者，根情，苗言，华声，实义。……韵谐则言顺，言顺则声易入。"强调诗歌内容与形式统一，力求通俗易懂，但又千锤百炼。

2. 以李、杨故事为题材的其它作品：

长恨歌传（节末段）

陈 鸿

元和元年（806）冬十二月，太原白乐天自校书郎于周至，鸿与琅琊王质夫家于是邑，暇日相携游仙游寺，话及此事，相与感叹，质夫举酒于乐天前曰："夫希代之事，非遇出世之才润色之，则与时消没，不闻于世。乐天深于诗，多于情者也，试为歌之，如何？"乐天因为《长恨歌》。意者不但感其事，亦欲惩尤物，窒乱阶，垂于将来者也。歌既成，使鸿传焉。世所不闻者，予非开元遗民，不得知。世所知者，有《玄宗本纪》在。

马 嵬

李商隐

海外徒闻更九州，他生未卜此生休。
空闻虎旅传宵柝，无复鸡人报晓筹。
此日六军同驻马，当时七夕笑牵牛。
如何四纪为天子，不及卢家有莫愁？

---

① 钿（diàn）：盒上镶嵌的金花片。合：盒。

龙　池

李商隐

龙池赐酒敞云屏，羯鼓声高众乐停。
夜半宴归宫漏永，薛王沉醉寿王醒。

过华清宫绝句三首

杜牧

长安回望绣成堆，山顶千门次第开。一骑红尘妃子笑，无人知是荔枝来。
新丰绿树起黄埃，数骑渔阳探使回。霓裳一曲千峰上，舞破中原始下来。
万国笙歌醉太平，倚天楼殿月分明。云中乱拍禄山舞，风过重峦下笑声。

另还有元代白朴《唐明皇秋夜梧桐雨》、洪升《长生殿》等都是以李、杨故事为题材的作品。白居易首先把唐明皇杨贵妃爱情的传说与安史之乱联系起来，并以极大的同情歌颂他们的爱情悲剧。《长生殿》也将两个方面内容结合起来，又加以丰富，成为这类题材中成就最高的戏曲作品。洪在描写他们爱情生活时，突出了他们死抱痴情、生守前盟的精诚，最后感动天地鬼神，让他们同登仙境，得到了一个永久团圆的结局。作者在剧中把贵妃描写为一个值得同情的人物，突出写了她对爱情的忠贞，杨贵妃在天界向织女倾诉："位纵在神仙列，梦不离唐宫阙。千回万转情难灭。"明皇则终日悲叹："我独在人间委实的不愿生"，"惟只愿速离尘埃，早赴泉台，和伊地中将连理栽。"作者用浪漫主义的手法，表现了他所要歌颂的那种"那论生和死"的理想爱情。

【研习与探索】

1. 白居易的诗作中，《长恨歌》最受人们关注，引起的争论也最多。争论的焦点主要集中在作品主题方面，主要有三说：爱情说、讽喻说和讽刺与爱情双重主题说。对此如何评价？

2. 《长恨歌》的"恨"，可能包含哪几方面的因素？你读后有何感受？假如你读后也会引起憾恨之感，那么，你的人生经历、社会地位以及所处的历史境遇与诗中人物完全不同，你为什么会产生这种感怀？文学艺术是如何跨越时空形成不朽魅力的？

3. 白居易的诗歌以雅俗共赏著名后世，作者尤其自许"一篇《长恨》有风情"，以为"压卷杰构"。原因何在？你认为白居易和《长恨歌》哪些方面最有价值？

4. 同样取材李、杨故事，有的偏重史实，对李、杨误国多持讽刺态度；有的超越史实，侧重描写他们的爱情，具有浓厚的悲剧气氛。那么，究竟是什么因素决定艺术创作对题材的取舍的？《长恨歌》中的唐玄宗和杨贵妃的形象有何特点？如何理解艺术的真实与历史的真实？试比较处理同一题材的不同作品的艺术技巧，你从中得到哪些启示？

5. 请就"江山与美人"为题或"政治、爱情、权力、婚姻"为主题词撰写一篇论文。

梦 天

李 贺①

老兔寒蟾泣天色②,云楼半开壁斜白③。玉轮轧露湿团光④,鸾佩相逢桂香陌⑤。黄尘清水三山下⑥,更变千年如走马⑦。遥望齐州九点烟⑧,一泓海水杯中泻⑨。

【拓展资料】

1.【宋】欧阳修《新唐书·李贺传》载:李贺"七岁能辞章,韩愈、皇甫湜始闻未信,过其家,使贺赋诗,援笔辄就如素构,自目曰《高轩过》,二人大惊,自是有名。"

2.【唐】李商隐《李长吉小传》载:李贺一生仕途失意,乃以全力为诗。"能苦吟疾书",常携诗友出游,"恒以小奚奴,骑距驴,背一古破锦囊,遇有所得,即书投囊中。及暮归,太夫人使婢受囊出之,见所书多,辄曰:'是儿要当呕出心乃已尔!'上灯,与食,长吉从婢取书,研墨叠纸足成之,投他囊中。非大醉及吊丧日率如此,过亦不复省。

3. 李贺的另一首游仙诗代表作:

---

① 李贺(790—816),字长吉,河南昌谷(今河南宜阳)人,后人因称李昌谷。中唐杰出诗人,贞元末即以乐府歌诗与前辈李益齐名,并称"二李"。李贺乃李唐宗室远支郑王亮之后,故自称为"唐诸王孙李长吉"。七岁能文,年少才高,名动京华,但因其父名"晋肃",为避讳而不能应进士试。一生困顿潦倒,郁郁不得志,仅做过九品小官奉礼郎,死时年仅27岁。一生所作诗篇,主要是抒写生不逢时、怀才不遇的愤懑之情,表达对现实的不满和对理想的追求。其诗极富创造性,想象奇诡,构思奇特,色彩浓重,文辞瑰丽,形成一种瑰奇幽峭、凄清冷艳的浪漫主义风格,人称"长吉体",亦有"诗鬼"之号。存诗四卷,外集一卷,共计二百四十二首,有《李长吉歌诗》。本诗属游仙诗,写梦天游月之幻境,想象非常新奇。

② 老兔寒蟾:指月亮。古代传说,月里住着玉兔和蟾蜍。《太平御览》卷九○七引《典略》:"兔者,明月之精。"又卷九四九引张衡《灵宪》:"羿请不死之药于西王母,姮娥窃之以奔月。遂托身于月,是为蟾蜍。"民间把月中的黑影叫做蟾或兔。泣天色:形容月色幽冷凄清,仿佛兔和蟾在哭泣似的。

③ 云楼:想象中的月中楼阁。壁斜白:月光斜照。

④ 玉轮:车轮的美称。轧(yà):碾。湿团光:形容玉轮沾露的样子。

⑤ 鸾佩:雕着鸾凤的玉佩。此指系着鸾佩的仙女。桂香陌:桂花飘香的月宫大路。古代传说,月宫中有桂树。《酉阳杂俎》卷一:"旧言月中有桂,有蟾蜍。"

⑥ 黄尘清水:即沧海桑田。三山:传说中的蓬莱、方丈、瀛洲三座海上仙山。王琦注:"蓬莱、方丈、瀛洲三神山俱在海中。今视其下,有时变为黄尘,有时变为清水。千年之间,时复更换,而自天上视之,则犹走马之速也。"晋代葛洪《神仙传·麻姑》记载说:仙女麻姑有一回对王方平说:"接待以来,已见东海三为桑田;向到蓬莱,水又浅于往者会时略半耳,岂将复还为陵陆乎?"王方平乃曰:"圣人皆言,东海行复扬尘耳。"后来人们便用"沧海桑田""东海扬尘"来比喻世事变化很快、变迁很大。

⑦ 更变句:此句形容千年倏忽,变化无常。

⑧ 齐州:即中州,犹言中国。九点烟:古谓中国境内分为九州岛,九州岛之外便是大海。此处是形容从天上回望九州岛,有如九点烟尘般渺远。

⑨ 一泓:一汪。形容水深而清的样子。杯中泻:形容从天上回望大海,如同泻在杯中的一汪水般渺小。

天上谣

　　天河夜转漂回星，银浦流云学水声。
　　玉宫桂树花未落，仙妾采香垂佩缨。
　　秦妃卷帘北窗晓，窗前植桐青凤小。
　　王子吹笙鹅管长，呼龙耕烟种瑶草。
　　粉霞红绶藕丝裙，青州步拾兰苕春。
　　东指羲和能走马，海尘新生石山下。

4. 李贺写音乐的诗歌也很出色，如以下两首：

李凭箜篌引

　　吴丝蜀桐张高秋，空山凝云颓不流。
　　江娥啼竹素女愁，李凭中国弹箜篌。
　　昆山玉碎凤凰叫，芙蓉泣露香兰笑。
　　十二门前融冷光，二十三丝动紫皇。
　　女娲炼石补天处，石破天惊逗秋雨。
　　梦入神山教神妪，老鱼跳波瘦蛟舞。
　　吴质不眠倚桂树，露脚斜飞湿寒兔。

听颖师弹琴歌

　　别浦云归桂花渚，蜀国弦中双凤语。
　　芙蓉叶落秋鸾离，越王夜起游天姥。
　　暗佩清臣敲水玉，渡海蛾眉牵白鹿。
　　谁看挟剑赴长桥，谁看浸发题春竹。
　　竺僧前立当吾门，梵宫真相眉棱尊。
　　古琴大轸长八尺，峄阳老树非桐孙。
　　凉馆闻弦惊病客，药囊暂别龙须席。
　　请歌直请卿相歌，奉礼官卑复何益。

　　此外，唐代诗歌中还有很多描写音乐的优秀篇章，且各有千秋，此处选录八篇：

听董大弹胡笳弄兼寄语房给事

李 颀

蔡女昔造胡笳声,一弹一十有八拍。胡人落泪沾边草,汉使断肠对归客。古戍苍苍烽火寒,大荒沉沉飞雪白。先拂商弦后角羽,四郊秋叶惊摵摵。董夫子,通神明,深山窃听来妖精。言迟更速皆应手,将往复旋如有情。空山百鸟散还合,万里浮云阴且晴。嘶酸雏雁失群夜,断绝胡儿恋母声。川为净其波,鸟亦罢其鸣。乌孙部落家乡远,逻娑沙尘哀怨生。幽音变调忽飘洒,长风吹林雨堕瓦。迸泉飒飒飞木末,野鹿呦呦走堂下。长安城连东掖垣,凤凰池对青琐门。高才脱略名与利,日夕望君抱琴至。

听安万善吹觱篥歌

李 颀

南山截竹为觱篥,此乐本自龟兹出。流传汉地曲转奇,凉州胡人为我吹。旁邻闻者多叹息,远客思乡皆泪垂。世人解听不解赏,长飙风中自来往。枯桑老柏寒飕飗,九雏鸣凤乱啾啾。龙吟虎啸一时发,万籁百泉相与秋。忽然更作《渔阳掺》,黄云萧条白日暗。变调如闻《杨柳》春,上林繁花照眼新。岁夜高堂列明烛,美酒一杯声一曲。

听蜀僧浚弹琴

李 白

蜀僧抱绿绮,西下峨眉峰。
为我一挥手,如听万壑松。
客心洗流水,馀响入霜钟。
不觉碧山暮,秋云暗几重。

赠花卿

杜 甫

锦城丝管日纷纷,半入江风半入云。
此曲只应天上有,人间能得几回闻。

听颖师弹琴

韩 愈

昵昵儿女语，恩怨相尔汝。
划然变轩昂，勇士赴敌场。
浮云柳絮无根蒂，天地阔远随飞扬。
喧啾百鸟群，忽见孤凤凰。
跻攀分寸不可上，失势一落千丈强。
嗟余有两耳，未省听丝篁。
自闻颖师弹，起坐在一旁。
推手遽止之，湿衣泪滂滂。
颖乎尔诚能，无以冰炭置我肠！

省试湘灵鼓瑟

钱 起

善鼓云和瑟，常闻帝子灵。
冯夷空自舞，楚客不堪听。
苦调凄金石，清音入杳冥。
苍梧来怨慕，白芷动芳馨。
流水传湘浦，悲风过洞庭。
曲终人不见，江上数峰青。

听邻家吹笙

郎士元

凤吹声如隔彩霞，不知墙外是谁家。
重门深锁无寻处，疑有碧桃千树花。

琵琶行（节选）

白居易

千呼万唤始出来，犹抱琵琶半遮面。
转轴拨弦三两声，未成曲调先有情。

弦弦掩抑声声思，似诉平生不得志。
低眉信手续续弹，说尽心中无限事。
轻拢慢捻抹复挑，初为《霓裳》后《六幺》。
大弦嘈嘈如急雨，小弦切切如私语。
嘈嘈切切错杂弹，大珠小珠落玉盘。
间关莺语花底滑，幽咽泉流冰下难。
冰泉冷涩弦凝绝，凝绝不通声渐歇。
别有幽愁暗恨生，此时无声胜有声。
银瓶乍破水浆迸，铁骑突出刀枪鸣。
曲终收拨当心画，四弦一声如裂帛。
东船西舫悄无言，唯见江心秋月白。

【研习与探索】

1. 后人评价李贺诗歌，褒贬不一。有说"贺诗梢尚奇诡，组织花草，片片成文，所得皆惊迈，绝去翰墨畦迳，时无能效者。"（【元】辛文房《唐才子传》）"卓然为一大家，非唐之他家所能及"（吴闿生《李长吉诗集跋》）；也有说"贺词如百家锦衲，五色炫耀，光夺眼目，使人不敢熟视，求其补于用，无有也。"（【宋】范晞文《对床夜话》卷二）"无天真自然之趣"（【明】李东阳《麓堂诗话》卷二）试结合作品谈谈你对李贺诗歌的评价。

2. 李贺与李白的诗歌同有大胆的想象和浪漫的风神，试比较二人的同中之异。

3. 李贺是韩孟诗派的重要诗人，有人说韩愈诗歌的主要风格是奇而豪，孟郊诗歌的主要风格是奇而苦，李贺诗歌的主要风格是奇而丽。你对此有何理解与评价？

4. 美妙的音乐如何通过文学语言来生动表现？试比较赏析拓展资料中所选录的描写音乐的优秀篇章，并写成一篇1500字左右的文章。

无题二首（其一）

李商隐[①]

昨夜星辰昨夜风[②]，画楼西畔桂堂东。
身无彩凤双飞翼，心有灵犀一点通[③]。
隔座送钩春酒暖，分曹射覆蜡灯红[④]。

[①] 李商隐（约813年—约858年），字义山，号玉溪生，又号樊南生，怀州河内（今河南沁阳）人。晚唐著名诗人，与杜牧齐名，世称"小李杜"，又与温庭筠齐名，世称"温李"。因诗文与同时期的段成式、温庭筠风格相近，且三人都在家族里排行第十六，故并称为"三十六体"。因受牛李党争影响，长期受到压抑、排挤，潦倒终身。
[②] "昨夜"句：《书·洪范》"星有好风。"此含有好会的意思。
[③] 灵犀：旧说犀牛有神异，角中有白纹如线，直通两头。借喻相爱双方心灵的感应和暗通。
[④] "隔座"二句：送钩、射覆，均为古代酒席间游戏。分曹：分组。

嗟余听鼓应官去①,走马兰台类转蓬②。

【拓展资料】

1. 古今难事,无过说诗……盖诗者志之所之也,志深者言深。乍而求之,得其浅矣,或未得其深,故曰"以意逆志,是为得之"。读诗而得其志其难也,昔之君子犹亦病诸?以吾观于唐人李义山之诗,抑何寓意深而托兴远也!往往一篇之中,猝求其指归所在而不得,奥隐幽艳,于诗家别开一洞天。(黄叔琳《李义山诗集笺注序》)

2. 李义山的诗,具有一种特别炫人的异彩。(叶嘉莹《迦陵论诗丛稿·从李义山〈嫦娥〉诗谈起》)

3. 选读其另几首名作:

锦 瑟

锦瑟无端五十弦,一弦一柱思华年。
庄生晓梦迷蝴蝶,望帝春心托杜鹃。
沧海月明珠有泪,蓝田日暖玉生烟。
此情可待成追忆,只是当时已惘然。

嫦 娥

云母屏风烛影深,长河渐落晓星沉。
嫦娥应悔偷灵药,碧海青天夜夜心。

谒 山

从来系日乏长绳,水去云回恨不胜。
欲就麻姑买沧海,一杯春露冷如冰。

4. 义山的《锦瑟》《碧城》《圣女祠》等诗,讲的什么事,我理会不着,拆开一句一句叫我解释,我连文义也解不出来,但我觉得它美,读起来令我精神得到一种新鲜的愉快。须知美是多方面的,美是含有神秘性的。我们若还承认美的价值,对于这种文学,便不容轻轻抹煞。(梁启超《饮冰室文集·中国韵文内所表现的情感》)

---

① 听鼓:听到报晨的更鼓。应官:到衙门应差。听鼓应官:唐制,五更二点,鼓自内发,诸街鼓承振,坊市门皆启。鼓响天明,即须上朝。

② 兰台:汉代藏图书秘籍的宫观,这里借指诗人供职的秘书省。转蓬:随风飘转的草蓬。常用来比喻飘零的生活。

【研习与探索】

1. 这首无题抒写了一种什么样的心绪？在生活和学习中，你有没有过难以名说或难以明说的心绪？若有的话，你如何表达你的这种情绪？
2. 你觉得应该怎样品读李商隐的无题诗？试选几首当代朦胧诗进行比较欣赏。
3. 赏析"身无彩凤双飞翼，心有灵犀一点通"的妙处。
4. 阅读和背诵李商隐其他几首诗，体会其"神秘性的美"和"炫人的异彩"。

山园小梅

林 逋①

众芳摇落独暄妍②，占尽风情向小园③。疏影横斜水清浅④，暗香浮动月黄昏⑤。霜禽欲下先偷眼⑥，粉蝶如知合断魂⑦。幸有微吟可相狎⑧，不须檀板共金樽⑨。

【拓展资料】

1. 明·李日华认为本诗颔联化用五代南唐诗人江为诗句："竹影横斜水清浅，桂香浮动月黄昏。"林逋以"疏""暗"易"竹""桂"来咏梅，真乃点睛传神之笔，"遂成千古绝调"（《紫桃轩杂缀》卷四）。
2. "疏影横斜水清浅，暗香浮动月黄昏"乃咏梅佳句，遂令陈与义"年年临水看幽姿"，又令姜夔特创《疏影》《暗香》两词牌。
3. 金性尧云：唐僧人齐己《早梅》有"禽窥素艳来"句，或为林诗"霜禽"句所本。（《宋诗三百首》）
4. 古代咏梅诗词不胜枚举，而宋人最重梅花，咏梅诗数以千计，咏梅词也有近千首。这里选录五首宋代咏梅诗词：

---

① 林逋（967—1028），字君复，浙江钱塘（今杭州）人，宋初诗人、著名隐士。生性好古，淡泊名利，一生不曾为官。早年浪游江淮，后结庐隐居于杭州西湖孤山，终身不娶，惟好梅鹤，因称"梅妻鹤子"。死后，赐谥"和靖先生"，世称林和靖。其诗多写幽静的隐居生活，表现恬淡的隐逸情，诗风淡远高逸。因性爱梅花，以咏梅诗著称，著有《林和靖先生诗集》。本诗又题《梅花》，是林逋的代表作，借咏梅高洁之品喻自己幽逸之趣。
② 众芳：百花。暄妍：明媚妍丽。
③ 风情：风光。此指春光。
④ 疏影：梅花疏朗之影。横斜：形容梅花之影错落有致。
⑤ 暗香：梅花的幽香。浮动：形容香气飘散。月黄昏：指月色朦胧、昏暗。
⑥ 霜禽：羽毛洁白的寒鸟，一说指林逋养的白鹤。偷眼：偷看。
⑦ 合：应该，应当。断魂：销魂。形容对梅花的神往。
⑧ 微吟：低声吟咏。相狎：亲近。
⑨ 檀板：用檀木做的拍板，泛指乐器。金樽：珍贵的酒器。此二者比喻世俗的声乐宴饮。

梅　花

王安石

墙角数枝梅，凌寒独自开。
遥知不是雪，为有暗香来。

合江探梅

白　麟

艇子飘摇唤不回，半溪清影漾疏梅。
有人隔岸频招手，和月和霜剪取来。

梅花绝句（选一）

陆　游

闻道梅花坼晓风，雪堆遍满四山中。
何方可化身千亿，一树梅前一放翁。

浪淘沙·梅

陈　亮

院落晓风酸，春入西园，芳英吹破玉阑干。墙外红尘飞不到，彻骨清寒。
清浅小碧湾，瘦竹团栾。水光疏影有无间，仿佛浣溪沙上见，波面云鬟。

卜算子·咏梅

陆　游

驿外断桥边，寂寞开无主。已是黄昏独自愁，更著风和雨。
无意苦争春，一任群芳妒。零落成泥碾作尘，只有香如故。

【研习与探索】

1. 本诗为咏梅佳作，题中有梅，而诗中无一梅字，但却句句含梅，句句咏梅，并把梅的风骨神韵与人的品格精神融为一体，试品味诗人构思之巧妙。

2. "疏影横斜水清浅，暗香浮动月黄昏"两句历来倍受推崇，被称为咏梅之绝调，试赏析此两句之佳妙。

3. 在中国几千年的文化长河里，梅花的形象与品格往往与文人的情感与品质发生感应，并长期积淀，成为一种具有丰富人文意蕴的象征意象。试多方阅读中国古代的咏梅诗词，领悟古代文人对梅花的特殊情感，以及梅花意象中所寄托的古代文人独特的人格追求与美学追求。

武陵春

李清照①

风住尘香花已尽②，日晚倦梳头。物是人非事事休③，欲语泪先流。
闻说双溪春尚好④，也拟泛轻舟。只恐双溪舴艋舟⑤，载不动、许多愁。

【拓展资料】

1. 赵明诚幼时，其父将为择妇。明诚昼寝，梦诵一书，觉来惟忆三句云："言与司合，安上已脱，芝芙草拔。"以告其父。其父为解曰："汝待得能文词妇也。'言与司合'是'词'，'安上已脱'是'女'，'芝芙草拔'是'之夫'二字，非谓汝为词女之夫乎？"后李翁以女女之，即易安也，果有文章。易安结缡未久，明诚即负笈远游。易安殊不忍别，觅锦帕书《一剪梅》词以送之。（[元]伊世珍《嫏嬛记》卷中引《外传》）

2. 易安以《重阳·醉花阴》词函致明诚。明诚叹赏，自愧弗逮，务欲胜之。一切谢客，

---

① 李清照（1084－1155?），自号易安居士，山东历城（今山东济南市人）。宋朝著名女词人，与辛弃疾并称为"济南二安"。出身于一个颇有文化教养的封建士大夫家庭，其父李格非既是当时博通经史的著名学者，又是诗文兼备的文学家，号为"苏门后四学士"之一。其母王氏是状元王拱辰的孙女，亦擅诗文。李清照少年时便有文名，且多才多艺。18岁嫁于太学生赵明诚，共同整理研究金石书画。一生经历了北宋灭亡、南渡逃难之苦。李清照精通音律、绘画、书法，工诗能文，尤擅长于词，早年曾写《词论》。其词以南渡为界，可分为前后两期。前期词主要描写自然风光和闺中情思，风格清丽明快；后期词主要抒写国破家亡、漂泊无依的悲哀愁苦，词风凄苦沉哀。武陵春：词牌名。武陵，即陶渊明《桃花源记》中所写的桃源所在地。《武陵春》词调，起于歌颂桃花源事。此调又名《武林春》《花想容》。南宋绍兴五年（1135），李清照避难金华，此词即为此时所作，是其南渡后的名篇之一。

② 住：停。花已尽：一作"春已尽"。

③ 物是人非：景物依旧，而人事已大变。

④ 双溪：水名，在今浙江金华东南，有东港、南港两条河水汇流而过。汇流处，人称双溪。宋时为风景名胜之地。春：春光、春色。

⑤ 舴艋（zé měng）舟：像蚱蜢一样小的船只。

忘食忘寝者三日夜，得五十阕，杂易安作，以示友人陆德夫。德夫玩之再三，曰："只三句绝佳。"明诚诘之，曰："莫道不消魂，帘卷西风，人比黄花瘦。"正易安作也。（［元］伊世珍《嫏嬛记》卷中引《外传》）

3. 郭沫若曾写诗高度评价李清照为"一代词人"：

一代词人有旧居，半生漂泊憾何如。冷清今日成轰烈，传诵千秋是著书。

4. 李清照诗歌选录三首：

乌 江

生当作人杰，死亦为鬼雄。
至今思项羽，不肯过江东。

题八咏楼

千古风流八咏楼，江山留与后人愁。
水通南国三千里，气压江城十四洲。

春 残

春残何事苦思乡？病里梳头恨发长。
梁燕语多终日伴，蔷薇风细一帘香。

5. 李清照善于将抽象的愁情具体化，如以下三首词作：

一剪梅

红藕香残玉簟秋，轻解罗裳，独上兰舟。云中谁寄锦书来，雁字回时，月满西楼。
花自飘零水自流。一种相思，两处闲愁。此情无计可消除，才下眉头，却上心头。

醉花阴

薄雾浓云愁永昼，瑞脑消金兽。佳节又重阳，玉枕纱橱，半夜凉初透。
东篱把酒黄昏后，有暗香盈袖。莫道不消魂，帘卷西风，人比黄花瘦。

声声慢

寻寻觅觅，冷冷清清，凄凄惨惨戚戚。乍暖还寒时候，最难将息。三杯两盏淡酒，怎敌他晚来风急。雁过也,正伤心,却是旧时相识。

满地黄花堆积,憔悴损,如今有谁堪摘。守着窗儿,独自怎生得黑。梧桐更兼细雨,到黄昏,点点滴滴。这次第,怎一个愁字了得!

6. 古代许多词人,都善于生动描写抽象的愁情,以下选录咏愁词作十七首:

长相思

白居易

汴水流,泗水流,流到瓜洲古渡头,吴山点点愁。
思悠悠,恨悠悠,恨到归时方始休,月明人倚楼。

更漏子

温庭筠

玉炉香,红烛泪,偏照画堂秋思。眉翠薄,鬓云残,夜长衾枕寒。
梧桐树,三更雨,不道离情正苦。一叶叶,一声声,空阶滴到明。

清平乐

李　煜

别来春半,触目愁肠断。砌下落梅如雪乱,拂了一身还满。
雁来音信无凭,路遥归梦难成。离恨恰如春草,更行更远还生。

乌夜啼

李　煜

无言独上西楼,月如钩。寂寞梧桐深院,锁清秋。
剪不断,理还乱,是离愁。别是一番滋味,在心头。

苏幕遮

范仲淹

碧云天,黄叶地,秋色连波,波上寒烟翠。山映斜阳天接水,芳草无情,更在斜阳外。
黯乡魂,追旅思。夜夜除非,好梦留人睡。明月楼高休独倚,酒入愁肠,化作相思泪。

木兰花

晏 殊

绿杨芳草长亭路,年少抛人容易去。楼头残梦五更钟,花底离愁三月雨。
无情不似多情苦,一寸还成千万缕。天涯地角有穷时,只有相思无尽处。

踏莎行

欧阳修

候馆梅残,溪桥柳细,草熏风暖摇征辔。离愁渐远渐无穷,迢迢不断如春水。
寸寸柔肠,盈盈粉泪,楼高莫近危阑倚。平芜尽处是春山,行人更在春山外。

蝶恋花

柳 永

伫倚危楼风细细,望极春愁,黯黯生天际。草色烟光残照里,无言谁会凭阑意?
拟把疏狂图一醉,对酒当歌,强乐还无味。衣带渐宽终不悔,为伊消得人憔悴。

浣溪沙

秦 观

漠漠轻寒上小楼,晓阴无赖似穷秋,淡烟流水画屏幽。
自在飞花轻似梦,无边丝雨细如愁,宝帘闲挂小银钩。

青玉案

贺 铸

凌波不过横塘路,但目送、芳尘去。锦瑟华年谁与度?月桥花院,琐窗朱户,只有春知处。
飞云冉冉蘅皋暮,彩笔新题断肠句。试问闲愁都几许?一川烟草,满城风絮,梅子黄时雨。

霜天晓角

范成大

晚晴风歇，一夜春威折。脉脉花疏天淡，云来去，数枝雪。

胜绝，愁亦绝，此情谁共说。惟有两行低雁，知人倚画楼月。

祝英台近

辛弃疾

宝钗分，桃叶渡，烟柳暗南浦。怕上层楼，十日九风雨。断肠片片飞红，都无人管，更谁劝啼莺声住？

鬓边觑，应把花卜归期，才簪又重数。罗帐灯昏，哽咽梦中语。是他春带愁来，春归何处？却不解带将愁去。

钗头凤

陆 游

红酥手，黄縢酒。满城春色宫墙柳。东风恶，欢情薄。一怀愁绪，几年离索。错，错，错！

春如旧，人空瘦。泪痕红浥鲛绡透。桃花落，闲池阁。山盟虽在，锦书难托。莫，莫，莫！

柳梢青·春感

刘辰翁

铁马蒙毡，银花洒泪，春入愁城。笛里番腔，街头戏鼓，不是歌声。

那堪独坐青灯。想故国，高台月明。辇下风光，山中岁月，海上心情。

唐多令

吴文英

何处合成愁？离人心上秋。纵芭蕉、不雨也飕飕。都道晚凉天气好，有明月，怕登楼。

年事梦中休，花空烟水流。燕辞归，客尚淹留。垂柳不萦裙带住，漫长是，系行舟。

141

虞美人·听雨

蒋 捷

少年听雨歌楼上,红烛昏罗帐。壮年听雨客舟中,江阔云低断雁叫西风。

而今听雨僧庐下,鬓已星星也!悲欢离合总无情,一任阶前点滴到天明。

【研习与探索】

1. 有人说李清照的词只不过是一个贵妇人的闺中之叹,缺少深广的社会内容和现实意义,对此你有何看法?试结合李清照的词作加以阐释。
2. 南唐后主李煜的词作也以亡国为界,明显地分为前后两期,试结合李煜、李清照的词作,谈谈作者的生活经历对其文学创作的影响。
3. 李清照词中有哪些"花"的意象?其中蕴含着什么人文意蕴?试结合作品加以分析。
4. 古代许多词人,都善于将抽象的愁情具体化,但手法各异,或借景,或拟物,或直抒;而其愁情内涵也各有不同,或为羁旅之愁,或为相思之愁,或为家国之愁。试比较分析拓展资料中所选录的咏愁词作,谈谈它们在表现技巧和转移宣泄情感方面有何异同。

兴 贤

王安石①

国以任贤使能而兴,弃贤专己而衰。此二者必然之势,古今之通义,流俗所共知耳。何治安之世有之而能兴,昏乱之世虽有之亦不兴。盖用之与不用之谓矣。有贤而用,国之福也,有之而不用,犹无有也。商之兴也有仲虺、伊尹②,其衰也亦有三仁③。周之兴也同心者十

---

① 王安石(1021—1086),字介甫,号半山,临川人(今江西抚州),世称王荆公、王文公,是我国历史上一位杰出的政治家,思想家,文学家。"少好读书"(《宋史·王安石传》),年十七、八,即以稷、契自命:"才疏命贱不自揣,欲与稷、契遐相希"(《忆昨诗示诸外弟》),表现出不同凡响的志趣。庆历二年进士及第,签书淮南判官。兴修水利,贷谷与民,受到人民爱戴。熙宁二年(1069)任参知政事,次年拜相。在神宗支持下,进行了历史上赫赫有名的变法运动,史称"王安石变法"。列宁曾称赞他是"中国十一世纪的改革家"。因遭到保守派的猛烈攻击,于熙宁七年(1074)罢相,次年复拜相,熙宁九年(1076)再次辞去相位,退居江宁,潜心于学术研究和诗歌创作。

② 仲虺(huǐ):商汤左相。伊尹:名挚,商朝贤相,辅佐汤伐夏桀,被尊为阿衡;汤死后,太甲坏汤法,伊尹放逐到桐宫,三年后迎之复位。

③ 三仁:指商末三位贤人微子、箕子、比干。《论语·微子》:"微子去之,箕子为之奴,比干谏而死。孔子曰:'殷有三仁焉。'"微子,商纣王庶兄,纣王昏乱残暴,数谏不从,出走;武王灭纣,封于宋。箕子,纣王诸父,官至太师,数谏纣王不从,遂披发佯狂为奴,为纣王所囚,武王灭纣,被释。比干,纣王叔父,官少师,因劝谏纣王被剖心而死。

人①，其衰也亦有祭公谋父、内史过②。两汉之兴也有萧、曹、寇、邓之徒③，其衰也亦有王嘉、傅喜、陈蕃、李固之众④。魏、晋而下，至于李唐，不可遍举，然其间兴衰之世，亦皆同也。由此观之，有贤而用之者，国之福也，有之而不用，犹无有也，可不慎欤？

今犹古也，今之天下亦古之天下，今之士民亦古之士民。古虽扰攘之际⑤，犹有贤能若是之众，况今太宁，岂曰无之，在君上用之而已。博询众庶，则才能者进矣；不有忌讳，则谠直之路开矣⑥；不迩小人，则谗谀者自远矣；不拘文牵俗，则守职者辨治矣⑦；不责人以细过，则能吏之志得以尽其效矣。苟行此道，则何虑不跨两汉轶三代，然后践五帝、三皇之涂哉⑧？

【拓展资料】

1. 天下之患，不患材之不众，患上之人不欲其众；不患士之不欲为，患上之人不使其为也。夫材之用，国之栋梁也，得之则安以荣，失之则亡以辱。……且人之有材能者，其形何以异于人哉？惟其遇事而事治，画策而利害得，治国而国安利，此其所以异于人者也。故上之人苟不能精察之，审用之，则虽抱皋、夔、稷、契之智，且不能自异于众，况其下者乎？……（古之人君）于是铢量其能而审处之，使大者小者长者短者强者弱者无不适其任者焉。其如是，则士之愚蒙鄙陋者，皆能奋其所知以效小事，况其贤能智力卓荦者乎？（王安石《材论》）

2. 常人之性，有能有不能，有忠有不忠，知其能则任之重可也，谓其忠则委其诚可也。……人主以狗彘畜人者，人亦狗彘其行；以国士待人者，人亦国士自奋。（王安石《委任》）

3. 且所谓文者，务为有补于世而已矣；所谓辞者，犹器之有刻镂绘画也。诚使巧且华，不必适用；诚使适用，亦不必巧且华。要之以适用为本，以刻镂绘画为之容而已。（王安石《上人书》）

4. 王安石早年就有济世救民之志，曾以《登飞来峰》一诗抒写抱负："飞来峰上千寻塔，闻说鸡鸣见日升。不畏浮云遮望眼，自缘身在最高层。"借千寻塔以抒怀抱，表达了一

---

① 同心者十人：《尚书·泰誓中》："予有乱臣十人，同心同德。"〔乱臣：治理国家的良臣〕此十人系指周公旦、召公奭、太公望、毕公、荣公、太颠、闳公、散宜生、南宫适、文母。
② 祭（zhài）公谋父：祭国公，名谋父，周公旦之孙，为周卿士，曾作《祈招》诗谏穆王周游天下。内史过：周大夫。
③ 萧：萧何，西汉初大臣，辅佐刘邦倒秦朝，败项羽，立汉祚，制律令，功列第一。曹：曹参，与萧何同辅高祖，萧何死，代之为相，恪守萧何成法，以无为致治。寇：寇恂，东汉人，辅佐光武帝刘秀建立东汉政权，封雍奴侯。邓：邓禹，东汉开国功臣，名列第一，封高密侯。
④ 王嘉：东汉哀帝时丞相，为人刚直严毅，因反对哀帝加封佞臣董贤而受迫害，绝食而亡。傅喜：东汉哀帝时官至大司马，因反对傅太后求称尊号，被免官。陈蕃：东汉人，桓帝、灵帝时，官至太尉、太傅，为人重气节，刚正不阿，为当时清流首脑人物，与大将军窦武共谋诛杀宦官，事败被杀。李固：东汉人，顺帝时官至大司农，为人刚毅正直，因反对外戚，被梁冀所害。
⑤ 扰攘：纷乱。
⑥ 谠直之路：忠直进谏的言路。
⑦ 意谓不受陈规旧俗的束缚，官员门就会明辨是非，毫无疑虑地履行职责。
⑧ 意谓假如依照这种方法行政，那么君主何用担心他的治理不会超过两汉三代，而达到五帝三皇的境界呢？

个政治家的高瞻远瞩。

5. 王安石虽了解任贤用能的重要，却未能以广阔的胸襟，把支持新政的人才团结到自己的周围，以减消反对派的压力。反而对欧阳修、文彦博、程颐、程灏以及吕诲、曾巩、苏东坡等一干名士或疏远或排斥。助长了司马光反对派的声势，这真是"知而不行"的教训。

【研习与探索】

1. 王安石的散文长于理而淡于情，语平实而力度强，言简而思缜。试探寻这种文章风格与他政治家身份之间的联系。

2. 作为兴利除弊的改革家王安石极其重视人才问题，有着丰富而深刻的人才学思想。请阅读王安石相关作品如《进说》《材论》《取才》《委任》《知人》，或《上仁宗皇帝言事书》，了解他的重才育才、选才用才等思想，畅谈这些思想对我国当代改革之中的用人观念和做法的启发。

文与可画筼筜谷偃竹记

苏 轼①

竹之始生，一寸之萌耳，而节叶具焉；自蜩腹蛇蚹②，以至于剑拔十寻者③，生而有之也。今画者乃节节而为之，叶叶而累之，岂复有竹乎④？故画竹必先得成竹于胸中⑤，执笔熟视，乃见其所欲画者，急起从之，振笔直遂⑥，以追其所见，如兔起鹘落⑦，少纵则逝矣。与可之教予如此。予不能然也，而心识其所以然⑧。夫既心识其所以然，而不能然者，内外不一，心手不相应，不学之过也。故凡有见于中，而操之不熟者，平居自视了然，而临事忽焉丧之，岂独竹乎？子由为《墨竹赋》以遗与可曰："庖丁，解牛者也，而养生者取之；轮扁，斲轮者也，而读书者与之⑨。今夫夫子之托于斯竹也，而予以为有道者则非邪⑩？"子由未尝

---

① 苏轼（1037—1101），是宋代文艺创作成就最为全面的一位作家。他的散文汪洋恣肆，明白畅达。诗歌清新豪健，自成一家。词开豪放一派，对后代有很大影响。在书法、绘画等方面也有很高的造诣。有《东坡七集》《东坡乐府》。本文录自王水照选注《东坡选集》。与可（1018—1079）：名同，字与可，四川梓潼人。北宋著名画家，擅长画竹。他与苏轼是表兄弟，曾任洋州（今陕西洋县）知州。著有《丹渊集》。筼筜（yún dāng）谷：地名，在陕西洋州西北，谷中多产竿粗节长的竹子，叫筼筜竹。偃竹：仰斜的竹子。
② 自蜩蝮句：这句是以蝉壳、蛇鳞形容竹子初生时的形状。蜩蝮（tiáo fù）：蝉壳。蛇蚹（fù）：蛇腹下的横鳞。
③ 剑拔：剑从鞘中拔出。这里用来形容修长的竹子，如剑出鞘，挺拔有力。寻：古代八尺为一寻。
④ 岂复有竹乎：怎么还会有（完整而有生气的）竹子呢？
⑤ 故画竹句：指画竹之前，心里先有完整的竹子的形象。
⑥ 振笔直遂：动笔作画，一气呵成。
⑦ 兔起鹘落：兔子跃起奔跑，鹘鸟从空中俯冲而下搏击追赶。这句形容挥笔迅速。鹘（hú）：一种猛禽。又名隼（sǔn）。
⑧ 予不能二句：我虽不能做到这样，但心里明白这样做的道理。
⑨ 轮扁三句：轮扁是斲轮的，（他所讲的道理），读书的人也赞成。轮扁：斲轮的工匠，名扁。斲（zhuó）：砍，削。
⑩ 今夫夫子二句：现从您在所画的竹上托寓的意蕴来看，我认为您是深知物理的人，难道不是吗？

画也，故得其意而已。若予者，岂独得其意，并得其法。

与可画竹，初不自贵重。四方之人持缣素而请者，足相蹑于其门①。与可厌之，投诸地而骂曰："吾将以为袜！"士大夫传之，以为口实。及与可自洋州还，而余为徐州。与可以书遗余曰："近语士大夫：'吾墨竹一派，近在彭城②，可往求之。'袜材当萃于子矣③。"书尾复写一诗，其略曰："拟将一段鹅溪绢④，扫取寒梢万尺长⑤。"予谓与可："竹长万尺，当用绢二百五十匹，知公倦于笔砚，愿得此绢而已！"与可无以答，则曰："吾言妄矣！世岂有万尺竹哉？"余因而实之，答其诗曰："世间亦有千寻竹，月落庭空影许长⑥。"与可笑曰："苏子辩矣，然二百五十匹绢，吾将买田而归老焉！"因以所画《筼筜谷偃竹》遗予曰："此竹数尺耳，而有万尺之势。"筼筜谷在洋州，与可尚令予作洋州三十咏，筼筜谷其一也。予诗云："汉川修竹贱如蓬⑦，斤斧何曾赦箨龙⑧。料得清贫馋太守，渭滨千亩在胸中⑨。"与可是日与其妻游谷中，烧笋晚食，发函得诗，失笑喷饭满案。

元丰二年正月二十日，与可没于陈州⑩。是岁七月七日，予在湖州，曝书画，见此竹，废卷而哭失声⑪。昔曹孟德祭桥公文有"车过腹痛"之语⑫；而予亦载与可畴昔戏笑之言者，以见与可于予亲厚无间如此也。

【拓展资料】

1. 与可之文，其德之糟粕；与可之诗，其文之毫末。诗不能尽，溢而为书，变而为画，皆诗之余。其诗与文，好者益寡，有好其德，如好其画者乎，悲夫！（[宋]苏轼《文与可画墨竹屏风赞》）

2. 东坡在黄州，中秋夜对月独酌，作《西江月》词曰："世事一场大梦，人生几度新凉。夜来风叶已鸣廊，看取眉头鬓上。酒贱常愁客少，月明多被云妨。中秋谁与共孤光，把盏凄凉北望。"坡以谗言谪居黄州，郁郁不得志，凡赋诗缀词必写其所怀，然一日不负朝廷，

---

① 足相蹑（niè）：脚互相踩碰，形容来求文与可作画的人很多。
② 吾墨竹二句：我们画墨竹这派的人，已传到近在徐州的苏轼。彭城：即今江苏徐州。文与可是湖州墨竹派的宗师。
③ 袜材：做袜子的材料（指画绢）将要聚集到您那里去了。
④ 鹅溪：地名，在四川盐亭西北，以产绢著名。唐时用它做贡品，宋人绘画以它为上品。
⑤ 扫：指用笔作画。寒梢：指竹。因竹耐寒，故名。
⑥ 许长：影子有这么长。 许：这样。
⑦ 汉川：汉水。 修竹：长竹。 蓬：蓬草。
⑧ 斤：斧头。箨（tuò）龙：竹笋的别名。
⑨ 渭滨千亩句：这句话字面的意思是苏轼戏言文与可吃了渭水岸边的千亩竹林，实指他胸中装着丰富的竹子形象。渭滨：渭川之滨。渭水河边以产竹闻名。千亩：《史记·货殖列传》有赞语称："渭川千亩竹。"
⑩ 没：通"殁"，死亡。 陈州：今河南淮阳。文与可"于元丰元年十月调任湖州知州，从开封赴任，走到陈州的宛丘驿病逝，年六十一岁。
⑪ 废卷：放下画卷。
⑫ 昔曹孟德二句：据《三国志·魏书·武帝纪》裴松之的注文记载，曹操年轻时，桥玄很赏识他。桥玄死后，曹操路过故乡谯郡，用太牢的隆重仪式祭祀桥玄，并作《祀故太尉桥玄文》，文中写道："又承从容约誓之言：'殂逝之后，路有经由，不以斗酒只鸡相沃酹，车过三步，腹痛勿怪。'虽临时戏笑之言，非至亲之笃好，胡肯为此辞乎？"本篇引此典故，说明曹操与桥玄之间亲密的关系，从而表白自己和文与可之间亲密的关系。

其怀君之心,末句可见矣。([宋]胡仔《苕溪渔隐丛话·古今词话》)

3. 东坡集中有《减字木兰花》词云:"郑庄好客,容我尊前时堕帻。落笔生风,籍甚声名独我公。高山白早,莹雪肌肤那解老。从此南徐,良夜清风月满湖。"人多不晓其意。或云:坡昔过京口,官妓郑容、高莹二人尝侍宴,坡喜之。二妓间请于坡,欲为脱籍,坡许之而终不为言。及临别,二妓复之船所恳之,坡曰:"尔当持我之词以往,太守一见,便知其意。"盖是"郑容落籍,高莹从良"八字也。此老真尔狡狯耶!([宋]陈善《扪诗新话》)

4. 东坡在玉堂,有幕士善讴,因问:"我词比柳词何如?"对曰:"柳郎中词只好十七八女孩儿,执红牙拍板,唱杨柳岸、晓风残月;学士词须关西大汉,执铁板唱大江东去。"公为之绝倒。([明]陶宗仪《说郛》)

5. 东坡心地光明磊落,忠爱根于性本,故词极超旷,而意极和平……和婉中见忠厚易,超旷中见忠厚难,此坡仙所以独绝千古也。([清]陈廷焯《词坛丛话》)

【研习与探索】

1. 文与可曾说过:"世无知我者,惟子瞻一见,识我妙处。"惟其如此,与可去世尤令东坡断肠"笔与子皆逝,诗今为谁新?"根据二人故事,结合实际生活谈谈友谊的真谛。
2. 作者记叙了文与可哪些轶事?从而表现了他怎样的个性?
3. 谈谈"胸有成竹"与"心手相应"的辩证关系。
4. 苏轼在北宋中期多年的政治斗争和权力倾轧中,无论旧党还是新党上台,他都不讨好,其侍妾朝云说他"一肚皮不合时宜"(费衮《梁溪漫志》)。试结合苏轼生平,谈谈对他为人品格的认识。

踏莎行·郴州旅舍

秦 观①

雾失楼台,月迷津渡②,桃源望断无寻处③。可堪孤馆闭春寒④,杜鹃声里斜阳暮⑤。

---

① 秦观:(1049-1100):北宋词人。字少游、太虚,号淮海居士,高邮(今属江苏)人。曾任秘书省正字兼国史院编修官等职。因政治上倾向于旧党,被目为元祐党人,累遭贬谪。工诗词,是"苏门四学士"之一。词多写男女情爱,也颇有感伤身世之作,风格委婉含蓄,清丽雅淡,为婉约词的著名代表。有《淮海集》《淮海居士长短句》。郴州:即今湖南郴州市。
② 津渡:渡口。唐贾岛《送李馀及第归蜀》诗:"津渡逢清夜,途程尽翠微。"
③ 桃源:语本陶渊明《桃花源记》,其地属武陵郡,今湖南省常德市西,疑即张家界一带。
④ 可堪:哪堪,哪里经受得住。李商隐《春日寄怀》诗:"纵使有花兼有月,可堪无酒又无人。"
⑤ 杜鹃:又名"杜宇",即子规鸟。唐白居易《琵琶行》:"其间旦暮闻何物,杜鹃啼血猿哀鸣。"

驿寄梅花①，鱼传尺素②，砌成此恨无重数③。郴江幸自绕郴山④，为谁流下潇湘去⑤？

【拓展资料】

1. 少游词境最为凄婉，至"可堪孤馆闭春寒，杜鹃声里斜阳暮"，则变而为凄厉矣。东坡赏其后二语，犹为皮相。"风雨如晦，鸡鸣不已"，"山峻高以蔽日兮，下幽晦以多雨。霰雪纷其无垠兮，云霏霏而承宇"，"树树皆秋色，山山尽落晖"，"可堪孤馆闭春寒，杜鹃声里斜阳暮"，气象皆相似。（王国维《人间词话》）

2. 秦少游《踏莎行》"杜鹃声里斜阳暮"，极为东坡所赏，而后人病其"斜阳暮"为重复。非也，见"斜阳"而知日"暮"，非复也。犹韦应物诗："须臾风暖朝日暾。"既曰"朝日"，又曰"暾"，当亦为宋人所讥矣。此非知诗者。（［明］杨慎《词品》）

3. "郴江幸自绕郴山，为谁流向潇湘去"，千古绝唱。秦殁后，坡公常书此于扇，曰："少游已矣，虽万人何赎！"高山流水之悲，千载而下，令人腹痛。（［清］王士禛《花草蒙拾》）

4. 前一阕是写在郴望想玉堂天上，如桃源不可寻，而自己意绪无聊也。次阕言书难达意，自己同郴水自绕郴山，不能下潇湘以向北流也。语意凄切，亦自蕴藉，玩味不尽。"雾失""月迷"，总是被谗写照。（［清］黄苏《蓼园词选》）

5. 此首写羁旅，哀怨欲绝。起写旅途景色，已有归路茫茫之感。"可堪"两句，景中见情，精深高妙。所处者"孤馆"，所感者"春寒"，所闻者"鹃声"，所见者"斜阳"，有一于此，已令人生愁，况并集一时乎！不言愁而愁自难堪矣。（唐圭璋《唐宋词简释》）

【研习与探索】

1. 秦观的词凄婉清丽，虚实相间，善于以主体情绪为脉络营造意境。请体会本词情景交融的艺术特色。

2. 怎样理解"郴江幸自绕郴山，为谁流下潇湘去"两句的思想意蕴？

3. 秦观往往受苏轼的牵连而遭贬谪，但在打击和挫折面前他们的心态有很大的区别，苏轼常常作旷达语、豪放语，秦观只作伤心语。请对苏、秦这类词的风格作一比较分析，并谈谈你对他们处世态度的评价。

---

① 驿寄梅花：《荆州记》："宋陆凯与范晔善，自江南寄梅花诣长安与晔，并赠诗曰：'折梅逢驿使，寄与陇头人。江南无所有，聊赠一枝春。'"

② 鱼传尺素：尺素，指书信，古代以生绢书字，故名。古乐府《饮马长城窟行》："客从远方来，遗我双鲤鱼，呼儿烹鲤鱼，中有尺素书。"典出于此。

③ 无重数：即无数重，因押韵而倒装。

④ 郴江句：郴江，即郴水。《读史方舆纪要》谓郴水在"州东一里，一名郴江，源发黄岑山，北流经此……下流会耒水及白豹水入湘江。"幸自，本自。韩愈《楸树》诗："幸自枝条能树立，可烦萝蔓作交加。"

⑤ 潇湘：二水名。湘水在湖南零陵县西与潇水合流，称潇湘。古代诗文中多称湘水为潇湘。

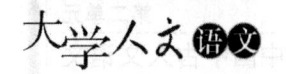

念奴娇·过洞庭

张孝祥①

洞庭青草②,近中秋,更无一点风色。玉鉴琼田三万顷,着我扁舟一叶③。素月分辉,明河共影,表里俱澄澈。悠然心会,妙处难与君说。

应念岭表经年④,孤光自照⑤,肝胆皆冰雪。短鬓萧骚襟袖冷⑥,稳泛沧溟空阔⑦。尽挹西江,细斟北斗⑧,万象为宾客。叩舷独啸,不知今夕何夕⑨。

【拓展资料】

1. 衡尝获从公游,见公平昔为词,未尝着稿,笔酣兴健,顷刻即成,初若不经意,反复究观,未有一字无来处。（〔宋〕汤衡《张紫微雅词序》）

2. 张孝祥《观月记》

月极明于中秋;观中秋之月,临水胜;临水之观,宜独往;独往之地,去人远者又胜也。然中秋多无月,城郭宫室,安得皆临水？盖有之矣;若夫远去人迹,则必空旷幽绝之地,诚有好奇之士,亦安能独行以夜而之空旷幽绝,蕲顷刻之玩也哉！今余之游金沙堆,其具是四美者与？

盖余以八月之望过洞庭,天无纤云,月白如昼。沙当洞庭、青草之中,其高十仞,四环之水,近者犹数百里。余系船其下,尽却童隶而登焉。沙之色正黄,与月相夺,水如玉盘,沙如金积,光彩激射,体寒目眩,阆风、瑶台、广寒之宫,虽未尝身至其地,当亦如是而止耳。盖中秋之月,临水之观,独往而远人,于是为备。书以为金沙堆观月记。

---

① 张孝祥（1132—1170）,字安国,号于湖居士,历阳乌江（今分属安徽和县及南京市江浦区）人,绍兴二十一年（1154）状元,秦桧因儿子科第失去第一,怀恨在心,构陷使之下狱。桧死方为秘书正字,隆兴元年,由张浚举荐为中书舍人,直学士院兼都督府参赞军事,代张浚为建康留守;因积极支持张浚北伐主张,两度被劾落职,终荆南知州,湖北路安抚使。其词气势豪迈,开稼轩之先河。

② 青草湖与洞庭湖相连,故两湖并称。

③ 宋代夏竦《雪后赠雪苑师》诗:"玉界琼田万顷平。"欧阳修《采桑子》（天容水色西湖好）:"风清月白偏宜夜,一片琼田。谁羡骖鸾,人在舟中便是仙。"苏轼《前赤壁赋》:"纵一苇之所如,凌万顷之茫然。"柳永《夜半乐》:"冻云黯淡天气,扁舟一叶,乘兴离江渚。"陈与义《和王东卿》:"何时著我扁舟尾,满袖西风信所之。"宋袁去华《玉团儿》:"吴江渺渺疑天接,独着我扁舟一叶。"

④ 岭表:岭南,岭外,指广东广西地区。词人曾任广南西路经略安抚使,因免职离开桂林有一年之久。

⑤ 南朝宋沈约《咏湖中雁》:"群浮动轻浪,单泛逐孤光。"宋苏轼《西江月》（世事一场大梦）:"中秋谁与共孤光,把盏凄然北望。"孤光即月光。

⑥ 萧骚:萧疏,形容头发稀少。

⑦ 欧阳修《采桑子》（画船载酒西湖好）:"急管繁弦,玉盏催传,稳泛平波任醉眠。"表示任凭风浪起,稳坐钓鱼台。"沧溟":大水弥漫的样子。

⑧ 北斗星由七颗星组成,形如酒斗。《诗经·小雅·大东》:"维北有斗,不可以挹酒浆。维南有箕,载翕其舌。维北有斗,西柄之揭。"屈原反其义而用之。在《楚辞·九歌·东君》中曰:"援北斗兮酌桂浆。"

⑨ 《诗经·唐风·绸缪》:"今夕何夕,见此良人。"孔颖达疏曰:"美其时之善,思得其时也。"唐杜甫《赠卫八处士》:"今夕复何夕。"宋苏轼《念奴娇·中秋》:"起舞徘徊风露下,今夕不知何夕。"

3. 咏洞庭诗三首：

陪侍郎叔游洞庭醉后（其三）

李　白

划却君山好，平铺湘水流。
巴陵无限酒，醉杀洞庭秋。

陪族叔刑部侍郎晔及中书舍人至游洞庭五首（其二）

李　白

南湖秋水夜无烟，耐可乘流直上天？
且就洞庭赊月色，将船买酒白云边。

望洞庭

刘禹锡

湖光秋月两相和，潭面无风镜未磨。
遥望洞庭山水翠，白银盘里一青螺。

【研习与探索】
1. 请收集若干关于洞庭题材的作品，比较分析这些作品不同的情调、构思和风格。
2. 试模仿王国维用词说明人生和治学三境界的思路，创新解读这篇作品可能的意蕴。
3. 根据作品描写的意境创作一组图文并茂的 flash。

关山月

陆　游[1]

和戎诏下十五年[2]，将军不战空临边[3]。

---

[1] 陆游（1125—1210），字务观，自号放翁，越州山阴（今浙江绍兴）人。宋高宗绍兴二十三年，试礼部，名列第一，因触怒秦桧遭排挤。孝宗时赐进士出身。历官镇江、隆兴、夔州通判，并参加王炎、范成大幕府，共谋恢复大计。后提举福建及江南西路常平茶盐公事，权知严州。光宗时，官朝议大夫、礼部郎中。后被劾去职，归老故乡。他是南宋伟大的爱国诗人，词和散文的成就也很高。生平作诗近万首，题材极为广阔。其中涉及政治的作品，慷慨激昂，义愤强烈，表达了广大人民恢复中原的愿望。其诗歌风格雄浑清新，在宋代诗坛自成一家。有《渭南文集》《剑南诗稿》。关山月：乐府旧题，汉乐府《鼓角横吹曲》十五曲之一。

[2] 和戎句：隆兴元年（1163），宋孝宗任命王之望为金国通问使赴金议和，次年订立和约。自隆兴元年至写此诗时为十五年。和戎：指对金人屈服。

[3] 空临边：白白到边境去。

朱门沈沈按歌舞①,厩马肥死弓断弦。
戍楼刁斗催落月②,三十从军今白发。
笛里谁知壮士心③?沙头空照征人骨。
中原干戈古亦闻,岂有逆胡传子孙!
遗民忍死望恢复,几处今宵垂泪痕。

【拓展资料】

讽怨诗选

古从军行

唐·李颀

白日登山望烽火,黄昏饮马傍交河。
行人刁斗风沙暗,公主琵琶幽怨多。
野营万里无城郭,雨雪纷纷连大漠。
胡雁哀鸣夜夜飞,胡儿眼泪双双落。
闻道玉门犹被遮,应将性命逐轻车。
年年战骨埋荒外,空见蒲桃入汉家。

燕歌行

唐·高适

汉家烟尘在东北,汉将辞家破残贼。
男儿本自重横行,天子非常赐颜色。
摐金伐鼓下榆关,旌旗逶迤碣石间。
校尉羽书飞瀚海,单于猎火照狼山。
山川萧条极边土,胡骑凭陵杂风雨。
战士军前半死生,美人帐下犹歌舞。
大漠穷秋塞草腓,孤城落日斗兵稀。
身当恩遇常轻敌,力尽关山未解围。

---

① 朱门:红漆的大门,此指豪门贵族。沈沈:形容屋宇重深。按:歌舞时打拍子。
② 戍楼:边地守望警戒的岗楼。刁斗:军中打更用的铜器。
③ 笛里句:意谓在《关山月》曲调中,寓有壮士报国无路的悲哀,这心情谁能理解?笛:羌笛,此亦借指《关山月》曲调。王昌龄《从军行》:"更吹羌笛《关山月》。"

铁衣远戍辛勤久，玉筋应啼别离后。
少妇城南欲断肠，征人蓟北空回首。
边风飘飘那可度，绝域苍茫更何有。
杀气三时作阵云，寒声一夜传刁斗。
相看白刃血纷纷，死节从来岂顾勋。
君不见沙场征战苦，至今犹忆李将军。

寒　食

唐·韩翃

春城无处不飞花，寒食东风御柳斜。
日暮汉宫传蜡烛，轻烟散入五侯家。

吴　宫

唐·李商隐

龙槛沉沉水殿清，禁门深掩断人声。
吴王宴罢满宫醉，日暮水漂花出城。

观祈雨

唐·李约

桑条无叶土生烟，箫管迎龙水庙前。
朱门几处看歌舞，犹恐春阴咽管弦。

己亥岁感事

唐·曹松

泽国江山入战图，生民何计乐樵苏。
凭君莫话封侯事，一将功成万骨枯。

再经胡城县

唐·杜荀鹤

去岁曾经此县城，县民无口不冤声。

今来县宰加朱绂，便是生灵血染成。

四时田园杂兴

宋·范成大

租船满载候开仓，粒粒如珠白似霜。
不惜两钟输一斛，尚赢糠核饱儿郎！

【研习与探索】

1. 《关山月》是乐府旧题，多用来表现边关将士征戍之苦和征人远别、闺中愁思。陆游选用此题，表现的是同类主题吗？唐宋以来描写战争的边塞诗有很多，它们在主题表现上与此诗又有何不同？说说你的理解。

2. "月照关山处处明"。诗人描述了月夜下几种不同的场景，通过它们表现了不同人们的生活状况和心情。这种交相辉映的生活场景，产生了什么样的艺术效果？诗人为什么要选择"月夜"这一特殊意象？对此你会产生何种联想？

3. 陆游用浓缩的笔调，描述了"和戎诏下"以后"将军不战"、朱门歌舞、"厩马肥死"、沙场怨笛、遗民垂泪的南宋时局，谴责了统治者和而不战的麻木不仁，表现了将士和遗民对恢复中原，抗击金人的一种渴望。联系当今实际，以"战争与和平"为主题写一篇议论文。

贺新郎二首·别茂嘉十二弟

辛弃疾①

绿树听鹈鴂②，更那堪③、鹧鸪声住④，杜鹃声切。啼到春归无寻处，苦恨芳菲都歇⑤。

---

① 辛弃疾（1140—1207），字幼安，号稼轩，历城（今山东济南）人。少年时曾聚众二千参加耿京的抗金义军。失败后南归。一生致力于恢复中原，曾屡陈抗金之大计，未被采纳。曾任知州、安抚使、转运副使等地方官，但未受重用，终未能施展雄心壮志，抑郁而终。辛弃疾是南宋伟大的爱国词人，词中多抒发其恢复中原的雄心大略及壮志难酬的忧愤情怀。所作题材广阔，气势雄浑，词风以豪放为主，但不拘一格，或慷慨悲凉，或纵横激越，或沉郁妩媚，或兼而有之，在词的内容和意境上继苏轼有了更进一步的发展和提高。词集有《稼轩长短句》（十二卷）和《稼轩词》（四卷）。其词今存620余首，为两宋之最。茂嘉：茂嘉是作者族弟，时因事贬官桂林。

② 鹈（tí）鴂（jué）：鸟名，鸣于暮春，其啼声凄切。

③ 那堪：不堪。

④ 鹧鸪：鸟名，啼声凄切。

⑤ 芳菲都歇：意为百花凋零。

算未抵人间离别。马上琵琶关塞黑①,更长门、翠辇辞金阙②。看燕燕,送归妾③。

将军百战声名裂④,想河梁、回头万里,故人长绝⑤。易水萧萧西风冷,满座衣冠似雪,正壮士悲歌未澈。啼鸟还知如许恨,料不啼清泪长啼血。谁共我,醉明月!

【拓展资料】

离情赠别诗选

重别周尚书二首(选一)

北周·庾信

阳关万里道,不见一人归。
惟有河边雁,秋来南向飞。

于易水送人

唐·骆宾王

此地别燕丹,壮士发冲冠。
昔时人已没,今日水犹寒。

送魏大从军

唐·陈子昂

匈奴犹未灭,魏绛复从戎。
怅别三河道,言追六郡雄。
雁山横代北,狐塞接云中。
勿使燕然上,惟留汉将功。

---

① 此句用王昭君出塞事。昭君名嫱,汉元帝宫女。后以赐匈奴呼韩邪单于为阏氏(yānzhī)(王后)。此言昭君北行途中,边关日暮,一片昏黑,回想辞别君王的情景,更觉痛苦。
② 此句用陈皇后失宠汉武帝事。按史传所载,陈皇后贬居长门宫后,未再得亲幸。翠辇:用翠羽装饰的宫车。金阙:指宫殿。
③ 此句用卫庄姜送归妾事。燕燕:语出《诗经·邶风·燕燕》:"燕燕于飞,差池其羽。之子于归,远送于野。瞻望弗及,泣涕如雨。"
④ 此句用李陵之事。汉将李陵与匈奴多次交战,最后兵败投降。身名裂:是说他降敌毁掉了声名。
⑤ 此句用李陵别苏武事。河梁:桥。故人:指苏武。《文选》收其《与苏武诗》:"携手上河梁,游子暮何之?"

走马川行奉送出师西征

唐·岑参

君不见走马川行雪海边,平沙莽莽黄入天!
轮台九月风夜吼,一川碎石大如斗,随风满地石乱走。
匈奴草黄马正肥,金山西见烟尘飞,汉家大将西出师。
将军金甲夜不脱,半夜军行戈相拨,风头如刀面如割。
马毛带雪汗气蒸,五花连钱旋作冰,幕中草檄砚水凝。
虏骑闻之应胆慑,料知短兵不敢接,车师西门伫献捷。

关山月

唐·李白

明月出天山,苍茫云海间。长风几万里,吹度玉门关。
汉下白登道,胡窥青海湾。由来征战地,不见有人还。
戍客望边邑,思归多苦颜。高楼当此夜,叹息未应闲。

送友人

唐·李白

青山横北郭,白水绕东城。此地一为别,孤蓬万里征。
浮云游子意,落日故人情。挥手自兹去,萧萧班马鸣。

金陵酒肆留别

唐·李白

风吹柳花满店香,吴姬压酒劝客尝。
金陵子弟来相送,欲行不行各尽觞。
请君试问东流水,别意与之谁短长。

送路六侍御入朝

唐·杜甫

童稚情亲四十年,中间消息两茫然。

更为后会知何地？忽漫相逢是别筵。
不分桃花红胜锦，生憎柳絮白于绵。
剑南春色还无赖，触忤愁人到酒边。

赠别二首

唐·杜牧

娉娉袅袅十三余，豆蔻梢头二月初。
春风十里扬州路，卷上珠帘总不如。
多情却似总无情，唯觉樽前笑不成。
蜡烛有心还惜别，替人垂泪到天明。

送人东游

唐·温庭筠

古戍落黄叶，浩然离故关。高风汉阳渡，初日郢门山。
江上几人在？天涯孤棹还。何当重相见，尊酒慰离颜。

古离别

唐·韦庄

晴烟漠漠柳毵毵，不那离情酒半酣。
更把玉鞭云外指，断肠春色在江南。

江南柳

宋·张先

隋堤远，波急路尘轻。今古柳桥多送别，见人分袂亦愁生，何况自关情！
斜照后，新月上西城。城上楼高重倚望，愿身能似月亭亭，千里伴君行。

清平乐

宋·晏几道

留人不住，醉解兰舟去。一棹碧涛春水路，过尽晓莺啼处。

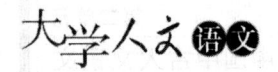

渡头杨柳青青，枝枝叶叶离情。此后锦书休寄，画楼云雨无凭。

南乡子·送述古

宋·苏轼

回首乱山横，不见居人只见城。谁似临平山上塔，亭亭，迎客西来送客行。
归路晚风清，一枕初寒梦不成。今夜残灯斜照处，荧荧，秋雨晴时泪不晴。

卜算子送鲍浩然之浙东

宋·王观

水是眼波横，山是眉峰聚。欲问行人去那边？眉眼盈盈处。
才始送春归，又送君归去。若到江东赶上春，千万和春住。

蝶恋花

宋·李清照

泪湿罗衣脂粉满，四叠阳关，唱到千千遍。人道山长山又断，潇潇微雨闻孤馆。
惜别伤离方寸乱，忘了临行，酒盏深和浅。好把音书凭过雁，东莱不似蓬莱远。

双调·沉醉东风

元·关汉卿

咫尺的天南地北，霎时间月缺花飞。手执着饯行杯，眼阁着别离泪。
刚道得声"保重将息"，痛煞煞教人舍不得。"好去者望前程万里！"

送　别

现代·李叔同

长亭外，古道边，芳草碧连天。晚风拂柳笛声残，夕阳山外山。
天之涯，地之角，知交半零落；一瓢浊酒尽余欢，今宵别梦寒。

【研习与探索】

1. 辛词擅长用典。本词上片举汉王昭君出塞，陈皇后被贬，戴妫归国，三位女子红颜薄命的恨事，下片又接写李陵、荆轲两位失败英雄的悲剧。作者如此选典，仅为衬托人间离别之恨吗？有否其它意图和目的？用典的致命弱点是"隔"。即其主要功能是整体代码，而不是对历史或现实的直接描摹和展现，因而必须通过一个描绘性的译码过程，才能进入情境体验。那么，对如此多典的词作，你认为应该具备什么样的素质才能理解和欣赏？你喜欢这类用典的文学作品吗？它们给你的感觉如何？你认为用典应把握一个什么样的度？

2. 许多词学家常将"苏辛"并称，认为他们在词的"豪放"上有同工之趣。你对此有何看法？试比较二公在词的题材、语言、风格等方面的异同。

3. "多情自古伤离别"。人生有太多的聚散离合，你个人对此有深刻的情感体验吗？比照本词借离愁别恨抒国家兴亡之感和寄寓自己壮志难酬之憾，谈谈你的感受，并就此话题，写一篇文章，体裁不限。

4. 尝试为亲朋好友或父老家乡写一篇离情诗文，与同学交流心得。

习得展示

一、朗诵会

主题： 诗意栖居与生态文明

目标：

1. 自觉思索人与自然、都市与田园、物质与精神、环境与发展的关联性，反思现代都市生活方式所引发的人的异化、内心失衡等问题。

2. 崇尚生态文明，积极宣传生态思想，培养从自身做起爱护环境的良好习惯。

3. 通过朗诵训练提升言语表达的高雅和美感。

流程：

1. 阅读美文，选出反映诗意生活和生态风物的优秀作品，首先查阅字典对所选作品进行正音，再反复进行诵读、背诵和朗诵训练。主动向广播电台的老师或骨干播音员请教，矫正自己的发音。

2. 自荐或推选朗诵会主持人。朗诵会可以个体参加，也可以团队形式集体朗诵。建议以学委为组长组织一个评判小组，给每一个参加朗诵者打分。

3. 个人或小组结合朗诵会的主题自定作品和表演形式，鼓励配乐朗诵，鼓励朗诵自我创作的作品。

4. 建议对朗诵展示过程录像和照相,以便交流和总结经验。对朗诵优秀和有特色者,可以传到微信、博客分享。还可以为其题写对联或评介,分享精彩瞬间。

5. 最后由老师或评审组长进行点评。

提示:

1. 无论诵读还是朗诵首先要努力做到规范使用普通话,发音到位,字正腔圆。也可以学习模仿古代的吟诵。

2. 朗诵和诵读都是为了有效的传情达意,不要太过于讲究语音形式的华美或语势的高亢激昂。诵读更强调心入语境,口吻、语气、抑扬顿挫要反映出作品的潜在韵味;朗诵要在熟背的基础上才能达到较好的效果。"文质彬彬",是艺术表达的最高境界。

3. 可以参照教育部主办的"国学经典诵读大赛",选择经典片段进行表演式诵读练习。

二、诗词鉴赏与创作

目标:

1. 能在中小学记诵的基础上增加识记一定量的古典诗词,领悟唐诗宋词的音韵美、意境美及无限哲思与遐想,感受古典诗词的艺术魅力。

2. 模仿创作,通过语言艺术创作领悟艺术真谛,提升想象能力和表达能力。

流程:

1. 深入研读和领会本单元相关专题,拓展阅读一些名家名作和关于创作的资料。

2. 再根据对不同类型作家作品的喜好分成若干小组。可以分为鉴赏组和创作组若干。

3. 小组研讨选定几篇最喜爱的诗词,或者写出并完善鉴赏稿创作,或者交流创作的作品进行讨论修改。小组推荐出最优选手参加班级交流。

4. 小组代表面向全班进行优秀作品讲析与鉴赏。

5. 对优秀作品进行品评,提出修改意见。老师推荐到合适的地方发表。

提示:

1. 艺术追求个性化的表达,没有固定的标准,提倡标新立异的创意。但对于初学者要注意先弄明白不同文体的基本特点,要学会戴着镣铐跳舞。

2. 在鉴赏诗词的选择上,建议将中小学阶段已经掌握的诗词排除在外,鼓励拓展阅读新作品。

3. 鼓励完成鉴赏文本写作和亲自创作作品的同学,予以高评分。对没有写作鉴赏文本和创作的同学要根据背诵新作品的数量予以评分。

第三单元　中国近古人文语文

名家名著与专题

第一节　中国小说的起源与发展

中国古代小说有两大系统，即文言小说系统和白话小说系统。它从孕育到成熟，经历了漫长的衍变发展过程。文言小说至唐朝才出现成熟作品，而白话小说的定型文本是宋、元时期出现的话本小说。

一、中国古代小说的起源与孕育

先秦两汉是中国古代小说的萌芽时期。这一时期出现的神话传说、寓言故事、史传文学等，成为包括古代小说在内的中国叙事文学的源头。神话传说已经具有小说的两个基本元素：人物形象和故事情节；而散见于先秦百家诸书中的古代寓言故事，也有虚构情节和叙事寄意的艺术实践，为古代小说提供了可资借鉴的经验。

先秦两汉时期的历史著作，以叙述人物事迹来反映历史，有比较完整的情节结构，鲜明突出的人物形象及广阔的人物活动背景，还有十分激烈的矛盾冲突，读来已有小说的意味。两汉以来，还出现了一些介乎正史与小说之间的野史杂记，如《吴越春秋》《越绝书》等，既录事实，又收异闻，虚构成分增多，传说色彩更浓，很接近小说的文体特征。

魏晋南北朝时期是中国古代小说承先启后的时期，出现了被称为"志怪"和"志人"的两种文言小说。这些小说，多是当时文人信笔记录的各种见闻，因此也被称作笔记小说。

志怪，指记录神仙鬼怪的各种传说故事。此类小说继承了以中国古代神话传说为代表的古代文化的志怪传统，兼叙神仙鬼怪的，以干宝《搜神记》为代表，其中"李寄斩蛇"等故事写得十分生动；兼叙山川、地理、异物、奇境、神话、杂事的，以张华《博物志》为代表；专载神仙传说的，以葛洪《神仙传》为代表。志人，指记录人物言行片断的轶事小说，以南朝宋临川王刘义庆所撰的《世说新语》为代表。此类小说更多地秉承史传记载人物事迹的传统，并在崇尚清谈的风气影响下形成。

志怪、志人皆用文言，大多篇幅短小、叙事简单，鲁迅称其"粗陈梗概"[1]，艺术上不够成熟，只能算是小说的雏形。但在细节描写、人物刻划和叙述语言等方面，为中国文言小说成熟形态的唐传奇，积累了宝贵的经验。

二、 中国古代小说发展的三个阶段

真正称得上成熟作品的古代小说，始自唐传奇。自唐传奇后，中国古代小说的衍变发展大致分为三个阶段，即唐传奇、宋元话本和明清小说。

唐传奇，指唐代流行的文言小说，这类小说往往以"记"或"传"名篇，作者以史家笔法"传写奇事，搜奇记逸"（《少室山房笔丛》）[2]，故谓之"传奇"。留存于今的唐传奇作品，有专集40余部，另有散篇40余篇，主要收录在宋初李昉等人编纂的《太平广记》中，内容不外乎三类，即神怪、爱情和豪侠。其中爱情小说成就最高，代表作有《柳毅传》《李娃传》《莺莺传》《霍小玉传》等。

唐传奇是在魏晋南北朝志怪小说基础上发展而来的，但有了质的变化。明人胡应麟《少室山房笔丛》道："凡变异之谈，盛于六朝，然多是传录舛讹，未必尽幻设语。至唐人乃作意好奇，假小说以寄笔端。"[3] "作意"指自觉创作的主体意识，"好奇"指想象和虚构的艺术思维。所以，唐传奇已经跳出了前代志怪小说写真人真事的圈子。故事情节曲折动人，细节描写婉转传神，语言典雅，多用典故。唐传奇的出现，使古代文言笔记小说定型化，并成为中国古代小说的一大支流，它标志着我国古代文言小说发展到一个成熟阶段。

宋元时期小说创作的发展，使中国古代小说的历史发生了重大变化。此时出现的用白话写成的话本小说，结束了此前中国古代小说仅有文言小说的单线发展局面，中国古代小说从此呈现出文言白话双线发展的趋向。

话本，原指书场说书艺人——"说话人"所用的底本。"说话"艺术唐代就有，到宋代进入繁盛时期，受其影响，发展形成了一种新的白话小说文体——话本小说，并且取代了唐传奇在小说领域的主流地位。

宋元话本以爱情小说、社会问题小说成就最高，爱情小说的代表作有《碾玉观音》《闹樊楼多情周胜仙》等；社会问题小说以公案小说为主，代表作有《错斩崔宁》《快嘴李翠莲》等。还有豪侠小说，如《宋四公打闹禁魄张》等；神怪小说，如《西山一窟鬼》等。其描写

---

[1] 鲁迅. 中国小说史略. 北京：人民文学出版社，1973：54.
[2] （明）胡应麟. 少室山房笔丛·九流绪论. 清光绪二十二年广雅书局校刊.
[3] （明）胡应麟. 少室山房笔丛·二酉拾遗卷中. 清光绪二十二年广雅书局校刊.

对象由帝王将相、才子佳人转向平民，大量的商人、店员、小手工业者成为小说的主角，因而作品的思想观点和美学情趣比前代发生了很大变化。话本小说的最大成就是语言。它摒弃典雅的文言，使用通俗易懂的白话，大量吸收群众口语，朴实生动，增强了小说语言的表现力，为白话文学开辟了新纪元。现存宋元话本作品，主要见于《京本通俗小说》《清平山堂话本》《新编五代史平话》等书籍之中。

明清是中国古代小说从兴盛走向辉煌的时期。此时的白话短篇小说在宋元话本的基础上发展得更加精致，代表其最高成就的是冯梦龙的"三言"（《喻世明言》《警世通言》《醒世恒言》）和凌蒙初的"二拍"（《初刻拍案惊奇》《二刻拍案惊奇》）。"三言"每集40篇，共120篇，其中包括宋、元、明话本、明代文人拟话本和冯梦龙自己的创作。内容主要写世情，视野扩展到士、农、工、商各个阶层，以市井生活为主体，表现市民的价值观念。"二拍"是凌蒙初的个人创作，有78篇，主要写社会问题，从不同角度反映当时的社会腐败，以及市民的生活和思想意识。

文言短篇小说登上唐传奇的高峰后就跌进了深谷，宋元皆无建树，明代有所复兴，产生了瞿佑的《剪灯新话》和模仿它的李祯的《剪灯余话》，但成就不高，直到清代出现蒲松龄的《聊斋志异》，才使文言小说走向高峰。《聊斋志异》是一部用唐传奇的手法写成的文言短篇小说集，包括490多篇作品，以揭露封建吏治、讽刺科举制度及赞颂男女真情为主要内容，采取以幻写真、真幻错综的手法，在幻想世界的背后隐藏着对人间世界种种价值体系的重新理解和思考，是一部"孤愤"之书。《聊斋志异》的故事模式主要是两种，一是人入幻境，见到异域奇闻；二是异类进入人间，与人发生种种纠葛。其中由异类变化而成的美丽的女性形象，具有人的美貌和性情，温柔善良，给俗世间的人尤其是书生带来种种快乐和幸福。故事情节一波三折，奇幻跌宕。语言以简洁优雅的文言为主，又大量吸收民间俚语俗语，形成清新活泼，生动诙谐的语言风格。

明清小说的主流是从通俗小说中脱胎出来的长篇小说，这类小说经过宋元两代的孕育，在体裁上定型为长篇章回小说。其特点是分章叙事，分回标目，形成既有短篇连缀，又有长篇框架的小说体制，将一个个艺术单元排列有序地组合成为长篇故事整体结构的有机部分。

明代长篇小说分为四类：即以《三国演义》为代表的历史演义小说，以《水浒传》为代表的英雄传奇小说，以《西游记》为代表的神话小说，以《金瓶梅》为代表的世情小说。"三、水、西、金"被称为"四大奇书"，并且各自代表了一种类型，也规划了中国古代小说的基本格局，明清时代的所有长篇小说都可以在这几个类型中找到归宿。

《三国演义》《水浒传》《西游记》具有一些共同特点：成书过程经过了文人记录、民间流传、作家加工的漫长的集体编著过程，题材上以军国大事、非凡的英雄人物为主要对象，故事情节呈现出线性流动的结构。《金瓶梅》是我国第一部文人独创的长篇章回小说，它与前三部小说有着根本的区别，题材上从历史与神魔转向现实中的家庭生活，人物塑造上从理想英雄转向平凡的市井细民，结构从线性结构转向网状结构，显示出从传统积累型向文人独创型小说新模式的转折。

清代的长篇小说主要有《水浒后传》《说岳全传》等英雄传奇和历史演义，《儒林外史》《镜花缘》等讽刺小说，《醒世姻缘传》《歧路灯》《红楼梦》等世情小说。其中《儒林外史》

《红楼梦》成就最高。

《儒林外史》《红楼梦》都是典型的文人小说,主要抒发文人自己的抱负和情感,表达作家自己的价值观念和人生体验。作者吴敬梓和曹雪芹都是败落的世家子弟,具有较高的文化修养,特殊的人生经历使他们更清醒和冷峻地看到世态人情的本质。

《儒林外史》是中国讽刺文学的集大成者,它对封建科举制度的揭露和批判,在广度、深度和力度上,都达到了前无古人的程度。作品客观冷静地写出了社会病态和文化病态,活画出迂陋穷酸的腐儒、自欺欺人的假名士和斗方诗人、无耻官绅和市井棍徒的群像。对腐儒是带泪的讽刺,对假名士是鄙视的讽刺,对无耻官绅则是愤怒的讽刺。作品善于将讽刺对象的戏剧性与真实性结合起来,采用不动声色的手法,不加主观评价,通过人物言行的自相矛盾,渐渐展示其丑陋的面目,开创了讽刺艺术的新境界。

《红楼梦》是中国古代小说的巅峰之作,是中国文学乃至世界文学的瑰宝。它以宝黛钗的爱情故事为中心线索,在贾府这一封建贵族大家庭的衰败过程中,写出了以贾宝玉和一群红楼女子为代表的许多人物的悲剧命运,广泛暴露了封建末世的腐朽黑暗,深刻揭示了封建制度必然灭亡的历史规律,内涵深刻,闪耀着近代人文主义的光芒。《红楼梦》在写法上全面突破小说传统,彻底摆脱说书体通俗小说的模式,写实与诗化相融合,取得了"天然浑成"[①]的艺术效果。结构上突破了单线结构方式,采用多头并进、交相联结又互相制约的网状结构。人物形象典型化,许多人物都具有鲜明的个性特征,使古代小说的人物塑造完成了从类型化到个性化的转变。语言既通俗晓畅又委婉典雅,具有很强的表现力。《红楼梦》问世以后,吸引着一代又一代的读者和研究者,并形成了一门世界性的学问——"红学"。

《红楼梦》以后,小说创作进入低谷,直到晚清才有繁荣。据统计,晚清长篇小说有一千多种,"四大小说家"(李伯元、吴趼人、刘鹗、曾朴)中,仅李伯元、吴趼人二人就创作了长篇小说数十种。晚清小说不论是内容还是技法上都有许多新因素,体现了变革时期的特点。晚清小说大体分两类,一是侠义公案小说,以《施公案》《三侠五义》《儿女英雄传》为代表;二是人情世态小说,以《品花宝鉴》《花月痕》《海上花列传》为代表。晚清后期,"小说界革命"勃然兴起,文坛出现了大批小说理论著作和新小说,其中有著名的"四大谴责小说"《官场现形记》《二十年目睹之怪现状》《老残游记》和《孽海花》。"小说界革命"和"新小说"的出现,给古老文坛带来了蓬勃的生机。

三、 中国古代小说的民族特色与文化内涵

中国古代小说在形成发展的过程中,深受神话传说、史传文学、诗歌及儒、佛、道三教思想的影响,具有鲜明的民族特点和独特的文化内涵。

中国古代小说中,表现山妖水怪、花精狐魅、神魔斗法的作品,可以说是代不绝篇。这些作品所表现出来的奇特的艺术幻想力,都可以追踪到古代的神话传说中,在其中找到它们

---

① 张燕瑾. 中国古代小说专题. 北京:高等教育出版社,2002:199.

最古老的初始形态。如明代神魔小说《封神演义》，对"截教"与"阐教"的斗法场面的想像，就类似于古代神话中黄帝与蚩尤之战的描述。清代小说《镜花缘》，对海外奇方异国的想像，也可在古代神话《山海经》描述的远国异民中，找到相似的朦胧影像。

《左传》《史记》和《三国志》等史传文学，具有无可比拟的权威性和极高的文学性，它们或为古代小说积累了叙事的艺术经验，或为其提供人物或故事的创作题材，很自然地成为古代小说可资仿效的榜样。从作品题名来看，古代小说常以"传""记""纪""志""录"题名，这些本是史书文体。在结构形态上，古代小说常以史传文学中的列传为蓝本，并由此演化出合传体式。著名的古代短篇小说，如唐宋传奇、宋元话本及"三言""二拍"、《聊斋志异》等，多用为主人公立传的写法，先交代主人公是何时何方人氏，然后依时序叙述其经历和结局。古代长篇小说"虽一部，前后必有数篇，一篇之中，凡有数事，然但有一人，必为一人立传，若有十人，必为十人立传"（金圣叹《水浒传》第三十三回评语），然后将众多人物列传按照不同的方式，组成合传式的整体结构。

中国古代小说对历史题材高度重视。如《西京杂记》《神仙传》等，内容多取自历史故事和传闻；唐代传奇《长恨歌传》和俗讲变文《伍子胥变文》《王昭君变文》等，也是以历史人物和传说为题材。宋代说话，则专有"讲史"一家。明代以后，长篇章回体小说兴起，不管是历史演义如《东周列国志》，还是英雄传奇如《说岳全传》，甚至神魔小说如《封神演义》等，无不从历史故事和传说中演化而来。

白话小说多以故事情节为结构的核心。这一特点，主要是受宋元"说话"的影响。宋元说话的听众，大多是来书场听故事取乐的下层民众。因此，为让故事讲得有头有尾，让听众听得清楚明白，说话艺人按故事发生的自然过程，连贯讲述。这种以故事为叙事中心，按自然时序顺叙的方式，被小说继承过来，成为一以贯之的创作传统。如《三国演义》从东汉末年天下大乱写起，到晋受魏禅、司马氏统一中国结束；《水浒传》从洪太尉误走妖魔讲起，到梁山义军最后失败、宋江等人魂聚蓼儿洼告终；《西游记》以石猴出世作为开头，以西天取经归来，孙悟空封为斗战胜佛为结局。不仅是这些长篇名著，还有大量的短篇白话小说，也都是采用按时序讲故事的结构和叙事方式。

古代诗歌以历史悠久、成就辉煌而居文学盟主地位。古代小说十分自然地受到了古代诗歌（包括赋、词和小曲等）的重大影响。运用诗词作为一种特殊的描述表达方法，是古代小说常见的写作手段。在章回小说中，每一回正文的开头，常用"回前诗（或词）"作为引子，而每一回正文的结尾，也常用"回后诗（或词）"作结。有研究者统计，《游仙窟》中有诗77首，《水浒传》中有诗556首、词54首；《三国演义》中有诗157首、词2首；《红楼梦》中有诗124首、曲35首、词8首。小说中融入的诗词，或坦露小说人物的性情，或抒发人物志向，或渲染气氛，或描写场景，或揭示作品的内涵，成为小说意境和形象构成的有机组成部分，可以说，小说中引入诗词，使得二者珠联璧合、相映生辉，成为中国古代小说的一大特色。

中国封建社会思想文化的主体，是以儒家思想为核心，由儒、释（佛教）、道三教共同构成的共同体。儒、释、道三教思想不仅是形成中国民族文化的主要元素，而且也是塑造民族性格和心理的重要基因。因此，包括古代小说的中国古代文学艺术各门类，都不可避免地受到了儒、释、道三教思想的深刻影响。

儒家思想对古代小说影响最深,集中于正统伦理道德的思想价值观念和教化至上的文学功用观念两大方面。古代小说中的正面人物形象,多具有忠、孝、仁、义、礼、信、智、勇、贞、节等等为儒家思想所褒扬的伦理道德,而反面人物形象则具有奸诈、残忍、忤逆、淫佚、背信弃义、忘恩负义、见利忘义等等为儒家思想所贬斥的悖伦理无道德的低劣品性。魏晋南北朝时期的文言小说故事中,卖身葬父的董永、投水寻父尸的叔先雄、埋儿养亲的郭巨等等,是孝子的形象;与朋友千里约会不爽时日的范式、为替弱者复仇而甘愿与楚王同归于尽的楚客等等,是信士义士的形象;刎颈誓不从盗的乐羊子妻、为宋康王所掠而与丈夫同死的韩凭之妻等等,是节妇贞妇的形象。唐宋传奇小说中,为报杀父杀夫之仇而女扮男装智杀强盗的谢小娥,被丈夫抛弃而持志弥坚的从良官妓谭意哥,弃恶从善、大义凛然的倡女李娃等等女性人物形象,无不持有重义、行孝、守贞的品性。"三言"一百二十篇作品的人物多是"为忠臣,为孝子,为贤牧,为良友,义夫,节妇,为树德之士,为积善之家"。在长篇小说中,《三国演义》《水浒传》,以"忠义"为整个作品的思想内核。《三国演义》中的正面人物,如效忠汉室、宽厚待下的刘备可说是"忠"与"仁"的化身,运筹帷幄之中、决胜千里之外的诸葛亮则是"智"的典范,而关羽的"义",张飞的"勇"等等,都是符合儒家伦理道德规范的;而反面人物的曹操、高俅、蔡京等,或是性格奸诈残暴的乱世奸雄,或是欺君罔民的奸臣。《水浒传》的起义军领袖宋江,就是兼忠臣、义士、孝子于一身;桀骜不驯的英雄好汉李逵,也时时事事以"忠义"作为自己行事为人的行为标准。

佛教和道教具有十分丰富的宗教想象,它们构建的规模宏大、结构完整的天神、菩萨系统和神仙谱系,及种种奇诡怪异的宗教意象、宗教故事和人物,是中国古代小说创作思路、题材和形象的重要艺术资源库之一。一些带有极强虚幻色彩的宗教故事和人物,甚至直接进入了小说作品之中。魏晋南北朝时期的志怪小说,记录了不少虚幻的宗教故事和人物,《搜神记》《幽明录》中都有大量的神仙术士及其法术变幻之事。唐传奇的人物形象中,有凌空而飞、剪纸为驴、"开脑后"藏匕首,化昆虫入人腹的聂隐娘,有变成美娘子与俊俏书生纠缠的白蛇精。《西游记》的石猴变成"齐天大圣"的孙悟空,天蓬元帅投错胎而出生的猪八戒,《封神演义》的三头六臂、荷叶莲花身的哪吒,《三国演义》的呼风唤雨的"活神仙"诸葛亮,《水浒传》的洪太尉误走妖魔、宋公明遇九天玄女等。凡此种种,莫不与宗教想象所构建的菩萨、神仙世界有着千丝万缕的联系。

受佛教和道教思想的影响,古代小说中某些形象的构成具有玄秘性和哲理性。《红楼梦》用"无材补天""木石前盟"与"太虚幻境"等三个神话,构成一个统御小说整体内涵的神秘的象征系统。来自大荒山无稽崖青埂峰下的通灵宝玉,是现实世界中贾府公子贾宝玉身不可离的命根子;西方灵河岸上的"木石前盟",是现实世界中宝黛爱情的因缘;而大观园女儿国中众姐妹的人生命运,却早已在"太虚幻境"记录入册。《西游记补》打破时、空的自然程序,让孙悟空通过"青青世界""古人世界"及"未来世界","走入情内",鉴识富贵帝王、廷对秀才、风流儿女、英雄名士等种种世相,最终揭示的是"总见世界情缘,多是浮云梦幻"这样的源自佛教的哲理。

【研习与探索】

1. 中国古代小说的发展有哪三个阶段，各有什么特点？
2. 儒、释、道三教对中国古代小说的主要影响有哪些？
3. 中国古代小说的文化内涵是十分丰富的，而每部作品的文化特质各不相同，有学者认为《三国演义》是"忠义"，《水浒传》是绿林文化，《西游记》是神魔文化，《金瓶梅》是性文化，《儒林外史》是士文化，《红楼梦》是情文化。请结合具体作品谈谈你的看法。
4. 中国古代小说存在着一定的思想局限，如英雄观念、忠义思想、暴力描写、计谋描写等。作家王蒙在《〈三国演义〉里的前现代》（见《读书》1995年第二期）一文中指出："这当年英雄难道今天还算英雄么？我们能够无条件地接受'三国'的英雄观念么？"请谈谈你是如何看待中国古代小说的思想局限的。

（柯秋先）

第二节　语用学视角下的《红楼梦》语言艺术

　　《红楼梦》是一部言说不尽的稀世精品。它是一部爱情绝唱，以超凡痴情被毁灭的悲剧和无法抗拒的人生悲哀打动着世人的心；它也是一部史诗，演绎了在整个封建社会乃至中华文化背景下的个人命运和家族兴衰；又是华夏五千年文明史上最为独特的"文化"小说，传承着艺术、建筑、饮食、服饰、民俗、医药等多方面的文化信息。语言是铸就小说的必要材料，优秀的文学作品创造了某种话语表达方式或语言风格。《红楼梦》是集汉语表达之大成的巨著。

一、《红楼梦》的语言成就

　　《红楼梦》的语言，是诗是文，能韵能白，亦庄亦谐，大雅大俗，极具个性化。席间吟曲，宝玉说"滴不尽，相思血泪抛红豆"，而把唐寅认做"庚黄"的薛蟠，唱的是"一个蚊子哼哼哼，两个苍蝇嗡嗡嗡？"；《红楼梦》语言，精于叙事，擅长刻画，细致表现，潜心描摹。清代邹弢《三借庐笔谈》说："《石头记》笔墨深微，初读忽之，而多阅一回，便多一种情味。"[①] 它大处泼墨写意，小地精雕细刻，诗词曲赋、俗语歌谣、谚语歇后、俚语白话，南腔北调悉呈笔端。总之，《红楼梦》"在小说语言艺术中达到了最高峰，它的作者曹雪芹不愧

[①] 一粟. 红楼梦资料汇编. 北京：中华书局，1964：388.

为中国文学史上最伟大的语言大师。"①

曹雪芹的语言才华在这部未完璧的《红楼梦》中尽情展现,其生前"善谈吐,风雅游戏,触境生春。闻其奇谈娓娓然,令人终日不倦,是以其书绝妙尽致。"②朋友敦敏偶过一院子,"隔院闻高谈声,疑是曹君,急就相访,惊喜意外,因呼酒说话旧事"。此番邂逅,敦敏感怀成句:"醉余奋扫如椽笔,写出胸中块垒时。"③可见其健谈。语言的天赋、诗笔的奇气、加上阅历的深厚、感受的非同寻常,经十年的琢磨,"哭"成此书,铸就这古典语言的杰作。

《红楼梦》所写人物之多,关系之复杂,之前的小说少有。这些人物,上至主子,下至奴仆,无论主角配角,丫鬟小厮,各自通过活灵活现的言语展示其性格。如:

> (红玉)又道:"平姐姐教我回奶奶:才旺儿进来讨奶奶的示下,好往那家子去。平姐姐就把那话按着奶奶的主意打发他去了。"凤姐笑道:"他怎么按我的主意打发去了?"红玉道:"平姐姐说:我们奶奶问这里奶奶好。原是我们二爷不在家,虽然迟了两天,只管请奶奶放心。等五奶奶好些,我们奶奶还会了五奶奶来瞧奶奶呢。五奶奶前儿打发了人来说,舅奶奶带了信来了,问奶奶好,还要和这里的姑奶奶寻两丸延年神验万全丹。若有了,奶奶打发人来,只管送在我们奶奶这里。明儿有人去,就顺路给那边舅奶奶带去的。"(第二十七回)

这一席包含了"四五门子的话",李纨感叹:"嗳哟哟!这些话我就不懂了。什么'奶奶''爷爷'的一大堆。"凤姐称赞红玉:"好孩子,难为你说的齐全。别像他们扭扭捏捏的蚊子似的。"一个怡红院三等丫头的伶牙俐齿可见一斑。

《红楼梦》语言最特殊、最成功的地方,即通过个性化的语言塑造人。小说所表现的人物不但形象鲜明,并且个性突出、互不雷同,它常常从片言只语里表现一个人物的灵魂深处。如行令时,林黛玉脱口而出:"良辰美景奈何天。""宝钗听了,回头看着他。"(第四十回)一个无心说了禁书里的话,一个有意在人前不说破,显示俩人叛逆与稳重不同的个性;其次《红楼梦》能从人物的语言中表现人物之间尊卑、亲疏、矛盾、爱憎等关系,尤其是那些不可明说而又不能不说的话,表现得更为巧妙。如上个例子,别人听不出黛玉行令语涉禁书,宝钗敏锐感觉到了,但她的性格"随分从时""温柔端庄",故当场只"回头看着他(指黛玉)",过后"审问"黛玉。这成为黛、钗关系和谐的一个契机。至于人物的对话中还常具有使情节映照和衬托的效能。④所谓"空谷传声,一击两鸣;明修栈道,暗度陈仓"(甲戌本:《脂砚斋重评石头记》凡例眉批)。如元妃省亲是大事,贾府从此"繁花着锦,烈火烹油",省亲用的大观园是通部小说重中之重。此事通过人物对话传出,还透露了重大细节:

---

① 陈俊山,杨志杰. 试论《红楼梦》语言艺术的特点(《红楼梦研究辑刊》四). 上海:上海古籍出版社,1980:187.
② 一粟. 红楼梦资料汇编. 北京:中华书局,1964:14.
③ 一粟. 红楼梦资料汇编. 北京:中华书局,1964:14.
④ 启功. 漫谈《红楼梦》的语言艺术(《红楼梦研究辑刊》四). 上海:上海古籍出版社,1980:176.

凤姐道："……才刚老爷叫你作什么?"贾琏道："就为省亲。"凤姐忙问道："省亲的事竟准了不成?"贾琏笑道："虽不十分准,也有八分准了。"凤姐笑道:"可见当今的隆恩。历来听书看戏,古时从未有的。"……

赵嬷嬷道:"……还有如今现在江南的甄家,嗳哟哟,好势派!独他家接驾四次,若不是我们亲眼看见,告诉谁谁也不信的。别讲银子成了土泥,凭是世上所有的,没有不是堆山塞海的,'罪过可惜'四个字竟顾不得了。"凤姐道:"常听见我们太爷们也这样说,岂有不信的。只纳罕他家怎么就这么富贵呢?"赵嬷嬷道:"告诉奶奶一句话,也不过是拿着皇帝家的银子往皇帝身上使罢了!谁家有那些钱买这个虚热闹去?"(第十六回)

脂砚斋评:"大观园用省亲事出题,是大关健处,方见大手笔行文之立意。借省亲事写南巡,出脱心中多少忆昔感今!"一般认为,曹家至曹寅死还欠着内务府三十多万银两,这给曹家败落种下祸根。

如果从语用学的角度看《红楼梦》语言就别有洞天。

二、《红楼梦》的言语行为与语境分析

小说中人物的对话在语言学中称为"言语"。现代语言学认为,人类使用语言交际时,或向别人"陈述"一件事,或"请求"别人办什么事,这本身就是一种行为,而这种行为是通过语言表示出来的,故称之"言语行为"(speech act)。[①]莱昂斯(J. Lyons)、列文森(S. C. Levinson)等将言语行为分为"直接言语行为"和"间接言语行为"两类。直接言语行为指说话人的意图直接由话语的字面用意来表达。如"(王熙凤)喝命:'去罢!'贾环诺诺的跟了丰儿,得了钱,自己和迎春等玩去。"间接言语行为,指说话人的意图不是由话语的字面用意直接表示出来的言语行为。《红楼梦》间接言语行为很多,体现了人际交流含蓄、蕴藉的言语艺术。例一:

探春笑道:"我们起了个诗社……我想必得你去作个监社御史,铁面无私才好……"凤姐笑道:"我又不会作什么湿的干的,要我吃东西去不成?"探春道:"你虽不会作,也不要你作。你只监察着我们里头有偷安怠惰的,该怎么样罚他就是了。"凤姐儿笑道:"你们别哄我,我猜着了,那里是请我作监社御史!分明是叫我作个进钱的铜商。你们弄什么社,必是要轮流作东道的。你们的月钱不够花了,想出这个法子来拗了我去,好和我要钱。可是这个主意?"一席话说的众人都笑起来了。(第四十五回)

[①] 申小龙. 语言学纲要. 上海:复旦大学出版社,2003:172.

精明的探春办诗社,让王熙凤做"监社御史",凤姐一眼看破,是要让她出钱。所以李纨感叹她是个"水晶心肝玻璃人"。

间接言语行为,根据推断的性质,可分为"规约性"的和"非规约性"的两类。规约性间接言语是指,对字面用意用一般性推断就可得出说话意图的。如:

> 宝玉瞅了半天,方说道"你放心"三个字。林黛玉听了,怔了半天,方说道:"我有什么不放心的?我不明白这话。你倒说说怎么放心不放心?"宝玉叹了一口气,问道:"你果不明白这话?难道我素日在你身上的心都用错了?连你的意思若体贴不着,就难怪你天天为我生气了。"林黛玉道:"果然我不明白放心不放心的话。"宝玉点头叹道:"好妹妹,你别哄我。果然不明白这话,不但我素日之意白用了,且连你素日待我之意也都辜负了。你皆因总是不放心的原故,才弄了一身病。但凡宽慰些,这病也不得一日重似一日。"林黛玉听了这话,如轰雷掣电,细细思之,竟比自己肺腑中掏出来的还觉恳切,竟有万句言语,满心要说,只是半个字也不能吐,却怔怔的望着他。此时宝玉心中也有万句言语,不知从那一句上说起,却也怔怔的望着黛玉,两个人怔了半天,林黛玉只咳了一声,两眼不觉滚下泪来,回身便要走。宝玉忙上前拉住,说道:"好妹妹,且略站住,我说一句话再走。"林黛玉一面拭泪,一面将手推开,说道:"有什么可说的。你的话我早知道了!"口里说着,却头也不回竟去了。(第三十二回)

"惊心动魄"四个字也不足以形容这段文字的情感冲力。[①] 宝玉对黛玉表示爱意用中国式表达:"你放心。"这比西方恋爱男女常说的"我爱你"内涵要丰富得多。它包含着决心、誓言、宣示、信任、责任诸多内容。"我爱你"可能是刹那的情感流露,"你放心"是海枯石烂不变心的情感誓言。[②] 黛玉读懂了吗?应该是的。

非规约性间接言语行为,主要依靠说话双方共知的语言信息和所处的环境推断说话意图的一种行为。如:

> 可巧黛玉的小丫鬟雪雁走来与黛玉送小手炉,黛玉因含笑问他:"谁叫你送来的?难为他费心,那里就冷死了我!"雪雁道:"紫鹃姐姐怕姑娘冷,使我送来的。"黛玉一面接了,抱在怀中,笑道:"也亏你倒听他的话。我平日和你说的,全当耳旁风,怎么他说了你就依,比圣旨还快些!"宝玉听这话,知是黛玉借此奚落他,也无回复之词,只嘻嘻的笑两阵罢了。(第八回)

宝玉有玉,宝钗有金,金玉相配,宝钗的丫鬟莺儿点出此意。黛玉去梨香院看宝钗,见宝玉在,小性的黛玉在此说话处处含酸。前面宝钗以"酒性最热,若热吃下去,发散的就快,若冷吃下去,便凝在内。以五脏去暖他,岂不受害"相劝,宝玉听说有理,放下冷的,

---

① 刘梦溪. 情问红楼. 桂林:广西师范大学出版社,2007:118.
② 刘梦溪. 情问红楼. 桂林:广西师范大学出版社,2007:119.

暖了方饮。可巧这时雪雁送小手炉与黛玉，黛玉就语意双关地问雪雁。她明着说雪雁，暗中揶揄宝玉。再如：

  （宝玉）只得又搭讪笑道："怪不得他们拿姐姐比杨妃，原来也体丰怯热。"宝钗听说，不由的大怒，待要怎样，又不好怎样。回思了一回，脸红起来，便冷笑了两声，说道："我倒象杨妃，只是没一个好哥哥好兄弟可以作得杨国忠的！"……宝玉自知又把话说造次了，当着许多人，更比才在林黛玉跟前更不好意思，便急回身又同别人搭讪去了。
  （黛玉）便改口笑道："宝姐姐，你听了两出什么戏？"……宝钗因见林黛玉面上有得意之态，一定是听了宝玉方才奚落之言，遂了他的心愿，忽又见问他这话，便笑道："我看的是李逵骂了宋江，后来又赔不是。"宝玉便笑道："姐姐通今博古，色色都知道，怎么连这一出戏的名字也不知道，就说了这么一串子。这叫《负荆请罪》。"宝钗笑道："原来这叫作《负荆请罪》！你们通今博古，才知道'负荆请罪'，我不知道什么是'负荆请罪'！"一句话还未说完，宝玉林黛玉二人心里有病，听了这话早把脸羞红了。（第三十回）

  宝黛吵架又和好，被王熙凤带到贾母等众人面前。宝玉说宝钗体丰如杨贵妃，本是想恭维，孰料宝钗因宝、黛的亲热厚密而微生"醋"意，于是以杨国忠来暗喻宝玉。毕竟在大庭广众，且是大家闺秀，宝钗不能失体面，她只是语中带刺。但突然跑出来丫头说宝姑娘拿她扇子时，宝钗一反其温柔沉默，有点"发作"："你要仔细！"说得丫头跑了。这一闲笔带动下，下面的"你们通今博古，才知道'负荆请罪'，我不知道什么是'负荆请罪'！"其实宝钗已含醋意，难怪旁边王熙凤都感受到语中的酸辣味。在这里，讽刺与妒意都是借助当时的情境展开的，使对话充满了机锋，既显示人物关系又营造氛围。
  这种间接言语风趣诙谐，跌宕多姿。会话时的"弦外之音""言外之意"，是《红楼梦》语言特色之一，不能只视为作者炫技，有时很有深意：它既是人物的语言，又暗示情节的发展。如：

  宝玉上来便拉着手，悄悄的笑道："我明日和太太讨你，咱们在一处罢。"金钏儿不答。宝玉又道："不然，等太太醒了我就讨。"金钏儿睁开眼，将宝玉一推，笑道："你忙什么！'金簪子掉在井里头，有你的只是有你的'，连这句话语难道也不明白？……"宝玉笑道："凭他怎么去罢，我只守着你。"只见王夫人翻身起来，照金钏儿脸上就打了个嘴巴子，指着骂道："下作小娼妇，好好的爷们，都叫你教坏了。"宝玉见王夫人起来，早一溜烟去了。（第三十回）

  金钏是王夫人的丫鬟，宝玉调戏她。她呢也有些胆大，以一句歇后语回应："金簪子掉在井里头，有你的只是有你的。"结果一语成谶，"金钏"之名隐喻"金簪"，她羞愤地跳井死了。这一事还成了宝玉被其父痛打一顿的缘由之一。

使用语言进行交际离不开一定的客观条件和背景。言语活动总是在特定的时间、特定的空间、特定的情景,在特定的人之间进行的,因此,对语境的确切理解必须考虑这些语言外的因素。语境包括语言因素和非语言因素。前者指言语交际的上下文,后者指说话的"背景""情景",如特定文化的社会规范、交谈双方的关系熟悉程度、交际的时间地点等等。语境在语言交际中很重要,特别是中国人言语很含蓄,读懂特定语境中的含义是人际交往的第一步。因语境错位,《红楼梦》中闹出的笑话屡见不鲜:

那宝玉听见贾政吩咐他"不许动",早知多凶少吉……只见一个老姆姆出来。宝玉如得了珍宝,便赶上来拉他,说道:"快进去告诉:老爷要打我呢!快去,快去!要紧,要紧!"宝玉一则急了,说话不明白,二则老婆子偏生又聋,竟不曾听见是什么话,把"要紧"二字只听作"跳井"二字,便笑道:"跳井让他跳去,二爷怕什么?"宝玉见是个聋子,便着急道:"你出去叫我的小厮来罢。"那婆子道:"有什么不了的事?老早的完了。太太又赏了衣服,又赏了银子,怎么不了事的!"(第三十三回)

宝玉遭笞前,气氛很紧张,但急鼓繁弦中陡然出现一位耳背的老太太,把"要紧"听成"跳井",把"你出去叫我的小厮来罢"听成"有什么不了的事?"一个在火里,一个在水里,令读者为宝玉捏一把汗之余扑哧一笑。再如:

鸳鸯笑道:"左边'四四'是个人。"刘姥姥听了,想了半日,说道:"是个庄家人罢。"众人哄堂笑了。贾母笑道:"说的好,就是这样说。"刘姥姥也笑道:"我们庄家人,不过是现成的本色,众位别笑。"鸳鸯道:"中间'三四'绿配红。"刘姥姥道:"大火烧了毛毛虫。"众人笑道:"这是有的,还说你的本色。"鸳鸯道:"右边'幺四'真好看。"刘姥姥道:"一个萝卜一头蒜。"众人又笑了。鸳鸯笑道:"凑成便是一枝花。"刘姥姥两只手比着,说道:"花儿落了结个大倭瓜。"(第四十回)

"刘姥姥进了大观园"已成俗语,比喻没有见过世面的人见到了花花世界引起的巨大反差。小说中,俚语、俗语、歇后语等大量运用,丰富了小说语言的质地,使之亦庄亦谐。再如鸳鸯抗婚:

他嫂子笑道:"你跟我来,到那里我告诉你,横竖有好话儿。"鸳鸯道:"可是太太太和你说的那话?"他嫂子笑道:"姑娘既知道,还奈何我!快来,我细细的告诉你,可是天大的喜事。"鸳鸯听说,立起身来,照他嫂子脸上下死劲啐了一口,指着他骂道:"你快夹着屄嘴离了这里,好多着呢!什么'好话'!宋徽宗的鹰,赵子昂的马,都是好画儿。什么'喜事'!状元痘儿灌的浆儿——又满是喜事,怪道成日家羡慕人家女儿作了小老婆,一家子都仗着他横行霸道的,一家子都成了小老

婆了！看的眼热了，也把我送在火坑里去。……"一面说，一面哭，平儿袭人拦着劝。（第四十六回）

鸳鸯的嫂子与鸳鸯对待纳妾之事态度截然不同，所以一个"笑道"，一个"骂道"，鸳鸯用"好话""喜事"的谐音痛斥其嫂一顿。言语中可见鸳鸯的话要比刘姥姥文雅，当然与黛玉之雅又有距离，所以性急之中了也使出粗口。人物语言的分寸感在《红楼梦》里是很精当的。

三、《红楼梦》会话中的"合作原则"运用

《红楼梦》人物姿态纷呈，论口才，王熙凤无疑独占鳌头。这位刘再复称为"三帮"（帮忙、帮闲、帮凶）、旧时评家呼之"女曹操""胭脂虎"的女士是荣国府中最浓墨重彩的人物，使人"恨凤姐，骂凤姐，不见凤姐想凤姐"。[①] 参照美国语言哲学家格赖斯（H. P. Grice）提出会话中的"合作原则"，来看看《红楼梦》中实际语言应用时对这些原则的遵守与违反，可以获得很多语言学的启示。"合作原则"规定，谈话的参与者必须提供充分、真实、相互关联的信息，表达必须简洁有序，避免歧义和混乱，具体如下：

（一）数量准则（Maxim Quantity）

1. 所说的话应包括当前交谈目的所需的信息。

（宝钗）笑道："……只难得'可巧'二字：要春天开的白牡丹花蕊十二两，夏天开的白荷花蕊十二两，秋天的白芙蓉蕊十二两，冬天的白梅花蕊十二两。将这四样花蕊，于次年春分这日晒干，和在药末子一处，一齐研好。又要雨水这日的雨水十二钱，……"周瑞家的忙道："嗳哟！这么说来，这就得三年的工夫。"（第七回）

"冷香丸"是《红楼梦》的创造，是暗喻宝钗性格的特殊物品。这丸由作者戏谑之笔虚构的药，其炮制过程传达出一个"时"字。而"随分从时"，是宝钗的主要性格。所以这儿出现好几个"十二钱"并非多余，而是为了表达其珍巧之必要的信息。

2. 所说的话不应包括当前交谈目的之外的信息。

凤姐儿笑道："亏你是个大嫂子呢？……你一个月十两银子的月钱，比我们多两倍子，老太太、太太还说你寡妇失业的，可怜不够用，因有个小子，足的又添了十两，和老太太、太太平等；又给你园子、地，各人取租子，年终分年例，你又是上上分儿。你娘儿们主仆奴才共总没十个人，吃的穿的仍旧是官中的，一年通共算

[①] 王昆仑. 红楼梦人物论. 北京：北京出版社，2004：152.

起来，也有四五百银子。这会子就每年拿出一二百两银子来，陪他们玩玩，能几年的限期！……？这会子你怕花钱，调唆他们来闹我，我乐得吃一个河涸海干，我还通不知道呢。"（第四十五回）

凤姐管家管钱，对李纨的收入了如指掌，所以说了"打细算盘分斤拨两"的话，其实为自己稍后要李纨自己掏钱出来给姊妹们起诗社的话铺路。凤姐把李纨的收入一一数点，凸显其收入之丰。但这些细项在对话中原不须一一说出，而凤姐在此给予超量的讯息，有意强调以造成大家对李纨年收入的一个深刻印象。① 所以她违反了"数量准则"。难怪同样能言善道的李纨回应："天下人都被你算计了去！"

（二）质量准则（Maxim of Quality）

尽可能使自己所说的话是真实的。
1. 不要说自知是虚假的信息。

> 宝钗见说道："怎么好好的投井？这也奇了。"王夫人道："原是前儿他把我一件东西弄坏了，我一时生气，打了他几下，撵了他下去。我只说气他两天，还叫他上来，谁知他这么气性大，就投井死了。岂不是我的罪过。"宝钗叹道："姨娘是慈善人，固然这么想。据我看来，他并不是赌气投井。多半他下去住着，或是在井跟前憨顽，失了脚掉下去的，他在上头拘束惯了，这一出去，自然要到各处去顽顽逛逛，岂有这样大气的理！纵然有这样大气，也不过是个糊涂人，也不为可惜。"（第三十二回）

王夫人违反"质量准则"是想掩盖真相，没有将实情具告宝钗，否则不仅彰显自己不仁，也败坏宝玉名声。宝钗安慰自己的姨妈，不免虚构一些细节。从此事可看出宝钗"心冷"。清人评宝钗"外热内冷，春行秋令"，这是常被提及的例子。
2. 不要说自知缺乏足够证据的信息。

> 又问薛姨妈等："想什么吃，只管告诉我，我有本事叫凤丫头弄了来咱们吃。"薛姨妈笑道："老太太也会怄他的。时常他弄了东西孝敬，究竟又吃不了多少。"凤姐儿笑道："姑妈倒别这样说。我们老祖宗只是嫌人肉酸，若不嫌人肉酸，早已把我还吃了呢。"（第三十五回）

在这里，凤姐故意违反"质量准则"造成"新鲜趣谈"。众人明知凤姐说的不是事实，却也被她逗得哈哈大笑。难怪袭人说"真真的二奶奶的这张嘴怕死人"！

---

① 张嘉伦. 由语用学的观点探讨《红楼梦》中王熙凤之语言特性. 台湾大同技术学院学报, 1996.

（三）关系准则（Maxim of Relation）

说话要贴切，信息要有关联，不答非所问。

> 林黛玉听了笑道："你们听听，这是吃了他们家一点子茶叶，就来使唤人了。"凤姐笑道："倒求你，你倒说这些闲话，吃茶吃水的。你既吃了我们家的茶，怎么还不给我们家作媳妇？"众人听了一齐都笑起来。……宝玉道："我也不能出去，你们好歹别叫舅母进来。"又道："林妹妹，你先略站一站，我说一句话。"凤姐听了，回头向林黛玉笑道："有人叫你说话呢。"说着便把林黛玉往里一推，和李纨一同去了。（第二十五回）

林黛玉没有违反"关系准则"，但她的"吃了他们家一点子茶叶"的话被王熙故意违反"关系准则"而作了联想伸展，制造出诙谐效果，进而又抓住宝玉要约黛玉说话特意将黛玉往屋里推，从而暗示出特殊的言语行为关系。

（四）方式准则（Maxim of Manner）

1. 避免晦涩。
2. 避免歧义。
3. 简练。

对于"关系准则"和"方式准则"的违反，典型的是下面一例：

> 王夫人听了，吃了一大惊，忙拉了袭人的手问道："宝玉难道和谁作怪了不成？"袭人连忙回道："太太别多心，并没有这话。这不过是我的小见识。如今二爷也大了。况且林姑娘宝姑娘又是两姨姑表姊妹，虽说是姊妹们，到底男女之分，日夜一处起坐不方便，由不得叫人悬心，便是外人看着也不像。……二爷素日性格，太太是知道的。他又偏好在我们队里闹，倘或不妨，前后错了一点半点，不论真假，人多口杂，那起小人的嘴有什么避讳，心顺了，说的比菩萨还好，心不顺，就贬的连畜生不如。二爷将来倘或有人说好，不过大家直过没事；若要叫人说出一个不好字来，我们不用说，粉身碎骨，罪有万重，都是平常小事，但后来二爷一生的声名品行岂不完了，二则太太也难见老爷。俗语又说'君子防不然'，不如这会子防避的为是。……"（第三十四回）

宝玉被贾政暴打一顿，王夫人唤来袭人询问情况。袭人没有一见到王夫人就把深藏在内心的苦水倒出来，而是以一个尽职尽责的贴身丫鬟身份进行对答，此番言语符合"数量准则"。但她违反了"方式准则"：不直接表达，故意拐弯抹角、咬文嚼字去说，使王夫人看到其中必有原故，从而透过话语的表层去理解其所隐含的深层意蕴；同时，她违背"关系准则"：用"太太别多心，并没有这话。这不过是我的小见识"将原本流畅的谈话掐断。袭人说话可谓滴水不漏，既得体地提出了自己的意见又避免了王夫人的猜忌。① 可见在某些特殊场合下，"关系准则"的违背却能起到非常好的传递效果。

《红楼梦》判词说她"枉自温柔和顺"，贾母眼里袭人是"笨笨的"，但她以拙胜巧，迎合了王夫人。袭人时不时在"不经意"间违反"合作原则"：

> 袭人道："上回也是宝姑娘也说过一回……幸而是宝姑娘，那要是林姑娘，不知又闹到怎么样，哭的怎么样呢。提起这个话来，真真的宝姑娘叫人敬重，自己讪了一会子去了。我倒过不去，只当他恼了。谁知过后还是照旧一样，真真有涵养，心地宽大。谁知这一个反倒同他生分了。那林姑娘见你赌气不理他，你得赔多少不是呢。"宝玉道："林姑娘从来说过这些混帐话不曾？若他也说过这些混帐话，我早和他生分了。"（第三十二回）

袭人语气寻常的谈话间褒贬了两个人。处于贾府"一个个象个乌眼鸡，恨不得你吃了我，我吃了你"的势利氛围中，人的一言一行可能招来意想不到的祸福（晴雯就是遭人诽谤而被王夫人逐出怡红院）。清人涂瀛在《红楼梦问答》中说到袭人：

> "何以蓄袭人也？"
> 曰："蛇蝎之。"②

"合作原则"使我们看到，《红楼梦》话语的字面意义和实际意义之间的差异能生发别样的言语效果。所以这些口吻毕肖，使我们仿佛同时看到了人物的身姿、表情和动作。③ 多读一遍能增别样感受：在彩线织就的字里行间，推动情节曲折发展，草蛇灰线，伏脉千里。在锦心绣口的辞章里，人物栩栩如生跃然纸上，各具声口，伶牙利齿。读之如临其境，如闻其声。掩卷沉思，品味其言其景其心，可以获得许多人生启迪，特别有助于我们学习提高处世言语技巧和沟通表达艺术。

【研习与探索】

1. 你对《红楼梦》语言感受最深的一点是什么？试举例说明。
2. 请举《红楼梦》中运用"关系准则"的例子对照分析现实生活的案例进行分析，谈谈你的获得的启发。
3. 请从语用学的"合作原则"角度分析下这段话：

---

① 王锦. 从语用学合作原则来看《红楼梦》中袭人的说话艺术. 青年文学家，2010（1）.
② 一粟编. 红楼梦资料汇编（上）. 北京：中华书局，1964：145.
③ 刑公畹. 红楼梦的语言艺术. 北京：语文出版社，1985：2.

（黛玉）一面理鬓笑道："我有奇香，你有'暖香'没有？"宝玉见问，一时解不来，因问："什么'暖香'？"黛玉点头叹笑道："蠢才，蠢才！你有玉，人家就有金来配你，人家有'冷香'，你就没有'暖香'去配？"宝玉方听出来，宝玉笑道："方才求饶，如今更说狠了。"说着，又去伸手。黛玉忙笑道："好哥哥，我可不敢了。"（第十九回）

4. 你认为《红楼梦》中的人物谁最擅言辞？谁最善于沟通和做人？为什么？

（冯文丽）

第三节　《赵氏孤儿》与中国古代戏曲

　　戏曲是中华民族独创的一种戏剧文化，它以独特的美学风格成为东方文化卓越的一部分。世界上几种古老的戏剧，如古希腊戏剧、印度梵剧等，都已在舞台上消失，成为历史的陈迹，唯独中国戏曲依然显示出旺盛的活力。

一、古代戏曲的产生和发展简况

　　"戏曲"一词宋代已有，但真正给戏曲一个明确定义的是近代学者王国维："以歌舞演故事"（《宋元戏曲考》）。能把歌舞与故事结合起来，这在中国戏曲的发展史上经历了一段非常漫长的路程。

　　从先秦经魏晋到隋唐，历时一千多年，先后出现了优戏、角抵戏、歌舞戏、参军戏等各种娱乐节目。它们本身虽然不是戏曲，但孕育了中国的戏曲。先秦的优戏直接影响了中国戏曲中插科打诨的表演，汉代角抵戏对后世戏曲的武打等表演手段有直接启发。参军戏有点类似现在的相声，有两个主要演员，一个叫"参军"，性格比较痴愚；一个叫"苍鹘"，性格比较机灵。随着参军戏的产生，我国戏曲的"脚色"行当开始出现。"参军"一角即后来净角，"苍鹘"便是后来丑角。唐代另一戏剧形式是歌舞戏。当时《兰陵王》是一出著名的歌舞戏，同时也是一个著名的"大面戏"。兰陵王是北齐文襄王的第四个儿子，作战很勇敢。只因长得"貌若妇人"，故作战时常戴假面具。歌舞戏《兰陵王》写的就是他英勇杀敌的故事。《兰陵王》之所以影响深远，除了戏剧故事本身有着传奇色彩和表演动人之外，面具制作的精巧也是一个相当重要的原因。"大面"戏对后代脸谱的勾绘有很大的影响。

　　优戏、角抵戏、歌舞戏、参军戏这些表演艺术都含有戏曲因素，但毕竟只是萌芽。直到宋金时期，随着城市经济兴起，市民阶层逐渐扩大，才使戏曲艺术进一步发展，产生了宋杂剧。宋杂剧在结构体制较前代其它戏都有所发展，在结构上宋杂剧通常分为艳段、正杂剧、杂扮三段，演员分成五种角色：末泥、引戏、副净、副末、装孤。宋杂剧无论是结构还是在角色的形成上都直接影响了后来的元杂剧。

经过千年以上漫漫长途跋涉，中国戏曲终于成熟，形成了"以歌舞演故事"这样一种完善的独特的艺术形式——元杂剧。元杂剧主要有以下几个特点：

1. 元杂剧的结构一般是四折一楔子，就是安排四套曲子，加上对白，独白等，恰好表演一个完整的故事，在情节不够连贯，或不宜用套曲表现的地方，多加一个"楔子"。

2. 元杂剧所用曲调为北曲。北曲不同名目的曲牌都可入套。元杂剧所用的每一套曲调，都属于同一"宫调"。特别注意的是，每一套曲子不管有多少个曲牌，必定同韵。

3. 元杂剧每一本戏照例由一个人物来唱。其余人物上场者虽多少不定但都不唱。这是元杂剧演唱的最突出的特点。如果每本四折都由同一个男性角色来唱，就叫"末本戏"，如果由同一个女性人物来唱，则称"旦本戏"。这种状况显然是保留了散曲说唱的传统。

在元代，科举制度的中止使文人的地位一落千丈，进入了社会最底层，成为勾栏行院中的"才人"。他们把原本准备经世治国的本领，吟诗作赋的才华给予了戏曲，在偶然与必然中，戏曲出现了第一个姹紫嫣红的春天。关汉卿以一个斗士的形象首先奏响了这个时代的黄钟大吕。他"一空依傍自铸伟词"[1]，一生写了60多种杂剧，体现出了不同寻常的创造力。关汉卿现存作品有18种，18个杂剧概括起来有三类内容：一是揭露社会黑暗和统治者的残暴，反映当时尖锐的阶级矛盾的作品，多为公案戏，代表作《窦娥冤》《鲁斋郎》；二是描写下层妇女的生活和斗争，突出她们在斗争中的勇敢和机智，多为爱情悲喜剧，以《救风尘》《望江亭》为例；三是歌颂历史英雄，多为历史剧，以《单刀会》和《哭存孝》的成就最为突出。与关汉卿执著于现实中伟岸形象截然不同，马致远则立足于在非现实的世界中寻找着自己的精神寄托，他出仙入道造就了一大批神仙形象，《黄粱梦》《任风子》是他神仙道化剧的代表作。他偶然为之的历史剧《汉宫秋》使美人昭君的形象一改往日的面貌，同时也成为马致远创作中的另一闪光点，后人把他作为马致远的代表作。

作为元曲四大家之一的白朴的创作则呈现出另一番面貌。他的代表作《唐明皇秋夜梧桐雨》所反映的李隆基与杨贵妃的故事与此前此后的同类题材作家的作品完全不同。白朴在《梧桐雨》中既不是歌颂李、杨爱情，也无意探究唐明皇政治上的功过。《梧桐雨》是一出悲剧，在作品中失去生命的是杨贵妃，但真正悲剧主人公是李隆基。作品着重描写李隆基一生中由盛而衰的经历给予他的心理悲剧。白朴在《梧桐雨》中，这种对悲剧外在形式与表层结构的扬弃，而对悲剧的真正核心——精神因素的把握，以及所反映的这种"心理悲剧"的典型性，使他在中国戏剧文学史上，永远刻上了自己的名字。元曲四大家"关、郑、白、马"[2]中，郑光祖是较晚的一个，他擅长于写儿女风情剧，其代表作是《倩女离魂》。

在元代众多的杂剧作家中，王实甫以其杰作《西厢记》的成就，足以和关、马、白、郑齐名。"作词章风韵美，士林中等辈伏低。新杂剧、旧传奇，《西厢记》天下夺魁。"[3] 可知王实甫是混迹于妓女艺人中间，颇为出风头的读书人，其特长是撰写儿女风情剧。《西厢记》

---

[1] 王国维. 宋元戏曲史. 北京：东方出版社，1966：108.
[2] （明）王季德《曲律》杂论第三十九上："世称曲手，必曰关、郑、白、马"。
[3] （明）贾仲明《凌波仙》吊词。

在戏曲史上重要贡献：一是塑造了张生、红娘、莺莺等几个重要的人物形象，这些人物都成为舞台上永恒的形象，至今不衰；二是提出了"普天下有情人终成眷属"的重大主题；三是形成了中国爱情戏中一公子、一小姐、一丫鬟另有一个对立者的爱情表达模式。此后好长时间里，中国的爱情戏基本套用的是这种模式。

由于结构的限制，形式的单调，创作中心的南移，杂剧在元末开始衰落，而被与杂剧并列的另一剧种——宋元南戏所代替。宋元南戏，亦称戏文、南戏文、南曲戏文，也叫温州杂剧或永嘉杂剧，北宋末年发源于浙江温州（永嘉），故名。虽然它先后受过宋金杂剧和元杂剧的影响，但并不属于杂剧系统，而是有着自己的发展道路。南戏体制的主要特点：一是采用长篇体制，比较庞杂松散；二是有题目正名，又有副末开场；三是脚色有七个，以生、旦为主；四是主要用南曲，也间用北曲；五是每个段落（相当于"出"）不限用同一宫调的曲调，比较自由灵活；六是用宫、商、角、徵、羽五声；七是各行当脚色均可唱，歌唱方式也多样化。尤其晚期南戏体制，有了很大的改革和发展。《荆钗记》《白兔记》《拜月亭》《杀狗记》四大戏文和《琵琶记》是南戏代表作。

明清传奇基本是延续着南戏体制。与南戏比传奇是一种文学体制更加规范化，音乐体制更加格律化的剧种。有人认为南戏与传奇的区别和标志主要是以昆曲的兴起为准绳。的确，魏良辅对昆山腔的改革是中国戏曲发展史上的一件重大事件。它带来了昆山腔二百多年的繁盛，也开创出中国戏曲史上的另一黄金时代。显然，昆山腔能够在戏曲诸腔的竞演中脱颖而出，与文人的涉足剧坛有着很大的关系。文人的热情投入带来了昆剧的兴盛。梁辰鱼的《浣纱记》是根据革新后的昆山腔创作的第一部传奇剧本，梁氏把吴越斗争的历史和有关西施的传说巧妙地组合在一起，借生旦悲欢离合的故事来抒写历史的兴亡。所以《浣纱记》不仅把昆曲从清唱变成舞台艺术，而且创造了以离合之情，写兴亡之感的传奇创作的新格局。这种格局颇受后来剧作家的欢迎。

明万历年间，传奇创作达到了高峰，出现了以沈璟和汤显祖为首的两大艺术流派，即格律派和临川派相互争胜的局面。两人都从各自理论主张的需要出发来否定对方，以至走向了极端。这次争论的根本分歧在于：沈璟主张"守律"，从曲乐的角度要求文词服从格律；而汤显祖崇尚"才情"，从曲文的角度要求格律服从文词。"沈汤之争"的结果促进了明代传奇创作的发展。汤显祖的"临川四梦"震撼了当时的剧坛，《紫钗记》《还魂记》《牡丹亭》《南柯记》四个剧本里都有做梦的情节，世称"玉茗堂四梦"。《牡丹亭》是"四梦"中写得最成功的一部作品。全剧以杜丽娘争取婚姻自主为主线，展现出明代广阔的社会生活画卷，通过"情"与"理"的强烈对立和尖锐冲突，歌颂了杜丽娘这位有情人为情而死、为情而生的"至情"精神。《牡丹亭》凭其不凡的主题，奇巧的戏剧情节，宏大的戏剧结构，鲜明的人物性格，细致的心理描写，诗化的戏剧语言，成为可与元杂剧《西厢记》相媲美的传奇扛鼎之作。

1644年清军入关，以武力建立了中国历史上最后一个封建帝国，古典戏曲就在这个政权的统治下，完成了最后的嬗变。以孔尚任创作的《桃花扇》和洪昇创作的《长生殿》为标志，为传奇戏曲艺术划上了圆满的终止符。《桃花扇》剧作的成就不在于以简单的生旦排场，搬演男女之情，而是"借离合之情，写兴亡之感，实事实人，有凭有据"，以一柄诗扇串联全剧，把个人遭遇和国家命运紧密结合在一起，写出了作者对兴亡的深切感慨和思考。《长生殿》形象地描画出天宝年间尖锐激烈的社会矛盾和政治斗争，反映了乐极哀来的历史动荡和人生变迁，剧作成为旧题材翻出新主题，化腐朽为神奇的传奇爱情的范例。

总的看来，清代戏曲伴随着社会政治发展，出现了阶段性变化特点。清代前期，文人创作依然主宰着剧坛，成为创作主流。清代中叶，传奇开始衰落，乱弹勃兴，出现了花雅之争，雅就是昆山腔；花即为京腔、秦腔、弋阳腔、梆子腔、罗罗腔、二黄腔统谓之乱弹。这些被士大夫称之为"花部""乱弹"的地方戏，继承了弋阳诸腔在民间流传演变的传统，又吸收了昆山腔的一些艺术技巧，在各地兴盛起来，并且在与昆腔的斗争中最终取得了胜利。京剧就是对乱弹诸腔吸收消化，融徽、汉、秦、昆于一身，不断的改革创新，以满足不同社会阶层、不同欣赏口味、不同观赏习惯的观众群的要求，终于形成了面向全国的一个剧种。

二、中华民族精神的一块丰碑——《赵氏孤儿》

中国戏曲题材广泛，内容丰富深刻。但纵观元明杂剧、宋元南戏、明清传奇，在中国戏曲中有一些热门的话题，有几类是常见的题材。第一类：爱情婚姻剧，《西厢记》《拜月亭》《牡丹亭》等是代表作。第二类：清官断狱剧，也就是公案戏《魔合罗》《鲁斋郎》等。第三类是忠智豪杰剧，以《赵氏孤儿》《清忠谱》为代表。第四类是变泰发迹剧，这类作品多描写穷儒寒士悲惨贫困的生活和他们的愤怒不平，最后终得功名富贵。《冻苏秦》《荐福碑》《王粲登楼》都是这方面代表作。第五类是伦理道德剧，南戏之祖《琵琶记》、无名氏《杀狗记》《十孝记》皆是代表作。在这些题材中，最使人荡气回肠的作品是描写忠智豪杰的作品，这些作品大多数是歌颂忠臣义士，英雄豪杰，指斥奸佞谗臣，势利小人，表达明君贤臣的政治理想，歌颂忠和义的高尚人格。元代纪君祥的《赵氏孤儿》是这类作品的代表。

《赵氏孤儿》全名为《冤报冤赵氏孤儿》，故事来源于《左传》和《史记》，其中《史记·赵世家》的记载尤详。故事发生在春秋时代的晋国，晋灵公的一位大将屠岸贾为了专权，对文臣赵盾多次陷害，先派鉏麑行刺赵盾，鉏麑不忍陷害忠良，自己触树而死；后在金殿上唆使凶犬扑咬赵盾，被太尉提弥明护救。赵盾逃出殿门，想乘马车逃离，车却早已被屠岸贾除去一轮，无法行驶。危机关头一位壮士冲来，拚尽全力一手扶轮一手策马，救出赵盾；这位壮士原是赵盾在乡下桑间救活的饿夫灵辄。屠岸贾又向晋灵公屡进谗言，杀害了赵家三百余口。赵盾之子赵朔是宫中驸马，屠岸贾假传圣旨赐死赵朔，囚禁了公主，不久赵朔的遗腹子——赵氏孤儿出生。屠岸贾要斩草除根，下令等到赵家这唯一的后代足月就杀死。公主把孤儿托给草泽医生程婴，为了保密自缢身亡。程婴把孤儿藏在药箱带出驸马府，却被把门的韩厥搜出，韩厥深明大义，放走了孤儿，拔剑自刎。屠岸贾得知孤儿逃出，下令要杀死全国所有半岁以下的婴儿。程婴为救孤儿及全国的婴儿，与好友公孙杵臼商定把自己的儿子冒充孤儿置于公孙杵臼家中，后向屠岸贾"告密"。结果假孤儿被杀，公孙杵臼撞阶自杀。程婴把孤儿抚养成人，20年后，孤儿杀屠岸贾而报仇。

这惊心动魄的故事，在宋、元的社会历史背景下隐含着反元蒙复赵宋的思想，文天祥就曾写诗云："英雄未死心为碎，父老相逢鼻欲辛。夜读程婴存赵事，一回惆怅一沾巾。"但作者大量描写的是诸多义士为营救赵氏孤儿所做的拼死的努力和牺牲，突出彰显的是一个"义"字。这里的"义"绝不仅仅是一般道德中的朋友之"义"，而是为国家利益为民族兴亡事业，人与人之间形成的一种义。这种"义"的含义对后来《三国》《水浒》等通俗文学中的"忠义"思想有着直接的影响。

《赵氏孤儿》以救孤为中心，展开了一场生死相拼的忠奸斗争。在这里，忠和奸并非指是否忠于君主，而是有着更多的善恶是非之分，有着许多的道德观念的作用。剧中的晋灵公是个无道的昏君："正遇着不道的灵公，偏贼子加恩宠，着贤人受穷困。"屠岸贾是"不廉不公，不忠不孝"，身居高位，"只将那会陷谀的着列鼎重裀，害忠良的便加官请俸，耗国家的都叙爵论功。"他残忍地杀害忠良无辜，使赵家三百余口血流成河，且要把全晋国半岁以下的儿童处死，他是邪恶势力的代表，是残暴的象征。在这个作品中所塑造的不是一个英雄人物，而是塑造了鉏麑、提弥明、韩厥、公孙杵臼等一系列的英雄群像。这些英雄人物之所以能够出现，是中华民族长期形成的"道德意识"作用的结果。从忠奸之辨出发，鉏麑牺牲了，提弥明主动站出来了；从"滴水之恩当涌泉相报"的朴素的报恩意识出发，灵辄拼命去救赵盾；从不愿"利自己损别人"出发，将军韩厥自刎了；从"曾与赵盾名为刎颈交"的友情出发，老宰辅公孙杵臼就义了；从"知恩报恩"的观念出发，尤其是"要救晋国小儿之命"的愿望出发，草泽医生程婴舍子舍己承担起了救孤养孤的主要责任。在保护赵氏孤儿的一系列行动中，这些人失去了个人的前途、家庭的幸福甚至是社会的同情和人们的理解，当程婴献出自己的儿子，冒着生命的危险承担着救孤养孤的重大责任时，他却担当着背叛朋友"告密"的罪名，承受着精神上和肉体上的巨大痛苦。这些英雄们用鲜血和生命为人们提供了一个人生价值的参照系。

在这里，作者是从善与恶、忠与奸、义与利等道德准则来评判人物。在中国的历史发展过程中，正因为有无数的人抱有这种道德准则，有无数英雄为属于这种道德范畴的正义而献身，才使那身居高位、不可一世、机关算尽陷害别人的权奸，最终无法逃脱历史的裁判。在中国人的道德意识中，"忠"和"义"是至为重要的，是高于一切的，高于生命，超于爱情。于国于君要绝对忠，于朋于友要讲究义。有无数的英雄是这种道德意识的化身，而无数的英雄又使这种道德意识在民众的心理加强。在很长的一段历史时间里，中国的老百姓是依靠着"听书看戏"知道和了解自己的民族英雄的，并借此来提高自己的"精神文明"程度。像《赵氏孤儿》这样的作品无疑对中国人的道德意识甚至灵魂的塑造起着重要的作用。

《赵氏孤儿》是我国古代剧作中较早介绍到国外的一出剧目。18世纪它就被译成法文、英文在欧洲刊行。伏尔泰和歌德还曾经借用这出戏的情节进行过创作，改编为《中国孤儿》，在改编的献辞中称，这个剧作中"有些合情合理的东西，就是欧洲最有名的戏剧还是赶不上的。"王国维在评论《窦娥冤》和《赵氏孤儿》时说："剧中虽有恶人交构其间，而其蹈汤赴火者，仍出于其主人翁之意志。即列之于世界大悲剧中也无愧色也。"[①]《赵氏孤儿》所具有的悲剧性的力度，情感的浓度，在中国戏剧史上的确是不可多得的。它所塑造的悲剧人物，

---

① 王国维. 宋元戏曲史. 北京：东方出版社，1996：102.

都是为某种高尚的道德勇于牺牲的英雄形象；它采取的悲剧冲突，是忠奸正邪之间的伦理较量；它营造的悲剧气氛，是刚烈的悲壮而不是隐忍的悲怨，这一切都成为一种模式，被后世的一些戏曲悲剧模仿继承。《赵氏孤儿》对中国文化的影响是深远的，既有艺术的更有精神的。它至今仍然活跃在中国戏曲舞台上，而且被改编成其它戏剧形式。

【研习与探索】

1. 昆曲入选"非遗"项目十年之际，台湾作家白先勇先生携青春版《牡丹亭》来到北京大学连续演出3天，北大百周年纪念讲堂剧场2200多个座位都被早早占满。请查阅相关资料，下载青春版《牡丹亭》和于丹说戏《昆曲＜牡丹亭＞》欣赏，写篇观后感。

2. 当今伴随着信息社会的发展，全球文化越来越一体化的背景下，中华民族文化应处于何种地位？像类似于戏曲这样的民族文化该如何发展？

3. 以具体作品为例比较分析戏曲艺术与其它艺术的异同，就此在班上作一个主题报告。

4. 请观赏现代电影《赵氏孤儿》，思考同一素材用不同艺术形式表现有何意义和特殊美感？

（杜改俊）

第四节　对联艺术的欣赏与写作

国学是本民族固有的最具有民族特色的学术文化，主要指古代的文学、历史、哲学和艺术以及对这些领域的研究学问，也包含现代创造的最具有民族特色和代表性的人文方面的文化成果和学术成就。国学是本民族集体意识和智慧的高度凝聚与体现，是传承民族精神和智慧的核心部分。国学水平的高低标志着一个国家和民族的精神水准的高低。具有五千年文明史的中国，堪称国学精华的内容十分丰富，诸如"龙学""红学""诗学""京剧""易学""经学""书画"等等。对联艺术是其中最具大众特色的一种。

对联是借助汉字的字形和语音特点用对偶句组成的，一种既有社交实用价值又有欣赏价值的民族艺术形式。诗文、小说、戏剧，各国都有，唯有对联是中国特产。对联采诗、词、曲、赋、骈文之精华，穷平仄、对仗、虚实之变化，形成了具有中国特色的体裁，包含了传统文化的基因，尽显汉字丰采，可谓中华瑰宝，国学明珠。对联以其对称的句式，给人以整齐均衡之美；以其节奏分明、平仄间用，给人以音韵和谐之美；如果再配以书法，又富有"图文并茂"的特点，极具艺术欣赏价值。创作对联可以锻炼思维，增进智慧；欣赏对联，可以陶冶性情，深入领悟中华文化的魅力。

一、对联的产生和发展

早在西周的《诗经》中就有对偶句出现,诸子百家的著作中也多有对句,如《礼记》:"情欲信,辞欲巧。"《左传》:"言之不文,行而不远。"楚辞和汉诗中对偶句逐步增多,如:"青青河畔草,郁郁园中柳。""胡马依北风,越鸟巢南枝。"等等。但梁代以前的对偶句均是不自觉的创作,是人生命律动的自然形成。到了梁代,沈约有意识地将前人周颙发明的"四声"引入诗歌创作,开始了格律诗的探索,出现了大量的对仗工整的对偶句,但还只是"寄生"在各种典籍中尚未独立成专门的艺术形式。唐以后,盛行律诗、绝句,其对语句工整的严格要求,促进了对联形式的完善与规范。人们越来越发现对偶句的美妙,开始单独应用,特别是经五代后蜀主孟昶,用联语"新年纳余庆,嘉节号长春"取代了桃符后,就成为一种民俗,在宫廷园囿、庶民百姓家的门边、楹柱上流传开来了。

到了宋代,太祖朱元璋采取行政命令,要求家家户户贴春联,形成了春节贴春联的风俗。至清代对联更是盛极一时,名家辈出。其中孙髯的昆明大观楼长联和梁章钜的关于对联的著述《楹联丛话》是两个重要里程碑,标志着对联已经成为独立文体,可以与诗词曲赋并驾齐驱。从此,文人士农、工商力夫都喜闻乐道,用来状物写景、言志寄怀、庆喜吊丧、题赠劝勉、逞才逗趣、装饰环境等,使对联的应用渗透到社会生活的各个方面,其势蔚为大观。直到2005年的整台央视春节晚会都用对联组串起来,充分展示了国粹文化的魅力。

二、对联的形式要求和特点

(一) 字数相等

每联字数可多可少,多者上千字,如清末的钟耕舫在狱中拟题江津临江城楼的长联,长达1612个字,每句806字;最短的联,只有两个字。1931年"9.18"惨案发生时,有人写了一幅对联,上联是一个"死"字,下联是一个倒写的"生"字,隐喻"宁可站着死,决不倒着生"。不论长短,但上下两句的字数一定要相等。

(二) 词性一致

一般均要求上下句相对的字词要词性相同,即名词对名词、动词对动词、介词对介词等。其中可分同类对和异类对。同类对上下句用字必须是同一类事物的同性词,如:

　　南檐纳日冬天暖,北户迎风夏月凉。

同类对的优点是可以写得整饬、工丽、庄重,缺点是容易流于板滞,甚至犯"合掌"的毛病。异类对仅仅以词性的虚、实成对，而字义并非同类，甚至全不相关，是一种宽对，如：

行色秋将晚，交情老更亲。

异类对虽然不如同类对之均衡、平整，却少受拘束，相当灵活，在艺术表现上更富于变化，有更大的容量；搭配得好，也能写得极其工致。

（三）结构相同

要求上下句在组词时词组结构相同，这是弥补上下句词性难同时使对仗工整的好办法。有两层意思：一是要求上下句句型相同，如：

勤俭——传家久，清廉——继世长。
居之安——四时吉庆，平为福——八节康宁。

二是要求上下句用词结构相同，比如杭州岳飞坟的对联：

正邪自古同冰炭，毁誉于今判伪真。

上下句词性不完全相同，但都以"联合结构""介词结构"和"动宾结构"构成，就使上下句对得更加严谨，达到了工对的效果。

（四）平仄协调

古代汉语中平声字属"平"，上、去、入声字属"仄"。现代汉语中阴平、阳平属"平声"，上声、去声属"仄声"。写作对联时要求单句中平仄相间，通常两个音节交替使用平仄声；而上下句之间则要求平仄相对；一般上句尾字要求用仄声，下句末字用平声。如清朝陈元龙的对联：

水能性淡为吾友；竹解心虚是我师。

一般来说句中"一、三、五不论，二、四、六分明"。但在写作实践中，有时可以有所变通，只要不违背起码的平仄错落相间的原则，至少要保证当句中平仄相应和上下句平仄大体相对。如北京潭柘寺联：

大肚能容，容天下难容之事；慈颜常笑，笑世间可笑之人。

有的把"慈颜常笑"写作"开口便笑"，在音韵上就不够味了。

三、对联的构思

所谓对联,要求上下句有联系,如果上下句内容风马牛不相及,根本就不能成为对联,如"人欢马叫,春和景明";但是上下句如果完全一样,思路含义重复,那也是犯了对联的"合掌"之大忌。一般来说,对联的思路不外乎三类:

(一)正对(辅义对、并列对)

正对,指上下句的内容性质相同、思路相近、意义相辅相成。其内在联系是一种正面的互补的关系。如史可法自撰的格言联:

> 斗酒纵观廿四史,炉香静对十三经。

上下两句都是抒发自己的人生追求,却写出在一动一静的两种生活空间研读经典的不同境界;均说读书阅经,但又拓展了范围;两种不同的意境,又确是人们自由空间的两个组成部分,有着不可分割的有机联系。其意既是自勉,又是劝学。

正对好写,却难写好,很容易流于平庸和重复。举例来看:

> 饭熟菜香春满座,窗明几净客如云。

上下句都从正面描绘客店优长,但上句着重写烹饪之美,下句着重写清洁卫生,不同角度,有所拓展。而下一副对联上下句却完全重复:"南北烹调闻香下马,东西饭菜知味停车。"在艺术上是个失败的作品。

(二)反 对

反对,指上下句的意义是相反相成的,其内在联系通常是转折的关系。例如:

> 青山有幸埋忠骨,白铁无辜铸佞臣。

取反对的角度比较利于拓展意境,避免犯雷同之病。刘勰《文心雕龙·丽辞》云:"丽辞之体,凡有四对:言对为易,事对为难;反对为优,正对为劣。反对者,理殊趣合者也。正对者,事异义同者也。"虽义理不同,而旨趣相合,也就是相反相成,殊途同归。这是对仗的精义。例如梁章钜集句:

> 清风明月本无价,近水遥山皆有情。

上联用欧阳修句，下联用苏舜钦句。清风明月是自然美，不用花钱就可以享受，但对不懂自然美或没有时间欣赏自然美的人来说，有钱也买不到。近水遥山是无情物，但在诗人眼里，都成了有情之物。"近水遥山""清风明月"当句自对，又上下成对，十分工整，而"近水"与"遥山"，"无价"与"有情"是反对，更有情趣。

（三）串对（流水对、走马对）

串对，指上下句意思不是独立的，也不是并列的，而是连续的、彼此依存的，语气一贯，犹水之顺流而下，结构上常有顺承、或递进、或因果的关系。如：

青山遮不住，毕竟东流去。　　　　　　　　　　（因果关系）
松间明月长如此，身外浮名何足论。　　　　　　（选择关系）
板凳要坐十年冷，文章不写一句空。　　　　　　（目的关系）

串对比较注意上下句的内在联系，有时可以冲淡平仄和词性的讲究，显得灵活婉转，自然流畅。原本大体相对的，因用串对的构思，会使对子增强工整的效果；原本词性、结构不大对的，只要用串对，可以弥补其不足，使之达到较好的效果。

四、对联中的格与写作技巧

撰写对联的技巧十分丰富，有组字技巧，有修辞技巧，历代艺术家穷尽智慧，创造出异彩纷呈的方法，有的巧妙变通，有的独辟蹊径，为我们写作对联和欣赏对联提供了有益的经验。人们习惯将创就对联的成功格式和技巧，称作某某格，这里概括介绍十种对联辞格。

（一）嵌字格

因特殊需要，有意将有特别含意的字词嵌在句中相应的位置，以强调表示某种专门的意义。仅嵌字格就有十三种，常用的有：

鹤顶格：文学词章，分储四库；明良喜起，协和万邦。　　（嵌"文明"）
雁足格：两岸杨花风作雪，一池荷叶雨成珠。　　　　　　（嵌"雪珠"）
魁斗格：千峰鸟语含梅雨，五月蝉声送麦秋。　　　　　　（嵌"千秋"）
峙格：林收暮霭天气清，山入寒江月彩横。　　　　　　　（嵌"林清江"）

在生活中，人们常常喜欢把人名、地名嵌入对联，趣味横生。如当代著名企业家张瑞敏特别喜爱这样一副对联：

祥云瑞雪，慎言敏行。

其中既包含了他的名字，也有他领导的企业生产的第一代电冰箱的名字"瑞雪"，更表

达了他人生理念和处世之道。(见《海尔中国造》207 页)

(二) 回文格

通过巧妙的文字排列，使对联结构上缠绵往复，变化有致，倒读顺读，流畅自如，但内容随着倒顺而各异。常见的一种形式是下一句是上句的倒读，如：

人过大佛寺，寺佛大过人。

再如北京天然居茶楼中，相传乾隆所撰联：

客上天然居，居然天上客。

意思说：人上了天然居茶楼，自然就是"天上客"了。如果与"人过大佛寺"一联组成上下联，便有了人大过佛之隐意，读来耐人寻味，意蕴隽永。

还有另一种当句回文，顺读倒读均可，如：

青岛绿草坡草绿岛青，黄山落叶松叶落山黄。

创作回文联难度相当大，要求撰联者有深厚的语言功底，有利于锻炼智力。有时用得好，尤其是用于旅游之地，可使胜地大大增色，如江苏连云港云台山的花果山水帘洞的"回文联"：

洞帘水挂水帘洞，山果花开花果山。

(三) 叠字格

在对联中巧妙地连用两个相同的字，目的是加强节奏感，营造大珠小珠落玉盘的意境美，常有曲折回荡、情真意切、曼情柔肠的韵味。如苏州网师园联：

风风雨雨，暖暖寒寒，处处寻寻觅觅；
莺莺燕燕，花花叶叶，卿卿暮暮朝朝。

不但写景，而且以几组叠字把动物"莺""燕"人格化，同时又将植物"花""叶"赋予了生命。借大自然的景色，毫无保留地阐发了对大自然扑朔迷离的变化感到无可奈何的困扰情绪，读来非常感人。还有一种格式是联中只用一个词组重叠，如山东济南的趵突泉联：

佛脚清泉，飘飘飘飘，飘下两条玉带，

源头洁水,冒冒冒冒,冒出一串珍珠。

从字面上看象叠字,实际上是一组动词的排列,上下联中,虽然有五个相同的字,但每一个字,都是一个独立的词,巧妙地描绘出趵突泉由下喷冒不停,又由上飘落连绵,像龙吐串串珍珠。

(四)拆(析)字格

拆字联就是把一个字拆成两个部分组成对联,如:"閒看门中月,思耕心上田。"

拆字联要求析字合理,是一种比较高雅的文字游戏,由此生出很多对联故事。一次,乾隆乔装巡视,与告老还乡的前宰相张玉书共饮。席间,唤来一位倪姓歌女演唱助兴。一曲歌罢,乾隆乘酒兴口出一联:"妙人儿倪氏少女",张知道该联是由"妙""倪"二字拆开组成,又一时想不出对句。歌女不识乾隆,便随口答道:"大言者诸葛一人",完成了此对,妙趣横生。另有用解说方式构成析字联的,如:

品泉茶三口白水,竺仙庵二个仙人。
踏倒磊桥三块石,剪开出字两重山。

(五)偏旁部首格

利用汉字偏旁部首相同的特点进行组对,如:

烟锁池塘柳,灯深村寺钟。

这副上联的偏旁是火、金、水、土、木。下联也以同样偏旁与上联相对,但排列顺序不一定要和上联一样。还有上联全部是一种偏旁,下联亦用一种偏旁相对的,如:

泪滴漓江流满海,嗟叹嚎啕哽咽喉。
迎送远近通达道,进退迟速逗逍遥。

(六)借字格

利用汉字一字多音多意的特点组成对联,其本质是借此字表它意。如河北山海关孟姜女庙上的一副对联:

海水朝朝朝朝朝朝朝落;
浮云长长长长长长长消。

利用"朝"字有"潮"和"朝"两意、"长"与"常 chang"和"长 zhang"两音义，依同音的特点组对，可作三种断句，四种读法。采用不同读法会获得不同含义，的确耐人寻味。

（七）谐音格

与同字异音相反，取与本意字音相同或相近的不同的字来代替本意字创作对联，一种情况是为了处理内容与形式的矛盾，借谐音达到相对，如：

栗绽缝黄见，藕断露丝飞。

"缝黄"与"露丝"本不对，但与"凤凰""鹭鸶"谐音，就收到了工对的效果。另一种情况是借谐音双关暗示言外之意，如：

因荷（何）而得藕（偶），有杏（幸）不须梅（媒）。

（八）当句对（句中对）格

在本句之中自身成对，如：

古往今来皆涕泪，断肠分手各风烟。

"古往"对"今来"，"涕"对"泪"；"断肠"对"分手"，"风"对"烟"，而"断肠分手"与"古往今来"又成蹉对。"涕泪"与"风烟"也字面成对。王维的名句："江流天地外，山色有无中。""天地"名词，"有无"动词，本不对，因当句自对，所以上下才成对。当句对因其上下成偶，左右逢源，一色两耀，特别精巧，而长于形容，宜于渲染，用于描写句中，常能增强目眩神摇或应接不暇的艺术效果。

（九）歇后语联格

歇后语入联是将一句俗语分成两部分，上半句出题，如："马过木桥"发出咚咚的声音，故续句为"蹄打鼓"，下联是"鸡啄铜盆"，铛铛作响，答句为"嘴敲锣"。制作歇后语联，要有比较丰富的知识和想象力。如：

稻草扎秧——父抱子；竹篮提笋——母怀儿。
醉汉骑驴——颠头簸脑算酒帐；稍公摇槽——打拱作揖讨船钱。

（十）反复格

对联一般不宜多用重复字，但有时特意用重复的方式，反而能造成声情摇曳、回还生趣的艺术效果。如明顾宪成题东林书院联：

> 风声雨声读书声，声声入耳；
> 家事国事天下事，事事关心。

上联将读书声和风雨声融为一体，既有诗意，又有政治意义。下联以齐家治国平天下为己任。风对雨，家对国，耳对心，极其工整，特别是连用叠字，如闻风声雨声读书声，响成一片。

还有一种情况，即两字颠倒自重自对，如：

> 八十君王，处处十八公，道旁介寿；
> 九重天子，年年重九节，塞上称觞。

乾隆五十五年（1790）重阳节前，彭元瑞出句，纪晓岚应对。联文是乾隆八十寿辰的颂词，妙在切人（乾隆）、切地（万松岭）、切时（重阳节），而且采用了拆字（松为十八公）、叠字（处处，年年）和两字颠倒自重自对（八十，十八；九重，重九）的高度技巧，可称对联极品。用四言句祝颂最合适，中间插五句使全联端庄而有生气，加上文字游戏，就更加有趣了。

另外还有顶针格、数字格、双声叠韵格、设问格等等。

【研习与探索】

1. 对联应用十分广泛，请搜集30副以上的对联，对对联应用情况进行分类。
2. 请评析这副对联："蝉噪林愈静，鸟鸣山更幽。"并从网上查找与此相关的故事。
3. 请为本班创建优秀集体或为本校团委举办元旦文艺晚会题写一幅对联。
4. 调查你家乡人们应用对联的情况，写一篇"从对联看当代大众文化"的小论文。

（赵丽玲）

第五节　徐霞客的"千古奇书"与旅游文化

明代出了不少奇人，其中有位说了一句脍炙人口的话："登黄山天下无山，观止矣。"（《游黄山日记》）他叫徐宏祖（1587－1641），字振之，号霞客，是我国以旅行为毕生事业的第一人。他足迹遍及中国当时的十五个行政区，根据旅行所得写了一部60余万字的奇书《徐霞客游记》，篇幅之巨远超过比他早约三百年的马可波罗的《游记》和阿拉伯人伊本·白图泰的《游记》，也超出比他晚约二百年的斯文赫定的《亚洲腹地旅行记》，成为世界上最有影响的游记之一。而且他将高度的科学性与艺术性完美地统一了起来，地理游迹，凿凿可稽；写景状物，精细如画；情景浑融，如临其境；不愧为"古今游记之最"。①

一、徐霞客的游历人生

中国古代不乏声名远扬的大旅行家，汉代出使西域的张骞，晋、唐出使印度的法显和玄奘，明朝七下西洋的郑和。但这些人要么是奉帝王之命出行，要么是为宗教而远足，而徐霞客是中国历史上第一个自资从事地学探险的旅行家。他凭一己之力和个人志趣，凭着生命的直觉张扬个性，在缘情自适的精神向度上挥洒才情豪情，写下了独特的人生履历。

徐霞客的高祖徐经曾与著名画家唐寅一起中科举，但有人嫉恨他家豪富而状告徐经贿赂主考官，结果被废锢终身，唐寅也受牵连。父亲徐有勉"性喜萧散而益厌冠盖征逐之交"，家道衰落。母亲王氏思想通达，且有经济头脑，为振兴家业开了织布作坊，所织的布工艺精美，市场上人们能辨认出徐家产品，在苏州非常畅销。母亲的精明为徐家积累了不少财富，这为徐霞客自费出游提供了保障。徐霞客"少负奇气"，特好奇书，"侈博览古今史籍及舆地志、山海图经以及一切冲举高蹈之迹"②，不喜读经书作八股，15 岁时应一次童子试，未取，以后再没去应试。在读古地志中，他发现一些记载"承袭附会"，"山川面目多为图经志籍所蒙"③，对世事"视之如白云苍狗，逾复厌弃尘俗，欲问奇于名山大川"，母知其心事，鼓励他说："志在四方，男子事也！"④ 还亲手为儿子制远游冠，以坚其志壮其气。她八十岁时还让儿子陪自己出游，路上总是走在前面，让儿子相信自己身健体强，放心出游。徐霞客也极为孝顺，早年游历时一般都事先选定路线，作"有方之游"，按期回家探望母亲，回来都跟母亲讲述他经历的奇闻轶事，还常给母亲带些稀有的东西，如游武当山归来时送榔梅种为母寿礼。

徐霞客的出游，大致可以分成两个阶段，前一阶段是 22 岁至 51 岁以前。每次出游时间较短，常是春去夏归，或夏出秋归，地点多在东南和华北一带。后一阶段是 51 岁之后的西南之行，历时 4 年。这时母亲已去世，长子、次子都已结婚，他没后顾之忧，并为出游做了多年准备，历经浙、赣、楚、桂、黔、滇六省，行程万里以上。除南部各省可航河段坐船之外，在山区及云桂西南各地均步行。到行程最后阶段，由于体力衰竭，由丽江木知府派肩舆送他到黄冈，又由黄冈县官候大令派船送回家中，在家卧床一年即与世长辞。

徐霞客为实现自己的理想，对野外考察中遇到的种种艰难困苦，表现出惊人的毅力和蓬勃的乐观精神。在湘江被劫一空，一时借贷无门。面对漫长的旅程和不如归去的劝说，他的回答是："不欲变余去志，……吾荷一锸来，何处不可埋吾骨耶！"旅途断炊，他或者"以刘君所惠绸一方，就村妇易米数筒"，或"以褶、袜、裙三事悬于寓外，冀售其一，以为行

---

① （明）徐霞客. 徐霞客游记. 上海：上海古籍出版社，1987：1266.
② 陈函辉. 霞客先生墓志铭. 上海：上海古籍出版社，1987：1191.
③ 陈函辉. 霞客先生墓志铭. 上海：上海古籍出版社，1987：1195.
④ 陈函辉. 霞客先生墓志铭. 上海：上海古籍出版社，1987：1195.

资"。好不容易得了二百文,"亟索饭,乘晚探尖峰之洞"。为搜寻山川岩壑的奥秘,他爬山,望险而趋,必登群峰之颠;探洞,觅奥而逐,务达幽穴之邃。溯江探源,无奇不访,无险不披,"虽山精怪兽群而狎我,亦不足为惧",甚至是活生生的巨蟒,都挡不住他前进的脚步。有时走错了路,"幸兼收之胜,岂惮往复之烦"。有时蹬断路绝,同行伴侣和向导裹足却步,他仍不罢休,"衣碍则解衣,杖碍则弃杖","穿棘则身如蜂蝶,缘崖则影共猿鼯"。为了要把考察的成果保存下来,每天游途归来,不论风雨晨昏,有时甚至在途中,都坚持作好记录,每日少则数字,多则二三千字,写就了被大名士钱谦益誉为"世间真文字,大文字,奇文字"的《游记》。①

二、地理学巨著和游记文学杰作

《徐霞客游记》首先是一部具有科学意义的地理学巨著。它对各种地质、地貌,山川源流,各地气候和植物特征,各地的特产和交通、城镇沿革、地名考证、民情风俗以及社会动态等方面都有翔实的记述,具有重要的科学史料价值。而且在广泛考察的基础上,将祖国各地的地理现象作了精辟类比和系统总结,试图探寻自然界现象的规律,这种研究性工作在西方直到18世纪才开始萌芽。英国的中国科技史专家李约瑟在《中国科学技术史》中评论说:"他的游记读来并不像是十七世纪时的学者所写的东西,倒像是一位二十世纪野外勘察家所写的考察。"

徐霞客尤其在研究岩溶地貌学方面的成就领先西方约200年。我国南方各省,岩溶地貌分布的面积很广,东起杭州的飞来峰,西止云南西部保山的水帘洞,徐霞客都作了详细考察,在全部游记中,约有五分之一的篇幅记述这种地貌,可说是世界上最早而又完整的岩溶地貌考察文献。他的工作有科学的定名、科学的类比和系统的总结、成因的探寻。他称石灰岩山地受雨水溶蚀后形成的石芽和溶沟地形为石萼、石齿,对钟乳石,石笋等都予以生动的记述和正确的定名。他将漓江、柳江、洛青江沿岸的石峰地形作了确切对比,说漓江谷地完全是"石峰"地形,"无一土山相杂",而柳州府西北,则"两岸山土石间出",而"洛容江中俱悬滩荒碛也"。对石山地形的成因,他正确地指出是"山洗其骨,天洗其容",补充纠正了北魏郦道元,北宋沈括,南宋范成大等人的成说。

徐霞客不迷信书本,早年"博览古今史籍及舆地记,山海图经",发见其中互相因袭,谬误颇多,就亲临考察,实地验证。他游雁荡山时,为探寻雁湖所在,冒着生命危险,攀登东峰,发现"境不容足,安能容湖",指出旧志的错误。在西南游时,到了九嶷山,冒雨攀登湘水和潇水的发源地三分石,纠正了旧志所称三分石下水分流广东、广西及湖广的错误。他在《溯江纪源》一文中肯定了金沙江是长江的上源,澄清了《禹贡》所说"岷山导江"的误解。他亲自探察了二百五十多个溶洞,其中对桂林七星岩等溶洞还进行过两次以上的考察。1953年,中国科学院地理研究所用现代测量工具测绘了七星岩洞穴平面图,结果与徐的描述

---

① (清)钱谦益. 徐霞客传. 上海:上海古籍出版社,1980.

基本一致。[①]

在他的《游记》中充满着求真务实和严谨创新的科学精神。正如施光华所说："有人称誉徐霞客是'历险之最，旅行之王'，称誉其游记是以目撼足析的实践而'铸就的传世文章'。当我们读着《徐霞客游记》的时候，不仅觉得它是一部浩瀚的地理、文史等多学科的科学巨著，而且'文中有人'，处处为它的精神所震动，简直是在读着一位不畏艰险、勇于攀登的科学伟人的长篇自传。真实、博大、奇瑰，既是《徐霞客游记》的风格，也是徐霞客为人品格的表现。"

《徐霞客游记》更让人称道的是将高超的文学艺术与科学价值有机的融为一体，堪称中国游记文学史上的一枝科学考察游记的奇葩。北魏郦道元的《水经注》开启先河，但更侧重于水利科学研究，且主要依据口头采访和他人著作写成。其他旅游记述虽琳琅满目，但多短制。有些长篇巨制，如法显的《佛国记》，玄奘的《大唐西域记》，文字质朴有余，绚丽不足。霞客的游记则出自亲历，丰姿多采，叙事清新，写景逼真。文体不拘一格，以日志记述为线索，交织地区综述与专题论文，既是实地考察的记录，又是生动绮丽的文学写作。细读之，往往会为他高超的记忆力而惊叹，也会为他细密的观察力和典雅雄放的写作能力而倾倒。

柳宗元的《永洲八记》被誉为山水长卷，范成大的《石湖居士骖鸾录》和陆游的《入蜀记》也都以日记体描述旅行途中所见。然而，论旅游之专，行程之长，篇幅之巨和内容之丰富多采，徐则无与伦比。当我们凭借霞客的生花妙笔，随着他的足迹，便宛见一幅幅色彩斑斓的山水长卷，栩栩如生。写动态，千变万化；写静态，清新秀丽；写山，或峻险幽奇，或巍峨雄壮，令人目不暇接；写水，或碧波荡漾，或水清石寒，令人心旷神怡；写洞，或玲珑剔透，或乳柱缤纷，令人眼花缭乱；写险，或悬流而下，或猿挂蛇行，令人心惊胆战。在摄影术尚未出现的时代，他的作品能给众多想出游而无力出游的人以一种直观的感受。洋洋60多万字的大著作，读起来篇篇珠玑，情景毕现，婉如身临其境。请读他对黄山的描述：

> 左天都，右莲花，背倚玉屏风，两峰秀色，俱可手揽；四顾奇峰错列，众壑纵横，真黄山绝胜处。……
>
> 从左上，石峰环夹，其中石级为积雪所平，一望如玉。蔬木茸茸中，仰见群峰盘结，天都独巍然上挺。数里，级愈峻，雪愈深，其阴处冻雪成冰，坚滑不容着趾。……由此而入，绝巘大小成两截的山危崖，尽皆怪松悬结。高者不盈丈，低仅数寸，平顶短鬣，盘根虬干，愈短愈老，愈小愈奇，不意奇山中又有此奇品也！

再看对黄山莲花峰的描述：

> 天都、莲花并肩其前，翠微、三海门环绕于后，下瞰绝壁峭岫，罗列坞中，即丞相原也。顶前一石，伏而复起，势若中断，独悬坞中，上有怪松盘盖。余侧身攀踞其上，而浔阳踞大顶相对，各夸胜绝。……是峰居黄山之中，独出诸峰上，四面

[①] 陈述彭. 桂林七星岩喀斯特洞穴地貌图. 转引自：吴应寿.《徐霞客游记》导读导言.

岩壁环耸；遇朝阳霁色，鲜映层发，令人狂叫欲舞。

雪中黄山奇观，霁后莲花峰妙境，如诗如画，美不胜览，难怪他游历各地名山之后，人问四海山川何处最奇，他情有独钟地说："薄海内外，无如徽之黄山，登黄山天下无山，观止矣"（《黄山志》）。在他的笔下，山，峥嵘峭拔，奇幻多姿；水，缥缈玲珑，美轮美奂。比如写云南洱海：

　　三面山环成窝，而海子中溢，南出而为湖。海子中狭，底深数丈，水色澄莹，有琉璃光，穴从水底喷起，如贯珠联璧，结为柱帏，上跃水面者尺许，从旁遥觑，水中之影，千花万蕊，喷成珠树，粒粒分明，丝丝不乱，所谓"灵海跃珠"也。

他不是简单地白描山水，而总是根据描摹对象的特点融入强烈的主体审美感受，在山水之外衍生出丰富的情感世界和空灵的精神境界。面对"一溪悬捣，万练飞空"的黄果树瀑布，作者写道：

　　溪上石如莲叶下覆，中剜三门，水由叶上漫顶而下，如鲛绡万幅，横罩门外，直下者不可以丈数计，捣珠崩玉，飞沫反涌，如烟霞腾空，势甚雄厉。

寥寥数语写尽了黄果树瀑布的壮丽、雄奇和恢弘的气势，让人振奋、激动、百感交集，作者也情不自禁地发出"奇境至矣"的赞叹！在《浙游日记》中则描写出另一番世外仙境：

　　正当其处也，夕阳已坠，皓魄继辉，万籁尽收，一碧如洗，真是濯骨玉壶，觉我两人形影俱异，回念下界碌碌，谁复知如此清光？即有登楼舒啸，酾酒临江，其视余辈独蹑万山之巅，径穷路绝，迥然尘界之表，不啻霄壤矣。
　　江清月皎，水天一空，觉此时万虑俱净，一身与村树人烟俱镕，彻成水晶一块，直是肤里无间，渣滓不留，满前皆飞跃也。

一枝彩笔，拟物拟人，挥洒自如；不是用笔，而是用心在描绘；面对苍茫空旷的宇宙，万籁寂寥，皎月如水，似真似幻，一涤凡尘俗念，令人心醉神迷。读来真有"恍若脱胎易世""万虑俱净"之感。

三、人要诗意地栖居，也要诗意地旅行

原始人茹毛饮血，构木为巢；进入农耕社会后，居有定所，行必有方；出现了剩余劳动之后，人就有了游乐的需要。德国哲学家海德格尔引用诗人荷尔德林的句子，生动地指出了人满足物质需要后的一种生存状态——"人诗意地栖居"。旅游逐渐成了人们生活的一部分。

我们的祖先很早就有了旅游的情结。孔子"登泰山而小天下",并说:"知者乐山,仁者乐水,"庄子与惠子在濠水边讨论游鱼的乐趣,晋简文帝游园"觉鸟兽禽鱼,自来亲人",梁昭明太子以"山水有清音"来拒绝女乐助兴,吴均认为望峰窥谷可淡忘世俗的奔竞,柳宗元为被遗弃的荒山野林而痛惜,王安石游褒禅山时悟出有志者须不辞险远,李格非历记洛阳名园盛衰以见天下兴亡,辛弃疾独坐对停云有"我见青山多妩媚,料青山见我应如是"的咏叹,康有为立马长城有"英雄造事令人惊"的感慨。清代潘耒为《徐霞客游记》作序言:"文人达士,多喜言游。游,未易言也。无出尘之胸襟,不能赏会山水;无济胜之肢体,不能搜剔幽秘;无闲旷之岁月,不能称性逍遥;近游不广,浅游不奇,便游不畅,群游不久。自非置身物外,弃绝百事,而孤行其意,虽游犹弗游也。"

人们从事旅游活动的目的和形式多种多样,或游历观光,或消遣娱乐,或探险猎奇,或朝觐考察,或探亲访友,或求知探秘,无外是一种体验与阅历,是一种高级的精神需求。它是在基本的物质需求满足之后,才产生出来的一种社会行为。因此,无不与精神文化紧密相连。自然风光有文化,民风民俗是文化,古史幽情深蕴文化,时代风采更是充满人文精神。历代人们的劳动创造了丰富的文化资源,而旅游的本质就是文化探寻、文化消费和文化享受。文化是旅游的灵魂和精髓,文化使旅游提升品位,文化为旅游注入神奇魅力。从游者角度说,没有文化追求的旅游是没有意义的,有深度体验的旅游,才会感到旅游的深层价值;从旅游业开发者来说,文化是旅游发展的灵魂之所在,没有文化内涵的旅游是难以发展的。旅游植根于文化之中,而文化的力量,深深熔铸着民族的生命力、创造力和凝聚力。

著名的人类学家费孝通指出:生活在一定文化中的人对其文化要有自知之明。有了这种文化自觉,方可在文化转型期取得自主能力,方可使中国传统文化积极参与多元化世界文化之构建。旅游文化正是实现国人文化自觉的推进器。旅游文化也是使国学被广泛认知的渠道。中华文明乃世界四大古文明中惟一未中断者,通过自然和文化遗产旅游可以直接触摸到民族文化的历史脉搏。旅游本实为一种文化交流,通过国际旅游不仅有利于促进文化认知、文化自觉,也可大大促进异质文化的交流,可使国人认识到中国文化的长与短,然后扬我之长,克我之短,进而由文化自觉至文化创新。

中华民族虽然历史悠久,中华大地虽然疆域辽阔,但旅游作为一种产业是从1923年成立第一个旅行社才有了开端,真正进入寻常百姓的生活,成为大众文化的一部分则应从1978年改革开放算起,只有20多年。就在这短短的时间内,旅游业发展迅速,旅游文化五彩缤纷。物质生活充裕之后的中国人,眼界需要开阔,身心需要放松,精神需要升华,这时候,最好的办法就是离开一下蜗居,走向大自然,走向异国他乡,去呼吸一下新鲜的空气,去品味一下奇特的佳肴,去观赏一下美妙的风景,去领略一下优秀的艺术。旅游能增加人生阅历,能增加文化知识,能开拓胸襟,能丰富情感,能提高气质。一个一辈子足不出户的人很难避免孤陋寡闻,而一个人爱山爱水,也自然会对世界产生一种依恋,对人生有一种感悟。

旅游总是伴随着理想和梦想,更需要承载梦想的工具。李白写"我欲因之梦吴越,一夜飞度镜湖月",是梦;李贺写"遥望齐州九点烟,一泓海水杯中泻",是梦;法国科幻作家凡尔纳1873年写《八十天环游地球》,引起轰动,也是梦。自从有了航空飞行,一日看尽全球景,古人的梦想成为现实。徐霞客游历山川,用一枝生花妙笔描述山川之优美,但要真正领会其中趣味仍然需要一定的文字功底才可做到。随着交通工具的现代化和摄影术的发明，旅游文化已有极大改观。有了摄影术，照片、电影、电视以直观形式记录传达了世界各地的风光景色，文字成了陪衬，成了解说词。但不管交通工具如何迅速快捷，摄影术如何维妙维肖，旅行观光仍然需要人们依靠双脚，依靠双目，用心去领悟，用笔去描述。只有语言文字最能将人对美景对风物的体会品味表达得那么微妙，那么细腻，那么悠远绵长。

【研习与探索】

1. 阅读徐霞客传和《徐霞客游记》，安排一次野外旅游活动后，举办一场以"读万卷书，行万里路"为主题的演讲会。

2. 请以所在学校或你熟悉的文化遗产旅游点为素材，写一篇游记。

3. 收集世界文化遗产或所在地区的旅游点的文化资料，制作成配有文字说明的多媒体音像节目，向同学进行演示。

（白丁　赵丽玲）

作 品 研 读

〔双调〕夜行船·秋思

马致远①

【夜行船】百岁光阴一梦蝶②，重回首往事堪嗟。今日春来，明朝花谢。急罚盏夜阑灯灭③。

【乔木查】想秦宫汉阙，都做了衰草牛羊野。不恁么渔樵没话说。纵荒坟横断碑，不辨龙蛇。

【庆宣和】投至狐踪与兔穴，多少豪杰④！鼎足虽坚半腰里折，魏耶？晋耶？

【落梅风】天教你富，莫太奢。没多时好天良夜。富家儿更做道你心似铁，争辜负了锦堂风月。

【风入松】眼前红日又西斜，疾似下坡车。不争镜里添白雪，上床与鞋履相别。休笑鸠巢计拙，葫芦提一向装呆⑤。

---

① 马致远（约1250—1321以后），号东篱，大都（今北京）人，元代著名的剧作家和散曲作家。他在元代曲坛上地位颇高，时人誉为"曲状元"，是"元曲四大家"之一。一生作杂剧15种，今存《汉宫秋》等7种。散曲今存小令150首，套数16篇，残套7篇。这首散曲选自王起主编《元明清散曲选》。双调·夜行船：套数名。

② 梦蝶：典出《庄子·齐物论》："昔者庄周梦为蝴蝶，栩栩然蝴蝶也，……俄而觉，则蘧蘧然周也。不知周之梦为蝴蝶与？蝴蝶之梦为周与？"后人常以"梦蝶"比喻人生如梦。

③ 罚盏：指喝酒。古时宴会上行酒令，输者罚饮。

④ 投至：等到。

⑤ 葫芦提：糊里糊涂。

第三单元 中国近古人文语文

【拨不断】利名竭,是非绝。红尘不向门前惹,绿树偏宜屋角遮,青山正补墙头缺,更那堪竹篱茅舍。

【离亭宴煞】蛩吟罢一觉方宁贴,鸡鸣时万事无休歇,争名利。何年是彻!看密匝匝蚁排兵,乱纷纷蜂酿蜜,急攘攘蝇争血。裴公绿野堂①,陶令白莲社②。爱秋来时那些:和露摘黄花,带霜烹紫蟹,煮酒烧红叶。想人生有限杯,浑几个重阳节。嘱咐俺顽童记者:便北海探吾来,道东篱醉了也③。

【拓展资料】

《天净沙》小令,纯是天籁,仿佛唐人绝句。马东篱《秋思》一套,周德清评之以为万中无一。明王元美亦推为套数中第一,诚定论也。(王国维《宋元戏曲史·元剧之文章》)

马致远"百岁光阴",放逸宏丽,而不离本色,押韵尤妙。长句如"红尘不向门前惹,绿树偏宜屋角遮,青山正补墙头缺。"又如"和露摘黄花,带霜烹紫蟹,煮酒烧红叶。"俱入妙境。小语如"上床与鞋履相别",大是名言。结尤疏浚可咏。元人称为第一,真不虚也。(明·王世贞《艺苑卮言》附录一)

元人如乔梦符、郑德辉辈,俱以四折杂剧擅名,其余技则工小令为多。若散套,虽诸人皆有之,惟马东篱"百岁光阴"、张小山"长天落彩霞"为一时绝唱,其余俱不及也。(明·沈德符《顾曲杂言·南北套数》)

元曲传于今者,崔蔡二家外,散套得三数佳篇。如王长公所称"暗想当年,罗帕上把新诗写",沉深逸宕,而字字本色,真妙绝古今矣。"百岁光阴",意胜,觉筋骨稍露。"长空万里",辞胜,觉肌肉太丰,俱让一筹也。(明·胡应麟《庄岳委谈》卷下)

【研习与探索】

1. 马致远有两首"秋思",《天净沙·秋思》形象地勾勒出一幅天涯秋晚的生动画面,意境深远。周德清誉之为"秋思之祖"。《〔双调〕夜行船·秋思》凝聚着自然之秋和人生之秋的丰富内涵,表现出深刻的人生感悟和放逸情怀。请对此作比较分析,领悟马致远散曲豪放清逸、富有诗情画意的艺术特色。

2. 这篇散曲,有些思想比较消极,如历史虚无、豪杰无常、人生短暂、及时行乐等,反映了元代知识分子的精神创伤和内心痛苦。在提倡积极用世、奋发有为的当今时代,应该如何看待功名利禄,如何看待人生的价值?

3. 马致远还是优秀的杂剧作家,他的历史剧《汉宫秋》具有抒情诗一般的意境美和音

---

① 裴公:指裴度,唐宪宗时宰相,封晋国公,后因宦官专权在洛阳筑绿野草堂隐居,不问世事。
② 陶令:即东晋陶潜,曾为彭泽县令,不为五斗米折腰而退隐。白莲社:东晋僧人慧远等十八人在庐山结社,同修净土之业。谢灵运在山上凿池植莲,故称"白莲社"。但陶潜未曾入社,此处或是曲辞对仗之需,姑且用之。
③ 北海:指东汉末北海太守孔融,孔融好客,常聚友宴饮。

乐美，情调缠绵感伤，气氛凄凉悲怆。请阅读《汉宫秋》，了解马致远杂剧的艺术成就。

郑和列传

《明史》①

  郑和，云南人，世所谓三保太监者也。初事燕王②于藩邸，从起兵有功，累擢③太监。

  成祖疑惠帝亡海外，欲踪迹之，且欲耀兵异域，示中国富强。永乐三年④六月命和及其侪⑤王景弘等通使西洋。将士卒二万七千八百余人，多赍⑥金币。造大舶，修四十四丈、广十八丈者六十二⑦。自苏州刘家河泛海至福建，复自福建五虎门扬帆，首达占城，以次遍历诸番国⑧，宣天子诏，因给赐其君长⑨，不服则以武慑之。五年九月，和等还，诸国使者随和朝见。和献所俘旧港酋长。帝大悦，爵赏有差⑩。旧港者，故三佛齐国也，其酋陈祖义，剽掠商旅。和使使招谕，祖义诈降，而潜谋邀劫⑪。和大败其众，擒祖义，献俘，戮于都市。

  六年九月再往锡兰山。国王亚烈苦奈儿诱和至国中，索金币，发兵劫和舟。和觇贼大众既出，国内虚，率所统二千余人，出不意攻破其城，生擒亚烈苦奈儿及其妻子官属。劫和舟者闻之，还自救，官军复大破之。九年六月献俘于朝。帝赦不诛，释归国。是时，交阯已破灭，郡县其地，诸邦益震慑，来者日多。

  十年十一月复命和等往使，至苏门答剌。其前伪王子苏干剌者，方谋弑主自立，怒和赐不及己，率兵邀击官军。和力战，追擒之喃渤利，并俘其妻子，以十三年七月还朝。帝大喜，赉诸将士有差⑫。

  十四年冬，满剌加、古里等十九国咸遣使朝贡，辞还。复命和等偕往，赐其君长。十七年七月还。十九年春复往，明年八月还。二十二年正月，旧港酋长施济孙请袭宣慰使职，和赍敕印往赐之。比还，而成祖已晏驾⑬。洪熙元年二月，仁宗⑭命和以下番诸军守备南京。南京设守备⑮，自和始也。宣德五年六月，帝以践阼岁久⑯，而诸番国远者犹未朝贡，于是和、

---

① 本文选自《明史》卷三百四，列传第一百九十二，宦官一。
② 燕王：朱元璋的四子朱棣，拥重兵驻守北平。"靖难之役"后，朱棣即位，庙号成祖。
③ 擢（zhuó）：提升、提拔。
④ 永乐三年：公元1405年，郑和第一次下西洋。
⑤ 侪（chái）：同"辈"，同类的人。
⑥ 赍（jī）：带着。
⑦ 修：长度。广：宽度。丈：古代一丈等于十尺。
⑧ 以次遍历：依次遍历。
⑨ 因给赐：顺便赐予。
⑩ 爵赏有差：按照功劳的大小分别赏赐。
⑪ 潜谋邀劫：密谋半路掠取。
⑫ 赉（lài）：赏赐。
⑬ 比：等到。晏驾：去世。
⑭ 洪熙元年，西元1424年，仁宗皇帝，朱高炽，明成祖嫡长子，1424年8月15日即位称帝，1425年5月病死于皇宫钦安殿。
⑮ 守备：官职名。
⑯ 践阼（zuò）岁久：指终止下西洋的活动的时间已经很长。

· 196 ·

景弘复奉命历忽鲁谟斯等十七国而还。

和经事三朝,先后七奉使,所历占城、爪哇、真腊、旧港、暹罗、古里、满剌加、渤泥、苏门答剌、阿鲁、柯枝、大葛兰、小葛兰、西洋琐里、琐里、加异勒、阿拨把丹、南巫里、甘把里、锡兰山、嘀渤利、彭亨、急兰丹、忽鲁谟斯、比剌、溜山、孙剌、木骨都束、麻林、剌撒、祖法儿、沙里湾泥、竹步、榜葛剌、天方、黎伐、那孤儿,凡三十余国。所取无名宝物,不可胜计,而中国耗废亦不赀①。自宣德以还,远方时有至者,要不如永乐时②,而和亦老且死。自和后,凡将命海表者③,莫不盛称和以夸外番,故俗传三保太监下西洋,为明初盛事云。

【拓展资料】

1. 郑和奉王命捧敕谕于诸番国,并海外公干教化,诸番王等无不祗顺王命,共皆仰体皇仁,恪遵敕谕,诚来文。乃称和公之德而扬和公之行,可谓出使四方,不辱君命者矣。(《郑和家谱》)

2. 宝船高大如楼,底尖上阔,可容千人,其首昂而向上张,其屋高耸,设楼三重于上。([清]张廷玉《明史》)

3. 米阿仑《中国人该从郑和下西洋得什么教训》(节选)

打开海禁和郑和航海,大大刺激了当时的科学技术、经济、国防和民族文化的发展。这么搞了二十多年,中国出现了汉唐以后又一次空前繁荣和对外称雄的世界强国的局面,即历史上有名的永乐年,其文化事业发展的代表是《永乐大典》,国家综合实力的代表是郑和航海下西洋。

过了四百来年(清朝末年),西方按照郑和下西洋的路途,逆行东进,用他们学到的中国科学技术和军事技术打开了中国的大门和击溃了中国的军队。在东西方的碰撞之中,中国人发现,他们自以为是"世界中心"的国家在各个方面都大大落后了,成了不堪一击的虚弱大国,被称作"东亚病夫"。曾经象征了中国繁荣强盛的郑和航海活动,成了中华帝国开始全面衰弱的漫漫长夜到来之前的一道明亮的反照,是中国历史悲剧的前奏。

东西方文化在互联网上彼此直接沟通和碰撞的时候,《纽约时报》发表了长篇专文探讨郑和航海,再次提出问题:如果中国持续发展了郑和时代的开放政策和航海探险,那么,今天的世界将会是什么样子?在21世纪和新千年到来的时候,美国著名的《生活》杂志把郑和列为全世界的千年人物之一,而且是入选的六个中国千年人物的第一位(其它依次为:元朝首位君主忽必烈,中国共产党领导人毛泽东,南宋哲学家朱熹,宋代画家范宽,《红楼梦》作者曹雪芹)。尽管这个评价来自美国一些中国学专家的看法,却能相当有力地反映出西方国家对郑和航海越来越重视的趋向。

---

① 不赀(zī):无法计算。
② 要:总归、总的。
③ 将命海表者:奉命出海的人。

【研习与探索】

1. 郑和七次下西洋,是中国历史上也是世界航海史上的壮举。郑和下西洋,体现了当时明朝政府什么样的外交方针?这样的外交方针在今天看来有什么现实意义?

2. 欧洲的各探险家的航海探险都在郑和下西洋近百年以后,对于征服海洋,中国与西欧无疑都获得了历史赐予的机会,甚至中国得到的机会更有利,更早一些,而实际的结果却是欧洲获取了征服海洋的全部成果。你是如何看待这一历史现象的?

3. 请结合阅读梁启超《祖国大航海家郑和传》等作品,反思600来年的历史,具体分析郑和下西洋的成就及其历史局限性。

廉 耻

顾炎武[1]

《五代史·冯道传》[2]论曰:"'礼义廉耻,国之四维;四维不张,国乃灭亡。'[3]善乎管生之能言也[4]。礼义治人之大法,廉耻立人之大节,盖不廉则无所不取,不耻则无所不为,人而如此,则祸败乱亡亦无所不至。况为大臣,而无所不取,无所不为,则天下其有不乱,国家其有不亡者乎!"然而四者之中,耻尤为要。故夫子之论士曰:"行己有耻。"[5]孟子曰:"人不可以无耻,无耻之耻,无耻矣!"[6]又曰:"耻之于人大矣!为机变之巧者,无所用耻焉!"[7]所以然者,人之不廉,而至于悖礼犯义,其原皆生于无耻也。故士大夫之无耻,是谓国耻。

吾观三代以下[8],世衰道微,弃礼仪,捐廉耻,非一朝一夕之故。然而松柏后凋于岁寒,鸡鸣不已于风雨,彼昏之日,固未尝无独醒之人也。顷读《颜氏家训》[9],有云:"齐朝一士夫,尝谓吾曰:'我有一儿,年已十七,颇晓书疏[10]。教其鲜卑语及弹琵琶,稍欲通解。以此

---

[1] 顾炎武(1613—1682),原名绛,字宁人,明亡后志存复明,更名炎武。清初杰出的思想家、学者、文学家。江苏昆山亭林镇人,亦称亭林先生。幼时被过继给叔父,叔父早逝,婶母王氏守节不嫁,独立抚养炎武成人。明亡,其母绝食而死,遗言:"我虽妇女,身受国恩与国俱亡,义也。汝无为异国臣子,无负世世国恩,无忘祖先遗训,则吾可瞑于地下。"清兵南下时,参加抗清起义,失败后十谒明陵,只身北上,致力学术研究,学问渊博。提倡学问当经世致用,"明道""救世",世推清初学术开山祖。康熙时诏举博学宏词科,荐修《明史》,皆被严词拒绝。著作宏富,主要有《日知录》《亭林诗文集》等。《廉耻》节选于《日知录》卷十三。

[2] 五代史:指新五代史,宋欧阳修撰,共75卷。

[3] 原句出自《管子□牧民》。维:系物之绳,喻指维系国家的纲纪。

[4] 管生:即管仲。

[5] 《论语·子路》曰:"子贡问曰:'何如斯可谓之士矣?'子曰:'行己有耻。使于四方,不辱君命,可谓士矣!'"言士人处世能知耻而有所不为。

[6] 语见《孟子□尽心上》。意谓没有羞耻感是真正的羞耻。

[7] 机变:巧伪变诈。无所用耻:不将羞耻放在心上,即不知羞耻。

[8] 三代:指夏、商、周。

[9] 《颜氏家训》:颜之推著,共七卷二十篇,主要阐述立世治家之道。

[10] 疏:为注文作注释称疏。

伏事公卿，无不宠爱。'吾时俯而不答。异哉此人之教子也！若由此业，自致卿相，亦不愿汝曹为之！"嗟乎！之推不得已而仕于乱世，犹为此言，尚有《小宛》诗人之意①，彼阉然媚于世者，能无愧哉！②

【拓展资料】

1. 史称炎武"生平精力绝人，自少至老，无一刻离书。所至之地，以二骡二马载书，过边塞亭障，呼老兵卒询曲折，有于平日所闻不合，即发书对勘。或平原大野，则于鞍上默诵诸经注疏"。炎武自谓"九州岛历其七，五岳登其四"；"百家之说，初有窥于古人；一卷之文，思有裨于后代。"（《与戴耘野书》）

2. 愚所谓圣人之道者如之何？曰博学于文，曰行己有耻。自一身以至于天下国家，皆学之事也；自子臣弟友以至出入往来辞受取与之间，皆有耻之事也。……士而不先言耻，则为无本之人；非好古而多闻，则为空虚之学。以无本之人，而讲空虚之学，吾见其日从事于圣人而去之弥远也。（顾炎武《与友人论学书》，《亭林文集》卷三）

3. 天生豪杰，必有所任。……今日者拯斯人于涂炭，为万世开太平，此吾辈之任也。仁以为己任，死而后已。（顾炎武《病起与蓟门当事书》，《亭林文集》卷三）

4. 有亡国，有亡天下。亡国与亡天下奚辨？曰，易姓改号，谓之亡国。仁义充塞，而至于率兽食人，人将相食，谓之亡天下。……保国者，其君其臣肉食者谋之，保天下者，匹夫之贱与有责焉耳已。（"天下兴亡，匹夫有责"语源，《日知录》卷十三"正始条"）

5. 顾炎武提出"博学于文""行己有耻"，就是要揭示圣人之道的真正内涵，矫治理学末流之弊，使学者一方面广泛学习"一身以至于天下国家"的实际学问，具备真才实学，另一方面能够讲求辞受取与，注重气节与操守。（肖永明《顾炎武德育思想的实学特色》，《广西师范大学学报》1998年第4期）

6. 古代的先哲圣贤，历来把"讲廉耻"作为立身做人、修炼人格的一个重要标准和境界。孔子曾列举"行己有耻""有耻且格"等行为教导学生修身的标准。孟子说："人不可以无耻""耻之于人大矣"，并且把它作为一切悖礼犯法行为的根源。欧阳修讲过："廉耻，是立人之大节。"康有为说："风俗之美，在养民知耻。""人之有所不为，皆赖有耻心。"不仅如此，古人还把"讲廉耻"与治国相联系，提出"礼仪廉耻，国之四维"的治国要领，并说如果"四维不张，国乃灭亡"……这是何等警策的危言！大之可治国平天下，小之可修身齐家，"讲廉耻"几乎成了衡量是非、曲直、忠奸的一个重要标尺。（晓滨《说廉道耻》）

7. 顾炎武《精卫》：

万事有不平，尔何空自苦；长将一寸身，衔木到终古？我愿平东海，身沉心不改；大海无平期，我心无绝时。呜呼！君不见，西山衔木众鸟多，鹊来燕去自成窠。

---

① 《小宛》：《诗经·小雅》中一篇作品，有"温温恭人，如集于木。惴惴小心，如临于谷。战战兢兢，如履薄冰"句，写大夫遭乱世，兄弟诫戒以免祸害。

② 阉然：遮遮掩掩的样子。愧：同"愧"。

【研习与探索】

1. 请查阅顾炎武生平事迹，结合其言行谈谈其人格形成的原因和意义。
2. 翻译全文，并结合当下反腐倡廉话题写一篇读后感。
3. 清代有一批遗民文人，各有不同的人生选择，请找出几位进行比较，谈谈你对他们的评价。

金缕曲·亡妇忌日有感

纳兰性德①

此恨何时已②？滴空阶、寒更雨歇③，葬花天气④。三载悠悠魂梦杳，是梦久应醒矣！料也觉、人间无味。不及夜台尘土隔⑤，冷清清、一片埋愁地。钗钿约⑥，竟抛弃。重泉若有双鱼寄⑦，好知他、年来苦乐，与谁相倚？我自终宵成转侧，忍听湘弦重理⑧。待结个、他生知己。还怕两人俱薄命，再缘悭、剩月零风里⑨。清泪尽，纸灰起⑩。

【拓展资料】

1. "哀祭"和"悼亡"，都是生者祭奠、悼念死者的文字，"哀祭"属于文的范围，而"悼亡"则归于诗词，魏晋之前并无悼亡诗，西晋潘岳为悼念亡妻写《悼亡诗三首》，开悼亡诗题材之先河，后世专以悼念亡去的妻子的诗词为"悼亡"。齐梁间诗人沈约、隋诗人薛德音，俱有同题为"悼亡"的诗，都是悼念亡妻的。梁江淹有《悼室人》十首，也是悼亡之作。而历代著名诗人如鲍照、韦应物、孟郊、元稹、李商隐、梅尧臣、苏轼、黄庭坚，一直到明代的于谦和清代的吴嘉纪、厉鹗等，都有悼亡诗流传。诗人中，以唐之元稹和李商隐的悼亡之作最有名，尤其是元稹，有《遣悲怀》七律三首，又有《离思》七绝五首、《六年春遣怀》七绝八首，共十六首悼亡诗。词人中，以宋苏轼和清纳兰性德的悼亡词最有名，尤其

---

① 纳兰性德（1654—1685）：清词人，原名成德，字容若，号楞伽山人，满洲正黄旗人。大学士明珠之子。康熙十五年进士，官一等侍卫。《清史稿》有传。有《通志堂集》，附词四卷，后人汇辑成《纳兰词》，今存词348首。词风真挚自然而多凄恻哀艳，悼亡之作尤称绝调。这首词选自《饮水词》（冯统编校，广东人民出版社，1984年1月第一版。）亡妇忌日：即清康熙十九年（1680）五月三十日，系作者元配卢氏死亡三周年之忌日。卢氏十八岁嫁给作者，二十一岁死去，仅共同生活了三年。时间虽短，但感情极深。作者为卢氏写了很多悼亡之作，这首词是其代表。
② 语出宋代词人李之仪《卜算子·我住长江头》："此水几时休，此恨何时已？"
③ 这句化用温庭筠《更漏子》词的下阕："梧桐树，三更雨。不道离情正苦。一叶叶，一声声，空阶滴到明。"
④ 葬花天气：即暮春天气。这里"葬花"有喻意，因为三年前的此时妻子去世。
⑤ 夜台：墓穴。
⑥ 钗钿约：以钗钿定情时的誓约。参见白居易《长恨歌》。钗、钿，皆为古代妇女首饰。
⑦ 重泉：九泉，即阴间。双鱼：双鲤鱼，代指书信。古乐府："客从远方来，遗我双鲤鱼。呼儿烹鲤鱼，中有尺素书。"
⑧ 忍听：即不忍听。湘弦重理：指续弦，即再娶。
⑨ 缘悭（qiān）：缘分少。剩月零风：比喻好景不长。
⑩ 纸灰：焚化纸钱之灰。

·200·

是纳兰性德，词题中明标有"悼亡""梦亡妇""亡妇忌日""亡妇生辰"等字样的词有六首，其它无词题的悼亡词有数十首。

2. 悼亡诗词名篇选读

悼亡诗三首（选一）

〔晋〕潘　岳

荏苒冬春谢，寒暑忽流易。之子归重泉，重壤永幽隔。私怀谁克从？淹留亦何益？僶俛恭朝命，回心反初役。望庐思其人，入室想所历。帏屏无仿佛，翰墨有余迹。流芳未及歇，遗挂犹在壁。怅恍如或存，回遑忡惊惕。如彼翰林鸟，双栖一朝只。如彼游川鱼，比目中路析。春风缘隙来，晨溜承檐滴。寝息何时忘？沉忧日盈积。庶几有时衰，庄缶犹可击。

三遣悲怀

〔唐〕元　稹

谢公最小偏怜女，嫁与黔娄百事乖。顾我无衣搜荩箧，泥他沽酒拔金钗。野蔬充膳甘长藿，落叶添薪仰古槐。今日俸钱过十万，与君营奠复营斋。

昔日戏言身后意，今朝都到眼前来。衣裳已施行看尽，针线犹存未忍开。尚想旧情怜婢仆，也曾因梦送钱财。诚知此恨人人有，贫贱夫妻百事哀。

闲坐悲君亦自悲，百年都是几多时。邓攸无子寻知命，潘岳悼亡犹费词。同穴窅冥何所望，他生缘会更难期。唯将终夜长开眼，报答平生未展眉。

离思五首（选一）

〔唐〕元　稹

曾经沧海难为水，除却巫山不是云。
取次花丛懒回首，半缘修道半缘君。

悼亡三首（选一）

梅尧臣

结发为夫妻，于今十七年。
相看犹不足，何况是长捐。
我鬓多已白，此身宁久全。
终当与同穴，未死泪涟涟。

鹧鸪天

〔宋〕贺 铸

重过阊门万事非,同来何事不同归?梧桐半死清霜后,头白鸳鸯失伴飞。原上草,露初晞。旧栖新垅两依依。空床卧听南窗雨,谁复挑灯夜补衣?

沈园二首

〔宋〕陆 游

城上斜阳画角哀,沈园非复旧池台。伤心桥下春波绿,曾是惊鸿照影来。
梦断香消四十年,沈园柳老不吹绵。此身行作稽山土,犹吊遗踪一泫然。

悼 亡

〔金〕秦 略

自古生离足感伤,争教死别便相忘。荒陂何处坟三尺,老眼他乡泪数行。多事春风吹梦散,无情寒月照更长。还家恰是新寒节,忍见堂空纸挂墙。

江城子·乙卯正月二十日夜记梦

苏 轼

十年生死两茫茫,不思量,自难忘。千里孤坟,无处话凄凉。纵使相逢应不识,尘满面,鬓如霜。

夜来幽梦忽还乡。小轩窗,正梳妆。相顾无言,惟有泪千行。料得年年肠断处,明月夜,短松冈。

忆瑶姬·骑省之悼也

〔宋〕史达祖

娇月笼烟,下楚岭,香分两朵湘云。花房时渐密,弄杏笺初会,歌里殷勤。沉沉夜久西窗,屡隔兰灯幔影昏。自彩鸾,飞入芳巢,绣屏罗荐粉光新。

十年未始轻分。念此飞花,可怜柔脆销春。空余双泪眼,到旧家时节漫染愁巾。袖上说道凌虚,一夜相思玉样人。但起来,梅发窗前,哽咽疑是君。

【研习与探索】

1. 纳兰性德的悼亡词在中国词史上"最称卓特",《金缕曲·亡妻忌日有感》堪称绝调,试联系有关作品或资料,谈谈自己的体会。

2. 苏轼的《江城子·记梦》也是悼亡词的名篇,感情真挚哀怨而又形象突出,请对"有感"和"记梦"作比较分析。

3. 悼亡词皆用血泪写成,比其它内容的作品更能打动读者。请结合自己的体会,对这一文学鉴赏中的"共鸣"现象作具体分析。

王六郎

蒲松龄①

许姓,家淄之北郭②,业渔。每夜,携酒河上,饮且渔。饮则酹地,祝云:"河中溺鬼得饮。"以为常。他人渔,迄无所获,而许独满筐。一夕,方独酌,有少年来,徘徊其侧。让之饮,慨与同酌。既而终夜不获一鱼,意颇失。少年起曰:"请于下流为君驱之。"遂飘然去。少间,复返,曰:"鱼大至矣。"果闻唼呷有声③。举网而得数头,皆盈尺。喜极,申谢。欲归,赠以鱼,不受,曰:"屡叨佳酝④,区区何足云报。如不弃,要当以为长耳⑤。"许曰:"方共一夕,何言屡也?如肯永顾,诚所甚愿;但愧无以为情。"询其姓字,曰:"姓王,无字,相见可呼王六郎。"遂别。明日,许货鱼,益沽酒⑥。晚至河干,少年已先在,遂与欢饮。饮数杯,辄为许驱鱼。

如是半载。忽告许曰:"拜识清扬⑦,情逾骨肉。然相别有日矣。"语甚凄楚。惊问之。欲言而止者再,乃曰:"情好如吾两人,言之或勿讶耶?今将别,无妨明告:我实鬼也。素嗜酒,沉醉溺死,数年于此矣。前君之获鱼,独胜于他人者,皆仆之暗驱,以报酹奠耳。明日业满⑧,当有代者,将往投生。相聚只今夕,故不能无感。"许初闻甚骇;然亲狎既久,不复恐怖。因亦欷歔,酌而言曰:"六郎饮此,勿戚也。相见遽违,良足悲恻,然业满劫脱⑨,

---

① 蒲松龄(1640—1715)字留仙,一字剑臣,别号柳泉居士,淄川蒲家庄人。清代著名文学家。他生活在民族矛盾和阶级矛盾空前尖锐的明末清初,虽满腹实学,在科举考试中却屡不中举,71岁才考得了贡生。他一生秉性耿直,愤世疾俗,牢骚满腹,在《聊斋志异》中借狐鬼故事对当时腐败黑暗现象进行谐谑。主要著作除誉满中外的短篇小说集《聊斋志异》外,还有文集、诗集、词、俚曲等。《聊斋志异》中许多篇章已被改编为戏曲、电影、电视剧,影响颇深,并已有日、美、法、德、意等二十种语言的译本流传于世界各地。

② 淄之北郭:指淄川县城北郊。淄,淄川县,今山东省淄博市。下文"河",当指流经淄川的孝妇河。

③ 唼呷(zà、xiā):鱼吞吸食物的声音。

④ 叨(tāo):表示承受的谦辞。

⑤ 长,通"常",经常。

⑥ 益沽酒:多买些酒。益,增加。沽,买。

⑦ 清扬:对人容颜的赞称,尤言风采。《诗·郑风·野有蔓草》:"有美一人,清扬婉兮。"

⑧ 满:佛家语,谓业报已满。业,业报,谓所行善恶,必将得到相应的报应。此指恶业,受苦、为善与之相抵,即是业满。

⑨ 劫脱:劫难得以脱免。

正宜相贺，悲乃不伦①。"遂与畅饮。因问："代者何人？"曰："兄于河畔视之，亭午②，有女子渡河而溺者，是也。"听村鸡既唱，洒涕而别。明日，敬伺河边，以觇其异。果有妇人抱婴儿来，及河而堕。儿抛岸上，扬手掷足而啼。妇沉浮者屡矣，忽淋淋攀岸以出，藉地少息，抱儿径去。当妇溺时，意良不忍，思欲奔救，转念是所以代六郎者，故止不救。及妇自出，疑其言不验。抵暮，渔旧处。少年复至，曰："今又聚首，且不言别矣。"问其故。曰："女子已相代矣；仆怜其抱中儿，代弟一人，遂残二命，故舍之。更代不知何期。或吾两人之缘未尽耶？"许感叹曰："此仁人之心，可以通上帝矣。"由此盯聚如初。数日，又来告别。许疑其复有代者。曰："非也。前一念恻隐，果达帝天。今授为招远县邬镇土地③，来日赴任。倘不忘故交，当一往探，勿惮修阻④。"许贺曰："君正直为神，甚慰人心。但人神路隔，即不惮修阻，将复如何？"少年曰："但往，勿虑。"再三叮咛而去。

　　许归，即欲治装东下。妻笑曰："此去数百里，即有其地，恐土偶不可以共语⑤。"许不听，竟抵招远。问之居人，果有邬镇。寻至其处，息肩逆旅⑥，问祠所在。主人惊曰："得无客姓为许？"许曰："然。何见知？"又曰："得勿客邑为淄？"曰："然。何见知？"主人不答，遽出。俄而丈夫抱子，媳女窥门，杂沓而来，环如墙堵。许乃告曰："数夜前，梦神言：淄川许友当即来，可助为资斧⑦。祗候已久⑧。"许亦异之，乃往祭于祠而祝曰："别君后，寤寐不去心，远践旧约。又蒙梦示居人，感篆中怀⑨。愧无腆物⑩，仅有卮酒；如不弃，当如河上之饮。"祝毕，焚钱纸。俄见风起座后，旋转移时，始散。夜梦少年来，衣冠楚楚，大异平时。谢曰："远劳顾问，喜泪交并。但任微职，不便会面，咫尺河山，甚怆于怀。居人薄有所赠，聊酬夙好。归如有期，尚当走送。"居数日，许欲归。众留殷勤，朝请暮邀，日更数主。许坚辞欲行。众乃折柬抱幞⑪，争来致赆⑫，不终朝，馈遗盈橐。苍头稚子毕集⑬，祖送出村⑭。欻有羊角风起⑮，随行十余里。许再拜曰："六郎珍重！勿劳远涉。君心仁爱，自能造福一方，无庸故人嘱也。"风盘旋久之，乃去。村人亦嗟讶而返。许归，家稍裕，遂不复渔。后见招远人问之，其灵应如响云⑯。或言：即章丘石坑庄。未知孰是。

---

　①　不伦：谓当喜而悲，不合情理。
　②　亭午：正午，中午。
　③　招远县邬镇土地：招远县，今山东省。邬镇，村镇名。土地，土地神，古称"社神"。
　④　勿惮（dàn）修阻：不要怕路远难往。惮，怕。修阻，路远难行。
　⑤　土偶：泥塑神像。
　⑥　息肩逆旅：住在旅馆里。息肩，放下肩上担子，指止息。逆旅，迎止宾客之处，即旅店。逆，迎。
　⑦　资斧：路费。
　⑧　祗候：恭候。
　⑨　感篆中怀：感激之情，铭记于心。篆，刻。中，心。
　⑩　腆（tiǎn）物：丰厚的礼物。腆，丰厚。
　⑪　折柬抱幞：拿着礼帖，抱着礼品。柬，通"简"。折简，即折半之简，意为便笺，书写礼帖。幞，包袱，此指礼品包裹。
　⑫　至赆（jìn）：送行赠礼。赆，以财务赠行者。
　⑬　苍头：这里指老者。
　⑭　祖送：饯行送别。祖，祭名，出行以前祭祀路神。引申为敬酒饯行。
　⑮　羊角风：旋风。迷信以为鬼神驾驶旋风而行，此指六郎在隐形送行。
　⑯　灵应如响：意思是十分灵验，有求必应。响，应声，回响。

异史氏曰："置身青云①，无忘贫贱，此其所以神也。今日车中贵介②，宁复识戴笠人哉③？余乡有林下者④，家綦贫⑤。有童稚交，任肥秩⑥。计投之必相周顾。竭力办装，奔涉千里，殊失所望；泻囊货骑⑦，始得归。其族弟甚谐，作月令嘲之云：'是月也，哥哥至，貂帽解，伞盖不张，马化为驴，靴始收声。⑧'念此可为一笑。"

【拓展资料】

1. 蒲松龄认为，作为朋友，首要的准则就是信用为上："夫信者，实也。无在可以不实，而独归之朋友。盖父子兄弟，信固可以相亲，疑亦可以不惧；独朋友以疏逖之人，而相与聚处，即披沥肝胆，尚恐不能见信，若覆雨翻云，谁犹以之为人哉？"（蒲松龄《为人要则》）

2. 蒲松龄的文学成就不但表现在《聊斋志异》上，还表现在他的诗歌中，他一生写下了1000多首诗歌，具有很高的艺术成就。蒲松龄和清初杰出诗人王士祯交往甚厚，王士祯阅《聊斋志异》后，赋《戏题蒲生〈聊斋志异〉卷后》一首：

姑妄言之姑听之，豆棚瓜架雨如丝。料应厌作人间语，爱听秋坟鬼唱时。

蒲松龄以《次韵答王阮亭先生见赠》酬之：

《志异》书成共笑之，布袍萧索鬓如丝。十年颇得黄州意，冷雨寒灯夜话时。

蒲松龄《偶感》：

潦倒年年愧不才，春风披拂冻云开。穷途已尽行焉往？青眼忽逢涕欲来。一字褒疑华衮赐，千秋业付后人猜。此生所恨无知己，纵不成名未足哀。

【研习与探索】

1. 中国自古以来就有"善恶必有终""因果报应"等说法，请结合这篇文章谈一下你的看法。

2. 当今社会，"诚信"作为各行各业信奉的准则被大力提倡，在各个层面上都有了显示

---

① 置身青云：此处指王六郎升高为土地之神。青云，指高空，喻指高官显位。
② 贵介：地位高贵的大人物。介，大。
③ 戴笠人：指贫贱时结交的故人。戴笠，指处于贫贱的地位。
④ 林下者：指乡居不仕之人。
⑤ 綦（qí）贫：十分贫穷。綦，甚。
⑥ 秩：旧指官吏的俸禄，也指官位品级。
⑦ 泻囊货骑（jì）：花空钱袋，卖掉坐骑。囊，指钱袋。
⑧ "作月令"六句：月令，《礼记》篇名，记述每年农历十二个月的时令，行政及相关事物。这里模拟"月令"的文式，写这位林下者的可笑遭遇，是诙谐讽世的游戏笔墨。"貂帽解，伞盖不张"，指羞惭丧气，不再摆排场。"马化为驴"，指盘缠不足，只好卖掉马，换头驴骑回来。"靴始收声"，从此收心，不再着靴外出以求了。

出巨大的生命力和深刻的内涵，请你结合文中王六郎赴任前后的言行进行讨论。

3. 文章中许氏和王六郎这种人、神之间的友谊你认同吗？朋友可分成多种层次，谈一谈精神上的挚友对一个人成长的意义。

4. 中国有句古话叫"贫贱之知不可忘，糟糠之妻不下堂"，告诫人们不要因富贵而易友、易妻。请你结合课文谈一谈对"贫贱之知不可忘"这句话的理解。

刚柔互用不可偏废

曾国藩[①]

沅、季弟左右：

沅于人概天概之说，不甚厝意，而言及势利之天下，强凌弱之天下。此岂自今日始哉？盖从古已然矣。

从古帝王将相，无人不由自强自立做出；即为圣贤者，亦各有自立自强之道，故能独立不惧，确乎不拔[②]。昔余往年在京，好与诸有大名大位者为仇，亦未始无挺然特立[③]，不畏强御之意[④]。近来见得天地之道，刚柔互用，不用偏废，太柔则靡[⑤]，太刚则折。刚非暴戾之谓也，强矫而已；柔非卑弱之谓也，谦退而已。趋事赴公，则当强矫，争名逐利，则当谦退；开创家业，则当强矫，守成安乐，则当谦退；出与人物应接，则当强矫，入与妻子享受，则当谦退。若一面建功立业，外享大名，一面求田问舍，内图厚实，二者皆有盈满之象，全无谦退之意，则断不能久[⑥]。此余所深信，而弟宜默默体验者也。（同治元年五月廿八日）

【拓展资料】

1.《曾国藩文集》警语节选

天下无现成之人才，亦无生知之卓识，大抵皆由勉强磨炼而出耳。

大抵勤则难朽，逸则易坏，凡物皆然。勤之道有五：一曰身勤。险远之路，身往验之；艰苦之境，身亲尝之。二曰眼勤。遇一人，必详细察看；接一文，必反复审阅。三曰手勤。易弃之物，随手收拾；易忘之事，随笔记载。四曰口勤。待同僚，则互相规劝；待下属，则

[①] 曾国藩（1811—1872），湘军的创立者和统帅，被称为晚清"第一名臣"，近代著名的政治家。初名子城，字伯涵，号涤生。出生于湖南省双峰县（原属湘乡）。道光十八年（1838）中进士，入翰林院，为军机大臣穆彰阿门生。累迁内阁学士，礼部侍郎，署兵、工、刑、吏部侍郎。他主张用德器兼备之人，倡廉正之风，行礼治之仁政，注重发展农业；痛恨西方人侵略，主张学习西方先进的科学技术。他曾训练湘军，击败洪秀全的太平军。他毕生主张以理学经世，服膺程朱理学，又兼取各家之长，于古文、诗词也很有造诣，被奉为桐城派后期领袖。1872 年 3 月在南京病卒。赠太傅，谥文正。后人辑其所著诗、文、奏章、批牍等为《曾文正公全集》。本文选自《曾国藩文集·修身篇》。

[②] 拔：拔出来，引申为动摇。

[③] 特：独。

[④] 御：抵御，阻止。

[⑤] 靡：颓废。

[⑥] 断：绝对，一定。

再三训导。五曰心勤。精诚所至，金石亦开；苦思所积，鬼神亦通。五者皆到，无不尽之职矣。

"劳、谦"二字受用无穷，劳所以戒惰也，谦所以戒傲也。有此二者，何恶不去？何善不臻？当多写几份，遍示诸弟及子侄。

凡人为一事，以专而精，以纷而散。荀子称耳不两听而聪，目不两视而明，庄子称用志不纷，乃凝于神，皆至言也。

战战兢兢，即生时不忘地狱；坦坦荡荡，虽逆境亦畅天怀。

人苟能自立志，则圣贤豪杰，何事不可为？何必借助于人？若自己不立志，则虽日与尧舜禹汤同住，亦彼自彼，我自我矣，何与于我哉？

为学最要虚心。恃才傲物，动谓人不如己，只为不肯反求诸己，便都见得人家不是。傲气既长，终不进功，所以潦倒一生，而无寸进也。

凡人作一事，便须全副精神注在此一事，首尾不懈。不可见异思迁，做这样想那样，坐这山望那山。

凡作一事，无论大小易难，皆宜有始有终。

买书不可不多，看书不可不择。早岁笃志为学而不克有成，愿儿能成吾志，此外别无所求。

2. 苏轼《留侯论》摘录

古之所谓豪杰之士，必有过人之节。人情有所不能忍者。匹夫见辱，拔剑而起，挺身而斗，此不足为勇也。天下有大勇者，卒然临之而不惊，无故加之而不怒，此其所挟持者甚大，而其志甚远也。

3. 唐浩明《评曾国藩家书》

当今世风日趋浮躁，人皆急功近利，恨不得一日之间便发大财、居高位、享盛名，不愿意去做长时期的累积功夫，尤其不愿意去从事道德心灵方面的修炼，认为那些都是虚的假的。其实一百六十多年前的世风也不见得比今天醇厚得很多，这可以从当时人写的书里看得出。但是，就在那个时候，也有一些人，他们既志存高远，又脚踏实地，修身务本，储才养望，在天时未到之前，努力准备着，一旦机会来临便能很快把握住，捷足先登。曾国藩、左宗棠、罗泽南等人都是这一批人的突出代表。

曾氏每日记日记，将一念之差、一事之失，皆记于当天的日记里，对自己的差失严加鞭笞，毫不留情，甚至不惜骂自己如猪狗，而且还和好友互相传看，以达到监督的作用。曾氏还为自己定下日课，就像一个规矩的小学生、一个虔诚的宗教徒似的，他每天严守课程表，一丝不苟。他将自己过去的一切不合圣贤规范的东西譬为昨日种种之死，而将一切合于圣贤规范的东西譬为今日种种之生。自号涤生，即：涤旧而生新。

4.《傅雷家书》① 节选一

致傅聪：

长篇累牍的给你写信，不是空唠叨，不是莫名其妙的 Gossip，而是有好几种作用的。第一，我的确把你当作一个讨论艺术、讨论音乐的对手；第二，极想激发你一些青年人的感想，让我做父亲的得些新鲜养料，同时也可以间接传布给别的青年；第三，借通信训练你的不但是文笔，而尤其是你的思想；第四，我想时时刻刻，随处给你做个警钟，做面"忠实的镜子"，不论在做人方面，在生活细节方面，在艺术修养方面，在演奏姿态方面。

【研习与探索】

1. 有人说"在骨肉亲情日渐淡漠、邻里亲戚形同陌路的现代社会里，《曾国藩家书》确实有劝世化俗的价值，值得每个人一读。"对此，你有何看法？
2. 阅读《傅雷家书》，谈谈它与《曾国藩家书》的异同。
3. 请谈一谈你对电话和短信作为家书的看法。
4. 请写一封家书，或向父母汇报你在学校的学习、思想等状况，或回顾过去，感谢父母对你的养育之恩。

少年中国说

梁启超②

日本人之称我中国也，一则曰老大帝国，再则曰老大帝国。是语也，盖袭译欧西人之言也。呜呼！我中国其果老大矣乎？梁启超曰：恶③，是何言！是何言！吾心目中有一少年中国在。

欲言国之老少，请先言人之老少。老年人常思既往，少年人常思将来。惟思既往也，故生留恋心；惟思将来也，故生希望心。惟留恋也，故保守；惟希望也，故进取。惟保守也，故永旧；惟进取也，故日新。惟思既往也，事事皆其所已经者，故惟知照例；惟思将来也，事事皆其所未经者，故常敢破格。老年人常多忧虑，少年人常好行乐。惟多忧也，故灰心；

---

① 傅雷（1908—1966），字怒安，号怒庵，上海南江县人。现代著名的文学翻译家和文艺评论家，一生译着丰富。翻译的名著有罗曼·罗兰获诺贝尔文学奖的长篇巨制《约翰·克利斯朵夫》；梅里美的《嘉尔曼》《高龙巴》；丹纳的《艺术哲学》；巴尔扎克的《欧也妮·葛朗台》《高老头》《邦斯舅舅》等作品15种，传记作品《贝多芬传》《罗丹艺术论》等等，译作约五百万言。遗著有《世界美术名作二十讲》《傅雷家书》。"这（指《傅雷家书》）是一部最好的艺术学徒修养读物，也是一部充满着父爱的苦心孤诣、呕心沥血的教子篇"。（楼适夷《读家书，想傅雷》）

② 梁启超（1873-1929），字卓如，号任公，别署饮冰室主人、自由斋主人、饮冰子、哀时客、新民子等，广东新会人。中国近代思想界重要人物，康有为得意弟子，近代资产阶级改良主义宣传家，戊戌维新的中心人物。晚清散文家，"新文体"的主要代表，曾倡导"诗界革命""小说界革命"和"文体革命"，诗词也有一定成就，著有《饮冰室合集》。本文所说的"国"，是理想的资产阶级共和国。作者认为封建专制制度和封建官吏已经腐朽，坚信通过资产阶级改良能使国家富强，雄立于世界。

③ 恶（wū）：叹词，犹"咦"，含有否定的意思。

惟行乐也,故盛气。惟灰心也,故怯懦;惟盛气也,故豪壮。惟怯懦也,故苟且;惟豪壮也,故冒险。惟苟且也,故能灭世界;惟冒险也,故能造世界。老年人常厌事,少年人常喜事。惟厌事也,故常觉一切事无可为者;惟好事也,故常觉一切事无不可为者。老年人如夕照,少年人如朝阳。老年人如瘠牛,少年人如乳虎。老年人如僧,少年人如侠。老年人如字典,少年人如戏文。老年人如鸦片烟,少年人如泼兰地酒。老年人如别行星之陨石,少年人如大洋海之珊瑚岛。老年人如埃及沙漠之金字塔,少年人如西伯利亚之铁路。老年人如秋后之柳,少年人如春前之草。老年人如死海之潴为泽①,少年人如长江之初发源。此老年与少年性格不同之大略也。梁启超曰:人固有之,国亦宜然。

　　梁启超曰:伤哉,老大也!浔阳江头琵琶妇,当明月绕船,枫叶瑟瑟,衾寒于铁,似梦非梦之时,追想洛阳尘中春花秋月之佳趣。西宫南内,白发宫娥,一灯如穗,三五对坐,谈开元天宝间遗事,谱霓裳羽衣曲。青门种瓜人,左对孺人,顾弄孺子,忆侯门似海、珠履杂遝之盛事②。拿破仑之流于厄蔑③,阿剌飞之幽于锡兰④,与三两监守吏,或过访之好事者,道当年短刀匹马,驰骋中原,席卷欧洲,血战海楼,一声叱咤,万国震恐之丰功伟烈,初而拍案,继而抚髀⑤,终而揽镜:呜呼,面皱齿尽,白发盈把,颓然老矣!若是者,舍幽郁之外无心事,舍悲惨之外无天地,舍颓唐之外无日月,舍叹息之外无音声,舍待死之外无事业。美人豪杰且然,而况于寻常碌碌者耶?生平亲友,皆在墟墓;起居饮食,待命于人。今日且过,遑知他日;今年且过,遑恤明年。普天下灰心短气之事,未有甚于老大者。于此人也,而欲望以拏云之手段,回天之事功,挟山超海之意气,能乎不能?

　　呜呼,我中国其果老大矣乎?立乎今日以指畴昔,唐虞三代⑥,若何之郅治⑦;秦皇汉武,若何之雄杰;汉唐来之文学,若何之隆盛;康乾间之武功,若何之烜赫。历史家所铺叙,词章家所讴歌,何一非我国民少年时代、良辰美景赏心乐事之陈迹哉!而今颓然老矣!昨日割五城,明日割十城,处处雀鼠尽,夜夜鸡犬惊。十八省之土地财产⑧,已为人怀中之肉;四百兆之父兄子弟⑨,已为人注籍之奴⑩。岂所谓"老大嫁作商人妇"者耶?呜呼,凭君莫话

---

① 死海:湖名,一名咸海。因水中含盐量高,鱼类不生,故名。在约旦、以色列和巴基斯坦间。潴(zhū):聚积的水流。
② "青门"四句:用汉初邵平故事。邵平在秦末为东陵侯。秦亡后,在长安东门外种瓜为生。(见《三辅黄图》)此句谓邵平回想当年的繁华,颇为感伤。青门,汉长安东门。孺人,古代大夫之妻称孺人,明、清两代七品官的妻子封孺人。珠履,用珠子装饰的鞋。杂遝(tà),杂乱。
③ 拿破仑:即拿破仑一世。法国资产阶级政治家、军事家。他于1804年为法国皇帝,曾称霸欧洲。1814年各国联军攻破巴黎,拿破仑被流放于厄尔巴岛。厄蔑:即厄尔巴岛,在意大利半岛和法国科西嘉岛之间。
④ 阿剌飞:指埃及民族解放运动领袖阿拉比,曾率众推翻英、法殖民统治。1882年,英国侵略军进攻埃及,阿拉比领导军队抗击,战败被流放于锡兰。
⑤ 抚髀(bì):《三国志·蜀志·先主传》裴注引《九州春秋》:"备住荆州数年,尝于(刘)表坐起至厕,见髀里肉生,慨然流涕。还坐,表怪问备,备曰:'吾常身不离鞍,髀肉皆消;今不复骑,髀里肉生。日月若驰,老将至矣,而功业不建,是以悲耳!'"髀,大腿。
⑥ 唐虞三代:指唐尧、虞舜和夏、商、周三代。
⑦ 郅(zhì)治:至治,把国家治理得太平强盛。郅,极,至。
⑧ 十八省:清初全国共分十八个省。光绪末年增至二十三省,但人们习惯上仍称十八省。
⑨ 四百兆:即四亿,当时中国有四亿人口。
⑩ 注籍之奴:注入户籍的奴隶。这里指失去自由的人。

当年事，憔悴韶光不忍看！楚囚相对①，岌岌顾影；人命危浅，朝不虑夕。国为待死之国，一国之民为待死之民。万事付之奈何，一切凭人作弄，亦何足怪！

梁启超曰：我中国其果老大矣乎？是今日全地球之一大问题也。如其老大也，则是中国为过去之国，即地球上昔本有此国，而今渐渐灭，他日之命运殆将尽也。如其非老大也，则是中国为未来之国，即地球上昔未现此国，而今渐发达，他日之前程且方长也。欲断今日之中国为老大耶？为少年耶？则不可不先明国字之意义。夫国也者，何物也？有土地，有人民，以居于其土地之人民，而治其所居之土地之事，自制法律而自守之，有主权，有服从，人人皆主权者，人人皆服从者。夫如是斯谓之完全成立之国。地球上之有完全成立之国也，自百年以来也。完全成立者，壮年之事也；未能完全成立而渐进于完全成立者，少年之事也。故吾得一言以断之曰：欧洲列邦在今日为壮年国，而我中国在今日为少年国。

夫古昔之中国者，虽有国之名，而未成国之形也。或为家族之国，或为酋长之国，或为诸侯封建之国，或为一王专制之国。虽种类不一，要之，其于国家之体质也，有其一部而缺其一部。正如婴儿自胚胎以迄成童，其身体之一二官支，先行长成，此外则全体虽粗具，然未能得其用也。故唐虞以前为胚胎时代，殷商之际为乳哺时代，由孔子而来至于今为童子时代，逐渐发达，而今乃始将入成童以上少年之界焉。其长成所以若是之迟者，则历代之民贼有窒其生机者也。譬犹童年多病，转类老态。或且疑其死期之将至焉，而不知皆由未完全未成立也；非过去之谓，而未来之谓也。且我中国畴昔，岂尝有国家哉，不过有朝廷耳。我黄帝子孙，聚族而居，立于此地球之上者既数千年，而问其国之为何名，则无有也。夫所谓唐、虞、夏、商、周、秦、汉、魏、晋、宋、齐、梁、陈、隋、唐、宋、元、明、清者，则皆朝名耳。朝也者，一家之私产也；国也者，人民之公产也。朝有朝之老少，国有国之老少。朝与国既异物，则不能以朝之老少而指为国之老少明矣。文、武、成、康，周朝之少年时代也；幽、厉、桓、赧，则其老年时代也。高、文、景、武，汉朝之少年时代也；元、平、桓、灵，则其老年时代也。自馀历朝，莫不有之。凡此者谓为一朝廷之老也则可，谓为一国之老也则不可。一朝廷之老且死，犹一人之老且死也，于吾所谓中国者何与焉？然则，吾中国者，前此尚未出现于世界，而今乃始萌芽云尔。天地大矣，前途辽矣，美哉我少年中国乎！

玛志尼者②，意大利三杰之魁也。以国事被罪，逃窜异邦。乃创立一会，名曰"少年意大利"，举国志士，云涌雾集以应之。卒乃光复旧物，使意大利为欧洲之一雄邦。夫意大利者，欧洲第一之老大国也。自罗马亡后，土地隶于教皇，政权归于奥国，殆所谓老而濒于死者矣。而得一玛志尼，且能举全国而少年之，况我中国之实为少年时代者耶？堂堂四百馀州之国土，凛凛四百馀兆之国民，岂遂无一玛志尼其人者！

---

① 楚囚相对：喻遇到强敌，窘迫无计。《晋书·王导传》载，晋元帝时，国家动乱，中州人士纷纷避乱江左。"过江人士，每至暇日，相要出新亭饮宴。周顗中坐而叹曰：'风景不殊，举目有江河之异。'皆相视流涕。惟（王）导愀然变色曰：'当共戮力王室，克复神州，何至作楚囚相对泣邪？'"

② 玛志尼（1805—1872）：意大利爱国者。罗马帝国灭亡后，意大利受奥地利帝国奴役，玛志尼创立"少年意大利党"，创办《少年意大利报》，发动和组织资产阶级革命，完成意大利的独立统一事业。他与同时的加里波的、喀富尔并称"意大利三杰"。下文"旧物"，指国家原有的基业。

龚自珍氏之集有诗一章，题曰《能令公少年行》①。吾尝爱读之，而有味乎其用意之所存。我国民而自谓其国之老大也，斯果老大矣；我国民而自知其国之少年也，斯乃少年矣。西谚有之曰："有三岁之翁，有百岁之童。"然则，国之老少，又无定形，而实随国民之心力以为消长者也。吾见乎玛志尼之能令国少年也，吾又见乎我国之官吏士民能令国老大也。吾为此惧。夫以如此壮丽浓郁翙翙绝世之少年中国，而使欧西日本人谓我为老大者，何也？则以握国权者皆老朽之人也。非哦几十年八股，非写几十年白折②，非当几十年差，非捱几十年俸，非递几十年手本③，非唱几十年诺④，非磕几十年头，非请几十年安，则必不能得一官，进一职。其内任卿贰以上⑤，外任监司以上者⑥，百人之中，其五官不备者，殆九十六七人也。非眼盲，则耳聋；非手颤，则足跛；否则半身不遂也。彼其一身饮食步履视听言语，尚且不能自了，须三四人在左右扶之捉之，乃能度日，于此而乃欲责之以国事，是何异立无数木偶而使之治天下也！且彼辈者，自其少壮之时，既已不知亚细亚、欧罗巴为何处地方，汉祖、唐宗是那朝皇帝，犹嫌其顽钝腐败之未臻其极，又必搓磨之⑦，陶冶之，待其脑髓已涸，血管已塞，气息奄奄，与鬼为邻之时，然后将我二万里山河，四万万人命，一举而畀于其手。呜呼！老大帝国，诚哉其老大也！而彼辈者，积其数十年之八股、白折、当差、捱俸、手本、唱诺、磕头、请安，千辛万苦，千苦万辛，乃始得此红顶花翎之服色⑧，中堂大人之名号，乃出其全副精神，竭其毕生力量，以保持之。如彼乞儿拾金一锭，虽轰雷盘旋其顶上，而两手犹紧抱其荷包，他事非所顾也，非所知也，非所闻也。于此而告之以亡国也，瓜分也，彼乌从而听之，乌从而信之！即使果亡矣，果分矣，而吾今年既七十矣八十矣，但求其一两年内，洋人不来，强盗不起，我已快活了一世矣；若不得已，则割三头两省之土地，奉申贺敬，以换我几个衙门，卖三几百万之人民作仆为奴，以赎我一条老命，有何不可，有何难办！呜呼！今之所谓老后老臣老将老吏者，其修身齐家治国平天下之手段，皆具于是矣。西风一夜催人老，凋尽朱颜白尽头。使走无常当医生⑨，携催命符以祝寿，嗟乎痛哉！以此为国，是安得不老且死，且吾恐其未及岁而殇也。

梁启超曰：造成今日之老大中国者，则中国老朽之冤业也；制出将来之少年中国者，则中国少年之责任也。彼老朽者何足道？彼与此世界作别之日不远矣，而我少年乃新来而与世界为缘。如僦屋者然⑩，彼明日将迁居他方，而我今日始入此室处。将迁居者，不爱护其窗

---

① 《能令公少年行》：龚自珍抒怀之诗，收入《定庵全集》，原意是说一个人不追求名利，放宽胸怀，就能长葆青春。这里取其长葆青春意。
② 白折：清代科举应试的试卷之一。殿试取中进士后，还要进行朝考，以分别授予官职。朝考用白折，即用工整的楷书写在白纸制的折子上。
③ 手本：明清官场中下级晋见上级时用的名帖。
④ 唱诺（nuò）：古代的一种礼节。对人打恭作揖，口中出声，叫唱喏。诺，当作"喏"。下文"请安"，系清代问候的礼节，男子打千，即右膝微跪，隆重时，双膝跪地，呼"请某某安"。
⑤ 卿贰：卿是朝廷各部的长官，贰指副职。
⑥ 监司：清代通称各省布政使、按察使及各道道员为监司。
⑦ 搓磨：磋磨，切磋琢磨。原是精益求精，这里指磨去棱角、锋芒。
⑧ 红顶花翎：大官的帽饰。清代官员帽顶上顶珠的颜色、质料，标志着官阶的品级，一品官用红宝石顶珠。花翎，用孔雀翎做的帽饰，以翎眼多者为贵，五品以上用花翎，六品以下用蓝翎。
⑨ 走无常：迷信说法，阴司用活人为鬼役，摄取后死者的魂。充当这种鬼差者，称走无常。
⑩ 僦（jiù）屋：租赁房屋。

栊，不洁治其庭庑，俗人恒情，亦何足怪。若我少年者，前程浩浩，后顾茫茫，中国而为牛为马为奴为隶，则烹脔鞭棰之惨酷①，惟我少年当之；中国如称霸宇内，主盟地球，则指挥顾盼之尊荣，惟我少年享之，于彼气息奄奄与鬼为邻者何与焉！彼而漠然置之，犹可言也；我而漠然置之，不可言也。使举国之少年而果为少年也，则吾中国为未来之国，其进步未可量也；使举国之少年而亦为老大也，则吾中国为过去之国，其渐亡可翘足而待也。故今日之责任，不在他人，而全在我少年。少年智则国智，少年富则国富，少年强则国强，少年独立则国独立，少年自由则国自由，少年进步则国进步，少年胜于欧洲则国胜于欧洲，少年雄于地球则国雄于地球。红日初升，其道大光；河出伏流，一泻汪洋；潜龙腾渊，鳞爪飞扬；乳虎啸谷，百兽震惶；鹰隼试翼，风尘吸张；奇花初胎，矞矞皇皇②；干将发硎③，有作其芒；天戴其苍，地履其黄④；纵有千古，横有八荒，前途似海，来日方长。美哉我少年中国，与天不老；壮哉我中国少年，与国无疆！

"三十功名尘与土，八千里路云和月。莫等闲白了少年头，空悲切。"此岳武穆《满江红》词句也。作者自六岁时即口受记忆，至今喜诵之不衰。自今以往，弃"哀时客"之名，更自名曰："少年中国之少年。"作者附识。

【拓展资料】

1. 今之文学有"文言"与"语体"之两大类。梁之文笔则介于两者之间。其笔流畅圆熟，其文曲折详尽。长于说理，叙事次之，抒情又次之。（徐彬《梁启超》，载《时报》1929年1月26日~28日）

2. 梁启超反对文言文，提倡通俗化，创造了一种新的散文体裁，即报章体，亦称"新文体"。因率先见于《新民丛报》，又称"新民体"。这是一种半文半白的语言文字，是文言文的一次大解放，为晚清文体的改革开辟了道路，成为五四白话文运动的先导。《少年中国》说即为新文体中最著名的篇章之一。梁启超在《清代学术概论》中曾自述其文风行海内的盛况和原由：

启超既亡居日本……复专以宣传为业，为《新民丛报》《新小说》等诸杂志，畅其旨义，国人竞喜读之。清廷虽严禁，不能遏，每一册出，内地翻刻本辄十数。二十年来学予之思想，颇蒙其影响。启超夙不喜桐城派古文，幼年为文，学晚汉魏晋，颇尚矜练。至是自解放，务为平易畅达，时杂以俚语、韵语及外国语法，纵笔所至不检束，学者竞效之，号"新文体"。老辈则痛恨，诋为野狐。然其文条理明晰，笔锋常带感情，对于读者，别有一种魔力焉。

3. 梁启超在"百日维新"失败后写出了著名的《论毅力》，借此勉励处于逆境的资产阶级改良派的同仁，不要因一时受挫而灰心，鼓励他们克服困难，继续前进，是典范的论说文，至今有显著的现实意义：

天下古今成败之林，若是其莽然不一途也。要其何以成，何以败？曰：有毅力者成，反

---

① 脔（luán）：切成小块的肉，这里用作动词，宰割之意。棰：棍杖。这里用作动词，捶打之意。
② 矞（yù）矞皇皇：形容艳丽。《太玄经·交》："物登明堂，矞矞皇皇。"司马光集注引陆绩曰："矞皇，体美貌。"
③ 干将：古剑名，后泛指宝剑。发硎（xíng刑）：刀刃新磨。硎，磨刀石。
④ "天戴"二句：是说少年中国如苍天之大，如地之广阔。

是者败。

盖人生历程，大抵逆境居十六七，顺境亦居十三四，而顺逆两境又常相间以迭乘。无论事之大小，必有数次乃至十数次之阻力，其阻力虽或大或小，而要之必无可逃避者也。其在志力薄弱之士，始固曰吾欲云云，其意以为天下事固易易也，及骤尝焉而阻力猝来，颓然丧矣；其次弱者，乘一时之意气，透过此第一关，遇再挫而退；稍强者，遇三四挫而退；更稍强者，遇五六挫而退；其事愈大者，其遇挫愈多，其不退也愈难，非至强之人，未有能善于其终者也。

夫苟其挫而不退矣，则小逆之后，必有小顺；大逆之后，必有大顺。盘根错节之既经，而随有应刃而解之一日。旁观者徒艳美其功之成，以为是殆幸运儿，而天有以宠彼也，又以为我蹇于遭逢，故所就不彼若也。庸讵知所谓蹇焉、幸焉者，皆彼与我之相同，而其能征服此蹇焉，利用此幸焉与否，即彼成我败所由判也。更譬诸操舟，如以兼旬之期，行千里之地者，其间风潮之或顺或逆，常相参伍。彼以坚苦忍耐之力，冒其逆而突过之，而后得从容以进度其顺。我则或一日而返焉，或二三日而返焉，或五六日而返焉，故彼岸终不可达也。

孔子曰："譬如为山，未成一篑，止，吾止也；譬如平地，虽覆一篑，进，吾往也。"孟子曰："有为者，譬若掘井，掘井九仞，而不及泉，犹为弃井也。"成败之数，视此而已。

4. 梁启超1902年作《论小说与群治之关系》（节选）：

欲新一国之民，不可不先新一国之小说。故欲新道德，必新小说；欲新宗教，必新小说；欲新政治，必新小说；欲新风俗，必新小说；欲新学艺，必新小说；乃至欲新人心，欲新人格，必新小说。何以故？小说有不可思议之力支配人道故。

吾今且发一问：人类之普通性，何以嗜他书不如其嗜小说？答者必曰：以其浅而易解故，以其乐而多趣故。是固然。

【研习与探索】

1. 谈谈本文的论述风格和艺术特征？试作具体分析。
2. 结合自身，围绕"青年的发展与国家的未来"的主题写一篇读后感。
3. 请查找阅读姚鼐的《登泰山记》，比较其与梁启超散文在语体风格上的异同。
4. 课外阅读梁启超传记，细读拓展资料内容，试以《逆境与顺境》为题，写一篇1000字左右的论述文。

人间词话（节选）

王国维[①]

词以境界[②]为最上。有境界则自成高格[③]，自有名句。五代北宋之词所以独绝者在此。

[①] 王国维（1877—1927），字静安，号观堂，浙江海宁人。清代秀才。先后在通州、苏州等地师范学堂任教习，在学部图书馆任编information，在清华研究院任教授。近代著名学者、文学家，在史学、哲学和美学方面成就卓著，影响很大。代表著作有《人间词话》《宋元戏曲考》。本篇六则词话选自《蕙风词话 人间词话》（人民文学出版社1960年4月第一版，郭绍虞 罗根泽主编）。

[②] 境界：借用佛经中的概念，原指疆界、疆域，文艺作品中的境界指情、景和事物交融所形成的艺术高度和效应。

[③] 高格：作品的高级的品格和等级；作品的取意高妙，或格调高雅，风格高迈超逸。

(一)

　　有有我之境，有无我之境。"泪眼问花花不语，乱红飞过秋千去。"① "可堪孤馆闭春寒，杜鹃声里斜阳暮。"② 有我之境也。"采菊东篱下，悠然见南山。"③ "寒波澹澹起，白鸟悠悠下。"④ 无我之境也。有我之境，以我观物，故物皆着我之色彩。无我之境，以物观物，故不知何者为我，何者为物。古人为词，写有我之境者为多，然未始不能写无我之境，此在豪杰之士能自树立耳。(三)

　　境非独谓景物也，喜怒哀乐，亦人心中之一境界。故能写真景物、真感情者，谓之有境界。否则谓之无境界。(六)

　　"红杏枝头春意闹"⑤，着一"闹"字，而境界全出。"云破月来花弄影"⑥，着一"弄"字，而境界全出矣。(七)

　　古今之成大事业、大学问者，必经过三种之境界："昨夜西风凋碧树，独上高楼，望尽天涯路。"⑦ 此第一境也。"衣带渐宽终不悔，为伊消得人憔悴。"⑧ 此第二境也。"众里寻他千百度，蓦然回首，那人却在，灯火阑珊处。"⑨ 此第三境也。此等语皆非大词人不能道。然遽以此意解释诸词，恐晏、欧诸公所不许也。(二六)

　　诗人对宇宙人生，须入乎其内，又须出乎其外。入乎其内，故能写之；出乎其外，故能观之。入乎其内，故有生气。出乎其外，故有高致。美成⑩能入而不能出，白石⑪以降，于此二事皆未梦见。(六〇)

---

① 冯延巳《鹊踏枝》(一作欧阳修《蝶恋花》)："庭院深深深几许？杨柳堆烟，帘幕无重数。玉勒雕鞍游冶处，楼高不见章台路。雨横风狂三月暮。门掩黄昏，无计留春住。泪眼问花花不语，乱红飞过秋千去。"

② 秦观《踏莎行》"雾失楼台，月迷津渡，桃源望断无寻处。可堪孤馆闭春寒，杜鹃声里斜阳暮。驿寄梅花，鱼传尺素，砌成此恨无重数。郴江幸自绕郴山，为谁流下潇湘去。"

③ 陶潜《饮酒》"结庐在人境，而无车马喧。问君何能尔，心远地自偏。采菊东篱下，悠然见南山。山气日夕佳，飞鸟相与还。此中有真意，欲辨已忘言。"

④ 元好问《颖亭留别》"故人重分携，临流驻归驾。乾坤展清眺，万景若相借。北风三日雪，太素秉元化。九山郁峥嵘，了不受陵跨。寒波澹澹起，白鸟悠悠下。怀归人自急，物态本闲暇。壶觞负吟啸，尘土足悲咤。回首亭中人，平林澹如画。"

⑤ 宋祁《玉楼春》："东城渐觉风光好，縠皱波纹迎客棹。绿扬烟外晓寒轻，红杏枝头春意闹。浮生长恨欢娱少，肯爱千金轻一笑。为君持酒劝斜阳，且向花间留晚照。"

⑥ 张先《天仙子》："《水调》数声持酒听，午醉醒来愁未醒。送春春去几时回？临晚镜，伤流景，往事后期空记省。沙上并禽池上暝，云破月来花弄影。重重帘幕密遮灯，风不定，人初静，明日落红应满径。"

⑦ 晏殊《蝶恋花》"槛菊愁烟兰泣露，罗幕轻寒，燕子双飞去。明月不谙离恨苦，斜光到晓穿朱户。昨夜西风凋碧树，独上高楼，望尽天涯路。欲寄彩笺兼尺素，山长水阔知何处！"

⑧ 柳永《蝶恋花》："伫倚危楼风细细。望极春愁，黯黯生天际。草色烟光残照里，无言谁会凭栏意。拟把疏狂图一醉，对酒当歌，强乐还无味。衣带渐宽终不悔，为伊消得人憔悴。"引语后手稿尚注有"(欧阳永叔)"四字，而此词应为柳永所作。

⑨ 辛弃疾《青玉案》："东风夜放花千树。更吹落、星如雨。宝马雕车香满路，凤箫声动，玉壶光转，一夜鱼龙舞。蛾儿雪柳黄金缕。笑语盈盈暗香去。众里寻它千百度，蓦然回首，那人却在，灯火阑珊处。"

⑩ 美成：周邦彦，字美成，北宋词人。

⑪ 白石：姜夔，号白石道人，南宋词人。

第三单元
中国近古人文语文

【拓展资料】

1. 《人间词话》"境界"说蕴含了极为丰富的美学内涵。包含了三个层次的内涵。第一层,"有境界"之词必须"自成高格"。王国维曾赞颂自屈原以来彪炳于文学史的屈原、陶潜、杜甫、苏轼等大诗人"苟无文学之天才,其人格亦自足千古"。这就是说,他将"人格"置于境界之首,故论文天祥词,谓"风骨甚高,亦有境界"。风骨即由"文格"所表现的"人格",惟"人格"与"文格"统一,才称得上"有境界"。第二层,有境界之词,必须有名句。王国维虽未为"名句"下定义,但却在其它多则词话中论说了"有句"、"无句"。"有句"即"名句",他认为"惟李后主降宋后之作,及永叔、子瞻、少游、美成、稼轩数人"之词达到了"有篇有句",可见他对境界的"名句"要求之高……第三层,所谓有境界之词必须"独绝"于一时代。(陈鸿祥《〈人间词话·人间词〉注评》)

2. 凡作者能把自己所感知之"境界",在作品中作鲜明真切的表现,使读者也可得到同样鲜明真切之感受者,如此才是"有境界"的作品。所以欲求作品之有"有境界",则作者自己必须先对其所写之对象有鲜明真切之感受。至于此一对象则既可以为外在之景物,也可以为内在之感情;既可为耳目所闻之真实之境界,亦可以为浮现于意识中之虚构之境界。但无论如何却都必须作者自己对之有真切之感受,始得称之为"有境界"。如果只因袭模仿,则尽管把外在之景物写得"桃红柳绿",把内在之感情写得"肠断魂消",也依然是"无境界"。(叶嘉莹《王国维及其文学批评》)

3. 所谓"有我之境"就是诗词的境界表现了抒情主人公的鲜明的感情色彩,所谓"无我之境"就是抒情主人公的感情色彩被熔化在自然景物中,以隐蔽的姿态出现。诗词中的确存在着这样两种境界。前者主要是抒情的境界,后者主要是山水诗的境界。所谓"有我之境"就是以情为主,多半是情语;所谓"无我之境"就是以景为主,大体是景语。不过,在具体作品中却并无绝对的界限。因为单纯写景的作品是不多见的,诗人总是以景寓情,写景往往是手段,表情常常是目的,转弯抹角也要表现自己的思想感情。(吴奔星《王国维的美学思想—境界论》)

4. 王国维根据自己自学、研究和创造经历的体会,将高级层次发展到创造层次的过程,概括成为三个境界说……这三首都是爱情词,写得缠绵悱恻,感情极其真挚深沉。王国维认为读书、研究也应象爱情那样真挚、热烈、深沉,那样一往情深,付出自己的全副身心,所以他借用这些宋词的名句,强调一个人读书、研究必须高瞻远瞩,不畏艰难劳苦,具有坚忍意志、牺牲精神和献身精神,最后终于有可能在有意、无意中得到重大收获。(周锡山《王国维美学思想研究》)

5. 红杏枝头,本来无所谓"闹",然而由于她的妩媚鲜艳的颜色带来春意,冲破了绿杨烟外的晓寒,这就增加了自然生机和诗人往东城寻春的情趣。照影花枝,本来无所谓"弄",然而由于原来蔽月的夜云移去,清辉笼罩下的花枝便在微风吹拂和月光移转时婆娑蠕动。月色窥花,花枝弄影,不仅促使诗人把他对穿云之月和照影之花的关切倾注到眼前景物之上,也更成为诗人化身为月和花的情趣。(吴调公《关于古代文论中的意境问题》)

6. 何谓"入乎其内"?"内"乃诗人在日常境遇中所积累的人生体验(素材),诸如印象、情绪、梦幻、狂欢、哀怨、苦闷、遗憾等,"入乎其内",就是将上述牵动诗人衷肠的、毛茸茸的素材再体验一番,"故有生气"。但诗人若想写出杰作,还得将素材放到终极关怀这一层面作审美观照,源于素材,又高于素材,"故有高致"。美成词言情体物,穷极工巧,堪称一流,为何他在王氏心中仍比"至情至性"的苏、辛低一挡?因为他"能入而不能出"。
(夏中义《世纪初的苦恼》)

【研习与探索】

1. 如何理解王国维所说的"境界"?结合具体的宋词作品谈谈你对这一概念的理解。

2. 王国维用三首爱情词的名句来比喻成大事业、大学问者必经的三种境界,这三段名句原来的境界和新的境界各是什么,有怎样的联系?

3. 请阅读《人间词话》的其它内容,了解王国维的说词方法和美学理论,并使用其理论评析一篇艺术作品。

习得展示

一、演讲会

主题:成功与梦想

目标:

1. 思考"成功"的真正意义,理解"志存高远,始于足下"的关系。提高实现自我认知和人生规划的能力。

2. 掌握演讲的一般技巧,能够面对众人大方而清晰地表达自己的思想。

流程:

1. 每位同学查阅相关演讲的资料,观摩爱课程等有关演讲内容的网页,学习演讲成功者的经验。

2. 围绕"成功与梦想"收集相关文献资料,选择某一个切入角度撰写演讲稿。完成演讲稿后与同学交换互提意见,进行修改。

3. 演讲切入角度及表达技巧对演讲的效果具有重要的影响,演讲者要主动和同学及指导老师进行商讨,最好在宿舍试讲一下,获得意见后再修改,最好能够背下来,用讲说而避免朗读,以求达到最佳效果。

4. 分班或分组面向群体进行演讲,再由小组或班推荐优秀代表在大班进行演讲展示。

5. 通过投票的方式评选出优秀演讲者。按照参加小组、班级和大班不同层级的演讲水平等级评比的结果计入平时成绩。

提示：

1. 演讲词的写作要注意集中主题，语言要口语化，多用短语描述和说明，穿插小故事。熟悉和熟背演讲内容是演讲成功的基础。

2. 每一个人都会有恐惧心理，只要提前准备充分了，就会超越一般人。有了第一次登台的经验以后就会顺利的。可以事先面对镜子，或面对玩偶进行练习。

3. 态势语对于演讲者表达思想传递语意也具有重要作用。要避免机械重复某一动作，动作表情要大方得体自然，不做作。

4. 不同时期人生会有不同的梦想，会有不同的评定成功的标准。推荐阅读拿破仑·希尔《成功学全书》、王石的《成功是和自己较量：王石哈佛问道》及《史蒂夫·乔布斯传》，从成功人士的传记中寻找养分。

5. 也可以就社会实践活动撰写或修改总结报告，进行汇报性演讲。

二、成语字谜竞猜

目标：

1. 领悟汉语汉字的魅力，积累更多的汉字和成语。
2. 运用语用学的合作、礼貌等原则，践行有效沟通。
3. 训练团队合作意识，增进同学感情。

流程：

1. 准备。要求每一位同学准备10条成语和5个字谜，对应写清每一条成语字谜的准确意思。学委选三位同学对同学整理的成语和字谜综合选择后，放到本班QQ群供大家学习识记。

2. 组队训练。两人一组，在课下训练识记新成语和相互交流信息默契度。

3. 比赛。随机从准备的资料中抽出8个成语2个字谜进行竞猜。每组队员用时最短、违规最少者，胜出。

提示：

1. 一个同学看写有成语的十张卡片向队友描述，最好通过PPT的形式将成语展示出来。队友根据描述猜测。描述中不得出现成语中任何一字，否则记违规。

2. 为了减少准备的成语重复，可以按照同学的姓氏声母与首字相同的成语对应来分配任务。选择的成语最好要适合肢体展示。

第四单元　中国现代人文语文

名家名著与专题

第一节　胡适与"五四"新文化运动

新文化运动发端于"五四"运动的前夜,是中国近代史上第一次真正伟大的思想解放运动。其以彻底的决绝的姿态开拓了中国文化从传统形态向现代形态转变的新时代。

胡适(1891—1962),原名嗣穈,又名洪骍、适之,中国现代思想史、文化史和文学史上具有开拓性贡献的人物,"五四"新文化运动的倡导者和推动者。

一、从"文学革命"到"文化革命"

"文学"即"人学",而人又无时无刻不生活在某种特定的文化状态中。文学挖掘、记录、反思文化,使人们更清醒地认识到文化的优劣,并加以扬弃。

在胡适等人看来,欲造就一种新的文化,必先造就一种新的文学。"五四"新文化运动即肇始于胡适发起的"文学革命"。

(一)倡导"文学革命"

早在1915年夏天,胡适就与几个留美同学开始讨论中国文学的问题。第二年秋天,胡适从美国寄书陈独秀,第一次正式提出"文学革命"的口号,并列举了具体主张的"八事",即后来所谓的"八不主义"。1917年1月,胡适在《新青年》上发表《文学改良刍议》一文,对"吾国近世文学之大病"痛加针砭,列举"八事",作为文学改良的"入手"之处:

一曰，须言之有物。二曰，不模仿古人。

三曰，须讲究文法。四曰，不作无病之呻吟。

五曰，务去滥调套语。六曰，不用典。

七曰，不讲对仗。八曰，不避俗字俗语。

这篇文章向来被当作文学革命的发难信号，是"五四"文学革命的正式宣言。陈独秀因此说："文学革命之气运，酝酿已非一日，其首举义旗之急先锋，则为吾友胡适。"① 同年二月，陈独秀发表《文学革命论》，正式举起"文学革命"的旗帜，钱玄同、刘半农、傅斯年、周作人等撰文响应，围绕"文学革命"展开广泛热烈的讨论，坚信文学革命是中国历史发展的必然趋势，白话文必定取代文言文的正宗地位。胡适进一步将这些观点理论化，并形成可以被广泛接受的概念而加以推广。胡适的文学思想和主张，大致表现在以下三个方面。

第一，以白话文学为文学的正宗。提倡白话文（又名"国语文学"）是胡适新文学革命的中心论点之一，也是他号召文学革命的一面旗帜。《文学改良刍议》一文中，胡适就将白话文学提到了"中国文学之正宗"地位，认为白话文学乃"将来文学必用之利器"。1918年4月，胡适发表《建设的文学革命论》，再一次强调："我的'建设文学论'的唯一宗旨只有十个大字：'国语的文学，文学的国语'。我们所提到的文学革命，只是要替中国创造一种国语的文学。"文章肯定写白话小说的施耐庵、曹雪芹、吴研人皆"文学正宗"，贬封建文人的骈文律诗"乃真小道耳"，认为"要造一种活的文字，必须用白话文来做文学的工具。"明确提出：

> 以今世历史进化的眼光观之，则白话文学之为中国文学正宗，又为将来文学必用之利器，可断言也。……吾主张今日作文作诗，宜采用俗语俗字。与其用三千年前之死字，不如用二十世纪之活字。与其作不能行远不能普及之秦汉六朝文学，不如作家喻户晓之水浒西游文字也。

胡适的这一主张，尽管是文学形式的变革，但它的革命意义是不可忽视的。文学的内容和形式，向来是统一的，以白话文代替文言文，使宣传封建伦理道德的旧文学失却了表现工具，为反映时代要求的新文学的产生创造了必备条件，从而促进了文学内容的革新。提倡白话文，反对文言文，是向封建文学观念的一次彻底挑战，不仅与当时反封建的革命要求相一致，本身也是反对封建旧文化的重要方面。不仅如此，白话文代替文言文的意义还越过了文学领域，它不仅使封建专制主义文化失去了藏身之地，在思想界起了反封建的重要作用，又使广大青年打破古文的束缚，易于表达自己的思想感情，在精神上获得空前的解放。

自"五四"至今，白话文获得了长足发展；与此同时，文言文渐渐退出历史舞台。近年来，恢复文言文的呼声渐高。实际上，文言文与白话文各有利弊，可互为补充。一方面，文

---

① 陈独秀：《文学革命论》，《新青年》第2卷6号。

言文受到以"字"为本位的汉语语系的庇荫，在象形、音节、结构、语法、修辞等方面，具有得天独厚的优势。它与中国几千年以来的农耕文明是契合的，也符合近代以前中国人的世界想象与经验表达。另一方面，随着西方的强行"植入"，中国渐渐走向工业文明，中国人脑海中的世界图景瞬间扩大，在表达现代人的生活和心理经验上，文言文变得"力不从心"。与此同时，白话文那种以"词""句""句群"为单位的衍射性表达，更能触及到现代中国人的内心深处，且更易于表现现代人复合的思维、体验、经验、情绪。简言之，文言文与白话文应是一种辩证统一、不可分割的关系。

第二，历史进化的文学观。受达尔文进化论的影响，胡适用历史进化论来观察和解释文学发展变迁的历史，宣传历史进化的文学发展观。他在《文学改良刍议》中指出："文学者，随时代变迁者也。一时代有一时代之文学……凡此诸时代，各因时势风会而变，各有其特长，吾辈以历史进化之眼光观之，绝不可谓古人之文学皆胜于今人也。"为此，胡适专门撰写《历史的文学观念论》，论述"一时代有一时代之文学"的历史进化观念，并以此论证"文言趋于白话"及"以白话为文学正宗"的历史必然性，攻击那些"生乎今之世，反古之道"的复古主义者。后来，胡适作《水浒传考证》，从不同的社会历史时代，分析各种不同的水浒故事和《水浒》见解产生、发展、变化的根源，指出"这种种不同的时代发生种种不同的文学见解，也发生种种不同的文学作物。——这便是我要贡献给大家的一个根本的文学观念，这就是'历史进化的文学观念'。"

第三，写实主义的文学观。文学是什么？胡适的《文学进化观与戏剧改良》对此有一个明确的界定："文学乃是人类生活状态的一种记载，人类生活随时代变迁，故文学也随时代变迁，故一时代有一时代之文学。"在胡适看来，文学是社会生活的反映。正因为认识到文学与社会生活的关系，胡适积极提倡写实主义，主张文学创作应"言之有物"，提倡文学要"实写今日社会之情状"，反对"文以载道"。为此，他特别介绍易卜生的写实主义：

> 人生的大病根在于不肯睁开眼睛来看世间的真实现状。明明是男盗女娼的社会，我们偏说是圣贤礼仪之邦；明明是贪官污吏的政治，我们偏要歌功颂德……易卜生主义的长处，只在他肯说老实话，只在他能把社会种种腐败龌龊的实在情形写出来教大家仔细看。[①]

与此同时，胡适要求作家正视社会生活的"真实现状"，真实地反映现实生活，强调创作必须"注重实地的观察和个人自己的经验"；抨击中国传统文学中的"团圆迷信"，尖锐地批判"瞒"与"骗"的封建文学，提倡文学的"悲剧观念"。这些主张直接引发了稍后的"问题小说"和"社会问题剧"的创作热潮，对于新文学的理论建设和创作实践都有十分重要的意义。

胡适不仅在理论上倡导新文学，而且以文学创作来实践自己的文学主张，努力尝试各种新的文学式样，带头尝试用白话文做诗，写剧本、小说和传记等。在新文学的诞生时期，产

---

① 胡适：《易卜生主义》，《胡适文存》第4卷，上海亚东图书馆1926年版，第14-15页。

生了广泛而深刻的影响。

胡适创作的独幕剧《终身大事》是我国新文学史上最早用白话文创作的新剧本。剧本塑造了一个娜拉式的女主人公形象。女主人公田亚梅为追求恋爱自由，冲破种种封建迷信和传统习俗的束缚，"自己决断"自己的终身大事，离开家庭。《终身大事》明显吸收了易卜生剧作的影响，艺术上虽难免有幼稚之嫌，但打破中国旧剧传统、试作白话新诗的草创之功，则是史论家所公认的。

胡适在创作上影响较大的，是白话诗。胡适不仅是"第一个尝试新诗的人"，他的诗集《尝试集》也是白话文学的"第一部新诗集"①。《尝试集》集中表现了胡适所倡导的"诗体大解放""作诗如作文"的新诗主张。胡适认为："我们做白话诗的大宗旨，在于提倡'诗体的解放'。有什么材料，做什么诗；有什么话，说什么话；把从前一切束缚诗神的自由的枷锁镣铐，拢统推翻：这便是'诗体的解放'。"②

此外，胡适在白话散文的倡导与创造方面也有突出的贡献。他不仅是现代杂文的初创者之一，也是传记散文的积极倡导者和实践者。胡适是《新青年》《每周评论》等杂志上的"什么话""随感录"专栏的重要撰稿人之一，以"天风"为笔名，发表大量的随感录、杂感、杂谈、短评、寓言及通讯、序跋等。其中，《差不多先生传》一文以讽刺和夸张的笔墨，针砭国民性痼疾，语言生动幽默，堪称杂文珍品，传诵一时。与此同时，胡适一直致力于传记文学的创作。他认为"模范人物的传记"，可以做少年人的"良好教育材料"，可以给少年人"介绍一点做人的风范"③。胡适撰写的《中国第一伟人杨斯盛传》《胡适口述自传》等，影响甚广。

（二）走向"文化革命"

有了新的语言，新的文学，势必呼唤一种新的文化。这种新的文化一出场，便以一种革命性的姿态向封建文化"发难"。

新文化阵营反对封建文化的斗争，最突出地表现为反对孔教。"打倒孔家店"是新文化斗争的重要的战斗口号。长期以来，封建统治阶级以孔教麻痹、禁锢人们的思想，孔丘则被奉为至高无上的"圣人"。直至民国革命以后，袁世凯称帝，张勋复辟，皆以孔丘为招牌、以孔教为工具。因此，烧毁孔丘这块招牌、打倒孔家店就成为新文化运动反对封建主义的重要内容。

新文化运动爆发之初，留学美国的胡适即与国内的《新青年》杂志有密切的联系，并在第2卷第1号开始发表文章。1917年7月，胡适回国任北京大学教授，直接参与《新青年》的编务活动。在此期间，他同其他新文化人士一道，向以孔孟之道为核心的封建道德文化展开了猛烈的进攻，反对封建礼教和封建道德，提倡个性解放，鼓吹社会自由。胡适尖锐地谴责了封建道德的虚伪性，批判封建主义的"节烈"和"孝道"。他先后撰写《贞操问题》《美国的妇人》《论贞操问题》《论女子为强暴所污》等文章，指斥野蛮残忍的烈女殉夫是

---

① 朱自清：《中国新文学大系·诗集·导言》。
② 胡适：《答朱经农》，《胡适文存》第1卷，上海亚东图书馆1926年版，第119页。
③ 胡适：《领袖人才的来源》，《胡适论学近著》第1集，上海商务印书馆1937版，第514页。

"全无心肝的贞操论","不合人情,不合天理";批判理学家宣扬的所谓"饿死事极小,失节事极大"的谬论,批判传统的"贤妻良母"的人生观,宣传男女平等和妇女解放,并以"我的儿子"为题作文作诗,不赞成把"儿子孝顺父母"列为一种信条,公开向所谓百善之先的"孝"提出挑战,告诫儿子:"我要你做一个堂堂的人,不要你做我的孝顺儿子"。胡适的这些文章与鲁迅同时期发表的《我之节烈观》《我们现在怎样做父亲》等文相呼应,抨击吃人礼教和腐朽的封建伦理道德,产生重要影响。

与此同时,胡适积极宣扬人道主义、个性解放和自由平等。胡适极力主张"思想自由和言论自由"[①],提倡男女平等,认为"男女同是'人类',都应该努力做一个自由独立的'人'"[②]。1918年6月,《新青年》出版"易卜生专号",胡适发表《易卜生主义》。文章介绍易卜生关于"个人须要充分发达自己的天才性,须要充分发展自己的个性"的主张,大力宣扬个性解放意识,借此对传统社会的法律、宗教、道德以及家庭、婚姻等展开全面攻击。胡适提倡个性主义,倡导平等、自由,正是以此为武器,攻击几千年来束缚个性自由的封建专制制度。他指出:"社会最爱专制,往往用强力摧折个人的个性,压制个人自由独立的精神;等到个人的个性都消灭了,等到自由独立的精神都完了,社会自身也没有生气了,也不会进步了。"因此,胡适认为"社会最大的罪恶莫过于摧折个人的个性,不使他自由发展。"为此,他着重介绍《国民公敌》一剧,高度评价剧中坚持真理、敢于攻击社会、敢于独战多数的主人公斯铎曼医生,提出要以充分发展的个性主义挽救濒于死亡的中国文学的命运,挽救缺乏活力的中国社会。

除了向封建文化"发难",胡适等人还特别注重中国传统思想文化的批判与重建。"整理国故"是新文化运动的一个重要内容。"整理国故"的口号本是由"新潮社"的人们最先提出的。他们针对北大同学中守旧派的"国故社",批判抱残守缺的"保存国粹"论,提出用科学精神来整理国故。作为新潮社的顾问,胡适对此积极支持,认为新思潮对于旧文化的态度,是用科学的方法来做整理国故的工夫,主张对传统文化遗产进行认真的清理,并把这项工作作为新文化和新文学建设的重要部分大力提倡。胡适提出用"评判的态度,科学的精神"整理中国的历史文化,分清什么是"国粹",什么是"国渣",并借用尼采"重新估定一切价值"之说,主张还旧文学和旧文化一个"本来真面目"[③]。

胡适是"整理国故"的积极实践者。他从事"白话文学史"的研究和章回小说的考证,写有《白话文学史》(上卷)和关于《红楼梦》《镜花缘》等小说的考证论著,力图对传统文学做现代性的阐释,开创了近代国故学研究的新局面。

二、从"中"到"西"

新文化运动不仅涉及到中国历史上又一次"古今之变",而且还涉及到一次"中西之

[①] 胡适:《不老》,《胡适文存》第4卷,上海亚东图书馆1926年版,第126页。
[②] 胡适:《美国的妇人》,《胡适文存》第4卷,上海亚东图书馆1926年版,第41页。
[③] 胡适:《新思潮的意义》,《新青年》第7卷第1号。

变"。胡适在其中功不可没。他不仅倡导从"古文言"到"今白话",从"古文化"到"今文化",还着力从中国的研究方法转向西方的研究方法,大力宣扬西方的实用主义。

实用主义,亦称实验主义,是一种主观唯心主义哲学。胡适留学美国时,师从杜威,学的就是实用主义哲学。实验主义是一种方法论。它否定一切先验的价值与道德原理,否认存在于生活之外的永恒的真理。胡适把这种哲学介绍到中国,大力宣扬,先后发表了一系列与此有关的文章。胡适在宣扬实用主义的文章中,提倡"存疑主义",主张"宁可疑而错,不可信而错",尤其鼓吹"重新估定一切价值",提出:

> 对于习俗相传下来的制度风俗,要问:"这种制度现在还有存在的价值吗?"对于古代遗传下来的圣贤教训,要问:"这句话在今日还是不错吗?"对于社会上糊涂公认的行为与信仰,都要问:"大家公认的,就不会错了吗?人家这样做,我也应该这样做吗?难道没有别样做法比这个更好,更有理,更有益的吗?"①

胡适还以清代"朴学"的治学方法来印证和丰富他所理解的实验主义,他自己从事的古代文学考据工作,就明显运用了"朴学"实证色彩的实验主义方法。受实验主义的影响,胡适在治学方面主张"大胆的假设,小心的求证"②。他所说的"假设",是指研究中科学的预见性,不是主观预测,是以实验证明作为关键的一环;"假设"的提出与实验证明是一个推理过程,是由已知事物推到未知事物,其中离不开归纳法与演绎法的交互运用,具有一定的科学性。不论是他倡导文学革命、试验白话诗的"尝试主义"精神,还是其小说考证的具体方法,都与实验主义哲学有着明显的联系。

胡适所宣扬的实验主义的怀疑态度和批判精神在中国现代文化转型中产生了积极的意义,对于否定封建主义的旧文化和旧思想、对于传统的批判以及价值的重估提供了有力的支援,在当时的思想界产生了普遍的影响。1919 年 12 月出版的《新青年》第 7 卷第 1 号上发表的《本志宣言》就鲜明地体现了这种实验主义哲学精神:"我们想求社会进化,不得不打破'天经地义''自古如斯'的成见;决计一面抛弃此等旧观念,一面综合前代贤哲当代贤哲和人们自己所想的,创造政治上道德上经济上的新观念,树立新时代的精神,适应新社会的环境。"其影响直接导致陈独秀《偶像破坏论》之类文章的出现。实用主义同时直接在社会上、尤其在青年学生中产生了很大影响,在思想舆论方面为"五四"爱国运动做好了准备。

三、反 思

新文化运动已过去了一个世纪。我们今天该如何看待该运动以及其倡导者如胡适等人?

首先,新文化运动是特定历史时期特定历史环境下的产物。八国联军侵华、义和团运动等等,让中国处于内忧外患之中。与此同时,自上而下的维新运动和自下而上的辛亥革命最终也未能让中国人民真正"站起来"。而洋务运动在军事、政治和经济等方面都取得了一定

---

① 胡适:《实用主义》,《胡适文存》第 2 卷。
② 胡适:《介绍我的思想》,《胡适文选》,上海东亚图书馆 1930 年版。

成绩,但仍未能解决根本问题。由此,胡适等知识分子认识到,要改变当时中国的落后状况,必须首先对腐朽的封建文化来一次釜底抽薪。

其次,要一分为二地看待新文化运动对封建文化的反叛。"矫枉"往往需要"过正",为了造就一种新的文化,新文化运动的巨擘们不得不彻底推翻封建文化,将"孔家店""打倒在地"。可以说,新文化运动的主要动因来自外界的压力,而非中国文化内生出的变革需求。也正因为如此,"孔家店"所代表的中国"道统"的"被打倒",使得国人在近一百年来找不到自己的根,迷失在现代和后现代的汪洋大海之中。

在今天这样一个"自媒体""全媒体"时代,人们的言语环境、时空形态、文化语境等都发生了巨大变化。为了应对各种危机与挑战,我们必须再开展一次"新文化运动"。从变革语言出发,打破现有语言对思维的束缚。因为,语言承载着文化,一种旧的落后的文化往往附着在一种僵化的语言之上。语言直接影响着个体的所思所想以及共同体的文化形态。要建立一种新的文化,首先得建立一种新的语言表达体系。

在这场新的文化运动中,知识分子更是责无旁贷。我们既要学习胡适等先驱的责任感与担当感,又要学习他们贯通古今中西的大格局、大视野。同时,我们还要对当下时代具有高度的洞察力和想象力,既要具备革新的勇气又不武断地全盘否定过往。只有这样,我们才能在21世纪的又一次"古今之辩"与"中西之辩"之中,实现中华民族的伟大复兴。

【研习与探索】

1. 胡适提出用"评判的态度,科学的精神"整理中国的历史文化,分清什么是"国粹",什么是"国渣",主张还旧文化一个"本来真面目"。那么,孔子与《论语》的本来面目究竟是怎样的?"五四"新文化所反对的到底是汉代以前的孔孟之道还是汉代以后的"封建礼教"?如何评价和反思?

2. 反对文言是"五四"文学革命的主要任务之一,但是目前有不少人提倡学习文言经典,甚至社会上一度有要求恢复繁字体的呼声,对此你怎么看?根据是什么?

3. 你是否认可"五四"是一次启蒙?怎么看待"五四"一代人的历史功过?请讨论。

4. 如何理解"新文化运动不仅涉及到中国历史上又一次'古今之变',而且还涉及到一次'中西之变'"?在网络时代,是否需要再开展一次"新文化运动"?为什么?

5. 如何理解"大学语文"与"大学国文"?

(李莉 蒲俊杰—重庆大学新闻学院)

第二节 现代小说的转型及创作

中国传统文学中,小说历来被视为"小道",不能与诗文同登大雅之堂。清末民初,为适应社会的改良与变革，在维新运动的直接促助下，文学开始突破传统的观念和形式，小说亦从边缘向中心移动。1902年，梁启超发起"小说界革命"，将小说与维新革命相联系，认为小说是"文学之最上乘"，"欲改良群治，必自小说界革命始，欲新民，必自新小说始"，强调小说宣传政治和启迪民智的社会功能。"五四"文学革命给小说的现代化带来契机，小说从此取得文学的正宗地位，逐步完成古典向现代的转型，取得了引人注目的实绩，为当下的小说创作积累了丰富的经验。

一、现代小说的转型

现代小说植根于现实生活的土壤，在传承古典小说优秀艺术资源的基础上，充分借鉴西洋小说的文体和叙事手法，从题材内容到文体形式、叙事方式和表现手法都发生了明显的变化。

区别于古典小说中的帝王将相、才子佳人，现代小说多以日常生活中普通农民、工人、知识分子和市民为主要描写对象，具有现代民主主义、人道主义、个性主义色彩，部分作品明显受到科学思潮的影响。

作为一种特定的文学体裁，文体形式的变化在小说的现代转型过程中显得尤为突出。鲁迅的《狂人日记》《伤逝》《阿Q正传》，郁达夫的《沉沦》，废名的《竹林故事》，沈从文的《边城》，施蛰存的《梅雨之夕》等作品，将"日记体""手记体"和抒情元素引入小说创作，小说出现从未有过的散文化、诗化倾向，传统小说单一的情节结构被打破，"情节小说"之外，出现了众多优秀的"性格小说""心理小说"。长篇小说整体上以欧式小说样式代替章回体小说模式。

小说最基本的审美特征是叙事。相对传统小说，现代小说叙事出现许多新的元素，主要表现在以下几个方面。

首先是新的叙述方式和叙事角度的出现。

传统单一的第三人称叙述方式和"全知"式叙述角度有所突破，第一人称叙述和限制叙事角度出现在众多的小说创作中。第三人称叙事不受时间和空间限制，能比较客观地展现丰富多彩的社会生活，反映现实灵活自由。相对而言，第一人称叙述只叙述"我"的所闻、所见、所思、所感，叙事角度受到明显的限制，但却亲切自然，能自由地表达思想感情，给读者以真实生动之感。《狂人日记》《伤逝》等日记体和手记体中，叙述者"我"讲述自己的故事或感受，以叙述者的主观感受安排故事发展的节奏、决定叙述的轻重缓急。《孔乙己》中的"我"以目击者的身份出现在作品中，叙述人物的遭遇赋予人物浓郁的情感色彩，在表现孔乙己可悲与可笑的同时，揭示看客的麻木与残忍。其他如《一件小事》中"我"的自私冷漠对人力车夫的正直无私的映衬，《故乡》中的"我"对闰土的麻木冷漠、卑怯愚昧的审视与反思等等，第一人称限制叙事角度的出现，丰富了小说的表现形式，为现代小说叙事提供了新的途径。

叙述角度的另一大胆突破，是客观叙事角度的出现。所谓"客观叙事"，即叙述者对所叙述的内容不渗入主观情感，不作主观评价。以《示众》（鲁迅）为例。小说没有故事情节，没有人物对话和心理刻画，更没有一句主观性的描述或议论，只是忠实地记述市民们各具特色的肖像神态和行为举止。小说的笔调几乎与人物一样地麻木、冷漠，没有一丝一毫激愤和忧痛的流露，只是客观展示一幅看客看犯人、犯人看看客的"集体示众图"。这种叙事方式在80年代的先锋小说和新写实小说创作中得到集中的展示。在《现实一种》中，余华刻意寻找一种"无我的叙述方式"，设计一个冷漠的叙述者，将残忍的故事不动声色地讲述出来。同时，叙述者特权的使用被降到最低，既不作过多的议论，也不对人物进行心理分析，更不作价值评判，从外部世界俯视芸芸众生。但叙述者的作用是重要的，他的冷漠使人物可以自己走上前台，进行充分的表演。抽离事外的视角也使得叙述者仿佛仪态灵活的摄像机，不断变换视点，将各个片段组接起来，展示血淋淋的仇杀过程，产生强烈的叙事效果。

其次，是倒叙、插叙、补叙等叙事方式的出现。

传统小说按照故事发生、发展的线性顺序（即顺叙）展开叙事。叙事时间的倒插和交错，即倒叙、插叙、补叙等叙事方式，最早随着《茶花女》等翻译小说传入中国。其中，倒叙能造成悬念，引人入胜；插叙对主要情节或中心事件做必要的铺垫照应，补充说明，使情节更加完整，结构更加严密，人物形象更丰满，内容更充实，与上文或下文对比照应；补叙可对上文内容加以补充解释，对下文做某些交代。晚清至"新小说家"创作，这些新型的叙事方式主要用于长篇，多借倒叙技巧制造悬念，推进情节，或将现在的故事与过去的故事纠合在一起，借助"发现"的程序，逐步展现早已过去的故事全貌。后来则演化成另一种叙事陈套："我"或他（她）在某一特定情景下听某人讲述自己或别人的故事。"五四"时期，新文学作家将叙述时间倒叙和交错技巧的运用由长篇导入短篇，其功能从讲故事转入情感的抒发、心态的描摹及人物性格的刻画。《狂人日记》中，狂人的心态是善疑多惑、骚动不安的，思绪时常天马行空般在现实与过去之间没有规则的缠绕。二十年前踹了古久先生的陈年流水帐一脚出现在小说的第二节；前几天听说狼子村吃人出现在第三节；年幼时听大哥讲"易子而食"在第五节……这正是作者对狂人思绪的忠实捕捉。设若使这些按照时间顺序依次出现在"狂人日记"中，不仅狂人的心态失真，一个患有被迫害狂的反封建战士的形象也就失去了存在的依据。"如果我能够，我要写下我的悔恨和悲哀，为子君，为自己。"——《伤逝》的倒叙开头一下子把读者带入了一种与"我"的心绪一样沉痛、哀伤的气氛中。接下来，没有悬念，没有情节埋伏的铺设，有的是人物眼前的故物，那会馆的"破屋""破窗""败壁""板床"，以及"半枯"的槐树和老紫藤，都仿佛渗透涓生悼亡的深情，诉说无尽的悲恸和悔恨，作者以此将悲哀的情调笼罩全篇，行云流水般将作品的主旨自然地导向人物的内心世界。

与文体形式和叙事方式的变化相伴而生的，是表现手法的转型与变化。其中最突出的，莫过于心理刻画趋于细密。与西洋小说擅长用细腻的心理描写、心理分析塑造人物形象的方法不同，中国传统小说擅长通过行动、语言描写展示人物个性。通过心理描写直接展示人物的内心世界、刻画人物性格，始于"五四"文学革命。以郁达夫为代表的创造社作家率先接受欧洲浪漫主义文学、日本"私小说"和现代派小说的影响，注重运用心理分析的方法，尽可能最大程度真实地揭示人物的心态和内在性格，刻画出人物深处的灵魂，人物外在的动作、言语和外部环境等成为展露灵魂的契机。《沉沦》（郁达夫）等作品侧重于人物心境的大胆暴露，包括暴露灵肉冲突和变态心理，以此向一切旧道德旧礼教挑战。稍后出现的《金锁记》（张爱玲）《春阳》（施蛰存）等作品中，心理剖析渗透在小说的字里行间，对人物的心理发掘达到传统小说从未有过的深度。

二、现代小说类型与创作

（一）情节小说

情节小说也称"故事小说"，以一个完整的故事情节为中心，讲究故事情节的生动性、完整性、趣味性，情节的外在矛盾冲突是小说的主体结构线索。

现代情节小说与传统情节小说有着明显的差异。传统情节小说多为单线发展，脉络分明。开头总要设法介绍人物来历，故事连贯到底，最后必定交代人物的结局、下落，做到故事来龙去脉清楚，有头有尾。为避免一线到底易造成的单调、呆板、直白等缺陷，往往在小说、尤其是长篇小说中设置形形色色的"扣子"以增加行文的波澜，如"欲知后事如何，且听下回分解"，故意留下"明扣"，或有意隐去某些情由不说，令听读者暂时疑惑不解，制造产生悬念的"暗扣"，或因矛盾冲突的发展、激化，引发产生悬念的"实扣"等。现代情节小说一方面汲取传统小说情节连贯完整的特点，一方面借鉴外来小说的体式，舍弃了传统小说程式化的框架，脱离传统文学的束缚。就小说创作而言，最直接的表现是结构形态的变化，在传统"纵剖"的叙述结构之外，出现"横截面"的结构方式。

所谓"横截面"的结构方式，就是从主要情节中横向截取若干个具有代表性的生活场景，将这些片段连缀成篇。以鲁迅的《祝福》为例。如果按照传统的写法，一定是从祥林嫂如何初嫁初寡，一直写到她如何痛苦恐怖地倒毙街头，将人物一生的"主要行状"从头至尾、完整连贯地一一铺叙开来。然而，在鲁迅的笔下，我们开篇认识的却是一个在对死的恐怖和灵魂有无的疑惑中痛苦挣扎的女人。接着，小说跳跃性地写到初寡出逃的她如何试图用自己辛勤的劳动挣脱他人摆布的命运，被逼再嫁时的拼死挣扎，再寡后为争取正常人的生活权利捐了一条千人踏万人跨的门槛，以及最终怎样在痛苦和疑惑中离开阴冷的人世。诸如初嫁、初寡至再嫁时那几段时间颇长、写起来也许并不乏引人入胜之处的生活，作者将其隐到文字的后面，或一笔带过。两相比较，小说中所截取的几个人生片断更能突出祥林嫂这样一个不甘于封建势力的迫害而不断抗争，却又深受封建礼教毒害的旧中国劳动妇女形象。

如何实现"横截面"的结构方式，是现代情节小说创作的关键。首先，正如胡适先生所言，截取的横断面须是"事实中最精采的一段"。至于如何将若干个"精采"的生活片段组成一篇完整的作品，方法各异，最常见的是以下几种组合方式。

对照组合。凌叔华的《绣枕》写名门闺秀大小姐，为了博得白总长家二少爷的青睐，结上一门好亲，足足花半年功夫绣成一对靠枕，给白家送去。为了绣活枕面的凤凰，光是凤凰尾巴就配了四十多色线。可是大小姐的满腔热望落了空。靠枕送到白总长家，头天放在客厅椅子上,"当晚便被吃醉了的客人吐脏了一大片,另一个给打牌的人挤掉在地上,便有人拿来当脚踏垫子用,好好的缎面子,满是泥脚印。"小说由两个生活断面构成:前一个断面是大小姐冒暑挥汗精心绣枕,后一个断面则是她对着无意间出现在她面前、已经残破了的绣花片子愕然。通过两个画面的对照组合,大小姐幸福憧憬的落空,她一番苦心的被亵渎,以及由此而来的莫名失落感,都得到深刻的表现。

串联组合。黎锦明的《出阁》写一个乡下姑娘出嫁,抬轿送她出门的四个后生是姑娘从小的玩伴。四个后生都曾钟情于她,河边、树丛、山脚,都曾是他们调情、打闹的处所,然而姑娘终究还是别嫁远村,轿内人与轿外人都怀着惆怅、惜别与依恋之情,一路出村,一处处都引动他们难忘的回忆。小说以此为线,串起一个个鲜活的画面,将悠然不尽的怀恋和怅然失落感表现得酣畅淋漓。

闪跳组合。庐隐的《邮差》抒写"我"等候邮差到来的内心活动,一个个画面在"我"的脑膜中闪跃、跳动。这些画面的组合是无序、非理性的,小说正是凭借这些无序、闪跳的组合,生动地传达"我"内心的不安、烦躁。

(二)性格小说

性格小说也就是以人物为中心结构、以人物性格塑造为主的小说。这些作品不追求曲折离奇的故事,不要求情节的连贯和故事的完整,作家的注意力不再是情节,而是人物性格。由于人物形象是这类小说的表现中心,因此其它要素需完全服从于人物塑造的需要。情节从属于人物性格的刻画,故事随着人物性格的逐步演进而发展;环境必须紧紧配合人物活动,成为人物性格的表演舞台。作为一种在西方文艺复兴以来逐渐发展起来的小说类型,性格小说与人们对人的认识的深入密切相关。"新文化运动"以来,"文学是人学"的观念逐渐深入民心,性格小说在我国得到了迅速的发展。其中,鲁迅的《阿Q正传》等作品堪称我国性格小说的典范之作。

如果说情节小说以故事情节为中心,作者最关心的是故事的布局,小说以情节结构全篇,性格小说的创作则多以一个或多个典型人物为中心,按其性格发展的逻辑来安排人与人之间、人与环境之间的关系,选择材料并组织各种矛盾、冲突及纠葛,整个作品的结构多以表现某种典型性格的成长、构成为出发点,也以它的完成而结束,或从人物性格的纵向发展中横断截取几个最具表现力的典型片断,生动而又深刻地展示出人物的性格内涵。以《阿Q正传》为例。鲁迅先生说,之所以要写这部作品,是为了画出"沉默的国民的灵魂",阿Q的"精神胜利法"因此成为作者组织材料、结构全篇的中心。出现在小说中的众多事件,如阿Q与赵太爷、假洋鬼子、王胡等人的冲突,阿Q闹"革命"、向更弱者(小尼姑之类)泄愤、被杀等等,均非小说的结构线索,而是表现阿Q"精神胜利法"的典型片段,是作者反思"国民劣根性"的一面面镜子。

(三)心理小说

心理小说以人物的心理感受、情绪和体验为结构主体,或直接以人物的意识层和潜意识层活动结构作品,作品随着人物的直觉、意念等意识流程展开故事情节,不注重人物外部动作、语言描绘，着力发掘人物的内心世界，情节和场面都不过是展示人物灵魂的外在条件。

心理小说源自18世纪英国的感伤文学，20世纪发展成意识流小说，从欧美各国波及到中国。结构心理化是心理小说创作的主要特点。创作过程中，可以人物心理冲突作为情节发展的动力，或者以人物情绪的流动作为情节贯串的线索，以一件正在进行的事件为中心，通过触发物的引发、人的意识活动不断地向四面八方发射又收回，经过不断循环往复，形成一种枝蔓式的立体结构。故事的叙述不按时间顺序依次直线前进，而是随着人的意识活动，通过自由联想来组织故事；以心理时空取代传统小说中的物理时空，小说叙述的触角随着人物情绪的辐射自由地伸展。故事的安排和情节的衔接，一般不受时间、空间或逻辑、因果关系的制约，往往表现为时间和空间的跳跃、多变，前后两个场景之间缺乏密切的逻辑联系，时间上常常是过去、现在、将来交叉或重叠。《狂人日记》《梅雨之夕》（施蛰存）等是值得借鉴的作品。

《狂人日记》之所以被称为第一篇现代白话小说，其中一个重要原因是它打破了中国传统小说注重有头有尾、环环相扣的完整故事和依次展开情节的结构方式，以狂人心理活动的流动结构全篇。小说中"语颇错杂无伦次""间亦略具联络者"的十三则日记，实际上是十三个表面上无明晰轨迹可循的扑朔迷离的意念世界，时空交相错杂，这些正是封建礼教制度长期重压下造成的对现实、历史和人生的一种惊恐不安、跳荡不定的心理反应，小说将它们衔接成一个艺术整体，真实地反映了一个被迫害狂患者的心态。《幸福的家庭》是继《狂人日记》后又一篇显示鲁迅娴熟地驾驭心理结构的杰作。作者把艺术之笔从情节和人物外部描写的框框中直接伸出去，一直伸入到主人公心灵的搏动处——他在编织"幸福的家庭"之梦中的想入非非，他的荒唐欲念、虚妄幻觉等等，这些心理和意识流程打住，小说也就结束了，一个无视现实、取于幻想的"文学家"也便呼之欲出。《梅雨之夕》是一篇优秀的心理分析小说。男主人公本是带着对都市生活的"嫌厌"情绪、在雨雾迷蒙的自然里寻找慰藉的心情缓步归家的。这一寻求"暂时的安逸与娱乐"的主观意愿和心理定势，使他在意外的美遇中注意中心得以转移，由欣赏自然美到欣赏人的美丽。当陌生的姑娘出现在他面前，他的心理经历了一个由欣赏、好奇、旁观到怜惜、关心、疑虑而羞涩的复杂曲折过程。与此同时，作者通过人物的某些特殊感觉——幻觉和错觉，发掘人物深层心理结构中的情感因素。男女主人公在浸染着黄色灯光的迷蒙雨幕里共伞并肩而行，就在他几乎陶醉之时，心理感觉出现了变异与错位：街店旁的一个女子，竟是他的妻在用"忧郁的眼光"瞧他，他一阵紧张、慌促。显然，这种错觉是一种深层意识的极其复杂的变异反应，包含着情感、责任、理性、道义等多种因素，反映了潜在的集体无意识因素和社会伦理观念对人物心理的制约与控制。

【研习与探索】

1. 围绕校园学习、生活，创作一篇短篇小说或微型小说。
2. 找一篇自己喜欢的现代小说，分析其创作特点，感受现代小说与古典小说不同的艺术魅力。
3. 小说离不开故事，小说往往是影视作品的脚本来源，选取某小说尝试改编成微电影。

（李莉）

第三节 新诗的鉴赏与创作

新诗,又称白话诗、新诗、现代诗,是一种产生于中国近现代、以白话作为基本语言手段、与"旧诗"(古诗、古典诗、文言诗)相对的新诗体,包括自由诗、现代格律诗和散文诗等。作为"五四"运动以来中国现代诗歌的主体,新诗在保留诗歌的抒情性、音乐性等基本审美特征的基础上,冲破了古典诗歌(包括章法、句式、对仗用典以及平仄韵律)的严格限制,形式自由,更适于表现现代人复杂的社会生活和思想感情。新诗的鉴赏与创作既要从诗歌的审美特征入手,也要注意新诗的独特之处。

一、抒情性

"诗者,吟咏情性也"(严羽)。抒情性是诗歌的艺术生命,也是新诗最基本的特征。抒情诗自不必说,叙事诗也多以抒情的方式叙事,或借叙事以抒情。抒发怎样的情感、如何抒情,是新诗鉴赏和创作过程中面对的首要问题。

白居易说:"感人心者,莫先乎情"。能引起读者的强烈共鸣,产生动人的艺术力量的,则莫乎真情。从中国诗歌漫长的发展历程来看,诗歌写作是一个为自由而来、逐渐向自由趋近的语言行为。新诗摆脱了平仄、押韵的束缚之后,以自由的形态呈现出一个崭新的精神空间。这种自由不仅体现在新诗的形式本身,更体现在创作主体的心态上。从新诗草创阶段开始,即强调废除旧体诗形式上的束缚,主张白话俗语入诗,以表现诗人的真情实感。诗评家吴思敬认为,真诚、自由是对新诗品质的准确概括。诗是"主情"的文学,要作诗,就"不可不善养情"。"真实的感情是诗人最紧要的原素"。现代诗人须有心灵的自由与独立,真诚地面对自己的生命体验,抒写现代化进程中人们的兴奋、愉悦、焦虑、紧张、茫然等复杂心态,在作品中提供与现代人生存有关的新鲜感觉。

诗歌的抒情方式可分为直接抒情和间接抒情两种,新诗也不例外。

直接抒情就是诗人通过作品中的人物、事件,用形象的语言直抒胸臆。如陈子昂的《登幽州台歌》:"前不见古人,后不见来者,念天地之悠悠,独怆然而涕下。"此诗通过描写登楼远眺、凭今吊古所引起的无限感慨,抒发了诗人孤独遗世、独立苍茫的落寞情怀和抑郁已久的悲愤之情。这种以直接倾诉为基本特点的直接抒情是新诗的基本抒情方式。诗人郭沫若就主张"自然的流露"的诗学观,他在《文学的本质》中指出:"诗是表情的文字,真情流露的文字自然成诗。新诗便是不假修饰,随情绪之纯真的表现而表现的文字。"因此,在抒写方式上,他常用直接抒情,赤裸裸地表现自我,呼唤"五四"社会变革的时代精神。如:

>我剥我的皮，/我食我的肉，/我吸我的血，/我啮我的心肝，/我在我神经上飞跑，/我在我脊髓上飞跑，/我在我脑筋上飞跑。（《天狗》）

同样擅长用这种倾诉式的方式抒情的是闻一多。如他的《发现》：

>我来了，我喊一声，迸着血泪，/"这不是我的中华，不对，不对！"/我来了，因为我听见你叫我；/鞭着时间的罡风，擎一把火，我来了，不知道是一场空喜。/我会见的是噩梦，哪里是你？/那是恐怖，是噩梦挂着悬崖，/那不是你，那不是我的心爱！/我追问青天，逼迫八面的风，/我问，拳头擂着大地的赤胸，/总问不出消息；我哭着叫你，/呕出一颗心来，你在我心里！

1925年夏天，诗人因不堪忍受异国的歧视，提前回到了他魂牵梦绕的"如花的祖国"，但他发现眼前的祖国同他在日思夜想的祖国有天壤之别，诗人那颗火热的心被浇了一盆冷水，简直不敢相信祖国竟会是千疮百孔、民不聊生，跌入失望痛苦的深渊！全诗一气呵成，痛快淋漓，直抒胸臆，感情真挚强烈，震撼人心。

直接抒情一般适用于抒发强烈而紧张的感情。其特点是感情强烈、真切，有直接推动人心的力量，便于作者使用，也易为读者把握。但实际创作中容易出现一些问题，如强烈感情的自然流露可能走向散文，从而失去了诗味；或出现类似政治口号和理论说教，空泛的感情抒发，缺乏个性色彩的意象，就丧失了诗的价值。这里关键是要找到恰当的形象！即使直抒胸臆也要与可感的形象联系，好的抒情诗都是如此。情感与意象濡化的过程就是情感诗化的过程。诗人总是把思想或感情凝聚为意象，意象的组合排列显现成一个系统，蕴藏着意境，读者"要理解它，必须从感觉开始"（别林斯基）。直接抒情与间接抒情主要区别只是在于情感的强烈程度和是否选用直接表情的字眼。用直接抒情方式诗化的方式主要是两个方面：首先，要渗透激情。诗要以情感染人，在量上要放大，甚至强化到极端，即一种非常的境地，使诗超越现实的原型进入诗的境界。但同时要注意在感情强化的过程中激活想象力，让激情同想象结合起来，创造一个经过提炼、具有个性化感情、能够打动读者的主体形象。具体的表现手法是多种多样的，主要可以从以下几点入手。

一是"情境"与物境"互藏其宅"，互为表里。直接抒情的诗句之中也要用意象，只是这种"意象"依附在议论、抒情的整体方式中，是某种写意的象征物。如艾青的《我爱这土地》：

>"假如我是一只鸟，/我也应该用嘶哑的喉咙歌唱：/这被暴风雨所打击着的土地，/这永远汹涌着我们的悲愤的河流，/这无止息的吹刮着的激怒的风，/和那来自林间的无比温柔的黎明……/——然后我死了，/连羽毛也腐烂在土地里面。/为什么我的眼里常含泪水？/因为我对这土地爱得深沉……"

这首诗中，诗人整体上以"直接"的抒情方式"歌唱"自己对土地的感情，它像"誓词"一样严肃，又像"血"一样庄严，强烈，震撼人心。同时，描绘了一组鲜明的诗歌意象，分别赋予"大地""河流""风""黎明"等不同的象征和暗示意味。这些意象使抒情主人公的深沉、炙热的感情得到形象的外化，丰富了诗歌的艺术表现力。

二是采用夸张语言，突破生理、物理感觉的局限，极化感情，激发读者的想象力。如郭沫若的《立在地球边上放号》：

"无数的白云正在空中怒涌，/啊啊！好幅壮丽的北冰洋的晴景哟！/无限的太平洋提起全身的力量来要把地球推倒。/啊啊！我眼前来了的滚滚的洪涛哟！/啊啊！不断的毁坏，不断的创造，不断的努力哟！/啊啊！力哟！力哟！/力的绘画，力的舞蹈，力的音乐，力的诗歌，力的Rhythm哟！"

这首诗的标题就是一种极度的夸张。在具体的诗歌表现中，诗人呼应五四"动"的时代精神，以倾诉的方式抒写"力"，用北冰洋和太平洋的波涛形容"力"，用"绘画""舞蹈""音乐""诗人""Rhythm"尽情地抒写"力"的美质。诗情随之得以强化，读者因此容易受到激情的冲击，驰骋想象，获得美感。

三是使用精警的语言。这种语言多为充满哲理的警句，包含丰富的生活经验和感情积淀，以"精警"的形式叩动读者的心灵，使之不安，甚至震惊，由此启发读者的思考和想象，缩短欣赏者与诗人情感和感知的距离。北岛的《回答》揭露了黑白混淆、是非颠倒的现实，对矛盾重重、险恶丛生的社会发出了愤怒的质疑，并庄严地向世界宣告了"我不相信"的回答。开篇便以悖论式的警句斥责那是非颠倒的荒谬时代：

"卑鄙是卑鄙者的通行证，/高尚是高尚者的墓志铭。/看吧，在那镀金的天空中，/飘满了死者弯曲的倒影"。

类似充满哲理的警句在诗中反复出现，且多以突破"自然的常规"的方式引起读者的注意和情感的激荡，震撼读者的心灵，引发无限的想象，诗作因此既明快、晓畅，又含蕴丰厚，具有强烈的震撼力。

此外，语言的修辞非常重要。上述直抒胸臆的诗句中，反问、设问、排比、反复、对比等是常见的语言技巧。这些辞格或语气强烈，或情感色彩鲜明，相对平铺直叙的表达方式，在增强诗歌的感情力度和气势、激发读者激情和想象力等方面具有明显的效果。

所谓间接抒情，即把感情融于形象之中，借助具体的人、事、物、景，使抽象的主观感情客观化、形象化，使其成为可以被观赏者再体验的对象，收到含蓄隽永、余味无穷的效果。为此，作者多借景抒情、托物言志，或即事抒情、怀古伤今、借古讽今。主要表现为意象和意境的营造。

意象就是诗人借以寄托感情的具体物象，意境则指诗歌中描写某种事物所达到的艺术境界，是作家的主观思想感情和客观图景交融而成的意蕴和形象。意象是体现意境的基础。意象的选择应切合具体的诗情诗境，在深入分析、把握情感脉络的基础上，捕捉与情感相契合的具体物象。以徐志摩的诗歌创作为例。《雪花的快乐》选取"雪花"这一意象,抒写诗人达观自由、清莹秀逸的情怀;《消息》以"双虹"为意象,通过其雨前雨后的变幻景观,表现诗人"希望与希望的破灭"这一复杂意绪;《再别康桥》则集约式地选取了康桥周围的自然景观为意象,从夕阳到星辉、再到夏夜的时光流序中,摇曳出一组色彩斑斓的意象群:"金柳""软泥""青荇""柔波""光影""榆阴""潭水""浮藻""彩虹""星辉""夏虫",绘幽静宁谧之景,状依恋不舍之情,诗人柔美而又纤丽的情怀、洒脱而又悲郁的意绪,在这清新自然、又浸染着东方文化的意象组合中,得到了完美的映现。同样擅用明丽隽美意象的是舒婷。其诗擅长自我情感律动的内省,情感丰富、细腻而复杂,多采用隐喻、局部或整体象征,意象有一定的多义性。其中,《祖国,我亲爱的祖国》借助"破旧的老水车""熏黑的矿灯""干瘪的稻穗""失修的路基""古莲的胚芽""雪白的起跑线"等缤纷的意象,抒发真挚的情感。

在诗歌实际创作中,两种抒情手法多相互交织。上述《祖国,我亲爱的祖国》和《再别康桥》虽然均以意象和意境的营造取胜,但也都不乏直抒胸臆的佳句。如《祖国,我亲爱的祖国》前三节的结束句"—— 祖国啊!"对于强化抒情主人公深沉的爱国之情起到了非常重要的作用,尤其是全诗的最后两行:"——祖国啊!/我亲爱的祖国"更是将全诗的诗情推向高潮。

二、音乐性

诗歌原是诗与歌的总称,除了可以阅读,亦宜于吟诵。德国诗人、批评家赫尔德在《论语言的起源》中指出,"诗歌的基础是语言和语言的音响",要求人们"不单用眼睛"去阅读一位诗人,同时要"聆听",或者"尽可能地把他的诗作朗诵给别人听"。在中国,诗歌与音乐的相属相依关系早在《尚书·尧典》就有论述:"诗言志,歌永言,声依永,律和声。八音克谐,无相夺伦,神人以和。"与传统诗相比,新诗打破格律诗严格的音律束缚,同时保留了诗歌的音乐美。闻一多著名的新诗"三美"理论明确提倡诗歌的"音乐美""绘画美"和"建筑美"。古今中外,优秀的诗歌都是一首完整的乐曲。新诗中的优秀之作,如徐志摩的《再别康桥》、戴望舒的《雨巷》无不是一首首完整的乐曲,音节抑扬合度,声调回环反复,在音乐美的表达上达到炉火纯青的艺术境地。

新诗的音乐性有广义和狭义之分。广义的音乐性包括两个方面——诗人情感律动形成的内在的韵律,以及语言的音乐美。狭义的音乐性则专指后者,即诗歌语言在音乐表达上的追求。如何通过外在的语言传达诗歌内在的情感律动,是新诗创作和欣赏中面临的主要问题。新诗的语言既在一定程度上传承古典诗歌艺术,同时充分运用、发挥新诗灵活自由的文体特点,为实现新诗的"音乐性"积累了丰富的经验。

(一)以匀整、谐和的音节,形成鲜明的节奏和优美的旋律。

音韵的和谐、匀整是新诗音乐美的重要组成部分。整齐的顿数(或称"音尺")和韵脚的恰当运用,在这一艺术表达上具有明显的效果。《再别康桥》共七节,每节四行,多一行三顿，如第一、二节：

> 轻轻的/我/走了，
> 　　正如我/轻轻地/来；
> 我/轻轻地/招手，
> 　　作别/西天的/云彩。

> 那河畔的/金柳，
> 　　是/夕阳中的/新娘；
> 波光里的/艳影，
> 　　在/我的心头/荡漾。

当然，匀整不是划一，诗人十分注意在整齐中寻求变化。三——五节中，随着诗情的起伏，诗句以两顿、四顿为主：

> 软泥上的/青荇，
> 　　油油的/在水底/招摇；
> 在康河的/柔波里，
> 　　我/甘心/做一条/水草。

> 那榆荫下的/一潭，
> 　　不是/清泉/，是/天上虹
> 揉碎在/浮藻间，
> 　　沉淀着/彩虹似的/梦。

> 寻梦？/撑/一支/长篙，
> 　　向/青草/更青处/漫朔；
> 满载/一船/星辉，
> 　　在/星辉/斑斓里/放歌。

到六、七节，诗句基本恢复到三顿，整体而言，音节匀整、谐和又不乏变化。全诗节奏鲜明，押韵自然，双句压韵，每节换韵。其中，第三、六节，首、末节分别押同一韵。韵脚"来""彩"中的ai，"娘""漾"中的iang，"箫""桥"中的iao，韵腹开口度大，恰切地表现了抒情主人公哀而不伤的诗情。

在音节上完美无疵的《雨巷》以"ang"韵贯穿始终，与全诗舒缓、低沉而又优美的节奏，以及凄清、哀怨和惆怅的情感相对应。值得一提的是，《雨巷》的韵部大都放在主要意象中，如首节：

撑着油纸伞,独自/彷徨在悠长,悠长/又寂寥的雨巷/我希望逢着/一个丁香一样地/结着愁怨的姑娘。

"雨巷""丁香""姑娘",声、义、情、景相互融合,使韵在整首诗里舒缓清晰地流动,飘忽又不乏节奏。与《再别康桥》一样,《雨巷》的首、尾诗节亦多一行三顿,不同的是,音节的停顿若断若续,"姑娘"与"我"在接近着,然而又离"我"远去,若即若离,婉转飘忽,言难述之情,表朦胧含蓄之意,给人以回荡不息的感觉,诗情也就渐渐展开,与音节一起呈现出一股张力。类似"撑着油纸伞,独自/彷徨在悠长、悠长/又寂寥的雨巷"的诗句在诗中反复运用,如"她默默地远了,远了""消散了,甚至她的"等,整体上形成"行断意不断"的艺术效果,有效完成了诗情的延展,在现代新诗创作中具有很好的示范作用。

(二)利用诗节、诗句和词语的反复,形成音律上的自然流畅、节奏上的回环往复。

反复是我国诗歌中产生最早、用得最广的艺术手法之一,主要包括重章、叠句和叠词等。

重章叠句在诗歌中运用得十分广泛。重章,即各章(节)的句法基本相同,中间只更换个别相应的字、词。叠句,指的是相同或相似的句子反复出现在同一首诗里,反复咏唱。重章叠句的作用在于加深印象,渲染气氛,深化诗的主体,使感情得到尽情的抒发,增强诗的音乐性和节奏感。《再别康桥》第一节和第七节,除"轻轻""悄悄"之外,诗句基本相同,造成韵律的回环往复,遥相呼应,既保持了诗歌内容和表达形式的完整性,大大加强了抒情的感染力,又产生了一种绵延不绝、萦回于耳的声韵美感。《雨巷》最后一节:

撑着油纸伞,独自/彷徨在悠长、悠长/又寂寥的雨巷,/我希望飘过/一个丁香一样地/结着愁怨的姑娘。

与第一节相比,只是将"逢着"一词更换为"飘过",平中见齐,前后呼应,在拓展诗情诗境的同时,增强全诗音乐美。叠句在《雨巷》中处处可见。如:"丁香一样的颜色,/丁香一样的芬芳,/丁香一样的忧愁""像我一样,/像我一样地""像梦一般地,/像梦一般地凄婉迷茫"。徐志摩的《我不知道风是在那一个方向吹》全诗共有六节,每节四行,每一节的前两行完全相同:"我不知道风/是在那一个方向吹——",读来有均有百转千回、绕梁三日的感受。

叠词,即词语的反复,是我国诗歌中产生最早、用得最广的艺术手法之一。据统计,《诗经》305篇中,使用叠字的就有200篇之多。叠字的使用也是成就新诗韵律美的重要途径,《再别康桥》在这一方面同样堪称典范。词语的反复遍布在二、三节之外的所有诗节。其中,有的是同节反复,如第一节中的三个"轻轻的"、第七节中的三个"悄悄的"、第五节的"星辉"、第六节的"沉默"等。有的是异节反复,如"梦"(四—五节)"放歌"(五—六节)。《雨巷》中,"悠长""寂寥""惆怅""哀怨""彷徨"等词语反复出现,这种单纯然而"有意味"的重复,很好地展现诗人不稳定的绵延意绪,抒发凄迷、彷徨的心绪,使诗产生荡气回肠的音乐美感。

此外,双声词(声母相同的多音节词)和叠韵词(韵母相同的多音节词)的适当运用也能够起到类似的效果。如《再别康桥》中的"清泉""荡漾""青荇",《雨巷》中的"凄清""惆怅""迷茫""彳亍""芬芳""彷徨"等。值得注意的是,诗人在创作中综合应用双声词、叠韵词、重章、叠句、叠词等手法,效果尤为明显。如:

在雨的哀曲里/消了她的颜色/散了她的芬芳/消散了,甚至她的/太息般的眼光/丁香般的惆怅。

这里,戴望舒巧妙地选择有"ang"韵的词尾组成双声叠韵的词汇,利用具有"ang"韵为韵脚的复沓诗行,形成一种独特的音乐美。

(三)语句的长短、顿数的多少、句式的排列随诗情的起伏变化,语言的音乐表达与诗人情感的内在律动互为表里。

诗人的情感律动是一首诗歌音乐性的根本所在,语言归根到底只是诗歌内在韵律的外在表现而已。相对古典诗歌,新诗的文体形式灵活自由,诗句的长短、顿数的多少和诗行的排列等均可以根据诗情的起伏而变化,在某种程度上使语言技巧与情感韵律的融合真正成为可能。《再别康桥》中,诗人情感律动的轨迹类似一条抛物线。第一、二节,离别的思绪舒缓而柔和;三——五节,随着诗人一步步走入往昔的"梦"境,诗情渐进高潮;六、七节,回复到即将离别的现实,也重回一、二节"哀而不伤"的诗绪。反映在诗句上,一、二、六、七节多为五到六字句,多一句三顿,诗行的排列则是一句一行,一行一句,语气舒缓,句式均衡,节奏和谐;相比之下,三——五节的语气明显变得急促奔放,长短句式相间,错落有致,顿数出现明显的变化,"不是清泉,是天上虹/揉碎在浮藻间""寻梦?撑一支长篙"则打破常规的诗行划分和排列,出现一行一句半、一句分两行、两句一行的排列方式,节奏也在和谐中显得紧迫,与诗人热烈的情绪协调一致。

【研习与探索】

1. 请查阅苏轼、余光中、舒婷等诗文名家所写的诗歌和散文,用心比较体悟一下诗歌与散文的区别,尝试模仿创作。

2. 玛克思·德索说:"诗人的工作就是艺术地运用语言。"马拉美认为"诗是谜语,是舞蹈,散文是散步"。对此你怎么理解?

3. 抒情性和音乐性是一般传统诗歌的基本特点,但也有一些哲理诗、禅趣诗会淡化情感,以理趣和独特微妙的感悟取胜,还有一些先锋派诗歌更强调向个人语言转换的"内心的沉思",不再注重隐喻、意象的技术路线,而大量引入叙事手法,"讲出一个故事来",甚至用理性的想象,追求口语的、生活的、个人化写作。对此,你怎么看?

4. 建议就校园或当地特色风光拍摄一组艺术照或微电影,为其配上诗歌。

5. 请收集一些现代哲理诗,看看在语言运用上有何特点?可以模仿进行创作,与同学交流。

(李莉)

第四节　世纪之交的华语影像世界

"电影艺术"被称作"第七艺术",自它1895年12月在巴黎"大咖啡馆"里正式放映开始,在一个多世纪的发展中从无到有,从简单到复杂,创造出了一系列堪称经典的优秀作品。作为第七艺术的电影,是把静的艺术和动的艺术、时间艺术和空间艺术、造型艺术和节奏艺术全都包括在内的一种综合艺术。直到现在互联网传播时代,电影依然扮演着极其重要的角色;那些优秀电影依然拥有启迪人性和照亮人生的认识功能和视听美感。本节拟对新旧世纪之交"两岸三地"在国内国际影坛上有较大影响的优秀华语影片及其导演的情况,加以阐述。

一、台湾电影的辉煌和尴尬

自从台湾和大陆在1949年分割自治以来,台湾电影业相较过去就有了另外一份独特的社会文化背景,在1970年代前电影多半是作为政策行为出现,"主旋律"的味道很浓。台湾当时的文化政策有所谓"六不":即"不专写社会的黑暗,不挑拨阶级的仇恨,不带悲观色彩,不表现浪漫的情调,不写无意义的作品,不表现不正确的意识"。[①] 在这种文化管制之下,电影的发展可想而知。

因此,在20世纪70年代除了政宣电影外,流行的是琼瑶式爱情文艺片和功夫片这种软文化影片。在20世纪六七十年代值得一提的是,具社会写实特征的乡土电影思潮出现。乡土电影不是我们一般意义的所谓"乡村"概念,而是更加强调了本地化和地方化的一种文化行为,它主要基于国民党从大陆大规模撤退导致台湾出现的客家文化和本地文化的冲突背景,闽南语成为文化禁忌,具有相当的政治文化意味。在乡土电影方面,在六七十年代其主要的代表人物是李行,其主要作品是《秋决》《汪洋中的一条船》《小城故事》《早安台北》,他强调"健康现实的美"。稍后影响较大的还是贴近现实主义风格的台湾新电影运动,这主要指发生在1982-1987年左右,受西方文化影响,使台湾电影走向国际的一场电影运动。这场电影运动以陶德辰、杨德昌、柯一正、张毅导演《光阴的故事》、侯孝贤导演的《风柜来的人》《儿子的大玩偶》为开端,承袭了70年代末反思"学生问题"的社会写实个性,有相当艺术功力。比如,李佑宁导演的《老莫的第二个春天》(1984)就是一部优秀的影片。从表面看它讲述了一个从大陆撤退到台湾的国民党老兵老莫和台湾当地女子玉梅的一段婚姻爱情故事,它曲折复杂耐人寻味。但这种看似人伦故事的背后,其实隐藏了对国民党当局抵达台

---

① 宋子文. 台湾电影三十年. 上海: 复旦大学出版社, 2006: 27.

湾后的"临时政策"的批判。这种"临时政策"梦想有一天反攻大陆,导致大批老兵作为国民党的政策工具,无法融入当地文化,加剧了客家文化和当地文化的冲突,陷入了无法解脱的精神孤独里,这批老兵正是这批最具悲剧性的一代人。事实上,大批老兵买来的妻子大部分逃走了,并不像影片结尾:老莫望见妻子玉梅仍旧留在家中,并告诉他已经有了他的孩子。两人一块看着一张中国大地图,筹划着回到山东老家的旅程和路费,向往着带着孩子回到故乡,追寻逝去的半生希望。恰恰相反,影片从反面揭示了国民党的文化政策的失误对客家人的伤害这个影响巨大的社会问题。该片获得1984年第21界金马最佳剧情奖、最佳原著剧本奖。

台湾电影的辉煌是在1980年代,其重要的代表人物是侯孝贤和杨德昌。如果说杨德昌主要是台湾城市电影的革命者的话,那么,侯孝贤则是作为乡土文明的呈现者出现的。这里我们着重介绍一下侯孝贤。侯孝贤(1947－)出生于广东省梅县,是台湾新电影最重要的代表人物。1981年侯孝贤拍出第一部长片《就是溜溜的她》,独树一帜,大胆运用长镜头而造就出独特视觉风格。此后,他又拍出了《在那河畔青草青》(1982)、《风柜来的人》(1983)、《儿子的大玩偶》(1983)、《冬冬的假期》(1984)等,都用孩子的视角观察自然、生活、社会,并来发掘一些现实生活背后的创痕和阴影。给予侯孝贤更大名声的是《童年往事》(1985)。这部作品内容丰富,风格独特,有着相当的传记色彩。影片同样用孩子的视角记录了生活的演变以及精神遭遇的混沌、迷茫和挣扎,其中三个记录死亡的镜头令人印象深刻:从父亲死亡时全家人的伤痛,到母亲死亡时的儿子肃穆沉默,最后老奶奶的死亡,已变成仅有旁白的自述。在《童年往事》的尾段,侯孝贤用了旁白去忆述婆婆之死:"看到婆婆的手有蚂蚁在爬,才发现她可能死去多时……",在收尸人的"不孝子孙"的无奈与怒骂声中,好像一下子明白了人间的沧桑。在电影中我们可以看到那种静止的冗长的长镜头,沉静的老槐树,沉闷的晌午、烦躁的蝉声,远处传来脚踏车吃力的转轮声,声音如此微弱,分不清它到底从哪里来到哪里去。坐在树上的少年好像明白什么,又好像什么都迷茫。他感到寂寞,好像时空整个凝结在那里。侯孝贤用自己独特的领悟和镜像,阐释了一个少年绝对不会明白,只有经过了才知道的存在的真理。这种电影如果单纯将视角放在少年身上无疑会忽略了作为成年的导演的叙事目光,它蕴含多重意旨,非常接近鲁迅先生的童年故事叙事,内涵丰富而又缠绕,有着人生、历史、哲理的开放式多重意蕴。此后侯孝贤还拍了诸如《悲情城市》(1989)等许多电影,其创作一直延续到新世纪。侯孝贤每部作品都保持非常高的水准,且均有所突破。其创作为台湾历史与民众命运写下生动篇章,那些即兴式的街头、乡间实景拍摄,混合职业及非职业演员的真实自然表演,运用画外音、长镜头、空间景深营造的情绪张力及诗意氛围,都成为其"作者电影"的标志。侯孝贤喜爱使用长镜头、空镜头与固定机位,让人物直接在镜头中说故事,这也是侯孝贤作品的一大特色,并已形成个人风格。

然而,经过了80年代辉煌之后的台湾电影,进入90年代却陷入了低谷。有评论者说,台湾电影的低迷与1987年1月台湾电影工作者联名在《文星》上发表《台湾电影宣言》有关。该宣言呼吁给"有创作企图、有艺术倾向、有文化自觉的另一种电影一个存在的空间"。

这个宣言使得"作者电影"日渐增多，而商业电影被排斥在外，与观众隔绝导致市场萎缩。[①] 事实上，台湾电影在90年代各方面的条件大大优越于80年代的电影处境，台湾当局设立了电影创作"辅导金"制度，奖励台湾电影导演开拓国际空间的努力。这样，新锐导演们获得了当局的支持，没有了经济忧虑，自说自话，陷入了观众没有半点地位可言的恶性循环。但如果单纯将台湾电影在90年代的低迷归于所谓"作者电影"脱离群众，显然难以服众。或者说，正是对于"作者电影"的误解，以为就是借鉴西方"作者电影"的现代技法表现，将作者观念当做艺术砝码通行天下，忽略了"作者电影"的精髓是融入历史生活的导演写出自己的精神传记，从而使得其精神传记带有深刻的历史内容，而不是单纯"做艺术"。谁说像侯孝贤那样作者观念集中于他自身的成长经验，不是开放的社会生活的精神传记呢？正是这种对于"作者电影"的畸形的误读，使得作为"个人表述"的90年代电影脱离了时代和文化渊源，而辅导金制度只是成了这种误读的外界诱因，还不要说整个时代语境发生了变化，电视产业以及随后产生的互联网对于电影业的打击，同样是重大的。这个问题是世界性的。

从90年代开始，台湾电影出现前所未见的两极分歧：一方面，台湾电影艺术工作者乔装打扮，努力变成国际电影人；另一方面，台湾本地市场的开发则票房惨淡，电影工业几乎解体。这使得一批人开始借助外来资本，在国际舞台上发展自己。这成为台湾电影直到现在都存在的一种发展态势。像侯孝贤新世纪创作的《千禧曼波》就是法国机构投资；杨德昌也吸收到了美国、法国和日本的多数资金。而像2000年获得奥斯卡大奖的《卧虎藏龙》的导演李安则是直接被吸收到国际性的产业体系中了。但如果这样演变下去，这些人导演的还是台湾电影么？所以在新世纪，有些导演开始走商业电影和"作者电影"结合的道路，像蔡明亮、洪智育、周美玲、王毓雅等等都是在产业边缘挣扎的新秀，对其创作我们拭目以待。

二、 商业文化语境中的香港电影 "创造"

香港电影是华语电影的先驱者。香港作为英国的殖民地，在政治及经济上也比中国内地及台湾地区有更大自由，发展成为华语世界（包括海外华人社会）以至东亚电影的制作基地。几十年来，香港一直是世界第三大电影工业基地和第二大电影出口地；香港电影有发展完善的"明星制度"，被誉为东方好莱坞。香港电影一向都较看重满足观众口味的商业片，经常为喜剧片与动作片所主导，但这并不意味着其缺乏创造力。香港电影的影响力在近年的好莱坞动作电影中都可以见到。

20世纪70年代末80年代初是香港电影的黄金时代，这是香港新浪潮电影的开始。大批电视幕后工作者转投电影圈，他们包括徐克、许鞍华、章国明、谭家明、严浩、余允抗等等，他们本着对电影的热诚，及年轻人特有的创意和社会触觉，拍出不少充满个人色彩的电影作品，为香港电影打开崭新的一页。最先掀起新浪潮的是1979年的三部作品：《疯劫》（许鞍华执导）、《蝶变》（徐克执导）、《点指兵兵》（章国明执导）。其后这批或在外国学习电影，

[①] 宋子文. 台湾电影三十年. 上海：复旦大学出版社，2006：182.

或在电视台出身的年轻导演继续拍摄了一部又一部风格化的电影,包括方育平的《父子情》(1981)、《半边人》(1982)、徐克的《第一类型危险》(1980)、谭家明的《烈火青春》(1982)等数十部作品,都很能表达这些导演对当时社会气象的感觉及情怀。虽然这些新导演全被冠以"新浪潮导演"之名,但事实上,他们每一位的作品都极富个人色彩,并没有陷入香港电影类型化的传统模式。许鞍华的作品流露出深刻的人文性、高度的女性敏锐;徐克有一股神经质的张力;方育平作风朴实,真实感浓厚;严浩浪荡于青春暴烈及淡然含蓄之间;谭家明走中产美学;章国明擅拍警匪片等等,这些特质都体验到新浪潮电影的"作者论"美学。[1] 如今,当初这批新浪潮闯将或雄踞一方,或转战国外,或者转业影视教育培养下一代,但绝无停歇。即使赶上了新浪潮尾声的为这些主将们做副导、编剧的关锦鹏、王家卫、舒淇、陈果甚至开始只是跑龙套的周星驰等人,都已经开始各领风骚。这里特别谈谈王家卫的电影。在2005年香港中国电影百年百部优秀电影的评选中,而王家卫一人独得六部,名列榜首。

王家卫是生于上海的香港著名导演,凭借着其极端风格化的视觉影像、富有后现代意味的表述方式和对都市人群精神气质的敏锐把握,他成功地建构了一种独特的"王家卫式"的电影美学。相比他的前辈导演,王家卫的电影充满了恍惚眩目的晃动镜头、不规则的画面构图和艳丽但冷漠的色调运用。《东邪西毒》(1994)这部影片中开始昏黄黯淡的画面,隐隐地冒着一股带着慧黠的灵气,却又如此贴切现代都市人的灵魂。在一片泅染的艳异但却冷漠的色调中,人与人之间充满了孤独、无奈,渴望理解却又无法走进对方的心灵世界。"东邪西毒"这个他从金庸小说借鉴的名字,在他的影像世界中变成了心理变异的象征。在现代都市中物质化的现实世界和人的灵魂发生了剧烈的碰撞,科技文明与人文文明的对立开始凸现出来,而王家卫的电影却用一种诡异的方式,表达了这种带有后现代意味的生存感觉,但在表面的层次又用一种极端物化、变形的意象化构图表现出来,使得影像风格格外炫!格外酷!像在《重庆森林》(1995)里,金城武在大街上奔跑,摄像紧紧抓住了人物,却使得人物背后的背景虚化,整个车水马龙的大街、商店、楼房这些平时凝固不动的景象,用停格加印的方式,呈现出一种水样的流动态势。这种影像风格在前人的作品中绝无仅有。我们只要对比一下侯孝贤的《童年往事》,就会发现侯孝贤的摄像机就像蹲在地上的一位老人,用不动声色的眼睛观察着乡村老槐树下发生的故事,这种长镜头、固定地拍摄的方式给人一种几乎万年不变的永恒感与凝固感,与王家卫的晃动镜头形成了两个极端。王家卫是地道的都市文化的产儿,是都市灵魂的卓越捕捉者和纪录者。他的电影影像属于都市文化。

不但如此,王家卫的电影台词同样经典,有人形象地形容为"格言和诗",而王家卫被称为"发达资本主义时代的抒情诗人",[2] 这种表达基本是以个人絮语的方式呈现,人物的灵魂无由交锋。譬如,在《阿飞正传》(1990)里,旭仔(张国荣饰)勾引女店员苏丽珍(张曼玉饰),无由接近,于是想到这样办法,两人一块看了一分钟钟表,苏丽珍莫名其妙,于是有这样的对话和独白:

---

[1] 参考了百度"香港电影"介绍,http://baike.baidu.com/view/515739.htm
[2] 张立宪编. 家卫森林. 北京:现代出版社,2001:189.

· 240 ·

旭仔：
一九六零年四月十六号下午三点之前的一分钟你和我在一起，因为你我会记住这一分钟。从现在开始我们就是一分钟的朋友，这是事实，你改变不了，因为已经过去了。我明天会再来。

苏丽珍：
我不知道他有没有因为我而记住那一分钟，但是我一直都记住了这个人。之后他真的每天都来，我们就从一分钟的朋友变成两分钟的朋友，没多久，我们每天至少见一个小时。①

于是，年轻的女店员就这样被恋上（确切地说是被勾引）了。男子以这样的方式在她的内心成长以及最终被解构："我以前以为一分钟很快就会过去，其实是可以很长的。有一天有个人指着手表跟我说，他说会因为那一分钟而永远记住我，那时候我觉得很动听……但现在我看着时钟，我就告诉自己，我要从这一分钟开始忘掉这个人。"毫无疑问，这种带有王家卫式风格的所谓"都市爱情"故事，都有某种程度的现实想象和反讽，因为这种遭遇是寂寞而不是相知，这是典型的都市灵魂的欲望勾引而非灵魂的心有灵犀。于是，这种喋喋不休的自言自语，同样出现在《重庆森林》的金城武扮演的警察223身上，爱情仿佛是需要保期的罐头，过期的直觉使得人物用看似好笑的絮语方式，把握住了这种无法确定的感情的危险。灵魂失去了独立性，它像鬼魂附体一般物化在生活中、物品上，这是王家卫的惊人发现，看似有趣，实则对心灵异化的揭示触目惊心。在这部影片中，这种爱情都是男性主人公自以为是的爱情，这里心与心交流的对话很少，基本都是独语。正是这种高度的孤独感，稍微有一点安慰就感激的无法消受的情感匮乏同样展现出来："在1994年的5月1号，有一个女人跟我讲了一声'生日快乐'，因为这一句话，我会一直记住这个女人。如果记忆也是一个罐头的话，我希望这罐罐头不会过期；如果一定要加一个日子的话，我希望她是一万年。"这段话后来被周星驰的《大话西游》所引用，那是至尊宝对着白晶晶发表的带有喜剧夸诞色彩的爱情誓言，但是这个都市生存状态的真正底色却是被旭仔带出的那"无脚鸟"的传说：

"我听别人说这世界上有一种鸟是没有脚的，它只能够一直的飞呀飞呀，飞累了就在风里面睡觉，这种鸟一辈子只能下地一次，那一次就是它死亡的时候。"

王家卫就是这样将自己的生存实感哲理化，"无脚鸟"永远在飞，它落下来的时刻就是死去的时刻；男主人公一直在寻找父辈，这种无根感最后得不到实现，就会要么死去要么变异。由此我们看到了《东邪西毒》里面欧阳锋的内心世界，——这个欧阳锋使人感到这才是金庸小说里的欧阳先生的精神前传："很多年之后，我有个绰号叫做'西毒'。其实任何人都可以变得狠毒，只要你尝试过甚么叫'忌妒'。我不会介意他人怎样看我，我只不过不想别人比我更开心。""我知道要想不被人拒绝，最好的方法是先拒绝别人。"由此发现，被扭曲的心灵将常识当做了哲理："你知道喝酒跟喝水的分别吗？酒，越喝越暖，水会越喝越寒。"

---

① 引自电影《阿飞正传》。以下引文均出自所引影片。

"花什么时候开是有季节的,马贼什么时候到却没有人知道。"在王家卫的影像世界中,这种最为简单的道理忽然让我们感到了生存的陌生化,有了艺术的味道。我们发现,《东邪西毒》那背景里面流动的漫无边际的沙漠其实是人的内心世界的隐喻,它与现代都市人的内在灵魂世界没有区别;这种被高度抽象的真实触目惊心地展现了当今都市人们的灵魂异化。假如我们对王家卫的电影世界非常熟悉,就会发现王家卫的独特风格带有浓厚的个人传记色彩。其独特性并不仅仅是由于拍摄风格的独特,事先不准备剧本的缘故,而是源自那颗被墨镜深深掩盖起来的带伤的灵魂,他的故事就是他自己的精神传记。如果将《阿飞正传》《花样年华》《2046》联系起来看,王家卫的电影实际是他的精神救赎史。一个导演竟然用电影三部曲的方式书写自己的精神传记,在一种更加复杂高级的形式上,证实了"作者电影"理论的生命力。

但是,这些新浪潮电影重视个体化并不意味着轻视电影的商业性。其中一些导演在吸收西方现代电影技法的同时迅速适应香港的商业文化环境,像 80 年代吴宇森、徐克、程小东、林岭东等掀起的英雄系列、"倩女幽魂"系列,所引发的结果到 90 年代都汹涌不已,衍生出《笑傲江湖》《黄飞鸿》系列和青春派《古惑仔》系列,还有周星驰独有的"无厘头"喜剧。尽管有评论家认为香港新浪潮只是香港商业电影的一次改良运动,而绝非革命[①],但考虑到香港电影长期为商家把持、技术进步缓慢、文化艺术成就不被重视,那么新浪潮出现的意义和它对电影工业、文化的冲击委实不可忽视。总括来说,20 世纪 90 年代以后的香港电影虽然较诸于 80 年代有所失色,但似乎在创作意念及电影制作方面则有过之而无不及。在这个意义上讲,关于商业电影和作者电影究竟如何结合,香港电影实在做出了"创造"的榜样。

三、 渐次崛起的大陆电影

在世纪之交,除了港台电影外,大陆电影在世界上同样大放异彩。这主要是指功成名就的第五代导演和部分第六代导演的作品。在大陆导演的作品中,东方文化用一种影视影像的方式呈现在西方普通观众面前,带有中国元素和中西文化碰撞色彩的影视作品屡屡出现。这既有中国人自信心上升的主动出击,也有对西方人的刻意迎合。但不管怎么说,中国文化相对西方文化的异质性有鲜明的体现。

在大陆,第五代导演走上历史舞台。主要包括张艺谋、陈凯歌、田壮壮、冯小刚、张军钊、张建亚、黄建新等。他们对于过去"极左"文化思潮开始反叛,向世界吸取营养,走上独具特色的影像之路。在 20 世纪 80 年代刚刚改革开放的时候,其作品多具有浓郁的民族元素,深厚的历史内涵受到关注。比如,1984 年陈凯歌导演、张艺谋摄影的《黄土地》,影片一出现,观众立刻被那种与以往主流影片不同的影像风格、极具主观艺术特征的色彩感、鲜明的民间风格所征服。那沉厚的黄土地,那汩汩不息的东流的黄河水,那带有陕北千年不变的民间风俗,那令人感到世界并没有因为革命——以革命者顾青的到来作为象征——而发生变化的永恒悲剧感,令人叫绝。此后张艺谋独立拍摄,先后拍摄了带有乡土文化色彩的《红

---

① 石奇. 香港电影新浪潮. 上海:复旦大学出版社,2006:前言.

高粱》(1987)、《菊豆》(1990)、《大红灯笼高高挂》(1991)、《秋菊打官司》(1992);后来这个系列渐渐演变成《我的父亲母亲》(1999)、《山楂树之恋》(2010)电影;还有一个系列就是出现了《英雄》(2002)、《十面埋伏》(2004)、《满城尽带黄金甲》(2006),直到担任新中国成立60周年"国庆大阅兵"总导演,这样一些带有抽象的政治抒情意味的影片系列。在这些影片中张艺谋找到了自己的影像叙事风格。在这两大系列中间的一个过渡就是禁片《活着》(1994),由此张艺谋完成了从民间到庙堂的转型。在中国电影百年之际,张艺谋有三部作品列入"百部"优秀影片。

相比张艺谋的影像"形式至上",内容思想偏薄的现象,陈凯歌相对更加重视内容和思想的力量,但是这里想谈谈另外一个实力演员兼导演人物,就是姜文。最近姜文做导演后拍出了不少电影。《阳光灿烂的日子》(1994)根据王朔小说改就,故事讲述"文革"中的北京一群生活在部队大院里的孩子,在耀眼的阳光与遍地的红旗中间,渡过自己的青春,同样是有冲动、有爱情、有性、有幼稚、有失败、有冒险、也有成长。主人公马小军军人家庭出身,他的父亲常年在外,没人管教的他在大院里结交了一帮"哥们儿"。他们逃课、打架、抽烟、"混街"成了他们这伙人的生活主题。当外面的世界闹得天翻地覆的时候,这群军人子弟却在自己的天地里享受阳光灿烂的日子。这部作品拥有相当耐人寻味的思想内涵。毫无疑问,这里有着真实的历史记忆,更有一个特殊的时代标记"部队大院"。这里缺乏成人世界,然而孩子们并没有自己的精神世界,其精神指向都指向成人世界。但是这种从孩子到成人的距离感一旦消失,即孩子们接触到成人世界最为根本的性与权力的时候,他们作为孩子的混沌感再次显现。因此,这部作品,正如王安忆的"启蒙时代"一样,在阳光的背后是黑暗,在启蒙的反面蕴藏着愚昧,热闹总是一种摆脱不掉的寂寥。从表面看正话反话都有理,但就根本看却是集体精神荒芜的时代,作为现实和象征性的"性和权力"永远不会叠合。这在存在层次加深了"文革"的荒诞性。该片获得多项大奖,并成为"百年百部"优秀影片之一,它的出现标志着中国电影跨入了一个新的时代。此后姜文拍摄了《鬼子来了》(2001)、《太阳照样升起》(2007)、《让子弹飞》(2010),都让人感到这是一位电影奇才,他不但拥有极好的艺术感觉,而且拥有极好地用电影影像进行思想的能力。

在第六代导演进入电影领域的世纪之交,中国大陆电影大约有如下四种生产模式:国家投资电影、低成本电影、国际合资电影和民营电影。国家投资电影一直是主流文化影像,我们绝对不能因为有些有个性的著名导演而发生误判。20世纪30年代以来左翼文化的主要创作方向,一直伴随着新中国建国,但这种左翼文化发生了从一种文化思潮到国家意识形态的战略转变。所以,每逢重大纪念日,都会出现以国家形象出现的影片,比如《大决战》《平津战役》《开天辟地》《开国大典》以及泛化的红色叙事比如《焦裕禄》《孔繁森》等等,还有大量的"革命+恋爱"的故事比如《红色恋人》《黄河绝恋》等等。总之,这些电影摆脱了过去那些几乎不食人间烟火的极左英雄形象,将革命叙事纳入生活的轨道,因此在群众当中造成很大的影响,其艺术特征也值得进一步研究。而国内市场化的加深,使得很多导演开始关注商业运作,像冯小刚的"贺岁系列"基本属于这种商业电影。而像第六代导演张元、王小帅、娄烨、路学长、贾樟柯等作为代表,已经浮出历史地表。特别是贾樟柯以叛逆者的形象登上影坛,他对于第五代导演的宏大的历史叙事、华而不实的象征手法和所谓的历史想象进行了解构。他要用平实的手法，写发生在自己身边的小故事，用影像的方式记录历史，他的故乡三部曲系列《小武》（1997）、《站台》（2000）、《任逍遥》（2002）在不同的国际电影节巡回展映，都获得了影评人的热情赞扬。电影《三峡好人》，以纪实手法讲述了两对普通中国夫妻的爱情故事，影像和节奏上延续了贾樟柯的一贯风格，从容而抒情，2006年获得威尼斯电影节金狮奖。贾樟柯已经成为当前最具风头的年轻导演。在当今的中国大陆影坛上，老中青都有了自己的发展地盘和方向，而日渐火爆的后备人才的培养，无论环境多么困难，也都不好阻挡住中国电影的前进步伐了。

总之，在世纪之交的华语影视圈，可圈可点。从古典名著到现代经典，从主流到边缘，华语影视开始呈现出多元文化风格；导演的内在精神及其表达能力不断加强，为后来者登上历史舞台，已经准备了极其可观的本土精神资源。

【研习与探索】

1. 请结合侯孝贤《童年往事》注意长镜头运用，并谈谈观影感受。
2. 请结合王家卫的《重庆森林》，谈谈王家卫的电影影像风格。
3. 欣赏电影《红高粱》，比较以往的革命历史叙事影片比如《青春之歌》，看看有何不同的影像感觉，深入思考历史思潮如何变迁的。
4. 尝试将生活中的故事加以改编成小剧本，自己拍摄小电影，体会电影制作。

（李展）

第五节　诗意化流行歌词的欣赏与写作

我国最早的诗歌总集《诗经》、汉魏的乐府、唐代的绝句、宋代的词、元代的散曲，以及明清的时调，都是适用于歌唱的。唐诗宋词作为一种雅俗共赏的文学作品，一直给我们以美的享受，它雅致精美的语言，优美深邃的意境，深刻隽永的意趣，正可作为当代流行歌词创作的楷模。

一直以来，汉语都被认为是一种诗性的语言，天生为诗歌而设计。它语义凝练，音节整齐，以自己的特点形成了汉语"言简义丰"的美学表现倾向，体现了表现生活真实与民族特色美的文学价值。歌词作为特殊的诗歌形式，自然承继了这些汉语语言的表现特色。流行歌词向唐诗宋词的诗情雅韵回归，具有深远的理论价值和实际意义。

一、诗意化流行歌词的写作特点

歌词需要诗意的美感，流行歌词诗意化写作增添了歌词古典的韵味，在意境和意象方面延长了歌词的审美长度，从而增强了歌词的生命力。流行歌词的诗意化写作还表现在歌词的节奏韵律、押韵、建筑美、画面感等多方面，其写作特征主要体现在意境的营造、典故的化用、比兴手法的借鉴等方面。

（一）意境的营造

意境的营造，是中国古典诗歌的精华元素，流行歌词诗意化写作明显体现了这一古典元素，借鉴古典意象塑造意境来表情达意的方法，使得歌词含蓄优美；并且在继承中有发展，拓展了歌词的深度和广度，表达的是当代人的思想。比如《白月光》：

白月光／心里某个地方／那么亮／却那么冰凉／每个人／都有一段悲伤／想隐藏／却欲盖弥彰／白月光／照天涯的两端／在心上／却不在身旁／擦不干／你当时的泪光／路太长／追不回原谅／你是我／不能言说的伤／想遗忘／又忍不住回想／像流亡／一路跌跌撞撞／你的捆绑／无法释放／白月光／照天涯的两端／越圆满／越觉得孤单／擦不干／回忆里的泪光／路太长／怎么补偿／你是我／不能言说的伤／想遗忘／又忍不住回想／像流亡／一路跌跌撞撞／你的捆绑／无法释放／白月光／心里某个地方／那么亮／却那么冰凉／每个人／都有一段悲伤／想隐藏／却在生长。

这首歌词继承了古典月亮意象的思念涵义，在表达时使得月亮凝聚了人们浓浓的相思之情，并且通过月亮的意象营造了一种凄美的意境。

（二）典故的化用

用典是中国传统诗歌的常用手法，中国古典文学给我们留下了许多脍炙人口的历史故事和神话传说，也给我们留下了宝贵的诗词经典资源。流行歌词诗意化写作时都或多或少的直接从中国古代作品中汲取了丰富的营养成分。如《菊花台》：

菊花残满地伤／你的笑容已泛黄／花落人断肠我心事静静淌／北风乱夜未央你／的影子剪不断／徒留我孤单在湖面成双／花已向晚飘落了灿烂凋／谢的世道上命运不堪／愁莫渡江秋心拆两半／怕你上不了岸一辈子摇晃谁／的江山马蹄声狂乱／我一身的戎装呼啸沧桑天／微微亮你轻声地叹／一夜惆怅如此委婉。（方文山《菊花台》）

"落花断肠"语出朱淑真《断肠词集·谒金门》:"满院落花帘不卷,断肠芳草远。""夜未央"典出《诗经·小·庭燎》:"夜如何其?夜未央,庭燎之光。""夜未央"意即夜未尽,长夜漫漫无穷尽。"徒留我孤单在湖面成双"化用的是李白《月下独酌》:"举杯邀明月,对影成三人。""向晚"一词语出李商隐《登乐游原》:"向晚意不适,驱车登古原。"指接近晚上的意思,这里结合语境,是用来形容花瓣凋零飘落之情景。"愁莫渡江,秋心拆两半"堪称佳句。也出自宋吴文英《唐多令》"何处合成愁?离人心上秋。"作者以拆字的手法,将"愁"字分开来看愁为秋心,心为秋愁,妻子思念丈夫的无尽哀愁跃然纸上。用典的修辞手段使得作品语言更加含蓄、洗练,又增添了内容的丰富性和韵味感。又屠洪刚唱的《霸王别姬》:

> 我站在烈烈风中/恨不能荡尽绵绵心痛/望苍天/四方云动/剑在手/问天下谁是英雄/人世间有百媚千抹/我独爱爱你那一种/伤心处别时路有谁不同/多少年恩爱匆匆葬送/我心中你最忠/悲欢共生死同/你用柔情刻骨/换我豪情天纵/我心中你最忠/我的泪向天冲/来世也当称雄/归去斜阳正浓/我心中你最忠/悲欢共生死同/你用柔情刻骨/换我豪情天纵/我心中你最忠/我的泪向天冲/来世也当称雄/归去斜阳正浓。

以著名的楚霸王乌江自刎、死别虞姬故事为题材重新进行创作,以楚霸王项羽为主要人物,以抒情为主要表达方式,来传达那种刻骨铭心的痛与爱、忠与义,很好地化用了相关典故,大大丰富了歌词的内涵,增强了这首歌的感染力。

(三) 比兴手法

比兴手法,是指通过联想和想象寄寓思想感情于形象之中的一种创作手法。它是中国传统诗歌中的重要创作手法,构成了一种重要的古典诗歌元素。流行歌词诗意化写作常常继承和借鉴比兴手法,使歌词寓意深刻,更加含蓄委婉。如《青花瓷》:

> 素胚勾勒出青花笔锋浓转淡/瓶身描绘的牡丹一如你初妆/冉冉檀香透过窗心事我了然/宣纸上走笔至此搁一半/釉色渲染仕女图韵味被私藏/而你嫣然的一笑如含苞开放/你的美一缕飘散/去到我去不了的地方/天青色等烟雨而我在等你/炊烟袅袅升起隔江千万里/在瓶底书刻隶仿前朝的飘逸/就当我为遇见你伏笔/天青色等烟雨而我在等你/月色被打捞起云开了结局/如传世的青花瓷自顾自美丽/你眼带笑意/色白花青的锦鲤跃然于碗底/临摹宋体落款时却惦记着你/你隐藏在窑烧里千年的秘密/极细腻犹如绣花针落地/帘外芭蕉惹骤雨门环惹铜绿/而我路过那江南小镇惹了你/在泼墨山水画里/你从墨色深处被隐去/天青色等烟雨而我在等你/炊烟袅袅升起隔江千万里/在瓶底书刻隶仿前朝的飘逸/就当我为遇见你伏笔/天青色等烟雨而我在等你/月色被打捞起云开了结局/如传世的青花瓷自顾自美丽你眼带笑意。

这首歌词含蓄优美，就是因为较多地运用了比兴手法来表情达意。歌词中几乎通篇比兴，表面上是在吟咏青花瓷，实际上则是处处在吟咏像青花瓷一样美丽的心上人，达到了"因物感触，言在此而意寄于彼，玩味乃可识"（[宋]罗大经）的艺术效果。在内容上扩展了古代诗词的意蕴，注入了古今书画、工艺和情思，语言上常常将古代诗词的两句合成一句表达，文白兼备，词味极浓，所以"文已尽而意无穷，兴也。"（钟嵘《诗品》）

（四）流行歌词对古典诗词的继承与超越

从整个诗歌的起源和发展看，诗与歌词之间存在着密切的关系，可以说，古典诗词是当代流行歌词的远祖，流行歌词在写作形式上，可以借鉴或模仿古诗词的体式用语，讲究音乐美、结构美、形式美，给人一种唯美的画面感。如《发如雪》中，借鉴了古诗词的形式风格，而且运用了许多古诗词中的传统意象，具有传统诗画含蓄、写意的特点。

狼牙月／伊人憔悴／我举杯／饮尽了风雪／是谁打翻前世柜／尘埃是非／缘字诀／几番轮回／你锁眉／哭红颜唤不回／纵然青史已经成灰／我爱不灭／繁华如三千东流水／我只取一瓢爱了解／只恋你化身的蝶／你发如雪／凄美了离别我／焚香感动了谁／邀明月／让回忆皎洁爱／在月光下完美。

这首歌词像宋词一样，把汉语的音调、情采、意蕴和音乐的曲度、旋律巧妙地统一起来，大有幽怨、阴冷的情绪和对世事的顿悟。歌词中广泛运用了古典诗词中的传统意象及比兴的艺术手法，并根据现代汉语的特点有新的发展。

流行歌词诗意化写作是古典情怀与现代意识的沟通，改编古诗词重新谱曲，或巧妙地化用古诗词语句、意境或意象，将其精华融入当代流行歌曲中。流行歌词诗意化写作融入诗意的韵律，通过"诗化""雅化""音乐化"，使流行歌曲既有歌的明白晓畅，又有诗的含蓄隽永；既有古典的语言内蕴，又有当代的音乐形式，使时尚与传统的庄重典雅结合起来，既古朴雅致，又紧扣时代节拍，能让人耳目一新，回味无穷。方文山的中国风歌词，就是在这方面探索创新的代表，如《千里之外》：

屋檐如悬崖／风铃如沧海／我等燕归来／时间被安排／演一场意外／你悄然走开／故事在城外／浓雾散不开／看不清对白／你听不出来／风声不存在／是我在感慨梦／醒来是／谁在窗台／把结局打开那／薄如蝉翼的未来经不／起谁来拆我／送你离开／千里之外／你无声黑白／沉默年代／或许不该太／遥远的相爱／我送你离开／天涯之外你／是否还在／琴声何来生／死难猜／用一生去等待／闻泪声入林／寻梨花白／只得一行青苔天在山之外／雨落花台／我两鬓斑白／一身琉璃白／透明着尘埃／你无瑕的爱／你从雨中来／诗化了悲哀／我淋湿现在／芙蓉水面采／船行影犹在／你却不回来／被岁月覆盖／你说的花开过／去成空白。

歌词中涉及屋檐、悬崖、风铃、沧海、燕、意外、故事、城、雾、对白、梦、窗台、结局、蝉翼、天涯、琴声、泪、梨花、青苔、琉璃、尘埃、雨、芙蓉、彩船、岁月，满眼都是古典意象或者传统文化元素的叠加与跳跃。

流行歌词对古典诗词的超越表现在哪些方面呢？大致可归纳为如下四点：故事直白化、语言现代化、词曲自由化、内容时尚化。流行歌词即使在歌词意象上极力追求古典美，然其歌词语言需要作一些现代化的处理。由于古今语言、音乐的差异，情感表现方式的差异，歌词作者可以不拘泥于古典诗词的原来的字句，而将其作为一种据以再创作的素材，或整句沿袭，或释其大意，或用其意象，或取其情境，使之与新创作的歌词有机地融合起来，从而成为当代流行歌坛上一道特殊的景观。如黄安的《新鸳鸯蝴蝶梦》：

昨日像那东流水／离我远去不可留／今日乱我心多烦忧／抽刀断水水更流／举杯销愁愁更愁／明朝清风四飘留。

显而易见，这是以李白的《宣州谢朓楼饯别校书叔云》诗为蓝本。对照李白的原诗不难看出，黄安词基本上是李白诗句的沿袭和化用，但二者所表现的主题有了一些变化。李白抒发的是古代知识分子怀才不遇的抑郁苦闷，而黄安表现的则是现代人"不求天长地久，只求今天拥有"的爱情观。现代的人们不是把爱情奉为一种信仰和归宿，而是把爱情当作一个驿站，一种缘分，人世悲欢，缘来缘去，好聚好散。歌词迎合了现代人的爱情心态，尽管在内涵上较原诗单薄一些，但仍能得到不少现代听众的喜爱。

古典诗词雅致精美的语言，优美深邃的意境，深刻隽永的意趣，成为当代流行歌词创作取用不尽的活水源头，然而流行歌词在从传统中汲取养料的同时，也需要表达现代人的思想和情感，因此在艺术表现形式上必须有突破和创新。

二、流行歌词诗意化写作常用方法

歌词是需要包含诗意，又富有乐感的双重愉悦，歌词的审美价值和艺术生命力，主要是通过与音乐的结合后在传播中实现的。要富有乐感，首先是情感到位，有强烈的抒情色彩，能触发听众的心灵。其次是讲究韵律、节奏、声调。韵律是指作品中句字的押韵；节奏是指构成一首歌词作品的若干词语（音组）之间的距离和抑扬顿挫关系，节奏的巧妙运用和丰富变化，既可使作品增强音乐的美感，还能营造作品的特定意境和情调；声调是指四声吟咏，一首歌词是否顺口与流畅，是否富有跌宕起伏的音乐感，与四声的运用不无关系。比如作词除了分字声的平仄之外，有时还须分辨四声和阴阳，讲究字声配合与语音和谐能听之悦耳，这是歌词语言音乐美的重要特征。叠音词、双声字等谐调语音的运用能增强作品的音乐性；押韵使句与句之间在语音上有回环重复的和谐感，优美动听；而语调的抑扬起伏，使词句极富节奏感；语句修辞中的回环式、排跌式、呼应式等具有协调重复之美，能形成一唱三叹的动律感。

流行歌词要求以文字的声调配合音乐的腔调，以求协律动听，需要做到"审音用字"，使歌词与曲调、字声与乐律达到水乳交融的地步，以音乐的乐句感和段落感来强化歌词的语义内容，使之更加具有层次感和运动变化的情感过程，增加读者听觉上的美感。因此写作实践中要注意以下几点：

（一）一韵到底

根据发音响亮程度，韵辙可分为三类：洪声韵、细声韵和柔和韵。洪声韵包括言前（an）、江阳（ang）、人辰（en）、中东（ong 或 eng）、发花（a）五个韵辙，发音响亮；细声韵包括乜斜（e）、灰堆（ei）、一七（i、er、u）、姑苏（u）四辙，声音细弱；柔和韵介于洪声韵、细声韵之间，包括怀来（ai）、遥条（ao）、坡梭（o 或 e）、由求（ou）等辙；当代流行歌曲常根据歌词表达的内容和情感来选择不同的韵脚。描写美好或凄凉爱情的歌词，主要选用舒展、悠扬的柔和韵和细声韵。如《只要过得比我好》（小虫 词曲）。

不知道你现在好不好（ao），是不是也一样没烦恼（ao）。像个孩子似的神情忘不掉（iao），你的笑对我一生很重要（iao）。这些年你过得好不好（ao），偶尔是不是也感觉有些老（ao），像个大人般的恋爱有时心情糟（ao），请你相信我在你身边别忘了（iao）。只要你过得比我好（ao），过得比我好（ao），什么事都难不倒（ao），所有快乐在你身边围绕（ao），只要你过得比我好（ao），过得比我好（ao），什么事都难不倒（ao），一直到老（ao）。

歌词押"遥条"辙（"微"韵），整首词的韵脚"好、恼、了、要、好、老、糟、了、好、好、倒、绕、好、好、倒"句句押"ao"韵，表达了歌者希望自己心中牵挂的人生活过得美好的强烈愿望。

而《对不起》：密、息、气、义、屈、忆、雨、袭、椅、记、丽……。一气呵成的"一七"韵描述了带有淡淡忧伤的爱情，配之以柔和哀婉的韵律，给人以哀怨缠绵、深久悠远、如泣如诉的感受；抒发豪迈雄壮、蓬勃向上、奔放热情、慷慨激昂的歌词作品则押响亮的洪声韵，如《龙拳》：东、弓、梦、重、容、孔……。所押之韵为"中东"韵，适合表达唱者强烈的爱国热情。可见韵脚的选择与歌曲的节奏有着密切的联系，细声韵和柔声韵一般适合优雅舒缓的节奏旋律，而洪声韵则适合表现激情澎湃的快速节奏。

（二）变换韵脚

为了更好地抒发情感，表达思想内容，使歌词语言富于变化，韵律显得波澜起伏，有些流行歌曲同时用上几个不同的韵。如《梦里水乡》（洛兵词、周迪曲）：

……淡淡相思都写在脸上（ang），沉沉离别背在肩上（ang），泪水流过脸庞（ang），所有的话现在还是没有讲（iang）。看那青山荡漾在水上（ang），看那晚霞吻着夕阳（iang），我用一生的爱去寻找那一个家，今夜你在何方（ang），转回头迎着你的笑颜（ian），心事全都被你发现（ian），梦里遥远的幸福，它就在我的身旁（ang）。

歌词首尾的韵脚"上、上、庞、讲、上、阳、方、旁"（属"江阳"辙）位于两头，将中间的"言前"辙（韵脚为"颜、现"）环抱于其中，韵式特别。这种韵式的好处是在变换韵脚的同时，又能将首尾句同一个韵音，让歌词起到回环压韵的作用。

而周杰伦的《忍者》韵脚为：龛、关、仰、汤……家、花、地、秘、气……。由"言前"韵转入"江阳"韵，再到"言前"韵，而后为"发花韵""一七"韵，由响亮的洪声韵转入凄婉的细声韵，抒发了作者对忍者命运悲哀的感叹。

（三）节奏的运用

多样化的节奏成为当今流行歌坛的一大特点：既有叙述体的平稳型节奏，如《同一首歌》，也有抒情体的快速型节奏，如《同桌的你》，还有劲歌体的超速型节奏。其中，超速型节奏常常使用绕口令式的长句和摇滚乐式的节奏，表达情感酣畅淋漓，尤其惹人注目，如《今儿个高兴》："咱老百姓今儿我是真呀真高兴，大年三十讲的是辞旧迎新，团年饭七碟八碗围成一火锅，楞不知想吃啥喝啥大动脑筋……"

（四）抑扬的声调

声调是汉语音节结构中不可分割的成分。现代汉语声调分四声：阴阳上去，四声又分两大类：平声、仄声。平声字音感宏亮，仄声字音感脆快。对于以单音词为主的中国语言来说，可以使声调的长短、高低、轻重得以调配，在词语组合时如能平仄调配适当，可以增强语言的音乐美。当代流行歌词充分发挥了汉语语音的这一特点，注意声调的搭配，形成声音高低、轻重、缓急的变化，使歌词抑扬顿挫、铿锵悦耳，大大增强了语言的艺术魅力。如《笑傲江湖》中："浮世滔滔／人情渺渺／一剑飘飘／一生笑傲／传一曲天荒地老／共一声水远山高……"这两首歌词不论从整句还是从标点停顿处看，都大致注意到了平仄字交替运用。如"恩恩／怨怨""滔滔／渺渺"、"飘飘／笑傲"是"平平仄仄"对应；"飞逝如电"是"平仄平仄"；"天荒地老"是平平仄仄，"水远山高"是仄仄平平；"天荒地老水／远山高"又是"平平仄仄／仄仄平平"对应，读来高低起伏，错落有致，悠扬悦耳，优美和谐，自然流畅，给人一种独特的审美享受。

（五）词语的艺术化

1. 反　复

反复也称"重复"或"重叠"。为了达到突出某个意思，强调某种情感，加深印象的目的，歌词往往采取反复的方式来抒情。反复能够起到重复咏叹，表达强烈感情的作用。同时，它还能使歌词的格式整齐有序，回环往复，充溢语言美。叠音是汉语富有特色的一种语音修辞手段。它利用汉语音节的特点，通过声音的复叠，加重形象的摹拟，使繁复的感情与语气得以确切表达。在流行歌词中恰当地运用叠音词，不仅可以增强语句的声律美，还能够增强语言的描绘力和形象性，增强歌词绵长悠远的旋律，从而收到理想的修辞效果。如《东方之珠》的"小河弯弯向东流……月儿弯弯夜色深深……沧海茫茫……"。"弯弯""深深""茫茫"等叠音词的大量使用,既传神地描绘了事物的情状,又形象地表达了歌者对故乡的热爱和眷恋;《常回家看看》"常回家看看,回家看看……生活的烦恼跟妈妈说说,工作的事情向爸爸谈谈……"。"看看""说说""谈谈"这些叠音词把父母与儿女的距离拉得很近很近,亲情得以渲染铺叠。叠音使歌词的语感得到强化,给听众创造出更深刻悠长的内心体验。也有歌词很短,此时往往需要一定次数的重复,如《生日歌》,只有一句歌词"祝你生日快乐",用乐句展开重复四次。

2. 叹词和语气词的运用

流行歌词常常需要以口语形式表现,因此叹词、语气词的运用是较为普遍的,语气词和叹词既可以担当起乐段与乐段之间的连接,又可以辨析歌者的感情色彩,增强歌词的音乐性。如《好汉歌》"路见不平一声吼哇,该出手时就出手哇,风风火火闯九州哇……"。"哇"这个语气词,恰到好处地把一个豪气冲天,具有"路见不平拔刀相助"英雄气概的梁山好汉形象刻画出来。

3. 排　比

排比是用三个或三个以上意义相关、相近,结构相同、相似,语气相同的词组或句子并列,达到加强语势的一种修辞手法。其描摹物态,可以穷形尽相;刻画心理,可以真切细腻;抒发感情,可以炽热深沉。由于语言符号链上的超额长度,排比具有了包容大信息量的作用,因而成为流行歌词中又一常用的格式。如《同桌的你》:"谁娶了多愁善感的你,谁看了你的日记,谁把你的长发盘起,谁给你做的嫁衣……谁遇到多愁善感的你,谁安慰爱哭的你,谁看了我给你写的信,谁把它丢在风里……"连用三段排比,细致传神地刻画了一个纯真可爱的"爱哭的你",以一种"追忆似水年华"的情感统摄几个并不连续却很经典的爱情相关意象"日记、相片、长发、嫁衣、信件"交错叠现,留存在心底的情愫,随着排比的展开,愈来愈浓烈、愈来愈清晰,一个朴实、真诚,唯美而动人的初恋故事让我们每一个经历过这一岁月的人记忆澎湃。

一首好的诗不一定是一首好的歌词,但一首好的歌词肯定是一首好的诗。

三、 歌词入乐创作指要

（一）首先分析歌词的节奏

节奏是一种有规律的运动形式。构成节奏的两大要素,一个是时间的关系,一个是力度的关系。歌曲中时间的关系和力度的关系就是通过音乐的时值长短和强弱变化来体现的。歌词本身也蕴涵有丰富的节奏,在不同的情绪和意境中,以其夸张的手法体现出来的。在实际的创作中,歌曲的节奏一般都是建立在歌词基础上的。如:陈哲、胡迎节词、孟卫东曲《同一首歌》。

```
5 - 1 2 | 3 · 4 3 1 | 2 - 1 6 | 1 - - - |
鲜   花 曾  告 诉 我 你  怎  样 走  过，
```

这首歌的词、曲在节奏上结合的非常密切，基本是在歌词本身节奏基础上发展出歌曲的节奏。如：鲜花、曾、告诉我、你、怎样、走过。一首歌词要注意分析歌词本身的节奏，打破了歌词本身词句的合理组合或者强调了不该强调的虚词，就会造成节奏上强弱颠倒的现象。对一些重要的词，如虚词、动词、容易唱响的词、一个词组的前一个字或者感情上特别需要强调的字都应该配置在强拍上，时值可以相对的长一些，音调也可以相应的高一些。而对一些连接词、虚词等不重要的字，一般都放在弱拍上，时值也可以相应短一些。如：苏叔阳词、王立平曲《江河万古流》。

```
‖: 2 3  2 3  5 5 | 5 - 0 1 2 3 | 5 6  5 6  3 5 - | 5 - - - |
   长 江  流，         黄    河    流，

   5 6 1 - - | 7 6  5 6  5 · 5 | 5 6  6 5  3 - | 3 - - - |
   滔 滔         岁    月   无 尽   头。
```

这里的"长江流"基本同歌词的节奏一致。而下面的"黄河流"则为了表现由近而远宽广宏大的气势，打破了歌词本身的节奏，把歌词节奏拉开。音乐上也采用了逐渐上行的进行为下一句"滔滔"这个高点的出现作了充分的准备。由此体现出音乐所特有的内在节奏。因此，对于一首新的歌词，在理解歌词内容的基础上要善于用有表情的声调把它朗读出来。只有在朗读过程中真正体会到歌词声调上的抑、扬、顿、挫，节奏上合理的词组组合，才能在自己写作的音乐中有所体现，用音乐的语言去丰富歌词所要表现的艺术内涵。

(二) 分析歌词的结构

歌词的表现手法是分段、分句、分行、分节，而歌曲的技术表现手法是乐段、乐句、乐节、乐汇，歌词结构与歌曲结构之间存在对应关系，歌词结构会影响或改变歌曲的结构形式。因此，在谱曲前，必须对歌词结构量化研究，分析每一段、每一句、每一节之间的关系，并根据歌词所表现的内容及情绪的需要做好歌曲结构的设计，避免造成歌曲在表现上平淡，结构零散等问题，从而影响歌词所要表达的思想情绪和完整的艺术形象。词、曲之间的结构形式主要注意以下三种结构：

1. 词、曲结构相同的形式

这种形式是以歌词与曲调同步发展的结构形式展开的。它通常是以同一曲调反复演唱不同的歌词而出现。如：四川民歌《康定情歌》。

这首作品采用了歌词与旋律同步发展的结构写作的，以同一旋律不断反复的形式来抒发不同的歌词内容。

2. 词、曲结构不同的形式

对于一些结构短小的歌词，感觉歌词本身没有把所包含的寓意抒发出来的时候，可以采用重复歌词的方法使其得到补充和发展。这种形式通常是以两句歌词写一句旋律或重复歌词的形式出现。在实际写作中对歌词的拆、拼组合，可以改变原有歌词的结构容量。通常拼句可以减少乐段的容量；拆句可以扩大乐段的容量。如：韩伟词、施光南曲《打起手鼓唱起歌》。

这首歌的 A 段共有八句歌词，如果按词、曲同步的形式来写这首歌曲可能写成两个乐段，或一个较长的乐段。现在我们通过并句的形式，把两句歌词并为一句旋律。这样就把原本八句歌词写成了一个比较小的起承转合的四句体乐段形式，由此既表现了歌曲欢快的情绪又简化了结构。如：高晓松词曲《同桌的你》。

这首歌曲按常规的写法可以在"谁给你做的嫁衣"歌词的地方结束。但这样写曲作者会感到没有把对初恋的怀念之情和少年时美好的回忆表达出来。为了达到意味深长的意境，让音乐获得充分的扩展，在歌词上作者采用了用"啦"代替歌词的方法，并把"啦"字扩展成了一个乐段，产生此时无声胜有声的意境。这种词曲结构不同的形式，在实际写作中使用的非常多。

3. 加衬词、衬句使音乐结构扩大的形式

这种形式是采用加入某种衬词，如"来、啦、呀"等形式使音乐结构扩大。采用这种手法主要是为了更好地渲染气氛,使感情表达的更加充分。如:石顺义词、印青曲《天路》。

[乐谱:4/4 6·6 6 5 6 1 1 2 3 1 | 2 2 1 6· 6 1 1 2 1 6 2 5 6 5 | 3 3 3 - ‖
那是 一条神奇的天 路(也), 把祖国的温暖送到边 疆。]

　　这首歌曲前部分采用了词曲同步进行的结构创作的。当歌曲发展到高潮部分的地方,曲作者感到一句"那是一条神奇的天路"歌词还没有把那种高原天路的神奇充分表达出来。所以,在这句歌词后紧接着加入了一个衬词。这样就使情绪得到了充分的抒发。

　　从以上三种结构分析中可见,歌词本身的结构是会影响歌曲结构的,但并不是歌曲结构的唯一形式。因为,对于结构相同的一首歌词,由于每个人对歌词所表现的内容和情绪有不同的理解,在音乐上就可能采用不同的音乐结构去写作。因此,在分析歌词结构时,应以歌词内容为基础,根据歌词本身的结构和情绪设计出一个恰当的音乐结构。歌词的内容、节奏、结构与音乐的关系是歌词入乐中最先遇到的问题,是需要首先解决的基础环节。

【研习与探索】

　　1. 欣赏与演唱《说唱脸谱》《断桥残雪》等歌曲,分别体验歌词的现代化与古典音乐元素的结合以及歌词的古典诗词语言风格与现代音乐形式的融合。
　　2. 请选一首古诗词,将其改写为现代通俗歌词。
　　3. 请收集若干首为父母而歌的歌词,比较不同的写作特点,模仿写一首献给你父母的歌。
　　4. 选取一个音乐片段,然后根据音乐片段填词写作
　　5. 分别自发组建小合唱团,选几首最喜欢的歌曲进行练习,体会分析其艺术美之所在,并进行编排,撰写出相关朗诵词或者主持词引领,在班上进行演唱比赛。

(刘建)

第六节　现代小品、相声及其语言艺术魅力

　　小品、相声是现代社会舞台表演艺术中最为流行的两种类型。它们以幽默风趣而朴实的语言与多姿多彩的艺术风格取得人们的认可和夸赞,影响和丰富了无数人的日常文化生活。无论是在居庙堂高位的联欢晚会上,还是在人们普通的茶余饭后的闲聊之中,都能看到小品、相声的影子,感悟到与之相仿的语用魅力。小品、相声的发展离不开社会发展过程中人们的精神追求和文化趣味,当然与表演者的个人才华和人格魅力也有不解之缘。

一、小品、相声的产生和发展

（一）小品

小品是一种以精辟短小、情节简单、贴近生活、雅俗共赏为特点的现代艺术表演形式，又称为"小的艺术品"。小品最重要的构成是精彩的剧本创作以及表演者对剧本的诠释。它往往通过短小的情景把或朴实或风趣的语言、夸张的形体动作、合适的配乐等有机地融合起来，并赋予其内在的生活内涵与精神哲理。

相对于传统艺术，小品是一种现代才出现的艺术形式。它最早出现在演艺界艺术素质考试和基本功面试项目中，一般由录取单位老师现场出题，应试者当场表演。1983年，中央戏剧学院表演系80班的一个观察生活练习《买花生仁的姑娘》，作为一个戏剧小品被搬上了春节联欢晚会，岳红、高倩、丛珊、曹力等明星们的认真表演、诙谐幽默语言赢得了观众、专家、学者的一致好评。从此，由春节联欢晚会的推介，小品作为一种不可或缺的节目不断出现在人们的各种演出活动中。1984年，陈佩斯、朱时茂的小品《吃面条》在中央电视台春节联欢晚会演出，以其滑稽、幽默的形象动作获得了群众的高度赞赏和认可，并直接引发了春晚舞台上的小品表演风潮。受其影响，随后严顺开、赵本山、赵丽蓉、宋丹丹、巩汉林、黄宏、高秀敏、郭达、郭冬临等小品明星脱颖而出，小品这个新的演艺形式空前火爆，反映社会现象及其表演形式也日趋多样和成熟。

现代小品的发展大致经历了四个阶段，即萌芽期、发展期、再发展期和成熟期。萌芽阶段，以《虎妞、阿Q逛厂甸》（1983年春节联欢晚会，斯琴高娃、严顺开）为代表，这一时期的小品没有特别突出领军人物，花开百枝，各具特色，其中发展比较好的就得以延续下来，有些就在发展过程中被逐渐淘汰了。在小品发展阶段，最突出的小品创作者和表演者是陈佩斯、朱时茂。他们的代表作有《吃面条》《拍电影》《羊肉串》等，而《吃面条》更是被誉为现代小品诞生的标志。同期赵本山、宋丹丹的创作也开始备受关注，小品从此开始了快速的再发展。《懒汉相亲》（1989年，宋丹丹、雷恪生、赵连甲）、《相亲》（1990年，赵本山、黄晓娟等）以幽默的语言和夸张的表演，把笑声传到了大街小巷，这个时期又称为小品创作的发展期。同期的黄宏等人也屡有成绩，如《超生游击队》（1990年）、《手拉手》（1991年）、《秧歌情》（1992年）等。这一阶段是小品发展史上最辉煌的一个时期。从辉煌创作到发展成熟，主要人物是赵本山、赵丽蓉、潘长江、冯巩等，特别是目前仍然活跃在小品领域内并且成就最大的赵本山，是他把小品创作推向了成熟阶段。这一时期也被称为"赵本山时代"，他最具代表性的创作是《昨天、今天、明天》（1999年）、《同学会》（1999年）。至此，八十年代悄然兴起的喜剧小品，渐渐成了当前民众重要的娱乐文化项目。

（二）相声

相声是中国传统艺术中的一个类型，主要是以说笑话或滑稽问答引起观众发笑的曲艺形式。相声历史悠久，一般认为是由宋代的"像生"演变而来。到了晚清时期，相声初步具有了现代风格，主要有北京语言相声与各地区的"方言相声"。"说、学、逗、唱"是相声传统的基本艺术手段。"说"是叙说笑话和绕口令等；"学"是模仿各种叫卖声，飞禽走兽的鸣叫声，戏剧唱腔和各种人物的语言等；"逗"是捧哏逗笑；"唱"是编一些滑稽可笑的词用于各种曲调演唱，或把某些戏曲唱词、曲调夸张地演唱以引人发笑。近代相声的奠基人是清末的原八角鼓演员朱绍文（一说是张三禄），他最初把相声推向了街头。而后在20世纪30年代初，京津一带活跃着八位相声大师，当时人们称他们为"相声八德"，他们是马德禄、周德山、裕德隆、焦德海、刘德智、李德钖、李德祥、张德泉。继八德之后，在三四十年代最具功力、表演最细腻深刻的是被称为"一代宗师"的张寿臣。

新中国成立初期，以侯宝林为代表的相声演员对以往相对低俗的方言相声进行了改造，使相声的普及面迅速扩大，并成为一种流行全国的曲艺表演。相声表演是一种声音艺术，也很适合无线广播，为此相声又被称为是"文艺战线上的轻骑兵"。相声大师侯宝林、马三立是当时相声领域的领军人物。同期还有张永熙、刘宝瑞、赵佩茹、郭全宝、王凤山、杨振华、金炳昶、王志涛、马志明、尹笑声、常宝堃、常宝华、常宝霆、杨少华等，他们的作品有《戏剧杂谈》《戏剧与方言》《买猴》《十点钟开始》《开会迷》等。除了对传统的相声改造之外，解放初期还产生了许多讽刺相声，主要用于讽刺"旧社会"或者新时代思想落后的人。同时以马季为代表的还创作了一批歌颂社会主义的"歌颂型"的相声。当时比较有名还有侯耀文、石富宽、苏文茂、唐杰忠、张文顺、李伯祥、杜国芝、高英培、师胜杰、常贵田、赵振铎、范振钰、杨议、牛群等，代表作品有《登山英雄赞》《英雄小八路》等等。然而在"文革"期间，相声和其他的艺术形式一样也倍受打压，唯一可以生存的是歌颂型相声。"文革"结束之后，以杨振华、金炳昶的《假大空》，姜昆、李文华的《如此照相》和常宝华、常贵田的《帽子工厂》等为代表的一大批讽刺"四人帮"的相声迅速流行。

新时期以来，侯宝林等人的相声有重新流行的趋势，但因这时候受小品发展的冲击，相声进入了另一个发展阶段。它已经不再只是一种单纯的曲艺，弹唱相声、相声剧等形式的出现也促进了它的多元化。到了80年代后期，相声领域出现了一大批优秀的演员，这些演员通过春节联欢晚会走红大江南北，如牛群、冯巩、刘伟等，作品如《小偷公司》《虎年谈虎》等都深受当时观众的喜爱。90年代后期相声进入低谷，相声渐渐被小品所取代，相声的新段子越来越少，脍炙人口的作品更是凤毛麟角。相声作品中讽刺时政的内容日益罕见，传统的纯娱乐风格相声重新占据主流地位。同时许多知名的相声演员离开了相声舞台转而从事其他工作，相声的地位逐渐为小品所取代。进入新世纪，当相声正在渐渐淡出观众视野的时候，郭德纲的相声却在一夜之间就走红，相声重新又体现出不断走近民众生活的特点。

二、小品的语言艺术

小品篇幅短小，演出的时间一般在十多分钟。因此，小品中演绎的事件都比较单纯，主题比较明确，人物性格鲜明，语言简练、生动、幽默。而小品的主题往往会选取一个特定的角度去开掘生活的乐趣及哲理。现代小品通过电视和网络媒体影响着现代人的生活情趣和审美取向,有名的小品演员有"光头"陈佩斯、"铁岭农民"赵本山、潘长江、冯巩等等。在此,我们选取赵本山、宋丹丹主演的小品《钟点工》和冯巩、朱军、蔡明主演的《笑谈人生》进行鉴赏。

(一) 小品《钟点工》节选:

赵:睡的腰上疼,吃的直反胃,脑袋直迷糊,瞅啥啥不对。追求了一辈子幸福,追到手明白了。幸福是什么?答:幸福就是遭罪。

宋:有人花钱吃喝,有人花钱点歌,有人花钱美容,有人花钱按摩,今儿我雇个好活,有人花钱,雇我陪人儿唠嗑(lào kē)。

……

赵:嗳哟妈呀,这小声挺甜,含糖量挺高啊,最起码四个加号。(开门声)我地妈呀,这小声音小老太太呀。

宋:别客气,叫大妹子就行,叫妈干啥。这屋里就你一人儿啊?

……

宋:嗯,没有幽默感,哈。我再给你出道题儿,说动物园召开全体动物联欢大会哪个动物没(mèi)有来?

宋:大象呗,在冰箱里头关着呢。哈哈哈……

赵:什么?嗳哟。

宋:嗳哟,笑死我了。

赵:累死我了都。

宋:嗳……

赵:嘿。大妹子,咱别笑了行不行?

宋:怎么地?

赵:咱弄明白儿子是叫你来干什么来了你能不能告诉我完再笑?

宋:陪你说说话,陪你聊聊天,陪你唠唠嗑。

赵:三陪呀。

宋:说啥呢!

赵:大妹子我确实不明白你来……

宋:你不明白你问啊?我告诉你,我们的工作往大了说叫家政服务,往小了说叫钟点工,在国外叫赛考类激死特(psychologist),翻译成中文是心理医生,啥也不懂,走了,伤自尊了。

赵本山小品之所以能够风靡全国并长盛不衰,与他的语言特色分不开。赵本山的语言特色可以概括为是:鲜明的地域色彩,较强的韵律性,丰富恰当的修辞手法。《钟点工》第一个选段语言就具有韵律性的特点,它把零散的语句串联成一个整体,讲起来朗朗上口,听起来悦耳动听,充分起到了渲染气氛、强调主题的良好效果。第二个选段体现了赵本山地方特色的语言幽默感。赵本山小品中有很多是幽默诙谐、开朗乐观、淳朴火辣的东北语言风格，"大妹子""这疙瘩"均是生活中的俗语，让人倍感到朴实诙谐。第三个选段显示了赵本山语言中丰富的修辞手法，名词新解、外语中音、一语双关等都是他常用的语言修辞手法。

（二）小品《笑谈人生》：

冯："艺术人生"这个栏目多好，就四招，套近乎，忆童年，拿照片，把情煽，音乐一起，让你的眼泪流得没个完。

朱（上场）：欢迎各位在百忙之中来到《艺术人生》现场，今天我们的主人公眼睛不大，却闪现着幽默的光芒，细长的脖子便于他寻找阳光，硕大的头颅那是智慧在膨胀，超长的双腿提醒你自然界还有你关爱的螳螂，有请我们的主人公冯巩。你好，冯巩，请坐。

冯：你请。

朱：今天这么多观众，你想说的第一句话是什么？不能说，我想死你们了。

冯：你们让我想死了。

朱：你怎么每年都是这句话。

冯：是啊，每年都说这句话。不是有一句歌这么唱的，"一句话，一辈子，一生情，一杯酒"。

朱：太好了，一句话……巩哥你看快过年了，咱两个干一杯。

朱：干。

冯：干。看见没有，这就是第一招，套近乎。

冯：这酒怎么有一股马身上的味道。

朱：其实这么多年我一直在关注着你。你最先是说相声的，后来你又去拍电影，最近又听说你自编自导自演一部电影《心急吃不了臭豆腐》。

冯：是热豆腐。

朱：我不知你怎么想的，你已经到了中年，为什么还这么拼命呢，是什么样的原动力在支撑你这么做呢？

冯：不自信。在相声界我影视最好，演员里我导演导得最好。导演中我编剧编得最棒，反正我就想玩个综合实力。

朱：你总是拿自己的长处比人家的短处。

冯：有一句话说的好，和帕瓦罗蒂比劈叉，和美国总统布什比说普通话。其实不自信人人都有，比如搞导游的代卖盒饭，老中医捏脚，电视主持人出书。

朱：等会，你是说我出书不自信？

冯：比捏脚的自信多了。

朱：每个人都有五光十色的童年，听说你的童年非常艰辛。

冯：何止是艰辛？

朱：看来咱俩还得再喝。

冯：不能再喝，再喝真哭了。

朱：巩哥，你还记得69年吗？69年的今天你妈妈到农村看望你爸爸，你哥哥病了躺在床上，你去给你哥哥找医生看病。路上把自己胳膊摔坏了，缝了7针。

冯：8针，8吉利。

……

朱：今天我把你母亲也请到了现场。

冯：别，老太太80多了，你怎么还折腾她？

蔡：我想你呀，儿子，赶紧叫妈。

冯：胡说。

蔡：不怪我，这是朱军让我干的。

冯：我妈要是像你这么年轻该多好。

　　《笑谈人生》在2005年的春节联欢晚会上演出，得到了较好的评价。小品以中央电视台"艺术人生"栏目为背景，演绎了一场戏中戏。冯巩和朱军上场就以一连串的顺口溜为开头，渲染了气氛，道出了背景。接下来冯巩故意调侃朱军的真情表述，再加上适当的夸张和幽默，让人在不断的解构和对话中收获欢笑。因为整个小品是建立在模仿"艺术人生"栏目的基础上，也让人感到在欢笑中体会到了生活的意味，启人深思。最后蔡明的出场又超越了"艺术人生"的设计，让人在一半认真、一半荒唐的笑声中领悟到了小品的魅力。

　　现代小品最重要的意义在于真实、深刻地反映和评价现实生活，并塑造出鲜明生动的人物形象，从而表达出深刻的思想内涵。根据不同的风格体裁，现代小品大致可分为喜剧小品、正剧小品、悲剧小品、荒诞小品等，而在中国舞台与电视中的小品大多是喜剧小品。在众多的小品类别中我们把它们的特点进行整理，大致可以归结为如下五个方面：

　　1. 短小精悍，情节简单。这是小品与其它艺术作品和艺术表现形式最基本的区别。小品属于"文化快餐"，它是一碟精美的"小菜"，而不是火锅大烩菜。

　　2. 幽默风趣，滑稽可笑。小品是"笑"的艺术，它能让人在笑声中受到启发和教益。如在《拜年》中，听说"范乡长"变成了"范县长"，赵本山饰演的赵老蔫紧张起来："完了完了，产房传喜讯——人家生（升）了"，这里通过谐音歇后语，把赵老蔫那种内心紧张语言却不失俏皮的农民形象表现得活灵活现。

　　3. 雅俗共赏，题材广泛。小品反映的小题材、小事件都基本源于现实生活，人情冷暖、世相百态是小品需要反映的对象，这些在小品演绎过程中得到不断的升华，就能达到启人思考的效果。

　　4. 贴近生活，角度新颖。只有贴近生活的作品，群众才乐于接受，而源于生活却高于生活、将生活中的事例典型适度夸张就是成功小品演绎的要领。如《不差钱》中赵本山饰演的爷爷将"小沈阳"的英文名字念为"小损样"。在《昨天·今天·明天》中，大妈将"秋波"曲解为"秋天的菠菜"，这些与常规表达的不一致才使小品语言焕发出奇异光彩，并制造出一个个小品流行语。

　　5. 针砭时弊，富有哲理。小品还善于透过社会表面现象去讽刺一些不合理的现象和事物，具有一定的哲理性。如在小品《不差钱》中，小沈阳有段独白："我知道大爷不差钱。

我那意思毕老师好容易来一回，咱吃喝不能在乎钱大爷。你看我今年岁数小，但我总结了，人这一生其实可短暂了。有时一想跟睡觉是一样一样的，眼睛一闭一睁，一天过去了，嗬；眼睛一闭不睁，这辈子就过去了，嗬"。

三、相声的语言艺术

相声的种类繁多，特别是在小品兴盛以来，相声创作者更为相声的发展作了大量的努力和创新，创作出各种不同的相声作品。目前主流的观点普遍认为，相声的分类可以划分为单口相声、对口相声、群口相声、化装相声、相声剧等。另一种分法则按照表演形式把它划分为单口、对口、群口三种。单口相声由一个演员表演，讲述笑话；对口相声由两个演员一捧一逗，通常又有"一头沉"和"子母哏"两类；群口相声又叫"群活"，由三个以上演员表演。相声完全是一门语言的艺术，它的语言特色非常地鲜明突出。著名相声演员有马三立、侯宝林、马季、姜昆、郭德纲等。在此，我们选取侯宝林主讲的相声《北京话》和郭德纲的单口相声《小话西游》进行鉴赏。

（一）相声《北京话》节选：

甲：说相声需要嘴呀。
甲：早晨起来啊，用功，有基训啊。
乙：啊。
甲：基训啊。
乙：基训？
甲：基本训练。
……
甲：早晨起来，先唱这个，先唱四遍，我们都做早操，她不去。
甲：她唱绕口令。
甲：她说，我这也是体育的一种。
乙：这怎么也属于体育的一种？
甲：这叫口腔体操。
……
甲：北京话可别说那老北京话。什么："你颠儿了""撒丫子啦""孬啦"。你比如说一个"吃"吧。
甲：有很多词儿形容"吃了"。
乙：还有什么词儿？
甲：你把它餐了。
甲：你把它啃了，你把它开了。
甲：还有，你把它将了。

甲：再多用一字儿，你把它垫补了。

……

甲：北京话有特点，说得流利，说得快。

甲：你走街上听："三轮儿！""哪儿去啊？""东四。""五毛。""三毛。""四毛吧，多了不要。""站住，拉吧。"得。

甲：你说要都跟过去电影明星那味儿，你瞧着别扭不别扭？

甲："这辆三轮车谁的呢？你好不好拉我去呢？"蹬三轮儿的这位也这味儿。

甲："哦，谢谢，你要坐我的三轮车去吗？哦，我真得感谢你了！"

乙：这有什么感激的？

甲："你要到哪里去？""你拉我东四牌楼好喽。""哦，东四牌楼！东四牌楼！你为什么要到那里去？""我住家就在那里。"

乙：啊。

甲："哦，你给八毛钱好喽。""不，我只给你三毛钱好喽，哎，你自己考虑一下。""不，先生，三毛钱未免太少一点，我实在不能答应你的要求哟！"

侯宝林善于模仿各种方言、市声、戏剧表演。他的相声语言清晰，动作自然，神态洒脱，寓庄于谐，化雅为俗，具有独特的艺术魅力。在相声发展艺术史上，侯宝林起到了承前启后、继往开来的作用。具体在《北京话》中，相声前两个选段使用的是自创新词，它先引起听众好奇，然后再进行解释。第三个选段使用了北京土话，很多京派的相声大师都经常使用。第四选段比较特别，模仿民国时期电影明星的说话方式，惟肖惟妙，让人开怀大笑。从北京街头现实与电影对白的对比中，可以看出北京话的简洁流利和民国电影的矫揉做作，起到了讽刺的作用。

（二）单口相声《小话西游》：

今儿咱们说的是西游记的故事。

四个和尚从长安出发，前去西天取经。"嘟——"没飞几分钟，飞机缓缓降落：没油了。悟空这通找啊："快，看看哪儿有加油站呢？"

唐僧纳闷儿了："这怎么刚飞起来就加油啊？"

"油箱小，就肥皂盒那么大，一次加五块钱的。"

"那得加到多咱去！"

加了十万多次还没到，这西天在哪儿呢？不行，师徒四人一合计，咱得问问路。一捏闸，"吱——"悟空下来了。一瞧，嗬！这是什么地儿啊？怎么这么荒啊！见一老头正锄地呢，赶紧就过去了。

Hi - Hello - How are you? 老头一回头，"干哈呀？"好嘛！一口大茬子味儿，东北啊！

"大爷，这西天怎么走啊？"

"拿刀子往脖子上一抹就到了。"

"那这儿是哪儿啊?"

"铁岭!"

好嘛,走反了。那就往回走吧。又加了十万多次油,回长安了。

八戒一寻思:"师傅,这事儿不对呀,咱们这么走得走什么时候去?油箱太小,咱得换个大的。"那仨人一下子就瞅见猪八戒的大饭盒了。猪八戒这个不乐意啊。没办法,拗不过这仨人,谁让你用这么大的饭盒。就是它了!就这饭盒了。嘎噔一下子,就给装上了。油箱变大了,一次能加20多块钱的油了。这也没大多少啊。得!这就不易了。

"嘟——"又起来了。飞了半年多,加了两万多回油。这天啊,到了火焰山了。大火苗子,嚯——!8848米,飞不过去啊。师徒就合计,能不能让铁扇公主拿扇子给咱扇过去?孙悟空是铁扇公主的小叔子,去套套瓷儿,嗯,没准儿行。

铁扇公主正等着煮唐僧肉吃呢,一看孙猴子来了,能不打起来吗?可她哪儿是孙悟空的对手。十几个回合,力敌不过,败下阵来,那就法宝伺候吧。拿出芭蕉扇,"呜——"师徒四人,连人带飞机,带行李卷,带饭盒,一扇子就扇回大唐去了。

教训是严重地,后果是惨痛地。经过四人研究决定,乘大唐6号超大油箱飞船,马力十足,绕过火焰山,直到西天取经。

"嗖——"这家伙,就上天了,溜溜一天不用加油,把四个人给乐得。可到了一地界儿,哥儿四个可是都不认识。唐僧还问呢:"这是哪里啊?"悟空挠了挠头:"不知道啊。全是土,净是坑的,应该不是西天。"八戒拿了一面大旗,"大唐高僧,到此一游。"砰!就插地上了。

后来啊,1969年的时候,这地方又来飞船啦!从上面下来一个人,手里拿一小星条旗,嘴里念念有词地,"我的一小步,人类的一大步!"所以说,关于登月这件事,其实咱中国人是祖宗。

书归正传,师徒四人又坐上了大唐6号飞船,接着奔西天。返回大气层的时候,猪八戒把刹车给踩突噜了。当时闸线一蹦,咣当,就掉下来了。师徒四人这么一看,眼前是一座城门,门楼子上写着:"西天极乐世界"四人这个哭啊,喜极而泣。

去雷音寺见如来吧。刚到门口,一群人呼啦一下子就围上来了。"师傅,要盘吗?""金刚经、法华经、九阴真经,图文版、视频版、写真版,高压缩、高清晰。""一张,顶如来那儿一百张。"

唐僧脸一板:"都给我退下!我们取的是真经。坚决打击盗版。哎!这世道,佛祖的版权费都收不上来。徒弟们,赶紧地吧,往里走。"

如来看到衣衫褴褛的四人,很是吃惊:"哪里来的要饭的?"

四人连忙解释:"我们是从东土大唐过来取经的和尚。真对不起,晚了。因为油箱太小。"

"什么?油箱太小?"没等四人把话说完,如来佛不高兴了"不是早就传过去了吗?全套经书连插图录音真人DV都传过去了。邮箱还不够大?"

四人互相看看,很是疑惑。如来指着桌子上的电脑,"这不轻轻一点,所有经书就email过去了吗？你们大唐早用上我的经书了。"

《小话西游》以唐僧师徒去西天取经的故事为题材，对整个故事情节进行了无限度的夸大和消解。郭德纲在其中利用旁白和对话双重话语设计出了师徒四人去西天路上种种荒诞而搞笑的场景，以及极富个性的人物心理。郭德纲的语言具有北京方言特色，并经常利用谐音、韵律等语言之技巧来组织"包袱"，其中同义词、多义词在"双关"和"曲解"中也多有运用，如"西天""邮箱"等。小品语言通俗易懂，贴近生活，同时还随意穿插一些历史、地理、文学、社会等各个方面的信息，颠倒解构，让人在忍俊不禁中心领神会，总体看起来具有一种无厘头的意味。

综上所述，现代相声利用语言巧妙地演绎出了种种不合理的，甚至荒诞搞笑的生活场景，其艺术特色大致表现在以下几个方面：

1. 通俗易懂。如果说"通俗易懂"是曲艺语言的共同特色，那么，对于相声来说恐怕应当冠之以"更加"二字。不论在"对口"相声中还是"单口"相声里，一般都会采取聊天、话家常的形式来表现，因为相声必须口语化，才会有亲切感和幽默感。相声的"口语化"特点在单口相声中表现得尤为突出，句子简洁干净，绝少拖泥带水的附加成分，如《朋友》："不是吹，唱朋友的歌我都知道。"

2. 生动明快。语言生动的精髓在于形象化，切误抽象笼统。不论刻画人物还是表现事物，精心选择富于形象的细节，并通过确切的语言加以表现，对于相声来说都是至关重要的。其中语言的生动与细节的精巧密切相关，语言明快，就是痛快淋漓，常常运用高度夸张的手法，特别因扣紧人物性格，通常还会给人以明快犀利之感，体现了语言运用的技巧和魅力。如《抬杠》："揪着耳朵这么听啊？知道你这是听相声的，不知道你这是瞧耳朵来了。"

3. 朴实含蓄。就是追求言外之意，弦外之音，于平淡中显神奇。皮厚的"包袱"内涵较为深邃，表现形式又较为曲折，曲径通幽，渐入佳境，讲究余音、回味，在此属于通常意义的朴实含蓄。如："来个牛扒，别搁牛肉啊，我爱吃洋葱，多搁洋葱啊！"

4. 灵活多样。相声语言灵活多样有着多方面的表现，诸如同音谐音、同义近义、语义对立、一词多义等，其中对方言、土语、外国话的运用以及对其他曲艺形式和文学形式语言的运用等等也非常普遍。这种艺术手法是有典型意义的。如郭德纲的语录："小妞，给大爷笑一个，不笑，那大爷给你笑一个""我和超人唯一的区别就是我把内裤穿里边了"等等。

【研习与探索】

1. 节选现代相声、小品中的一个剧本，在对其进行语言分析的基础上进行模仿表演。
2. 对照郭德纲与侯宝林的某段录相，并分析其相声艺术存在的异同。
3. 结合身边生活，尝试写一个相声或小品剧本。
4. 现代生活中还有多种大众化的语言艺术表演形式，如快板、三句半、朗诵、山东快书等，鼓励同学们积极参与，或者创作或者表演，之后写一篇实践体会。

(陈超)

第七节　网络文化与网络文学

网络的迅猛发展，改变着人类文化意识。文学遭遇网络，催生出网络文学这一崭新文学形态，其文化的内涵与外延在不断地变化生长着。

一、方兴未艾的网络文化

"网络文化"是随着现代科学技术，特别是互联网多媒体技术的发展而出现的一种"特定的生活方式"[①]。自由性、交互性、开放性和虚拟性是网络文化相对于传统文化的最显著特性，其核心是突破了传统文化的精英化属性。首先，是自由自觉的对生活的感受、体验和经验，从而获得独立的伦理态度和审美立场。其次，是打破文化精英对话语权的垄断，颠覆文化的等级观念；在文学创作方面，打破专业作家对传播媒介的垄断，使文学回归民间。第三，文化主体走下神坛，话语权向自由精神敞亮，情感流沿生命力绽放，交互性与心灵期待沟通。最后，是突破了原有的审美形式。如文本形态的改变，读屏对读书的改变，读图对读文的改变，多媒体对单媒体的改变，虚拟现实感觉对文字想象体验的改变等。从而使网络文化在思维方式、认知方式、行为方式、价值观念及道德观念诸方面，生长出特性鲜明的文化意义和价值。

"网络文学"的兴起是中国网络文化的先声。先是风起云涌后又静寂发展，网络文学是最核心最为持久的网络文化形态。影响人们生活至深的网络文化形态是网络语言的自由语体现象。网络上，大家不分男女老幼、高低贵贱，一律帅哥（GG）、美媚（MM）相称，这使得原本冷冰冰的虚拟网络平添了一份温馨和亲昵。加上运用数字谐音、标点符号、拼音或英语缩写、错别字，或者解构的语法逻辑等形成特殊风格的文本，更是使之简捷明快，幽默活泼。比如痞子蔡通过自己拟定的"Plan"来对经典叙事逻辑这样解构：

　　如果我有一千万，我就能买一栋房子。/我有一千万吗？没有。/所以我仍然没有房子。
　　如果我有翅膀，我就能飞。/我有翅膀吗？没有。/所以我也没有办法飞。
　　如果把整个太平洋的水倒出，也浇不熄我对你的爱情的火焰。/整个太平洋的水全部倒得出吗？不行。/所以我并不爱你。

[①] [英] 约翰·斯道雷：《文化理论与通俗文化导论》（第二版）南京大学出版社，2001 年 1 月版第 2 页。

第四单元
中国现代人文语文

网络语言已经不在拘泥于传统的语法，各种汉字、数字、英语或简写混杂在一起，怎么方便怎么用，语序也不受限，倒装句时有出现。如："……先""……都""……的说"，千奇百怪。

以网游动漫文化为代表的网络虚拟符号和体验文化，是网络文化的一种流行形态。本世纪以来，从日、韩、台、港等各地崛起并自生活中体现的虚拟美学形态，充斥在流行街头和青少年次文化之中。虚拟的世界和真实的情感互动，数字化影像的鲜亮色彩和变幻多端的造型，炫丽的视觉效果，带有隐喻和幽默的内容，培养出新世代的审美品味。众多动漫作品表明，中国五千年的文化影响着动漫的创作。以四大名著《三国演义》等改编的动漫最为多。动漫中的所谓灵异世界的设定，大部分来源于中国古代的《山海经》。另外我国传统宗教文化和传奇文化也对动漫影响至深。另一个虚拟体网游世界，则像一个生态地球一样，将人们与现实的社会环境相隔离，创造出一个等价于现实社会的世界。网络游戏的魅力之大超乎人们的想象，每一款网络游戏的成功走红，玩家们便创作出许许多多的游戏动漫和游戏文学……总之，网游文化已逐渐为大家所接受，成为真正的第九类文化。

新新人类催生的网名文化，则是网络文化的第四种形态。"让人家知道自己有个秘密，而又不告诉人家这是个什么秘密"[①]。姓名的暗示诱导力足以支配人生的命运，新新人类的出现，各式含而露或不露的网名也成了一种信息的载体、网络生存的标志。网名从简单的代号嬗变为包含心理学、社会学、历史学、民俗学、文字学、文学、美学、音韵学和易学等内容的综合文化。网民起名着实有着很深的文化底蕴，内容丰富，像一本百科全书。大体可以分为几大类，一是中外历史名人，现代青春偶像，文化作品人物的各种可口昵称；二是名诗名词童话故事经典的引用；三是歌名歌词的引用；四是心情、心态、性格和爱好；五是反映时代、时间、季节的特点；六是产品和职业的介绍；七是个人的自画像；八是自然环境和自然现象；九是花鸟鱼虫、动植物；十是地方方言或是外文名。

博客的横空出世，微博的灵动突击，是最有新美学意义的网络文化形态。"博客"是英文单词"Blog"的音译，源于"weblog"的缩写，是 2004 年，继 E-mail、BBS、QQ（IM）之后出现了第四种网络交流方式。一个 Blog 就是一个网页，通常由简短、经常更新的帖子构成。这些帖子按照年份和日期倒序排列，所以也称为"网络日志"。其侧重个人性和公共性的结合，以个人的视角，以整个互联网为视野，精选和记录自己看到或亲历的精彩内容，为他人提供信息，具有很高的共享价值。"自由、开放、亲历、共享"是博客精神所在，它以独特的视角、敏锐的观察力，逐渐冲击着传统媒体，尤其是新闻界多年形成的传统观念和道德规范。

微博，即微博客（Micro Blog）的简称，其以"短、灵、快"为特点，一改博客的被动关注为互动推广，成为新一代文化平台。微博基于用户关注机制，广播式分享信息和获取信息，用户可以通过电脑 WAP、智能手机 APP 以 140 字左右的文字、图片和视频发布和更新，并实现即时分享。美国的 Twitter 是最早也是最著名的微博，这个 Twitter 词甚至已经成为了微博客的代名词。2010 年是国内微博的春天，微博像雨后春笋般崛起，四大门户网站均开设微

---

① 钱钟书《围城》中国新世纪读书网 http://www.cnread.net/cnread1/mjfc/q/qianzhongshu/wc/

博，仅一季度便有 7500 万注册量。目前新浪微博和腾讯微博是大众参与度极高的两个平台。微博因为"微"，人人得以参与；因为"捷"，便派生了营销功能；因为"广"，便有了机关团体的形象官微；因为"简"，也滋生出新的文学样式：微新闻、微小说、微段子、微博体诗词等。

微信是移动互联时代演绎出的一种"新文化"形态，并大有一统江湖之势，其影响空前巨大。微信（WeChat）是腾讯公司于 2011 年初推出的即时通手机应用（APP），用户可以通过手机、平板、电脑网页等快速发送语音、视频、图片和文字信息。其公众平台、朋友圈、消息推送、多人群聊、位置分享、摇一摇、扫二维码、微信营销、微店、支付、红包等功能的不断推出和完善，人们爱不释手，注册用户量目前已经突破 6 亿。可以说，微信已成为一种现代生活方式。在从资讯发布到信息沟通，从社交维护到情感维系，种种领域皆可看到"微信"的身影。作为工具的微信，演绎成为一种"新文化"，被视作新潮、开化的符号。如今，"到处摇一摇""语音满天飞"，不仅熟人间用微信互通有无，媒介、企业也通过其拓展业务。微信给人便利和享受的同时，"现代鸦片"效应也让人始料不及。人们对微信痴迷不已，乃至不能有一朝一夕的分离。人类语言交际、沟通能力极速退化，"低头簇""僵尸簇"的出现，不得不让人思考如何面对新人类的危机和成瘾症。

各类"客"的涌现形成了"客文化"形态。黑客、骇客、红客、维客、掘客、博客、播客、拍客、闪客、炫客、拼客、晒客、换客、印客、粉客等等，这些"客"们一起营造出丰富多彩的网络文化环境，正因为有了他们，网络文化才脱离了"文化的网络版"，具有全新的形态和特殊的价值。

其中，黑客（Hacker）文化是随网络发展起来的另一种亚文化现象。黑客现象最早出现于上世纪 60 年代的美国，指的是利用某种技术手段非法进入其权限以外的电脑空间的文化现象。可以把它当作一种亚文化，也可将其看作是一种反文化。

最后，商业化、低俗化信息文化形态不可小视，一是垃圾邮件，各类广告垃圾和少数邪恶分子的传单。二是虚假信息和网络流言充斥网络空间。与此同时，情色信息泛滥，受其毒害最深的莫过于广大青少年。

网络从多个角度拓宽了文化领域，使人类知识得到更大程度的共享，使优秀文化得到更广泛的传承。在人类的文化发展过程中，任何一种文化形态或文化模式一样，网络文化也有其与生俱来的局限和不足。如网络文化造成了信息污染、信息泛滥、"无政府主义"倾向、黑客横行；又如网络文化拉大了贫富国家的差距、造成"数字鸿沟"、发达国家使用网络文化进行文化侵略与信息殖民；青少年过度沉湎于网络文化不能自拔，"互联网依存症"、个性主义的极端膨胀、价值迷失、厌世现象等。这些都需要我们高度警惕和认真对待。

二、挑战传统的网络文学

网络文学是伴随着网络的发展而风行，"利用互联网络的 WEB 交互和多媒体等信息技术进行创作，以互联网络为传播媒介的文学作品"[1]。它是一种崭新的文学文化形态，有别于以纸质为媒介的传统文学外在形态，是一种基于网络的"数字化"文学。它是文学与现代科技联姻的产物，其传播渠道和生存平台是互联网络。目前，网络文学多指首次在网络上"发表"的原创文学作品和文学性对话等。

网络文学是一种真正意义上的文学回归。在网络世界里，传统文学的枷锁被鼠标点击得粉碎，自然空间的限制也被键盘的轻舞飞扬轻轻跨越。网络文学打破了传统文学的话语霸权，使文学走下了圣坛，从只有少数精英可以从事的贵族化活动变成了文学的大众化活动。网络文学一方面扩大了文学的创作群体，另一方面也无限拓展了文学表现的空间，因此网络文学更加贴近文学创作的内在本质。

网络文学起源于互联网技术的发祥地北美。1991年4月5日始，中华学子为叙写思国怀乡之情，创建了汉语言文学周刊《华夏文摘》及文学网站"新语丝"等，首开网络文学的先河。1994年互联网进入我国大陆后，网络文学随之"忽如一夜春风来，千树万树桃花开"。1995年诗阳等人创办了首份网络文学期刊"橄榄树"，1997年底朱威廉始创最大的文学网站"榕树下"在上海开通——有组织的发表形式和集体交流模式使得最初散落各处的网络文学作品聚沙成丘，开始了网络文学火爆的奇迹。至1998年，出现了一部很有代表性和影响力的中文网络小说，署名痞子蔡的《第一次的亲密接触》。这篇网络小说描摹了网上生活与现实生活的真实感受，使用了一些只有网民才熟悉的"网络语言"，加上笔法细腻，情感真挚动人，被誉为"网络上的《泰坦尼克号》"。这一神话标志着"网络"与"文学"联姻的成功，促使文学网站和个人文学主页雨后春笋般涌现，同时也把理论界的视点引到了网络作为文学载体的奇妙之处——网络文学在文学创作、接受和传播方面显现出天生的独特优势。

网络文学相对于传统文学，具有以下特点：

首先，网络文学的创作活动具有开放性。网络的开放性，让网络文学省却了编辑、审稿、把关等诸多环节和因素，其"发行"是全球性的；写什么内容，怎么写，也随心所欲。因此说，无论是在创作主体、创作内容、创作手法，还是发表途径，都是十分的自由。文学创作成了一种人人都可以参与的精神生产，21世纪"人人都是艺术家"。

其次，网络文学的阅读方式是非线性的。超文本的链接技术使写手与读者的思维在层层文本的"页面"之间穿梭，任意两节点之间可以有若干条不同的路径，读者就可以自由地选择阅读文本的路径。

再次，网络文学具有"非物质"特性并多以多媒体形式呈显。网络文学所有的一切都是数字化的，以比特数据流的形式存在于一个实在又虚幻的海量网络空间内。网络文学的多媒体表现手段使创作具有了技术工作的特点，并且使网络文学变得五彩缤纷，使阅读成为"诗中有画，画中有音"的审美。在超文本里，文字、图像、声音、动画等可以同时呈现，为表情达意提供了多种方式，如《守望长安》[2]。通过多媒体材料，人们可以获得更多感性的认识，这在一般的文本中是无法做到的。同时，多样性的材料也为人们提供了不同的认识事物的渠道，大大拓展了表情达意的空间。

---

[1] 蒋原伦《文学网景》中央编译出版社 2004 年 1 月版 第 11 页
[2] 秋天《守望长安》（系列）《写作世界·桃苑芬芳》http://www.whsky.com

最后，网络文学具有交互性，读者可以参与再创作。网络技术的蛛网覆盖和触角延伸，使人类社会奇迹般地实现了从意识空间到物理空间的真实延续，以"咫尺天涯"的万维网络和移动互联网的连接，让人们超越现实世界的种种局限，实现人与人之间跨地域、跨国界、跨种族、跨文化的沟通，进行自由、平等的互动交流[①]。在网络上的 MSN、OQ、E-mail、WebSite、BBS、电子杂志、BLOG、微博、微信和各类交友平台里，网民可以随意发表自己的文章或对某篇文章的看法；作者也可以随时查看读者的意见，从而实现写手和读者的互动。"接龙"小说形式的出现，就充分体现了网络文学开放性、即时性、互动性特点。如新浪网举办题为《网上跑过斑点狗》1 的接龙小说活动，第一部分由作家写作，其余由网民和读者共同续写，使文学创作变成了一项集体参与的文学活动。如今，人们将网络看作一个与真实比邻的虚拟世界，这里能够承载和交流人类的感情，也蕴涵着产生厚重作品、拓展文艺样式的巨大力量。

三、异彩纷呈的网络文学作品

真正成熟意义上的网络文学作品在 1998 年始出现，其标志是台湾写手痞子蔡（蔡智恒）的《第一次亲密接触》。此后直至 2001 年堪称"网络"与"文学"的蜜月期。在这一时期，网络文学网站和个人文学主页火爆登场，网络文学作品数以亿计，内容多为"心情倾诉"，作品多是网络言情小说和散文，写手也多是理工科出身。

痞子蔡带着《第一次亲密接触》，借着网络的技术优势一夜成名。作品成为网络文学的开山之作，故事内容被认为是网络时代的浪漫标本，故事形式的网络文化表达，加上特有的简洁明快、幽默活泼的网络语言，得到了网民空前的喜爱。

> PC 刚好在此时传出了喳喳的声响，太好了！鱼儿上钩了。不知道是哪个痴情怨女从一大堆饥渴的雄性野兽中，没有天理地选择了我为送 Message 的对象，我也不知不觉地流下了欣慰的口水。
>
> 按照惯例，先双手合十虔诚地向上帝祈祷，求他赐给我一个寂寞难耐的绝色美女。然后用没擦过屁股的左手按了下键盘，出现的是：
>
> "痞子……这么晚了还没睡？"
>
> 哇ㄅㄟ（lei，注音符号，下同）……不会吧!？竟然是"轻舞飞扬"！这个不知是头发飞扬还是裙子飞扬的女孩。
>
> 赶紧将快滴下的口水吸住，做了几下深呼吸。阿泰此时不知道又在哪个无知少女的床上，这么重要的关头，只有我在孤军奋战。早知如此，今晚就叫他吃素，别杀生了。怎么办？凭我三脚猫的幽默感和略显痴呆的谈吐，怎么能吸引她呢？
>
> "痞子……我心情不好睡不着……你也是吗？"

[①] 欧阳友权《网络人文精神解构与建构》http://www.cctv.com/tvguide/tvcomment/tyzj/zjwz/7545_2.shtml

Horse's！都怪阿泰不好，干嘛没事叫我取什么"痞子蔡"的称呼，还说什么这样叫做"置之死地而后生"，反而会达到吸引纯情少女的反效果。我以前的称呼，诸如："爱你一万年""深情的Jack""浪漫是我的绰号""敢笑杨过不痴情""你敢jump我就jump"……不也性格地一塌糊涂？如今竟让她叫我痞子，真是情何以堪啊！

"我心情也不好……让我们负负得正吧！"

在作品中，对白篇幅比较多，大量使用了网络聊天习惯用语和BBS情景渲染。几年间，痞子蔡接连推出了《雨衣》《爱尔兰咖啡》《榭寄生》等，也是好评如潮。

受到《第一次亲密接触》成功的影响，新的网络文学英雄开始层出不穷，继宁财神的《鬼故事》、李寻欢的《迷失在网路与现实之间的爱情》相续问世之后，神秘女孩安妮宝贝出现在1999年的网络文坛。安妮以不可思议的速度，连连推出了《告别薇安》《八月未央》《彼岸花》《蔷薇岛屿》《二三事》《清醒纪》六部小说，成为迄今依托网络获得最大经济收益的网络写手。《告别薇安》是其成名代表作，抒写城市黯淡的背景、白棉布裙的女孩、一个名字叫林的男人、关于爱情和死亡的黑色主题。作品被迅速传播，在青少年中间影响深远，文风也被模仿。"在安妮的笔下，都市是永远的漂泊流浪的现代丛林，也是无家可归者的唯一归属。我为安妮笔下的颓靡和绮丽所震动，在那里生命如同脆弱的琴弦，个人如同漂流中的落叶……安妮宝贝的作品，展现了一脉中国大陆版的世纪末的华丽，一份灰烬间的火光的弥留。"[①]

另外，沙子《轻功是怎样炼成的》和《植物园守门人》注重谋篇布局，绝胜于当今多数传统作家作品；邢育森《活得像个人样》与雷立刚《小倩》首发于网络后被国内著名文学杂志《天涯》刊用，其中《活得像个人样》有大家气，堪称早期网络文学短篇小说的代表作。而瞎子与燕垒生这两匹烈马，是2000年的第二届网络文学大赛所成就。前者的《佛裂》集网络灵异类小说之大成，后者的《瘟疫》堪称网络科幻小说的经典。

2001年，散文家宁肯依靠网络推出他的长篇小说《蒙面之城》，意味着原本依附于传统媒体的作家开始在网络上风生水起。小说在第二年获得"第二届老舍文学奖"，是获得该奖的首部网络文学作品。这一年里，很多新锐的传统作家和诗人创办的、江湖门派林立的文学论坛渐成气候。如：八十年代非非诗人群的"橡皮"论坛、"下半身"诗歌团体的"诗江湖"论坛、优秀青年作家吴晨骏创办的"小说之家"论坛、浙江作家黄立宇创办的"新小说"论坛。

2002年至2009年是网络文学在相对静寂中的稳步发展时期。网络文学少了一些喧嚣，多了一些稳重；写手们变得理智成熟，作品的特质更接近文学的本真，篇幅上更倾向于小说长篇。虽然依然流行着一样的套路：爱情·武侠·校园，但却大踏步地走下网来，贴上传统媒体的包装上市，成为网络文学的又一奇迹。

一开始有三篇耐人玩味的幽默小说，蔡春猪的《手淫时期的爱情》、醉鱼的《我的北

---

① 戴锦华：《世纪末的华丽》，见《中国图书商报》书评周刊，2000年6月13日

京》、慕容雪村的《成都，今夜请将我遗忘》。其中《成都，今夜请将我遗忘》的幽默在冷与热之间最适度。

《理工大风流往事》被誉为2003年"中文网络最火爆的同人小说"，其幽默凌越《悟空传》，人气超过《成都，今夜请将我遗忘》，真情直逼《第一次亲密接触》。作者ZT（张韬）受江南《此间的少年》借用《射雕英雄传》中的人名来写大学同学的启发，巧用三国的人物和关系，以纪实手法加上无厘头风格，演绎了一场激情四射的大学生活。作品融王朔的痞性、阿甘的视角、古龙的笔法和《大话西游》的对白为一体，为读者奉上一道黑色幽默大餐。另外，苏昱的《上海夏天》，虽然一切其实有些"不上海"，但联通了70年代一代人关于青春的记忆。《玩弄名著》的王小山成了解构文学名著的"魔鬼终结者"——网称"黑心杀手"。其《亲爱的死鬼》是对经典狰狞解构的代表作，解构的背后，表达的是对貌似崇高的强权社会的嬉笑怒骂和"人文关怀"。

在同时代的写手中，痞子蔡是少数几个坚持网络写作的写手，他在2003年推出了第五部小说《夜玫瑰》。从某种意义上说，痞子蔡更像是网络文学的精神领袖，他的生命力与人们对于中文网络文学生命力的牵挂与期待丝丝相扣。

网络文学迅速赢得了广泛的声誉，但2003年之后，逐渐走向沉寂，部分写手被传统文学"招安"，像安妮宝贝和王小山就鲜以网络为发表阵地了。不过网络海洋中总是飘荡着自由文学的航船，生活类、武侠类、魔幻类、历史类作品不时在网络涌现。

2009年6月，网络文学界迎来一次盛大的嘉年华——在中国作家协会的指导下，中文在线旗下的17K网站与《长篇小说选刊》联手举办了网络文学十年盘点活动。这是自1998年网文诞生以来，网络原创主力与主流文学媒体集中碰撞，成为中国文学界最大的文学盛事。《此间的少年》《成都，今夜请将我遗忘》《新宋》《窃明》《韦帅望的江湖》《尘缘》《家园》《紫川》《无家》《脸谱》获得"网络文学十年盘点"十佳优秀作品。此次盛会，为传统文学和网络文学的交流架起了一座桥梁，是中国网络文学乃至中国文学发展史上一个里程碑式的事件，是主流文学第一次对网络文学的肯定，网络文学从此正式走向中国文学的舞台。

2009年年底，随着《宦海沉浮》《大江东去》等一批现实题材的小说走红、获奖，网络文学掀起了新的高潮——"网络文学的现实题材时期"[1] 网络文学在完成了它的起源、积累和繁荣之后，最终回归到了它的本质上来——关注现实。

独家发表在起点中文网的一部近460万字堪称皇皇巨著的《宦海沉浮》是真正具有标志性意义的网络文学现实题材作品。其特别之处在于：它从现身到走红到出版，走的完全是网络小说的路数，它具备网络小说的表面特征，比如字数超长、作者身份神秘、点击率奇高，但它本质上又非常传统。首先它是一部现实题材作品，文字间几乎找不到任何网络词汇；其次，在写作上比较扎实，不像通常网络小说那样爱卖弄文采；它更有对人性的深入探讨。通过它徐徐展现在读者面前的，不只是一群官场众生相，也有我们这个社会千百年来遗留下来的独特习俗。尽管别有心意者可以从中学到一些为官之道，但《宦海沉浮》不单是一本官场教科书，更是一本人生教科书。与《宦海沉浮》相媲美的还有一部来自晋江原创网的小说

---

[1] 周洪立《网络文学的三个发展时期》http://www.chinawriter.com.cn 2010年02月12日。

《大江东去》,是中国第一部荣获中宣部"五个一工程奖"的网络长篇小说。这是一部优秀的现实作品,150万字,用编年体的形式,以个人视角对1978年后的历史进行了回顾,塑造出四位具有代表性的人物以及整体的社会群像。

网络文学中的现实题材作品在显著增加,这和中国作协以及盛大文学等网络文学机构注重对现实题材创作的引导不无关系。现实题材的网络作品,将会改变人们对网络文学的偏见;而现实题材的作品,也将为网络文学制造荣光。

【研习与探索】

1. 网络文学与传统文学有何异同?它们是该融合还是分道扬镳,为什么?
2. 你认为网络语言自由语体现象与汉语言文字规范化有无矛盾?如何在全球化文化中发挥我们汉民族文化表征功能?
3. 如何理解和防止网络沉迷?对"低头一簇"你有何帮助策略?对于加强网络道德规范你有何建议吗?
4. 微博和微信突破了信息生产和制作的传统理论约束,会不会成为破坏传统媒体的道德伦理、破坏信息的准确性、公信力和责任感的园地?
5. 请积极参加网络文学创作,试着在网上发表自己的原创作品。

(高亮)

作品研读

伤 逝[1]

——涓生的手记——

鲁 迅

如果我能够,我要写下我的悔恨和悲哀,为子君,为自己。

会馆[2]里的被遗忘在偏僻里的破屋是这样地寂静和空虚。时光过得真快,我爱子君,仗着她逃出这寂静和空虚,已经满一年了。事情又这么不凑巧,我重来时,偏偏空着的又只有这一间屋。依然是这样的破窗,这样的窗外的半枯的槐树和老紫藤,这样的窗前的方桌,这样的败壁,这样的靠壁的板床。深夜中独自躺在床上,就如我未曾和子君同居以前一般,过

---

[1] 收入1926年8月出版的小说集《彷徨》,此前没有在报刊上发表过。
[2] 会馆:旧时都市中同乡会或同业公会设立的馆舍,供同乡或同业旅居、聚会用。

去一年中的时光全被消灭，全未有过，我并没有曾经从这破屋子搬出，在吉兆胡同创立了满怀希望的小小的家庭。

不但如此。在一年之前，这寂静和空虚是并不这样的，常常含着期待；期待子君的到来。在久待的焦躁中，一听到皮鞋的高底尖触着砖路的清响，是怎样地使我骤然生动起来呵！于是就看见带着笑涡的苍白的圆脸，苍白的瘦的臂膊，布的有条纹的衫子，玄色的裙。她又带了窗外的半枯的槐树的新叶来，使我看见，还有挂在铁似的老干上的一房一房的紫白的藤花。

然而现在呢，只有寂静和空虚依旧，子君却决不再来了，而且永远，永远地！……

子君不在我这破屋里时，我什么也看不见。在百无聊赖中，顺手抓过一本书来，科学也好，文学也好，横竖什么都一样；看下去，看下去，忽而自己觉得，已经翻了十多页了，但是毫不记得书上所说的事。只是耳朵却分外地灵，仿佛听到大门外一切往来的履声，从中便有子君的，而且橐橐地逐渐临近，——但是，往往又逐渐渺茫，终于消失在别的步声的杂沓中了。我憎恶那不像子君鞋声的穿布底鞋的长班①的儿子，我憎恶那太像子君鞋声的常常穿着新皮鞋的邻院的搽雪花膏的小东西！

莫非她翻了车么？莫非她被电车撞伤了么？……

我便要取了帽子去看她，然而她的胞叔就曾经当面骂过我。

蓦然，她的鞋声近来了，一步响于一步，迎出去时，却已经走过紫藤棚下，脸上带着微笑的酒窝。她在她叔子的家里大约并未受气；我的心宁帖了，默默地相视片时之后，破屋里便渐渐充满了我的语声，谈家庭专制，谈打破旧习惯，谈男女平等，谈伊孛生，谈泰戈尔，谈雪莱……。她总是微笑点头，两眼里弥漫着稚气的好奇的光泽。壁上就钉着一张铜板的雪莱半身像，是从杂志上裁下来的，是他的最美的一张像。当我指给她看时，她却只草草一看，便低了头，似乎不好意思了。这些地方，子君就大概还未脱尽旧思想的束缚，——我后来也想，倒不如换一张雪莱淹死在海里的记念像或是伊孛生的罢；但也终于没有换，现在是连这一张也不知那里去了。

"我是我自己的，他们谁也没有干涉我的权利！"

这是我们交际了半年，又谈起她在这里的胞叔和在家的父亲时，她默想了一会之后，分明地，坚决地，沉静地说了出来的话。其时是我已经说尽了我的意见，我的身世，我的缺点，很少隐瞒；她也完全了解的了。这几句话很震动了我的灵魂，此后许多天还在耳中发响，而且说不出的狂喜，知道中国女性，并不如厌世家所说那样的无法可施，在不远的将来，便要看见辉煌的曙色的。

送她出门，照例是相离十多步远；照例是那鲇鱼须的老东西的脸又紧帖在脏的窗玻璃上了，连鼻尖都挤成一个小平面；到外院，照例又是明晃晃的玻璃窗里的那小东西的脸，加厚的雪花膏。她目不邪视地骄傲地走了，没有看见；我骄傲地回来。

"我是我自己的，他们谁也没有干涉我的权利！"这彻底的思想就在她的脑里，比我还透

---

① 长班：旧时官员的随身仆人，也用来称呼一般的"听差"。

澈，坚强得多。半瓶雪花膏和鼻尖的小平面，于她能算什么东西呢？

　　我已经记不清那时怎样地将我的纯真热烈的爱表示给她。岂但现在，那时的事后便已模胡，夜间回想，早只剩了一些断片了；同居以后一两月，便连这些断片也化作无可追踪的梦影。我只记得那时以前的十几天，曾经很仔细地研究过表示的态度，排列过措辞的先后，以及倘或遭了拒绝以后的情形。可是临时似乎都无用，在慌张中，身不由己地竟用了在电影上见过的方法了。后来一想到，就使我很愧恧，但在记忆上却偏只有这一点永远留遗，至今还如暗室的孤灯一般，照见我含泪握着她的手，一条腿跪了下去……

　　不但我自己的，便是子君的言语举动，我那时就没有看得分明；仅知道她已经允许我了。但也还仿佛记得她脸色变成青白，后来又渐渐转作绯红，——没有见过，也没有再见的绯红；孩子似的眼里射出悲喜，但是夹着惊疑的光，虽然力避我的视线，张皇地似乎要破窗飞去。然而我知道她已经允许我了，没有知道她怎样说或是没有说。

　　她却是什么都记得：我的言辞，竟至于读熟了的一般，能够滔滔背诵；我的举动，就如有一张我所看不见的影片挂在眼下，叙述得如生，很细微，自然连那使我不愿再想的浅薄的电影的一闪。夜阑人静，是相对温习的时候了，我常是被质问，被考验，并且被命复述当时的言语，然而常须由她补足，由她纠正，像一个丁等的学生。

　　这温习后来也渐渐稀疏起来。但我只要看见她两眼注视空中，出神似的凝想着，于是神色越加柔和，笑窝也深下去，便知道她又在自修旧课了，只是我很怕她看到我那可笑的电影的一闪。但我又知道，她一定要看见，而且也非看不可的。

　　然而她并不觉得可笑。即使我自己以为可笑，甚而至于可鄙的，她也毫不以为可笑。这事我知道得很清楚，因为她爱我，是这样地热烈，这样地纯真。

　　去年的暮春是最为幸福，也是最为忙碌的时光。我的心平静下去了，但又有别一部分和身体一同忙碌起来。我们这时才在路上同行，也到过几回公园，最多的是寻住所。我觉得在路上时时遇到探索，讥笑，猥亵和轻蔑的眼光，一不小心，便使我的全身有些瑟缩，只得即刻提起我的骄傲和反抗来支持。她却是大无畏的，对于这些全不关心，只是镇静地缓缓前行，坦然如入无人之境。

　　寻住所实在不是容易事，大半是被托辞拒绝，小半是我们以为不相宜。起先我们选择得很苛酷，——也非苛酷，因为看去大抵不像是我们的安身之所；后来，便只要他们能相容了。看了二十多处，这才得到可以暂且敷衍的处所，是吉兆胡同一所小屋里的两间南屋；主人是一个小官，然而倒是明白人，自住着正屋和厢房。他只有夫人和一个不到周岁的女孩子，雇一个乡下的女工，只要孩子不啼哭，是极其安闲幽静的。

　　我们的家具很简单，但已经用去了我的筹来的款子的大半；子君还卖掉了她唯一的金戒指和耳环。我拦阻她，还是定要卖，我也就不再坚持下去了；我知道不给她加入一点股分去，她是住不舒服的。

　　和她的叔子，她早经闹开，至于使他气愤到不再认她做侄女；我也陆续和几个自以为忠告，其实是替我胆怯，或者竟是嫉妒的朋友绝了交。然而这倒很清静。每日办公散后，虽然已近黄昏，车夫又一定走得这样慢，但究竟还有二人相对的时候。我们先是沉默的相视，接着是放怀而亲密的交谈，后来又是沉默。大家低头沉思着，却并未想着什么事。我也渐渐清醒地读遍了她的身体，她的灵魂，不过三星期，我似乎于她已经更加了解，揭去许多先前以为了解而现在看来却是隔膜，即所谓真的隔膜了。

子君也逐日活泼起来。但她并不爱花，我在庙会时买来的两盆小草花，四天不浇，枯死在壁角了，我又没有照顾一切的闲暇。然而她爱动物，也许是从官太太那里传染的罢，不一月，我们的眷属便骤然加得很多，四只小油鸡，在小院子里和房主人的十多只在一同走。但她们却认识鸡的相貌，各知道那一只是自家的。还有一只花白的叭儿狗，从庙会买来，记得似乎原有名字，子君却给它另起了一个，叫作阿随。我就叫它阿随，但我不喜欢这名字。

这是真的，爱情必须时时更新，生长，创造。我和子君说起这，她也领会地点点头。

唉唉，那是怎样的宁静而幸福的夜呵！

安宁和幸福是要凝固的，永久是这样的安宁和幸福。我们在会馆里时，还偶有议论的冲突和意思的误会，自从到吉兆胡同以来，连这一点也没有了；我们只在灯下对坐的怀旧谭中，回味那时冲突以后的和解的重生一般的乐趣。

子君竟胖了起来，脸色也红活了；可惜的是忙。管了家务便连谈天的工夫也没有，何况读书和散步。我们常说，我们总还得雇一个女工。

这就使我也一样地不快活，傍晚回来，常见她包藏着不快活的颜色，尤其使我不乐的是她要装作勉强的笑容。幸而探听出来了，也还是和那小官太太的暗斗，导火线便是两家的小油鸡。但又何必硬不告诉我呢？人总该有一个独立的家庭。这样的处所，是不能居住的。

我的路也铸定了，每星期中的六天，是由家到局，又由局到家。在局里便坐在办公桌前钞，钞，钞些公文和信件；在家里是和她相对或帮她生白炉子，煮饭，蒸馒头。我的学会了煮饭，就在这时候。

但我的食品却比在会馆里时好得多了。做菜虽不是子君的特长，然而她于此却倾注着全力；对于她的日夜的操心，使我也不能不一同操心，来算作分甘共苦。况且她又这样地终日汗流满面，短发都粘在脑额上；两只手又只是这样地粗糙起来。

况且还要饲阿随，饲油鸡，……都是非她不可的工作。

我曾经忠告她：我不吃，倒也罢了；却万不可这样地操劳。她只看了我一眼，不开口，神色却似乎有点凄然；我也只好不开口。然而她还是这样地操劳。

我所豫期的打击果然到来。双十节的前一晚，我呆坐着，她在洗碗。听到打门声，我去开门时，是局里的信差，交给我一张油印的纸条。我就有些料到了，到灯下去一看，果然，印着的就是：

```
           奉
局长谕史涓生着毋庸到局办事
              秘书处启　十月九号
```

这在会馆里时，我就早已料到了；那雪花膏便是局长的儿子的赌友，一定要去添些谣言，设法报告的。到现在才发生效验，已经要算是很晚的了。其实这在我不能算是一个打击，因为我早就决定，可以给别人去钞写，或者教读，或者虽然费力，也还可以译点书，况且《自由之友》的总编辑便是见过几次的熟人，两月前还通过信。但我的心却跳跃着。那么一个无畏的子君也变了色，尤其使我痛心；她近来似乎也较为怯弱了。

"那算什么。哼，我们干新的。我们……"她说。

她的话没有说完；不知怎地，那声音在我听去却只是浮浮的；灯光也觉得格外黯淡。人们真是可笑的动物，一点极微末的小事情，便会受着很深的影响。我们先是默默地相视，逐渐商量起来，终于决定将现有的钱竭力节省，一面登"小广告"去寻求钞写和教读，一面写信给《自由之友》的总编辑，说明我目下的遭遇，请他收用我的译本，给我帮一点艰辛时候的忙。

"说做，就做罢！来开一条新的路！"

我立刻转身向了书案，推开盛香油的瓶子和醋碟，子君便送过那黯淡的灯来。我先拟广告；其次是选定可译的书，迁移以来未曾翻阅过，每本的头上都满漫着灰尘了；最后才写信。

我很费踌躇，不知道怎样措辞好，当停笔凝思的时候，转眼去一瞥她的脸，在昏暗的灯光下，又很见得凄然。我真不料这样微细的小事情，竟会给坚决的，无畏的子君以这么显著的变化。她近来实在变得很怯弱了，但也并不是今夜才开始的。我的心因此更缭乱，忽然有安宁的生活的影像——会馆里的破屋的寂静，在眼前一闪，刚刚想定睛凝视，却又看见了昏暗的灯光。

许久之后，信也写成了，是一封颇长的信；很觉得疲劳，仿佛近来自己也较为怯弱了。于是我们决定，广告和发信，就在明日一同实行。大家不约而同地伸直了腰肢，在无言中，似乎又都感到彼此的坚忍崛强的精神，还看见从新萌芽起来的将来的希望。

外来的打击其实倒是振作了我们的新精神。局里的生活，原如鸟贩子手里的禽鸟一般，仅有一点小米维系残生，决不会肥胖；日子一久，只落得麻痹了翅子，即使放出笼外，早已不能奋飞。现在总算脱出这牢笼了，我从此要在新的开阔的天空中翱翔，趁我还未忘却了我的翅子的扇动。

小广告是一时自然不会发生效力的；但译书也不是容易事，先前看过，以为已经懂得的，一动手，却疑难百出了，进行得很慢。然而我决计努力地做，一本半新的字典，不到半月，边上便有了一大片乌黑的指痕，这就证明着我的工作的切实。《自由之友》的总编辑曾经说过，他的刊物是决不会埋没好稿子的。

可惜的是我没有一间静室，子君又没有先前那么幽静，善于体帖了，屋子里总是散乱着碗碟，弥漫着煤烟，使人不能安心做事，但是这自然还只能怨我自己无力置一间书斋。然而又加以阿随，加以油鸡们。加以油鸡们又大起来了，更容易成为两家争吵的引线。

加以每日的"川流不息"的吃饭；子君的功业，仿佛就完全建立在这吃饭中。吃了筹钱，筹来吃饭，还要喂阿随，饲油鸡；她似乎将先前所知道的全都忘掉了，也不想到我的构思就常常为了这催促吃饭而打断。即使在坐中给看一点怒色,她总是不改变,仍然毫无感触似的大嚼起来。

使她明白了我的作工不能受规定的吃饭的束缚,就费去五星期。她明白之后,大约很不高兴罢,可是没有说。我的工作果然从此较为迅速地进行,不久就共译了五万言,只要润色一回,便可以和做好的两篇小品,一同寄给《自由之友》去。只是吃饭却依然给我苦恼。菜冷,是无妨的,然而竟不够;有时连饭也不够,虽然我因为终日坐在家里用脑,饭量已经比先前要减少得多。这是先去喂了阿随了,有时还并那近来连自己也轻易不吃的羊肉。她说,阿随实在瘦得太可怜,房东太太还因此嗤笑我们了,她受不住这样的奚落。

于是吃我残饭的便只有油鸡们。这是我积久才看出来的,但同时也如赫胥黎①的论定"人类在宇宙间的位置"一般,自觉了我在这里的位置:不过是叭儿狗和油鸡之间。

后来,经多次的抗争和催逼,油鸡们也逐渐成为肴馔,我们和阿随都享用了十多日的鲜肥;可是其实都很瘦,因为它们早已每日只能得到几粒高粱了。从此便清静得多。只有子君很颓唐,似乎常觉得凄苦和无聊,至于不大愿意开口。我想,人是多么容易改变呵!

但是阿随也将留不住了。我们已经不能再希望从什么地方会有来信,子君也早没有一点食物可以引它打拱或直立起来。冬季又逼近得这么快,火炉就要成为很大的问题;它的食量,在我们其实早是一个极易觉得的很重的负担。于是连它也留不住了。

倘使插了草标到庙市去出卖,也许能得几文钱罢,然而我们都不能,也不愿这样做。终于是用包袱蒙着头,由我带到西郊去放掉了,还要追上来,便推在一个并不很深的土坑里。

我一回寓,觉得又清静得多多了;但子君的凄惨的神色,却使我很吃惊。那是没有见过的神色,自然是为阿随。但又何至于此呢?我还没有说起推在土坑里的事。

到夜间,在她的凄惨的神色中,加上冰冷的分子了。

"奇怪。——子君,你怎么今天这样儿了?"我忍不住问。

"什么?"她连看也不看我。

"你的脸色……"

"没有什么,——什么也没有。"

我终于从她言动上看出,她大概已经认定我是一个忍心的人。其实,我一个人,是容易生活的,虽然因为骄傲,向来不与世交来往,迁居以后,也疏远了所有旧识的人,然而只要能远走高飞,生路还宽广得很。现在忍受着这生活压迫的苦痛,大半倒是为她,便是放掉阿随,也何尝不如此。但子君的识见却似乎只是浅薄起来,竟至于连这一点也想不到了。

我拣了一个机会,将这些道理暗示她;她领会似的点头。然而看她后来的情形,她是没有懂,或者是并不相信的。

天气的冷和神情的冷,逼迫我不能在家庭中安身。但是,往那里去呢?大道上,公园里,虽然没有冰冷的神情,冷风究竟也刺得人皮肤欲裂。我终于在通俗图书馆里觅得了我的天堂。

那里无须买票;阅书室里又装着两个铁火炉。纵使不过是烧着不死不活的煤的火炉,但

---

① 赫胥黎(T. Huxley, 1825—1895):英国生物学家。他的《人类在宇宙间的位置》(今译《人类在自然界的位置》),是宣传达尔文进化论的重要著作。

单是看见装着它,精神上也就总觉得有些温暖。书却无可看:旧的陈腐,新的是几乎没有的。

好在我到那里去也并非为看书。另外时常还有几个人,多则十余人,都是单薄衣裳,正如我,各人看各人的书,作为取暖的口实。这于我尤为合式。道路上容易遇见熟人,得到轻蔑的一瞥,但此地却决无那样的横祸,因为他们是永远围在别的铁炉旁,或者靠在自家的白炉边的。

那里虽然没有书给我看,却还有安闲容得我想。待到孤身枯坐,回忆从前,这才觉得大半年来,只为了爱,——盲目的爱,——而将别的人生的要义全盘疏忽了。第一,便是生活。人必生活着,爱才有所附丽。世界上并非没有为了奋斗者而开的活路;我也还未忘却翅子的扇动,虽然比先前已经颓唐得多……

屋子和读者渐渐消失了,我看见怒涛中的渔夫,战壕中的兵士,摩托车①中的贵人,洋场上的投机家,深山密林中的豪杰,讲台上的教授,昏夜的运动者和深夜的偷儿……子君,——不在近旁。她的勇气都失掉了,只为着阿随悲愤,为着做饭出神;然而奇怪的是倒也并不怎样瘦损……。

冷了起来,火炉里的不死不活的几片硬煤,也终于烧尽了,已是闭馆的时候。

又须回到吉兆胡同,领略冰冷的颜色去了。近来也间或遇到温暖的神情,但这却反而增加我的苦痛。记得有一夜,子君的眼里忽而又发出久已不见的稚气的光来,笑着和我谈到还在会馆时候的情形,时时又很带些恐怖的神色。我知道我近来的超过她的冷漠,已经引起她的忧疑来,只得也勉力谈笑,想给她一点慰藉。然而我的笑貌一上脸,我的话一出口,却即刻变为空虚,这空虚又即刻发生反响,回向我的耳目里,给我一个难堪的恶毒的冷嘲。

子君似乎也觉得的,从此便失掉了她往常的麻木似的镇静,虽然竭力掩饰,总还是时时露出忧疑的神色来,但对我却温和得多了。

我要明告她,但我还没有敢,当决心要说的时候,看见她孩子一般的眼色,就使我只得暂且改作勉强的欢容。但是这又即刻来冷嘲我,并使我失却那冷漠的镇静。

她从此又开始了往事的温习和新的考验,逼我做出许多虚伪的温存的答案来,将温存示给她,虚伪的草稿便写在自己的心上。我的心渐被这些草稿填满了,常觉得难于呼吸。我在苦恼中常常想,说真实自然须有极大的勇气的;假如没有这勇气,而苟安于虚伪,那也便是不能开辟新的生路的人。不独不是这个,连这人也未尝有!

子君有怨色,在早晨,极冷的早晨,这是从未见过的,但也许是从我看来的怨色。我那时冷冷地气愤和暗笑了;她所磨练的思想和豁达无畏的言论,到底也还是一个空虚,而对于这空虚却并未自觉。她早已什么书也不看,已不知道人的生活的第一着是求生,向着这求生的道路,是必须携手同行,或奋身孤往的了,倘使只知道揑②着一个人的衣角,那便是虽战士也难于战斗,只得一同灭亡。

我觉得新的希望就只在我们的分离;她应该决然舍去,——我也突然想到她的死,然而立刻自责,忏悔了。幸而是早晨,时间正多,我可以说我的真实。我们的新的道路的开辟,

---

① 摩托车:当时对小汽车的称呼。
② 通常作"搋",亦作"挬",意为"坠"。

便在这一遭。

我和她闲谈,故意地引起我们的往事,提到文艺,于是涉及外国的文人,文人的作品:《诺拉》,《海的女人》①。称扬诺拉的果决……也还是去年在会馆的破屋里讲过的那些话,但现在已经变成空虚,从我的嘴传入自己的耳中,时时疑心有一个隐形的坏孩子,在背后恶意地刻毒地学舌。

她还是点头答应着倾听,后来沉默了。我也就断续地说完了我的话,连余音都消失在虚空中了。

"是的。"她又沉默了一会,说,"但是,……涓生,我觉得你近来很两样了。可是的?你,——你老实告诉我。"

我觉得这似乎给了我当头一击,但也立即定了神,说出我的意见和主张来:新的路的开辟,新的生活的再造,为的是免得一同灭亡。

临末,我用了十分的决心,加上这几句话:

"……况且你已经可以无须顾虑,勇往直前了。你要我老实说;是的,人是不该虚伪的。我老实说罢:因为,因为我已经不爱你了!但这于你倒好得多,因为你更可以毫无挂念地做事……"

我同时豫期着大的变故的到来,然而只有沉默。她脸色陡然变成灰黄,死了似的;瞬间便又苏生,眼里也发了稚气的闪闪的光泽。这眼光射向四处,正如孩子在饥渴中寻求着慈爱的母亲,但只在空中寻求,恐怖地回避着我的眼。

我不能看下去了,幸而是早晨,我冒着寒风径奔通俗图书馆。

在那里看见《自由之友》,我的小品文都登出了。这使我一惊,仿佛得了一点生气。我想,生活的路还很多,——但是,现在这样也还是不行的。

我开始去访问久已不相闻问的熟人,但这也不过一两次;他们的屋子自然是暖和的,我在骨髓中却觉得寒冽。夜间,便蜷伏在比冰还冷的冷屋中。

冰的针刺着我的灵魂,使我永远苦于麻木的疼痛。生活的路还很多,我也还没有忘却翅子的扇动,我想。——我突然想到她的死,然而立刻自责,忏悔了。

在通俗图书馆里往往瞥见一闪的光明,新的生路横在前面。她勇猛地觉悟了,毅然走出这冰冷的家,而且,——毫无怨恨的神色。我便轻如行云,漂浮空际,上有蔚蓝的天,下是深山大海,广厦高楼,战场,摩托车,洋场,公馆,晴明的闹市,黑暗的夜……

而且,真的,我豫感得这新生面便要来到了。

我们总算度过了极难忍受的冬天,这北京的冬天;就如蜻蜓落在恶作剧的坏孩子的手里一般,被系着细线,尽情玩弄,虐待,虽然幸而没有送掉性命,结果也还是躺在地上,只争着一个迟早之间。

写给《自由之友》的总编辑已经有三封信,这才得到回信,信封里只有两张书券②:两

---

① 《诺拉》:通译《娜拉》(又译作《玩偶之家》);《海的女人》,通译《海的夫人》,都是易卜生的著名剧作。
② 书券:购书用的代价券,可按券面金额到指定书店选购。旧时有的报刊用它代替现金支付稿酬。

角的和三角的。我却单是催,就用了九分的邮票,一天的饥饿,又都白挨给于己一无所得的空虚了。

然而觉得要来的事,却终于来到了。

这是冬春之交的事,风已没有这么冷,我也更久地在外面徘徊;待到回家,大概已经昏黑。就在这样一个昏黑的晚上,我照常没精打采地回来,一看见寓所的门,也照常更加丧气,使脚步放得更缓。但终于走进自己的屋子里了,没有灯火;摸火柴点起来时,是异样的寂寞和空虚!

正在错愕中,官太太便到窗外来叫我出去。

"今天子君的父亲来到这里,将她接回去了。"她很简单地说。

这似乎又不是意料中的事,我便如脑后受了一击,无言地站着。

"她去了么?"过了些时,我只问出这样一句话。

"她去了。"

"她,——她可说什么?"

"没说什么。单是托我见你回来时告诉你,说她去了。"

我不信;但是屋子里是异样的寂寞和空虚。我遍看各处,寻觅子君;只见几件破旧而黯淡的家具,都显得极其清疏,在证明着它们毫无隐匿一人一物的能力。我转念寻信或她留下的字迹,也没有;只是盐和干辣椒,面粉,半株白菜,却聚集在一处了,旁边还有几十枚铜元。这是我们两人生活材料的全副,现在她就郑重地将这留给我一个人,在不言中,教我借此去维持较久的生活。

我似乎被周围所排挤,奔到院子中间,有昏黑在我的周围;正屋的纸窗上映出明亮的灯光,他们正在逗着孩子推笑。我的心也沉静下来,觉得在沉重的迫压中,渐渐隐约地现出脱走的路径:深山大泽,洋场,电灯下的盛筵;壕沟,最黑最黑的深夜,利刃的一击,毫无声响的脚步……

心地有些轻松,舒展了,想到旅费,并且嘘一口气。

躺着,在合着的眼前经过的豫想的前途,不到半夜已经现尽;暗中忽然仿佛看见一堆食物,这之后,便浮出一个子君的灰黄的脸来,睁了孩子气的眼睛,恳托似的看着我。我一定神,什么也没有了。

但我的心却又觉得沉重。我为什么偏不忍耐几天,要这样急急地告诉她真话的呢?现在她知道,她以后所有的只是她父亲——儿女的债主——的烈日一般的严威和旁人的赛过冰霜的冷眼。此外便是虚空。负着虚空的重担,在严威和冷眼中走着所谓人生的路,这是怎么可怕的事呵!而况这路的尽头,又不过是——连墓碑也没有的坟墓。

我不应该将真实说给子君,我们相爱过,我应该永久奉献她我的说谎。如果真实可以宝贵,这在子君就不该是一个沉重的空虚。谎语当然也是一个空虚,然而临末,至多也不过这样地沉重。

我以为将真实说给子君,她便可以毫无顾虑,坚决地毅然前行,一如我们将要同居时那样。但这恐怕是我错误了。她当时的勇敢和无畏是因为爱。

我没有负着虚伪的重担的勇气，却将真实的重担卸给她了。她爱我之后，就要负了这重担，在严威和冷眼中走着所谓人生的路。

我想到她的死……我看见我是一个卑怯者，应该被摈于强有力的人们，无论是真实者，虚伪者。然而她却自始至终，还希望我维持较久的生活……。

我要离开吉兆胡同，在这里是异样的空虚和寂寞。我想，只要离开这里，子君便如还在我的身边；至少，也如还在城中，有一天，将要出乎意表地访我，像住在会馆时候似的。

然而一切请托和书信，都是一无反响；我不得已，只好访问一个久不问候的世交去了。他是我伯父的幼年的同窗，以正经出名的拔贡①，寓京很久，交游也广阔的。

大概因为衣服的破旧罢，一登门便很遭门房的白眼。好容易才相见，也还相识，但是很冷落。我们的往事，他全都知道了。

"自然，你也不能在这里了，"他听了我托他在别处觅事之后，冷冷地说，"但那里去呢？很难。——你那，什么呢，你的朋友罢，子君，你可知道，她死了。"

我惊得没有话。

"真的？"我终于不自觉地问。

"哈哈。自然真的。我家的王升的家，就和她家同村。"

"但是，——不知道是怎么死的？"

"谁知道呢。总之是死了就是了。"

我已经忘却了怎样辞别他，回到自己的寓所。我知道他是不说谎话的；子君总不会再来的了，像去年那样。她虽是想在严威和冷眼中负着虚空的重担来走所谓人生的路，也已经不能。她的命运，已经决定她在我所给与的真实——无爱的人间死灭了！

自然，我不能在这里了；但是，"那里去呢？"

四围是广大的空虚，还有死的寂静。死于无爱的人们的眼前的黑暗，我仿佛一一看见，还听得一切苦闷和绝望的挣扎的声音。

我还期待着新的东西到来，无名的，意外的。但一天一天，无非是死的寂静。

我比先前已经不大出门，只坐卧在广大的空虚里，一任这死的寂静侵蚀着我的灵魂。死的寂静有时也自己战栗，自己退藏，于是在这绝续之交，便闪出无名的，意外的，新的期待。

一天是阴沉的上午，太阳还不能从云里面挣扎出来；连空气都疲乏着。耳中听到细碎的步声和咻咻的鼻息，使我睁开眼。大致一看，屋子里还是空虚；但偶然看到地面，却盘旋着一匹小小的动物，瘦弱的，半死的，满身灰土的……

我一细看，我的心就一停，接着便直跳起来。

那是阿随。它回来了。

---

① 拔贡：清代科举考试制度。在规定的年限（原定6年，后改为12年）选拔"文行兼优"的秀才，保送到京师，贡入国子监，称为"拔贡"，是贡生的一种。

我的离开吉兆胡同,也不单是为了房主人们和他家女工的冷眼,大半就为着这阿随。但是,"那里去呢?"新的生路自然还很多,我约略知道,也间或依稀看见,觉得就在我面前,然而我还没有知道跨进那里去的第一步的方法。

经过许多回的思量和比较,也还只有会馆是还能相容的地方。依然是这样的破屋,这样的板床,这样的半枯的槐树和紫藤,但那时使我希望,欢欣,爱,生活的,却全都逝去了,只有一个虚空,我用真实去换来的虚空存在。

新的生路还很多,我必须跨进去,因为我还活着。但我还不知道怎样跨出那第一步。有时,仿佛看见那生路就像一条灰白的长蛇,自己蜿蜒地向我奔来,我等着,等着,看看临近,但忽然便消失在黑暗里了。

初春的夜,还是那么长。长久的枯坐中记起上午在街头所见的葬式,前面是纸人纸马,后面是唱歌一般的哭声。我现在已经知道他们的聪明了,这是多么轻松简截的事。

然而子君的葬式却又在我的眼前,是独自负着虚空的重担,在灰白的长路上前行,而又即刻消失在周围的严威和冷眼里了。

我愿意真有所谓鬼魂,真有所谓地狱,那么,即使在孽风怒吼之中,我也将寻觅子君,当面说出我的悔恨和悲哀,祈求她的饶恕;否则,地狱的毒焰将围绕我,猛烈地烧尽我的悔恨和悲哀。

我将在孽风和毒焰中拥抱子君,乞她宽恕,或者使她快意……

但是,这却更虚空于新的生路;现在所有的只是初春的夜,竟还是那么长。我活着,我总得向着新的生路跨出去,那第一步,——却不过是写下我的悔恨和悲哀,为子君,为自己。

我仍然只有唱歌一般的哭声,给子君送葬,葬在遗忘中。

我要遗忘;我为自己,并且要不再想到这用了遗忘给子君送葬。

我要向着新的生路跨进第一步去,我要将真实深深地藏在心的创伤中,默默地前行,用遗忘和说谎做我的前导……

1925 年 10 月 21 日毕

【拓展资料】

1. 世纪之交,《中华读书报》举办"20 世纪百部文学经典"调查评选活动,《阿Q正传》名列第一,得票过半。而在香港和日本类似的评选文学经典的活动中,鲁迅《呐喊》都居第一位。/王一川主编《20 世纪文学大师文库小说卷》,文坛大师重排座次,……鲁迅稳居第一人。(温儒敏、陈晓明等著《现代文学新传统及其当代阐释》附录《当代中学生鲁迅接受调查》,北京大学出版社 2010 年版)

2. 写《狂人日记》时鲁迅充满文学青年似的热情,文字尚嫌欧化,透着刚睁开眼睛看世界的吃惊,那种激烈决绝的态度则和今天的"愤青"有共通之处,搁今天,也许能改编成摇滚。《伤逝》大概是最不像鲁迅后来风格的一部小说,男女过日子的事儿,他老人家实在是生疏，由此可见，大师也有笔到不了的地方，认识多么犀利也别想包打天下。（王朔《我看鲁迅》，转录自葛涛、谷红梅编《聚焦"鲁迅事件"》，福建教育出版社2001年版）

3. 有的学者认为这篇小说是写鲁迅对许广平的爱情和对旧式夫人朱安的复杂态度的。可参李允经《向朱安告别——〈伤逝〉新探》，见作者著《鲁迅的情感世界》（北京工业大学出版社，1996年版）。

4. 《伤逝》不是普通的恋爱小说，乃是假借了男女的死亡来哀悼兄弟的恩情断绝的，我这样说，也许世人都要以为我妄吧。但是我有我的感觉，深信这是不大会错的。（周作人《知堂回想录》，河北教育出版社2002年版）

【研习与探索】

1. 小说与巴金的《寒夜》都是写现代情感和家庭的破裂，比较二者书写的侧重点有何不同？

2. 小说开头就是："如果我能够，我要写下我的悔恨和悲哀，为子君，为自己。"怎么理解这句话的深刻用意？

3. 小说成功运用"画眼睛"手法，找出作品中有几次这样的描写，讨论每次描写有什么用意？

4. 设想子君回到父之家但又没死，今后会怎样？

寻梦者①

戴望舒

梦会开出花来的，
梦会开出娇妍的花来的：
去求无价的珍宝吧。

在青色的大海里，
在青色的大海的底里，
深藏着金色的贝一枚。

你去攀九年的冰山吧，
你去航九年的旱海吧，
然后你逢到那金色的贝。

---

① 本诗最初发表在1932年11月《现代》第2卷第1号，后收入诗人第二个诗集《望舒草》。

它有天上的云雨声,
它有海上的风涛声,
它会使你的心沉醉。

把它在海水里养九年,
把它在天水里养九年,
然后,它在一个暗夜里开绽了。

当你鬓发斑斑了的时候,
当你眼睛朦胧了的时候,
金色的贝吐出桃色的珠。

把桃色的珠放在你怀里,
把桃色的珠放在你枕边,
于是一个梦静静地升上来了。

你的梦开出花来了,
你的梦开出娇妍的花来了,
在你已衰老了的时候。

【拓展资料】

1. 我们体会到诗是一种吞吞吐吐的东西,术语的来说,它底动机是在于表现自己与隐藏自己之间。/他底诗,曾经有一位远在北京(现在当然该说是北平)的朋友说,是象征派的形式,古典派的内容。/从一九二七到一九三二去国为止的这整整五年之间,望舒个人的遭遇可说是比较复杂的。……五年的奔走,挣扎,当然尽是些徒劳的奔走和挣扎,只替他换来了一颗空洞的心;此外,我们差不多可以说他是什么也没有得到的。再不然,那么这部《望舒草》便要算是最大的获得了吧。(杜衡《〈望舒草〉序》,戴望舒《望舒草》,人民文学出版社2000年版)

2. 戴望舒在同施蛰存的交往中,也结识了他的妹妹施绛年,当时绛年还是一个垂髫总角的小姑娘。1927年戴望舒因遭通缉匿居施蛰存家中,与绛年有了更多接触的机会,爱情的幼苗在诗人的心田里萌生。戴望舒外表看起来个子高大、面孔黝黑。但内心的感情很深沉、细腻,他对绛年是一往情深;而绛年是一个比他年轻得多的师范学校的学生,天真活泼、不黯世事,不像戴望舒那样忧郁而内向。性格上的差异造成彼此感情的不平衡。再加上戴望舒那因天花造成的脸部的缺陷,也使绛年不悦,给初恋蒙上阴影。《望舒草》中的前几首诗,如《路上小语》《林下小语》《夜》《独自的时候》《到我这里来》,为我们留下了诗人感情生活风波的痕迹。/1929年4月1日,戴望舒的第一本诗集《我的记忆》出版了,在书的扉页上印了 A Jeanne（给绛年）几个法文字和两行拉丁文，诗人把对施绛年的感情公开了，把他的忧虑也公开了。但是这些表白并没有得到对方的体认，……/诗人太痴情了，似乎不被命运把自己砸得头破血流绝不停止追求——他果然要做一个《寻梦者》了。（王文彬《歌咏忧郁的爱情和人生——论〈望舒草〉》，见作者《中西诗学交汇中的戴望舒》，安徽教育出版社 2003 年版）

3. 这些中国的现代诗人原本从农村（或小城镇）来到大都市，寻求理想的梦，但他们并未被都市所接受，成为了都市中的流浪汉；作为生存于都市与乡土、传统与现代夹缝中的边缘人，他们既感受着古老的农业文明向工业文明转型期的历史阵痛，又体验着波特莱尔笔下的都市文明的沉沦与绝望，以及魏尔伦诗行中的颓废的世纪末情绪，理想与现实的矛盾使他们回到内心世界。但他们又无力像波特莱尔（或者如中国的鲁迅）那样严酷地、激烈地自我拷问与分裂，他们中的大多数也无法进入形而上层次的思考，于是就转向微茫的"乡愁"（既是对自己出生的田园、传统文化的皈依，也是对精神家园的追慕），对"现代都市青春病"的体会与自恋……（钱理群等《中国现代文学三十年》修订本，北京大学出版社 1998 年版）

【研习与探索】

1. 朗诵这首诗，品味诗歌语言的美感和表达力度。

2. 《寻梦者》是戴望舒作为 30 年代现代派代表诗人成熟期的作品，看在人生体验、情感内涵、艺术表现和语言风格等方面与《雨巷》有何异同？

3. 著名诗歌研究者蓝棣之在《现代诗的情感与形式》中说："戴望舒的诗是感情的，但不是感伤的。感伤是感情的矫饰虚伪，是感情的泛滥，戴诗里没有这样的东西。"而钱理群等著《中国现代文学三十年》则认为戴望舒为代表的现代派诗主要情感格调就是"感伤"。你同意哪一种说法？为什么？

萧 萧[①]

沈从文

乡下人吹唢呐接媳妇，到了十二月是成天会有的事情。

唢呐后面一顶花轿，两个夫子平平稳稳的抬着。轿中人被铜锁锁在里面，虽穿了平时没上过身的体面红绿衣裳，也仍然得荷荷大哭。在这些小女人心中，做新娘子，从母亲身边离开，且准备做他人的母亲，从此必然有许多新事情等待发生。象做梦一样，将同一个陌生男子汉在一个床上睡觉，作这承宗接祖的事情。这些事想起来，当然有些害怕，所以照例觉得要哭哭，于是就哭了。

[①] 沈从文优秀短篇小说之一，最初发表于 1930 年 1 月 10 日《小说月报》第 21 卷第 1 号。

也有做媳妇不哭的人，萧萧作媳妇就不哭。这小女子没有母亲，从小寄养到伯父种田的庄子上，终日提着个小竹兜萝，在路旁田坎捡狗屎挑野菜。出嫁只是从这家转到那家。因此到那一天，这女人还只是笑。她又不害羞，又不怕。她是什么事也不知道，就做了人家的新媳妇了。

萧萧作媳妇时年纪十二岁，有一个小丈夫，年纪还不到三岁。丈夫比她年少九岁，断奶还不多久。按地方规矩，过了门，她喊他作弟弟。她每天应做的事是抱弟弟到村前柳树下去玩，到溪边去玩，饿了，喂东西吃，哭了，就哄他，摘南瓜花或狗尾草戴到小丈夫头上，或者亲嘴，一面说："弟弟，哪，啵再来，啵。"在那肮脏的小脸上亲了又亲，孩子于是便笑了。孩子一欢喜兴奋，行动粗野起来，会用短短的小手乱抓萧萧的头发。那是平时不太能收拾蓬蓬松松在头上的黄发。有时候，垂到脑后那条小辫儿被拉得太久，把红绒线结也弄松了，生了气，就打那弟弟几下，弟弟自然哇的哭出声来。萧萧于是也装成要哭的样子，用手指着弟弟的哭脸，说："哪，人不讲理，可不行！哪能这样动手动脚，长大了不是要杀人放火！"

天晴落雨日子混下去，每日抱抱丈夫，也帮家中做点杂事，能动手就动手，又时常到溪沟里去洗衣，搓尿片，一面还捡拾有花纹的田螺给坐在身边的小丈夫玩。到了夜里睡觉，便常常做这种年龄的人做的梦，梦到后门角落或别的什么地方捡得大把大把铜钱，吃好东西，爬树，自己变成鱼到水中各处溜。或一时仿佛身子很轻，飞到天上众星中，没有一个人，只是一片白，一片金光，于是大喊"妈！"人就吓醒了。醒来心还只是跳。吵了隔壁的人，不免骂着，"疯子，你想什么！白天玩得疯，晚上就做梦！"萧萧听着不作声，只是咕咕的笑。也有很好很爽快的梦，为丈夫哭醒的事情。那丈夫本来晚上在自己母亲身边睡，有时吃多了，或因另外情形，半夜大哭，起来放水拉稀是常有的事。丈夫哭得婆婆无可奈何，于是萧萧轻手轻脚爬起床来，睡眼朦胧走到床边，把人抱起，给他看月亮，看星光；或者互相觑着，孩子气的"嗨，嗨，看猫呵"那样喊着哄着，于是丈夫笑了。玩一会会，困倦起来，慢慢的合上眼。人睡定后，放上床，站在床边看着，听远处一传一递的鸡叫，知道天快到什么时候了，于是仍蜷到小床上睡去。天亮后，虽不做梦，却可以无意中闭眼开眼，看一阵在面前空中变幻无端的黄边紫心葵花，那是一种真正的享受。

萧萧嫁过了门，做了拳头大丈夫的小媳妇，一切并不比先前受苦，这只看她半年来身体的发育就可明白。风里雨里过日子，象一株长在园角落不为人注意的蓖麻，大叶大枝，日增茂盛。这小女人简直是全不为丈夫设想那么似的，一天比一天长大起来了。

夏夜光景说来如做梦。大家饭后坐到院中心歇凉，挥摇蒲扇，看天上的星同屋角的萤，听南瓜棚上纺织娘咯咯咯拖长声音纺车。远近声音繁密如落雨。禾花风悠悠吹到脸上，正是让人在各种方便中说笑话的时候。

萧萧好高，一个人常常爬到草料堆上去，抱了已经熟睡的丈夫在怀里，轻轻的轻轻的随意唱着自编的山歌。唱来唱去却把自己也催眠起来，快要睡去了。

在院坝中，公公婆婆，祖父祖母，另外还有帮工汉子两个，散乱的坐在小板凳上，摆龙门阵学古，轮流下去打发上半夜。

祖父身边有个烟包，在黑暗中放光。这用艾蒿做成的烟包，是驱逐长脚蚊的得力东西，蜷在祖父脚边,就如一条乌梢蛇。间或又拿起来晃那么几下。

想起白天场上的事情,祖父开口说话:

"我听三金说,前天又有女学生过身。"

大家就哄然大笑了。

这笑的意义何在?只因为大家印象中,都知道女学生没有辫子,留个鹌鹑尾巴,像个尼姑,又不完全像。穿的衣服像洋人,又不像洋人。吃的,用的……总而言之事事不同,一想起来就觉得怪可笑!

萧萧不大明白,她不笑。所以老祖父又说话了。他说:

"萧萧,你长大了,将来也会做女学生!"

大家于是更哄然大笑起来。

萧萧为人并不愚蠢,觉得这一定是不利于己的一件事情,所以接口便说:

"爷爷,我不做女学生。"

"你像个女学生,不做可不行。"

"我不做。"

众人有意取笑,异口同声说:"萧萧,爷爷说得对,你非做女学生不行!"

萧萧急得无可如何,"做就做,我不怕。"其实做女学生有什么不好,萧萧全不知道。

女学生这东西,在本乡的确永远是奇闻。每年一到六月天,据说放"水假"日子一到,照例便有三三五五女学生,由一个荒谬不经的热闹地方来,到另一个远地方去,取道从本地过身。从乡下人眼中看来,这些人都近于另一世界中活下的人,装扮奇奇怪怪,行为更不可思议。这种女学生过身时,使一村人都可以说一整天的笑话。

祖父是当地一个人物,因为想起所知道的女学生在大城中的生活情形,所以说笑话要萧萧去作女学生。一面听到这话就感觉一种打哈哈趣味,一面还有那被说的萧萧感觉一种惶恐,说这话的不为无意义了。

女学生由祖父方面所知道的是这样的一种人:她们穿衣服不管天气冷热,吃东西不问饥饱,晚上交到子时才睡觉,白天正经事全不作,只知唱歌打球,读洋书。她们都会花钱,一年用的钱可以买十六只水牛。她们在省里京里想往什么地方去时,不必走路,只要钻进一个大匣子中,那匣子就可以带她到地。她们在学校,男女一处上课,人熟了,就随意同那男子睡觉,也不要媒人,也不要财礼,名叫"自由"。她们也做州县官,带家眷上任,男子仍喊作"老爷",小孩子叫"少爷"。她们自己不喂牛,却吃牛奶羊奶,如小牛小羊;买那奶时是用铁罐子盛的。她们无事时到一个唱戏地方去,那地方完全像个大庙,从衣袋中取出一块洋钱来(那洋钱在乡下可买五只母鸡),买了一小方纸儿,拿了那纸片到里面去,就可以坐下看洋人扮演影子戏。她们被冤了,不赌咒,不哭。她们年纪有老到二十四岁还不肯嫁人的,有老到三十四十还好意思嫁人的。她们不怕男子,男子不能使她们受委屈,一受委屈就上衙门打官司,要官罚男子的款,这笔钱她有时独占自己花用,有时同官平分。她们不洗衣煮饭,也不养猪喂鸡;有了小孩子,也只花五块钱、十块钱一月,雇个人专管小孩,自己仍然整天看戏打牌,或者读那些没有用处的闲书……

总而言之,说来事事都希奇古怪,和庄稼人不同,有的简直可以说岂有此理。这时经祖父一为说明，听过这话的萧萧，心中却忽然有了一种模模糊糊的愿望，以为倘若她也是个女学生，她是不是照祖父说的女学生一个样子去做那些事情？不管好歹，女学生并不可怕，因此一来却已为这乡下姑娘初次体念到了。

因为听祖父说起女学生是怎样的人物，到后萧萧独自笑得特别久。笑够了时，她说：

"爷爷，明天有女学生过路，你喊我，我要看看。"

"你看，她们捉你去做丫头。"

"我不怕她们。"

"她们读洋书念经你也不怕？"

"念观音菩萨消灾经，念紧箍咒，我都不怕。"

"她们咬人，和做官的一样，专吃乡下人，吃人骨头渣渣也不吐，你不怕？"

萧萧肯定的回答说："也不怕。"

可是这时节萧萧手上所抱的丈夫，不知为甚么，在睡梦中哭了，媳妇于是用做母亲的声势，半哄半吓的说：

"弟弟，弟弟，不许哭，不许哭，女学生咬人来了。"

丈夫还仍然哭着，得抱起各处走走。萧萧抱着丈夫离开了祖父，祖父同人说另外一样古话去了。

萧萧从此以后心中有个"女学生"。做梦也便常常梦到女学生，且梦到同这些人并排走路。仿佛也坐过那种自己会走路的匣子，她又觉得这匣子并不比自己跑路更快。在梦中那匣子的形体同谷仓差不多，里面有小小灰色老鼠，眼珠子红红的，各处乱跑，有时钻到门缝里去，把个尾巴露在外边。

因为有这样一段经过，祖父从此喊萧萧不喊"小丫头"，不喊"萧萧"，却唤作"女学生"。在不经意中萧萧答应得很好。

乡下的日子也如世界上一般日子，时时不同。世界上的人把日子糟蹋，和萧萧一类人家把日子吝惜是同样的，各有所得，各属分定。许多城市中文明人，把一个夏天全消磨到软绸衣服、精美饮料以及种种好事情上面。萧萧的一家，因为一个夏天的劳作，却得了十多斤细麻，二三十担瓜。

做小媳妇的萧萧，一个夏天中，一面照料丈夫，一面还绩了细麻四斤。到秋八月工人摘瓜，在瓜间玩，看硕大如盆上面满是灰粉的大南瓜，成排成堆摆到地上，很有趣味。时间到摘瓜，秋天真的已来了，院子中各处有从屋后林子里树上吹来的大红大黄木叶。萧萧在瓜旁站定，手拿木叶一束，为丈夫编小小笠帽玩。

工人中有个名叫花狗，年纪二十三岁，抱了萧萧的丈夫到枣树下去打枣子。小小竹竿打在枣树上，落枣满地。

"花狗大，莫打了，太多了吃不完。"

虽听到这样喊，还不歇手。到后，仿佛完全因为丈夫要枣子，花狗才不听话。萧萧于是又喊她那小丈夫：

"弟弟，弟弟，来，不许捡了。吃多了生东西肚子痛！"

丈夫听话，兜了一堆枣子向萧萧身边走来，请萧萧吃枣子。
"姐姐吃，这是大的。"
"我不吃。"
"要吃一颗！"
她两手哪里有空！木叶帽正在制边，工夫要紧，还正要个人帮忙！
"弟弟，把枣子喂我口里。"
丈夫照她的命令做事，作完了觉得有趣，哈哈大笑。
她要他放下枣子帮忙捏紧帽边，便于添新木叶。
丈夫照她吩咐作事，但老是顽皮地摇动，口中唱歌。这孩子原来象一只猫，欢喜时就得捣乱。
"弟弟，你唱的是什么？"
"我唱花狗大告我的山歌。"
"好好的唱一个给我听。"
丈夫于是帮忙拉着帽边，一面就唱下去，照所记到的歌唱：

　　天上起云云起花，
　　包谷林里种豆荚，
　　豆荚缠坏包谷树，
　　娇妹缠坏后生家。

　　天上起云云重云，
　　地下埋坟坟重坟，
　　娇妹洗碗碗重碗，
　　娇妹床上人重人。

歌中意义丈夫全不明白，唱完了就问萧萧好不好。萧萧说好，并且问跟谁学来的。她知道是花狗教的，却故意盘问他。
"花狗大告我，他说还有好歌，长大了再教我唱。"
听说花狗会唱歌，萧萧说：
"花狗大，花狗大，你唱一个好听的歌我听听。"
那花狗，面如其心，生长得不很正气，知道萧萧要听歌，人也快到听歌的年龄了，就给她唱"十岁娘子一岁夫"。那故事说的是妻年大，可以随便到外面做一点不规矩的事，夫年小，只知道吃奶，让他吃奶。这歌丈夫完全不懂，懂到一点儿的是萧萧。把歌听过后，萧萧装成"我全明白"那种神气，她用生气的样子，对花狗说：
"花狗大，这个不行，这是骂人的歌！"
花狗分辩说："不是骂人的歌。"
"我明白，是骂人的歌。"

花狗难得说多话，歌已经唱过了，错了赔礼，只有不再唱。他看她已经有点懂事了，怕她回头告祖父，会挨一顿臭骂，就把话支开，扯到"女学生"上头去。他问萧萧，看没看过女学生习体操唱洋歌的事情。

若不是花狗提起，萧萧几乎忘却了这事情。这时又提到女学生，她问花狗近来有没有女学生过路，她想看看。

花狗一面把南瓜从棚架边抱到墙角去，告她女学生唱歌的事，这些事的来源还是萧萧的那个祖父。他在萧萧面前说了点大话，说他曾经到官路上见到四个女学生，她们都拿得有旗子，走长路流汗喘气之中仍然唱歌，同军人所唱的一模一样。不消说，这自然完全是胡诌的笑话。可是那故事把萧萧可乐坏了。因为花狗说这个就叫作"自由"。

花狗是"起眼动眉毛，一打两头翘"会说会笑的一人。听萧萧带着歆羡口气说，"花狗大，你膀子真大。"他就说，"我不止膀子大。"

"你身个子也大。"

"我全身无处不大。"

萧萧还不大懂得这个话的意思，只觉得憨而好笑。

到萧萧抱了她丈夫走去以后，同花狗一起摘瓜，取名字叫哑巴的，开了平时不常开的口，他说：

"花狗，你少坏点。人家是十三岁黄花女，还要等十年才圆房！"

花狗不作声，打了那伙计一巴掌，走到枣树下捡落地枣去了。

到摘瓜的秋天，日子计算起来，萧萧过丈夫家有一年了。

几次降雪落雪，几次清明谷雨，一家中人都说萧萧是大人了。天保佑，喝冷水，吃粗粝饭，四季无疾病，倒发育得这样快。婆婆虽生来像一把剪子，把凡是给萧萧暴长的机会都剪去了，但乡下的日头同空气都帮助人长大，却不是折磨可以阻拦得住。

萧萧十五岁时已高如成人，心却还是糊糊涂涂的心。

人大了一点，家中做的事也多了一点。绩麻、纺车、洗衣、照料丈夫以外，打猪草推磨一些事情也要作，还有浆纱织布。凡事都学，学学就会了。乡下习惯凡是行有余力的都可从劳作中攒点私房，两三年来仅仅萧萧个人份上所聚集的粗细麻和纺就的棉纱，已够萧萧坐到土机上抛三个月的梭子了。

丈夫早断了奶。婆婆有了新儿子，这五岁的儿子就像归萧萧独有了。不论做什么，走到什么地方去，丈夫总跟到身边。丈夫有些方面很怕她，当她如母亲，不敢多事。他们俩"感情不坏"。

地方稍有进步，祖父的笑话转到"萧萧你也把辫子剪去好自由"那一类事上去了。听着这话的萧萧，某个夏天也看过一次女学生，虽不把祖父笑话认真，可是每一次在祖父说过这个笑话以后，她到水边去，必不自觉的用手捏着辫子末梢，设想着没有辫子的人的那种神气，那点趣味。

打猪草，带丈夫上螺蛳山的山阴是常有的事。

小孩子不知事，听别人唱歌也唱歌。一唱歌，就把花狗引来了。

花狗对萧萧生了另外一种心,萧萧有点明白了,常常觉得惶恐不安。但花狗是男子,凡是男子的美德恶德都不缺少,劳动力强,手脚勤快,又会玩会说,所以一面使萧萧的丈夫非常喜欢同他玩,一面一有机会即缠在萧萧身边,且总是想方设法把萧萧那点惶恐减去。

山大人小,到处是树林蒙茸,平时不知道萧萧所在,花狗就站在高处唱歌逗萧萧身边的丈夫;丈夫小口一开,花狗穿山越岭就来到萧萧面前了。

见了花狗,小孩子只有欢喜,不知其他。他原要花狗为他编草虫玩,做竹箫哨子玩,花狗想方法支使他到一个远处去找材料,便坐到萧萧身边来,要萧萧听他唱那使人开心红脸的歌。她有时觉得害怕,不许丈夫走开;有时又像有了花狗在身边,打发丈夫走去反倒好一点。终于有一天,萧萧就这样给花狗把心窍子唱开,变成妇人了。

那时节,丈夫走到山下采刺莓去了,花狗唱了许多歌,到后却向萧萧唱:

娇家门前一冲坡,
别人走少郎走多,
铁打草鞋穿烂了,
不是为你为那个?

末了却向萧萧说:"我为你睡不着觉。"他又说他赌咒不把这事情告给人。听了这些话仍然不懂什么的萧萧,眼睛只注意到他那一对粗粗的手膀子,耳朵只注意到他最后一句话。末了花狗大便又唱歌给她听。她心里乱了。她要他当真对天赌咒,赌过了咒,一切好象有了保障,她就一切尽他了。到丈夫返身时,手被毛毛虫螫伤了,肿了一片,走到萧萧身边。萧萧捏紧这一只小手,且用口去呵它,吮它,想到刚才的糊涂,才仿佛明白自己做了一点不大好的糊涂事。

花狗诱她做坏事是麦黄四月,到六月,李子熟了,她欢喜吃生李子。她觉得身体有点特别,在山上碰到花狗,就将这事情告给他,问他怎么办。

讨论了多久,花狗全无主意。虽以前自己当天赌得有咒,也仍然无主意。原来这家伙个子大,胆量小。个子大容易做错事,胆量小做错了事就想不出办法。

到后,萧萧捏着自己那条乌梢蛇似的大辫子,想起城里了,她说:

"花狗大,我们到城里去自由,帮帮人过日子,不好么?"

"那怎么行?到城里去做什么?"

"我肚子大了。"

"我们找药去。场上有郎中卖药。"

"你赶快找药来,我想……"

"你想逃到城里去自由,不成的。人生面不熟,讨饭也有规矩,不能随便!"

"你这没有良心的,你害了我,我想死!"

"我赌咒不辜负你。"

"负不负我有什么用,帮我个忙,赶快拿去肚子里这块肉吧。我害怕!"

花狗不再作声,过了一会,便走开了。不久丈夫从他处回来,见萧萧一个人坐在草地上哭，眼睛红红的。丈夫心中纳罕。看了一会，问萧萧：

"姐姐，为甚么哭？"

"不为甚么，灰尘落到眼睛里，痛。"

"我吹吹吧。"

"不要吹。"

"你瞧我，得这些这些。"

他把从溪中捡来的小蚌小石头陈列在萧萧面前，萧萧泪眼婆娑看了一会，勉强笑着说："弟弟，我们要好，我哭你莫告家中。告我可要生气！"到后这事情家中当真就无人知道。

过了半个月，花狗不辞而行，把自己所有的衣裤都拿去了。祖父问同住的哑巴知不知道他为什么走路，走哪儿去。哑巴只是摇头，说花狗还欠了他两百钱，临走时话都不留一句，为人少良心。哑巴说他自己的话，并没有把花狗走的理由说明。因此这一家希奇一整天，谈论一整天。不过这工人既不偷走物件，又不拐带别的，这事过后不久，自然也就把他忘掉了。

萧萧仍然是往日的萧萧。她能够忘记花狗就好了。但是肚子真有些不同了，肚中东西总在动，使她常常一个人干着急，尽做怪梦。

她脾气坏了一点，这坏处只有丈夫知道，因为她对丈夫似乎严厉苛刻了好些。

仍然每天同丈夫在一处，她的心，想到的事自己也不十分明白。她常想，我现在死了，什么都好了。可是为什么要死？她还很高兴活下去，愿意活下去。

家中不拘谁在无意中提起关于丈夫弟弟的话，提起小孩子，提起花狗，都象使这话如拳头，在萧萧胸口上重重一击。

到八月，她担心人知道更多了，引丈夫庙里去玩，就私自许愿，吃了一大把香灰。吃香灰被她丈夫看见了，丈夫问这是做甚么，萧萧就说肚子痛，应当吃这个。虽说求菩萨保佑，菩萨当然没有如她的希望，肚子中的长大的东西仍在慢慢地长大。

她又常常往溪里去喝冷水，给丈夫见到了，丈夫问她她就说口渴。

一切她所想到的方法都没有能够使她同自己不喜欢的东西分开。大肚子只有丈夫一人知道，他却不敢告这件事给父母晓得。因为时间长久，年龄不同，丈夫有些时候对于萧萧的怕同爱，比对于父母还深切。

她还记得花狗赌咒那一天里的事情，如同记着其他事情一样。到秋天，屋前屋后毛毛虫都结茧，成了各种好看蝶蛾。丈夫象故意折磨她一样，常常提起几个月前被毛毛虫所螫的旧话，使萧萧心里难过。她因此极恨毛毛虫，见了那小虫就用脚去踹。

有一天，又听人说有好些女学生过路，听过这话的萧萧，睁了眼做过一阵梦，愣愣的对日头出处痴了半天。

萧萧步花狗后尘，也想逃走，收拾一点东西预备跟了女学生走的那条路上城。但没有动身，就被家里人发觉了。这种打算照乡下人来说是一件大事，于是把她两手捆了起来，丢在灶屋边，饿了一天。

家中追究这逃走的根源，才明白这个十年后预备给小丈夫生儿子继香火的萧萧肚子，已经被另一个人抢先下了种。这在一家人生活中真是了不得的一件大事！一家人的平静生活，为这一件事全弄乱了。生气的生气，流泪的流泪，骂人的骂人，各按本分乱下去。悬梁、投水、吃毒药，被禁困的萧萧，诸事漫无边际的全想到了，究竟是年纪太小，舍不得死，却不曾做。于是祖父从现实出发，想出了个聪明主意，把萧萧关在房里，派人好好看守着，请萧萧本族的人来说话，看是"沉潭"还是"发卖"？萧萧家中人要面子，就沉潭淹死她；舍不得就发卖。萧萧只有一个伯父，在近处庄子里为人种田，去请他时先还以为是吃酒，到了才知是这样丢脸的事，弄得这老实忠厚的家长手足无措。

大肚子作证，什么也没有可说。照习惯，沉潭多是读过"子曰"的族长爱面子才做出的蠢事。伯父不读"子曰"，不忍把萧萧沉潭，萧萧当然应当嫁人做二路亲了。

这处罚好像也极其自然，照习惯受损失的是丈夫家里，然而却可以在改嫁上收回一笔钱，作为赔偿损失的数目。那伯父把这事情告给了萧萧，就要走路。萧萧拉着伯父衣角不放，只是幽幽的哭。伯父摇了一会头，一句话不说，仍然走了。

一时没有相当的人家来要萧萧，送到远处自然也得有人，因此暂时就仍然在丈夫家中住下。这件事情既经说明白，照乡下规矩倒又像不甚么要紧，只等待处分，大家反而释然了。先是小丈夫不能再同萧萧在一处，到后又仍然如月前情形，姐弟一般有说有笑的过日子了。

丈夫知道了萧萧肚子中有儿子的事情，又知道因为这样萧萧才应当嫁到远处去。但是丈夫并不愿意萧萧去，萧萧自己也不愿意去。大家莫名其妙，只是照规矩像逼到要这样做，不得不做。究竟是谁定的规矩，是周公还是周婆，也没有人说得清楚。

在等候主顾来看人，等到十二月，还没有人来，萧萧只好在这人家过年。

萧萧次年二月间，十月满足坐草生了一个儿子，团头大眼，声响洪壮。大家把母子二人照料得好好的，照规矩吃蒸鸡同江米酒补血，烧纸谢神。一家人都喜欢那儿子。

生下的既是儿子，萧萧就不嫁别处了。

到萧萧正式同丈夫拜堂圆房时，儿子已经年纪十岁，有了半劳动力，能看牛割草，成为家中生产者的一员了。平时喊萧萧丈夫作大叔，大叔也答应，从不生气。

这儿子名叫牛儿，牛儿十二岁时也接了亲，媳妇年长六岁。媳妇年纪大，才能诸事做帮手，对家中有帮助。唢呐吹到门前时，新娘在轿中呜呜的哭着，忙坏了那个祖父，曾祖父。

这一天，萧萧刚坐月子不久，孩子才满三月，抱了自己新生的毛毛，却在屋前榆蜡树篱笆间看热闹，同十年前抱丈夫一个样子。小毛毛哭了，唱歌一般地哄着他：

"哪，毛毛，看，花轿来了。看，新娘子穿花衣，好体面！不许闹，不讲道理不成的！不讲理我要生气的！看看，女学生也来了！明天长大了，我们也讨个女学生媳妇！"

作于1929年冬

【拓展资料】

1. 对于农人与兵士，怀了不可言说的温爱，这点感情在我一切作品中，随处皆可以看出。我从不隐讳这点感情。……因为他们是正直的，诚实的，生活有些方面极其伟大，有些方面又极其平凡，性情有些地方极其美丽，有些地方又极其琐碎，——我动手写他们时，为了使其更有人性，更近人情，自然便老老实实的写下去。（沈从文《〈边城〉题记》，转自

《抽象与抒情》，复旦大学出版社2004年版）

2. 我是个乡下人，走到任何一处照例都带了一把尺，一把秤，和普遍社会总是不合。一切来到我命运中的事事物物，我有我自己的尺寸和分量，来证实生命的价值和意义。我用不着你们名叫"社会"为制定的那个东西，我讨厌一般标准，尤其是什么思想家为扭曲蠹蚀人性而定下的乡愿蠢事。这种思想算是什么？不过是少年时男女欲望受压抑，中年时权势欲望受打击，老年时体力活动受限制，因之用这个来弥补自己并向人间复仇的人病态的表示罢了。这种人从来就是不健康的，哪能够希望有个健康人生观。（沈从文《水云——我怎么创造故事，故事怎么创造我》，转自《抽象与抒情》，复旦大学出版社2004年版）

3. 沈从文对那"抽象"的入迷是非常真诚的，为什么却要用这多少显得矫情的方式来表现呢？正是从这里，我看到了都市生活环境对他的一种极其深刻的心理压力。……不用说，这里有一种深藏的自卑感在作怪，沈从文其实还没有摆脱那受挫者的沮丧情绪。（王晓明《沈从文："乡下人"的文体与"土绅士"的理想》，转自温儒敏编著《中国现代文学课程学习指导》，北京大学出版社2001年版）

【研习与探索】

1. 细读作品，谈谈萧萧这一人物形象的内涵。
2. 如何理解小说中所谈到的"自由"？
3. 如何理解"拓展材料"里王晓明对沈从文心理的分析，这种心理与其创作有何关系？
4. 同是抒情性很强的作品，比较鲁迅《伤逝》与沈从文《萧萧》的语言风格有何不同？

赞 美

穆 旦[①]

走不尽的山峦和起伏，河流和草原，
数不尽的密密的村庄，鸡鸣和狗吠，
接连在原是荒凉的亚洲的土地上，
在野草的茫茫中呼啸着干燥的风，
在低压的暗云下唱着单调的东流的水，
在忧郁的森林里有无数埋藏的年代。
它们静静地和我拥抱：
说不尽的故事是说不尽的灾难，沉默的
是爱情，是在天空飞翔的鹰群，
是干枯的眼睛期待着泉涌的热泪，

[①] 穆旦（1918－1977），原名查良铮，浙江海宁人，40年代"九叶诗派"的代表诗人。本诗是其代表作之一，收入诗人第二个诗集《穆旦诗集：1939－1945》。

当不移的灰色的行列在遥远的天际爬行；
我有太多的话语，太悠久的感情，
我要以荒凉的沙漠，坎坷的小路，骡子车，
我要以槽子船，漫山的野花，阴雨的天气，
我要以一切拥抱你，你，
我到处看见的人民呵，
在耻辱里生活的人民，佝偻的人民，
我要以带血的手和你们一一拥抱。
因为一个民族已经起来。

一个农夫，他粗糙的身躯移动在田野中，
他是一个女人的孩子，许多孩子的父亲，
多少朝代在他的身边升起又降落了
而把希望和失望压在他身上，
而他永远无言地跟在犁后旋转，
翻起同样的泥土溶解过他祖先的，
是同样的受难的形象凝固在路旁。
在大路上多少次愉快的歌声流过去了，
多少次跟来的是临到他的忧患；
在大路上人们演说，叫嚣，欢快，
然而他没有，他只放下了古代的锄头，
再一次相信名词，溶进了大众的爱，
坚定地，他看着自己溶进死亡里，
而这样的路是无限的悠长的
而他是不能够流泪的，
他没有流泪，因为一个民族已经起来。

在群山的包围里，在蔚蓝的天空下，
在春天和秋天经过他家园的时候，
在幽深的谷里隐着最含蓄的悲哀：
一个老妇期待着孩子，许多孩子期待着
饥饿，而又在饥饿里忍耐，
在路旁仍是那聚集着黑暗的茅屋，
一样的是不可知的恐惧，一样的是
大自然中那侵蚀着生活的泥土，
而他走去了从不回头诅咒。
为了他我要拥抱每一个人，

为了他我失去了拥抱的安慰，
因为他，我们是不能给以幸福的，
痛哭吧，让我们在他的身上痛哭吧，
因为一个民族已经起来。

一样的是这悠久的年代的风，
一样的是从这倾圮的屋檐下散开的无尽的呻吟和寒冷，
它歌唱在一片枯槁的树顶上，
它吹过了荒芜的沼泽，芦苇和虫鸣，
一样的是这飞过的乌鸦的声音。
当我走过，站在路上踟蹰，
我踟蹰着为了多年耻辱的历史
仍在这广大的山河中等待，
等待着，我们无言的痛苦是太多了，
然而一个民族已经起来，
然而一个民族已经起来。

1941年12月

【拓展资料】

1. 充分发挥形象的力量，并把官能感觉的形象和抽象的观念、炽烈的情绪密切结合在一起，成为一个孪生体。使"思想知觉化"是他们（指穆旦为代表的"九叶诗派"——引者）努力从西方现代诗里学来的艺术手法。这适合形象思维的特点，使诗人说理时不陷于枯燥，抒情时不陷于显露，写景时不陷于静态。如果诗人只会用丰富的感官形象来渲染，重彩浓抹，就会叫人感到发腻而不化；如果只是干巴巴地说理，又会叫人觉得枯燥无味。诗人应该努力把肉和骨恰当地结合起来，使读者透过意象联翩，而感到思想深刻，情味隽永。……在语言句法方面，他们有不同程度的欧化倾向。在这方面，一向存在着两种情况：一种是化得较好的，与要表达的内容结合得较紧密，能增强语言的表达能力；另一种是化得不太好的，与要表达的内容有隔阂，就造成了一些晦涩难解。这里面有学习西方现代诗歌表现手法恰当与否的问题，也有运用上是否到达"化"境的问题。（袁可嘉《九叶集》"序"，《九叶集》，江苏人民出版社1981年版）

2. 现代的心理学说，所谓人生不过是前后绵连的"意识流"的总和，而意识流也不过是一串刺激与反应的连续、修正与配合。各种不同的刺激引起各种不同的反应，既有不同，就必有矛盾冲突，而如何协调这些矛盾冲突的冲动（刺激+反应）便成为人生的不二任务。/人生价值的高低即决定于调和冲动的能力，那么能调和最大量、最优秀的冲动的心神状态必是人生最可贵的境界了。这就是他们所谓"最大量的意识状态"，而他们认为艺术或诗的创造都具有这种功能。/想象，特别是诗想象，有综合不同因素的能力。/现代诗歌是现实、象

征、玄学的新的综合传统。（袁可嘉《论新诗现代化》，生活·读书·新知三联书店1988年版）

3. 在诗的语言上，穆旦也同样拒绝文言，坚持"五四"现代白话诗的传统。批评家说"他的诗歌语言最无旧诗词味道，……是当代口语而去其芜杂，是平常白话而又有形象的色彩和韵律的乐音"。他也反对遣词造句上意义上的模糊与朦胧，主张"诗要明白无误地表现较深的思想"：这正是对早期白话诗歌语言观的坚持与发展。穆旦充分发挥了汉语的弹性，利用多义的词语、繁复的句式，以表达现代人的"较深的思想"与诗情，同时又自觉地大量运用现代汉语的关联词，以揭示抽象词语、跳跃的句子之间的逻辑关系。（钱理群等《中国现代文学三十年》修订本，北京大学出版社1998年版）

4. 穆旦诗以晦涩难懂著名。对他有兴趣的同学可参考孙玉石主编《中国现代诗导读》"穆旦卷"（北京大学出版社2007年版）。

【研习与探索】

1. 分析诗篇前两句的语法结构，据此谈谈诗歌语言与其他文体语言不同的地方。
2. 朗诵这首诗，仔细品味诗歌的语言美感和表现力度。
3. 穆旦是中国现代主义诗歌第三阶段的代表性诗人，请再找来他的《诗八首》等名作好好品读，仔细揣摩其诗与戴望舒诗歌语言上有何不同？

回　答

北　岛①

卑鄙是卑鄙者的通行证，
高尚是高尚者的墓志铭。
看吧，在那镀金的天空中，
飘满了死者弯曲的倒影。

冰川纪过去了，
为什么到处都是冰凌？
好望角发现了，
为什么死海里千帆相竞？

我来到这个世界上，

---

① 北岛，原名赵振开，生于北京，"朦胧诗"代表诗人之一，有《北岛诗选》（1986）等。《回答》是其早期代表作，发表于《诗刊》1979年第3期。

只带着纸、绳索和身影，
为了在审判之前，
宣读那些被判决的声音：

告诉你吧，世界，
我——不——相——信！
纵使你脚下有一千名挑战者，
那就把我算做第一千零一名。

我不相信天是蓝的；
我不相信雷的回声；
我不相信梦是假的；
我不相信死无报应。

如果海洋注定要决堤，
让所有的苦水注入我心中；
如果陆地注定要上升，
就让人类重新选择生存的峰顶。

新的转机和闪闪的星斗，
正在缀满没有遮拦的天空，
那是五千年的象形文字，
那是未来人们凝视的眼睛。

【拓展资料】

1. 北岛祖籍中国浙江湖州，1949年生于当时的北平（即北京）。毕业于北京四中。1969年当建筑工人，后作过翻译，并短期在《新观察》杂志作过编辑。1970年开始写作，1978年与芒克等人创办《今天》杂志。1989年移居国外，以后陆续旅居过瑞典等七个国家。他在世界上多个国家进行创作，寻找机会朗读自己的诗歌。1994年曾经返回中国，在北京入境时被扣留，遣送回美国，曾任教于加利福尼亚大学戴维斯分校，还曾是斯坦福大学、加利福尼亚大学伯克利分校、香港中文大学客座教授。2001年10月回国为父奔丧，2002年宣布退出"中国人权"。2007年，北岛收到香港中文大学的聘书。8月，北岛正式搬到香港，与其家人团聚，结束其近20年的欧美各国漂泊式生活。（百度百科）

2. 与其说是新人的崛起，不如说是一种新的美学原则的崛起。……他们和我们五十年代的颂歌和六十年代战歌传统有所不同，不是直接去赞美生活，而是追求生活溶解在心灵中的秘密。……他们一方面看到传统的美学境界的一些缺陷，一方面在寻找新的美学天地。在这个新的天地里衡量重大意义的标准就是在社会中提高了社会地位的人的心灵是否觉醒,精神生活是否丰富。与艺术传统发生矛盾,实际上就是与艺术的习惯发生矛盾。……年轻的革新者要克服一种习惯的拘束,同时,要确立一种新的习惯。(孙绍振《新的美学原则在崛起》,录自杨匡汉、刘福春主编《中国现代诗论》下卷,花城出版社1986年版)

3. 一首难以理解的诗,并不等同于不好的或失败的诗,除非它是不可感的。一些人在这些诗面前的焦躁,多半是由于他们的不能适应。他们习惯于一览无余的明白畅晓的抒写。他们的欣赏心理是被动的接受。他们并不了解,好的艺术是诗人与读者的共同创造,它们总是期待着欣赏者对于作品的加入。它们把自身未完成的开放式(而不是封闭式的)存在付与欣赏者。此即属于可谓"未完成美学"的范畴。(谢冕《朦胧诗选·序:历史将证明价值》,阎月君等编选《朦胧诗选》,春风文艺出版社1987年版)

【研习与探索】

1. 对于"文化大革命",你了解多少?请抽时间去阅读有关资料,或采访一下自己身边的人,如爷爷奶奶、爸爸妈妈等,对照诗歌,谈谈对诗歌前两句的理解和感受。

2. 后朦胧诗诗人对于朦胧诗举起叛旗,理由之一就是认为朦胧诗依然没有摆脱传统诗情、诗思,对此,你能谈谈看法吗?

雨　别

舒　婷[①]

我真想甩开车门,向你奔去,
在你的宽肩上失声痛哭:
"我忍不住,我真忍不住。"

我真想拉起你的手,
逃向初晴的天空和田野,
不畏缩也不回顾。

我真想聚集全部柔情,
以一个无法申诉的眼神,
使你终于醒悟。

[①] 舒婷(1952－),原名龚佩瑜、龚舒婷,祖籍福建泉州,"朦胧诗"代表诗人之一,出版诗集《双桅船》《会唱歌的鸢尾花》《始祖鸟》等。此诗写于1977年4月。

我真想，真想……
我的痛苦化为忧伤，
想也想不够，说也说不出。

【拓展资料】

1. 我们这一代诗人和新生代的重要区别在于：我们经历了那段特定的历史时期，因而表现为更多历史感、使命感、责任感，我们是沉重的，带有更多社会批判意识、群体意识和人道主义色彩。（舒婷《不要玩熟我们手中的鸟》，舒婷《舒婷文集》第3卷，江苏文艺出版社1997年版）

2. 我丈夫迷恋过新诗写作；迷恋后现代主义理论；迷广告，从周林频谱仪到脑黄金；迷气功。他嘲笑我缺乏宗教信仰。我小声小气驳他："从前，文学是我的信仰，成家之后，丈夫孩子变成我的宗教了。"有位厦门女同行恨铁不成钢，痛心疾首："舒婷从根本上就是一个家庭妇女！"旁人传话，我反而欣然承认，大有知己难逢之感。（舒婷《两栖女性》，舒婷《舒婷文集》第3卷，江苏文艺出版社1997年版）

3. 没有一条爱情的法则适用于每一个人。若说有，那就是每一个人的爱情都有自己的法则。（舒婷《硬骨凌霄》，舒婷《舒婷文集》第3卷，江苏文艺出版社1997年版）

4. 喜欢一个人，往往毫无道理，恋爱如是，友情亦然。（舒婷《文学女人》，舒婷《舒婷文集》第3卷，江苏文艺出版社1997年版）

5. 爱与被爱，竟甜蜜到几近心碎，真是古典如斯。（舒婷《请继续保存那封长信》，舒婷《舒婷文集》第3卷，江苏文艺出版社1997年版）

【研习与探索】

1. 分析这首诗中抒情主人公的恋爱心理。
2. 评论家评舒婷的诗风是充满"透明的忧伤"，请根据这首诗做些分析。
3. 比较诗人另一首名诗《致橡树》与这首诗语言风格上有何不同？

祖国（以梦为马）

海　子[①]

我要做远方的忠诚的儿子
和物质的短暂情人

---

① 海子（1964–1989），安徽怀宁县人，"后朦胧诗"的代表诗人之一。这首诗作于1987年，表达了海子对于诗人的事业的认识和态度。

和所有以梦为马的诗人一样
我不得不和烈士和小丑走在同一道路上

万人都要将火熄灭　我一人独将此火
　　高高举起
此火为大　开花落英于神圣的祖国
和所有以梦为马的诗人一样
我藉此火得度一生的茫茫黑夜

此火为大　祖国的语言和乱石投筑的
　　梁山城寨
以梦为上的敦煌——那七月也会
　　寒冷的骨骼
如白雪的柴和坚硬的条条白雪　横放在众
　　神之山
和所有以梦为马的诗人一样
我投入此火　这三者是囚禁我的灯盏　吐
　　出光辉

万人都要从我刀口走过　去建筑
　　祖国的语言
我甘愿一切从头开始
和所有以梦为马的诗人一样
我也愿将牢底坐穿

众神创造物中只有我最易朽　带着不可抗
　　拒的死亡的速度
只有粮食是我的珍爱　我将她紧紧抱住　抱
　　住她在故乡生儿育女
和所有以梦为马的诗人一样
我也愿自己埋葬在四周高高的山上　守
　　望平静的家园

面对大河我无限惭愧
我年华虚度　空有一身疲倦
和所有以梦为马的诗人一样
岁月易逝　一滴不剩　水滴中有一匹马儿

一命归天

千年后如若我再生于祖国的河岸
千年后我再次拥有中国的稻田　和周天子的
　雪山　天马踢踏
和所有以梦为马的诗人一样
我选择永恒的事业

我的事业　就是要成为太阳的一生
他从古到今——"日"——他无比辉煌无
　比光明
和所有以梦为马的诗人一样
最后我被黄昏的众神抬入不朽的太阳

太阳是我的名字
太阳是我的一生
太阳的山顶埋葬　诗歌的尸体——千年王
　国和我
骑着五千年凤凰和名字叫"马"的龙
　——我必将失败
但诗歌本身以太阳必将胜利

【拓展资料】

1. 伟大的诗歌，不是感性的诗歌，也不是抒情的诗歌，不是原始材料的片断流动，而是主体人类在某一瞬间突入自身的宏伟——是主体人类在原始力量中的一次性诗歌行动。这里涉及到原始力量的材料（母土、天才）与诗歌本身的关系，涉及到创造力化为诗歌的问题。（海子《诗学：一份提纲》，《海子作品精选》，长江文艺出版社2009年版）

2. 把宇宙当做一个神殿和一个秩序来爱，忍受你的痛苦直到产生欢乐。……做一个热爱"人类秘密"的诗人。这秘密既包括人兽之间的秘密，也包括人神、天地之间的秘密。……在神圣的黑夜里走遍大地，热爱人类的痛苦和幸福，忍受那些必须忍受的，歌唱那些应该歌唱的。（海子《我热爱的诗人——荷尔德林》，《海子作品精选》，长江文艺出版社2009年版）

3. 现代主义精神（世纪精神）的合唱队中圣徒有两类：一类用抽象理智、用智性对自我的流放，来造建理智的沙漠之城，这些深渊或小国寡民之极的土地测量员（卡夫卡、梭罗、乔伊斯）；这些抽象和脆弱的语言或视觉的桥的建筑师（维特根施坦、塞尚）；这些近视的数据科学家或临床大夫（达尔文、卡尔、弗洛伊德），他们合在一起，对"抽象之道"和"深层阴影"的向往，对大同和深渊的摸索，象征"主体与壮丽人格建筑"的完全贫乏，应该承认，我们是一个贫乏的时代——主体贫乏的时代。他们逆天而行，是一群奇特的众神，他们活在我们近旁，困惑着我们。/另一类深渊圣徒和一些早夭的浪漫主义王子一起，他们符合"大地的支配"。这些人像是我们的血肉兄弟，甚至就是我的血。（海子《诗学：一份提纲》，《海子作品精选》，长江文艺出版社2009年版）

4. 从荷尔德林我懂得，诗歌是一场烈火，而不是修辞练习。/诗歌不是视觉。甚至不是语言。她是精神的安静而神秘的中心。她不在修辞中做窝。她只是一个安静的本质，不需要那些俗人来扰乱她。她是单纯的，有自己的领土和王座。她是安静的。有她自己的呼吸。（海子《我热爱的诗人——荷尔德林》，《海子作品精选》，长江文艺出版社2009年版）

5. 我们作为形式的文明是建立在这些砍伐生命者的语言之上的——从老子、孔子和苏格拉底开始。从那时开始，原始的海退去大地裸露——我们从生命之海的底部一跃，占据大地：这生命深渊之上脆弱的外壳和桥；我们睁开眼睛——其实是陷入失明状态。原生的生命涌动蜕化为文明形式和文明类型。我们开始抱住外壳，拼命地镌刻诗歌——而内心明亮外壳盲目的荷马只好抱琴远去。荷马——你何日能归?！（海子《诗学：一份提纲》，《海子作品精选》，长江文艺出版社2009年版）

【研习与探索】

1. 诗的标题是祖国，但挨着是括号的"以梦为马"，这种标题法有何用意？
2. 中国新诗想象力的第一次腾飞是郭沫若的诗，第二次应是海子的诗，谈谈二人诗歌想象力质地的异同。
3. 结合时代背景，谈谈对海子自杀的认识。
4. 朗诵这首诗，仔细品味诗的语言美感和表现力度。

错　误

郑愁予[①]

我打江南走过
那等在季节里的容颜如莲花的开落

东风不来，三月的柳絮不飞
你的心如小小的寂寞的城
恰若青石的街道向晚
跫音不响，三月的春帷不揭
你的心是小小的窗扉紧掩

[①] 郑愁予（1933— ），原名郑文韬，祖籍河北，生于山东，台湾现代派著名诗人。诗集有《梦土上》《郑愁予诗集》等。该诗是诗人最有影响力的篇什。

我达达的马蹄是美丽的错误
我不是归人，是个过客……

【拓展资料】

1. 郑愁予在台湾诗坛被称为"中国的中国诗人"。杨牧评论道："自从现代了以后，中国也很有些外国诗人，用生疏恶劣的中国文字写他们的'现代感觉'，但郑愁予是中国的中国诗人，用良好的中国文字写作，形象准确，声籁华美，而且是绝对地现代的。"这是对郑愁予诗歌风格的准确概括。（朱栋霖等主编《中国现代文学史》下，高等教育出版社1999年版）

2. 郑愁予诗歌的表现技巧和手法是十足的现代的，而在作品的感情深处，则是深厚的中国传统人文精神。其婉约的抒情气质与温庭筠相近，而其苍凉悲慨的一面，又隐现着辛弃疾的影子。（朱栋霖等主编《中国现代文学史》下，高等教育出版社1999年版）

3. 《梦土上》是郑愁予影响最大的一部诗集。诗人将在祖国大陆漂泊的记忆，在台湾无法回归的哀痛，和海上流浪生活的体验融合在一起，诗中传达出一种恍如置身于"梦土上"的落寞情绪。《错误》《水手》《如雾起时》等诗则为人们广为传诵。（朱栋霖等主编《中国现代文学史》下，高等教育出版社1999年版）

【研习与探索】

1. 尝试分析这首诗里的女性形象和男性形象。二者构成什么样的人生情境，诗篇借此又表达了什么样的主题？

2. 这首诗的古典韵味是明显的，试找些情味相仿的诗歌做些比较，看这首诗的独特性在哪里？

3. 仔细品味这首诗语言的美感和表现力度。

命若琴弦

史铁生[①]

莽莽苍苍的群山之中走着两个瞎子，一老一少，一前一后，两顶发了黑的草帽起伏攒动，匆匆忙忙，象是随着一条不安静的河水在漂流。无所谓从哪儿来，也无所谓到哪儿去，每人带一把三弦琴，说书为生。

方圆几百上千里的这片大山中，峰峦叠嶂，沟壑纵横，人烟稀疏，走一天才能见一片开阔地，有几个村落。荒草丛中随时会飞起一对山鸡，跳出一只野兔、狐狸，或者其它小野兽。

[①] 史铁生（1951—2010），北京人。中国当代著名作家。1967年在清华附中初中毕业，1969年到陕北延安"插队"。1972年因双腿瘫痪回京，后曾在街道工厂工作。1979年开始发表作品。重要作品有小说《我的遥远的清平湾》《命若琴弦》《务虚笔记》，散文《我与地坛》等。《命若琴弦》发表于《现代人》1985年第2期。

山谷中常有鹞鹰盘旋。

寂静的群山没有一点阴影，太阳正热得凶。

"把三弦子抓在手里，"老瞎子喊，在山间震起回声。

"抓在手里呢。"小瞎子回答。

"操心身上的汗把三弦子弄湿了。弄湿了晚上弹你的肋条？"

"抓在手里呢。"

老少二人都赤着上身，各自拎了一条木棍探路。缠在腰间的粗布小褂已经被汗水洇湿了一大片。蹚起来的黄土干得呛人。这正是说书的旺季。天长，村子里的人吃罢晚饭都不呆在家里；有的人晚饭也不在家里吃，捧上碗到路边去，或者到场院里。老瞎子想赶着多说书，整个热季领着小瞎子一个村子一个村子紧走，一晚上一晚上紧说。老瞎子一天比一天紧张，激动，心里算定：弹断一千根琴弦的日子就在这个夏天了，说不定就在前面的野羊坳。

暴躁了一整天的太阳这会儿正平静下来，光线开始变得深沉。远远近近的蝉鸣也舒缓了许多。

"小子！你不能走快点吗？"老瞎子在前面喊，不回头也不放慢脚步。

小瞎子紧跑几步，吊在屁股上的一只大挎包叮噹哐噹地响，离老瞎子仍有几丈远。

"野鸽子都往窝里飞啦。"

"什么？"小瞎子又紧走几步。

"我说野鸽子都回窝了，你还不快走！"

"噢。"

"你又鼓捣我那电匣子呢。"

"嘁——！鬼动来。"

"那耳机子快让你鼓捣坏了。"

"鬼动来！"

老瞎子暗笑：你小子才活了几天？"蚂蚁打架我也听得着，"老瞎子说。

小瞎子不争辩了，悄悄把耳机子塞到挎包里去，跟在师父身后闷闷地走路。

无尽无休的无聊的路。

走了一阵子，小瞎子听见有只獾在地里啃庄稼，就使劲学狗叫，那只獾连滚带爬地逃走了，他觉得有点开心，轻声哼了几句小调儿，哥哥呀妹妹的。师父不让他养狗，怕受村子里的狗欺负，也怕欺负了别人家的狗，误了生意。又走了一会，小瞎子又听见不远处有条蛇在游动，弯腰摸了块石头砍过去，"哗啦啦"一阵高粱叶子响。老瞎子有点可怜他了，停下来等他。

"除了獾就是蛇，"小瞎子赶忙说，担心师父骂他。

"有了庄稼地了，不远了。"老瞎子把一个水壶递给徒弟。

"干咱们这营生的，一辈子就是走，"老瞎子又说。"累不？"

小瞎子不回答，知道师父最讨厌他说累。

"我师父才冤呢。就是你师爷，才冤呢，东奔西走一辈子，到了没弹够一千根琴弦。"

小瞎子听出师父这会儿心绪好，就问："什么是绿色的长乙（椅）？"

"什么？噢，八成是一把椅子吧。"
"曲折的油狼（游廊）呢？"
"油狼？什么油狼？"
"曲折的油狼。"
"不知道。"
"匣子里说的。"
"你就爱瞎听那些玩艺儿。听那些玩艺儿有什么用？天底下的好东西多啦，跟咱们有什么关系？"
"我就没听您说过，什么跟咱们有关系。"小瞎子把"有"字说得重。
"琴！三弦子！你爹让你跟了我来，是为让你弹好三弦子，学会说书。"
小瞎子故意把水喝得咕噜噜响。
再上路时小瞎子走在前头。
大山的阴影在沟谷里铺开来。地势也渐渐的平缓，开阔。
接近村子的时候，老瞎子喊住小瞎子，在背阴的山脚下找到一个小泉眼。细细的泉水从石缝里往外冒，淌下来，积成脸盆大的小洼，周围的野草长得茂盛，水流出去几十米便被干渴的土地吸干。
"过来洗洗吧，洗洗你那身臭汗味。"
小瞎子拨开野草在水洼边蹲下，心里还在猜想着"曲折的油狼"。
"把浑身都洗洗。你那样儿准象个小叫花子。"
"那您不就是个老叫花子了？"小瞎子把手按在水里，嘻嘻地笑。
老瞎子也笑，双手掬起水往脸上泼。"可咱们不是叫花子，咱们有手艺。"
"这地方咱们好像来过。"小瞎子侧耳听着四周的动静。
"可你的心思总不在学艺上。你这小子心太野。老人的话你从来不着耳朵听。"
"咱们准是来过这儿。"
"别打岔！你那三弦子弹得还差着远呢。咱这命就在这几根琴弦上，我师父当年就这么跟我说。"
泉水清凉凉的。小瞎子又哥哥呀妹妹的哼起来。
老瞎子挺来气："我说什么你听见了吗？"
"咱这命就在这几根琴弦上，您师父我师爷说的。我都听过八百遍了。您师父还给您留下一张药方，您得弹断一千根琴弦才能去抓那付药，吃了药您就能看见东西了。我听您说过一千遍了。"
"你不信？"
小瞎子不正面回答，说："干嘛非得弹断一千根琴弦才能去抓那付药呢？"
"那是药引子。机灵鬼儿，吃药得有药引子！"
"一千根断了的琴弦还不好弄？"小瞎子忍不住嗤嗤地笑。
"笑什么笑！你以为你懂得多少事？得真正是一根一根断了的才成。"
小瞎子不敢吱声了，听出师父又要动气。每回都是这样，师父容不得对这件事有怀疑。

305

老瞎子也没再作声，显得有些激动，双手搭在膝盖上，两颗骨头一样的眼珠对着苍天，象是一根一根地回忆着那些弹断的琴弦。盼了多少年了呀，老瞎子想，盼了五十年了！五十年中翻了多少架山，走了多少里路哇，挨了多少回晒，挨了多少回冻，心里受了多少委屈呀。

一晚上一晚上地弹，心里总记着，得真正是一根一根尽心尽力地弹断的才成。现在快盼到了，绝出不了这个夏天了。老瞎子知道自己又没什么能要命的病，活过这个夏天一点不成问题。"我比我师父可运气多了，"他说，"我师父到了没能睁开眼睛看一回。"

"咳！我知道这地方是哪儿了！"小瞎子忽然喊起来。

老瞎子这才动了动，抓起自己的琴来摇了摇，叠好的纸片碰在蛇皮上发出细微的响声，那张药方就在琴槽里。

"师父，这儿不是野羊岭吗？"小瞎子问。

老瞎子没搭理他，听出这小子又不安稳了。

"前头就是野羊坳，是不是，师父？"

"小子，过来给我擦擦背，"老瞎子说，把弓一样的脊背弯给他。

"是不是野羊坳，师父？"

"是！干什么？你别又闹猫似的。"

小瞎子的心扑通扑通跳，老老实实地给师父擦背。老瞎子觉出他擦得很有劲。

"野羊坳怎么了？你别又叫驴似的会闻味儿。"

小瞎子心虚，不吭声，不让自己显出兴奋。

"又想什么呢？别当我不知道你那点心思。"

"又怎么了，我？"

"怎么了你？上回你在这儿疯得不够？那妮子是什么好货！"老瞎子心想，也许不该再带他到野羊坳来。可是野羊坳是个大村子，年年在这儿生意都好，能说上半个多月。老瞎子恨不能立刻弹断最后几根琴弦。

小瞎子嘴上嘟嘟囔囔的，心却飘飘的，想着野羊坳里那个尖声细气的小妮子。

"听我一句话，不害你，"老瞎子说，"那号事靠不住。"

"什么事？"

"少跟我贫嘴。你明白我说的什么事。"

"我就没听您说过，什么事靠得住。"小瞎子又偷偷地笑。

老瞎子没理他，骨头一样的眼珠又对着苍天。那儿，太阳正变成一汪血。

两面脊背和山是一样的黄褐色。一座已经老了，嶙峋瘦骨象是山根下裸露的基石。另一座正年青。老瞎子七十岁，小瞎子才十七。

小瞎子十四岁上父亲把他送到老瞎子这儿来，为的是让他学说书，这辈子好有个本事；将来可以独自在世上活下去。

老瞎子说书已经说了五十多年。这一片偏僻荒凉的大山里的人们都知道他：头发一天天变白，背一天天变驼，年年月月背一把三弦琴满世界走，逢上有愿意出钱的地方就拨动琴弦唱一晚上，给寂寞的山村带来欢乐。开头常是这么几句："自从盘古分天地，三皇五帝到如今，有道君王安天下，无道君王害黎民。轻轻弹响三弦琴，慢慢稍停把歌论，歌有三千七百本，不知哪本动人心。"于是听书的众人喊起来，老的要听董永卖身葬父，小的要听武二郎夜走蜈蚣岭，女人们想听秦香莲。这是老瞎子最知足的一刻，身上的疲劳和心里的孤寂全忘却，不慌不忙地喝几口水，待众人的吵嚷声鼎沸，便把琴弦一阵紧拨，唱道："今日不把别人唱，单表公子小罗成。"或者："茶也喝来烟也吸，唱一回哭倒长城的孟姜女。"满场立刻鸦雀无声，老瞎子也全心沉到自己所说的书中去。

他会的老书数不尽。他还有一个电匣子，据说是花了大价钱从一个山外人手里买来，为的是学些新词儿，编些新曲儿。其实山里人倒不太在乎他说什么唱什么。人人都称赞他那三弦子弹得讲究，轻轻漫漫的，飘飘洒洒的，疯颠狂放的，那里头有天上的日月，有地上的生灵。老瞎子的嗓子能学出世上所有的声音，男人、女人、刮风下雨、兽啼禽鸣。不知道他脑子里能呈现出什么景象，他一落生就瞎了眼睛，从没见过这个世界。

小瞎子可以算见过世界，但只有三年，那时还不懂事。他对说书和弹琴并无多少兴趣，父亲把他送来的时候费尽了唇舌，好说歹说连哄带骗，最后不如说是那个电匣子把他留住。他抱着电匣子听得入神，甚至没发觉父亲什么时候离去。

这只神奇的匣子永远令他着迷，遥远的地方和稀奇古怪的事物使他幻想不绝，凭着三年朦胧的记忆，补充着万物的色彩和形象，譬如海，匣子里说蓝天就象大海，他记得蓝天，于是想象出海；匣子里说海是无边无际的水，他记得锅里的水，于是想象出满天排开的水锅。再譬如漂亮的姑娘，匣子里说就像盛开的花朵，他实在不相信会是那样，母亲的灵柩被抬到远山上去的时候，路上正开通着野花，他永远记得却永远不愿意去想。但他愿意想姑娘，越来越愿意想；尤其是野羊坳的那个尖声细气的小妮子，总让他心里荡起波澜。直到有一回匣子里唱道，"姑娘的眼睛就像太阳"，这下他才找到了一个贴切的形象，想起母亲在红透的夕阳中向他走来的样子，其实人人都是根据自己的所知猜测着无穷的未知，以自己的感情勾画出世界。每个人的世界就都不同。

也总有一些东西小瞎子无从想象，譬如"曲折的油狼"。

这天晚上，小瞎子跟着师父在野羊坳说书，又听见那小妮子站在离他不远处尖声细气地说笑。书正说到紧要处——"罗成回马再交战，大胆苏烈又兴兵。苏烈大刀如流水，罗成长枪似腾云，好似海中龙吊宝，犹如深山虎争林。又战七日并七夜，罗成清茶无点唇……"老瞎子把琴弹得如雨骤风疾，字字句句唱得铿锵。小瞎子却心猿意马，手底下早乱了套数……

野羊岭上有一座小庙，离野羊坳村二里地，师徒二人就在这里住下。石头砌的院墙已经残断不全，几间小殿堂也歪斜欲倾百孔千疮，唯正中一间尚可遮蔽风雨，大约是因为这一间中毕竟还供奉着神灵。三尊泥像早脱尽了尘世的彩饰，还一身黄土本色返朴归真了；认不出是佛是道。院里院外、房顶墙头都长满荒藤野草，蓊蓊郁郁倒有生气。老瞎子每回到野羊坳说书都住这儿，不出房钱又不惹是非。小瞎子是第二次住在这儿。

散了书已经不早，老瞎子在正殿里安顿行李，小瞎子在侧殿的檐下生火烧水。去年砌下的灶稍加修整就可以用。小瞎子蹶着屁股吹火，柴草不干，呛得他满院里转着圈咳嗽。

老瞎子在正殿里数叨他："我看你能干好什么。"

"柴湿嘛。"

"我没说这事。我说的是你的琴，今儿晚上的琴你弹成了什么。"

小瞎子不敢接这话茬，吸足了几口气又跪到灶火前去，鼓着腮帮子一通猛吹。"你要是不想干这行，就趁早给你爹捎信把你领回去。老这么闹猫闹狗的可不行，要闹回家闹去。"

小瞎子咳嗽着从灶火边跳开，几步蹿到院子另一头，呼噍呼噍大喘气，嘴里一边骂。

"说什么呢？"

"我骂这火。"

"有你那么吹火的？"

"那怎么吹？"

"怎么吹？哼，"老瞎子顿了顿，又说："你就当这灶火是那妮子的脸！"

小瞎子又不敢搭腔了，跪到灶火前去再吹，心想：真的，不知道兰秀儿的脸什么样。那个尖声细气的小妮子叫兰秀儿。

"那要是妮子的脸，我看你不用教也会吹。"老瞎子说。

小瞎子笑起来，越笑越咳嗽。

"笑什么笑！"

"您吹过妮子脸？"

老瞎子一时语塞。小瞎子笑得坐在地上。"日他妈。"老瞎子骂道，笑笑，然后变了脸色，再不言语。

灶膛里腾的一声，火旺起来。小瞎子再去添柴，一心想着兰秀儿。才散了书的那会儿，兰秀儿挤到他跟前来小声说："哎，上回你答应我什么来？"师父就在旁边，他没敢吭声。人群挤来挤去，一会儿又把兰秀儿挤到他身边。"嚄，上回吃了人家的煮鸡蛋倒白吃了？"兰秀儿说，声音比上回大。这时候师父正忙着跟几个老汉拉话，他赶紧说："嘘——，我记着呢。"兰秀儿又把声音压低："你答应给我听电匣子你还没给我听。""嘘——，我记着呢。"幸亏那会儿人声嘈杂。

正殿里好半天没有动静。之后，琴声响了，老瞎子又上好了一根新弦。他本来应该高兴的，来野羊坳头一晚上就又弹断了一根琴弦。可是那琴声却低沉、零乱。

小瞎子渐渐听出琴声不对，在院里喊："水开了，师父。"

没有回答。琴声一阵紧似一阵了。

小瞎子端了一盆热水进来，放在师父跟前，故意嘻嘻笑着说："您今儿晚还想弹断一根是怎么着？"

老瞎子没听见，这会儿他自己的往事都在心中，琴声烦躁不安，象是年年旷野里的风雨，象是日夜山谷中的流溪，象是奔奔忙忙不知所归的脚步声。小瞎子有点害怕了：师父很久不这样了，师父一这样就要犯病，头疼、心口疼、浑身疼，会几个月爬不起炕来。

"师父，您先洗脚吧。"

琴声不停。

"师父，您该洗脚了。"小瞎子的声音发抖。

琴声不停。

"师父！"

琴声嘎然而止，老瞎子叹了口气。小瞎子松了口气。

老瞎子洗脚，小瞎子乖乖地坐在他身边。

"睡去吧，"老瞎子说，"今儿格够累的了。"

"您呢？"

"你先睡，我得好好泡泡脚。人上了岁数毛病多。"老瞎子故意说得轻松。

"我等您一块儿睡。"

山深夜静。有了一点风，墙头的草叶子响。夜猫子在远处哀哀地叫。听得见野羊场里偶尔有几声狗吠，又引得孩子哭。月亮升起来，白光透过残损的窗棂进了殿堂，照见两个瞎子和三尊神像。

"等我干嘛，时候不早了。"

"你甭担心我，我怎么也不怎么。"老瞎子又说。

"听见没有，小子？"

小瞎子到底年轻，已经睡着。老瞎子推推他让他躺好，他嘴里咕囔了几句倒头睡去。老瞎子给他盖被时，从那身日渐发育的筋肉上觉出，这孩子到了要想那些事的年龄，非得有一段苦日子过不可了。唉，这事谁也替不了谁。

老瞎子再把琴抱在怀里，摩挲着根根绷紧的琴弦，心里使劲念叨：又断了一根了，又断了一根了。再摇摇琴槽、有轻微的纸和蛇皮的磨擦声。唯独这事能为他排忧解烦。一辈子的愿望。

小瞎子作了一个好梦，醒来吓了一跳，鸡已经叫了。他一骨碌爬起来听听，师父正睡得香，心说还好。他摸到那个大挎包，悄悄地掏出电匣子，蹑手蹑脚出了门。

往野羊坳方向走了一会儿，他才觉出不对头，鸡叫声渐渐停歇，野羊坳里还是静静的没有人声。他楞了一会儿，鸡才叫头遍吗？灵机一动扭开电匣子。电匣子里也是静悄悄。现在是半夜。他半夜里听过匣子，什么都没有。这匣子对他来说还是个表，只要扭开一听，便知道是几点钟，什么时候有什么节目都是一定的。

小瞎子回到庙里，老瞎子正翻身。

"干嘛哪？"

"撒尿去了。"小瞎子说。

一上午，师父逼着他练琴。直到晌午饭后，小瞎子才瞅机会溜出庙来，溜进野羊坳。鸡也在树荫下打盹，猪也在墙根下说着梦话，太阳又热又凶，村子里很安静。

小瞎子踩着磨盘，扒着兰秀儿家的墙头轻声喊："兰秀儿——兰秀儿——"

屋里传出雷似的鼾声。

他犹豫了片刻，把声音稍稍抬高："兰秀儿——！兰秀儿——！"

狗叫起来。屋里的鼾声停了，一个闷声闷气的声音问："谁呀？"

小瞎子不敢回答，把脑袋从墙头上缩下来。

屋里吧唧了一阵嘴，又响起鼾声。

他叹口气，从磨盘上下来，快快地往回走。忽听见身后嘎吱一声院门响，随即一阵细碎的脚步声向他跑来。

"猜是谁?"尖声细气。小瞎子的眼睛被一双柔软的小手捂上了。——这才多余呢。兰秀儿不到十五岁,认真说还是个孩子。

"兰秀儿!"

"电匣子拿来没?"

小瞎子掀开衣襟,匣子挂在腰上。"嘘——,别在这儿,找个没人的地方听去。"

"咋啦?"

"回头招好些人。"

"咋啦?"

"那么多人听,费电。"

两个人东拐西弯,来到山背后那眼小泉边。小瞎子忽然想起件事,问兰秀儿:"你见过曲折的油狼吗?"

"啥?"

"曲折的油狼。"

"曲折的油狼?"

"知道吗?"

"你知道?"

"当然。还有绿色的长椅。就是一把椅子。"

"椅子谁不知道。"

"那曲折的油狼呢?"

兰秀儿摇摇头,有点崇拜小瞎子了。小瞎子这才郑重其事地扭开电匣子,一支欢快的乐曲在山沟里飘荡。

这地方又凉快又没有人来打扰。

"这是'步步高'。"小瞎子说,跟着哼。

一会儿又换了支曲子,叫"旱天雷",小瞎子还能跟着哼。兰秀儿觉得很惭愧

"这曲子也叫'和尚思妻'。"

兰秀儿笑起来:"瞎骗人!"

"你不信?"

"不信。"

"爱信不信。这匣子里说的古怪事多啦。"小瞎子玩着凉凉的泉水,想了一会儿。"你知道什么叫接吻吗?"

"你说什么叫?"

这回轮到小瞎子笑,光笑不答。兰秀儿明白准不是好话,红着脸不再问。

音乐播完了,一个女人说,"现在是讲卫生节目。"

"啥?"兰秀儿没听清。

"讲卫生。"

"是什么?"

"嗯——,你头发上有虱子吗?"

"去——，别动！"

小瞎子赶忙缩回手来，赶忙解释："要有就是不讲卫生。"

"我才没有。"兰秀儿抓抓头，觉得有些刺痒。"噫——，瞧你自个儿吧！"兰秀儿一把搬过小瞎子的头。"看我捉几个大的。"

这时候听见老瞎子在半山上喊："小子，还不给我回来！该做饭了，吃罢饭还得去说书！"他已经站在那儿听了好一会儿了。

野羊坳里已经昏暗，羊叫、驴叫、狗叫、孩子们叫，处处起了炊烟。野羊岭上还有一线残阳，小庙正在那淡薄的光中，没有声响。

小瞎子又蹶着屁股烧火。老瞎子坐在一旁淘米，凭着听觉他能把米中的砂子捡出来。

"今天的柴挺干。"小瞎子说。

"嗯。"

"还是焖饭？"

"嗯。"

小瞎子这会儿精神百倍，很想找些话说，但是知道师父的气还没消，心说还是少找骂。

两个人默默地干着自己的事，又默默地一块儿把饭做熟。岭上也没了阳光。

小瞎子盛了一碗小米饭，先给师父："您吃吧。"声音怯怯的，无比驯顺。

老瞎子终于开了腔："小子，你听我一句行不？"

"嗯。"小瞎子往嘴里扒拉饭，回答得含糊。

"你要是不愿意听，我就不说。"

"谁说不愿意听了？我说'嗯'！"

"我是过来人，总比你知道的多。"

小瞎子闷头扒拉饭。

"我经过那号事。"

"什么事？"

"又跟我贫嘴！"老瞎子把筷子往灶台上一摔。

"兰秀儿光是想听听电匣子。我们光是一块儿听电匣子来。"

"还有呢？"

"没有了。"

"没有了？"

"我还问她见没见过曲折的油狼。"

"我没问你这个！"

"后来，后来，"小瞎子不那么气壮了。"不知怎么一下就说起了虱子……"

"还有呢？"

"没了。真没了！"

两个人又默默地吃饭。老瞎子带了这徒弟好几年，知道这孩子不会撒谎，这孩子最让人放心的地方就是诚实，厚道。

"听我一句话，保准对你没坏处。以后离那妮子远点儿。"

311

"兰秀儿人不坏。"

"我知道她不坏，可你离她远点儿好。早年你师爷这么跟我说，我也不信……"

"师爷？说兰秀儿？"

"什么兰秀儿，那会儿还没她呢。那会儿还没有你们呢……"老瞎子阴郁的脸又转向暮色浓重的天际，骨头一样白色的眼珠不住地转动，不知道在那儿他能"看"见什么。

许久，小瞎子说："今儿晚上您多半又能弹断一根琴弦。"想让师父高兴些。

这天晚上师徒俩又在野羊坳说书。"上回唱到罗成死，三魂七魄赴幽冥，听歌君子莫嘈嚷，列位听我道下文。罗成阴魂出地府，一阵旋风就起身，旋风一阵来得快，长安不远面前存……"老瞎子的琴声也乱，小瞎子的琴声也乱。小瞎子回忆着那双柔软的小手捂在自己脸上的感觉，还有自己的头被兰秀儿搬过去时的滋味。老瞎子想起的事情更多……

夜里老瞎子翻来覆去睡不安稳，多少往事在他耳边喧嚣，在他心头动荡，身体里仿佛有什么东西要爆炸。坏了，要犯病，他想。头昏，胸口憋闷，浑身紧巴巴的难受。他坐起来，对自己叨咕："可别犯病，一犯病今年就甭想弹够那些琴弦了。"他又摸到琴。要能叮叮当当随心所欲地疯弹一阵，心头的忧伤或许就能平息，耳边的往事或许就会消散。可是小瞎子正睡得香甜。

他只好再全力去想那张药方和琴弦：还剩下几根，还只剩最后几根了。那时就可以去抓药了，然后就能看见这个世界——他无数次爬过的山，无数次走过的路，无数次感到过她的温暖和炽热的太阳，无数次梦想着的蓝天、月亮和星星……还有呢？突然间心里一阵空，空得深重。就只为了这些？还有什么？他朦胧中所盼望的东西似乎比这要多得多……

夜风在山里游荡。

猫头鹰又在凄哀地叫。

不过现在他老了，无论如何没几年活头了，失去的已经永远失去了，他象是刚刚意识到这一点。七十年中所受的全部辛苦就为了最后能看一眼世界，这值得吗？他问自己。

小瞎子在梦里笑，在梦里说："那是一把椅子，兰秀儿……"

老瞎子静静地坐着。静静地坐着的还有那三尊分不清是佛是道的泥像。

鸡叫头遍的时候老瞎子决定，天一亮就带这孩子离开野羊坳。否则这孩子受不了，他自己也受不了。兰秀儿人不坏，可这事会怎么结局，老瞎子比谁都"看"得清楚。鸡叫二遍，老瞎子开始收拾行李。

可是一早起来小瞎子病了，肚子疼，随即又发烧。老瞎子只好把行期推迟。

一连好几天，老瞎子无论是烧火、淘米、捡柴，还是给小瞎子挖药、煎药，心里总在说："值得，当然值得。"要是不这么反反复复对自己说，身上的力气似乎就全要垮掉。"我非要最后看一眼不可。""要不怎么着？就这么死了去？""再说就只剩下最后几根了。"后面三句都是理由。老瞎子又冷静下来，天天晚上还到野羊坳去说书。

这一下小瞎子倒来了福气。每天晚上师父到岭下去了，兰秀儿就猫似的轻轻跳进庙里来听匣子。兰秀儿还带来熟的鸡蛋，条件是得让她亲手去扭那匣子的开关。"往哪边扭？""往右。""扭不动。""往右，笨货，不知道哪边是右哇？""咔哒"一下，无论是什么便响起来，无论是什么俩人都爱听。

又过了几天，老瞎子又弹断了三根琴弦。

这一晚，老瞎子在野羊坳里自弹自唱："不表罗成投胎事，又唱秦王李世民。秦王一听双泪流，可怜爱卿丧残身，你死一身不打紧，缺少扶朝上将军……"

野羊岭上的小庙里这时更热闹。电匣子的音量开得挺大，又是孩子哭，又是大人喊，轰隆隆地又响炮，嘀嘀哒哒地又吹号。月光照进正殿，小瞎子躺着啃鸡蛋，兰秀儿坐在他旁边。两个人都听得兴奋，时而大笑，时而稀里糊涂莫名其妙。

"这匣子你师父哪买来？"

"从一个山外头的人手里。"

"你们到山外头去过？"兰秀儿问。

"没。我早晚要去一回就是，坐坐火车。"

"火车？"

"火车你也不知道？笨货。"

"噢，知道知道，冒烟哩是不是？"

过了一会儿兰秀儿又说："保不准我就得到山外头去。"语调有些惆怅。

"是吗？"小瞎子一挺坐起来："那你到底瞧瞧曲折的油狼是什么。"

"你说是不是山外头的人都有电匣子？"

"谁知道。我说你听清楚没有？曲、折、的、油、狼，这东西就在山外头。"

"那我得跟他们要一个电匣子。"兰秀儿自言自语地想心事。

"要一个？"小瞎子笑了两声，然后屏住气，然后大笑："你干嘛不要俩？你可真本事大。你知道这匣子几千块钱一个？把你卖了吧，怕也换不来。"

兰秀儿心里正委屈，一把揪住小瞎子的耳朵使劲拧，骂道："好你个死瞎子。"

两个人在殿堂里扭打起来。三尊泥像袖手旁观帮不上忙。两个年青的正在发育的身体碰撞在一起，纠缠在一起，一个把一个压在身下，一会儿又颠倒过来，骂声变成笑声。匣子在一边唱。

打了好一阵子，两个人都累得住了手，心怦怦跳，面对面躺着喘气，不言声儿，谁却也不愿意再拉开距离。

兰秀儿呼出的气吹在小瞎子脸上，小瞎子感到了诱惑，并且想起那天吹火时师父说的话，就往兰秀儿脸上吹气。兰秀儿并不躲。

"嘿，"小瞎子小声说："你知道接吻是什么了吗？"

"是什么？"兰秀儿的声音也小。

小瞎子对着兰秀儿的耳朵告诉她。兰秀儿不说话。老瞎子回来之前，他们试着亲了嘴儿，滋味真不坏……

就是这天晚上，老瞎子弹断了最后两根琴弦。两根弦一齐断了。他没料到。他几乎是连跑带爬地上了野羊岭，回到小庙里。

小瞎子吓了一跳："怎么了，师父？"

老瞎子喘吁吁地坐在那儿，说不出话。

小瞎子有些犯嘀咕：莫非是他和兰秀儿干的事让师父知道了？

老瞎子这才相信：一切都是值得的。一辈子的辛苦都是值得的。能看一回，好好看一回，怎么都是值得的。

　　"小子，明天我就去抓药。"

　　"明天？"

　　"明天。"

　　"又断了一根了？"

　　"两根。两根都断了。"

　　老瞎子把那两根弦卸下来，放在手里揉搓了一会儿，然后把它们并到另外的九百九十八根中去，绑成一捆。

　　"明天就走？"

　　"天一亮就动身。"

　　小瞎子心里一阵发凉。老瞎子开始剥琴槽上的蛇皮。

　　"可我的病还没好利索，"小瞎子小声叨咕。

　　"噢，我想过了，你就先留在这儿，我用不了十天就回来。"

　　小瞎子喜出望外。

　　"你一个人行不？"

　　"行！"小瞎子紧忙说。

　　老瞎子早忘了兰秀儿的事。"吃的、喝的、烧的全有。你要是病好利索了，也该学着自个儿去说回书。行吗？"

　　"行。"小瞎子觉得有点对不住师父。

　　蛇皮剥开了，老瞎子从琴槽中取出一张叠得方方正正的纸条。他想起这药方放进琴槽时，自己才二十岁，便觉得浑身上下都好像冷。

　　小瞎子也把那药方放在手里摸了一会儿，也有了几分肃穆。

　　"你师爷一辈子才冤呢。"

　　"他弹断了多少根？"

　　"他本来能弹够一千根，可他记成了八百。要不然他能弹断一千根。"

　　天不亮老瞎子就上路了。他说最多十天就回来，谁也没想到他竟去了那么久。

　　老瞎子回到野羊坳时已经是冬天。漫天大雪，灰暗的天空连接着白色的群山。没有声息，处处也没有生气，空旷而沉寂。所以老瞎子那顶发了黑的草帽就尤其攒动得显著。他蹒蹒跚跚地爬上野羊岭。庙院中衰草瑟瑟，蹿出一只狐狸，仓惶逃远。

　　村里人告诉他，小瞎子已经走了些日子。

　　"我告诉他我回来。"

　　"不知道他干嘛就走了。"

　　"他没说去哪儿？留下什么话没？"

　　"他说让您甭找他。"

　　"什么时候走的？"

人们想了好久，都说是在兰秀儿嫁到山外去的那天。

老瞎子心里便一切全都明白。

众人劝老瞎子留下来，这么冰天雪地的上哪去？不如在野羊坳说一冬书。老瞎子指指他的琴，人们见琴柄上空荡荡已经没了琴弦。老瞎子面容也憔悴，呼吸也孱弱，嗓音也沙哑了，完全变了个人。他说得去找他的徒弟。

若不是还想着他的徒弟，老瞎子就回不到野羊坳。那张他保存了五十年的药方原来是一张无字的白纸。他不信，请了多少个识字而又诚实的人帮他看，人人都说那果真就是一张无字的白纸。老瞎子在药铺前的台阶上坐了一会儿，他以为是一会儿，其实已经几天几夜，骨头一样的眼珠在询问苍天，脸色也变成骨头一样的苍白。有人以为他是疯了，安慰他，劝他。老瞎子苦笑：七十岁了再疯还有什么意思？他只是再不想动弹，吸引着他活下去、走下去、唱下去的东西骤然间消失干净。就像一根不能拉紧的琴弦，再难弹出赏心悦耳的曲子。老瞎子的心弦断了。现在发现那目的原来是空的。老瞎子在一个小客店里住了很久，觉得身体里的一切都在熄灭。他整天躺在炕上，不弹也不唱，一天天迅速地衰老。直到花光了身上所有的钱，直到忽然想起了他的徒弟，他知道自己的死期将至，可那孩子在等他回去。

茫茫雪野，皑皑群山，天地之间攒动着一个黑点。走近时，老瞎子的身影弯得如一座桥。他去找他的徒弟。他知道那孩子目前的心情、处境。

他想自己先得振作起来，但是不行，前面明明没有了目标。

他一路走，便怀恋起过去的日子，才知道以往那些奔奔忙忙兴致勃勃的翻山、赶路、弹琴，乃至心焦、忧虑都是多么欢乐！那时有个东西把心弦扯紧，虽然那东西原是虚设。老瞎子想起他师父临终时的情景。他师父把那张自己没用上的药方封进他的琴槽。"您别死，再活几年，您就能睁眼看一回了。"说这话时他还是个孩子。他师父久久不言语，最后说："记住，人的命就像这琴弦，拉紧了才能弹好，弹好了就够了。"……不错，那意思就是说：目的本来没有。老瞎子知道怎么对自己的徒弟说了。可是他又想：能把一切都告诉小瞎子吗？老瞎子又试着振作起来，可还是不行，总摆脱不掉那张无字的白纸……

在深山里，老瞎子找到了小瞎子。

小瞎子正跌倒在雪地里，一动不动，想那么等死。老瞎子懂得那绝不是装出来的悲哀。老瞎子把他拖进一个山洞，他已无力反抗。

老瞎子捡了些柴，打起一堆火。

小瞎子渐渐有了哭声。老瞎子放了心，任他尽情尽意地哭。只要还能哭就还有救，只要还能哭就有哭够的时候。

小瞎子哭了几天几夜，老瞎子就那么一声不吭地守候着。火头和哭声惊动了野兔子、山鸡、野羊、狐狸和鹞鹰……

终于小瞎子说话了："干嘛咱们是瞎子！"

"就因为咱们是瞎子。"老瞎子回答。

终于小瞎子又说："我想睁开眼看看，师父，我想睁开眼看看！"

哪怕就看一回。"你真那么想吗？"

"真想，真想——"

老瞎子把篝火拨得更旺些。

雪停了。铅灰色的天空中，太阳象一面闪光的小镜子。鹞鹰在平稳地滑翔。

"那就弹你的琴弦，"老瞎子说，"一根一根尽力地弹吧。"

"师父，您的药抓来了？"小瞎子如梦方醒。

"记住，得真正是弹断的才成。"

"您已经看见了吗？师父，您现在看得见了？"

小瞎子挣扎着起来，伸手去摸师父的眼窝。老瞎子把他的手抓住。

"记住，得弹断一千二百根。"

"一千二？"

"把你的琴给我，我把这药方给你封在琴槽里。"老瞎子现在才弄懂了他师父当年对他说的话——咱的命就在这琴弦上。

目的虽是虚设的，可非得有不行，不然琴弦怎么拉紧；拉不紧就弹不响。

"怎么是一千二，师父？"

"是一千二，我没弹够，我记成了一千。"老瞎子想：这孩子再怎么弹吧，还能弹断一千二百根？永远扯紧欢跳的琴弦，不必去看那张无字的白纸……

这地方偏僻荒凉，群山不断。荒草丛中随时会飞起一对山鸡，跳出一只野兔、狐狸、或者其它小野兽。山谷中鹞鹰在盘旋。

现在让我们回到开始：

莽莽苍苍的群山之中走着两个瞎子，一老一少，一前一后，两顶发了黑的草帽起伏攒动，匆匆忙忙，象是随着一条不安静的河水在漂流。无所谓从哪儿来、到哪儿去，也无所谓谁是谁……

【拓展资料】

1. 去除种种表面上的原因看，写作就为生存找一个至一万个精神上的理由，以便生活不只是一个生物过程，更是一个充实、旺盛、快乐和镇静的过程。(史铁生：《答自己问》，《作家》1988年第1期)

2. 一个只想（只想！）使过程精彩的人是无法被剥夺的，因为死神也无法将一个精彩的过程变成不精彩的过程，因为坏运也无法阻挡你去创造一个精彩的过程，相反你可以把死亡也变成一个精彩的过程，相反坏运更利于你去创造精彩的过程。于是绝境溃败了，它必然溃败。你立于目的的绝境却实现着、欣赏着、饱尝着过程的精彩，你便把绝境送上了绝境。梦想使你迷醉，距离就成了欢乐；追求使你充实，失败和成功都是伴奏；当生命以美的形式证明其价值的时候，幸福是享受，痛苦也是享受。(史铁生：《好运设计》，《宿命的写作》，山东文艺出版社2001年版)

3. 关于残疾我也有一些看法。我的残疾主题主要是指向人的残疾，而不是残疾人。一切人都有残疾，这种残疾指的是生命困境，生命的局限，每个人都有局限，每个人都在这样的局限中试图超越，这好象是生命最根本的东西，人的一切活动都可以归到这里。（张专：《一个作家的生命体验——史铁生访谈》，《现代传媒——北京广播学院学报》1994年第3期）

4. 寓言是一种记叙体，通过人物、情节，有时还包括场景的描写，构成完整的"字画"，也就是第一层意义，同时，借此喻彼，表现另一层相关的人物、意念和事件。（阿伯拉姆斯：《文学术语汇编》，转引自王先霈、王又平主编《文学批评术语词典》，上海文艺出版社1999年版）所谓寓言性就是说表面的故事总是含有另外一个隐秘的意义。（杰姆逊《后现代主义与文化理论》，转引处同上）

【研习与探索】

1. 小说的主要人物是两个瞎子，作家这样安排有何寓意？
2. 找出作品中富有哲理意味的句子，仔细品味。
3. 小说叙事采用对话体，语言朴素、凝练、含蓄，能很好地捕捉和揭示人物的内心世界。借鉴这种写法，尝试写一篇小小说。

潘金莲（节选）

一个女人的沉沦史

魏明伦[①]

天知道事情是发生在什么时代啊？
悲剧中的每一个人物都不属于历史，而是属于诗人的，尽管这个人物具有历史的名字。（悲剧主角）既是有罪的，同时也是无罪的！

——别林斯基：《论〈哈姆雷特〉》

时：跨朝越代，不分时间。
地：跨国越州，不拘地点。
景：不用复杂布景，但须特效灯光，背景斗大繁体"戏"字，各场变换隶、楷、篆、草几种字体。台侧分设两级云阶，左阶书"荒"，右阶书"诞"。
场：　　楔子
　　　　反抗
　　　　委屈
　　　　追求
　　　　沉沦
　　　　尾声

---

① 魏明伦（1941－），四川内江人，当代著名剧作家。《潘金莲》是其川剧代表作，发表于《戏剧与电影》1986年第2期，同年搬上舞台表演，在海内外引起很大反响，作者也因此被称为"巴蜀鬼才"。

剧中人：　　　　　　剧外人：
　　潘金莲　　　　　　　吕莎莎
　　武　松　　　　　　　施耐庵
　　武大郎　　　　　　　武则天
　　西门庆　　　　　　　安娜·卡列尼娜
　　张大户　　　　　　　人民法庭女庭长
　　王　婆　　　　　　　贾宝玉
　　泼皮甲　　　　　　　芝麻官
　　泼皮乙　　　　　　　现代阿飞
　　泼皮丙　　　　　　　上官婉儿
　　配角若干，先后串演"剧"中"剧"外士兵，邻居，猎户，猛虎，家院，四女人及銮舆仪仗队等角色。

楔　子

帮　腔
　　　　　才子编野史，
　　　　　戏台塑武松。
　　　　　天堂刀光闪，
　　　　　血溅孝衣红。
　　［大幕徐启，灯光渐明，映出一组雕像——"武松杀嫂"场面。
　　［素烛白帏，武松横刀怒视潘金莲，两名士兵押着王婆，一邻居笔录供词，三邻居惊骇旁观。
　　［帮腔一止，群雕即活。

武　松　（疾呼）杀！
　　［王婆怪叫一声，夺门欲逃，被士兵拖回，"托举"奔下。
　　［邻居纷纷做鸟兽散，下。
　　［武松杀嫂，按传统戏招式，刀光与水发飞舞，轻功随椅技翻滚。武松口含短刀，撕开潘金莲孝衣领襟，对准胸膛一刀捅去，潘金莲惨叫抚胸，身如落叶徐徐飘落。
　　［切光，四周黑暗，只留潘金莲"卧鱼"合目于血泊，渐隐没。
　　［惊堂木响，台侧云阶映出一位手捧线装书的古代文人。

古代文人
　　　　　青竹蛇儿嘴，
　　　　　黄蜂尾上针。
　　　　　两般犹小可，
　　　　　最毒妇人心。
　　诸位客官，话说本书二十六回，武松杀了淫妇，直奔狮子楼而去……欲知后事如何，且听下回分解。
　　［另侧云阶映出一位手拿望远镜的现代女郎。

现代女郎　谁在说书？
古代文人　谁在问话？
现代女郎　谁？云遮雾障……
古代文人　欲穷千里目？
现代女郎　借助望远镜！
二　　人　看——
　　　　　　［穿云拨雾寻视，台中相遇。
现代女郎　你！
古代文人　你！
现代女郎　你是谁呀？
古代文人　听我道来！（唱昆曲）
　　　　　　吾笔下雄兵百万，
　　　　　　吾巨著流传千午。
　　　　　　颂好汉，
　　　　　　反贪官，
　　　　　　树忠义，
　　　　　　立圣言，
　　　　　　草泽才子施耐庵，
　　　　　　草泽才子施耐庵。
现代女郎　啊，原来是《水浒》作者，我久闻才子大名，正要向先生请教。（握手）你好！
施耐庵　（拱手）男女有别，你是何人？如此放浪？
现代女郎　你问我？（唱流行歌曲风味）
　　　　　　我来自崭新的山水，
　　　　　　我来自光明的社会，
　　　　　　女儿甜，
　　　　　　青春美，
　　　　　　思敏锐，
　　　　　　志腾飞，
　　　　　　八十年代新一辈，
　　　　　　八十年代新一辈。
　　　　　（拉施耐庵跳起交谊舞）
施耐庵　荒唐，荒唐已极！（打量莎莎）你姓甚名谁？
现代女郎　吕莎莎。
施耐庵　家住哪里？
吕莎莎　花园街五号。
施耐庵　花园街！（抚髯）贵府离紫石街远否？
吕莎莎　（笑）太远了，我要张开想象的翅膀，跨越时空的界限，飞到先生面前，表达几分敬意，附带一点遗憾！
施耐庵　有何憾事？施某洗耳恭听。
吕莎莎　先生写作《水浒》，歌颂梁山，不愧是农民起义的代言人。遗憾的是，你书中对妇女贬得太低、杀得太多……
施耐庵　住口！一群荡妇淫娃，经我口诛笔伐，声名狼藉，早已盖棺定论，你若不信，随我一观——
　　　　〔施耐庵登上云阶，戟指处，四女人蹁跹舞蹈而上。
吕莎莎　什么人？
女人甲　阎惜姣！
女人乙　潘巧云！
女人丙　贾氏！
女人丁　白秀英！
吕莎莎　哎呀，一个模式，女人坏，坏女人！谁是头号代表？
施耐庵　潘金莲——
　　　　〔潘金莲以传统戏荡妇面貌出现，莲步妖娆，手绢轻抛，四女人伴舞，亦步亦趋。
　　　　〔四女人退下，潘金莲执扇半遮，回眸荡笑，"定格"。
施耐庵　祸水，祸水，唯女子与小人为难养也！
吕莎莎　老先生，这是你的"主观镜头"！
施耐庵　何为"主观镜头"？
吕莎莎　传统偏见！
施耐庵　正统高见。
吕莎莎　我承认，你的"高见"至今还有一定的市场，可我们现代人不能老是被你古人牵着鼻子走啊！
施耐庵　你莫非想替潘金莲翻案吗？
吕莎莎　不，"翻案"二字，太简单化了！（登上云阶）我是站在八十年代的角度，重新认识潘金莲，思考这一个无辜弱女是怎样一步一步走向沉沦……
　　　　〔锣鼓大作，四个男人掩袖而上，莎莎与施耐庵隐没。
　　　　〔四个男人收袖"亮相"——张大户、武大郎、西门庆、武松。
　　　　〔四个男人环绕一个女人舞蹈。
　　　　〔潘金莲移扇露面——神态与前不同，变做"青衣"声调。
潘金莲　（呼吁）苦——啊！
　　　　　　　　　　　　　　　　　　　　——切光

反　抗

帮　腔
　　　　暗室红颜劫，
　　　　明堂法华经。
　　　　不见屠刀影，

只闻木鱼声。
［积善人家小佛堂，主人张大户背向观众，默诵法华。
［静场，只有单调的木鱼声……

家　院　（内呼）武大郎，随我来啊！
［家院引武大郎上，武大郎前瞻后顾，忐忑不安。
武大郎　（引）
　　　　大户传见我，
　　　　小人抖双脚。（随家院进）
　　小人武植，叩见员外。（五体投地）
张大户　不用多礼，赐过矮座。
武大郎　谢过员外。（矮凳打坐，心情稍安）
张大户　武大近日生意如何？
武大郎　托员外洪福，小买卖，单身汉，日子过得去。
张大户　既然家境小康，为何不娶妻室？
武大郎　这……不瞒员外说，人到四十五，衣烂无人补，何尝不想成家哟！奈何小人这般模样，软弱无能，哪个看得起我啊？
张大户　休得自暴自弃，你忠厚老诚，安分守己，此乃顺民之美德。
　　（一揖）恭喜你——（唱）
　　　　鸿鸾星，照玉台，
　　　　桃花春运老来开。
　　　　野姑娘进府为奴已十载，
　　　　流光催出玉人来。
　　　　巧，描鸾绣凤针线快，
　　　　妙，弹琴唱曲有诗才。
　　　　好倒好，多愁多怨锁眉黛，
　　　　怜婢女，主人求签问如来。
　　　　却原是前生欠你姻缘债，
　　　　到今生红线一牵白头偕。
　　　　神差鬼使，
　　　　鬼使神差，
　　　　卖饼郎独占花魁呀——
　　　　天安排！
武大郎　啊呀！（唱）
　　　　光棍几十载，
　　　　老婆天上来。
　　　　又喜又奇怪，
　　　　又乐又疑猜。

　　　　　　武大矮，
　　　　　　　良心在，
　　　　　　　扪心问，
　　　　　　　可和谐？
　　　　　　姑娘嫁给丑八怪！
　　　　　　员外吔——
　　　　　　　对我是福，
　　　　　　　对她是灾！
张大户　天意安排，休得推辞，先叫她出来见上一面，再说下文吧。
　　　　（呼）家院！
家　院　（上）员外。
张大户　叫金莲打茶待客。
家　院　是。（呼）金莲听着，打茶待客。
潘金莲　（内应）来——了！
　　　　〔家院下，张大户又默诵佛经，武大郎不敢多问，独坐一旁，打起盹来。
　　　　潘金莲徐上。
潘金莲　（唱）
　　　　　　昨夜秋光浸园庭，
　　　　　　独倚栏杆看双星，
　　　　　　童年早失天伦爱，
　　　　　　青春渴望伴侣情。
　　　　　　厌作豪门寄生草，
　　　　　　爱听长街卖花声，
　　　　　　心随彩蝶飞墙外，
　　　　　　梦游人海觅知音。
张大户　怎么还不来呀！（拍案）
　　　　〔锣鼓作"云里白"，潘金莲应声，捧茶进堂。
潘金莲　员外请用茶。
张大户　那旁有位客人，快去献茶。
潘金莲　是。（上前，低头献茶）客人请用茶。
　　　　〔武大郎接茶，抬头仰望，如遇天仙，傻眼僵化。
　　　　〔潘金莲俯视侏儒，把杯发呆，忍俊不禁，嫣然一笑。
幕　内　（帮腔）
　　　　　　啊，对比鲜明——
武大郎　（背唱）
　　　　　　天上降下大美人！
潘金莲　（背唱）

|||地头冒出土行孙。
张大户　（背唱）
|||那一个老丑侏儒矮三寸,
|||这一个回眸一笑百媚生。
潘金莲　（背唱）
|||笑矮客为何满脸窘?
武大郎　（背唱）
|||窘得我无地可藏身。
张大户　（背唱）
|||这一朵带刺玫瑰有野性,
|||那一坨软弱豆渣是顺民。
武大郎　（唱）
|||入梦境!
潘金莲　（唱）
|||起疑心?
武大郎　（唱）
|||推一推……
潘金莲　（唱）
|||问一问……
张大户　（唱）
|||引而不发,听回音。
武大郎　（欲推辞）哎呀,员外……
张大户　回家去好生想想,明天到此定局。
武大郎　遵命,告辞。
潘金莲　客人,茶杯!
〔武大郎始知茶杯在手,奉还,欲言又忍,苦脸出堂,下。
张大户　金莲,你看此人如何?
潘金莲　丑人多作怪,好笑!（抿嘴而笑）
张大户　笑嘛,老夫就把你赐与武大郎,陪他"笑"一辈子!
潘金莲　（惊）啊!（不信,天真地）员外,你老人家说的戏言么?
张大户　戏言,哼哼,你不是口口声声厌倦高门贵府,甘愿嫁给贫家小户吗?老夫成全你——三寸丁好配你三寸莲步,打烧饼打断你几根傲骨!
潘金莲　（杯盘落地,长呼）天——哪!（唱）
|||恶作剧,乱点鸳鸯谱,
|||残酷心,假充慈悲佛,
|||阎王簿换成姻缘簿,
|||换个绝招害女奴,

　　　　　　奴好比，哑巴吃了黄连苦，
　　　　　　吞不下，
　　　　　　说不出，
　　　　　　一腔愤怒，
　　　　　　两行泪珠。
张大户　唉，啼哭无用，只要你通商量，这姻缘簿儿可以变通变通，更改更改嘛！
潘金莲　请问怎样变，如何改？
张大户　（声调一变）你不与武大为妻，便与老夫为妾！二者必居其一，金莲，你来看啊——（唱）
　　　　　　半城山水归我有，
　　　　　　如夫人宝座为你留。
　　　　　　土皇帝随带土皇后——
　　　　　　春游芳草地，
　　　　　　夏泛木兰舟，
　　　　　　秋饮黄花酒，
　　　　　　冬披白狐裘，
　　　　　　一辈子百般享受……
　　　　　　织女星长伴我啊——
　　　　　　皓首牵牛！
潘金莲　（唱）
　　　　　　威胁利诱，
　　　　　　冷笑问我嫁哪头？
　　　　　　一边是侏儒丑陋！
　　　　　　一边是衣冠沐猴！
　　　　　　丫环可有三条路？
　　　　　　有，投进荷塘万事休！
　　　　〔金莲奔出佛堂，一阵夜风吹来，金莲门前止步。
张大户　风吹树摇，你要清醒些哟！
幕　内　（帮腔）
　　　　　　树摇头，枝摆手，
　　　　　　风拉袖，月挽留……
潘金莲　（触景生情，唱）
　　　　　　草木有情，风月好！
　　　　　　妙龄如花，才开头！
　　　　　　人生路上再走走，
　　　　　　苦酒和泪吞下喉……
张大户　（催促）你嫁与谁家？

潘金莲 （唱）
　　　　　宁与侏儒成配偶，
　　　　　不伴豺狼共枕头！
张大户 （技穷，唱）
　　　　　玫瑰刺手！
　　　　　美人鱼偏不上钩。
　　　　　唉，文说不如武动手——
　　　　　积善堂化成欢娱楼！
　　〔锣鼓音乐大作，潘金莲见势不佳，夺门欲走，张大户拉转金莲，返身关门，淫笑逼近，欲行非礼。
　　〔金莲挣扎反抗，狠咬大户手腕，举起烛台自卫。
张大户 （痛呼）哎哟！（咬牙切齿）执迷不悟，好嘛，老爷先来玩你一通，然后赏给侏儒，定教你苦海无边！
　　〔张大户饿虎扑羊，击倒烛台，强奸金莲……
　　〔切光，琵琶声起。
　　〔云阶映出一位金冠华服少年。
金冠少年 （唱越剧风味）
　　　　　女儿是水做的骨肉，
　　　　　丫头有更多的忧愁。
　　　　　女儿忧，丫头愁，
　　　　　愁似那——
　　　　　遮不断的青山隐隐，
　　　　　流不尽的绿水悠悠……
　　〔另侧云阶再现吕莎莎。
吕莎莎 哟，这位公子好面熟，我在哪部电影里见过？
金冠少年 我乃怡红院贾宝玉。
吕莎莎 呀！（失笑）宝二爷走错了门，从《红楼》串到《水浒》里来了！宝二爷，你一出场，就使人想起悲金悼玉的曹雪芹先生！
贾宝玉 提起曹先生，对比施先生，两位大文豪，对待女人，褒贬迥然不同。
吕莎莎 刚才这场戏，是小作者的习作，你看怎样？
贾宝玉 素材取自《水浒》，而描写却仿效《红楼》啊！（唱）
　　　　　抗婚的鸳鸯沉苦海，
　　　　　投井的金钏魂归来，
　　　　　潘金莲若进《红楼梦》，
　　　　　十二副钗添一钗！
吕莎莎 （唱）
　　　　　比较学，跨朝代，

巴金之《家》联想开——
冯乐山可似张员外?
鸣凤与金莲同悲哀。

贾宝玉　（唱）
三少爷觉慧今何在?
吕莎莎　（忽生灵感）不用寻了,你就是觉慧呀!
贾宝玉　我?
吕莎莎　（接唱）
二爷三爷共一胎!
贾宝玉　（唱）
冲进《水浒》救弱女……
吕莎莎　迟了!（唱）
弱女飘到紫石街——
〔二人分上云阶观望。

【拓展资料】

1. 潘金莲是中国百姓熟知的一个人物,始见于古典小说《水浒传》,后在《金瓶梅》中成为主要人物,数百年来,她的故事被许多地方戏曲编演,成为家喻户晓的剧目,如传统戏《打饼调叔》《挑帘裁衣》《灵堂杀嫂》等。其中的潘金莲均是一个放荡、淫乱、心地歹毒的坏女人。20年代末戏曲改革的先驱者欧阳予倩力图为之鸣冤叫屈。他在话剧《潘金莲》中把潘金莲写成一个敢于反抗封建婚姻,追求自由恋爱的叛逆女性。（刘明鑫、赵金钟主编《二十世纪中国文学论纲》下,河南人民出版社1995年版）

2. 《潘金莲》在艺术上进行了大胆的创新试验。博采西方现代派艺术手法之长,借用荒诞手法,改造传统艺术,在突出表现潘金莲沉沦史的主线之外,还安排了一条荒诞的副线,这条副线集中了古今中外个性解放的人物及持不同妇女观的文人名士,……他们跨越时空,走上舞台,对潘金莲命运、遭遇作出合乎自己身份的评价,使读者和观众在多重的历史观照中重新认识千百年来受人唾骂的冤主潘金莲形象。此外,剧作在艺术上根据当代观众的需要,大胆借鉴吸收其他姊妹艺术,剧中的唱腔以川剧唱腔为主,同时揉进昆曲、越剧、豫剧、流行歌曲、江南小调、俄罗斯民歌等,……使古老的川剧散发出勃勃生机,也为戏曲改革提供了可资借鉴的范式。（刘明鑫、赵金钟主编《二十世纪中国文学论纲》下,河南人民出版社1995年版）

3. 川剧《潘金莲》上演后,从南到北,场场爆满。休息室里议论纷纷,座谈会上争着发言。全国近四十家报刊发表评论,褒贬不一。著名剧作家陈白尘、吴祖光交口赞誉;有些外国人也对此剧发生浓厚兴趣。当然也听到戏剧界少数人相反的声音,从内容到形式,都表示异议。/建国以来,一部戏曲引起如此强烈的反响是罕见的。（刘宾雁《刺向封建幽灵的利剑》,《潘金莲:剧本和剧评》,生活·读书·新知三联书店1988年版）

【研习与探索】

1. 潘金莲历来是一个褒贬不一的文学人物。魏明伦这个剧本通过"剧外人"提供了社会对潘金莲的不同看法。课下阅读整部作品，探讨潘金莲终于"沉沦"的主要原因都有哪些？

2. 这个剧本之后，潘金莲不断被文学、戏曲、电影等重写和改写。利用课下时间阅读一个或几个有关作品，看在潘金莲形象塑造上与魏明伦这个剧本有哪些不同？通过这些重写和改写，你能感受到哪些社会文化风气的变迁？

3. 该剧本创新性强。想象丰富，利用荒诞派和魔幻现实主义手法，将不同时空的中外人物集中起来，拓宽了历史的边界，深化了人物内涵；叙述风格简洁明快，唱段优美流畅，富有诗意，而人物心理把握又恰到好处。同学们可根据自己所闻所见所思所经历，也试着写一个类似风格的小剧本。

苏东坡突围

余秋雨[①]

一

住在这远离闹市的半山居所里，安静是有了，但寂寞也来了，有时还来得很凶猛，特别在深更半夜。只得独个儿在屋子里转着圈，拉下窗帘，隔开窗外壁立的悬崖和翻卷的海潮，眼睛时不时地瞟着床边那乳白色的电话。它竟响了，急忙冲过去，是台北《中国时报》社打来的，一位不相识的女记者，说我的《文化苦旅》一书在台湾销售情况很好，因此要作越洋电话采访。问了我许多问题，出身、经历、爱好，无一遗漏。最后一个问题是："在中国文化史上，您最喜欢哪一位文学家？"我回答：苏东坡。她又问："他的作品中，您最喜欢哪几篇？"我回答：在黄州写赤壁的那几篇。记者小姐几乎没有停顿就接口道："您是说《念奴娇·赤壁怀古》和前、后《赤壁赋》？"我说对，心里立即为苏东坡高兴，他的作品是中国文人的通用电码，一点就着，哪怕是半山深夜、海峡阻隔、素昧平生。

放下电话，我脑子中立即出现了黄州赤壁。去年夏天刚去过，印象还很深刻。记得去那儿之前，武汉的一些朋友纷纷来劝阻，理由是著名的赤壁之战并不是在那里打的，苏东坡怀古怀错了地方，现在我们再跑去认真凭吊，说得好听一点是将错就错，说得难听一点是错上加错，天那么热，路那么远，何苦呢？

[①] 余秋雨（1946－），浙江余姚人，上海戏剧学院教授、上海写作学会会长，著名艺术理论家、散文家。散文集有《文化苦旅》《山居笔记》《霜冷长河》《千年一叹》《行者无疆》等。本文选自《山居笔记》（1995）。

我知道多数历史学家不相信那里是真的打赤壁之战的地方，他们大多说是在嘉鱼县打的。但最近几年，湖北省的几位中青年历史学家持相反意见，认为苏东坡怀古没怀错地方，黄州赤壁正是当时大战的主战场。对于这个争论我一直兴致勃勃地关心着，不管争论前景如何，黄州我还是想去看看的，不是从历史的角度看古战场的遗址，而是从艺术的角度看苏东坡的情怀。大艺术家即便错，也会错出魅力来。好像王尔德说过，在艺术中只有美丑而无所谓对错。

于是我还是去了。

这便是黄州赤壁。赭红色的陡峭石坡直逼着浩荡东去的大江，坡上有险道可以攀登俯瞰，江面有小船可供荡桨仰望，地方不大，但一俯一仰之间就有了气势，有了伟大与渺小的比照，有了视觉空间的变异和倒错，因此也就有了游观和冥思的价值。客观景物只提供一种审美可能，而不同的游人才使这种可能获得不同程度的实现。苏东坡以自己的精神力量给黄州的自然景物注入了意味，而正是这种意味，使无生命的自然形式变成美。因此不妨说，苏东坡不仅是黄州自然美的发现者，而且也是黄州自然美的确定者和构建者。

但是，事情的复杂性在于，自然美也可倒过来对人进行确定和构建。苏东坡成全了黄州，黄州也成全了苏东坡，这实在是一种相辅相成的有趣关系。苏东坡写于黄州的那些杰作，既宣告着黄州进入了一个新的美学等级，也宣告着苏东坡进入了一个新的人生阶段，两方面一起提升，谁也离不开谁。

苏东坡走过的地方很多，其中不少地方远比黄州美丽，为什么一个僻远的黄州还能给他如此巨大的惊喜和震动呢？他为什么能把如此深厚的历史意味和人生意味投注给黄州呢？黄州为什么能够成为他一生中最重要的人生驿站呢？这一切，决定于他来黄州的原因和心态。他从监狱里走来，他带着一个极小的官职，实际上以一个流放罪犯的身份走来，他带着官场和文坛泼给他的浑身脏水走来，他满心侥幸又满心绝望地走来。他被人押着，远离自己的家眷，没有资格选择黄州之外的任何一个地方，朝着这个当时还很荒凉的小镇走来。

他很疲倦，他很狼狈，出汴梁、过河南、渡淮河、进湖北、抵黄州，萧条的黄州没有给他预备任何住所，他只得在一所寺庙中住下。他擦一把脸，喘一口气，四周一片静寂，连一个朋友也没有，他闭上眼睛摇了摇头。他不知道，此时此刻，他完成了一次永载史册的文化突围。黄州，注定要与这位伤痕累累的突围者进行一场继往开来的壮丽对话。

二

人们有时也许会傻想，像苏东坡这样让中国人共享千年的大文豪，应该是他所处的时代的无上骄傲，他周围的人一定会小心地珍惜他，虔诚地仰望他，总不愿意去找他的麻烦吧？事实恰恰相反，越是超时代的文化名人，往往越不能相容于他所处的具体时代。中国世俗社会的机制非常奇特，它一方面愿意播扬和轰传一位文化名人的声誉，利用他、榨取他、引诱他，另一方面从本质上却把他视为异类，迟早会排拒他、糟践他、毁坏他。起哄式的传扬，转化为起哄式的贬损，两种起哄都起源于自卑而狡黠的觊觎心态，两种起哄都与健康的文化氛围南辕北辙。

苏东坡到黄州来之前正陷于一个被文学史家称为"乌台诗狱"的案件中，这个案件的具体内容是特殊的，但集中反映了文化名人在中国社会的普遍遭遇，很值得说一说。搞清了这个案件中各种人的面目，才能理解苏东坡到黄州来究竟是突破了一个什么样的包围圈。

为了不使读者把注意力耗费在案件的具体内容上，我们不妨先把案件的底交代出来。即便站在朝廷的立场上，这也完全是一个莫须有的可笑事件。一群大大小小的文化官僚硬说苏东坡在很多诗中流露了对政府的不满和不敬，方法是对他诗中的词句和意象作上纲上线的推断和诠释，搞了半天连神宗皇帝也不太相信，在将信将疑之间几乎不得已地判了苏东坡的罪。在中国古代的皇帝中，宋神宗绝对是不算坏的，在他内心并没有迫害苏东坡的任何企图，他深知苏东坡的才华，他的祖母光献太皇太后甚至竭力要保护苏东坡，而他又是非常尊重祖母意见的，在这种情况下，苏东坡不是非常安全吗？然而，完全不以神宗皇帝和太皇太后的意志为转移，名震九州、官居太守的苏东坡还是下了大狱。这一股强大而邪恶的力量，就很值得研究了。

这件事说来话长。在专制制度下的统治者也常常会摆出一种重视舆论的姿态，有时甚至还设立专门在各级官员中找岔子、寻毛病的所谓谏官，充当朝廷的耳目和喉舌。乍一看这是一件好事，但实际上弊端甚多。这些具有舆论形象的谏官所说的话，别人无法声辨，也不存在调查机制和仲裁机制，一切都要赖仗于他们的私人品质，但对私人品质的考察机制同样也不具备，因而所谓舆论云云常常成为一种歪曲事实、颠倒是非的社会灾难。这就像现代的报纸如果缺乏足够的职业道德又没有相应的法规制约，信马由缰，随意褒贬，受伤害者无处可以说话，不知情者却误以为白纸黑字是舆论所在，这将会给人们带来多大的混乱！苏东坡早就看出这个问题的严重性，认为这种不受任何制约的所谓舆论和批评，足以改变朝廷决策者的心态，又具有很大的政治杀伤力（"言及乘舆，则天子改容，事关廊庙，则宰相待罪"），必须予以警惕，但神宗皇帝由于自身地位的不同无法意识到这一点。没想到，正是苏东坡自己尝到了他预言过的苦果，而神宗皇帝为了维护自己尊重舆论的形象，当批评苏东坡的言论几乎不约而同地聚合在一起时，他也不能为苏东坡讲什么话了。

那么，批评苏东坡的言论为什么会不约而同地聚合在一起呢？我想最简要的回答是他弟弟苏辙说的那句话："东坡何罪？独以名太高。"他太出色、太响亮，能把四周的笔墨比得十分寒伧，能把同代的文人比得有点狼狈，引起一部分人酸溜溜的嫉恨，然后你一拳我一脚地糟践，几乎是不可避免的。在这场可耻的围攻中，一些品格低劣的文人充当了急先锋。

例如舒亶。这人可称之为"检举揭发专业户"，在揭发苏东坡的同时他还揭发了另一个人，那人正是以前推荐他做官的大恩人。这位大恩人给他写了一封信，拿了女婿的课业请他提意见、辅导，这本是朋友间非常正常的小事往来，没想到他竟然忘恩负义地给皇帝写了一封莫名其妙的检举揭发信，说我们两人都是官员，我又在舆论领域，他让我辅导他女婿总不大妥当。皇帝看了他的检举揭发，也就降了那个人的职。这简直是东郭先生和狼的故事。就是这么一个让人恶心的人，与何正臣等人相呼应，写文章告诉皇帝，苏东坡到湖州上任后写给皇帝的感谢信中"有讥切时事之言"。苏东坡的这封感谢信皇帝早已看过，没发现问题，舒亶却苦口婆心地一款一款分析给皇帝听，苏东坡正在反您呢，反得可凶呢，而且已经反到了"流俗翕然，争相传诵，忠义之士，无不愤惋"的程度！"愤"是愤苏东坡，"惋"是惋皇上。有多少忠义之士在"愤惋"呢？他说是"无不"，也就是百分之百，无一遗漏。这种数量统计完全无法验证，却能使注重社会名声的神宗皇帝心头一咯噔。

又如李定。这是一个曾因母丧之后不服孝而引起人们唾骂的高官，对苏东坡的攻击最凶。他归纳了苏东坡的许多罪名，但我仔细鉴别后发现，他特别关注的是苏东坡早年的贫寒出身、现今在文化界的地位和社会名声。这些都不能列入犯罪的范畴，但他似乎压抑不住地对这几点表示出最大的愤慨。说苏东坡"起于草野垢贱之余"，"初无学术，滥得时名"，"所为文辞，虽不中理，亦足以鼓动流俗"，等等。苏东坡的出身引起他的不服且不去说它，硬说苏东坡不学无术、文辞不好，实在使我惊讶不已。但他不这么说也就无法断言苏东坡的社会名声和世俗鼓动力是"滥得"。总而言之，李定的攻击在种种表层动机下显然埋藏着一个最深秘的原素：妒忌。无论如何，诋毁苏东坡的学问和文采毕竟是太愚蠢了，这在当时加不了苏东坡的罪，而在以后却成了千年笑柄。但是妒忌一深就会失控，他只会找自己最痛恨的部位来攻击，已顾不得哪怕是装装样子的可信性和合理性了。

又如王珪。这是一个跋扈和虚伪的老人。他凭着资格和地位自认为文章天下第一，实际上他写诗作文绕来绕去都离不开"金玉锦绣"这些字眼，大家暗暗掩口而笑，他还自我感觉良好。现在，一个后起之秀苏东坡名震文坛，他当然要想尽一切办法来对付。有一次他对皇帝说："苏东坡对皇上确实有二心。"皇帝问："何以见得？"他举出苏东坡一首写桧树的诗中有"蛰龙"二字为证，皇帝不解，说："诗人写桧树，和我有什么关系？"他说："写到了龙还不是写皇帝吗？"皇帝倒是头脑清醒，反驳道："未必，人家叫诸葛亮还叫卧龙呢！"这个王珪用心如此低下，文章能好到哪儿去呢？更不必说与苏东坡来较量了。几缕白发有时能够冒充师长、掩饰邪恶，却欺骗不了历史。历史最终也没有因为年龄把他的名字排列在苏东坡的前面。

又如李宜之。这又是另一种特例，做着一个芝麻绿豆小官，在安徽灵璧县听说苏东坡以前为当地一个园林写的一篇园记中有劝人不必热衷于做官的词句，竟也写信给皇帝检举揭发，并分析说这种思想会使人们缺少进取心，也会影响取士。看来这位李宜之除了心术不正之外，智力也大成问题，你看他连诬陷的口子都找得不伦不类。但是，在没有理性法庭的情况下，再愚蠢的指控也能成立，因此对散落全国各地的李宜之们构成了一个鼓励。为什么档次这样低下的人也会挤进来围攻苏东坡？当代苏东坡研究者李一冰先生说得很好："他也来插上一手，无他，一个默默无闻的小官，若能参加一件扳倒名人的大事，足使自己增重。"从某种意义上说，他的这种目的确实也部分地达到了，例如我今天写这篇文章竟然还会写到李宜之这个名字，便完全是因为他参与了对苏东坡的围攻，否则他没有任何理由被哪怕是同一时代的人写在印刷品里。我的一些青年朋友根据他们对当今世俗心理的多方位体察，觉得李宜之这样的人未必是为了留名于历史，而是出于一种可称作"砸窗子"的恶作剧心理。晚上，一群孩子站在一座大楼前指指点点，看谁家的窗子亮就拣一块石子扔过去，谈不上什么目的，只图在几个小朋友中间出点风头而已。我觉得我的青年朋友们把李宜之看得过于现代派、也过于城市化了。李宜之的行为主要出于一种政治投机，听说苏东坡有点麻烦，就把麻烦闹得大一点，反正对内不会负道义责任，对外不会负法律责任，乐得投井下石，撑顺风船。这样的人倒是没有胆量像李定、舒亶和王珪那样首先向一位文化名人发难，说不定前两天还在到处吹嘘在什么地方有幸见过苏东坡、硬把苏东坡说成是自己的朋友甚至老师呢。

又如——我真不想写出这个名字，但再一想又没有讳避的理由，还是写出来吧：沈括。这位在中国古代科技史上占有不小地位的著名科学家也因忌妒而陷害过苏东坡，用的手法仍然是检举揭发苏东坡诗中有讥讽政府的倾向。如果他与苏东坡是政敌，那倒也罢了，问题是他们曾是好朋友，他所检举揭发的诗句，正是苏东坡与他分别时手录近作送给他留作纪念的。这实在太不是味道了。历史学家们分析，这大概与皇帝在沈括面前说过苏东坡的好话有关，沈括心中产生了一种默默的对比，不想让苏东坡的文化地位高于自己。另一种可能是他深知王安石与苏东坡政见不同，他投注投到了王安石一边。但王安石毕竟也是一个讲究人品的文化大师，重视过沈括，但最终却得出这是一个不可亲近的小人的结论。当然，在人格人品上的不可亲近，并不影响我们对沈括科学成就的肯定。

围攻者还有一些，我想举出这几个也就差不多了，苏东坡突然陷入困境的原因已经可以大致看清，我们也领略了一组有可能超越时空的"文化群小"的典型。他们中的任何一个人要单独搞倒苏东坡都是很难的，但是在社会上没有一种强大的反诽谤、反诬陷机制的情况下，一个人探头探脑的冒险会很容易地招来一堆凑热闹的人，于是七嘴八舌地组合成一种伪舆论，结果连神宗皇帝也对苏东坡疑惑起来，下旨说查查清楚，而去查的正是李定这些人。

苏东坡开始很不在意。有人偷偷告诉他，他的诗被检举揭发了，他先是一怔，后来还潇洒、幽默地说："今后我的诗不愁皇帝看不到了。"但事态的发展却越来越不潇洒，1079年7月28日，朝廷派人到湖州的州衙来逮捕苏东坡，苏东坡事先得知风声，立即不知所措。文人终究是文人，他完全不知道自己犯了什么罪，从气势汹汹的样子看，估计会处死，他害怕了，躲在后屋里不敢出来，朋友说躲着不是办法，人家已在前面等着了，要躲也躲不过。正要出来他又犹豫了，出来该穿什么服装呢？已经犯了罪，还能穿官服吗？朋友说，什么罪还不知道，还是穿官服吧。苏东坡终于穿着官服出来了，朝廷派来的差官装模作样地半天不说话，故意要演一个压得人气都透不过来的场面出来。苏东坡越来越慌张，说："我大概把朝廷惹恼了，看来总得死，请允许我回家与家人告别。"差官说"还不至于这样"，便叫两个差人用绳子捆扎了苏东坡，像驱赶鸡犬一样上路了。家人赶来，号啕大哭，湖州城的市民也在路边流泪。

长途押解，犹如一路示众，可惜当时几乎没有什么传播媒介，沿途百姓不认识这就是苏东坡。贫瘠而愚昧的国土上，绳子捆扎着一个世界级的伟大诗人，一步步行进。苏东坡在示众，整个民族在丢人。

全部遭遇还不知道半点起因，苏东坡只怕株连亲朋好友，在途经太湖和长江时都想投水自杀，由于看守严密而未成。当然也很可能成，那末，江湖淹没的将是一大截特别明丽的中华文明。文明的脆弱性就在这里，一步之差就会全盘改易，而把文明的代表者逼到这一步之差境地的则是一群小人。一群小人能做成如此大事，只能归功于中国的独特国情。

小人牵着大师，大师牵着历史。小人顺手把绳索重重一抖，于是大师和历史全都成了罪孽的化身。一部中国文化史，有很长时间一直捆押在被告席上，而法官和原告，大多是一群群挤眉弄眼的小人。

究竟是什么罪？审起来看！

怎么审？打！

一位官员曾关在同一监狱里，与苏东坡的牢房只有一墙之隔，他写诗道：

遥怜北户吴兴守，
诟辱通宵不忍闻。

通宵侮辱、摧残到了其他犯人也听不下去的地步，而侮辱、摧残的对象竟然就是苏东坡！

请允许我在这里把笔停一下。我相信一切文化良知都会在这里颤栗。中国几千年间有几个像苏东坡那样可爱、高贵而有魅力的人呢？但可爱、高贵、魅力之类往往既构不成社会号召力也构不成自我卫护力，真正厉害的是邪恶、低贱、粗暴，它们几乎战无不胜、攻无不克、所向无敌。现在，苏东坡被它们抓在手里搓捏着，越是可爱、高贵、有魅力，搓捏得越起劲。温和柔雅如林间清风、深谷白云的大文豪面对这彻底陌生的语言系统和行为系统，不可能作任何像样的辩驳，他一定变得非常笨拙，无法调动起码的言语，无法完成简单的逻辑。他在牢房里的应对，绝对比不过一个普通的盗贼。因此审问者们愤怒了也高兴了，原来这么个大名人竟是草包一个，你平日的滔滔文辞被狗吃掉了？看你这副熊样还能写诗作词？纯粹是抄人家的吧？接着就是轮番扑打，诗人用纯银般的嗓子哀号着，哀号到嘶哑。这本是一个只需要哀号的地方，你写那么美丽的诗就已荒唐透顶了，还不该打？打，打得你淡妆浓抹，打得你乘风归去，打得你密州出猎！

开始，苏东坡还试图拿点儿正常逻辑顶几句嘴，审问者咬定他的诗里有讥讽朝廷的意思，他说："我不敢有此心，不知什么人有此心，造出这种意思来。"一切诬陷者都喜欢把自己打扮成某种"险恶用心"的发现者，苏东坡指出，他们不是发现者而是制造者。那也就是说，诬陷者所推断出来的"险恶用心"，可以看作是他们自己的内心，因此应该由他们自己来承担。我想一切遭受诬陷的人都会或迟或早想到这个简单的道理，如果这个道理能在中国普及，诬陷的事情一定会大大减少。但是，在牢房里，苏东坡的这一思路招来了更凶猛的侮辱和折磨，当诬陷者和办案人完全合成一体、串成一气时，只能这样。终于，苏东坡经受不住了，经受不住日复一日、通宵达旦的连续逼供，他想闭闭眼，喘口气，唯一的办法就是承认。于是，他以前的诗中有"道旁苦李"，是在说自己不被朝廷重视；诗中有"小人"字样，是讽刺当朝大人；特别是苏东坡在杭州做太守时兴冲冲去看钱塘潮，回来写了咏弄潮儿的诗"吴儿生长狎涛渊"，据说竟是在影射皇帝兴修水利！这种大胆联想，连苏东坡这位浪漫诗人都觉得实在不容易跳跃过去，因此在承认时还不容易"一步到位"，审问者有本事耗时间一点点逼过去。案卷记录上经常出现的句子是："逐次隐讳，不说情实，再勘方招。"苏东坡全招了，同时他也就知道必死无疑了。试想，把皇帝说成"吴儿"，把兴修水利说成玩水，而且在看钱塘潮时竟一心想着写反诗，那还能活？

　　他一心想着死。他觉得连累了家人，对不起老妻，又特别想念弟弟。他请一位善良的狱卒带了两首诗给苏辙，其中有这样的句子："是处青山可埋骨，他时夜雨独伤神，与君世世为兄弟，又结来生未了因。"埋骨的地点，他希望是杭州西湖。

　　不是别的，是诗句，把他推上了死路。我不知道那些天他在铁窗里是否抱怨甚至痛恨诗文。没想到，就在这时，隐隐约约地，一种散落四处的文化良知开始汇集起来了，他的诗文竟然在这危难时分产生了正面回应，他的读者们慢慢抬起了头，要说几句对得起自己内心的话了。很多人不敢说，但毕竟还有勇敢者；他的朋友大多躲避，但毕竟还有侠义人。

　　杭州的父老百姓想起他在当地做官时的种种美好行迹，在他入狱后公开做了解厄道场，求告神明保佑他；狱卒梁成知道他是大文豪，在审问人员离开时尽力照顾生活，连每天晚上的洗脚热水都准备了；他在朝中的朋友范镇、张方平不怕受到牵连，写信给皇帝，说他在文学上"实天下之奇才"，希望宽大；他的政敌王安石的弟弟王安礼也仗义执言，对皇帝说："自古大度之君，不以言语罪人"，如果严厉处罚了苏东坡，"恐后世谓陛下不能容才"。最有趣的是那位我们上文提到过的太皇太后，她病得奄奄一息，神宗皇帝想大赦犯人来为她求寿，她竟说："用不着去赦免天下的凶犯，放了苏东坡一人就够了！"最直截了当的是当朝左相吴充，有次他与皇帝谈起曹操，皇帝对曹操评价不高，吴充立即接口说："曹操猜忌心那么重还容得下祢衡，陛下怎么容不下一个苏东坡呢？"

　　对这些人，不管是狱卒还是太后，我们都要深深感谢。他们比研究者们更懂得苏东坡的价值，就连那盆洗脚水也充满了文化的热度。

　　据王巩《甲申杂记》记载，那个带头诬陷、调查、审问苏东坡的李定，整日得意洋洋，有一天与满朝官员一起在崇政殿的殿门外等候早朝时向大家叙述审问苏东坡的情况，他说："苏东坡真是奇才，一二十年前的诗文，审问起来都记得清清楚楚！"他以为，对这么一个轰传朝野的著名大案，一定会有不少官员感兴趣，但奇怪的是，他说了这番引逗别人提问的话之后，没有一个人搭腔，没有一个人提问，崇政殿外一片静默。他有点慌神，故作感慨状，叹息几声，回应他的仍是一片静默。这静默算不得抗争，也算不得舆论，但着实透着点儿高贵。相比之下，历来许多诬陷者周围常常会出现一些不负责任的热闹，以嘈杂助长了诬陷。

　　就在这种情势下，皇帝释放了苏东坡，贬谪黄州。黄州对苏东坡的重要性，不言而喻。

三

我非常喜欢读林语堂先生的《苏东坡传》，前后读过多少遍都记不清了，但每次总觉得语堂先生把苏东坡在黄州的境遇和心态写得太理想了。语堂先生酷爱苏东坡的黄州诗文，因此由诗文渲染开去，由酷爱渲染开去，渲染得通体风雅、圣洁。其实，就我所知，苏东坡在黄州还是很凄苦的，优美的诗文，是对凄苦的挣扎和超越。

苏东坡在黄州的生活状态，已被他自己写给李端叔的一封信描述得非常清楚。信中说：

> 得罪以来，深自闭塞，扁舟草履，放浪山水间，与樵渔杂处，往往为醉人所推骂，辄自喜渐不为人识。平生亲友，无一字见及，有书与之亦不答，自幸庶几免矣。

我初读这段话时十分震动，因为谁都知道苏东坡这个乐呵呵的大名人是有很多很多朋友的。日复一日的应酬，连篇累牍的唱和，几乎成了他生活的基本内容，他一半是为朋友们活着。但是，一旦出事，朋友们不仅不来信，而且也不回信了。他们都知道苏东坡是被冤屈的，现在事情大体已经过去，却仍然不愿意写一两句哪怕是问候起居的安慰话。苏东坡那一封封用美妙绝伦、光照中国书法史的笔墨写成的信，千辛万苦地从黄州带出去，却换不回一丁点儿友谊的信息。我相信这些朋友都不是坏人，但正因为不是坏人，更让我深长地叹息。总而言之，原来的世界已在身边轰然消失，于是一代名人也就混迹于樵夫渔民间不被人认识。本来这很可能换来轻松，但他又觉得远处仍有无数双眼睛注视着自己，他暂时还感觉不到这个世界对自己的诗文仍有极温暖的回应，只能在寂寞中惶恐。即便这封无关宏旨的信，他也特别注明不要给别人看。日常生活，在家人接来之前，大多是白天睡觉，晚上一个人出去溜达，见到淡淡的土酒也喝一杯，但绝不喝多，怕醉后失言。

他真的害怕了吗？也是也不是。他怕的是麻烦，而绝不怕大义凛然地为道义、为百姓，甚至为朝廷、为皇帝捐躯。他经过"乌台诗案"已经明白，一个人蒙受了诬陷即便是死也死不出一个道理来，你找不到慷慨陈词的目标，你抓不住从容赴死的理由。你想做个义无反顾的英雄，不知怎么一来把你打扮成了小丑；你想做个坚贞不屈的烈士，闹来闹去却成了一个深深忏悔的俘虏。无法洗刷，无处辩解，更不知如何来提出自己的抗议，发表自己的宣言。这确实很接近有的学者提出的"酱缸文化"，一旦跳在里边，怎么也抹不干净。苏东坡怕的是这个，没有哪个高品位的文化人会不怕。但他的内心实在仍有无畏的一面，或者说灾难使他更无畏了。他给李常的信中说：

> 吾侪虽老且穷，而道理贯心肝，忠义填骨髓，直须谈笑于死生之际。……虽怀坎壈于时，遇事有可遵主泽民者，便忘躯为之，祸福得丧，付与造物。

这么真诚的勇敢，这么洒脱的情怀，出自天真了大半辈子的苏东坡笔下，是完全可以相信的，但是，让他在何处做这篇人生道义的大文章呢？没有地方，没有机会，没有观看者也没有裁决者，只有一个把是非曲直忠奸善恶染成一色的大酱缸。于是，苏东坡刚刚写了上面这几句，支颐一想，又立即加一句：此信看后烧毁。

这是一种真正精神上的孤独无告，对于一个文化人，没有比这更痛苦的了。那阙著名的"卜算子"，用极美的意境道尽了这种精神遭遇：

缺月挂疏桐，漏断人初静。谁见幽人独往来？缥渺孤鸿影。
惊起却回头，有恨无人省。拣尽寒枝不肯栖，寂寞沙洲冷。

正是这种难言的孤独，使他彻底洗去了人生的喧闹，去寻找无言的山水，去寻找远逝的古人。在无法对话的地方寻找对话，于是对话也一定会变得异乎寻常。像苏东坡这样的灵魂竟然寂然无声，那么，迟早总会突然冒出一种宏大的奇迹，让这个世界大吃一惊。

然而，现在他即便写诗作文，也不会追求社会轰动了。他在寂寞中反省过去，觉得自己以前最大的毛病是才华外露，缺少自知之明。一段树木靠着瘦瘤取悦于人，一块石头靠着晕纹取悦于人，其实能拿来取悦于人的地方恰恰正是它们的毛病所在，它们的正当用途绝不在这里。我苏东坡三十余年来想博得别人叫好的地方也大多是我的弱项所在，例如从小为考科举学写政论、策论，后来更是津津乐道于考论历史是非、直言陈谏曲直，做了官以为自己真的很懂得这一套了，洋洋自得地炫耀，其实我又何尝懂呢？直到一下子面临死亡才知道，我是在炫耀无知。三十多年来最大的弊病就在这里。现在终于明白了，到黄州的我是觉悟了的我，与以前的苏东坡是两个人。（参见《致李端叔书》）

苏东坡的这种自省，不是一种走向乖巧的心理调整，而是一种极其诚恳的自我剖析，目的是想找回一个真正的自己。他在无情地剥除自己身上每一点异己的成分，哪怕这些成分曾为他带来过官职、荣誉和名声。他渐渐回归于清纯和空灵，在这一过程中，佛教帮了他大忙，使他习惯于淡泊和静定。艰苦的物质生活，又使他不得不亲自垦荒种地，体味着自然和生命的原始意味。

这一切，使苏东坡经历了一次整体意义上的脱胎换骨，也使他的艺术才情获得了一次蒸馏和升华，他，真正地成熟了——与古往今来许多大家一样，成熟于一场灾难之后，成熟于灭寂后的再生，成熟于穷乡僻壤，成熟于几乎没有人在他身边的时刻。幸好，他还不年老，他在黄州期间，是四十四岁至四十八岁，对一个男人来说，正是最重要的年月，今后还大有可为。中国历史上，许多人觉悟在过于苍老的暮年，换言之，成熟在过了季节的年岁，刚要享用成熟所带来的恩惠，脚步却已跟跄蹒跚；与他们相比，苏东坡真是好命。

成熟是一种明亮而不刺眼的光辉，一种圆润而不腻耳的音响，一种不再需要对别人察颜观色的从容，一种终于停止向周围申诉求告的大气，一种不理会哄闹的微笑，一种洗刷了偏激的淡漠，一种无须声张的厚实，一种并不陡峭的高度。勃郁的豪情发过了酵，尖利的山风收住了劲，湍急的细流汇成了湖，结果——

引导千古杰作的前奏已经鸣响，一道神秘的天光射向黄州，《念奴娇·赤壁怀古》和前、后《赤壁赋》马上就要产生。

【拓展资料】

1. 余秋雨的《文化苦旅》《文明的碎片》中的散文，大都以记游的方式进行文化思考。他在记述自己对某一名胜古迹的游历和感受的同时，也介绍与之相关的文化历史知识，并传达对于民族文化的思考，从而，将"人、历史、自然混沌地交融在一起了"。余秋雨的散文有很强的文化反省意识，或者在历史时间回溯中感叹文化和山水的兴衰，或者在对古代文化踪迹的探询中思考知识分子的使命与命运。虽然他借助大量的文化史知识，但并没有把散文写成简单的"文化"加"山水"，而是强调"人气"，即作者的文化思考和个人体验对面对的景观的渗入，他将之称为"个人与山水的周旋"。余秋雨的散文语言追求文雅，正如篇名"风雨天一阁""寂寞天柱山""一个王朝的背影"等所显示的。行文常常直抒胸臆，但情感的表达有时过于夸张。在篇章结构上，也有雷同现象。（洪子诚《中国当代文学史》，北京大学出版社2000年版）

2. 平心而论，余秋雨的散文是有价值的，那就是以通俗的、文学的笔调，以散文的形式，向读者介绍了学术界对中国传统文化的研究成果，使"文革"以后对传统文化知之甚少甚至隔膜的青年读者，对它的某些特征和精神之处有了初步的了解和体认。作个或许不够确切的类比，余秋雨的散文颇像介绍自然科学知识的科普文章，两者都是把深奥繁重的专业学问向专业外的普通读者作了浅显易懂的介绍。现在由于种种复杂原因，人文、社会科学的研究成果大多还在研究院、大学的围墙里呆着，在学者的高头讲章和厚典重册里打盹；而一般读者又如此希望了解这些成果，以理解与解释关于社会及自身的种种困惑，这是余秋雨散文能够风靡一时的重要原因。（吴其言《读者也有责任》，《文论报》1995年5月11日，转自栾梅健著《余秋雨评传》，河南文艺出版社2008年版）

3. 余秋雨，你为何不忏悔？（有关研讨参考栾梅健著《余秋雨评传》，河南文艺出版社2008年版）

【研习与探索】

1. 文中有一段话："长途押解，犹如一路示众，可惜当时几乎没有什么传播媒介，沿途百姓不认识这就是苏东坡。贫瘠而愚昧的国土上，绳子捆扎着一个世界级的诗人，一步步行进。苏东坡在示众，整个民族在丢人。"这段文字表现了作者对中国文化怎样的认识？

2. 余秋雨的散文有"文化散文"之称，这篇散文主要就苏东坡被诬陷、招贬谪的一段史实抒发情感，发表议论，以此篇为例，谈谈余秋雨文化散文的语言风格。

甲申文化宣言

许嘉璐等

当今，几乎所有的政治家、思想家、科学家、企业家、作家、艺术家和人文学者都在关注和谈论全球化。这一显见的世界趋势既推动了人类现代文明特别是科技成就和企业经验的共享，也凸显出国家、民族、地区之间不同文明的差异、分歧和冲突。

鉴于此，我们响应许嘉璐、季羡林、任继愈、杨振宁、王蒙5位发起人的提议，应中华民族文化促进会邀请，于2004（甲申）年9月3日至5日在北京举行"2004文化高峰论坛"，愿藉此向海内外同胞，向国际社会表达我们的文化主张。

文明多样性是人类文化存有的基本形态。不同国家和民族的起源、地域环境和历史过程各不相同，而色彩斑斓的人文图景，正是不同文明之间相互解读、辨识、竞争、对话和交融的动力。我们期待，经历过全球化的洗礼，原生状态的、相对独立的多样文明将获得更为广泛的参照，更为坚定的认同。文明既属于历史范畴，既已成为不同族群的恒久信仰、行为方式和习俗，则理应受到普遍的尊重。我们主张文明对话，以减少偏见、减少敌意，消弭隔阂、消弭误解。我们反对排斥异质文明的狭隘民族主义，更反对以优劣论文明，或者将不同文明之间的关系形容为不可调和的冲突，甚至认为这种冲突将导致灾难性的政治角力和战争。

文化既涵盖价值观与创造力，也包括知识体系和生活方式。文化多元化对于全球范围的人文生态，犹如生物多样性对于维持物种平衡那样必不可少。我们主张每个国家、民族都有权利和义务保存和发展自己的传统文化；都有权利自主选择接受、不完全接受或在某些具体领域完全不接受外来文化因素；同时也有权对人类共同面临的文化问题发表自己的意见。我们为世界上许多古老民族、经济欠发达地区的文化命运深感忧虑。国家不论大小、历史不论长短、国力不论强弱，在文化交往和交流方面均享有平等权利。我们反对文化沙文主义和文化歧视，并认为此类行为是反文化的。

华夏56个民族共同创造的中华文化，至今仍是全体中国人和海外华人的精神家园、情感纽带和身份认同。应当认识，中华文化五千年生生不息、绵延不断的重要原因，在于她是发生于上古时代多个区域、多个民族、多种形态的文化综合体。她不但有自强的力量，而且有兼容的气度、灵变的智慧。当是时也，我们应当与时俱进，反思自己的传统文化，学习和吸收世界各国文化的优长，以发展中国的文化。我们接受自由、民主、公正、人权、法治、种族平等、国家主权等价值观。我们确信，中华文化注重人格、注重伦理、注重利他、注重和谐的东方品格和释放着和平信息的人文精神，对于思考和消解当今世界个人至上、物欲至上、恶性竞争、掠夺性开发以及种种令人忧虑的现象，对于追求人类的安宁与幸福，必将提供重要的思想启示。

我们呼吁包括中国政府在内的各国政府推行积极有效的文化政策：捍卫世界文明的多样性，理解和尊重异质文明；保护各国、各民族的文化传统；实现公平的多种文化形态的表达与传播。推行公民教育，特别是未成年人的文化、道德教育，以及激励国家、民族和地区间的文化交流。

文化价值的体现和文明的进步，还将有待于伟大的创造和成功的实践。我们愿与海内外华人一起，为弘扬中华文化而不懈努力，愿与世界各国人民一起，为促进人类文明与社会发展共同奋斗！

2004文化高峰论坛成员签名（名单略）
2004年9月5日北京

【拓展资料】

1. 中国青年报2004年9月8日发表《甲申文化宣言：哪里来？哪里去？》（记者包丽敏）报道（摘引）：

《甲申文化宣言》表达了这样的主张：重新评估和重建文化传统，弘扬中华传统文化的核心价值。宣言试图伸张这样一个世纪命题：中国传统怎样进行创造性的转化，以应对当今世界的文化格局和国内的文化困境？

在亡国灭种的威胁下，"五四"文化精英激烈指控传统文化的种种危害，弃之若敝屣，形容以"吃人"。"五四精英们所做的，是对几千年的传统文化和文化传统作一次总清理。"宣言签署者之一、中国艺术研究院中国文化研究所所长刘梦溪说，"他们想彻底和传统决裂、想彻底抛弃造成中国落后的封建传统这个难堪的'包袱'，然后好走一条新的路。"而可以引导这个国家走向新路的，在他们看来，只有西方文化。"我是主张全盘西化的。"代表人物之一的胡适说。但这样造成的结果是，"一个伟大的民族失去了精神目标，失去了文化身份"。儒学者蒋庆说，"中华民族就成了一个灵魂飘泊的民族，一个不能回答'我们从哪里来'，也不能回答'我们到哪里去'的民族。"失去了文化传统的守护，在宣言的另一名签署者、哈佛大学教授杜维明看来，另一个后果是：文化主体性的丧失。"冯友兰、胡适与杜威就是师生关系。"杜说，只有充分挖掘中华传统文化中同样具有普适意义的核心价值，在西方的大学者面前，中华学者才能成为他们的"道友"，有了平等对话的可能。

"对于一个经常接触中国传统文化的人来说，这种文化有时会给人以垂死的印象……现在是什么使得中国与自身脱离？"一位联合国的汉学家写道。

"我们怎么评价自己的传统文化？拿它怎么办？现在是必须回答这些问题的时候了。"宣言的起草者之一、剧作家王石说，"现在是大声疾呼国人提升文化自觉的时候了。"

2. 《南方都市报》2004年9月21日发表袁伟时教授《评〈甲申文化宣言〉》指出（摘录）：这个《宣言》有不少值得称许的观点。……但是，愚意以为这个《宣言》有些主要观点是值得怀疑的或经不起推敲的；而这些观点对中国未来的发展关系重大，因而需要引起人们关注。……第一．政府在文化领域可以做的事情很多，给教育、图书馆、博物馆、美术馆……拨出足够的经费，保护文化遗产，支持文化产业发展，如此等等。但有些事是不能做的，其中非常重要的一条是对文化的内容不能横加干涉。……第二．真正把握中国文化的实质，中国文化出路问题不难迎刃而解。……

要创造中国文化新的辉煌，传承固有的优秀文化成果固然重要，更重要的是要创造一个切实保障公民自由和尊重知识的环境，让具有原创力的当代优秀思想家、科学家、文学家、艺术家，让新时期的孔、孟、老、庄、张衡、李白、杜甫能够脱颖而出！这是中国文化唯一的出路。

【研习与探索】

1. 文章的标题为什么要使用"甲申"文化宣言，而不是"2004年"文化宣言？这种修辞表明了宣言者怎样的历史眼光和文化立场？并请概括出宣言的主题。

2. 查查词典和有关资料，说说什么是"文明"，什么是"文化"？在今天"与世界接轨"的全球化背景下，厘清我们的传统文化有什么意义？具体就某一个传统思想辩论一下。比如："王子犯法，与庶民同罪"；"小人同而不和，君子和而不同"；"美不美家乡水，亲不亲故乡人"；"在家靠父母，出门靠朋友"等。或以"传统文化利大/弊大"为题，组织一场辩论活动。

3. 如何理解《南方都市报》袁伟时提出的"特别需要警惕别把弘扬民族文化变成构筑民族文化自我封闭的堡垒"？这一断语是针对《宣言》中的哪一点提出的？为什么？可以以此断语作论点，写一篇小论文。

习得展示

一、创编小报

主题：情爱与责任

目标：

1. 学会运用文字与图画创编电子或者纸质报刊进行思想交流与文化传播的技能。

2. 从身边的人和事入手，探讨亲情、友情、爱情的责任与义务。树立责任意识，做一个有担当的人。

流程：

1. 以班统筹或者自告奋勇担任一小报报刊主编，组织3-5个人的合作团队，研究确定编写报刊的主题。建议从"感恩""亲情""友情""爱情""事业""学业""责任"等选定几个关键词，小组成员围绕选定的关键词查找资料（包括文字的和图画的）。

2. 汇集资料，筛选整理，讨论核心主题和辅助副题，确定撰写相关文章和设计编排人员。也可向他人征稿，就某专题开设笔谈栏目。

3. 汇总稿件和相关资料，进行编排。需经小组多次交流讨论和修改。

4. 课内展示。每组派代表上台展示本组的报刊并讲解特点。其他同学进行点评。

5. 将纸质报刊或者电子报刊共同展览。共同评选出一、二、三等作品。一等奖获得者介绍创编过程和经验。教师点评。

提示：

1. 台湾最牛中学校长提出"天下兴亡，我有责任"的口号，表达了强烈的责任与使命感。请结合现实，反思我们是否对身边的人对社会尽到了自己的责任与义务，包括亲情中的责任与义务以及我们对亲情的态度。建议给父母写一封书信。

2. 有人说，夫妻本是同林鸟，大难临头各自飞；也有人说，不求天长地久，只需曾经拥有；有人说，婚姻是爱情的坟墓；也有人说，不以结婚为目的的恋爱就是耍流氓。建议针对以上问题研读一下《诗经》和唐宋诗词中的爱情诗，《西厢记》《牡丹亭》《红楼梦》《伤逝》，再读读恩格斯的《家庭私有制的起源》以及舒婷的《致橡树》等作品，撰写一篇关于爱情、婚姻与事业的散文。

3. 建议结合开展"感恩"和"敬老"活动编写专刊。

4. 各专业的学生可以发挥自己的优长进行创作，比如动画影视专业的可以制作成影视动画片，美术艺术专业的可以做成图文并茂的刊物。但都需要配写一定的文字。

二、卧谈报告

主题：10年后我的一天："互联网+"时代下的未来生活情景

目标：

1. 通过畅想，预测"互联网+"给未来社会各行业及个体生活方式带来的各种变化，揣摩网络时代的明天。将想象、理想化作具有现实性的行动力。

2. 敏锐捕捉所学专业在"互联网+"时代下的行业动态，及时调整和完善职业规划。

流程：

1. 提前一周安排某周末晚间，以宿舍为单位进行卧床恳谈会，明确要以"10年后我的一天："互联网+"时代下的未来生活情景"为主题。各自事先有所准备与思考。

2. 某周末晚宿舍同学自由畅谈。也可以两个宿舍联合畅谈。推举出一位讲得最好的同学作为代表，同时概括出大家的智慧。

3. 代表在全班课堂上做卧谈会总结汇报。

4. 教师点评。侧重内容富于想象力、讲述方式感染力两方面评点。

5. 评比。全班同学参与投票，评出"最具想象力"奖、"最具感染力"奖、"最精彩表达奖"。

提示：

1. 阅读几本关于对未来展望的书籍和关于未来社会发展趋势的资料，弄清"互联网+"概念提出的背景和意义，努力厘清近十年互联网发展变化的规律特点，随时关注5D发展的态势。

2. 讲述要素必须包括我的职业、我一天的衣食住行，要求具体而生动。讲述出诸如机器人、3D打印机等新生事物甚至是目前未曾出现的事物在未来生活中广泛应用的情景。推荐观赏美国拍摄的科幻电视剧《真实的人类》。

3. 有人认为："信息时代向概念时代推进的时候，那些原本仅靠知识和逻辑工作的人，基本逐渐就会被电脑所替代，越来越贬值，而那些只有人能做的工作，才能够真正的做起来。计算可以被电脑完成，但是创意不能。"对此，你们怎么看？

也可以立足现实展望未来就"对语文的新认识和学习经验"做交流报告。

第五单元　外国人文语文

名家名著与专题

第一节　古希腊神话传说与《荷马史诗》

古希腊是西方文明的源头，黑格尔就曾经说过，"一提到希腊这个名字，在有教养的欧洲人心中……自然会引起一种家园之感。"[①] 在古希腊馈赠给后人的丰厚文化遗产中，希腊神话以其瑰丽的想象和丰厚的人文内涵尤其受到后人的青睐。

一、希腊神话

和中国神话一样，希腊神话也是以"创世神话"拉开序幕的。相传天地之初是一片混沌，这片混沌孕育了地母该亚。该亚是大地的化身，她又生下了天空神乌拉诺斯和海洋神蓬透斯。从此，就有了天空、大地和海洋。然后，作为主神的乌拉诺斯又和自己的母亲该亚一起生下了 12 个提坦神（Titan，即巨人）。乌拉诺斯害怕这些强壮的子女长大后会威胁到自己的统治，于是便把这些孩子统统活埋了。该亚出于怜子之心，偷偷将最小的一个儿子克洛诺斯给保护起来，克洛诺斯长大后，果真推翻了父亲的统治，并取代父亲成为天地的主神。这个克洛诺斯比他的父亲还要狠毒，他担心自己会重蹈父亲的覆辙，于是他的妻子（同时也是他的妹妹）瑞亚每生一个孩子，他就马上把这个孩子吃掉，永绝后患。瑞亚同样出于怜子之

[①] 黑格尔. 哲学史讲演录（第 1 卷）. 北京大学哲学系外国哲学教研室译. 北京：生活·读书·新知三联书店，1956：157.

心，有一次趁克洛诺斯不注意，用一块石头和刚生下的孩子调了包，克洛诺斯也没细看，一口就把石头吞进肚子里，这个幸免于难的孩子就是宙斯。于是历史得到了重演，等宙斯长大后，他又推翻了父亲的统治，并勒令父亲将被吃掉的兄弟姐妹们吐了出来。从此以后，希腊神界就进入了以宙斯为首领的新神时代。

宙斯上台后，马上开始着手建立一个以他为首领的神界帝国。他首先与波塞冬和哈德斯这两个亲兄弟一起三分天下，波塞冬主管海洋，哈德斯主管冥界，而宙斯本人则掌管油水最肥的两块地盘：人间和天界。其他的一些神灵也都各司其职：赫拉是天后，也是妇女的保护神；雅典娜是智慧女神；阿波罗是太阳神，主管光明和音乐；阿佛洛狄忒是爱神，主管男女之间的情爱，她还有一个小助手，就是那个长着一对小翅膀，专门射箭的厄洛斯（罗马人叫他丘比特）；赫菲斯托斯是匠神，类似于中国的鲁班；狄俄尼索斯是酒神，主管农作物的生长；阿瑞斯是战神，同时主管瘟疫；缪斯是文艺女神，专门赋予人类艺术创作的灵感……

希腊神话中的神灵形象和中国神话中的神灵形象在道德水平上存在着明显的差异。通过对本书中关于中国神话章节的学习，我们发现中国神话中神灵大多具有高尚的道德情操和舍生取义的胸怀气度，例如以身补天的女娲、勇尝百草的神农、追日不懈的夸父，以及用孱弱之躯对抗浩淼大海的精卫等。而希腊神话中的神则和普通人一样，他们也有七情六欲，也有喜怒哀乐，干过不少好事，但也干过不少坏事，在神界上演了一幕幕具有浓郁的世俗风情的生活剧。主神宙斯花心好色，而他的妻子赫拉又特别爱吃醋，两人整天闹得不可开交。上梁不正下梁歪，宙斯夫妇没有做好表率，其他神灵的表现也就可想而知了。波塞冬经常莫名其妙地大发脾气，掀起滔天巨浪，害得水手们苦不堪言；雅典娜仅仅因为输掉了一场针织比赛，就一气之下将对手变成了一只蜘蛛；阿佛洛狄忒经常背着丈夫赫菲斯托斯与阿瑞斯偷情，有一次，赫菲斯托斯设计将他们罩在一个大网子里，还把他们拖出去示众，让他们在众神面前好好地出了一回丑；这些神灵因为眼红人类幸福和美的生活，于是就将一个装满了瘟疫、嫉妒、罪恶等丑恶事物的"潘多拉的匣子"送给人类作为礼物……当然，最典型的例子还得属"金苹果"的故事。

人间英雄帕琉斯和海洋女神忒提斯喜结连理，邀请天上的众神和人间的英雄们参加他们的婚礼，却惟独没有请不睦女神厄里斯。厄里斯勃然大怒，在婚礼的现场扔下了一个金苹果后扬长而去。大家一看，这个金苹果上面还刻着一行字："给最美丽者。"在场的所有女性为了争夺这个金苹果，吵得不可开交。最后，三位女神艳压群芳，脱颖而出，她们是赫拉、雅典娜和阿佛洛狄忒。这三位女神互不服气，争执不下，最后去找特洛伊王子帕里斯做评判。三位女神为了得到金苹果，对帕里斯许下了种种诱人的承诺：雅典娜要让帕里斯成为最具有智慧的人，赫拉承诺赋予帕里斯至高无上的权力，而阿佛洛狄忒则许诺一旦她得到金苹果，就让帕里斯拥有人世间最漂亮的妻子。最后，帕里斯将金苹果判给了阿佛洛狄忒，赫拉和雅典娜暴跳如雷，发誓要进行报复，让帕里斯和他的城邦永远毁灭。后来，阿佛洛狄忒帮助帕里斯诱拐了斯巴达王妃海伦，十万希腊联军为了抢回海伦，围攻特洛伊长达十年之久，天上的众神也分为两派，纷纷加入战团，这就是著名的特洛伊战争。关于这场战争，我们在谈《荷马史诗》时还会详细向大家介绍。

三位女神仅仅只是为了满足自己肤浅的虚荣心和发泄私愤，就在人间挑唆起一场可怕的战争，给人类带来了深重的灾难。像这种故事，在中国神话里是很难看到的。

当然，在希腊神话的性格中也不乏美好的因子。他们经常在一起聚会，享受丰盛的美食，欣赏美妙的歌舞。我们可以指责他们生活奢华，但也不得不承认他们热爱生活，而且懂得怎样去享受生活的乐趣。他们虽然在人间干了不少坏事，但也经常赐福给人类，例如雅典娜就将智慧与和平赐给了雅典人，她也因此得到了雅典人的爱戴，以她的名字来命名自己的城邦[①]。还有提坦神普罗米修斯，他不仅创造了人类，还将天上的火种带到人间，自己却因此触怒宙斯，被绑在高加索山上终日忍受鹰啄雷劈之苦。他们虽然纵情声色，但有时也特别的专一痴情，例如阿波罗和达芙涅的爱情故事：阿波罗中了丘比特之箭，深深地爱上了达芙涅，可达芙涅却拒绝了阿波罗的爱，还将自己变成一颗月桂树以躲避阿波罗的追求。阿波罗伤心不已，于是便用月桂树的树干做了一把竖琴，用树的枝叶编成一个花环，每天深夜，阿波罗都会头戴花环，手扶竖琴，在森林的深处唱着哀婉的情歌……

如果将中国神话与希腊神话做一比较的话，我们不难发现中国神话显然比古希腊神话具有更强的道德教化功能，但我们也不得不承认，希腊神话中这些人性化的神灵较之高高在上、不食人间烟火的中国神灵，似乎更贴近复杂的人性，也更容易引起读者的共鸣。而希腊神话中神灵形象也正是以其"神人同性"的特征而具有一种独特的魅力。

希腊神话中除了神的故事之外，还有许多英雄传说。在这些英雄传说中，古希腊人为我们塑造了一大批令人景仰的英雄好汉，其中最著名的有智取美杜沙头颅的忒修斯，勇闯米诺斯迷宫的帕修斯，寻找金羊毛的伊阿宋，建立了12项伟大功绩的赫拉克勒斯。下面，我们就以赫拉克勒斯的故事为例，一起领略一下希腊英雄的丰功伟绩。

赫拉克勒斯是宙斯在人间的私生子，所以，他一生都受到天后赫拉的嫉恨与迫害，赫拉克勒斯这个词的意思就是"被赫拉所嫉恨的人"。虽然处处受到赫拉的陷害，但赫拉克勒斯没有畏缩，更没有气馁，仍然凭借高超的武艺和坚韧的意志为自己赢得了不朽的威名。赫拉克勒斯一生战无不胜，攻无不克：他曾经掐死过一只铜皮铁骨的狮子，砍死过一条会喷毒液的九头蛇；他打死了在人间骄横跋扈的暴君安泰，这个安泰仗着自己是地母该亚的儿子，横行无忌，残杀了很多无辜的百姓；而且，连神灵都不是赫拉克勒斯的对手，阿波罗曾经被他打得狼狈不堪，赫拉都差点被他一箭结果了性命。

如果我们仔细分析一下赫拉克勒斯的故事，就会发现他的那些对手都是有其具体象征对象的：猛兽象征着大自然，暴君象征着欺压人民的邪恶势力，而天神则象征着以当时人类的认识能力还无法解释的神秘莫测的现象和力量。远古的希腊人正是通过赫拉克勒斯这个英雄形象，表达了自己挑战一切、征服一切的信心与决心。

[①] 古希腊不是一个统一的国家，而是由数百个政治上彼此独立的城邦（poleis）组成。城邦兼具城市和国家的特征，它们面积较小，人口较少，但却拥有国家的体制和职能。我们所熟知的雅典和斯巴达就是最具有代表性的两个古希腊城邦。

二、《荷马史诗》

荷马相传是公元前6世纪的一位盲诗人，他曾经写过六部长篇史诗，其中《伊利亚特》和《奥德赛》最为著名，我们通常所说的《荷马史诗》指的也就是这两部作品。[①]《荷马史诗》不仅是古希腊文学的巅峰之作，也是世界文化史上不可多得的瑰宝。这两部作品都取材于特洛伊战争的神话，《伊利亚特》叙述的就是特洛伊战争，而《奥德赛》则讲述了希腊英雄奥德修斯在战争结束后历经十年磨难终于回归家园的故事。这两部作品既可以独立成章，又相互连缀，形成一个整体。这里，我们不妨将两部作品糅合在一起讲述，跟大家一起回顾一下那个金戈铁马的年代。

《荷马史诗》一开篇就写道：

> 阿喀琉斯的忿怒是我的主题，只因这惹祸招灾的一怒，使宙斯逐意如心，却给阿开亚人（即希腊人——作者注）那么许多的苦难，并且把许多豪杰的英灵送进哈得斯（此处指地府——作者注），留下他们的尸体作为野狗和飞禽的肉食品。[②]

这个阿喀琉斯是希腊联军中武艺最高强的勇士。按理说，阿喀琉斯是希腊联军的将领，他发怒了应该是敌人遭殃才对啊，怎么会让自己的战友命丧沙场呢？这还得从阿喀琉斯愤怒的原因说起。

希腊联军的统帅阿伽门农霸占了阿波罗祭司的女儿，愤怒的阿波罗将致命的瘟疫之箭射向了希腊联军的营地，士兵们感染了致命的瘟疫，一批接一批地死去。阿喀琉斯要求阿伽门农立即释放祭司的女儿，阿伽门农却提出要以阿喀琉斯最心爱的女仆作为交换。阿喀琉斯大发雷霆，觉得受到了侮辱，从此拒绝参加战斗。结果特洛伊的主将赫克托，也就是武艺仅次于阿喀琉斯的希腊第二号英雄，乘机对希腊军队发起了全面反攻：

> 在这里，好像一阵狂风或是一派大火似的，那些特洛亚人正跟着普里阿摩斯之子赫克托以一股不可控制的凶势向前猛冲，连那照例要有的呐喊也不肯浪费……[③]

正当赫克托杀得起劲时，战局却又一次发生了戏剧性的转折。原来，阿喀琉斯虽然发誓不再参加战斗，但也不忍心看着赫克托疯狂地杀戮自己的战友，于是，他委托自己最好的朋友帕特洛克罗斯代替自己出战，可帕特洛克罗斯哪里抵挡得住杀红了眼的赫克托，不出几个回合就惨死在对手枪下。好友的阵亡使得阿喀琉斯又一次勃然大怒，他重新披挂上阵，像一头狂暴的雄狮一样冲向了特洛伊的官兵：

---

① 《伊利亚特》又译《伊利昂纪》，《奥德赛》又译《奥德修纪》。
② 荷马. 伊利亚特. 傅东华译. 北京：人民文学出版社，1958：1.
③ 荷马. 伊利亚特. 傅东华译. 北京：人民文学出版社，1958：232.

第五单元
外国人文语文

　　阿喀琉斯拿他的枪在那里大发其狂，好比一个已被太阳烤干的山麓上从沟壑里发出一蓬野火，把整个森林都烧起来，正有一阵狂风刮得那火焰倒到东边又倒到西边似的。他凶狠得同个恶魔一般，紧紧追逐他的牺牲者，满地都淌黑了血。①

　　阿喀琉斯一路杀来，终于和赫克托相遇了，这两位希腊最伟大的英雄展开了一场殊死搏斗，战斗是这样的惨烈，连天神都为之侧目。最后，阿喀琉斯杀死了赫克托，为自己的好朋友报了仇，也为希腊联军取得战争的最终胜利奠定了重要的基础。

　　大家千万不要以为阿喀琉斯仅仅是一个嗜杀的屠夫，其实，在阿喀琉斯性格中也有温柔善良的一面。当赫克托的父亲，也就是特洛伊的老王普里阿摩斯偷偷潜入希腊军营地，哭泣着哀求阿喀琉斯归还赫克托的尸体时，阿喀琉斯看着白发苍苍的老人，想起远在故乡的父亲，不禁潸然泪下，不仅归还了赫克托的尸体，而且还答应12天内不发动战斗，以便给特洛伊人充裕的时间为赫克托安排一个隆重的葬礼，整个史诗也在赫克托的葬礼中落下了帷幕。

　　如果说《伊利亚特》的主人公阿喀琉斯是一个勇者的形象的话，那么《奥德赛》的主人公奥德修斯就是一个智者的形象。奥德修斯武艺一般，但论机智却是独步天下。正是靠他的木马计，希腊联军才攻陷了用武力10年都没有攻克的特洛伊城。战争结束后，奥德修斯踏上了漫长的返乡之路，在长达10年的海上漂泊中，他遇到了很多靠武力根本无法克服的苦难，而智慧则是他赖以求生的唯一武器。有一次，他和同伴们被冲进了一个食人巨人的洞窟中，同伴都吓得六神无主，只有奥德修斯镇定自若。他告诉巨人自己叫"无人"，到了晚上，他带领大家用一根烧着了的树干刺瞎巨人的眼睛，而当巨人的同伴前来支援时，就出现了这么一段有趣的对话：

　　波吕菲谟，你有什么痛苦？干什么在神圣的黑夜里喊叫，使得我们无法安睡？是有人用强力赶走你的羊吗？还是有人用阴谋或暴力来杀害你？
　　……哎，朋友们，"无人"用阴谋，而不是用暴力，在杀害我哩。②

　　巨人的同伴一听，无人害你，那就没事啦，我们回去睡觉吧。就这样，奥德修斯和他的同伴们顺利地脱离了险境。这则故事和马三立先生的著名相声《逗你玩》有异曲同工之妙。

　　刚刚躲过巨人，他们又碰上了赛仑鸟。塞仑是一种妖怪，她们的歌声非常动听，每一个听到她们歌声的人都会被她们的歌声迷惑，不忍离去，直至死亡。于是，奥德修斯就用蜜蜡捏成丸子，把同伴们的耳朵塞起来，并且把自己紧紧地绑在桅杆上。这样，他就成了唯一一个既欣赏了赛仑鸟的美妙歌声又免遭杀身之祸的人。就这样，奥德修斯靠着自己的智慧，经历了无数磨难、克服了重重阻碍，终于回到家园，和家人幸福地团聚。

　　阿喀琉斯和奥德修斯是《荷马史诗》的主人公，也正是在这两个人物身上，体现了古希腊人民族性格的精华。古希腊土地贫瘠，不适合农业耕作，但它地处地中海东部海路要冲，

---

① 荷马. 伊利亚特. 傅东华译. 北京：人民文学出版社，1958：390.
② 荷马. 奥德修纪. 杨宪益译. 上海：上海译文出版社，1979：113.

· 345 ·

又拥有漫长曲折的海岸线，所以非常适合于发展航海业。生存的需要和天然的地理优势使得希腊人很早就开始了迈向大海的征程。他们通过海路将本地的特产销往各地，换回自己所需的生活资料。有货物的时候他们就做商人，没货物的时候他们就做海盗，抢夺别人的财物。这种充满挑战与风险的海上生涯和以谋取利益为目标的商业生活方式造就了古希腊人喜欢刺激、敢于冒险、刚猛尚武、机智狡谲、功于心计的民族习性。别林斯基曾经说过："长篇史诗的主人公主要必须是通过个性来表现出民族的全部充沛的力量，它的实质精神的全部诗意。"①阿喀琉斯和奥德修斯这两个人物形象相得益彰，充分显示了古希腊人民族性格的全部诗意。

作为古希腊文学的巅峰，《荷马史诗》的艺术手法也是非常高妙的，我们这里仅以人物描写技巧为例。特洛伊战争是因美丽的海伦而起，但作者却并没有对海伦的容貌进行任何的正面描写，只是设置了这样一段情节。一天，海伦来到城楼上观战，正好碰见几位特洛伊长老在商议战事。这些饱经风霜、白发冉冉的老人看见海伦后都惊呆了，他们简直不敢相信人世间竟然有如此美丽的姑娘，心中不禁暗暗寻思，"为了这样的一个女人……谁还怪得特洛亚和阿开亚的战士吃这么多年的苦呢？"②

那么，究竟是多美的一个姑娘，连这些饱经事故的老人都为之怦然心动，值得这么多人去为她流血牺牲呢？这就有待读者自己去想象啦。

【研习与探索】

1. 古希腊神话中的神灵形象和中国神话中的神灵形象具有明显的差别，你觉得这些差别主要体现在哪些方面？造成这些差别的原因又是什么？

2. 如果你是帕里斯，你会选择将金苹果判给哪位女神？为什么？

3. 古希腊文化是人类文化史上最为璀璨的乐章之一。请查阅相关资料，了解古希腊在人文社会科学和自然科学方面取得的巨大成就，并在此基础上，任选一角度，写一篇3000字的论文，评析古希腊文化在世界文化史上的地位及其对后世的影响。

4. 请在阅读《伊利亚特》并观看美国影片《特洛伊》之后，分析一下文学艺术和电影艺术在艺术表现能力上各有哪些优缺点。

（李纲）

---

① 别林斯基. 别林斯基选集（第3卷）. 满涛译. 上海：上海译文出版社，1980：46.
② 荷马. 伊利亚特. 傅东华译. 北京：人民文学出版社，1958：52.

第二节 《圣经》及其对西方文化的影响

西方文化又称"两希文化",因为她有两个源头,一个是古希腊文化,另一个就是希伯莱文化,希伯莱文化对西方文化的影响主要是通过《圣经》和基督教实现的。我们今天看到的基督教《圣经》分为《旧约》和《新约》两个部分。其中,《旧约》[①] 是希伯莱人的经典,《新约》是基督教自创的经典。

一、《旧约》与希伯莱文化

希伯莱人是一个古老的游牧民族,他们是今天的犹太人的祖先。《旧约》是希伯莱人的宗教"犹太教"的重要经典,书中保存了大量希伯莱民族的历史文献和文学作品,是我们研究希伯莱人的历史与文化的重要资料。

《旧约》里记载了大量希伯莱神话,例如大家耳熟能详的"失乐园"的故事、"诺亚方舟"的故事、"巴别塔"的故事等。[②]希伯莱神话与希腊神话不同。希腊神话中多神并存,不同神祇各司其职,宙斯虽然贵为众神之主,但也没有决定天下一切事务的权力,但在希伯莱神话中,上帝耶和华是唯一的神,天地万物都是他所创造的,万物的命运也由他一人所主宰,体现出浓厚的"一神论"思想。下面,我们就通过对希腊神话和希伯莱神话的比较分析,阐述希伯莱神话的独特价值与魅力。

首先,由于古希腊神话中多神并存,所以,每个城邦、每个家族,乃至个人都有自己信奉的神,大家按照各自神祇的意旨行事,整个社会也因此没有了统一的道德规范和信仰体系。这也解释了为什么古希腊纷争不断,战乱频发。但在希伯莱神话中,大家都必须按照耶和华制定的伦理道德规范行事,尊重耶和华的意志,所以,大家拥有着共同伦理道德规范和善恶评判标准,也就使得建立起一个团结、和谐的社会成为可能。

其次,在希腊神话中,自然万物背后各有其不同的主管神,如雷神、海神、太阳神、林神、农神等。这些神灵的职能彼此之间没有任何交集或关联,所以,整个自然界是割裂无序的,人们也只能以神的喜怒哀乐来解释各种自然现象。但是,在希伯莱神话中,这个世界是由耶和华有计划、有次序地创造出来的,所以,只要人类参透了耶和华的意志,就能够将自然界作为一个整体来把握,并且充分地认识自然界,洞悉各种自然现象背后隐藏着的种种奥秘。

此外,在希腊神话中,人类的祸福命运全凭神祇决定,人们要想趋吉避祸,必须通过祭

[①] 《旧约》的原型即希伯莱犹太教的经典《圣经》,基督教后来将这本书进行了一定的修改并纳入自己的《圣经》,命名为《圣经·旧约》,以区别于自创的《圣经·新约》。《旧约》虽经过了基督教的修改,但仍然大体保持了其原貌。

[②] 这些故事的具体内容详见本书"文选"部分。

祀取悦神灵，人完全受制于神灵。但在希伯莱神话中，人与神之间的关系是通过"立约"的关系确定下来的。耶和华和人类订立契约，按照契约规定庇护人类，并因此而享受人类的尊崇和祭祀，双方通过立约形成了一种互惠互利的关系。这就使得人类一改长期以来在人神关系中所处的被动地位，强调了人的主体能动性，赋予了人神关系以全新的色彩。更有学者指出，如果将这里的"神"置换为统治者或国家机器，那么，希伯莱神话中的这种人神立约关系足以视为现代民主制度的雏形。①

《旧约》中还保存了许多优秀的希伯莱史诗，这些史诗既是优秀的文学作品，同时也是我们研究希伯莱人历史的重要资料。希伯莱人原本生活在两河流域的迦南地区②，这是一片肥美的土地（迦南意为"流淌着奶和蜜的地方"），而且是连接古埃及和两河流域的交通中枢，所以历来是各民族争夺的焦点，希伯莱人也因此饱受周边民族的侵扰。在迦南生活了一段时期之后，他们被迫迁徙到埃及。一开始，埃及人还能礼遇他们，可后来埃及人开始实行民族排斥政策，残酷地迫害希伯莱人。这时，一个叫做摩西的希伯莱人出现了，他带领自己的同胞逃离埃及，远涉千山万水重返迦南。以《出埃及记》为核心的"摩西五经"③就是以艺术的笔法再现了希伯莱人重返迦南的这段历史。

摩西原本只是一个普通的希伯莱人，但上帝选中了他作为自己的代表，并授予他神力，让他带领自己的子民逃离埃及。在摩西身上，我们看到了一种决然迥异于希腊英雄的精神气质。古希腊的英雄，无论是阿喀琉斯还是奥德修斯，都是一些个人主义的英雄，他们都是以充分地实现个人价值作为人生追求的终极目标，而摩西则是将自己的一生都奉献给了拯救脱离苦难的伟大事业，为此，他不惜放弃身为法老义子所过的锦衣玉食的生活。在带领同胞返回迦南的路上，摩西背负着巨大的压力，承受了难以言表的苦痛，可是他从来没有想到过放弃，甚至在自己生命行将结束的时候，他仍然不忘告诫和祝福自己的同胞：

> 耶书仑哪，没有能比神的。他为帮助你，乘在天空，显其威荣，驾行穹苍。永生的神是你的居所。他永久的膀臂在你以下。他在你前面撵出仇敌，说，毁灭吧。以色列安然居住。雅各的本源独居五谷新酒之地。他的天也滴甘露。以色列阿，你是有福的。谁象你这蒙耶和华所拯救的百姓呢？他是你的盾牌，帮助你，是你威荣的刀剑。你的仇敌必投降你。你必踏在他们的高处。

摩西身上体现出的这种献身精神是由希伯莱人苦难的民族命运所造就的。希伯莱人虽然也曾经有过短暂的辉煌④，但更多的时候，他们都处于被侵略、被凌辱、被放逐的境地。而

---

① 参见：徐星. 西方文化史. 北京：北京大学出版社，2002：42.
② 即今天的巴勒斯坦地区。
③ "摩西五经"除《出埃及记》外，还有《利未记》《民数记》《申命记》和《约书亚记》四部史诗。
④ 希伯莱人回到迦南后势力逐步得到增强。大约在公元前1040年，扫罗带领着希伯莱人开始了对迦南地区异族的征战，他的儿子大卫继承父亲遗志，终于建立了一个以耶路撒冷为都城的大帝国，这是希伯莱人历史上最辉煌的时期，我们今天在以色列国旗上看到的那颗醒目的六角星就叫做大卫星。但这个王国只存在了40多年，就又分裂为北国以色列和南国犹大。从此，希伯莱人势力日渐衰微，以色列和犹大后来分别被亚述人和巴比伦人所灭。希伯莱人国破家亡，被迫流亡异国，从此被称为"犹太人"，即"犹大亡国遗民"的意思。直到第二次世界大战之后，犹太人才重新回到了祖先居住的土地，建国以色列，史称"犹太复国"。

每当民族处于生死存亡关头时，就会有那么几个民族英雄挺身而出，奋起反抗，带领同胞捍卫民族的尊严与生存的权利，而史诗人物摩西无疑就是他们的浓缩与化身！

这种献身精神后来被基督教所继承并加以改造。基督教一方面保留了这种献身精神所具有的坚毅执著、百折不挠的气质，同时又将其中包含的民族自卫意识放大为一种为了拯救全人类脱离苦难而献身的精神。基督教将这种献身精神注入到西方文化的血液中，从而使这种崇高的献身精神与虽然绚烂奔放但略显自私狭隘的希腊文化精神形成了极佳的互补，并一举奠定了西方文化的基本文化模式。

除了神话与史诗，《旧约》中还有很多值得我们品味的篇章，例如热情奔放的《雅歌》、深邃睿智的《箴言》、充满了奇幻与象征色彩的《但以理书》，洋溢着恬静的田园色彩、开创了世界小说艺术先河的《路得记》，等等。由于篇幅的限制，我们就不详细介绍了。

二、《新约》与基督教

《新约》是基督教自创的重要经典。其中，《四福音》① 是《新约》中最重要的篇章，它系统、全面地记载了耶稣的生平和主要思想言论，因而被视为整个基督教文化体系的基石。

《四福音》对耶稣生平的记叙兼具现实与虚构的双重特征。首先，它基本真实地再现了耶稣一生的经历。耶稣于公元元年诞生于巴勒斯坦伯利恒的一个普通的犹太人家庭，他的名字叫约书亚②，我们今天过的圣诞节就是耶稣的生日。根据《新约》的记载，耶稣是玛利亚受圣灵之孕而生，成人之后开始四处传道，还收了很多门徒。后来，耶稣的影响力越来越大，以至于很多人都把他当成了弥塞亚③，这就直接损害了犹太教的首领和长老们的利益。于是，他们收买了耶稣的门徒犹大，又串通了当时的罗马统治者，将耶稣钉死在十字架上。

在对耶稣生平的描述中，《福音书》采用了凝练、写实的手法，又时而穿插一些生动逼真的细节描写，从而形成一种张弛得当、意味隽永的艺术风格。其中，尤以耶稣得知自己被出卖后，召集各门徒共进晚餐的那段描写最为精彩：

> 到了晚上，耶稣和十二个门徒坐席。正吃的时候，耶稣说，我实在告诉你们，你们中间有一个人要卖我了。他们就甚忧愁，一个一个地问他说，主，是我吗？耶稣回答说，同我蘸手在盘子里的，就是他要卖我。……卖耶稣的犹大问他说，拉比，是我吗？耶稣说，你说的是。他们吃的时候，耶稣拿起饼来，祝福，就掰开，递给门徒，说，你们拿着吃，这是我的身体。又拿起杯来，祝谢了，递给他们，说，你们都喝这个。因为这是我立约的血，为多人流出来，使罪得赦。

---

① 《四福音》包括《马太福音》《马可福音》《路加福音》和《约翰福音》四部。
② 原文 Joshua，由希腊文转译为英文 Jesus。
③ 弥塞亚意为"受膏者"，即基督。根据希伯莱人的古老传统，每一个部落首领在就职时都要把橄榄油涂在前额上，表示他是上帝挑选出来的，这就是所谓"受膏者"。"受膏者"实际上就是古老的理想君王，类似于中国古代的尧、舜、禹，但后来被逐渐神化，最终演变成一个神灵的形象。

这段描写清楚地交代了耶稣和门徒们最后一次共进晚餐的经过，其中包括很多细节描写，例如耶稣所说的话，他递给门徒酒与食物。但这段文本也为读者预设了许多"空白"，让读者在阅读时充分地发挥自己的想象力来填充这些空白。例如，耶稣说话时是用平静的语调还是感伤的语调？他此时是因为命运悲惨而哀伤还是因被弟子出卖而愤懑？当门徒们听说有人出卖耶稣之后各有什么不同的反应？出卖耶稣的犹大在得知自己阴谋败露的时候，面对恩师，他又有何感想？……正是由于这些空白点的存在，为文本留下了无穷的想象和扩展空间。意大利画家达·芬奇以这段描写为题材创作出了不朽的名作《最后的晚餐》，画中体现出达·芬奇对这些空白的理解与填充，有兴趣的读者不妨将这幅画与文本对照鉴赏，相信一定能对《最后的晚餐》有更深的理解。

除了对耶稣生平的真实描写外，《福音书》还记载了许多耶稣的神奇事迹，如耶稣由圣母玛利亚受圣灵之孕而生，耶稣能治百病，耶稣死而复生等。这些故事充满了瑰丽的想象与庄重崇高的气息，具有一种独特的宗教神秘主义美感。

《福音书》中记录了许多耶稣的言论。这些言论首先是作为基督教的宗教思想存在的，但同时也包含了很多平实而深邃的人生哲理与智慧，例如下面这几条：

你们不要论断人，免得你们被论断。因为你们怎样论断人，也必怎样被论断。你们用什么量器量给人，也必用什么量器量给你们。(《马太福音》)

不要为明天忧虑。因为明天自有明天的忧虑。一天的难处一天当就够了。(《马太福音》)

不要为生命忧虑吃什么，喝什么。为身体忧虑穿什么。生命不胜于饮食吗？身体不胜于衣裳吗？(《路加福音》)

基督教早期使徒的事迹与言谈也是《新约》的重要组成部分。在《使徒行传》与《罗马书》《哥林斯前书》等"使徒书信"中，我们可以清楚地窥见以保罗为代表的基督教早期传教者为传播基督教思想而积极奔走的身影。其中，13卷"保罗书信"是最富于文学色彩的篇章。保罗的文章文笔雄奇，思路缜密，叙述流畅，洋溢着灼热的宗教激情，是《新约》中最富于文采的篇章。

《新约》的最末一卷《启示录》借助隐喻和象征的笔法，虚构出一个幻象的世界，讲述了基督重临，击败撒旦的故事。在《启示录》中，隐喻、象征的手法随处可见，如怪兽象征反对上帝的邪恶力量，红龙象征着撒旦，羔羊象征着基督等。这种隐喻、象征的写作手法影响了中世纪几乎所有文学作品，成为中世纪文学的一种整体风尚。

此外，《启示录》中的一些反复出现的数字也给作品蒙上了一层神秘主义色彩。如七（七个封印、天使的七声号角、七个大碗）、十二（耶路撒冷城墙的十二根基、十二城门上的十二天使、生命树上的十二种果实）等，这些数字到底有什么深层的含义呢？大家众说纷纭。不过，也正是这种神秘主义色彩和意义的不确定性使得后人对其津津乐道，也为后人留下了广阔的遐想空间和丰富的创作素材。以七个封印为例，瑞典导演英格玛·伯格曼就据此拍摄过名为《第七封印》的电影①，智冠科技也制作过同名的电脑游戏。

三、《圣经》对西方文化的影响

我们可以毫不夸张地说，世界上还没有哪一本书拥有比《圣经》更多的读者，《圣经》对西方文化乃至世界文化的影响也是难以估量的。我们现在所使用的"公元"和"星期"等纪年和计时单位都直接源于《圣经》，很多大的节日，如圣诞节、复活节、狂欢节和《圣经》也有直接联系。西方国家的道德和法律以及西方人的一些生活习惯也深受《圣经》的影响：《圣经》中记载的"摩西十诫"②至今仍被西方人视为日常生活和道德修养的基本规范；婴儿出生之后要做洗礼；每个星期大家都要去教堂做礼拜；证人在上法庭做证时要先手抚《圣经》宣誓，以表明自己所言属实；士兵上战场时经常在口袋里装上一本袖珍本的《圣经》以驱祸求福……

在《圣经》对后世文化的诸多影响中，它对西方文学的影响尤为明显。但丁的《神曲》、弥尔顿的《失乐园》、歌德的《浮士德》、拜伦的《该隐》和福克纳的《喧哗与骚动》等经典名著都直接或间接地化用了《圣经》中的情节、典故与思想。

至于《圣经》对西方作家在精神气质上的影响，那就更是难以胜数了。狄更斯的小说充满了基督博爱仁慈的精神，《双城记》中的卡尔登替代尔坦然赴死的情节，明显具有耶稣受难故事的影子；托尔斯泰所主张的"勿以暴力抗恶"，主张"道德自我完善"的"托尔斯泰主义"具有明显的基督教教义色彩；贝克特的《等待戈多》通过塑造出一个反上帝的戈多③形象，对20世纪西方世界的精神荒原予以了尖锐的讽刺和批判……

也许仅仅这样罗列式地陈述并不能说服大家，那么我们就来看一个实在的例子吧：

> 我是沙仑的玫瑰花，是谷中的百合花。[新郎] 我的佳偶在女子中，好像百合花在荆棘内。[新娘] 我的良人在男子中，如同苹果树在树林中。我欢欢喜喜坐在他的荫下，尝他果子的滋味，觉得甘甜。（《旧约·雅歌》）

> 哦，火把跟了他才会放出光辉，她挂在深夜的脸上，像黑人的耳环上一颗最美的宝翠。……像雪白的鸽子在乌鸦群里飞。在女伴当中她是这样的妩媚。为着求福，碰碰她的手都好。我曾经爱过么？没有，那是花了眼，真美的我才见着，从今晚这一面。（莎士比亚《罗密欧与朱丽叶》）

---

① 有网友发贴《男人必看的十部影片》，《第七封印》赫然在列。与之一起上榜的还有《阿甘正传》《罗马假日》《辛德勒的名单》等。该贴在互联网上曾红极一时。

② 据《圣经》记载，摩西在带领同胞返回迦南的途中，在西奈山上接受了上帝的训诫，共有十条，大体内容如下：（1）不可有别神；（2）不可有偶像；（3）不可妄称神的名；（4）不可不守圣日；（5）不可不孝敬神的代表（父母）；（6）不可杀人；（7）不可夺走他人妻子；（8）不可盗窃；（9）不可诬陷他人；（10）不可贪恋他人财物。具体内容请参阅《旧约·出埃及记》。"摩西十诫"也是犹太教和基督教的基本教义。

③ 有研究者指出，Godot（戈多）谐音 God out。

细心的读者一定马上就能够发现其中模仿与学习的痕迹吧。

《圣经》的确是一部属于全人类的书。鲁迅认为《圣经》"虽多涉信仰教诫，而文章以幽邃庄严胜，教宗文术，此其源泉，灌溉人心，迄今兹未艾"。①应该说，这个评价是一点也不过分的。

【研习与探索】

1. 在希伯莱神话中有上帝以土造人的故事，而在希腊神话和中国神话中，普罗米修斯和女娲也是用泥土造人的。这仅仅是一种情节上的巧合，还是基于共同的文化心理？请谈谈你对这个问题的看法。

2. 请谈谈你对基督教原罪观的理解与评价。

3. 试比较古希腊文化与基督教文化的异同，并在此基础上说明这两种文化为什么能形成良性的互补。

4. 教材中列举了一些《圣经》对后世文化的影响，但是并不全面，请你阅读相关书籍资料（也可由教师指定参考资料），分别从民俗、法律、道德、哲学、文学、音乐、绘画、建筑等八个方面谈谈《圣经》对后世的影响（每个方面至少列举出三项以上的影响）。

（李纲）

第三节　文艺复兴与工业革命

　　文艺复兴指的是大约在14-17世纪兴起于意大利，而后波及整个欧洲，以复兴古代文化为途径来彰显人文主义的思想解放运动。它不仅是"古典文化的再生"，更是"近代文化的创新与开端"。当代史学家使用这一术语常指代欧洲中世纪转向现代文明的一种趋势，并没有将它视为明显的历史断代时期或历史的转折点。文艺复兴主要表现为一系列新文化的革新：如艺术风格的更新，"人文主义"的兴起，空想社会主义的出现，近代自然科学的开始发展，印刷术的应用和科学文化知识的传播，宗教改革运动等等。它为工业革命开辟了道路。

一、文艺复兴的种种表现

　　城市经济萌芽较早的意大利佛罗伦萨是文艺复兴的发祥地，在诗歌、绘画、雕刻、建筑、音乐各方面均取得了突出的成就。著名的"文艺复兴三杰"达·芬奇（1452-1519）、米开

---

① 鲁迅. 摩罗诗力说. 鲁迅全集（第1卷）. 北京：人民文学出版社，1982：64.

朗基罗（1475－1564）、拉斐尔（1483－1520）都诞生在意大利。

在漫长而黑暗的中世纪，教皇和教会制度以上帝的名义严密统治着欧洲，将人视作上帝的奴婢，主张禁欲，声称人们只有将一切献给上帝才能在死后升入天堂。为了满足现实生活的需要，教会也会开设一些人文课程，包括古典文化、语言、计算、艺术等内容。18世纪，德国学者将文艺复兴时期一些从事古典文化研究的学者称为人文学者，从而慢慢发展出人文主义概念。人文主义者呼吁人们专注世俗生活，重新认识和发现了"人"，逐步形成了"巨人"的观念，从而肯定了人的欲望的合法性。文艺复兴早期的新人大都多才多艺，尽情展示着人的无限潜能。他们是自身命运的塑造者，而非超自然力量的玩物，他们认为生活的目的就是为了发展自身的潜能。绘画、雕塑、建筑和文学创作中处处展现了现世中人的尊严与人性丰富的一面，对于人的价值与潜能的信心在当时的文化人心中尽显无遗。如利昂·阿尔贝蒂（1404－1472）认为："人们只要想做，没有什么做不到。"他本人即是最好的例证，这位佛罗伦萨的贵族既是诗人、剧作家、文艺批评家、风琴演奏家、歌唱家，还是数学家、建筑师、考古学家，同时年轻时还是著名运动员，擅长跑步、摔跤与登山运动。文艺复兴时期的学者在学术研究中使用人文主义的方法，并在艺术创作中追寻现实主义和尽情表现人类的情感。他们通过复兴古希腊罗马时代的文学和艺术来推动各方面的变革。

首先，文艺复兴的创新最突出地体现在绘画艺术与建筑设计方面。由于教会不再是唯一的资助人，艺术家受到鼓励，把注意力转向不同于传统的圣经主题的事物，不但把圣母变成人间妇女（如拉斐尔的绘画），把图像化为对人体的歌颂，而且开始对现实生活中的人进行直接描写。在寻求现实主义描绘方法的过程中，意大利艺术家研究人体结构，反映刻画对象的情感。如马萨乔和达·芬奇依靠直线透视法在两维的平面上反映三维的真实生命。15世纪中叶，意大利绘画达到成熟阶段。代表画家如桑德罗·波提切（1444－1510），其杰作《维纳斯的诞生》尽情表现了人的明朗与光辉。同时更有天才的达·芬奇，他既是画家，又是雕塑家、音乐家、建筑师、工程师、科学家和发明家，他研究了人体的结构，预言了潜水艇与蒸汽机的发明，是"文艺复兴新人"最杰出的代表，也是文艺复兴"巨人中的巨人"。意大利杰出的建筑师们还依照古代希腊罗马推崇的简约典雅风格进行建筑设计。他们最引人注目的成就是建造了圆顶式建筑。这种建筑结构令人敬畏，在巨大的圆顶下拥有很多的空间，同时保持了开放与通风。这种建筑物设计形式的转变意味着人们正在逐渐摆脱对宗教势力的盲从，建筑设计开始向实用舒适转变，体现出对人的需求的尊重。

其次，文艺复兴的创新表现在人文主义者的文艺创作和学术研究与教育主张中。他们创造出大量富有魅力的精湛的艺术品及文学杰作，成为人类艺术宝库中无价的瑰宝。文艺复兴时期产生了被称为人文主义者的大批学者与文学家，从希腊罗马古典的文化范式中汲取灵感，他们并不反对基督教，恰恰相反，这一时期众多的伟大作品都是为宗教而作，而且许多艺术作品得到了教会的赞助。然而，从文化生活的其他领域可以看出，学者们对待宗教的方式还是发生了微妙的转变，他们努力对《圣经》及其他重要的基督教著作做出新的精确译本。其中最著名的人文主义者是荷兰的伊拉斯谟（1466－1536），1516年他整理出版了第一版希腊语《新约圣经》，并带有他精心修订的拉丁文翻译与注释。其他人文主义者从早期基督教强烈的精神追求和较高的道德标准中也汲取了灵感并提倡在社会上发扬那些价值观念。这些希腊语的基督教作品,特别是《新约》,为后来迎合新兴资产阶级需求的宗教改革创造了环境。在德国爆发的宗教改革运动,实质是建立了信徒与上帝之间的直接联系,摆脱教皇等媒介的影响力,从而为实现社会成员在经济、精神等方面的解放准备了条件。

人文学者常常鄙视中世纪经院派令人费解和繁复的写作风格。他们推崇古希腊罗马早期教会神父简练典雅的语言,并在自己著作中加以模仿和实践。如"文艺复兴文学之父"彼特拉克这样的人文学者行遍欧洲,在意大利、瑞士和法国南部的图书馆、修道院等地方苦苦搜寻发掘古代著作稿本,发现了被中世纪学者教士忽略的数以百册的拉丁文著作。15世纪中后期,由于信仰伊斯兰教的奥斯曼土耳其帝国的入侵,东罗马帝国(拜占庭)的许多学者,带着大批的古希腊和罗马的艺术珍品和文学、历史、哲学等书籍,纷纷逃往西欧避难。包括希腊语《新约》在内的其他大量希腊语基督教著作从拜占庭流入了西欧,这是自古典时代末期后,西方学者首次接触到如此有吸引力的内容。一些东罗马的学者在意大利的佛罗伦萨还办了一所"希腊学院",讲授希腊辉煌的历史文明和文化等。十五世纪,意大利人文学者开始认识这些拜占庭学者并发现了更多的古代典籍。由于古希腊罗马文学艺术成就很高,人们也可以自由地发表各种学术思想,这和中世纪基督教经院哲学形成鲜明对比。这种辉煌的成绩与当时人们追求的人的尊严与自由十分合拍。于是,许多西欧的学者惊叹于古罗马的文学艺术成就,开始极力传播,意图恢复古希腊罗马的文化艺术。这种要求就像春风慢慢吹遍整个西欧。文艺复兴运动由此兴起并一步步展开。

再者,文艺复兴的创新表现在人文主义者对于中世纪道德伦理的反思与世俗教育价值的提倡方面。如彼特拉克强调古典文学的学习有助于自我修养和完善,作为指导社会行为的手段也具有重要价值。同样,文艺复兴时期新创办的寄宿学校培养的也不再是牧师,而多为商人与小市民的子弟。且全部课程强调古典文学的研习与体育锻炼的重要性,教育的目的是教育学生快乐健康生活,做一个合格的市民,这为后来的工业革命时代提供了早期的市民。中世纪经院哲学家教导人们最光荣的职业为教士与修女,因为他们脱离罪恶尘世之外,以祈祷、冥思和虔诚献身并荣耀上帝为能事。但人文学者发现:西塞罗等作家证明积极参加现实事务也有可能过一种高尚的道德生活。他们从古典学者那里汲取灵感,认为对于基督徒而言,结婚、经商、从事各种社会公务都是十分荣耀之事。他们积极为那些拒绝修道院生活、推崇积极参加尘世社会生活的人辩护。这些新思想试图调和基督教与世俗社会的价值观与道德观,使之适应欧洲日益发展的城市商业社会。这实际为宗教改革及新教伦理做了思想准备,促进了欧洲资本主义近代文明的发展,为工业革命的发生提供了思想条件。没有这种价值观的出现,估计蒸汽机改良者瓦特只是个传教士。

第三,文艺复兴的创新也体现在欧洲对于外部世界的极大兴趣和探索方面。随着欧洲与东半球的交流日益密切,商人把欧洲与更广大的经济地带联系在一起,欧洲对于外部世界的了解增加,为工业革命的大机器生产准备了广阔的市场,换个角度来看,也许正是这广阔市场的需求,才刺激了技术的革新,工业的革命。那时的画家在画布上画上了许多异域的事物,创造了大量类似绘画、建筑,使教廷、王公和富庶的商人的住所、教堂、皇宫和商贸场所都呈现出世界性风貌。通过这些艺术品,向每一个欧洲人展示着东方世界的迷人魅力,吸引着他们去探索新的世界。这种对于外部世界的着迷也扩展到思想领域。如意大利人文学者乔万尼·皮柯（1463–1494）在其《论人的尊严》的演讲中，论述了哲学、自然思想、宗教信仰和巫术这一系列的话题，以理性为依据，力图将古典哲学、犹太教、基督教和伊斯兰教以及袄教、各种密教和神秘主义的传统加以调和。这一雄辩的演讲，点燃了欧洲学者认识更广大世界的热情和愿望。因此，毫不奇怪，欧洲航海家们正是在这样的氛围之下，开始组织远洋探险航行，勇敢探索"美丽的新世界"，也揭开了世界新的时代，欧洲探险和殖民的时代随之到来。

工业革命之所以发生在文艺复兴之后的欧洲，这与他们的社会经济发展状况有着密切的关系。市场经济的萌芽，促成了像佛罗伦萨这样的城邦经济崛起。意大利佛罗伦萨、卢卡等手工业、商业城市直接或间接从英国购买羊毛，加工后又出售到欧洲各国。哥伦布发现新大陆后，市场变得异常广袤。替教廷收税存钱的一些有势力的家族开始建立能够将宗教资产进行放贷的银行，比如意大利美迪奇家族银行。这些为新兴的资本主义文明准备了市场、资本，而在文艺复兴过程中人文主义者对人的欲望合法性的确认及表现，对传统宗教的改革，重新建立的一套世俗价值观，为人们进一步开拓了更为广阔的思想疆域。与此同时，文艺创作也成为了一种商业活动，进一步改变着原有的社会心态。文艺复兴解放了人的需求，传统手工业满足不了人们的欲望和需求，需求刺激了技术革新和科学发展，从而引发了工业革命。

二、英国文艺复兴的巨人——莎士比亚

英国的文艺复兴时期约为1500–1660年，虽然略晚于意大利、西班牙等国，但它能代表文艺复兴鼎盛时期的成就，并且随后而来的工业革命也最先发生在这里。那个时代，在众多艺术样式中，语言艺术传播和普及范围最广，最深入人心，特别是诗歌和戏剧最为繁荣，代表人物有托马斯·莫尔（1478–1535）和威廉·莎士比亚（1564–1616）等。前者为著名的人文学者，也是空想社会主义的奠基人。1516年他用拉丁文写成的《乌托邦》是空想社会主义的第一部作品。而莎士比亚则是天才的戏剧家和诗人，他同荷马、但丁、歌德一起，被誉为欧洲划时代的四大作家。不同地域、不同时代、不同民族会有不同的文学品性，不同的文学品性会塑造不同的民族个性。文艺复兴时期，欧洲各国的民族个性正在形成。英国后来的绅士文化在这一时期的莎士比亚文学创作上可以找到解释。

莎士比亚于1564年4月23日诞生在英国中部艾汶河畔斯特拉福镇的一个市民家庭。父亲约翰·莎士比亚是个手工业者，从事皮革手套的制作和销售。早些年比较成功，于1565年被推举为镇参议员，后又被选为镇长。无奈，从莎士比亚少年时期开始，家道中落，以至于莎士比亚在14岁被迫辍学。1596年，莎士比亚通过自己的影响力为手工业者出身的父亲成功申请了贵族称号。他的墓建在家乡的一座小教堂旁，每年都有数以千万计的人像朝圣一般去瞻仰。他一生为世人留下了37个剧本，150首十四行诗和两首长诗。其中，戏剧成就最高。

莎士比亚的戏剧大都取材于旧有剧本、小说、编年史或民间传说，在反映新兴的人文主义思想和人性论观点的同时，注入了自己的思想，给旧题材赋予新颖、丰富、深刻的内容。

在艺术表现上，他继承古代希腊罗马、中世纪英国和文艺复兴时期欧洲戏剧的三大传统并加以发展，从内容到形式进行了创造性革新。他的戏剧不受三一律束缚，突破悲剧、喜剧界限，努力反映生活的本来面目，深入探索人物内心奥秘，从而能够塑造出众多性格复杂多样、形象真实生动的人物典型，描绘了广阔的、五光十色的社会生活图景，并使之以悲喜交融、富于诗意和想象、寓统一于矛盾变化之中以及富有人生哲理和批判精神等特点著称。一般把他的创作道路分为三个时期：第一个时期（1590—1600年）以历史剧和喜剧为主，包括《亨利四世》（上、下篇），《威尼斯商人》，《仲夏夜之梦》，《第十二夜》和悲喜剧《罗密欧与朱丽叶》等。当时正值伊丽莎白女王统治盛年，政局稳定，经济繁荣，国势强盛，社会矛盾尚未激化。莎士比亚对现实抱乐观态度，真诚相信人文主义理想可以在现实中实现，其创作基调乐观、明朗。第二个时期（1601——1607年）为悲剧时期，有《哈姆莱特》《奥瑟罗》《李尔王》《麦克白》等杰作。这是英国从表面繁荣进入社会动乱的转折时期。王权日益反动，詹姆斯一世在1603年继位后恢复贵族和天主教会的特权，奢侈贪污成风。资产阶级与王室和贵族之间矛盾公开化。圈地运动造成了更严重的后果，失地农民四处流浪，城市平民生活日益恶化，资产阶级生产方式发展受到阻碍，人们生存陷入极端困境，利己主义泛滥成灾，人文精神信仰严重受损。莎士比亚看到人文主义理想于英国难以实现，加上丰富的生活阅历，所以批判揭露的力量加强了，视野更开阔了，风格情调也带上了悲愤沉郁的色彩。这一阶段是莎士比亚创作的顶峰。第三个时期在1608年以后，以传奇剧为主。作品包括传奇剧《暴风雨》和历史剧《亨利八世》等。此时社会更加黑暗，作家也迎来了自己的晚年。他在经历了一段人文主义的低潮之后，还是保持了人文主义的信念，把希望寄托于乌托邦的理想，期望用"人性感化"的方式，通过和解和宽恕来解决社会矛盾。

整体而言，莎士比亚的作品讴歌以人为中心的人文主义，展现了鲜明的文艺复兴人文理想精神。

（一）莎士比亚作品中理想的"人"：人性与神性的统一

对人性的叩问是人类文化最重要的主题。在古希腊罗马神话中，俄狄浦斯因为解答了"斯芬克斯之谜"而成为忒拜城的国王，但是又由于他不能认清自己的身份而杀父娶母最终刺瞎自己双眼而自我放逐。这一故事本身就是人性之复杂的绝好隐喻。然而人类从来就没有因为问题的复杂而停下追问的脚步。在漫长的中世纪，人性受到了极其严重的压制，人性取向的单一和片面带来了人性的压抑甚至异化。薄伽丘的《十日谈》从自然人性的角度赋予男女性爱的合理化就是直接针对教会的禁欲主义，而拉伯雷在《巨人传》中从"人智"的角度把"人"的观念推向了更高的精神层面。莎士比亚则通过他剧作中人物之口表达他理想中"人"的观念：

1.
当我从那湮远的古代的纪年，
发现那绝代风流人物的写真，
艳色使得古老的歌咏也香艳，

颂赞着多情骑士与绝命佳人

……

（莎士比亚十四行诗，第106首，梁宗岱译）

2.

人是一件了不起的杰作！

多么高贵的理性！多么伟大的力量！多么优美的仪表！多么文雅的举动！在行为上多么像一个天神！宇宙的精华，万物的灵长！

（《哈姆雷特》，朱生豪译）

3.

人类是多么美丽！

啊，新奇的世界，有这么出色的人物！

（《暴风雨》，朱生豪译）

从上述章节可以看出，莎士比亚对"人"充满赞美之情，他们不仅外表优美，举动文雅，而且具有高贵的理性，这与中世纪过分贬低人的价值是有很大的差异的。有人也许会说，莎士比亚还是承认"人"是上帝的"杰作"，并用"天神"来比喻完美的人，这不还是承认"人"的地位比"神"底吗？但是，一方面我们承认莎士比亚在对人的看法上依旧接受了基督教思想的影响，但起码他强调了人的高贵之处，不再把人置于罪恶之中。更重要的是，他提出了人有"高贵的理性"，可以节制、思考、进行有益的选择，而不是被欲望的火焰所焚烧和吞没。这是对薄伽丘的"人"的超越，也是莎士比亚在文艺复兴时对真正、理想的人性的深刻思考。所以，在沙剧中，我们看到了很多被欲望所驱使的人物形象如克劳迪斯、李尔王、麦克白等，但是也有很多"神性"与"人性"统一于一身的理想中的"人"，如考迪莉亚、埃德加、苔丝德蒙娜等。哈姆雷特的忧郁也许正是这种理想与现实相遭遇无法协调而造成的吧！罗马教廷过于强调以神学精神束缚的理性，让人们不敢思考。1660年，敢于思考的布鲁诺因支持"日心说"而被烧死在鲜花广场。莎士比亚的作品中的神性和人性是那个时代各种因素调和的产物，他延续了中世纪以来宗教力量所提倡的理性，但在此基础上讴歌了人性的伟大。工业革命离不开基于人性的渴求带来的市场需求，更离不开严谨求实的理性思维，这两点，在莎翁的作品中都得到了全新的展现和弘扬。

（二）莎士比亚作品中理想的爱情：激情与崇高的统一

在文艺复兴时期的文学作品中，"人"的发现首先体现在对两性之爱的歌颂之中。彼得拉克在其作品中大胆地宣称"我同时爱她的肉体和灵魂"，而薄伽丘则在《十日谈》中公然承认肉体之爱是天然合理的！但是最接近人类爱情理想、最能体现两性平等观念的爱情则只出现在莎士比亚的作品之中。他不仅在早期通过抒情诗歌《维纳斯和阿杜尼斯》和《鲁克丽丝受辱记》表达了他对两性之爱这一人的自然欲望的肯定，而且在《爱的徒劳》《威尼斯商人》《无事生非》《皆大欢喜》《第十二夜》《仲夏夜之梦》等一系列戏剧中表达了对冲破门第观念、战胜仇恨和偏见、充满智慧和勇气以及饱含着真诚、宽容、无私、坚毅和忠贞等高贵品质的爱情的歌颂。例如在《爱的徒劳》中俾隆说:"什么地方找到学问真正的价值?从女人的眼睛里我得到这一个教训:它们是艺术的经典、知识的宝库,是它们燃起了智慧的神火。"凯瑟琳对杜曼的赠言是:"一把胡须,一个健康的身体,一颗正直的良心,我用三重的爱希望你有这三种东西。……一年之内,无论哪一个小白脸来向我求婚,我都一概不理睬。"在《仲夏夜之梦》中,拉山德说:"真正的爱情,所走的道路永远是崎岖多阻;不是因为血统的差异……便是因为这年龄上的悬殊……或者因为信从了亲友们的选择。"《威尼斯商人》中鲍西亚择偶的标准是个人的人品、相貌和才能,而不是父辈们所认为的财富和门第,她凭借自己的智慧捍卫了自己爱情,也解救了危难中的朋友。

在莎士比亚的戏剧中,男女之间的爱情固然产生于世俗的自然欲望,但是经过理性和崇高的洗礼之后,这种感情又升华为人间最美的情感,"有情人终成眷属"就是对这种统一于激情与崇高的情感的衷心企盼!

(三) 莎士比亚作品中理想的道德:智性和博爱的统一

莎士比亚对人的道德的理想表达来源于他对社会现实和人性的清醒认识。前期人文主义放纵自然欲望对人性自然有解放的一面,但是对人的这种极端化的理解也造成了社会道德的全面沦丧。他在肯定个人世俗欲望合理性的条件下,引入了智性和博爱对之加以平衡和约束。

莎士比亚的伟大之处就在于他并不回避人性中"恶"的一面,在他很多剧作中他让我们看到了恶势力的强大和可怕,如麦克白为了一己之欲望对国王痛下杀手,然后有用血腥的手段来巩固它,克劳迪斯也是逞己之欲而杀兄娶嫂,安东尼奥也篡夺了其兄长的爵位并为了永久地得到它,不惜将自己的兄长和侄女流放到荒无人烟的孤岛等等。但是恶有恶报,"恶欲践踏仁厚"结果就是毁灭人自己。所以在莎士比亚的悲剧中,我们看到李尔王被女儿女婿逐出宫门的下场,看到克劳迪斯和麦克白"多行不义必自毙"的结局。

那么如何才能化解人性中善与恶的冲突,怎么样才能使恶者弃恶从善呢?莎士比亚在晚期的传奇剧中给出了他的思考。《辛白林》和《冬天的故事》中都是宽恕与和解胜过了仇恨与纷争,宽厚与仁慈化解了恶行和冤仇。尤其是在《暴风雨》一剧中,普洛斯彼罗就是仁爱和智性的象征。他被弟弟篡权夺位并流落到荒岛后,他依然心怀仁慈,对他们充满同情。后来,他也不记旧恨,宽恕了所有加害他、欲致他于死地的人。同时普洛斯彼罗追求"魔法"、埋头书籍,也说明他是一个崇尚知识的人,只有开启了人的智识,消除愚昧,人才能明辨是非,认清善恶。

毫无疑问,莎士比亚的作品是文艺复兴的产物,它反对禁欲主义,肯定人的对知识、财富和快乐的追求,肯定人的世俗欲望,并不绝对地把人性归于善或者恶的某一面;但是,它又是超越文艺复兴的,因为从莎士比亚作品中,我们深刻地体会到人性的复杂、理智与情感的冲突,我们甚至可以说人类所有复杂关系如爱情、亲情、友情、君臣、敌我等和人生追求的权力、财富、知识等以及道德、信仰都在莎士比亚的戏剧里得到了体现!莎士比亚的戏剧既给我们一个观察当时社会、政治、经济面貌的一个窗口,又给我们展现他对人和世界深刻和全面的认识!所以莎士比亚和他的作品是属于全人类和所有的时代。随着社会对莎士比亚戏剧及诗歌等艺术作品的追捧,文艺复兴所提倡的人文精神,正逐渐从意识形态的边缘向正统地位靠近，逐渐扩大着人文主义精神的影响范围，尊重人的欲望并不断满足人以男女情欲为表征的多种需求，以理性改善现有科学技术状况等观念深入人心，毋庸置疑，这为后来的以机器大生产代替手工劳作的工业革命在英国诞生铺设了温床。

恩格斯曾高度评价"文艺复兴"："这是一次人类从来没有经历过的最伟大的、进步的变革，是一个需要巨人而且产生了巨人——在思维能力、热情和性格方面，在多才多艺和学识渊博方面的巨人的时代。"而伟大的莎士比亚则是"巨人中的巨人"，对其的研究讨论早已形成了世界蔚为壮观的"莎学"。那么，就让我们好好亲近可爱而又永恒的莎翁并尽情地阅读他的多彩多姿的作品吧！

【研习与探索】

1. 文艺复兴文化创新精神主要体现在哪些方面？你想进一步了解欧洲文明和科技发展简史么？那么请读斯皮瓦格尔著《西方文明简史》（北京大学出版社，2006），陈乐民著《欧洲文明史十五讲》（北京大学出版社，2004），雅各布·布克哈特著《意大利文艺复兴时期的文化》（商务出版社，2004）等。

2. 伟大的诗人剧作家莎士比亚属于全世界，原因何在？莎士比亚对人类最大的贡献是什么？语言艺术的价值和魅力有哪些？谈谈你的理解。

3. 工业革命为什么会发生在欧洲？而一直到16世纪科学与文化都领先的中国为什么没有发生工业革命？当下正处于工业革命4.0时期，请参考德国人乌尔里希·森德勒所编写的《工业4.0——即将来袭的第四次工业革命》，结合我们自身和历史的教训思考一下我们怎样才能与时俱进创造新的辉煌。

4. 就你所在学校、城市相关科学技术的建筑、场馆或者文化长廊，进行考察研究，写一篇评论。

（韩铁刚　宋先红）

第四节　启蒙主义文学与歌德

西方文学在经历了文艺复兴时期的辉煌之后，在相当长的一段时间内归于平静。虽然17世纪的西方文坛也产生过弥尔顿的《失乐园》和莫里哀的《伪君子》等传世佳作，但其整体成就与文艺复兴相比不免黯然失色。但当历史的车轮驶入18世纪之后，西方文学又迎来了一次高潮，这就是启蒙主义文学运动。

一、 启蒙主义文学及其成就

在18、19世纪之交的欧洲大地上，爆发了一场声势浩大的启蒙主义运动。"启蒙"一词在法语里是"启迪""照亮"的意思。所谓启蒙主义运动就是当时的一些思想家（如伏尔泰、孟德斯鸠、卢梭等）近代科学文化成就"照亮"愚昧黑暗的封建社会，用科学和理性"启迪"人们的理智与智慧，消除宗教和封建统治造成的迷信与偏见的思想解放运动。启蒙主义运动在西方文化发展史上具有里程碑式的意义，一方面，它继承并弘扬了在文艺复兴时期奠定的西方人本主义思想传统；另一方面，它所强调的自由平等、主权在民的思想，又直接扣开了世界近代史的大门。在这场波澜壮阔的思想文化革命运动中，启蒙主义思想家和文学家们纷纷拿起手中的笔，将最为民众所喜闻乐见的艺术形式——文学，当作宣传启蒙主义思想的最佳武器。

关于启蒙主义文学的总体思想倾向，我们可以用两个字来概括，那就是"破"与"立"："破"的是封建社会迂腐陈旧的伦理观念和等级森严的社会制度，"立"的是新兴资产阶级意气风发的精神状态和锐意开拓的进取精神。在众多启蒙主义文学佳作中，卢梭的《新爱洛伊思》和笛佛的《鲁宾逊漂流记》分别在"破"与"立"两个方面取得了杰出的成就，下面，我们就通过对这两部作品的分析，向大家展示一下启蒙主义文学的风貌。

法国作家卢梭的书信体小说《新爱洛伊思》讲述了一段感人肺腑的爱情故事。贵族姑娘尤丽爱上了出身平民的家庭教师圣·普乐，但遭到了父亲的激烈反对。圣·普乐不得不舍弃爱情，远走他乡，尤丽也迫于父命，嫁给了俄国贵族沃尔玛。婚后的尤丽并不幸福，她一方面要承受着无爱的婚姻带给自己的乏味与痛苦，同时又因为爱着一个不是自己丈夫的男人而倍感自责。终于有一天，尤丽向沃尔玛坦白了自己与圣·普乐的恋情。出人意料的是，沃尔玛出于对妻子的怜惜和信任，居然同意让圣·普乐搬来和他们一起生活，并聘请他为孩子的家庭教师。可是，与圣·普乐朝夕相处而不能相爱却令尤丽更加痛苦。后来，尤丽为救落水的儿子而一病不起，临终时，她对圣·普乐说了这样一段话：

没有你，我的灵魂还能存在吗？不能；没有你，我还能幸福吗？不能；我不离开你，我要等着你。美德虽使我们在世上分离，但将使我们在天上团聚。我怀着这美好的愿望死去；用我的生命去换取永远爱你的权利而不犯罪，那太好了；再说一次：能这样做，那太好了！

首先，毋庸质疑，这是一个爱情的悲剧，而导致这一悲剧产生的正是森严的封建等级制度与陈腐的封建伦理道德。尤丽和圣·普乐彼此相爱，圣·普乐虽然出身平民，但却也是一个心地善良、才能出众的优秀青年，可是，他们置身的是一个只注重贵族的头衔与血统、只允许所谓的"门当户对"的婚姻的社会。尤丽的父亲强行拆散这一对恋人，看似为女儿找到了一个门当户对的好人家，其实确是毁掉了女儿一生的幸福，因为长期受封建思想浸淫的他已经忘掉了一个再简单不过的道理，幸福的婚姻必须以真正的爱情为基础，而真正的爱情应该是一种发自内心的真情实感，而不是建立在门第与财富的派生物。由此可见，在这部作品里，卢梭是将"爱情"作为抨击封建制度的一个突破口，对于封建社会摧残真情、扼杀人性的反人道本质予以了深刻的揭露与批判。

英国作家笛佛的《鲁宾逊漂流记》是西方文学史上第一部现实主义小说。一个叫鲁滨逊的种植园主在出海购买奴隶的途中遭遇了海难，独自一人漂泊到一个荒芜人烟的小岛上。面对恶劣的生存环境，鲁滨逊不但没有消沉放弃，反而燃起了更加旺盛的活力与斗志，为我们展现了他作为一个"真正的资产者"所具有的独特魅力。

首先，鲁滨逊作为新兴资产阶级的典型代表，对于财富具有一种近乎发自本能的贪婪。他独居小岛，金钱对他来说根本没有任何价值，但他在遇难船只的残骸中发现了一些钱币后仍然非常兴奋。他在荒岛上生活了十五年才重新回到英国，而在这时，国内正有一个天大的惊喜在等着他。原来，他所经营的那个种植园发展得非常好，而他也从中获得了一大笔财富。小说是这样描写鲁滨逊当时的反应的："总之，我得到这个消息，心里非常难受，若不是老人家连忙跑去给我拿了点提神酒来，我相信这场突如其来的惊喜一定会使我精神失常，当场死去。"相信大家读到这一段时，一定会马上联想到中国古代的短篇小说《范进中举》。鲁滨逊痴迷的是财富，范进痴迷的是功名，但他们的痴迷程度确实是难分伯仲。

除了对财富的疯狂占有欲之外，在鲁滨逊身上还体现出一种锐意开拓的进取精神和永不言败的坚韧意志。鲁滨逊出身于一个中产阶级家庭，生活应该是比较富足的，可他仍不满足，还要继续去冒险，继续去扩张自己的财富，哪怕是遇到挫折也绝不放弃。在荒岛上，鲁滨逊从来没有消沉过，他知道消沉是没有用的，还不如做一些对自己有益的事情。最典型的一个例子是他想做一个木船，结果花了四个月才将船做好之后才发现这四个月的工夫全白费了，因为如果他要挖一条运河将海水引到木船这里要花上整整12年的时间。于是，他吸取教训，马上在一个岛上找了一个离海最近的位置重做一艘新船。两年之后，这艘船终于做好了，并且顺利下海。我们不妨想一想，如果鲁滨逊经历了挫折之后选择了放弃，那么这艘船不要说两年，就是两百年也下不了海。鲁滨逊就是这样一个人，他无时无刻不是在为实现自己的目标而努力，没有丝毫的停顿与迟疑。鲁滨逊对财富的贪婪是不可取的，但是在他身上体现出的这种进取精神和坚韧意志却是值得我们敬佩的，值得我们学习的。

除了《新爱洛伊思》和《鲁宾逊漂流记》，启蒙主义文学还有很多经典佳作，如斯威夫特的《格列佛游记》、简·奥斯丁的《傲慢与偏见》、伏尔泰的《老实人》和席勒的《阴谋与爱情》，等等。我们就不再专门做介绍了。仅凭这些作品，就足以令我们对启蒙主义文学的杰出成就感到由衷的叹服了。不过，我们还有一个最优秀的启蒙主义文学家需要介绍，他就是德意志的骄傲，伟大的文学巨人—约翰·沃尔夫冈·歌德。

二、 歌德的诗歌与小说创作

在西方文学史上，歌德是一个足以和荷马、但丁、莎士比亚比肩的巨人。在诗歌、戏剧、小说这三个主要文学领域，歌德都取得了世界级的成就，堪称全能型的作家。

歌德曾经写过许多优秀的叙事诗和寓言诗，其中，《魔王》《愚夫》和《跳蚤》等作品都堪称传世经典。不过，他最擅长的还是抒情诗。歌德的抒情诗写得恬静幽雅，有一种欢跃中夹杂着忧郁的独特气质，试看这首《浪游者的夜歌》[①]：

群峰一片/[②]沉寂，/树梢微风/敛迹。林中栖鸟/缄默，稍待你也/安息。

诗歌营造出一种幽深静谧、物我交融的完美意境，颇具中国的山水田园诗的风味，在并不盛产山水诗的西方诗坛中，这种诗歌更是显的殊为难得。

歌德在小说创作上取得的成就也令人叹服。他的爱情伦理小说《亲和力》、充满了田园情调的《赫尔曼与窦绿苔》以及教育小说《威廉·迈斯特》都堪称经典。这里我们重点向大家介绍的是歌德的成名作——《少年维特的烦恼》。

《少年维特的烦恼》是一部书信体小说，也是为歌德奠定世界级声誉的第一部作品。小说讲述了平民青年维特因为恋爱不成，工作失意，忧郁不已，最后自杀身亡的故事。小说出版后，在德国乃至整个欧洲都掀起了一股"维特热"：当时的年轻人们将维特视为自己的偶像，纷纷学习维特的穿戴、气质、言行，甚至还有很多人像维特一样去自杀。吓得歌德连忙写了一封公开信，敬告各位青年要一定要珍惜自己的生命。

《少年维特的烦恼》之所以能引起如此大的反响，无外乎两点原因：首先，这部小说反映了一个时代年轻人的心声。在当时的欧洲，有很多像维特一样平民出身的青年，他们对未来抱有非常美好的理想，试图通过自己的努力去创造一个美好的前程，可是，随着他们年龄的增长，他们却逐渐发现这个门第森严的社会根本没有给他们提供任何施展才华的机会，他们只能眼睁睁地看着曾经似乎伸手可及的理想变成了遥不可及的梦想，于是对生活感到失望乃至绝望。维特的悲剧反映了欧洲整整一代年轻人的悲剧。

另外，这是一本书信体小说，而且文笔非常优美，具有一种扣动心弦的感染力。当我们读这本小说的时候，就好像在读一个远方的朋友的来信，听他向我们倾诉自己哀婉的心声。这就使得读者在阅读这部作品的时候，不知不觉地和维特产生了一种心灵的应和。特别是在小说的结尾，当维特以悲愤的呐喊来控诉不公的命运时，读者也伴着他一起，陷入对未来乃至整个人生的冥思：

人，这个受到赞美的半神，他究竟算个什么！他不是在正好需要力量的当儿，却缺少力量么？当他在快乐中向上飞升，或在痛苦中向下沉沦时，他都渴望自己能融汇进无穷的宇宙中去，可偏偏在这一刹那，他不是又会受到羁縻，重行恢复迟钝的，冰冷的意识么？

[①] 歌德分别于1776年和1780年写了两首《浪游者的夜歌》，我们这里看到的是1780年的作品。
[②] "/"处原为断行，大家阅读时应该有所间断，这样更能读出诗味。

三、《浮士德》对当代青年的启示

在歌德的所有作品中,诗剧《浮士德》无论是在思想价值上,还是在艺术价值上,都堪称巅峰之作。《浮士德》是歌德用一生心血浇铸的作品。歌德开始动笔写《浮士德》时只是一个20出头的小伙子,当作品最终完稿的时候,歌德已经是一个80多岁的白发老人了。可以说,这是一部凝结了歌德一生智慧的艺术结晶,每一个读者在自己的不同年龄段阅读这部作品,都会得到不一样的感受和启迪。在这里,我们主要探讨的是,当一个年轻人在面对《浮士德》这部深邃的作品时,能够获得哪些教益?

(一)书斋中的浮士德

浮士德是一个白发皓首的饱学之士,虽然学富五车,但他仍然非常烦恼:

> 我早上猛然惊醒,禁不住泪流满襟。白白地又虚度了一天的时光,人生却看不到丝毫的希望。

浮士德学识渊博,用他自己的话说,他已经把哲学、法学、医学和神学,也就是当时的几乎所有学科,都研究透了,可是,他仍然很烦恼、有一种强烈的不满足感。这是为什么呢?浮士德将《圣经·旧约》中的"泰初有道"改为"泰初有为"从侧面向我们提供了答案,而靡菲斯特的一句话则直接道出了个中真谛:"一切理论都是灰色的,生活之树长青。"皓首穷经固然可以使人学富五车,但如果一个人把自己禁锢在知识的象牙塔里,完全脱离社会现实生活,那么,即便他学问再高,也顶多是一个有脚书橱而已。所以,一个真正的知识分子绝不会把自己一辈子关在书斋里,他无时无刻不在想着如何投入到社会生活的洪流中去,用自己的知识服务社会,造福人类。这是当时启蒙主义知识分子的一个普遍心态,也是一个年轻人在求学时应该牢记的观点。

就在浮士德长吁短叹时,魔鬼靡菲斯特出现了。靡菲斯特向浮士德提出一个建议,他施展魔力,帮助浮士德获得在书斋中无法获得的满足感。而作为赌注,浮士德一旦对现状感到满足,他的灵魂就要归靡菲斯特所有。烦恼的浮士德不假思索地接受了魔鬼的建议,从此开始了一段奇幻的旅程。

(二)浮士德的爱情悲剧

在靡菲斯特的帮助下,浮士德返老还童,并且开始疯狂地追求一个叫做玛加蕾特的姑娘。两人很快坠入爱河,不过由于一次意外,玛加蕾特误杀了自己的母亲,浮士德也在决斗中失手杀死了玛加蕾特的哥哥。因悲痛而致疯狂的玛加蕾特杀死了她和浮士德的孩子,并因此而被判处死刑。两人的恋爱以彻底的悲剧而告终。不过,也正是这场失败的恋爱,激励了浮士德"向更高的生存"攀登的决心,使他以更加饱满的热情投入到新的探索历程之中。

为什么浮士德走出书斋之后，首先想到的是尝试爱情呢？这是因为在歌德看来，爱情是促使人们奋发图强的极佳动力。求学中的年轻人不必讳谈爱情，更不必刻意回避爱情。因为爱情能激发我们对生活的激情，爱情能激励我们为了给自己和爱人创造更好的生活而不断努力奋斗，爱情不但不会耽误我们的学业，相反，还会对我们的人生产生很多正面的影响。

但是，歌德也通过浮士德爱情故事的悲惨结局告诫我们，切勿一味沉迷于爱情之中，因为这样会使我们忽略掉生活中许多同样值得我们追求的东西。爱情毕竟不是我们生活的全部，爱情也不能取代幸福生活所必须的物质基础。鲁迅先生在《伤逝》中说道："大半年来，只有盲目的爱，而将人生的要义全盘疏忽了，人必要要活着，爱才有所附丽"，这句话在今天仍然是值得我们深思的。

（三）浮士德的政治悲剧与美的悲剧

恋爱受挫的浮士德在靡菲斯特的帮助下浮士德来到王宫，帮助国王顺利地解决了财政危机，因为受到器重，被任命为王国的财政主管。浮士德本以为自己这回能在政坛大展拳脚了，可国王却要浮士德帮助自己实现一个荒唐的梦想，那就是一睹古希腊美女海伦的芳容。这让浮士德非常失望，他本希望在政坛大展拳脚，可国王却只是把他当作一个弄臣。于是，浮士德的政治生涯也以失败而告终了。

迫于无奈，浮士德在靡菲斯特的帮助下将海伦的幻象呈现在国王面前，而他自己也被海伦的美貌所吸引。于是，靡菲斯特又想方设法，让浮士德和海伦喜结连理。这恐怕是浮士德整个旅程中最惬意的一段时光了。他和海伦恩爱地生活在一起，还生了一个叫欧福里翁的儿子。欧福里翁一出生就不断地向上飞，结果突然下落，摔死在了父母的脚下。海伦伤心欲绝，抛下浮士德随风而去。浮士德的这一段经历又是以悲剧收场。

浮士德的政治悲剧反映了作者对现实社会中污秽腐败现象的批判，表明了作者对现实生活中黑暗面的批判；而浮士德对海伦爱则是出自于对污秽世俗的愤懑和对远离尘嚣的纯"美"的追求，两者形成了鲜明的对比。所以，我们应该将浮士德的政治悲剧与美的悲剧综合起来进行分析。如果从这个角度来思考的话，我们就能把握到欧福里翁的死亡所具有的深层含义了。欧福里翁是美的象征，他之所以是不断地向上飞升，是为了摆脱尘世的束缚，追求绝对的美好与自由。歌德通过欧福里翁的死亡向我们传达了一个观点：无限制地追求自由的美，必然会走向毁灭。这里的美，可以泛指一切美的理想、美的事物。这里我们可以回顾一下《少年维特的烦恼》。维特是一个美好的青年，他有美好的理想，但是最终却走向了自我毁灭的道路。因为个体的发展与追求是不能够全凭主观意愿和情感驱使的，个体的发展必须要以个体与社会、个体与他人之间的和谐共处为前提。简单地说，如果一个年轻人想在这个社会上创造出一番功业，首先必须去主动适应这个社会，而不是以自我为中心，要求这个社会来适应你，如果颠倒了这个关系，那么失败将是不可避免的。积极地去适应社会，但也不要趋炎附势，随波逐流，这是歌德对年轻人们提出的一个忠告。

（四）浮士德的归宿

海伦走后，浮士德又一次陷入了痛苦之中。这时，他看到了大海。于是，浮士德又产生了征服大海的雄心壮志，他开始了一项填海造田的工程。而靡菲斯特看到浮士德此时已行将就木，便安排小魔鬼们给浮士德挖掘坟墓。浮士德听到魔鬼为自己挖掘坟墓的声音，误以为这是人们填海造田时发出的声音，顿时，在他眼前顿时浮现出一幅宏伟壮观的施工场面。这时，浮士得感到了前所未有的满足，他说道：

只有每天重新争取自由和生存的人，才能有享有二者的权利。……逗留一下吧，你是那样美。

然后，浮士德就倒下了，结束了自己不断追求与探索的一生。按照契约，浮士德的灵魂应该归靡菲斯特所有。但是，天使却将浮士德的灵魂接上了天堂，并且歌唱道："凡自强不息者，终将得到拯救。"

回顾浮士德曲折漫长的一生，大家不妨想一想，在经历了无数的探索与追求之后，浮士德实现自己的人生理想了吗？答案无疑是否定的。浮士德追求过世俗的情爱，追求过政坛的辉煌，也曾经试图在纯美的幻镜中寻求满足，不过最后都失败了，而最终让他感到满足的其实只是自己头脑中的一个幻象。从这个角度来讲，浮士德的一生无疑是非常可悲的，他的悲剧充分地反映了人的主观愿望和客观能力之间所存在的无法弥补的裂痕。庄子所说的"吾生也有涯，而知也无涯"，讲的也就是这个道理。所以，从某种意义上说，浮士德的悲剧也可以视为整个人类的悲剧。

但是，浮士德这一形象的伟大之处也正是体现在这个我们看似可悲的地方。尽管经历了一次又一次的失败，但浮士德从未放弃对理想的追求，并且在奋斗中领悟到了人生的真谛，那就是"只有每天重新争取自由和生存的人，才能有享有二者的权利。"在他身上，体现了一种孔子所谓"道之不行，已知之矣"的悲壮气概。当浮士德将自己的一生都投入到对理想的不懈追求中时，他不懈奋斗的过程本身就是一种价值，就是一种美，因为一个人的人生的价值并不仅仅在他于得到了什么，更在于他是否每天都在努力地奋斗，去"重新争取自由和生存"。冯至先生曾经用《易经》中的一句话来总结浮士德的一生，那就是"天行健，君子以自强不息。"这个概括是非常准确的。

通过对西方文学史上最晦涩的作品之一——《浮士德》的解读，我们可以发现：面对一部内容博大精深的文学名著，或许我们无法对它做出全方位，深层次的解读。但是，只要我们耐心品位，用心思索，是完全可以从中获得许多有益感悟的。现在许多年轻人视阅读名著为畏途，实在是大可不必。

【研习与探索】

1. 在18世纪欧洲的启蒙主义运动中，不仅文学取得了辉煌的成就，政治学、哲学以及科学都有了突破性的发展。你能说说18世纪的欧洲都出现了哪些伟大的科学家、政治学家、哲学家，他们的主要成就是什么吗？

2. 18世纪是中欧文化交流非常频繁的一个世纪，你能举出一些当时中欧文化交流的实例吗?我们今天身处一个全球文化交流日益频繁的时代,当年中欧文化交流的盛况又能为我们提供哪些有教益的经验和启示呢?

3. 比较阅读歌德的《浪游者之歌》和王维的《鸟鸣涧》,谈谈这两首诗带给你的感受有哪些相同之处,又有哪些不同之处。

4. 你觉得自己能从浮士德身上获得哪些启示?请你就自己对浮士德这一人物形象的理解与评价写一篇3000字左右的文章。

(李纲)

第五节　巴尔扎克、托尔斯泰与批判现实主义文学

19世纪30年代以后的欧洲,阶级关系和阶级斗争错综复杂。各国所走的道路虽各有特点,但一切都和资本主义不同程度的发展有关。西欧的英、法等国已经确立了资产阶级的金钱统治,但是随着资本主义制度和资本主义经济的进一步发展,资本主义社会固有矛盾和弊端逐步显露出来,所谓的资产阶级的理想王国逐渐破灭。在俄国,资本主义制度虽尚未确立,但是金钱关系已开始渗透到封建社会内部,进一步激化了已经相当尖锐的社会矛盾。

正如巴尔扎克所说"从来小说家就是自己同时代人们的秘书",置身于这个矛盾重重社会的作家们,也自觉或不自觉地成为这个社会和时代的代言人。他们鞭挞黑暗丑恶的现象,或揭示封建社会的旧生活,或讽刺资产者带来的新秩序,探寻摆脱社会现状的种种可能。法国的司汤达、巴尔扎克,英国的狄更斯,俄国的普希金、果戈理,最先表现了这种新的创作倾向,随后形成一种新的文学潮流,由于这股思潮带有强烈的揭露和批判现实社会的特点,故将其称为批判现实主义。这股思潮一出现即占据文坛的主导地位,并以其辉煌的成就在欧洲文学史上留下了光辉灿烂的一页,成为欧洲文学史上一座不朽的丰碑。

一、批判现实主义文学的发展状况及其特征

在长达半个多世纪的时间里,批判现实主义文学运动取得了极其辉煌的成就,涌现出了司汤达、福楼拜、巴尔扎克、狄更斯、果戈理、屠格涅夫、托尔斯泰、陀思妥耶夫斯基、易卜生、马克·吐温等大量杰出作家,创作出《红与黑》《包法利夫人》《人间喜剧》系列、《双城记》《死魂灵》《父与子》《安娜·卡列尼娜》《复活》《罪与罚》《玩偶之家》《哈克贝利·费恩历险记》等大批优秀作品,塑造了于连、高老头、拉斯蒂涅、艾玛、泼留希金、安娜、聂赫留朵夫、娜拉等极富个性化的人物形象,他们带着各自阶级的烙印组成了最绚丽多彩的文学人物画廊。

批判现实主义文学本质上属于资产阶级文学范畴,由于欧美各国资本主义发展并非完全

一致，因此，各国批判现实主义文学呈现出不同的面貌和个性。但是，作为一个文学流派，批判现实主义文学还是具有一些共同的艺术风格和特色。

一是真实地反映和再现现实生活。浪漫主义文学往往是把理想作为现实来加以描写和歌颂，而现实主义文学却是以客观真实的生活作为描写对象，通过客观的现实人生，展示出封建社会的崩溃及资本主义社会的兴起，成为一种时代的记录，是人们认识资本主义的一部内容丰富、生动的生活教科书。

二是暴露社会黑暗，批判现实罪恶。资本主义社会本身充满着残酷的资本剥削和阶级压迫，因此充分揭露和批判这种充满金钱、利欲、享乐、腐败的社会，探寻导致这种社会罪恶的本质根源，就成为批判现实主义文学共同追求的目标，如巴尔扎克的《人间喜剧》就描绘了法国社会许多阶层的生活和风貌，写下了资产阶级丑恶的发家史。

批判现实主义文学对资本主义及其上层建筑的揭露和批判，曾使人们对旧秩序产生过怀疑，有一定的进步作用。但是，批判现实主义作家也有不可克服的历史和阶级的局限，他们大多数出身于中小资产阶级，批判现存制度的动因"通常如果不是一种对自己在资本主义的狭窄的铁笼里的生活感到绝望的心情，就是一种为了自己的生活的失败以及它的耻辱而图谋复仇的愿望"。[1]因此，他们对劳动人民、工人阶级仅限于资产阶级人道主义式的同情；他们对资产阶级罪恶的揭露仅是出于对它的维护，使其免遭灭亡揭露，批判既不彻底也不深刻。

三是贯穿着人道主义的价值观。自欧洲文艺复兴以来，文学中的人道主义传统绵延不断，批判现实主义作家继承了这一传统，他们把过去批判封建主义的武器——人道主义，当做现在揭露资本主义制度残暴和罪恶的思想基础，人道主义和个人主义贯穿于批判现实主义文学的全部创作过程之中，如狄更斯的《双城记》。大多数批判现实主义作家，都根据人道主义的观点，观察、分析、评判一切社会关系和阶级关系，以"人性"中的善与恶作为评论事物的标准，以充分发扬"人性"和"博爱"作为人类的最高理想。

四是细节描写与再现典型环境中的典型人物相结合。"除了细节的真实外，还要真实地再现典型环境中的典型人物。"恩格斯在《致玛·哈克奈斯》中，高度地概括了批判现实主义文学的这一重大特点。巴尔扎克就认为，"如果小说在细节上不是真实的话，它就丝毫不足取了"。他的《人间喜剧》，细节描写十分真实、细致，通过真实细致的环境描写构成典型环境，再现了时代和社会风貌。

二、巴尔扎克与《人间喜剧》

19世纪初，在法国的一个中产阶级家庭里，一个十来岁的男孩正和他的妹妹们嬉戏玩耍，忽然他郑重地说："小丫头们，你们瞧着吧，总有一天，你们的奥诺雷大哥，会被人们当作一个大伟人，争相传颂的。"几个妹妹于是齐声祝福："向大伟人致敬！"然后笑得前仰后合。这个当时仅就读于小学一年级的小男孩，日后成为19世纪法国最伟大的小说家，一位

---

[1] 高尔基. 苏联的文学. 论文学. 北京：人民文学出版社，1978：67.

能够与莎士比亚、托尔斯泰功炳千秋的伟大人物，他就是奥诺雷·德·巴尔扎克。维克多·雨果在他的葬礼上这样致辞："在最伟大的人物中间，巴尔扎克属于头等的一个，在最优秀的人物中间，巴尔扎克是出类拔萃的一个。他的才智是惊人的，不同凡响的，成就不是眼下说得尽的……"

巴尔扎克曾雄心勃勃地宣称："他（拿破仑）用剑开创的事业，我要用笔完成。"在他20余年的写作生涯中，共创作出了91部不朽的传世之作，塑造了2400多个不同类型的人物形象，把小说的容量和艺术表现力发展到了巅峰。《人间喜剧》（1829-1850）是巴尔扎克最富盛名的批判现实主义力作，包含了90多部长、中、短篇小说，从"风俗研究""哲理研究""分析研究"三个层面概括描写了法国波旁王朝复辟时代人们的真实生活与风俗人情，充分展示了巴尔扎克的创作思想和艺术成就。恩格斯盛赞其为"汇聚了法国社会的全部历史"，是"一部法国'社会'特别是巴黎'上流社会'的卓越的现实主义的历史""我在这里，甚至在经济细节方面（如革命以后动产与不动产的重新分配）所学到的东西也要比当时所有职业的历史学家、经济学家和统计学家那里学到的全部东西还要多。"[①]

长篇小说《高老头》在《人间喜剧》中占有非常重要的地位。故事以1819年末到1820年初波旁王朝时期的巴黎社会为背景，向人们讲述了一个为常理所难以理解的父亲溺爱女儿的故事。

高老头是大革命时期靠投机倒把、囤积居奇而发家致富的面条商，具有浓厚的宗法制家族观念。丧偶以后，他把全部的爱倾注到两个女儿身上，极力满足她们的各种要求，以大部分财产作为陪嫁将两个女儿送进了上流社会：大女儿当了伯爵夫人，二女儿成了银行家太太。为了满足女儿们的虚荣心和奢侈生活，高老头倾其所有，但钱财花光后，女儿们却无情地遗弃了他；病重垂危前高老头希望见女儿一面，但是她们却忙于应酬，不肯为了给父亲送终而牺牲一次参加舞会的机会。这时高老头终于痛苦地意识到：

> 唉！倘若我有钱，倘若我有家私，没有把财产给她们，她们就会来，会用她们的亲吻来舔我的脸！……钱能买到一切，买到女儿。啊！我的钱到哪儿去了？倘若还有财产留下，她们就会来伺候我，招呼我，我可以听到她们，看到她们。做父亲的应该永远有钱，应该拉紧儿女的缰绳，像对付狡猾的马一样……"

他不由地叫喊起来，他要去抗议：

> 如果做父亲的给踩在脚底下，国家不就要亡了吗？

高老头在绝望中死去，他的殡葬，还是依赖拉斯蒂涅及其朋友的四处奔走，才得以草草了事；两个女儿甚至都没有前来参加送葬，只派了有爵徽的空车送至墓地。

对于高老头这个人物，巴尔扎克是十分同情的。据说巴尔扎克在创作《高老头》时，有

[①] 马克思，恩格斯. 马克思恩格斯选集（第4卷）. 北京：人民出版社，1977：462.

一天他的几个朋友前来拜访，发现他滑落在地，脸色苍白。朋友们以为他病了，叫嚷着给他请医生。巴尔扎克在朋友的叫嚷中被惊醒。他悲痛地说："我没有病，我在写《高老头》，刚才，他死了，我心里难受，一下便……"朋友一看，桌上的稿纸上还隐约可见泪痕，都深深为之感动。

巴尔扎克通过高老头的遭遇揭露了资本主义社会人与人之间的金钱关系。他假借高老头说道：

> 我要是成功了，就没有人盘问我的出身，我就是四百万先生，合众国的公民。要想出人头地就必须拥有钱，否则，就会被社会所抛弃。

可见，在资本主义社会，人与人之间"除了冷酷无情的'现金交易'，就再也没有任何别的联系了"[①]，什么父女之情、夫妻之爱、朋友之义，无不为金钱所控制。敏锐的巴尔扎克及时捕捉到这一时代心理并加以形象化的揭示，从而造就其反映生活的深刻性和广阔性。

小说的另一主人公拉斯蒂涅，是一个从外省来的穷大学生，最初想凭借自己的才华和实干出人头地，进入上流社会。然而，没有经过多长时间，他就被巴黎繁华的景象、奢靡的生活及贵妇们的浪荡所吸引而改变了初衷。他的表姐贵妇鲍赛昂夫人用利己主义哲学告诫他：

> 只能把男男女女当作驿马，把他们骑得精疲力尽，到了站丢下来，这样你就能达到欲望的最高峰。

同一个公寓的房客伏脱冷，则告诉他为达目的可以不择手段：

> 想要追求百万家财，得用陷阱，用鸟笛，用哨子去猎取。……人生就是这么回事，比厨房还要腥臭。要捞油水不能怕弄脏手，只消事后洗干净。今日所谓道德，不过是这一点。

而高老头之女对父亲那种丧尽天伦的无情背弃和高老头临死前痛悔的呐喊使他深深感到这个金钱社会的本质：

> 法律跟道德对有钱的人全无效力，财产才是金科玉律。

鲍赛昂夫人、伏脱冷、高老头给拉斯蒂涅上了沉重的人生三课，也让他逐渐地发生了转变。小说结尾这样写道：

> 白日将尽，潮湿的黄昏使他心里乱糟糟的，他瞧着墓穴，埋葬了他青年人的最

[①] 马克思，恩格斯. 马克思恩格斯选集（第1卷）. 北京：人民出版社，1977：253.

后一滴眼泪,神圣的感情在一颗纯洁的心中逼出来的眼泪,从它坠落的地下立刻回到天上的眼泪。他抱着手臂,凝神瞧着天空的云。……拉斯蒂涅一个人在公墓内向高处走了几步,远眺巴黎,只见巴黎蜿蜒曲折地躺在塞纳河两岸,慢慢地亮起了灯火。他的欲火炎炎的眼睛停在王杜姆广场和安伐里特宫的穹隆之间,那便是他不胜向往的上流社会的区域。面对这个热闹的蜂房,他射了一眼,好像恨不得把其中的甘蜜一口饮尽,同时他气概非凡的说了一句:"现在咱们俩来拼一拼吧!"

就这样,这个曾经善良的青年,就像他自己说所的,在埋葬高老头的同时,也埋葬了自己最后一点神圣的感情,以决一死战的决心,走上了同流合污的道路。金钱的诱惑,使这个贵族子弟,迅速地被资产阶级化了。拉斯蒂涅的堕落是令人心痛的,也显示了腐败的社会环境对青年人心灵的腐蚀。巴尔扎克抓住了金钱在促成拉斯蒂涅性格突变中的关键作用,也就抓住了资本主义社会的要害,显示出他作为现实主义作家的最伟大之处。

三、列夫·托尔斯泰与《安娜·卡列尼娜》

列夫·尼古拉耶维奇·托尔斯泰,是俄国批判现实主义文学最杰出的代表,在其长达近60年的创作生涯中,先后创作了《战争与和平》(1863—1869)、《安娜·卡列尼娜》(1873—1877)、《复活》(1889—1899)三部经典长篇小说及其他大量作品,在俄国文学史上留下了辉煌的一页。列宁盛赞他为"俄国革命的镜子""天才的艺术家",鲁迅称他为"19世纪的俄国巨人"。

"幸福的家庭都是相似的,不幸的家庭各有各的不幸。"小说《安娜·卡列尼娜》通过女主人公安娜追求爱情的悲剧,塑造了一个美丽动人、为了爱情不顾一切的叛逆女子的形象。

托翁笔下的安娜是19世纪70年代俄国上流社会的贵妇人,美丽、善良、真诚、聪慧,充满青春活力。丈夫卡列宁是彼得堡大官僚,孤儿出身的他性格孤僻固执、冷酷虚伪,用安娜的话说是一个"极端的利己主义者"、一架典型的"官僚机器",功名是他生活中唯一的关注和追求。所以,安娜尽管养尊处优,精神上却极其痛苦。

因此,当安娜在车站偶遇风度翩翩、热情浪漫、生气勃勃的渥伦斯基后,深埋于内心深处的爱情之火不可遏制地爆发出来。丈夫卡列宁在她眼里变得更加俗不可耐,她越发感觉丈夫非常地鄙陋不堪:

> 外貌酷似冷血动物,在肌肉麻痹的面孔中嵌着黑白混浊的死鱼般的眼睛,两边插着一对扇风大耳,说话时声音带着一种嘎嘎发涩的语调,心内充满了灰黑色调……他不是人,是木偶,是他摧残了我的生命,摧残了活在我体内的一切东西。

勇敢的安娜开始了对真挚爱情和自由幸福的追求———一种不包含任何杂质的纯洁的追求。但是,这种爱和追求在当时是"大逆不道"的,是对建筑在封建包办、买卖婚姻上的家庭的否定,是对旧封建礼教和贵族阶级的虚伪道德发起的大胆挑战。但上流社会允许人们逢场作戏，却不能容许真正纯洁的爱情的存在，因而当安娜真诚地把爱情当作人生理想来追求时，也就违反了上流社会的生活准则，于是安娜被上流社会用伪善之网整个地笼罩了。而冷酷狠毒的卡列宁为了折磨她，拒绝离婚，并残忍地夺走她心爱的儿子。所以在追求爱情、自由和幸福的过程中，安娜的心灵也始终伴有矛盾和痛苦，她抛却母亲的天职，内心却无法平息失去爱子的悲伤，她想骄傲地昂头宣称自己是幸福的妇人，却无法摆脱有罪的妻子的意识。

但安娜没有退缩，冲破了所有阻力，毅然决然地和渥伦斯基结合。此时的安娜除了渥伦斯基的爱已别无所有，但是安娜引以为知音，寄托着她的痴梦的情人，却只是彼得堡上流社会的一个用情不专的花花公子。他追求安娜，主要是爱安娜的外在美，对安娜的精神世界其实并不理解。所以，当他受到来自各方的压力时，便逃向对事业、功名的追求而对安娜逐渐厌倦冷淡，安娜看穿了渥伦斯基的灵魂，识破了他的动摇，终于明白在他身上并不存在她所期待的爱情：

我的爱情愈来愈热烈，愈来愈自私，而他的却愈来愈减退，这就是我们分离的原因……而这是无法补救的。在我，一切都以他为中心，我要求他愈来愈完完全全地献身于我。但是他却愈来愈疏远我。我们没有结合以前，倒真是很接近的，但是现在我们却不可挽回地南辕北辙了。这是无法改变的。他说我嫉妒得太没有道理。我自己也说我嫉妒得太没有道理，不过事实并非如此。我不是嫉妒，而是不满足。

把爱当作生命的安娜此时彻底失去了生存的精神支柱，绝望之余卧轨自杀。临终前，她满含怨恨地喊出：

这全是虚伪，全是谎话，全是欺骗，全是罪恶！

这是安娜向那个残酷、虚伪、罪恶的社会发出的愤怒控诉，也是托尔斯泰借安娜对当时俄国社会所作的结论。

安娜的死是对渥伦斯基的否定，更是对上流社会的蔑视和否定。安娜自我毁灭的悲壮之举是震撼人心的，却也是悲哀的。安娜将自己全部的人生追求和理想都寄托在对爱情的追求上，一旦爱情消逝，她身上生命的火焰也就熄灭了。这是安娜作为一个女性的悲哀，更是那个以男权文化为主导的社会和时代的悲哀。安娜从一个家庭贵妇转变为一个勇敢追求爱情的女性，其间透出她的个性觉醒和对自我的追求；但她在追求爱情、追求自我的过程中，将全部感情和整个生命都孤注于爱情的追求上，重新又失却了自我。在得到渥伦斯基的爱情后，安娜的全部生活便是爱情，为了这爱情，她可以忍受来自各方面的压力，甚至可以把对儿子的爱和思念暂放一边。她满腔热情地把自己全部的生命力量投入到对渥伦斯基的爱中，几乎趋于丧失理性的地步，变得暴躁、多疑、喜怒无常。她在自己编织的爱情罗网中逐步丧失了自我，也使所爱的人日益感到沉闷和窒息，日渐产生厌倦。当渥伦斯基受到来自社会各方面的压力时，他可以逃向对社交、事业和功名的追求，而作为女人的安娜却无处可逃。她既不能像男人那样去追求功名利禄，也不可能再回归没有爱情的家庭，她只有义无反顾地走向自毁，这是安娜作为一个女性自身的局限，更是那个历史和时代的局限。

小说的另一主人公列文的形象，在很大程度上带有托尔斯泰自身的影子。大贵族庄园主列文身强体壮，热衷于思考社会和道德问题，他鄙视都市生活，热爱乡村，乐于和农民打交道，亲眼目睹了贵族之家是怎样衰落下去的，农民的破产和贫困是怎样在不断加剧。所以，列文要进行一场"不流血的革命"，企图在贵族庄园生活的条件下，寻求一种会使地主和农民都感到满意的相互关系。他不但和农民一起参加劳动，而且拟制合理的经营农业计划，让农民以"股东"资格参与农业经营，但是他的农业改革最终失败了。列文痛苦得几乎走上自杀的道路；最后虽在皈依上帝中获得精神上的重生，但是对未来仍充满了迷茫。

【研习与探索】

1. 谈谈批判现实主义文学的进步性和局限性。
2. 请分析拉斯蒂涅是怎样从一个贵族青年蜕变成一个资产阶级野心家的？
3. 请比较鲁迅《伤逝》中的子君与托尔斯泰笔下的安娜，她们有何相似点，又有何区别，对你有何启示？

(周菁)

第六节　卡夫卡与现代派文学

为了使我们的题目包含更多的内容，这里所谓现代派文学也包括常说的后现代派文学。事实上，在西方，"现代主义文学与后现代主义文学似乎都只是一个自觉程度上的差别。它们与其说是异中之同，不如说是同中之异，所以，要将二者严格地分开几乎是不可能的。"[1]

一、现代派文学的基本特征及其产生根源

在西方，从19世纪末20世纪初产生的后期象征主义，到20世纪上半期兴起、发展的未来主义、意象主义、表现主义、超现实主义、意识流、存在主义等文学流派一般称为现代派（或现代主义）文学。凸显现存资本主义社会中人与自然、人与社会、人与人、人与自我等关系的尖锐对立和严重扭曲及由此造成的人的精神创伤、心理变异和生存的"异化"问题无疑是其中心议题，其中渗透着浓郁的现代危机意识和荒诞意识。如美国象征主义诗人艾略特的《荒原》揭示现代资本主义社会是一片荒原，彰显末日意识。法国荒诞派剧作家阿奈斯库的《椅子》写属人的空间被物占满，贝克特的《等待戈多》写人类希望的微茫。奥地利表现

---

[1] 刘象愚等主编. 从现代主义到后现代主义. 北京：高等教育出版社，2002：353.

主义小说家卡夫卡的《变形记》写人在资本主义社会异化成了甲虫。存在主义哲学家萨特的剧作《间隔》提出"他人就是地狱",同是法国存在主义文学代表的加缪的小说《局外人》写人与环境关系的悖谬。美国表现主义剧作家奥尼尔的《毛猿》写真正的人在现代社会中的死亡。受唯心主义和非理性主义思潮的影响,现代派文学往往具有虚无主义、神秘主义、悲观主义和个人主义的色彩。艺术上,现代派文学摈弃此前现实主义的真实观,而追求主观的真实,推崇表现和创造。与荒诞的现实相对应,现代派文学多采取夸张、扭曲、变形的艺术手段,营造一个非理性、反逻辑、难化解的世界。通过暗示、象征、意象等将思想还原为知觉,使抽象的思想外化。吸取新兴心理学、精神分析和生命哲学的成果,将人的梦幻、直觉、潜意识和无意识等当成人生的真实,采取大量"自由联想""内心独白"等手法,力求完全展现人物在潜意识或无意识状态下的心理世界和精神世界,丰富了文学的表现手段,扩展了文学的表现领域。现代派文学在艺术体式上也做了大量探索。

  现代派文学产生的背景是西方资本主义发展到了垄断时期。这一时期,因为西方社会呈现出高度的工业化、机械化、城市化的面貌,使"传统价值观开始动摇,宗教不再是中心,世界变得复杂而生疏,个人感到自己的孤立,人与人的关系通过书面契约确定,是背靠背的关系,谁也弄不清谁在操纵你的命运;许可与约束的格局变得抽象化了——法定化了、非人格化了、官僚主义化了。这种个人与社会的疏离感、陌生化,个体所感到的孤独感和无所依靠的心境是现代资本主义工业社会的社会关系的特征。"[1] 在这种社会中生活的人们日益感到自己面对一个无法理解的现实:社会成为一种抽象的异己的力量,抛开人而独立运转;要界定自己和人的本性、力量越来越困难。他们心中产生一种走向深渊或悬于半空的感觉,把面前的世界称之为"危机时代"或"启示录时代",充满焦虑和不安。第一、二次世界大战更大大加强了这个失落感。大战带来的巨大破坏和灾难使人们——首先是敏感的知识分子和文学家——对一向所信仰的资本主义价值体系(包括宗教信仰、伦理观念、自由主义教育、科学理性、商业文化等等)产生了重大怀疑和反叛情绪。另一方面,现代物理学的进展改变了人们的宇宙观念,使人们认识到世界并非是绝对的、静止的,而是相对的、无时不在变化之中的;物质与精神难以绝对分开;主客体关系密切;因果关系并非万能。电气化以后的机械文明加速了人们的生活节奏,更新了人们的时空观念,使人们心理上既感受到巨大的刺激也感受到巨大的压力。现代心理学、精神分析、非理性主义哲学思潮及文艺美学的滥觞则直接导致以非理性主义为核心的现代主义文学的兴起。

  一般认为从上个世纪60年代开始,西方文学进入后现代派时期。后现代派(或后现代主义)文学包括二战结束后出现的新小说、黑色幽默、垮掉的一代、元小说、魔幻现实主义、投射诗、具体诗、语言诗等流派。其与现代派文学的区别可从以下表格窥见一斑[2]:

---

[1] 袁可嘉. 欧美现代派文学概论. 桂林:广西师范大学出版社,2003:34.
[2] 刘象愚等主编. 从现代主义到后现代主义. 北京:高等教育出版社,2002:345.

现代主义小说	后现代主义小说
意义荒诞	没有意义，只有语言游戏
对小说形式内部革新	对小说这一形式本身质疑、解体
讲究技巧、情境、结构、语言	模糊文体界限，破坏叙述常规
推崇精英文学、纯文学	没有界限
运用内心独白、自由联想手法	运用讽仿、拼接等手法

产生广泛影响的作品有小说、戏剧和诗歌，特别是小说，如法国新小说家罗伯·格里耶的《橡皮》《窥视者》《嫉妒》，美国"垮掉的一代"作家克鲁亚克的《在路上》，黑色幽默作家约瑟夫·海勒的《第二十二条军规》和托马斯·品钦的《万有引力之虹》，博尔赫斯的《交叉小径的花园》，意大利作家卡尔维诺的《隐形的城市》《命运交叉的城堡》《寒冬夜行人》，哥伦比亚魔幻现实主义作家加西亚·马尔克斯的《百年孤独》和捷克裔法国作家昆德拉的《生命中不能承受之轻》等。

后现代主义文学产生时，资本主义已经进入"跨国"时期，或曰"后工业"时期。科技发展，严重破坏了人类生存的自然环境；第二次世界大战中法西斯的暴行，美国原子弹在日本广岛的爆炸，发达国家对落后国家主权横加干涉致造成无数人间惨象等，都严重败坏了人们对人类自身的信心，及日常生存中所应有的道德感、社会责任感；资本主义工业社会进入网络化、信息化、程式化时代，铺天盖地的机械复制和数码复制使人反失去了生存的方向感、真实感和基本信心；哲学思潮和文艺美学上，解构主义、新历史主义、新殖民主义、女性主义等崛起；文化上，消费文化、大众文化泛滥。这些背景因素与作家的主观体验结合就促使后现代派文学的产生。

二、卡夫卡与表现主义小说

表现主义是20世纪初至30年代欧美文学一个重要的现代主义流派，表现主义主张艺术家要凭借主观精神来进行内心体验，并将这种体验结果化为一种激情。表现主义往往舍弃细节描写，追求事物的深层"幻象"构成的内部世界。作品中的人物也常以某种类型的代表或某种抽象本质的体现来代替有个性的人。表现主义主张干预生活，认为"自我"是宇宙的中心和真实的源泉，强调描写永恒的品质（原型）和人在精神上的强烈追求。以抽象的人物、狂热的激情、离奇的情节、强烈的色彩、奇特的语言为其典型的艺术特征。表现主义文学的源头可追溯到瑞典作家斯特林堡（1849－1912）。其《鬼魂奏鸣曲》（1907）等剧作把梦魇、鬼魂搬上舞台，让死尸、幻影、亡魂、活人同时登场，剧中角色多为抽象的人物，甚至没有姓名和个性，情节不连贯，发展线索不明晰，均以怪诞的方式表现丑恶的私欲和"疯人院"式的人世的深重罪孽和无穷痛苦。斯特林堡被奉为表现主义的先驱和楷模。

表现主义小说的杰出代表是奥地利的卡夫卡（1883－1924）。他是德语文学家，一生的作品并不多，生前默默无闻，但死后声誉日隆，对后世文学的影响极为深远。

卡夫卡创作所呈现的人被腐蚀、异化、毁坏的景象，成了整个20世纪文学的基本经验和基本母题。他终生都在描写日常生活的磨难，以及权力系统对一个人的消耗和压迫，作品中经常出现绝望、荒诞、受难等景象。《变形记》（1912）描写资本主义社会的压力使人异化为甲虫，而甲虫又在孤独、被漠视中死去；《饥饿艺术家》（1922）写出生理的受难与精神的神圣的相悖及神圣精神在现实生存中的尴尬处境；《判决》和《乡村医生》揭示人生的荒诞性与非理性，寓意着人类患病深重，并无可救药。长篇小说《美国》表现人的孤独困境；《诉讼》（1919，又译为《审判》）揭示现代法律的荒谬和国家机器的残酷。

在卡夫卡笔下，我们几乎看不到一个完整的人，许多作品的主人公都是小动物，或者一些卑微的职员，他在写作中关怀的也多是一些脆弱而渺小的事物，但卡夫卡的内心却一直有着坚不可摧的东西。他十分坚定地关心人的希望和绝望、梦想和悲伤。他对生活的批判，目的是为了抵达世界的内部，从而为人的处境寻找新的价值坐标。卡夫卡笔下的人物，他们周围充满的都是虚假的事物，许多时候，就连自己的身份都无法确认，但他们从不放弃努力，直到生命耗尽，也在寻找自己存在的意义。如同《城堡》（1922）中的K，他的土地测量员身份一直得不到证实，那个最高当局的代表克拉姆也一直隐匿不见，一切都变得恍惚而迷离，并充满着难以言喻的荒谬感。卡夫卡描述了一个普遍的生存悖论：存在本身，往往与存在的目标背道而驰。卡夫卡用普通事物表现悲剧，用逻辑性表现荒诞，如在《变形记》《诉讼》《城堡》中，无论卡夫卡运用了多少奇异的、梦幻般的场景，他都能通过严密的逻辑推理和冷静的事实描述，将这些经验转化成卡夫卡式的寓言。在《城堡》中，K的希望是被城堡所接纳，于是他想方设法改变自己的身份，以解除那使他同村庄格格不入的奇怪的诅咒，在这个过程中，K每一次的行动，都逼真而合乎逻辑，但最后，整部小说却成了一个象征，一个荒谬的寓言。这就是卡夫卡的伟大，他总能在完全不顾日常生活逻辑的情况下，准确地传达出日常生活的真实感受；他扭曲了生活的常态，目的是为了告诉我们正常的生活应该是怎样的。卡夫卡所要呈现的，就是要让我们看到在生活的压力下，一切都不正常了——正常的事物，需要经过艰苦的斗争才能让它重新显形。也就是说，任何残存的存在的幸福，都需付出代价来争取，它不会从天而降。他对事物观察细腻，比喻犀利，使得作品十分具有杀伤力。

他写人变成甲虫，写人与城堡的关系，写艺术家的饥饿表演，无论从话语方式还是从精神体验上说，卡夫卡都是以独特的文学方式颠覆了世界。当旧有的经验和话语无法再穷尽自己的内心时，卡夫卡毅然从传统的文学格局中出逃，从另一个角度看见了别人没有看见的人性景观。卡夫卡独特的文学品质，带我们不断地逼视自己的内心。卡夫卡一直生活在现实和内心的巨大分裂和痛苦之中，他一方面在生活中恪尽职守，以期获得上司的赏识和父亲的理解，另一方面却在文字中建筑起了另外一个全新的世界。他时刻面临着写作和存在的双重绝望，并且是一直带着这种绝望写作和生活。卡夫卡有句著名的哀叹："我虽然可以活下去，但我无法生存。"卡夫卡把"活着"和"生存"区分开来，是为了找到探索人类存在的新的道路。——"活着"指向的是庸常的过日子哲学，它的背后可能蕴含着苟且；但"生存"所要追索的却是价值的确认，存在的承担，以及对幸福的向往。"生存"是自觉的、产生意义的"活着"，它是理解卡夫卡作品的关键词，也是通向卡夫卡内心深处的一条小路。他渴望在生活中重建存在的意义，并拒绝过一种没有经过斗争、没有净化的生活，卡夫卡在日记中写道："不要绝望，甚至对你并不感到绝望这一点也不要绝望。恰恰在似乎一切都完了的时候，新的力量毕竟来临，给你以帮助，而这正表明你是活着的。""一场倾盆大雨。站立着面对这场大雨吧！让它的钢铁般的光芒刺穿你。你在那想把你冲走的雨水中飘浮，但你还是要坚持，昂首屹立，等待那即将来临的无穷无尽的阳光的照耀。"卡夫卡通过写作，主动承担着那个时代的所有苦难，并带着它一起生活、一起上路。他是20世纪文学真正的精神先驱，他的写作，到达了后继者难以企及的高度。

三、普鲁斯特等与意识流小说

意识流小说是20世纪初期兴起于西方，以表现人们的意识流动、展示恍惚迷离的心灵世界为主的小说。它以象征暗示、内心独白、自由联想等意识流的创作方法为主要特征，在20世纪20~30年代英、美、法等国形成一个颇为壮观的现代主义文学流派。40年代后，纯粹的意识流小说已不复存在，但意识流小说所锤炼的各种技巧，对此后崛起的现代主义诸流派都产生过深远的影响。

西方现代哲学和心理学的发展和成就，为意识流小说家的探索和创新提供了理论基础。意识流小说得名于美国心理学家威廉·詹姆士（1842-1916）提出的关于人的思维活动是流水一般的概念及其理论。这一流水般的回忆、联想、梦幻所勾勒出的人物的下意识的轨迹，就成了意识流小说的鲜明的特征。这就在作品结构上出现了新奇的样式：过去与现在可以时序颠倒，现实与虚幻可以交替出现，人物可以自由放任地联想，不受时空限制。法国哲学家亨利·柏格森（1859-1941）发展了詹姆斯的"意识流"的理论，提出了"心理时间"和"空间时间"（客观时间）的概念。他认为："空间时间"是表现宽度的数量概念，并不是"真正的时间"；"心理时间"是表现强度的质量概念，它才是"纯粹"的时间。他强调，越是进入人们的意识深处，空间时间越不适用，只有超越物质世界的客观时空的"心理时间"把此时此地的经验和彼时彼地的经验交融、重叠在一起，打破过去——现在——未来的时间一维性顺序，使人的时间观念在心理上实现重新组合，这才符合人们心理的客观真实。奥地利心理学家弗洛伊德（1900-1980）进一步充实了意识流的理论，他把意识分为三个层次：无意识、前意识和意识，并认为决定人的心理的是无意识。他认为"文学是性的升华"，"文学是作家的白日梦"。反映到文学上，就促使意识流小说的产生。

普鲁斯特（1871-1922）是意识流小说的先驱。他在中学时代就对柏格森的哲学和心理学产生了浓厚的兴趣，上巴黎大学时又听过柏格森的课，深受其影响。他最重要的作品是《追忆逝水年华》（又译《寻找失去的时间》）。小说共7卷15部，1913年自费出版第一卷《在斯万家那边》，1927年才出齐全书。小说以19世纪末20世纪初的法国社会为背景，以主人公马塞尔对往事的追忆为主线，展示了法国贵族、新兴资产阶级和艺术家等一大批人的生活及许多人的恋爱史。小说没有连贯的故事，而只是一种心理回忆过程。"全书重点是在

'寻找'。"①寻找的过程就是回忆，所以，小说主题也可以概括为"自我凭借回忆的方式追寻失去的时间。'回忆'在普鲁斯特这里最终升华为把握过去的方式，建构此在的方式，也就成为确证自我的方式，或者说是主体获得拯救的方式。在这个意义上，《追忆似水年华》最终探讨的是人的主体存在的内在性和整一性能否存在或如何存在的问题。"② 问题是，"靠'无意的记忆'真能寻找到失去的时间吗？真的能够确证自我的存在吗？显然这只是在想像方式中找回了过去的时间，而对自我的确证也只是想像式的确证。任何人在回忆中捕捉到的过去都只是心理的幻象，而小说家写在小说中，则成为文学的幻像。"③ 另一方面，回忆中的时间（存在）是真实的吗？如普鲁斯特所说："人们逐渐将愿望掺入回忆使回忆变得十分甜蜜。"往事罩上了现代的光晕，往事的性质也发生了根本的变化。如此，要真正抓住"失去的时间"又是不可能的。普鲁斯特这部小说对于人类"回忆"的性质、"时间"的性质及人类在"寻找失去的时间"中生存悖论的洞察，说明人类对现实的失望、对逝去的往怀，及人仍旧无可逃逸的悲哀。小说向人的内宇宙掘进，完成了一场逆向的"哥白尼式的革命"，开启了"回忆的诗学"，预示着新的文学体式的到来。

乔伊斯（1882-1941）代表作《尤利西斯》（1921）被称为"20 世纪的'圣经'"。在写法和结构上模仿荷马史诗《奥德赛》（又名《奥德修纪》），以象征手法写三位主人公在 1904 年 6 月 16 日从早上 8 时到次日凌晨 2 时许 18 个多小时在都柏林的活动和精神历程。小说的创新之处和"晦涩难懂"之处都主要在于其意识流技巧及多重的文体实验。小说模拟各种文体风格，采用多种方言、俚语和外国语，大量运用俏皮话、双关、典故、隐喻、象征等，运用内心独白、自由联想和电影蒙太奇手法展示人物的意识流动。心理联想忽远忽近，忽前忽后，有时清晰完整，有时支离破碎、朦胧模糊。最后一章以四五十页几乎没有标点符号的行文方式表达莫莉那种似睡似醒的意识流，堪称绝唱。小说因此被称为"意识流"的百科全书。

伍尔芙（1882-1941）是西方现代文学世界最重要的女性作家，英国著名布鲁姆斯伯里文学团体的核心人物，英国意识流小说的开拓者，其意识流小说从短篇《墙上的斑点》开始，到创作长篇小说《达洛维夫人》《到灯塔去》《海浪》形成高潮。其中《到灯塔去》（1927）是其最完美的作品。小说围绕拉姆齐先生一家及其友人相隔 10 年的两次聚会和去小岛游观灯塔，探讨了生活哲学、人生价值、生命意义等问题，具有极强的象征意义和哲理蕴含。小说视角转换特别突出，客观时间与主观时间交错闪现，语言充满诗情画意。

福克纳（1897-1962）是美国"南方文学"的主要代表，1949 年诺贝尔文学奖得主。他的大部分小说都以虚构的"约克纳帕塔法"县为背景，创造了一个独特的"约克纳帕塔法世系"。代表作《喧哗与骚动》（1929）采用"时空交错"及多角度的艺术手法，创造了复合意识流体式，使运用意识流手法发掘人物的内心生活方面达到了新的高度。另外，其短篇《献给艾米丽的玫瑰》是广为流传的名篇佳作。

---

① 袁可嘉. 欧美现代派文学概论. 桂林：广西师范大学出版社，2003：257.
② 吴晓东. 从卡夫卡到昆德拉——20 世纪的小说和小说家. 北京：生活·读书·新知三联书店，2003：65-66.
③ 吴晓东. 从卡夫卡到昆德拉——20 世纪的小说和小说家. 北京：生活·读书·新知三联书店，2003：66.

四、金斯堡、克鲁亚克与"垮掉的一代"文学

纽约曼哈顿地区有个格林尼治村。那里没有这个城市常见的摩天大厦，只有一些老式低层楼房。在这些有点古色古香的楼房里，居住着形形色色的作家和艺术家。在美国文坛上名噪一时的"垮掉的一代"诗人和作家大多居住在这里或附近街区。"垮掉的一代"是出现在美国20世纪50年代的一个青年作家群体。维系他们的主要是私人的朋友关系，他们的观念不尽相同，但互相影响很深。现在认为的中心成员是杰克·克鲁亚克、艾伦·金斯堡。"垮掉的一代"这个词是克鲁亚克1948年"发明"的，后来他的朋友约翰·克莱隆·霍姆斯为纽约《时代杂志》写了题为《这就是垮掉的一代》的文章，至此，垮掉派运动兴起。

"垮掉的一代"是第二次世界大战后在美国产生的第一个现代派文学流派。它的出现，是大战后美国社会的异化，反动的政治高压，保守的文化统治三者合力钳制的结果。他们从西方存在主义哲学"存在即荒诞"的观念推导出"沉沦就是解放"的结论；从"自由选择"的观念推导出纵欲享乐的合法性；还引进东方佛教禅宗和老庄哲学以填补他们的信仰真空，而追求绝对的自由和人的生物学需求，用同性恋、纵欲、吸毒酗酒、爵士音乐、狂热的胡言乱语等来标识自己的存在。1955年夏天，"垮掉文人"和反学院派诗人（包括旧金山诗人和黑山派诗人）在旧金山联合举办诗歌朗诵会，金斯堡（1926-1997）在会上朗读了他那首被誉为"50年代《荒原》"的长诗《嚎叫》。诗开篇就这样写道："我看到这一代最杰出的头脑毁于疯狂，饿着肚子歇斯底里赤身裸体，黎明时分拖着脚步走过黑人街巷寻找一针来劲的麻醉剂，头脑天使一般的嬉皮士渴望与黑夜机械中那繁星般的发电机发生古老的天堂式的关系"。这首诗以松散的形式、毫无藻饰的粗卑语言，对美国社会视为圣洁的一切进行了无情的讥讽与揭露。它一出版就在美国文坛上掀起一场轩然大波。1956年，《嚎叫》全诗由"城市之光"书店出版，第一版是在英国印行的；次年，美国海关干涉该诗的第二次印刷，经过旷日持久的审理，法庭宣布海关败诉，认为《嚎叫》不无"社会意义"，这使得金斯堡声名大振，"垮掉派"诗人们也因而成为公众关注的焦点。《嚎叫》共印了36万册，创当代诗集销量的纪录，并从它诞生之日开始就成为青年运动的圣经。正式宣告了"垮掉的一代"作家堂而皇之地登上美国文坛。

金斯堡的长诗行洋洋洒洒，其中既可见惠特曼的遗风，又可见克鲁亚克散文风格的影响，因而显得充满活力和新鲜感。从成就和影响来说，金斯堡是"垮掉的一代"的翘楚。金斯堡的诗歌创作活动一直持续到90年代，其大部分诗作都是在吸毒后写出的，但后期的诗都未能超过《嚎叫》。诗人的成名作因而就成了他唯一的代表作。

小说方面，杰克·克鲁亚克（1922-1969）的《在路上》（1957）继承马克·吐温《哈克贝里·费恩历险记》所开创的美国文学中写流浪生活的传统，叙述主人公萨尔·帕拉迪斯为逃脱污浊的环境而四出漫游，寻找自由和归宿。主人公说："我还年轻，我渴望上路"。从丹佛到旧金山到洛杉矶到堪萨斯和墨西哥，穿过整个美国大陆，"我与之交往的人只是那些疯狂的人，他们为疯狂而生活，为疯狂而交谈，也疯狂地寻求得到拯救；他们渴望同时拥有

一切东西。这些人从不抱怨，出语惊人，总是燃烧、燃烧、燃烧，就像传说中那些闪着蓝色幽光的罗马蜡烛一样……"《在路上》反映了战后美国一部分青年人不满现实、精神苦闷的心态，同金斯堡的《嚎叫》一样，成为"垮掉的一代"文学的经典。评论界起初对这部作品褒贬不一，分歧很大。有人认为，它没有情节，不讲究结构，显得杂乱无章，根本不是什么小说，只不过是一篇胡乱涂抹的"个人新闻""旅行记录"。但也有人把它捧得很高，认为作者堪称"新体小说的圣手"，作品"信手写来，浑然天成"，从内容到形式"都是大胆创新的成果"。《在路上》小说手稿在纽约的克里斯蒂拍卖行拍出243万美元的天价（超过卡夫卡的小说手稿拍卖价为198万美元的《审判》），创造了小说手稿拍卖的世界纪录。从边缘的反叛到主流的经典，《在路上》是克鲁亚克最不拘一格、语言最质朴无华、却最为重要的一部作品，成为了美国60年代的代表和化身，深深影响了一代又一代美国青年。

"垮掉的一代"被文学史家称为"以扭曲的心理反映扭曲的世界而产生的扭曲的文学现象"。作为一个文学运动，虽然昙花一现，而且掺杂大量不健康的因素，仍在美国文学史上留下了一定影响。

【研习与探索】

1. 当下商业经济社会，严肃的文学艺术家都处于社会边缘，他们的境遇是否有些饥饿艺术家的味道？对此，你想表达什么样的看法？

2. 西方现代派与中国现代派并不完全相同。阅读卡夫卡代表作和余华代表作，看两人在表达对世界、人生诸问题的理解和态度上有何不同？

3. 上课时老师点名，已到的同学往往替未到的同学解围，说"在路上"。课下阅读克鲁亚克的《在路上》，看看"在路上"这一意象在美国"垮掉的一代"那里的寓意，并根据当下生活体会，写一篇具有相近风格的小小说。

（左怀建　鲍明晖）

第七节　中英格言警句经典互译品读

格言警句（aphorism n. a short pithy instructive saying）是习语的一种形式，是语言的精华，是民族文化的浓缩。格言警句可以体现出不同民族的历史、风俗习惯、宗教、寓言神话、文学艺术等。通过中西方格言警句的对比，我们可以看出，由于中西方在世界观、思维方式、价值观等方面存在着种种异同，在格言警句的表现方式、文化内涵等诸方面也体现出相似和差异。由于格言警句的表达方式比较简练，隐含的文化信息比较丰富，格言警句的对比实际上也是对文化差异深层次的理解。研究格言警句可以使我们更好地理解中西方文化，有助于跨文化交际的顺利进行。

一、格言警句的特点

作为民间智慧的遗产而千古流传的格言警句是文化的信仰和价值观的高度浓缩。格言警句的文体特点为句子简短，并使用一些修辞手法，例如押韵、比喻、夸张和平行句。少数格言警句是字面意义的直接陈述，但多数格言警句都是比喻性和阐述客观规律的句子。格言警句的意义并不等于单个词的意义相加的结果，也不能逐字直译成另一种语言。格言警句具有给人启迪、使人智慧、催人上进的非凡魅力。格言警句是人生经验的智慧之花，更是人类的挚友。它以言简意赅、内容广泛、民族文化特征鲜明等特点，超越时限，超越国界，世代相传。首先，格言警句早已被人们所接受，并成为人们思想方式的一部分，然后才被人们认为理所当然。因此，分析文化意义独特的格言警句是洞察一个国家、民族文化的最佳方式之一。

克拉克洪（Kluchhohn）指出，文化可分为显形和隐形两种形态。因为文化中很大一部分是隐形的，所以就有学者把文化比做冰山。格言警句属于语言的一种表现形式，是冰山的外显部分，其文化内涵部分隐藏在海面之下，实际上是比外显的冰山大许多倍的冰座。也就是说，格言警句是文化的外显形态，价值观是文化的内隐形态中的深层部分。

二、中西方格言警句对比

我们之所以对中西方格言警句进行对比和分析是因为在以英语为媒介的跨文化交际中，交际者可能来自不同文化，使用不同的英语变体，他们遵循的语用规则也就不同。交际中如果仅以英美文化为参考标准来理解对方的语言，可能会导致一些误解。要想消除误解，首先要培养跨文化意识。Hanvey 认为跨文化意识有四个层次：第一层次只是注意到一些表面的文化特征；第二层次是对于对方文化与自己文化有着显著差异的某些有意义的文化特征有所觉察，这时，文化冲突往往会发生；第三层次，对于与自己文化有着显著差异的异文化特征，在理论上或理性上能够理解；第四层次是最难达到的目标，在这个阶段可以设身处地为对方着想，真正理解对方的所作所为。[1]

英语格言警句涉及英语国家的历史、地理、政治、宗教信仰、生活习俗及文化传统，甚至有些格言警句源于非英语的西方国家；有些英语格言警句源于希腊语、古英语、方言土语和名人名著。

中西方格言警句都涵盖各自文化中的如下几个方面：

（1）历　史

在人类语言发展过程中，历史文化的痕迹残留在一些格言警句中。如"三个臭皮匠，赛

---

[1] 胡文仲. 超越文化的屏障. 北京：外语教学与研究出版社，2002：242 – 243.

过诸葛亮"。"He who pays the piper calls the tune."（谁付钱，谁点唱）。古时英国乡村有许多卖艺的乐师和舞蹈者在露天表演，谁出钱就由谁点曲目。该格言警句意思是为某事付钱的人有权决定钱该怎么使用。

(2) 风俗习惯

格言警句作为民族文化的一个特殊组成部分必然反映该民族的风俗习惯。如中国："好汉不吃眼前亏。"在矛盾激化时，中国人习惯上不去硬拼，而是以和为贵，求同存异，化解矛盾。西方："To call a spade a spade."呼物以名（把铲子叫做铲子）。Spade 是扑克牌中的黑桃，西方人用纸牌算命时，黑桃代表不吉利，因此这句话表示实话实说。

(3) 宗　教

从广义上讲，宗教的历史就是人类的文化史，宗教属于人类思想文化的一部分，体现不同文化传统。格言警句与宗教密切相关。如中国："泥菩萨过河，自身难保。"西方："The love of money is the root of all evil."

(4) 寓言神话

神话具有鲜明的民族性，格言警句源于神话，更加寓意深刻。如中国："狗咬吕洞宾，不识好人心。"西方："Slow but sure wins the race."（慢而稳者胜。）源于伊索寓言《龟兔赛跑》。意为稳扎稳打坚持不断比卤莽匆忙能获得更大的成就。

(5) 文学艺术

任何一个民族的文学都是该民族语言的精华。一些格言警句来自于部分作家的作品。如中国："天时不如地利，地利不如人和。"这是对孟子观点的概括。西方："If winter comes, can spring be far behind?"（冬天来了，春天还会远吗？）出自英国诗人雪莱的《西风颂》。

三、英语格言警句的理解和翻译

某些英语格言警句难以理解是因为英美人民同我们的思维方式不同。为了更好地了解英语格言警句，更能准确地表达英语格言警句的寓意，这里有必要谈谈英语格言警句的理解和翻译。

(一) 正确理解英语格言警句的内涵和寓意，不可望文生义或想当然地理解和翻译

理解是翻译的基础，没有对原文的准确理解，就不可能有准确的翻译。而大多数的英语格言警句，虽然语言十分简洁、精炼，但却包含了深刻的哲理。如我们望文生义、任意发挥、不假思索地信笔翻译，就会使它失去本意，从而让人费解。

例：The Trojans became wise too late.

误译：特洛伊人变聪明了，但为时已晚。

许多人乍看译文肯定不知所云。这句格言警句源于"特洛伊战争"。特洛伊王子帕里斯拐走了斯巴达王后海伦，希腊人因此远征特洛伊，但围攻九年不下。第十年，机智的希腊将领奥德修献计，造一空腹大木马，内藏精兵若干，放在城外，并佯作退兵。特洛伊人误以为敌人已撤，便把木马移到城内。夜间伏兵自木马跳出，打开城门，希腊大军一拥而入，焚毁

了特洛伊城。此时，特洛伊人悔之晚矣。故此句可译成：待到醒悟时，为时已晚矣。

（二）正确地理解格言警句的词汇和语言结构

大多数的英语格言警句语言精炼，并且结构有时与正常结构不同，词汇的意义有时比较微妙，在翻译的时候就应该留心。不能任意发挥，牵强附会，以至于差之毫厘，谬以千里。

例：People are convinced by words than by blows.

误译：人们更相信你的言语而不是吹嘘。

这里就是一个词义理解错误。blow在这句话中是"打""击"的意思，而不是"吹嘘"。因此，这句话应译成"言语比棍棒更能说服人"。

（三）特殊结构的英语格言警句的理解与翻译

有些英语格言警句具有特殊结构，需要特殊处理。如，"it［he］is + a［an］+ adj. + n. + that［who］- clause"，此结构不同于一般含有定语从句的复合句，更不是强调句，而是一种需要反译的特殊句型。1. 在主句中加上"再""即使是"之类的词语加以强调语气；2. that - clause 原文的肯定句译成否定句，原文的否定句译成肯定句。

It is a fond fisher that angles for a frog. 再愚蠢的渔翁也不至于钓青蛙。

It is a good workman that never blunders. 智者千虑，必有一失。

四、格言警句中英互译赏析

翻译是一门语言艺术。艺中有术。术的有无与高低，关乎艺的文野与精粗。翻译更是一种有思想的行为。王佐良尝言：译者"处理的是个别的词，他面对的则是两大片文化"。余光中说：对原文中"含义暧昧但暗示性极强的字或词，有修养的译者必须斟酌上下文的需要，且依赖他的直觉。此种情形，已经颇接近创作者的处境了"。翻译过程中的思考可见一斑。下面我们以培根《谈读书》的英译汉和《论语》的汉译英各版本赏析为例，抛砖引玉，窥斑见豹，来探讨格言警句互译中我们应遵循的一些翻译原则和方法。

（一）培根《谈读书》王佐良译本赏析

培根《谈读书》，说理透彻，警句迭出，如：Reading maketh a full man; conference a ready man; and writing an exact man. （读书使人充实，讨论使人机智，笔记使人准确。）王佐良译笔精炼，畅达，古雅，无可挑剔。培根是400年前英国的哲人名士，学富五车，文震朝野，其散论札记当时亦属上乘之作。在400多年来的英国文学史上，培根的文论以其思想精深、艺术精湛和文学精绝而独领风骚。其在英国文学与思想界之影响，颇似唐宋八大家之在中国，历久弥新。翻译这样的经典文论时，究竟应该采取何种风格呢？用下里巴人式的通俗时语还是用阳春白雪般的古典雅言呢？从时下流行的几个译本来看，王佐良教授的古典式翻译无疑是影响最大、传播最广且最为译界和读者称道和推崇的成功力作。其译作中的一些经典句子，在学界几乎耳熟能详，为人津津乐道。如将"Studies serve for delight, for ornament, and for ability"译作"读书足以怡情，足以傅彩，足以长才"，可谓译得出神入化，形神兼备。

英语词组"serve for"的词典解释之意为"起作用""被用作"。译作"足以"，可谓常中见异，且"足以怡情，足以傅彩，足以长才"排比并举，环环相扣，结构层层递进，读来铿锵有力，可谓将汉语语言结构精简、语义精深、意境精妙的特点发挥到了极致。

这样的译式在王教授的这篇译文中比比皆是。例如，将"Their chief use for delight, is in privateness and retiring; for ornament, is in discourse; and for ability, is in the judgment and disposition of business."译作"其怡情也，最见于独处幽居之时；其傅彩也，最见于高谈阔论之中；其长才也，最见于处世判事之际"。再如，将"Histories make men wise; poets witty; the mathematics subtle; natural philosophy deep; moral grave; logic and rhetoric able to contend."译作"读史使人明智，读诗使人灵秀，数学使人周密，科学使人深刻，伦理学使人庄重，逻辑修辞之学使人善辩"。如此之译，既"依实"（尊重原文实际内涵）又"出华"（在语义和语境上比原文更精深，更精妙，更精彩）。

再看看其他较为通俗的译本，其文趣旨意则大为黯然。如廖译将"Studies serve for delight, for ornament, and for ability"译作"读书能给人乐趣、文雅和能力"，意思虽然明了，但文趣却大为逊色。仔细推敲，译文的词语搭配亦颇有瑕疵。读书"给"人"兴趣"，勉强还算通达。但读书"给"人"文雅"，则不免佶屈聱牙。而读书"给"人"能力"，听来已属洋化汉语了。

古典文论若能以古典方式予以翻译，当属佳作，但翻译却可能完全脱离时代发展。在绝大多数中文读者不谙熟中国古典文化的今天，将西方古典文论以通俗语言加以翻译，当然有助于读者更好地理解和学习，也是大部分译者的选项，也有不少的上乘之作，而且只要驾驭得当，通俗文字也完全可以传达古典文论之意趣要旨。

曾有学人将培根的 Of Studies 开篇的"Studies serve for delight, for ornament, and for ability"译作"读书的作用有三，一为陶冶性情，二为攀附风雅，三为增长才干"。与王教授的古典译风相比，这个译文自然较为通俗，而且达意效果尚佳，只是将 ornament 译作"攀附风雅"，似乎有点发挥太过。

还有一个天津教师在课堂上将"Studies serve for delight, for ornament, and for ability"译作"读书有嘛用？养性情，增文采，长本事嘛"，译得通俗透顶，却很达意。俗语说得好，大俗就是大雅。译文究竟雅致与否，一方面固然取决于译风；另一方面也与译文的风韵意境有很大的关系。

（二）《论语》英译本赏析

《学而》包括了孔门当年教学目的、态度、宗旨、方法等等。我们试着赏析不同译者是如何处理的。（范文，2005）

1. 子曰："学而时习之，不亦说乎？有朋自远方来，不亦乐乎？人不知而不愠，不亦君子乎？"

（1）孔子说："学到了知识，并时时复习，不是很愉快吗？有志同道合的人从远方来，不是很快乐吗？人家不了解我，我却不怨恨，不是道德高尚的君子吗？"

（杨伯峻、吴树平译，以下简称"杨译"）

（2）孔子说："对学过的知识按时去实习它，不也是很好的事情吗？有朋友自远方来，不是很快乐的事情吗？不为别人不了解自己而抱怨，不是很有修养的君子风度吗？"（蔡希勤译，以下简称"蔡译"）

The master said, "Is it not pleasant to learn and to review constantly what one has learned? Is it not delightful to have friends coming from afar? Is he not a superior man, who feels no discontent though others do not know him?"（潘温本）

Confuciussaid, "Is it not a pleasure after all to practice in due time what one has learnt? Is it not a delight after all to have friends come from afar? Is it not gentleman after all who will not take offence when others fail to appreciate him?"（赖夏本）

杨将"习"理解为复习，蔡理解为实习。在这一点上，蔡胜杨一筹。"习"字从羽，在中国古代，"习"的本义是"鸟数飞也"（里雅各注本也有交待）。雏鸟学飞，始必跌跌撞撞，免不了受皮肉之苦。而一旦一飞冲天，翱翔于九天云霄之上，欣欣之情旁人是难以体会的。故曰："学而时习之，不亦说乎？"孔子的思想是非常人性化的，绝不会篇章伊始就讲出有违人之常情的话。学习已经够苦了，还要时常拿出来复习，无异于餐餐吃剩饭，其心情可想而知。另外，孔门"入世"之学讲究做学问要经世致用。学问好就要报效国家，即所谓"学而优则仕"。因此，这里的"习"应作"practice"解。再者，将"朋"单纯解为"friends"，可谓失之肤浅。若跳至本卷最后一句，则可知"朋"应解为"bosom friends"，意为"挚友"。通常 nodding acquaintances（点头之交）不来则已，一来必是骚扰无疑，不为借钱，便是蹭饭，唯恐避之不及，哪来"不亦乐乎"呢？

2. 子夏曰："贤贤易色，事父母能竭其力，事君能致其身，与朋友交言而有信。虽曰未学，吾必谓之学矣。"

（1）子夏说："（对待妻子）重视品德，不重容貌；伺奉父母，能够竭心尽力；伺奉君王，能够献身；与朋友交往，说话诚实守信。（这种人）虽说没有学习过，我一定说他是学习过了。"（杨译）

Zixia said: "If a man honors his wife's virtue and withdraw his mind from her beauty; if he can exert his utmost strength serve his parents; if he can devote his life to serve his prince; if he speaks sincerely in his dealings with his friends:—such a man, although men say that he was not learned, I will certainly say that he was. "（潘温本）

（2）子夏说："对妻子，重品德，不重容貌；侍奉父母，能竭心尽力；为国家，能鞠躬尽瘁；和朋友交往，诚实而守信。能够做到这样的人，虽然没有入过学，但我认为他已经学好了。"（蔡译）

Zixia (a disciple of Confucius) said, "If a man valves the virtue of his wife more than her appearance, tries his best to serve his parents, sacrifices his life for his lord, and keeps promises with his friends, I would then assert that he is well-educated, even though he may never have entered a school." （赖夏本）

这几句话，是接着证明了学问的目的，不是文学、不是知识，是做人做事。可惜两组译者在这里都犯了大错。"贤贤易色"，这里两个贤字，前一个是动词，后一个是名词。易，改也。色，态度，非女色。翻译成中文，无非就是说，见到贤人要肃然起敬，即所谓"见贤思齐，见不贤而内自省"。四位译者在此都如出一辙地理解为找对象要重德轻貌，而孔子却是"妇德""妇容"并提的。由此观之，译者要么是未通读《论语》，要么是没有参悟到句中"虚无之物"（what is not there），就急急匆匆上马了。诗人余光中说过，如果不具备诗人那种浪漫气质，不具备作诗的潜能，不要轻易译诗。译古籍何尝不如是？译者才能虽可不及司马迁之辈，但若从事翻译，亦须博览群书，并具备一定的美的艺术之鉴赏力，方可达到轻松驾驭文字的目的。或者，至少应在捉笔前通观全文，理清文气，力求对文理了然在胸。末了，将拙译刊于下：If a man is imbued with reverence before a person of virtue⋯

3. 第一篇《学而》是讲个人作学问的内在修养，第二篇《为政》则是讲学问的外用。只是"为政"二字颇具迷惑性，粗心的读者以为孔子接下来要谈论自己的政治思想了。孙文说过，政治是"管理众人的事"。孔子其实很少谈及政治，只讲为政，即如何利用才学来教化，"学而优则仕"。孔子对纯粹政治是不太感冒的，至少他志不在此。春秋时期中国人口不过区区几百万，而孔子3600弟子（包括72贤人）大多都成为各诸侯国的栋梁之才。他若是想从政，只是职位高低问题。话归正题，我们只有知道这些背景才可能不对"为政"篇误解讹译。下面看第十二条：

子曰："君子不器。"

（1）孔子说："君子不像器皿一样，只有一种用处。"（杨译）

The Master said："The superior man is not like a utensil, which only has one specific usage."（潘温本）

（2）孔子说："君子应有广博的知识。"（蔡译）

Confucius said："A gentleman should not be like a utensil. (He should have broad knowledge and not be confined to one use)."（赖夏本）

原来有人翻译成"君子不是东西"，这当然是闹笑话了。"器"原义就是器具、器皿，扩展开而用以称谓工具。由于工具是有用的，引申以称谓人的才能。如我们今天说"不成器"，就是此意。这个意义在孔子时代已经有了，如孔子以"瑚琏之器"评价子贡，又如孔子讲如果要用别人，那就要"器之"。回到"不器"上来，"不器"不是对"器"的否定，当然也不是我们今天讲的"不成器"，而恰恰相反，首先要"成器"，才有可能"不器"。潘温本基本意思译出来了，但失之语焉不详。赖夏本则胜前者一筹，先译出原语字面意义，再在括号中采用诠释方式补译，基本义尽。严格说来，"不器"还有更深的意义。孔子所谓的全才并非是会修鞋刷墙，能补锅缝衣。这就曲解他老人家了。孔子虽然自己不热衷于从政，却殷切希冀学生能文武兼修，官道亨通。整句话理解来，就是君子要成为复合型的政治家。译成英语就是"A gentleman should not be like a utensil. (He should be erudite and thus become a statesman.)"为何这样译，因为译者须摆脱现时历史羁绊，前瞻后顾原文产生的时代背景，方能左右逢源，发其古意。

下面提供《论语》几则译例，供读者赏鉴。

1. 子曰："学而不思则罔，思而不学则殆。"

孔子说："只去学习而不去思考是没有用的；只去思考而不去学习是危险的。"

Confucius said: "Learning without thinking is useless; while thinking without learning is dangerous."

2. 子曰："君子欲讷于言，而敏于行。"

孔子说："君子要讲话谨慎，做事敏捷。"

Confucius said: "A superior man speaks cautiously, and acts diligently."

3. 子曰："知者乐水，仁者乐山。知者动，仁者静。知者乐，仁者寿。"

孔子说："有智慧的人喜欢流水，有仁德的人喜欢高山。有智慧的人喜欢动的境界，有仁德的人喜欢静的境界。有智慧的人享受生命的快乐，有仁德的人享有高寿。"

Confucius said: "A man of wisdom finds pleasure in the scenery of water, while a man of virtue finds pleasure in the scenery of the mountains. A man of wisdom is active while a man of virtue is tranquil. A man of wisdom enjoys life while a man of virtue lives longer."

4. 子曰："知者不惑，仁者不忧，勇者不惧。"

孔子说："有智慧的人是不会迷惑的，有仁德的人是不会忧郁的，有勇气的人是不会惧怕的。"

Confucius said: "A man of wisdom is free from perplexities; a man of virtue is free from anxiety; and a man of courage is free from fear."

5. 子曰："君子有九思：视思明，听思聪，色思温，貌思恭，言思忠，事思敬，疑思问，忿思难，见得思义。"

孔子说："君子有九个希望：（1）当他看东西时，他希望能看得清楚。（2）当他听时，他希望能听得清楚。（3）他希望他的面貌看起来很温和。（4）他希望他的态度很谦逊。（5）当他说话时，他希望他说的话是诚恳的。（6）当他做事时，他希望他是认真的。（7）当他有怀疑时，他希望他能问个明白。（8）当他发怒时，他希望能想到后果的严重。（9）当他见到要有利益时，他希望能想想这是否是他应该得到的。"

Confucius said: "A superior man has nine 'wants': (1) When he sees something, he wants to see it clearly. (2) When he hears something, he wants to hear it distinctly. (3) In his facial expression, he wants to look kind. (4) In his manner, he wants to be humble. (5) When he speaks, he wants to be honest. (6) When he does something, he wants to be serious. (7) When he has doubt, he wants to ask. (8) When he is angry, he wants to think of consequences. (9) When he is about to have a personal advantage, he wants to think whether he should take it or not."

6. 子张问仁于孔子。

孔子曰："能行五者于天下为仁矣。""请问之。"曰："恭、宽、信、敏、惠。恭而不侮，宽则得众，信则人任焉，敏则有功，惠则足以使人。"

子张问孔子仁的定义。孔子说："不论这个人走到哪里都能做到这五点就是仁了。"子张问："哪五点?"孔子说："恭敬、宽容、信赖、勤奋、惠爱。对人恭敬不会受到侮辱，宽容容易赢得友谊，一个值得信赖的人会受到人们的信任，勤奋可以成就很多事情，惠爱会使人们愿意为他效劳。"

Zi Zhang asked Confucius about the perfect virtue. Confucius said: "Perfect virtue is being able to carry out five things wherever one goes." Zi Zhang said: "Which five?" Confucius replied: "Respect, forgiveness, trustworthiness, diligence, and generosity. When he is respectful, he will not be insulted. When he is forgiving, he will win friendship. When he is trustworthy, he can be applied upon by others. When he is diligent, he will accomplish much. When he is generous, he will find people willing to serve him."

7. 子曰："知之者，不如好之者；好之者，不如乐之者。"

孔子说："知道道理的人，不如喜欢这道理的人；喜欢这道理的人，不如陶醉在这道理里的人。"

Confucius said: "Those who know the truth are not equal to those who love it. Those who love the truth are not equal to those who can find joy in it."

8. 子曰："有教无类。"

孔子说："教育应该没有贫富和贵贱的类别。"

Confucius said: "Education should be done without the difference between the rich and the poor, or the noble and the man."

9. 孔子曰："益者三友，损者三友。友直，友谅，友多闻，益也。友便辟，友善柔，友便佞，损矣。"

孔子说："与三种朋友往来会有益处，与三种朋友往来会有损害。交接正直的朋友，交接信实的朋友，交接知识广博的朋友，都会有益处的。交接喜欢巧辩的朋友，交接喜欢说奉承话的朋友，交接不诚实的朋友，都会有损害的。"

Confucius said: "Three kinds of people can be beneficial, while three other kinds of people can be injurious. If you befriend people who are honest, faithful or knowledgeable, you will receive benefits from them. If you befriend people who like to argue, or the people who like to say flattering words, or the people who is not honest, they are injurious."

10. 孔子曰："益者三乐，损者三乐。乐节礼乐，乐道人之善，乐多贤友，益也。乐骄乐，乐佚游，乐宴乐，损矣。"

孔子说："三种爱好对人有益处，三种爱好对人有害处。爱好用礼法及音乐来节制自己，爱好称扬别人的好处，爱好和贤德的人做朋友，这三种爱好都是有益处的。爱好骄奢逸乐，爱好游荡无度，爱好狂宴不节制，这三种爱好都是有害处的。"

Confucius said: "Three kinds of pleasures are beneficial, and three other kinds of pleasures are injurious. The pleasures of using ceremonies and music to restrict oneself, of speaking of the goodness of others, and of making friendship with the people of virtue are all beneficial pleasures. The pleasures of dissipation, of extravagance, and of conviviality are all injurious."

11. 子曰："性，相近也；习，相远也。"

孔子说："每个人的天性本来都是差不多的，因为后天的环境不同，于是渐渐地不同了。"

Confucius said: "By nature, all men are nearly alike when their lives begin. When they are growing, they become different from each other because of what they practice."

12. 子曰："吾十有五而志于学，三十而立，四十而不惑，五十而知天命，六十而耳顺，七十而从心所欲不逾矩。"

孔子说："我十五岁时，就立志去求取学问；到了三十岁时，就把立身处世的方向看清了；到了四十岁时，就不会被时尚邪说所迷惑；到了五十岁时，我就明白了天命的奥义；到了六十岁时，耳朵一听到什么，便会立刻明白那是对的还是错的；到了七十岁时，就能想到什么就做什么，而不会超越礼法。"

Confucius said: "At fifteen, I made up my mind to study hard. At thirty, I made decision about what I was going to do in life. At forty, I would not be misled by the evil sayings. At fifty, I understood the natural law. At sixty, I could immediately understand what I heard was right or wrong. At seventy, I could do whatever my mind desired without going beyond what was right."

【研习与探索】

1. 自由节选《论语》、Of Studies 中自己喜欢的一段，进行英汉互译实践。
2. 小组讨论：以《论语》与 Of Studies 为例，分析汉英语言结构的异同。
3. 讨论：应用你所掌握的语言学理论和方法，谈谈格言警句英汉互译中应遵循的原则和方法。

(孙炳文)

作品研读

《圣经》二则

一、《旧约·创世纪》节选

……耶和华神用地上的尘土造人，将生气吹在他鼻孔里，他就成了有灵的活人，名叫亚当。耶和华神在东方的伊甸立了一个园子，把所造的人安置在那里。耶和华神使各样的树从地里长出来，可以悦人的眼目，其上的果子好作食物。园子当中又有生命树和分别善恶的树。

……耶和华神将那人安置在伊甸园，使他修理看守。耶和华神吩咐他说，园中各样树上的果子，你可以随意吃。只是分别善恶树上的果子，你不可吃，因为你吃的日子必定死。耶和华神说，那人独居不好，我要为他造一个配偶帮助他。耶和华神用土所造成的野地各样走兽和空中各样飞鸟都带到那人面前，看他叫什么。那人怎样叫各样的活物，那就是它的名字。那人便给一切牲畜和空中飞鸟，野地走兽都起了名。只是那人没有遇见配偶帮助他。耶和华神使他沉睡，他就睡了。于是取下他的一条肋骨，又把肉合起来。耶和华神就用那人身上所取的肋骨，造成一个女人，领她到那人跟前。那人说，这是我骨中的骨，肉中的肉，可以称她为女人，因为她是从男人身上取出来的。因此，人要离开父母与妻子连合，二人成为一体。当时夫妻二人赤身露体，并不羞耻。耶和华神所造的，惟有蛇比田野一切的活物更狡猾。蛇对女人说，神岂是真说，不许你们吃园中所有树上的果子吗？女人对蛇说，园中树上的果子，我们可以吃，惟有园当中那棵树上的果子，神曾说，你们不可吃，也不可摸，免得你们死。蛇对女人说，你们不一定死，因为神知道，你们吃的日子眼睛就明亮了，你们便如神能知道善恶。于是女人见那棵树的果子好作食物，也悦人的眼目，且是可喜爱的，能使人有智慧，就摘下果子来吃了。又给她丈夫，她丈夫也吃了。他们二人的眼睛就明亮了，才知道自己是赤身露体，便拿无花果树的叶子，为自己编作裙子。天起了凉风，耶和华神在园中行走。那人和他妻子听见神的声音，就藏在园里的树木中，躲避耶和华神的面。耶和华神呼唤那人，对他说，你在哪里。他说，我在园中听见你的声音，我就害怕。因为我赤身露体，我便藏了。耶和华说，谁告诉你赤身露体呢？莫非你吃了我吩咐你不可吃的那树上的果子吗？那人说，你所赐给我，与我同居的女人，她把那树上的果子给我，我就吃了。耶和华神对女人说，你作的是什么事呢？女人说，那蛇引诱我，我就吃了。耶和华神对蛇说，你既作了这事，就必受咒诅，比一切的牲畜野兽更甚。你必用肚子行走，终身吃土。我又要叫你和女人彼此为仇。你的后裔和女人的后裔也彼此为仇。女人的后裔要伤你的头，你要伤他的脚跟。又对女人说，我必多多加增你怀胎的苦楚，你生产儿女必多受苦楚。你必恋慕你丈夫，你丈夫必管辖你。又对亚当说，你既听从妻子的话，吃了我所吩咐你不可吃的那树上的果子，地必为你的缘故受咒诅。你必终身劳苦，才能从地里得吃的。地必给你长出荆棘和蒺藜来，你也要吃田间的菜蔬。你必汗流满面才得糊口，直到你归了土，因为你是从土而出的。你本是尘土，仍要归于尘土。亚当给他妻子起名叫夏娃，因为她是众生之母。耶和华神为亚当和他妻子用皮子作衣服给他们穿。耶和华神说，那人已经与我们相似，能知道善恶。现在恐怕他伸手又摘生命树的果子吃，就永远活着。耶和华神便打发他出伊甸园去，耕种他所自出之土。

……　……

世界在神面前败坏，地上满了强暴。神观看世界，见是败坏了。凡有血气的人，在地上都败坏了行为。神就对挪亚说，凡有血气的人，他的尽头已经来到我面前。因为地上满了他们的强暴，我要把他们和地一并毁灭。你要用歌斐木造一只方舟，分一间一间地造，里外抹上松香。……看哪！我要使洪水泛滥在地上，毁灭天下。凡地上有血肉，有气息的活物，无一不死。我却要与你立约，你同你的妻，与儿子，儿妇，都要进入方舟。凡有血肉的活物，每样两个，一公一母，你要带进方舟，好在你那里保全生命。飞鸟各从其类，牲畜各从其类，地上的昆虫各从其类。每样两个，要到你那里，好保全生命。你要拿各样食物积蓄起来，好作你和它们的食物。挪亚就这样行。凡神所吩咐的，他都照样行了。

……过了那七天，洪水泛滥在地上。当挪亚六百岁，二月十七日那一天，大渊的泉源都裂开了，天上的窗户也敞开了。四十昼夜降大雨在地上。……洪水泛滥在地上四十天，水往上长，把方舟从地上漂起。水势浩大，在地上大大地往上长，方舟在水面上漂来漂去。水势在地上极其浩大，天下的高山都淹没了。水势比山高过十五肘，山岭都淹没了。凡在地上有血肉的动物,就是飞鸟,牲畜,走兽,和爬在地上的昆虫,以及所有的人都死了。凡在旱地上,鼻孔有气息的生灵都死了。凡地上各类的活物,连人带牲畜,昆虫,以及空中的飞鸟,都从地上除灭了,只留下挪亚和那些与他同在方舟里的。水势浩大,在地上共一百五十天。

　　神记念挪亚和挪亚方舟里的一切走兽牲畜。神叫风吹地,水势渐落。渊源和天上的窗户都闭塞了,天上的大雨也止住了。水从地上渐退。过了一百五十天,水就渐消。七月十七日,方舟停在亚拉腊山上。水又渐消,到十月初一日,山顶都现出来了。过了四十天,挪亚开了方舟的窗户,放出一只乌鸦去。那乌鸦飞来飞去,直到地上的水都干了。他又放出一只鸽子去,要看看水从地上退了没有。但遍地上都是水,鸽子找不着落脚之地,就回到方舟挪亚那里,挪亚伸手把鸽子接进方舟来。他又等了七天,再把鸽子从方舟放出去。到了晚上,鸽子回到他那里,嘴里叨着一个新拧下来的橄榄叶子,挪亚就知道地上的水退了。他又等了七天,放出鸽子去,鸽子就不再回来了。

　　……　……

　　那时,天下人的口音,言语,都是一样。他们往东边迁移的时候,在示拿地遇见一片平原,就住在那里。他们彼此商量说,来吧,我们要作砖,把砖烧透了。他们就拿砖当石头,又拿石漆当灰泥。他们说,来吧,我们要建造一座城和一座塔,塔顶通天,为要传扬我们的名,免得我们分散在大地上。耶和华降临,要看看世人所建造的城和塔。耶和华说,看哪,他们成为一样的人民,都是一样的言语,如今既作起这事来,以后他们所要作的事就没有不成就的了。我们下去,在那里变乱他们的口音,使他们的言语彼此不通。于是,耶和华使他们从那里分散在大地上。他们就停工,不造那城了。因为耶和华在那里变乱天下人的言语,使众人分散在全地上,所以那城名叫巴别。

二、《旧约·路得记》(节选)

　　当士师秉政的时候,国中遭遇饥荒,在犹大伯利恒,有一个人带着妻子和两个儿子,往摩押地去寄居。这人名叫以利米勒,他的妻名叫拿俄米。他两个儿子,一个名叫玛伦,一个名叫基连,都是犹大伯利恒的以法他人。他们到了摩押地,就住在那里。后来拿俄米的丈夫以利米勒死了,剩下妇人和她两个儿子。这两个儿子娶了摩押女子为妻,一个名叫俄珥巴,一个名叫路得,在那里住了约有十年。玛伦和基连二人也死了,剩下拿俄米,没有丈夫,也没有儿子。她就与两个儿妇起身,要从摩押地归回。因为她在摩押地,听见耶和华眷顾自己的百姓,赐粮食与他们。于是她和两个儿妇起行离开所住的地方,要回犹大地去。

　　拿俄米对两个儿妇说,你们各人回娘家去吧,愿耶和华恩待你们,象你们恩待已死的人与我一样。愿耶和华使你们各在新夫家中得平安。于是,拿俄米与她们亲嘴。她们就放声而哭,说,不然,我们必与你一同回你本国去。拿俄米说,我女儿们哪,回去吧,为何要跟我去呢?我还能生子作你们的丈夫吗?我女儿们哪,回去吧,我年纪老迈,不能再有丈夫。即或说,我还有指望,今夜有丈夫可以生子。你们岂能等着他们长大呢?你们岂能等着他们不嫁别人呢?我女儿们哪,不要这样,我为你们的缘故,甚是愁苦,因为耶和华伸手攻击我。

两个儿妇又放声而哭,俄珥巴与婆婆亲嘴而别,只是路得舍不得拿俄米。

……于是二人同行,来到伯利恒。她们到了伯利恒,合城的人就都惊讶。妇女们说,这是拿俄米吗?拿俄米对他们说,不要叫我拿俄米(拿俄米就是甜的意思),要叫我玛拉(玛拉就是苦的意思),因为全能者使我受了大苦。我满满的出去,耶和华使我空空的回来。耶和华降祸与我,全能者使我受苦,既是这样,你们为何还叫我拿俄米呢?

拿俄米和她儿妇摩押女子路得,从摩押地回来到伯利恒,正是动手割大麦的时候。拿俄米的丈夫以利米勒的亲族中,有一个人名叫波阿斯,是个大财主。摩押女子路得对拿俄米说,容我往田间去,我蒙谁的恩,就在谁的身后拾取麦穗。拿俄米说,女儿阿,你只管去。路得就去了,来到田间,在收割的人身后拾取麦穗。她恰巧到了以利米勒本族的人,波阿斯那块田里。波阿斯正从伯利恒来,对收割的人说,愿耶和华与你们同在。他们回答说,愿耶和华赐福与你。波阿斯问监管收割的仆人说,那是谁家的女子。监管收割的仆人回答说,是那摩押女子,跟随拿俄米从摩押地回来的。她说,请你容我跟着收割的人,拾取打捆剩下的麦穗,她从早晨直到如今,除了在屋子里坐一会儿,常在这里。波阿斯对路得说,女儿阿,听我说,不要往别人田里拾取麦穗,也不要离开这里,要常与我使女们在一处。我的仆人在那块田收割,你就跟着他们去。我已经吩咐仆人不可欺负你。你若渴了,就可以到器皿那里喝仆人打来的水。路得就俯伏在地叩拜,对他说,我既是外邦人,怎么蒙你的恩,这样顾恤我呢?波阿斯回答说,自从你丈夫死后,凡你向婆婆所行的,并你离开父母和本地,到素不认识的民中,这些事人全都告诉我了。愿耶和华照你所行的赏赐你。你来投靠耶和华以色列神的翅膀下,愿你满得他的赏赐。路得说,我主阿,愿在你眼前蒙恩。我虽然不及你的一个使女,你还用慈爱的话安慰我的心。

……这样,路得在田间拾取麦穗,直到晚上,将所拾取的打了,约有一伊法大麦。她就把所拾取的带进城去给婆婆看,又把她吃饱了所剩的给了婆婆。婆婆问她说,你今日在哪里拾取麦穗,在哪里做工呢?愿那顾恤你的得福。路得就告诉婆婆说,我今日在一个名叫波阿斯的人那里做工。拿俄米对儿妇说,愿那人蒙耶和华赐福,因为他不断地恩待活人死人。拿俄米又说,那是我们本族的人,是一个至近的亲属。摩押女子路得说,他对我说,你要紧随我的仆人拾取麦穗,直等他们收完了我的庄稼。拿俄米对儿妇路得说,女儿阿,你跟着他的使女出去,不叫人遇见你在别人田间,这才为好。于是路得与波阿斯的使女常在一处拾取麦穗,直到收完了大麦和小麦。路得仍与婆婆同住。

路得的婆婆拿俄米对她说,女儿阿,我不当为你找个安身之处,使你享福吗?你与波阿斯的使女常在一处,波阿斯不是我们的亲族吗?他今夜在场上簸大麦,你要沐浴抹膏,换上衣服,下到场上,却不要使那人认出你来。你等他吃喝完了,到他睡的时候,你看准他睡的地方,就进去掀开他脚上的被,躺卧在那里,他必告诉你所当做的事。路得说,凡你所吩咐的,我必遵行。

路得就下到场上,照她婆婆所吩咐她的而行。波阿斯吃喝完了,心里欢畅,就去睡在麦堆旁边。路得便悄悄地来掀开他脚上的被,躺卧在那里。到了夜半,那人忽然惊醒,翻过身来,不料有女子躺在他的脚下。他就说,你是谁。回答说,我是你的婢女路得。求你用你的衣襟遮盖我,因为你是我一个至近的亲属。波阿斯说,女儿阿,愿你蒙耶和华赐福。你末后的恩比先前更大。因为少年人无论贫富,你都没有跟从。女儿阿,现在不要惧怕,凡你所说的,我必照着行。我本城的人都知道你是个贤德的女子。我实在是你一个至近的亲属,只是还有一个人比我更近。你今夜在这里住宿,明早他若肯为你尽亲属的本分,就由他吧。倘若不肯,我指着永生的耶和华起誓,我必为你尽了本分,你只管躺到天亮。路得便在他脚下躺到天快亮。人彼此不能辨认的时候就起来了。波阿斯说,不可使人知道有女子到场上来。又对路得说,打开你所披的外衣。她打开了,波阿斯就撮了六簸箕大麦,帮她扛在肩上,她便进城去了。

……波阿斯到了城门,坐在那里,恰巧波阿斯所说的那至近的亲属经过。波阿斯说,某人哪,你来坐在这里。他就来坐下。波阿斯又从本城的长老中拣选了十人,对他们说,请你们坐在这里。他们就都坐下。波阿斯对那至近的亲属说,从摩押地回来的拿俄米,现在要卖我们族兄以利米勒的那块地。我想当赎那块地的是你,其次是我,以外再没有别人了。你可以在这里的人面前,和我本国的长老面前说明,你若肯赎就赎,若不肯赎就告诉我。那人回答说,我肯赎。波阿斯说,你从拿俄米手中买这地的时候,也当娶死人的妻摩押女子路得,使死人在产业上存留他的名。那人说,这样我就不能赎了,恐怕于我的产业有碍。你可以赎我所当赎的,我不能赎了。从前,在以色列中要定夺什么事,或赎回,或交易,这人就脱鞋给那人。以色列人都以此为证据。那人对波阿斯说,你自己买吧。于是将鞋脱下来了。波阿斯对长老和众民说,你们今日作见证,凡属以利米勒和基连,玛伦的,我都从拿俄米手中置买了。又娶了玛伦的妻摩押女子路得为妻,好在死人的产业上存留他的名,免得他的名在本族本乡灭没。你们今日可以作见证。在城门坐着的众民和长老都说,我们作见证。……

于是,波阿斯娶了路得为妻,与她同房。耶和华使她怀孕生了一个儿子。妇人们对拿俄米说,耶和华是应当称颂的。因为今日没有撇下你使你无至近的亲属。愿这孩子在以色列中得名声。他必提起你的精神,奉养你的老,因为是爱慕你的那儿妇所生的。有这儿妇比有七个儿子还好。拿俄米就把孩子抱在怀中,作他的养母。

【拓展资料】

1. 人类在进化的途程中蹒跚了多少万年,忽然这对近世文明影响最大最深的四个古老民族——中国、印度、以色列(即希伯来)和希腊——都差不多同时猛抬头,迈开了大步。约当纪元前一千年左右,在这四个国度里,人们都歌唱起来,并将他们的歌记录在文字里,给流传到后代。在中国,《三百篇》里最古部分——《周颂》和《大雅》,印度的《黎俱吠陀》(Rig—veda),《旧约》里最早的《希伯莱诗篇》,希腊的《伊利亚特》(Iliad)和《奥特赛》(Odyssey)——都约略同时产生。再过几百年,在四处思想都醒觉了,跟着是比较可靠的历史记载的出现。从此,四个文化. 在悠久的年代里,起先是沿着各自的路线,分途发展,不相闻问,然后,慢慢地随着文化势力的扩张,一个个的胳臂碰上了胳臂,于是吃惊,点头,招手,交谈,日子久了,也就交换了观念思想与习惯。最后,四个文化慢慢地都起着变化,互相吸收,融合,以至总有那么一天,四个的个别性渐渐消失,于是文化只有一个世界的文化。这是人类历史发展的必然路线,谁都不能改变,也不必改变。(闻一多《文学的历史动

向》,《历史动向：闻一多随笔》,北京大学出版社2008年版)

2. 在历史学者看来,《创世记》的前一部分（第1至11章）是神话故事，记载了古希伯莱人对天地万物形成和人类起源原因的理解，对至乐、永生之境的憧憬与追求，以及对洪涝灾害的畏惧心理和战胜洪水的强烈愿望（梁工《圣经指南》，辽宁人民出版社1993年版）

【研习与探索】

1. 《创世纪》里有很多对后世有深远启示和影响的故事原型和格言，请从本节选中找出来，并谈谈你对这些教义和格言的理解和感想。

2. 《路得记》在世界文学史上的经典地位是毋庸置疑的，但是后世人对路得的评价却不十分一致。有人认为她是一个没有主见，甘受婆婆摆弄支使的傀儡；有人认为在她身上体现出女性忍受生活苦难的惊人韧性与对幸福生活的不懈追求；还有人认为在路得与拿俄米身上体现了人们对于理想的婆媳关系的向往，但与现实生活过于脱节，显得不太真实。请仔细阅读文本，谈谈你对路得这一人物形象的理解与评价。

3. 现在有不少人都回归了对宗教的信奉，有的甚至接受了基督教的洗礼，对此情况，你怎么看待？根据何在？

4. 仔细体会《圣经》的语言特点，并且思考它为什么会有这样的语言特点？

爱的哲学

雪 莱[①]

一

出山的泉水与江河汇流，
江河又与海洋相通，
天空里风与风互相渗透，
融洽于甜蜜的深情。
万物遵循同一神圣法则，
在同一精神中会合；
世上一切都无独而有偶，
为什么你与我却否？

[①] 雪莱（P. B. Percy Bysshe Shelley，1792—1822），英国19世纪最伟大的浪漫主义诗人之一。曾参加爱尔兰的民族独立运动，1822年因覆舟溺死海中，葬于罗马，墓碑上写着"波西·比希·雪莱——众心之心"。代表作有诗《西风颂》《致云雀》和诗剧《解放了的普罗米修斯》等。《爱的哲学》写于1819年，是其诗歌名作之一。

二

看高高的山峰亲吻蓝空，
浪和浪也相抱相拥，
姐妹花朵绝不会被宽容，
如果轻视她的弟兄；
灿烂的阳光抚抱着大地，
明丽月华亲吻海波，
那甜蜜的作为有何价值，
如果你，不亲吻我？

(江枫译)

【拓展资料】

1. 诗人是世界的立法者，虽然无立法者的称号。(雪莱语，见孙绍先、周宁主编《外国名诗鉴赏辞典》，中国工人出版社1989年版)

2. 其三十年悉奇迹也，而亦即无韵诗。……神思之人，求索而无止期，猛进而不退转，浅人之所观察，殊莫可得其渊深。若能真识其人，将见品性之卓，出于云间，热诚勃然，无可沮遏，自趁其神思而奔神思之乡；……其神思之澡雪，既至异于常人，则旷观天然，自感神閟，凡万汇之当其前，皆若有情而至可念也。(鲁迅《摩罗诗力说》，见《鲁迅全集》第1卷，人民文学出版社2005年版)

3. 雪莱是我最敬爱的诗人中之一个。他是自然的宠子，泛神宗的信者，革命思想的健儿。他的诗便是他的生命。他的生命便是一首绝妙的好诗。……雪莱的诗心如像一架钢琴，大扣之则大鸣，小扣之则小鸣。他有时雄浑倜傥，突兀排空；他有时幽抑清冲，如泣如诉。……不是心坎中流露出的诗通不是真正的诗。雪莱是真正的诗的作者，是一个真正的诗人。……我译他的诗，便如像我自己在创作的一样。(郭沫若《〈雪莱的诗〉小序》，见《郭沫若全集》第2卷，人民文学出版社1992年版)

4. 雪莱认定文学是供给快乐的，所以他说："诗人是一只夜莺，藏在暗处，以美妙的声音歌唱，以鼓舞他自己的岑寂；读他的诗的人，就如同是听一个隐着的音乐家，只觉其声调醉人，但不知何自而来，何为而来。"这是很美的譬喻，但是诗与人生的关系呢，他不过问了。雪莱是反对一般站在道德的观察点上来指摘文学的，他说诗是最道德的，因为诗是想象的。换言之，美即是善。济慈(Keats)还更进一步的说："美即是真，真即是美。"真、美、善合而为一——这是浪漫思想的混乱的极致。(梁实秋《浪漫主义的批评》，见《梁实秋文集》第1卷，鹭江出版社2002年版)

【研习与探索】

1. 翻译也是一种创作。这首诗的译文除上面一个文本外,还有许多。比较上面一个译文与下面查良铮的译文哪个语言表达更精微、传神?

爱底哲学

雪 莱

泉水总是向河水汇流,
　　河水又汇入海中,
天宇的轻风永远融有,
　　一种甜蜜的感情;
世上哪有什么孤零零?
　　万物由于自然律,
都必融汇于一种精神,
　　何以你我却孤异?

你看高山在吻着碧空,
　　波浪也相互拥抱;
谁曾见花儿彼此不容,
　　姊妹把兄弟轻蔑?
阳光紧紧地拥抱大地,
　　月光在吻着海波;
但这些接吻又有何益,
　　要是你不曾吻我?

(查良铮译)

2. 雪莱在《诗辩》里说:"科学的开发扩大了人类对外界的统治,却由于缺乏诗的功能,相应压缩了人的内心世界,而人在役使了自然的各种元素之后自己也成为一名奴隶。"怎样理解这句话?你认为今后人类该怎么办?参阅郑敏《诗歌与科学:世纪末重读雪莱〈诗辩〉的震动与困惑》和季羡林《谈国学》等著作,写一篇小论文。

3. 雪莱认为,美即是善。济慈认为,美即是真,真即是美。你认为文艺的美与善和真究竟有怎样的关系?

豹

——在巴黎动物园

里尔克①

它的目光被那走不完的铁栏
缠得这般疲倦，什么也不能收留。
它好像只有千条的铁栏杆，
千条的铁栏后便没有宇宙。

强韧的脚步迈着柔软的步容，
步容在这极小的圈中旋转，
仿佛力之舞围绕着一个中心，
在中心一个伟大的意志昏眩。
只有时眼帘无声地撩起。——
于是有一幅图像浸入，
通过四肢紧张的静寂——
在心中化为乌有。

（冯至译）

【拓展资料】

1. 客观对应物（objective correlatives）：T. S. A艾略特认为，思想感情状态常常是模糊不清的，必须寻找到某种"客观对应物"才能表达，"艺术形式中表达感情的唯一方式，就是寻找到一种'客观的对应物'，或易言之，找到一些客体，一种境况，一系列的事件，作为那种独特感情的表达方式。"用客观对应物，将感情知觉化，通过暗示力量，唤起读者相应的情感。T. S. A艾略特提出"客观对应物"，意在反对浪漫主义主观表现的直抒性和模糊性。（孙绍先、周宁主编《外国名诗鉴赏辞典》，中国工人出版社1989年版）

2. 里尔克是西方诗歌史上一位标新立异的卓越诗人，他的诗作展示了令人惊异的音乐美、雕塑美，拓展了诗歌艺术的表现领域，开启了"存在主义"的先河，对现代诗歌的发展产生了深远巨大的影响。（佟自光、陈荣赋主编《人一生要读的60首诗歌》，中国书籍出版社2004年版）

3. 这首诗写于1903年。此时，诗人刚刚经历了一场失败的婚姻，心情忧郁，诗人在意

---

① 里尔克（Rainer Maria Rilke，1875—1926），奥地利人，20世纪德语国家中最重要的诗人，欧美后期象征主义诗人的代表之一。重要作品有诗集《祈祷书》《图像集》《新诗集》，组诗《杜伊诺哀歌》和《献给奥尔甫斯的十四行诗》等。另有散文诗集《旗手克里斯多夫·里尔克的爱和死亡之歌》，长篇日记体小说《马尔特·劳里茨·布里格记事》。《豹》写于1903年，是其最有名的诗歌短章。

大利、法国等地的名胜或文化繁荣之地流浪。诗人希望凭借那些自然的灵魂,那人类的文明,能给自己的心灵带来些许的安慰和生活的启示。(佟自光、陈荣赋主编《人一生要读的60首诗歌》,中国书籍出版社2004年版)

4. 其他著名译文,提供在下面,供学习比较用:

豹

——在巴黎植物园

其一:扫过栅栏的他的视线,
　　　逐渐疲乏得视而不见。
　　　他觉得栅栏仿佛有千条,
　　　千条栅栏外不存在世界。

　　　老在极小的圈子里打转,
　　　壮健的跨步变成了步态蹒跚;
　　　犹如力的舞蹈,环绕个中心,
　　　伟大的意志在那里口呆目惊。

　　　当眼睑偶尔悄悄地张开,
　　　就有个影像进入到里边,
　　　通过四肢的紧张的寂静,
　　　将会要停留在他的心田。

（陈敬容译）

其二:他因望穿栅栏
　　　而变得视而不见。
　　　似有千条栅栏在前
　　　世界不复存在。

　　　他在健步溜达
　　　兜着最小的圈子。
　　　如中心那力的舞蹈,
　　　伟大的意志昏厥。

　　　眼睑偶尔悄然
　　　张开——一个影像进入
　　　贯穿四肢的张力——

到内心，停住。

（北岛译）

【研习与探索】
1. 怎样理解这首诗里的象征？
2. 比较以上两个翻译文本语言表达上的优劣。

当你老了

叶 芝①

当你老了，头白了，睡意昏沉，
炉火旁打盹，请取下这部诗歌，
慢慢读，回想你过去眼神的柔和，
回想它们昔日浓重的阴影；

多少人爱你青春欢畅的时辰，
爱慕你的美丽，假意或真心，
只有一个人爱你那朝圣者的灵魂，
爱你衰老了的脸上痛苦的皱纹；

垂下头来，在红光闪耀的炉子旁，
凄然地轻轻诉说那爱情的消逝，
在头顶的山上它缓缓踱着步子，
在一群星星中间隐藏着脸庞。

（袁可嘉译）

【拓展资料】
1. "我从来没有想到会在一个活着的女人身上看到这样超凡的美。这样的美属于名画，属于诗，属于某个过去的传说时代。苹果花一样的肤色，脸庞和身体有着布莱克称为最高贵的轮廓之美，因为它从青春至老年很少改变，而体态如此绝妙，使她看上去非同凡俗。她的举动同她的体形恰好相合，我终于懂得为什么古代诗歌，在我们爱上某一位女士谈到面容与体形的地方，吟诵她的步态有如女神。"这是叶芝回忆初见茅德·冈时的感受。（耿占春主编

---

① 叶芝（William Butler Yeats，1865—1939），爱尔兰最伟大的现代诗人，欧美后期象征主义诗人的代表之一，1923年诺贝尔文学奖获得者。代表诗集有《钟楼》（1928）、《盘旋的楼梯》（1929），代表性诗作有《基督重临》《丽达与天鹅》和《驶向拜占庭》等。《当你老了》写于1893年，是其早期诗风的结晶。

· 398 ·

《外国精美诗歌读本》,山东友谊出版社2009年版)

2. 威廉·特勃勒·叶芝,爱尔兰最伟大的现代诗人,也是英美诗歌跨世纪的代表人物之一。1889年,在伦敦,他与漂亮的女演员茅德·冈相遇,这一际遇影响了他的一生。茅德·冈不仅长得楚楚动人,还是当时爱尔兰争取民族自治运动的领导人之一,主张通过暴力、流血的斗争实现其社会理想。这种奇特的混合形象在23岁的叶芝心中不啻一位年轻的女神。他可以不同意茅德·冈激进的社会政治主张,却丝毫没有因此减弱对她炽热而痴迷的爱情。但叶芝的爱情并没有结出他期待的果实。茅德·冈尽管也爱着他,却一再拒绝他的求婚,以致叶芝不得不抱怨说,他的一番痴情"真像是奉献给了帽商橱窗里的模特儿"。1903年,茅德·冈嫁给了一位爱尔兰军官。绝望的叶芝只好诉诸诗来排解、升华他心中难以言喻的痛苦。《当你老了》就写于此时,后来成为叶芝的名篇之一。(唐晓渡《三首中外名诗鉴赏》,《名作欣赏》1992年第1期)

【研习与探索】

1. 16世纪的法国诗人龙沙写过一组《致埃莱娜的十四行诗》,其中一首如下:

当你十分衰老时,傍晚烛光下
独坐炉边,手里纺着纱线,
赞赏地吟着我的诗,你自言自语:
"龙沙爱慕我,当我正美貌华年。"

你的女仆再不会那样冷漠,
虽然在操劳之后她睡意方酣,
听见你说起龙沙,她也会醒转,
用永生不朽为你的名字祈福。

我将长眠地下,化作无形的幽灵;
我将安息在香桃木的树荫;
而你会成为老妇人蜷缩炉边,
痛惜我的爱情,悔恨自己的骄矜。

你若信我言,活着吧,不必等明天,
请从今天起采摘生命的朵朵玫瑰。

(陈敬容译)

比较一下,看这两首诗在立意、情调和语言表达各方面都有哪些不同?形成这些不同的原因何在?

2. 古往今来,爱情诗不知道有多少,请课下选些阅读,探讨一下诗歌中的爱情有何变迁。

宛如月光

普鲁斯特[①]

夜幕早已降临，我朝我的房间走去。此刻，我沉浸在黑暗中，再也看不见天空、田野，看不见大海在阳光下熠熠闪光，我感到不安。然而，当我推开门，却发现室内一片光亮，仿佛沐浴着落日余晖。透过窗子，我看到了房舍、田野和大海，更确切地说，我好像"在梦里看见了"它们。与其说温柔的明月向我展示了这些景物，不如说是它把这一切在我心中唤醒。微白的月光泻在这些景物上，并未驱散越来越浓像是随意蒙在它们轮廓上的夜色。我久久伫立，在庭院里寻觅纷纭诸事的沉默、模糊、欣喜和愁惨的回忆。白天，这纷纭的诸事用它们的呼叫给我以快乐或痛苦。

爱情已经泯灭，开始忘却之际，我感到恐惧；但一平静，只略微有些忧伤。我所有逝去了的幸福和业已愈合的悲伤宛如这月光一般，近在咫尺而遥远模糊，它们凝视着我，沉默不语。它们的缄默激起了我的柔情，而它们的远离和微芒的淡影又使我沉醉于凄愁和诗意中。我无法停止凝望这内心里渗出的月光。

（华青 译）

【拓展资料】

1. 普鲁斯特有着敏感型的气质，敏感到几乎病态的程度，任何细微的不和谐或淡薄的敌意都会在他的心中留下痛苦而持久的记忆。这使他具有了强烈的写作冲动，以获得补偿、解释和安慰。普鲁斯特在青少年时代经常出入上流社会的交际场合，由于他聪颖俊秀，知识渊博，很快便成为沙龙的宠儿。在此期间，他认识了作家法朗士、女画家梅勒尔等一些文艺界名流，积累了丰富的上流社会的生活感受，并磨练了分析判断能力。他后来的作品基本上取材于这个时期的经历。从那时起，年轻的普鲁斯特便产生了终生从文的意愿。此外，9岁时，他得了哮喘病，随后病情逐渐加重。从约35岁起到51岁时去世，他终年离群索居于一间门窗经常不开的房间里。这十多年里，他就在足不出户的自我禁锢中生活、回忆、写作。（刘象愚选编《现代主义文学作品选》，高等教育出版社2002年版）

2. 他给人一种印象，似乎这些动机来自他自己的意识，被用于他人身上，但普鲁斯特总是成功地使人们相信，这些酷似真实的结构必然是真实的。即使他赋予某人的行为动机多于此人实际具有的动机，但由于他发现了它们这个事实本身，这些动机还是变成了真实的。普鲁斯特虽然深知无法在现实中寻找记忆中的图景，但是仍可以在回忆中寻回现实中的图景。（刘象愚主编《从现代主义到后现代主义》，高等教育出版社2002年版）

[①] 普鲁斯特（Marcel Proust, 1871–1922），法国人，欧美现代派文学的奠基者和代表者之一，西方意识流小说的先驱。代表作是长篇意识流小说《追忆似水年华》等。《宛如月光》是其散文诗名作。

【研习与探索】

1. 怎样理解文中这句话的含义？"与其说温柔的明月向我展示了这些景物，不如说它把这一切在我心中唤醒。"下延之，怎样理解作家与其笔下景物的关系？
2. 作品中"宛如月光"的究竟是什么？在其中，"时间"扮演了怎样的角色？
3. 作品语言优美，意境朦胧，内涵深邃，反复阅读品味，可模仿写一篇小的抒情文。

爱因斯坦与艺术世界①

[美] 迈克尔·怀特、约翰·格里本

"我从六岁起就跟人学小提琴，……我真正开始懂音乐还是在我十三岁左右，我爱上了莫扎特奏鸣曲之后的事。"有一次，爱因斯坦这样回顾往事。在他十三岁那年，他又爱上了几何学和康德哲学②。因为欧几里得几何的清晰性和可靠性使他激动不已。此外，当他读完了《纯粹理性批判》，康德又成了他最喜爱的哲学家。从此以后，科学、艺术和哲学作为一个整体便成了支撑他一生的三大支柱，成了他的血和肉。

平常我们谈论较多的只是作为科学家的爱因斯坦，而对艺术家和哲学家的爱因斯坦则较少提到，尤其是对爱因斯坦与艺术的关系，几乎根本就没有触及、发掘。这对美学界、科学界和教育界认识爱因斯坦，都是一大憾事。实际上，探讨爱因斯坦与艺术世界的关系，至少有两重意义：揭示科学与艺术的互补性和统一性；加深我们对艺术本质的认识。

在所有的艺术中，爱因斯坦最推崇西方古典音乐，对巴赫、莫扎特和贝多芬的作品，他尤其酷爱。有一次，有人问他对巴赫有何见解，爱因斯坦则回答说，关于巴赫的作品和生平，我们只有聆听它，演奏它，敬他，爱他，而不是发什么议论！

爱因斯坦几乎每天都要拉他心爱的小提琴。在他紧张思索光量子假说或广义相对论的日子里，每当他遇到了困难，他就放下笔，拿起琴弓。那优美、和谐、充满了想象力的旋律，有助于他对物理学的深思，引导他在数学王国作自由、创造性的遐想。对他的科学创见和思想闪光，音乐往往起了催化作用。在古典音乐的气氛中，人类精神最美丽的花朵之一的理论物理学的思路，如处于春日阳光和雨露之中。

爱因斯坦不仅是一个有造诣的小提琴家，而且还能弹一手好钢琴。最意味深长的动人情景是，他常常同普朗克在一起演奏贝多芬的作品。弹钢琴者是量子论创始人普朗克，演奏小提琴者，则是相对论创始人爱因斯坦。量子论和相对论共同构成了20世纪物理科学的两大支柱。在科学上，他们共同描绘了物理学的一幅优美和壮丽的图景；在音乐艺术中，他们同样

---

① 本文选自《爱因斯坦：一位旷世奇才的一生》，[美] 迈克尔·怀特、约翰·格里本著，容士毅译，海南出版社、三环出版设2000年3月版。

② 康德（Immanuel Kant，1724—1804），德国哲学家。《纯粹理性批判》是康德哲学的精华所在，康德从理性领域中的知识如何能够踏上一条可靠的道路的问题入手，借鉴了逻辑学、数学和物理学的发展，从而提出在形而上学领域中进行一场思维方式的变革的重要性，进而展示其心目中未来的、作为一门基础科学的形而上学的纲要和方法。

能奏出扣人心弦的乐曲。在这两位理论物理学大师的心目中，科学的美和艺术的美是相通的，互补的，是精神世界最高最美的两个侧面。只有科学的美，没有艺术的美，是残缺的；反之亦然。

除音乐外，爱因斯坦还推崇文学。他热爱莎士比亚、歌德、海涅、陀思妥耶夫斯基和萧伯纳的作品。在他青年时代，他常常同友人在一起朗诵海涅的《哈尔茨山游记》。大家知道，高斯是德国18、19世纪伟大的数学家，可是在爱因斯坦心目中，陀思妥耶夫斯基比高斯更重要。听听他的自白吧："陀思妥耶夫斯基给予我的东西比任何科学家给予我的都要多，比高斯还多！"

对于爱因斯坦，文学艺术的作用绝不仅仅是娱乐和消遣。他对艺术的执著追求，恰如他献身于物理学一样，乃是出于精神生命的需要。在《我的世界观》一文中，爱因斯坦写道："我从来就不把安逸和享乐看成生活目的本身。这种伦理基础，我叫它猪栏的理想。照亮我的道路，并不断给我新的勇气去愉快地正视生活的理想，是善、美、真。……要不是全神贯注于那个在艺术和科学研究领域永远也达不到的对象，那么人生在我看来就是空虚的。"

在他的心目中，艺术和科学之所以具有永久的魅力，并不是因为它们是两个闪闪发光、可以放在口袋里永远占有的金币，而是因为它们是两个无限的、永远也没有终点的世界。从事艺术和科学的最大乐趣不是占有，而是不断地追求。

在爱因斯坦看来，科学和艺术之所以是相通的，还在于两者均要以丰富的想象力为心理背景。倘若没有诗人般的想象力，爱因斯坦怎能以惊人的洞察力阐明相对性原理？他自己就一再强调："想象力比知识更重要。"艺术的想象力，往往会刺激科学所必需的想象力。我想，这也是爱因斯坦左脚踏在科学世界，右脚踏在艺术世界的原因之一。

近年来，我常常听到人们提出这样一个问题：我们为什么不能贡献出一个爱因斯坦？原因也许是多方面的。一般说来，造就一个爱因斯坦除了高超的数学、物理知识外，还需要有广阔而深邃的文化背景。其中艺术素养便是一大因素。如果爱因斯坦对艺术的美无动于衷，人们有充分理由可以怀疑他心中是否能树立起科学（真理）的美学标准。而没有这种标准，他就难以在科学上做出划时代的贡献。

音乐、绘画和文学诚然不会直接教你如何去解微积分方程，但是却能拓展你的审美感和精神境界，从而有助于你成为爱因斯坦。

【拓展资料】

1. ……尽管我是完全没有宗教信仰的（犹太人）双亲的儿子，我还是深深地信仰宗教，但是，这种信仰在我12岁那年就突然中止了。由于读了通俗的科学书籍，我很快就相信，《圣经》里的故事有许多不可能是真实的。……这种经验引起我对所有权威的怀疑，对任何社会环境里都会存在的信念完全抱一种怀疑态度，这种态度再也没有离开过我，即使在后来，由于更好地搞清楚了因果关系，它已失去了原有的尖锐性时也是如此。

我很清楚，少年时代的宗教天堂就这样失去了，这是使我自己从"仅仅作为个人"的桎梏中，从那种被愿望、希望和原始感情所支配的生活中解放出来的第一个尝试。在我们之外有一个巨大的世界,它离开我们人类而独立存在,它在我们面前就象一个伟大而永恒的谜,然而至少部分地是我们的观察和思维所能及的。对这个世界的凝视深思,就象得到解放一样吸引着我们,而且我不久就注意到,许多我所尊敬和钦佩的人,在专心从事这项事业中,找到了内心自由和安宁。在向我们提供的一切可能范围里,从思想上掌握这个在个人以外的世界,总是作为一个最高目标而有意无意地浮现在我的心目中。有类似想法的古今人物,以及他们已经达到的真知灼见,都是我的不可失去的朋友。通向这个天堂的道路,并不象通向宗教天堂的道路那样舒坦和诱人;但是,它已证明是可以信赖的,而且我从来也没有为选择了这条道路而后悔过。(《自述》,《爱因斯坦文集》第1卷,商务印书馆1976年版)

2. 我相信直觉和灵感。……有时我感到是在正确的道路上,可是不能说明自己的信心。当1919年日蚀证明了我的推测时,我一点也不惊奇。要是这件事没有发生,我倒会非常惊讶。想象力比知识更重要,因为知识是有限的,而想象力概括着世界上的一切,推动着进步,并且是知识进化的源泉。严格地说,想象力是科学研究中的实在因素。……音乐和物理学领域中的研究工作在起源上是不同的,可是被共同的目标联系着,这就是对表达未知的东西的企求。它们的反应是不同的,可是它们互相补充着,至于艺术上和科学上的创造,那末,在这里我完全同意叔本华的意见,认为摆脱日常生活的单调乏味,和在这个充满着由我们创造的形象的世界中寻找避难所的愿望,才是它们的最强有力的动机。这个世界可以由音乐的音符组成,也可以由数学的公式组成。我们试图创造合理的世界图象,使我们在那里面就象感到在家里一样,并且可以获得我们在日常生活中不能达到的安定。(《论科学》,《爱因斯坦文集》第1集,商务印书馆1976年版)

3. 爱因斯坦常常被称为一个孤独的人。数学想象的领域有助于把精神从纷繁的俗物中解脱出来,就这个意义而言,我认为他确实是一个孤独的人。他的哲学可以叫做一种超验的唯物论,这种哲学达到了形而上学的前沿,那里可以完全割断对自我世界的纠缠。对我来说,科学和艺术都是我们天性的表现,它们高出我们的生物学需要之上而具有终极价值。(选自《爱因斯坦与泰戈尔》)

4. 亚里士多德说过,"休闲才是一切事物环绕的中心","是哲学、艺术和科学诞生的基本条件之一"。他举例说,"知识最先出现于人们有闲暇的地方。数学所以先兴于埃及,就因为那里的僧侣阶级特许有闲暇。"我们可以从大量科学家的传记中找到科学家发明创造与休闲相关联的记载。英国剑桥大学自17世纪在校园有"下午茶",以这种既普通、又特殊的形式,让人们在自由、放松、随意、平等的氛围中进行交流,激励师生们迸发灵感、产生思想的火花。难怪有人说,是"下午茶"喝出了英国众多的诺贝尔奖获得者。……相对论的发明者爱因斯坦在《论科学》一文中写道:"至于艺术上和科学上的创造,那么,在这里我完全同意叔本华的意见,认为摆脱日常生活的单调乏味,和在这个充满着由我们创造的形象世界中寻找避难所的愿望,才是发现它们的最强而有力的动机。"他一生酷爱小提琴,很多人都说他的科学发现与小提琴有着内在的关系。(马惠娣《"下午茶"与诺贝尔奖》,《人民日报》2004年05月20日)

【研习与探索】

1. 爱因斯坦说："文学艺术最大价值就是在于它们能够提高人们的精神境界。"仔细阅读全文并查阅相关资料，谈谈你对科学与艺术相互关系的理解。

2. 科学强调客观理性，以抽象思维为主；艺术强调主观感受，以形象思维为主。然而，科学和艺术又都依赖于人的头脑中创造力火花之闪现，并共同追求真、善、美的普遍真理。正像科学是艺术的基因，艺术之于科学，则像月球引力之于潮汐，是生命的动力，是力量的源泉，是灵感的激发，是创新的基础。谈谈你如何理解"科学的美和艺术的美是相通的，是世界最高最美的两个侧面"。

习得展示

一、论辩会

主题： 国学与西学

目标：

1. 了解西方文明简史，把握西方文学脉络，体会东西文化差异。
2. 弄清国学与西学的内涵和主要异同特点，培育"各美其美，美美与共"的文化观。

流程：

1. 由学习委员负责，查找相关辩论赛安排的资料，商定辩论程序，明确规则，选定辩论赛主持人。
2. 自行组建5人构成辩论队。共同拟定论辩题目。各小组组长抽签形成正反方。由教师领衔各小组组长组成评分主席团。
3. 小组分别准备一周。选出4名辩手参加辩论会。
4. 辩论按照一般程序先由一辩手陈述观点，再进行辩驳、质辩和自由辩论，最后由四辩手总结陈词。

提示：

1. 立论阶段：辩题的选择可以围绕"中学胜于西学/西学优于中学"，或"科学技术对人类发展更重要/人文思想对人类发展更重要"等主题进行，也可自主选题。无论是正方还是反方找准己方的立论点最为重要。
2. 驳论阶段：这个阶段旨在针对对方的立论环节的发言进行回驳和补充己方的立论，也可以扩展本方的立论方向和巩固己方的立场。
3. 质辩环节：这个阶段是由双方的三辩来完成的环节，针对对方的观点和本方的立场设计问题，向对方提出质疑，被问方必须回答，不能闪躲。

4. 自由辩论阶段：正反双方的八位辩手都要参加，辩论双方交替发言。自由辩论阶段由正方开始。

5. 结辩阶段：立足己方立场针对对方的观点，综合总结阐述。要简明概括，条理清楚，回应前面交锋的问题，比一辩陈述针对性强，又要力求有所深入。

二、话剧小品表演

目标：

1. 通过话剧演出实践，提高口才能力；训练团队合作意识，增进同学感情。
2. 选择莎剧片段表演，体悟其诗化的语言魅力和西方文艺复兴时期的人文精神。

流程：

1. 自由搭建表演团队，每一个团队选择一个剧目进行观摩、揣摩，编选剧目片段和台词。
2. 分配角色，熟记台词，进行排练，对各方面反复推敲、磨合，尽可能达到最佳效果。
3. 表演。评出最佳编导、剧务、演员各1名。

提示：

1. 建议联络校话剧社等社团，积极参与其活动，或者邀请社团骨干进行指导。
2. 可选择的莎士比亚、易卜生、奥尼尔等的西方经典剧目；也可以选择夏衍、田汉、曹禺等人的现代话剧和流行小品。近些年台湾话剧人的作品在学生中的影响也比较大，比如赖声川的作品，也可以供大家选演。
2. 近期上海卫视推出的综艺节目《欢乐喜剧人》引起了普遍的好评和关注。他们在小品相声等艺术形式的表现方式上做出了大胆的创新和突破。推荐大家观赏，以借鉴其经验进行再创作。

附　录

附录一　汉字应用能力培养与应用水平测试指南

语言能力是一种具有普遍适用性和广泛迁移性的心理特征，是"智力"最重要的构成部分，是一个人从业中最重要、最基本的核心能力。语言能力影响到一个人的就业竞争效度和从业选择的广度，甚至会影响职业生涯的可持续发展。汉字是汉语言体系中最基本的表音义形的符号，对于中国人来说，对汉字应用的水平是语言能力的最重要的表现，也是公民文明程度的重要表现。

为了贯彻执行《中华人民共和国国家通用语言文字法》，加强我国国民的语言文字规范意识，提高国家通用语言文字的应用水平，弘扬中华民族文化，由教育部、国家语言文字工作委员组织研制的语言文字规范《汉字应用水平等级及测试大纲》，于 2006 年 8 月 28 日发布，自 2007 年 2 月 1 日起试行。其目的是通过测验，衡量具有中等以上受教育程度的人或文化程度与此相当的人在阅读、书面表达及其他相关活动中，是否掌握了汉字应用水平测试范围内汉字的规范字形、正确读音，并能在实践中正确运用；是否掌握了这些汉字在权威工具书中所载的普通话读音、现代汉语义项及用法，并能在实践中准确运用，评定他们掌握和使用汉字的水平及能力。

汉字应用水平测试与普通话语音水平测试互补，是汉语书面表达能力的一项测试。并非简单地、孤立地考查特定知识点的掌握情况，而是对工作、学习和日常生活中实际的汉字应用能力水平进行考查。主要对《汉字应用水平测试字表》5500 字的字形、字音、字义、认读、选用、辨误和书写以及综合运用等方面进行考查，全面衡量人掌握和运用汉字的水平。国家根据测试成绩颁发等级证书，等级分为一级甲等、一级乙等、二级甲等、二级乙等、三级甲等、三级乙等共 6 个等级。与普通话水平等级划分层级一样。

一、等级标准和特点

1. 一级水平

能够在很广泛的使用环境中认识并使用 4500 至 5500 个汉字。

能够准确识别和使用这些汉字的规范字形，能够辨析并纠正书写和使用中的各类错误。能够准确判断和使用这些汉字的普通话读音。在使用环境中，能够识别和使用其中多音字的恰当读音；能够熟练掌握和使用这些汉字的常用意义、基本用法和一些特殊用法。偶然出现形、音、义辨识或使用错误，但一般都是非系统性或非常识性的零星失误。

具备了顺畅地阅读以规范汉字为媒介的现代文献资料的汉字基础；并能在广泛领域用汉字进行书面表达。

在汉字应用水平测试中，对占标准试卷容量70%，选自《汉字应用水平测试字表》（甲表）的那部分测试内容，作答正确率在80%（含）以上，且整份试卷获得的HZC分数在600分（含）以上。

能够承担对汉字应用能力有很高要求和以使用汉字为主要任务的各类工作。

2．二级水平

能够在较广泛的使用环境中认识并使用4000至4500个汉字。

能够比较准确地识别和使用这些汉字的规范字形，能够辨析并纠正书写和使用中的绝大多数错误。能够比较准确地判断和使用这些汉字的普通话读音。在使用环境中，能够识别和使用其中绝大多数多音字的恰当读音；能够比较熟练地掌握和使用这些汉字的常用意义、基本用法以及个别特殊用法。间或出现形、音、义辨识或使用错误，一般集中在使用频率很低或极容易产生辨识和使用错误的汉字。

具备了比较顺畅地阅读以规范汉字为媒介的现代文献资料的汉字基础；并能在比较广泛领域用汉字进行书面表达；具备了完成高等教育的汉字应用水平。

在汉字应用水平测试中，对占标准试卷容量70%，选自《汉字应用水平测试字表》（甲表）的那部分测试内容，作答正确率在80%（含）以上，且整份试卷获得的HZC分数在500分（含）至600分（不含）之间。

能够承担对汉字应用能力有较高要求和以使用汉字为主要任务的部分工作。

3．三级水平

能够在一般的使用环境中认识并使用3500至4000个汉字。

基本能够识别和使用这些汉字的规范字形，能够辨析并纠正书写和使用中的大部分错误。基本能够判断和使用这些汉字的普通话读音。在使用环境中，能够识别和使用其中大部分多音字的恰当读音；能够掌握和使用这些汉字的常用意义和基本用法。有时出现形、音、义辨识或使用错误，一般集中在使用频率比较低或比较容易产生辨识和使用错误的汉字。

具备了阅读以规范汉字为媒介的现代文献资料的汉字基础；并能在一般领域用汉字进行书面表达；具备了完成高中及同等教育的汉字应用水平。

在汉字应用水平测试中，对占标准试卷容量70%，选自《汉字应用水平测试字表》（甲表）的那部分测试内容，作答正确率在80%（含）以上，且整份试卷获得的HZC分数在200分（含）至500分（不含）之间。

能够承担对汉字应用能力有基本要求和工作任务涉及汉字应用的一般事务性工作。

二、应试人的测试表现

一级水平测试表现

汉字应用水平达到一级的应试人,在测试中的典型表现是:不论字形、字音、字义还是综合运用试题,作答的正确率或准确率都很高,偶然出现个别判断或书写失误,都属于非系统性、非常识性的零星失误,失误范围并不集中于某一类,尤其不集中于《汉字应用水平测试字表》(甲表、乙表、丙表)中的任何一个子表。

二级水平测试表现

汉字应用水平达到二级的应试人,在测试中的典型表现是:对《汉字应用水平测试字表》(甲表)范围的测试内容,作答的正确率和准确率很高;对《汉字应用水平测试字表》(乙表)范围的测试内容,作答的正确率和准确率也相当高;对《汉字应用水平测试字表》(丙表)范围的测试内容,作答的正确率和准确率一般很有限,失误明显。

三级水平测试表现

汉字应用水平达到三级的应试人,在测试中的典型表现是:对《汉字应用水平测试字表》(甲表)范围的测试内容,作答的正确率和准确率相当高;对《汉字应用水平测试字表》(乙表)范围的测试内容,作答的正确率和准确率一般,失误明显;对《汉字应用水平测试字表》(丙表)范围的测试内容,则大部分回答不出或回答不正确。

三、学习策略与建议

对于大学毕业生来说,汉字应用水平至少应达到二级甲等水平,才能算合格。每一位学生都应该自我检测一下自己的状况,努力提高自身的汉字应用水平。建议采取以下措施自主学习不断提高汉字应用水平:

1. 请对照《汉字应用水平测试字表》阅读一遍,检测自己准确掌握了多少字,找出甲表中没有掌握的字对照字典进行记忆。进而对乙表中不会认读的字进行学习和记忆,尝试在语言实践中应用。

2. 常备和经常查阅字典,阅读中对不熟悉或辨认不准的字词尽可能查阅后再识记。处处留心,集腋成裘。

3. 对经常使用的意义相关和相近的字词常用心体悟和分辨其不同语境中的微妙差别,有意记忆使用恰到好处的优秀例子,举一反三,功到自成。

4. 为了检测和督促自身学习,不妨参加一回汉字应用水平等级测试。

四、防止和纠正误读错用汉字的方法

现代汉语以北京语音为标准音，以北方话为基础方言，以典范的现代白话文著作为语法规范。这就是我们使用现代汉语时的语音、词汇、语法标准。生活中出现的语言错误主要表现有误读字音，写错别字，使用词语不当，语法修辞错误，逻辑思维混乱等，主要还是主观努力不够造成的，请按照以下方法学习，可以帮助你明显提高汉语应用能力：

（一）辨正读音，针对弱点校音

每个人生长于不同方言环境中，会形成不同的错误习惯，所以要通过语言教学、广播电视分辨记忆每个字词的正确发音，找出自己容易失误的弱点，努力在读音上克服方言影响，针对性地进行学习。一般在声母方面主要应分清 n 和 l，分清 zh、ch、sh 和 z、c、s，分清 f 和 h。在韵母方面，主要应分清 in 和 ing，分清 en 和 eng，分清 i 和 u，分清 o 和 e，避免韵头 i 和 u 的丢失。在声调方面，要把握好调类，读准调值，特别是读准上声。

（二）首读必查，不记拿不准的字

一个字首读记忆的印记常常影响终身，若要纠正，一般要花数倍乃至几十倍的努力才能达到。所以不要轻易地想当然地识记不认识的字词，要在查字典或咨询可靠信息后识记。造成识记错别字的原因有这样几种：

1. 随意读字的半边音。例如：把"畔"读成 bàn，把"淙"读成 zōng，把"峙"读成 shì，等等。汉字中，形声字占百分之九十以上。一个形声字在造字之初，其声旁与当时的读音是基本相符的。但是由于古今语音的演变，加之声旁又体现不出声调的区别，因此，大多数形声字（如江、河）的声旁是不能准确表示读音的。"读字读一半"，是极不可靠的。如果我们看到拿不准的字，不勤查词典，就极易读错。

2. 误读多音多义字。例如：把"校对"中的"校"读成 xiào，把"扁舟"中的"扁"读成 biǎn，把"机械"中的"械"读成 jiè，把"角色"中的"角"读成 jiǎo，等等。多音多义字的特点是，除了字形一样外，字的读音和意义都不同，因而又叫同形异音异义字。如"长"，读 cháng 是形容词，读 zhǎng 是动词。"削"在"削苹果"中读 xiāo，在"剥削"中读 xuē。"佛"在"仿佛"中读 fú，在"佛教"中读 fó。字音不同，则字义不同。对多音多义字，一定要注意其构词情况和意义差异，避免读错。

3. 误读字形相似的字。例如：把"棘手"的"棘"误读成"辣手"；混淆"囟 xìn"与"囱 cōng"，"栗 lì"与"粟 sù"，"箕 jī"与"萁 qí"等。对这些字形相似的字，应特别注意分辨这些字的意符。其意符不同，其意义和读音也不同。

4. 误读多音同义字。例如："吓"在口语"吓唬"中读 xià，在书面语"恐吓"中读 hè。"臂"在"臂膀"中读 bì，在"胳臂"中读 bei。"圈"在"圆圈"中读 quān，在"猪圈"中读 juàn，而在"圈住"中读 quān。对这些字音，要想时时读准，除了一个一个认真记住，恐怕难有其他办法。

5. 误读专名多音字。例如：把姓"仇 qiú"错读成姓 chóu。把姓"区 ōu"错读成姓 qū。把"蔚 yù 县"说"成 wèi 县"。之所以读错，是因为没注意到它们在表示姓名、地名这类专用名词时，有特殊读音。

（三）知晓易错规律，预防使用错别字

1. 所谓写错字，指写得不成字，字典上查不到的字。简言之，本无其字，自编自造。写错字主要有以下几种情况：（下面括号内的字是正确的）

（1）少写了笔画。例如：纠缠（缠），胸（胸）膛，补（补）充，颐（颐）和园。

（2）多写了笔画。例如：滋润（润），脚步（步），渲染（染），腐朽（朽）。

（3）用错了部件。例如：商场（场），抹（抹）布，喉（喉）咙，建（建）设。

（4）受前后字的偏旁影响。例如：脉胳（络），辉煌（煌），编缉（辑），枢杻（纽）。

（5）自造简化字。例如：质旯（量），玻玏（璃），歺（餐）馆，氿（酒）精。

2. 所谓写别字，指把甲字写成乙字，或者说，确有其字，用法不对。写别字主要有以下几种情况：

（1）语音相同而误用。例如：直接（截）了当，毛骨耸（悚）然，竭泽而鱼（渔）。

（2）音同且形似而误用。例如：工程峻（竣）工，如法泡（炮）制，趋之若鹜（鹜）。

（3）字形相似而误用。例如：相形见拙（绌），此系赝（赝）品，大学肆（肆）业。

（4）没弄清字意而误用。例如：走头（投）无路，原形必（毕）露，刚腹（愎）自用。

3. 如何避免写错别字？

（1）要认真对待每个汉字的字形、字音、字义，了解一点汉字的构造方法，看看这个汉字是象形字、指事字、会意字、形声字中的哪一种，了解其意义类属；因为汉字是表意文字，即使是形声字，也有一个偏旁与意义有关。例如："羡慕、恭敬"中的"⺗"是"心"的变形，与心理有关，这样就不会把"⺗"写成"小"。用"月"作偏旁，一般与肉体有关；用"目"作偏旁，一般与眼睛有关；这样就不会弄混脸、睑、膛、瞠、肓、盲。用"禾"作偏旁，一般与庄稼有关；用"木"作偏旁，一般与树木有关，这样就能分清秕、枇、稍、梢、稞、棵、秸、桔。有些成语来自历史故事、神话寓言或诗文语句，了解了它们的出处，就不会写错。例如：破斧（釜）沉舟，黄梁（粱）美梦，滥芋（竽）充数，搬（班）门弄斧，世外桃园（源），挺（铤）而走险，等等。

（2）细辨差异。

首先，要注意同音字、同音词的辨别。因为读错别字或写错别字的一个重要因素，就是音同或音近现象。现代汉语共同语即普通话的语音，是由 21 个声母、39 个韵母、4 个声调组合而成的，共有 1338 个音节，却用以标读 7000 个现行汉字和 56000 多个字、词、词组、成语、熟语等；因此，就造成了大量的同音字、同音词。例如：单音节 yì 有 88 个同音字，常用的字就有 40 多个，诸如"议、易、意、义、异、益、亿、艺、译"等等。双音节 gōngshì 就有"公式、公事、公示、工事、攻势、宫室"等同音词。只有仔细辨析同音字、同音词的字形、字义的区别，才不会写错像"幅（辐）射，气慨（概），脏（赃）款，防（妨）碍，

震憾（撼），脉博（搏），寒喧（暄），弦（旋）律"等词；也不会写错像"穿（川）流不息、迫不急（及）待、甘败（拜）下风、不径（胫）而走、蛛丝蚂（马）迹、沤（呕）心沥血、一愁（筹）莫展，出奇（其）不意"等成语。

其次，仔细分辨那些形似字笔画上的细微差别。例如："戊 wù、戌 xū、戍 shù、戎 róng、戉 yuè、戒 jiè"；"抵 dǐ、抵 zhǐ、祇 zhī、祇 qí"；"灸 jiǔ、炙 zhì"；"孤 gū、弧 hú、狐 hú"等等。另外，还应注意那些形似偏旁的细微差别。例如：区分"舀 yǎo"与"臽 xiàn"：稻 dào、蹈 dǎo、韬 tāo——馅 xiàn、焰 yàn、谄 chǎn。区分"东"与"朿"：栋 dòng、冻 dòng、鸫 dōng——炼 liàn、练 liàn、拣 jiǎn。区分"圣"与"圣"：怪 guài、柽 chēng、蛏 chēng——茎 jīng、径 jìng、轻 qīng。区分"仓"与"仑"：抢 qiǎng（qiāng）、枪 qiāng、伧 cāng（chen）——抡 lún（lūn）、轮 lún、伦 lún，等等。因为构成汉字的笔画和部件很多，比如复合笔画"折"，就有 24 种；至于部首，《现代汉语词典》中就有 189 个。并且汉字中有些笔画和部件之间的差别非常细微，以至于许多汉字的字形十分相似。稍有不慎，就可能出错。所以要特别留心这些细微差别才能使我们的汉字应用水平达到高水准。

附录二 推荐阅读书目

说明：
①本书目主要从满足文化素质教育需要角度、以"权威、通俗易懂相结合"为选择原则，着重推荐非专业性的人文社科与科学文化类书籍。仅供参考。
②建议采取精读、泛读、跳读相结合的方式尽量从各类书目中选读一些，以开阔视野。要勤做笔记，记下重要数据资料、精彩论述、思想闪光点甚至疑惑等，努力背诵若干经典片段和诗词名句。
③建议组织读书小组，加强交流和切磋，每学期安排一场读书报告或读书竞赛活动，分享读书体会，互相促进提高。

语言、文学、文化类：
《语言与文化》罗常培著；《应用语言学》刘涌泉、乔毅编；《汉字五千年》纪录片及其解说词；《中国修辞学》杨树达著；《新编语用学概论》何自然，冉永平著；《老子注译及评价》《庄子今注今译》陈鼓应译注；《论语译注》《孟子译注》杨伯峻译注；《孙子译注》郭化若撰；《白话易经》南怀谨、徐芹庭著；《多维视野中的儒家文化》陈炎著；《儒道智慧与当代社会》葛荣晋著；《中国儒学之精神》郭齐勇著；《儒家文化与当代社会》周立升等著；《中国文化与文化论争》张岱年等；《中国文化读本》叶朗、朱良志著；《中国人的精神》辜鸿铭著；《实践论》毛泽东著；《汉语与中国文化》申小龙著；《诗经选》余冠英选注；《楚辞选》马茂元选注；《唐诗鉴赏辞典》《宋词鉴赏辞典》上海辞书出版社；《唐宋词七讲》叶嘉莹著；《儒林外史》吴敬梓著；《聊斋志异选》张友鹤选注；《三国演义》罗贯中著；《水浒传》施耐庵著；《西游记》吴承恩著；《红楼梦》曹雪芹著；《古文观止》吴楚材著；《菜根谭》洪应明著；《人间词话》王国维著；《曾国藩家书》曾国藩著；《野草》《呐喊》《彷徨》鲁迅著；《中国人》《幽默人生》《励志·人生》林语堂著；《家》《再活一次：巴金散文选》巴金著；《边城》沈从文著；《骆驼祥子》《茶馆》老舍著；《雷雨》曹禺著；《围城》钱钟书著；《女神》郭沫若著；《望舒草》戴望舒著；《徐志摩诗集》徐志摩著；《金锁记》《倾城之恋》张爱玲著；《谈国学》《牛棚杂记》季羡林著；《王蒙代表作》王蒙著；《朦胧诗选》阎月君、高岩、梁云、顾芳编选；《现代派诗选》蓝棣之编选；《白鹿原》陈忠实著；《余光中精品文集》余光中著；《平凡的世界》《人生》路遥著；《文化苦旅》余秋雨著；《傅雷家书》傅雷著；《中国智慧》《品三国》易中天著；《我与地坛》史铁生著；《陆犯焉识》严歌苓著；《黄金时代》《沉默的大多数》王小波著；《穆斯林的葬礼》霍达著；《活着》余华著；《生死疲劳》《蛙》《檀香刑》莫言著；《秦腔》贾平凹著；《长恨歌》王安忆著；《说话的魅力——刘墉沟通秘笈》刘墉著；《目送》龙应台著；《重读经典：中国传统小说与戏曲的多重透视》周建渝；《语文素养高级读本》李瑞山编撰；《普通语言学教程》（瑞士）索绪尔著，高名凯译；《洪堡特语言哲学文集》商务印书馆；《卡耐基演讲与口才》（美）戴尔·卡耐基著；《文化的起源》（美）马文·哈里斯著；《意大利文艺复兴时期的文化》（瑞士）雅各布·布克哈特著；《文明的冲突与世界秩序的重建》（美）亨廷顿著；《全球化与中国：一位法国学者谈当代文化交流》（法）魏明德著；《理解大众文化》（美）费斯克著；《希腊的神话和传说》（德）斯威布著；《荷马史诗·伊利亚特》（希腊）荷马著；《理想国》柏拉图著；《诗学》亚里士多德著；《哈姆莱特》（英）莎士比亚著，卞之琳译；《悲惨世界》（法）雨果著，李丹、方于译；《浮士德》（德）歌德著，郭沫若译；《德伯家的苔丝》（英）哈代著，张谷若译；《傲慢与偏见》（英）简·奥斯丁著；《高老头》（法）巴尔扎克著；《红与黑》（法）司汤达著；《大卫·科波菲尔》（英）狄更斯著；《少年维特之烦恼》（德）歌德著；《茶花女》（法）亚历山大·小仲马著；《简·爱》（英）夏洛蒂·勃朗特著；《钢铁是怎样炼成的》（俄）奥斯特洛夫斯基著；《变形记》（奥地利）卡夫卡著；《老人与海》（美）海明威著；《白鲸记》（美）梅尔维尔著；《愤怒的葡萄》（美）斯坦贝尔著；《推销员之死》（美）阿瑟·米勒著；《等待戈多》（法）塞缪尔·贝克特著；《爱的教育》（意）亚米契斯著；《追忆逝水年华》（法）马塞尔·普鲁斯特著；《泰戈尔诗选》（印度）泰戈尔著，冰心译；《雪国》（日）川端康成著，高慧勤译；《麦田守望者》（美）J.D.塞林格著；《约翰·克里斯多夫》（法）罗曼·罗兰著，傅雷译；《名利场》（英）萨克雷著，杨必译；《飘》（美）玛格丽泰·密西尔著，傅东华译；《我生活的故事》（美）海伦·凯勒著；《了不起的盖茨比》（美）弗·司各特·菲茨杰拉；《百年孤独》（哥伦比亚）加西亚·马尔克斯；《战争与和平》（俄）列夫·托尔斯泰；《罪与罚》（俄）陀思妥耶夫斯基著；《瓦尔登湖》（美）梭罗著；《追风筝的人》（美）卡勒德.胡塞尼著。

哲学、艺术、美学、心理学类：

《中国哲学史》冯友兰著；《人与永恒》《人生哲思语编》周国平著；《美的历程》李泽厚著；《谈美书简》朱光潜著；《美学散步》宗白华著；《西方美术史话》朱光潜著；《管锥编》《谈艺录》钱钟书著；《西方美术史话》迟轲著；《写给大家的中国美术史》《写给大家的西方美术史》蒋勋著；《沉思录》（古罗马）马可·奥勒留著；《蒙田随笔》（法）蒙田著；

《哲学笔记》（俄）列宁著；《艺术哲学》（法）丹纳著，傅雷译；《心理咨询与心理治疗》（美）Gerald Corey 著；《人格心理学》（美）Jerry. Burger 著，陈会昌译；《人性能达到的境界》《人的潜能和价值》（美）马斯洛著；《存在与时间》《人，诗意地安居》（德）海德格尔著；《人生的智慧》（德）叔本华著；《西方的智慧》（英）罗素著；《真理与方法》（德）加达默尔著；《能够思想的苇草》《思想录》（法）帕斯卡尔著；《比较文学与文学理论》（美）韦斯坦因著，刘象愚译；《现代社会心理学》周晓虹著；《现代心理学》张春兴著；《发展心理学：人的毕生发展》（美）费尔德曼；《积极心理学》［美］克里斯托弗·彼得森著，徐红译。

历史、伦理、教育、传记类：

《史记选》司马迁著，王伯祥选注；《谈历史与人生》南怀瑾著；《从鸦片战争到五四运动》胡绳著；《中国人的道德前景》茅于轼著；《论可能生活》赵汀阳著；《沉重的肉身》刘小枫著；《中国大学人文启思录》华中理工大学出版社；《中国百名成功者素质分析报告》方洲著；《中国智慧大观》顾晓鸣主编；《巅峰管理——柳传志与张瑞敏的成功之道》吕进著；《成功特质：造就顶尖人士的51种品质》王珍著；《读大学，究竟读什么》覃彪喜著；《苏东坡传》林语堂著；《毛泽东传》（美）罗斯·特里尔著；《周恩来传》（英）迪克·威尔逊著；《逆风飞扬》吴士宏著；《马云传：永不放弃》赵健著；《拿破仑传》（德）艾密尔·鲁特维克著；《林肯传》（美）卡尔·桑德堡著；《居里夫人》（法）伊夫·居里著；《卓别林自传》（英）查利·卓别林著；《贝多芬传》（法）罗曼·罗兰著；《富兰克林自传》（美）富兰克林著；《甘地传》（印度）莫汉达斯·甘地著；《凡高传》（美）欧文·斯通著；《马克思》（英）戴维·麦克莱伦著；《费曼传》（美）格雷克著；《人类群星闪耀时》（奥地利）茨威格著，张伟译；《二战回忆录》（英）丘吉尔著，康文凯译；《尼采兄妹——一个德国悲剧》（美）H·F·彼得斯著；《杰克·韦尔奇自传》（美）韦尔奇著；《硅谷之火：人与计算机的未来》（美）保罗·弗赖伯格，迈克尔·斯韦因著，张华伟编译；《记住你是谁——15位哈佛教授震撼心灵的人生故事》（美）黛西·韦德曼著，赵丹译；《世界上最伟大的推销员》（美）奥格.曼狄诺著；《人性的弱点》（美）戴尔·卡耐基著；《成功学全书》《人人都能成功》（美）拿破仑·希尔著；《诺贝尔之路——十三位经济学奖得主的故事》（美）伯烈特史宾斯编；《正义论》（美）罗尔斯著；《人生五大问题》（法）莫罗阿著，傅雷译；《论人生》（英）培根著；《道德箴言录》（法）拉罗什福科著；《中外教育经典名著速读》乔建中主编；《陶行知文集》陶行知；《学会生存——教育世界的今天与明天》联合国教科文组织；《大教学论》（捷克）夸美纽斯著，傅任敢译；《人的教育》（德）福禄倍尔著，孙祖复译；《美育书简》（德）席勒著；《未来的冲击》（美）阿尔温·托夫勒著；《致加西亚的信》（美）阿尔伯特·哈伯德；《社会主义向何处去》（美）约瑟夫·E·斯蒂格利茨著；《全球通史》（美）斯塔夫里·阿诺斯著；《人类简史》（以色列）尤瓦尔·赫拉利著。

社会、政治、经济、管理类：

《乡土中国》费孝通著；《中国人性分析报告》黎鸣著；《当代中国社会阶层研究报告》陆学艺著；《导向成功的思维》朱长超著；《我向总理说实话》李昌平著；《傅斯年：中国近代历史与政治中的个体生命》王汎森著；《第三只眼睛看美国》（美）张广群著；《中国可以

说不——冷战后时代的政治与情感抉择》宋强等著;《谁使中国富起来》袁德金著;《博学笃志——知识经济与高等教育》杨福家著;《中国的道路——对我们时代的经济社会学解释》许向阳著;《经济全球化:过程、趋势与对策》李坤望著;《生活中的经济学》茅于轼著;《台湾经济自由化的历程》孙震著;《中国经济改革二十讲》吴敬琏、马国川合著;《大转型:中国改革下一步》韦森著;《大国崛起》央视纪录片及其解说词;《资本论》(德)卡尔·马克思著;《共产党宣言》(德)马克思、恩格斯著;《道德情操论》《富国论》(英)亚当·斯密著;《论人类不平等的起源和基础》《社会契约论》(法)卢梭著;《大洋彼岸的中国幻梦——美国"精英"的中国观》(美)托马斯·博克著;《一课经济学》(美)亨利·赫兹里特著;《百辩经济学》(奥)瓦特·希拉克著;《未来之路》(美)比尔·盖茨著;《哈佛创业成功学》(美)戴维·皮格斯著;《卡耐基的经营之道》(美)卡耐基著;《第五项修炼》(美)彼得·圣洁著;《论语与算盘》(日)涩泽荣一;《没有任何借口》(美)施伟德著。

科技文化与方法类:

《科学发现纵横谈》王梓坤著;《伪科学的曝光》何祚麻著;《人类文明的功过》赵鑫珊著;《系统论信息论控制论浅说》杨春时编;《自然科学发展简史》潘永祥著;《21世纪100个科学难题》吉林人民出版社;《爱因斯坦晚年文集》(德)阿尔伯特·爱因斯坦著;《十万个为什么》伊林林著,董纯才译;《物种起源》《人类的由来》(英)达尔文著;《中国科学技术史》(英)李约瑟著;《生机勃勃的尘埃:地球生命的起源和进化》(比)克里斯蒂·安德迪夫著,王玉山等译;《生物技术世纪:用基因重塑世界》(美)杰里米·里夫金著,傅立杰等译;《时间简史—从大爆炸到黑洞》(英)史蒂芬·霍金著;《如何阅读一本书》(美)莫提默·J. 艾德勒,查尔斯·范多伦著。(约260部)

后 记

　　早在1988年，全国刚恢复大学语文课时，我就被派任大学语文教研室主任的工作。以后调动过两所大学工作，都未放弃大学语文教研。十年前我索性全力投入以大学语文为重点的人文素质教育工作，比之原来从事纯文学教研有了全新的感受。开始有意识地在教学实践中摸索创新方法，引入教材以外的资料丰富课堂教学内容，颇受学生欢迎。1997年，我在北京大学师从袁行霈教授做访问学者，得到袁先生的悉心指教和鼓励，策划编写了一套新型的《大学实用语文》教材。虽然由于客观原因未能面世，但其编写框架和经验却成了我进一步研究大学语文教改的制高点。2002年，我有幸参加了王步高先生主编的《大学语文》教材编写（该教材获得全国优秀教材二等奖），得到许多启示。2004年初，我又针对普通理工科院校学生的特点和需要提出《大学人文语文》的构想，在华中师范大学出版社文科室主任王文戈博士的支持下，开了多次研讨会，吸纳了多所高校教师的宝贵意见，与江少川教授合作主编完成了编写工作，2006年3月在华中师范大学出版社出版。

　　该教材出版后在2007年召开的全国大学语文研究会上受到与会者的广泛好评，后来发表在《中国大学教学》2007年第3期的会议优秀论文《高校语文教育教学研究述评》将《大学人文语文》视作"以文化为主线，人文为本，学科综合，纵横拓展的武汉地区语文教育改革研究"的代表之一，认为"该书以开阔的思路、人文的视角、全新的体系、精辟的见解，彻底打破了传统的语文教育思路和教材编写体系"。华中师范大学文学院刘鹤云、黄济华教授审读此教材后评价说："本书可谓精心结构，面貌全新，使人读后精神为之一振。首先，思路开阔，纵览了人文的全局。……其次，见解精辟，突破了文选的旧框。过去的大学语文教材，大都是高中语文的延续与发展，走的是'文选'的路子，而不是全面提高学生文学与文化知识水平，是很有缺陷的。本书在内容设置与教学模式设计上都力图弥补这些空白，使之包容兼顾成为一个整体，是可付诸实施，达到预期目的的。第三，示范引导，建立了独立的体系。本书是站在全新的角度上通盘考虑问题，编写构思颇有新意，《大学人文语文》书名也好，既不同于现行的一般大学语文，更有别于中学语文的套路，它决不是旧教材的修补，也不是简单地改变文选的套路，而是出于对人才素质的要求全面考虑的。尽管这个体系还有待完善，但方向已定，体系已形成，至少目前是最合适的。"（《华中师大报》2006.4.10）湖北大学教授、湖北省大学语文研究会会长、全国大学语文研究会副会长杨建波先生也认为："《大学人文语文》以一种新的思维审视高校的大学语文课程，把视角伸向一个比语文更广阔的领域，以教材的形式实现了语文与人文的有机结合。相信这本教材定能在拓展语文教学的内容，提高语文教学学术层次，促进高校大学语文课程的改革方面起到十分积极的作用。"

在同仁的鼓励下，我们在使用过程中继续研究，2008年与之配合的课件获得全国第七届多媒体课件比赛优秀奖；本人主持的《大学母语教育与职业汉语能力测试协调策略研究》课题获得教育部人文社科规划项目资助；根据本教材实践的经验教训所撰写出的《论大学语文的本质特征》，2010年获得全国大学语文研究会优秀论文二等奖。这些都给我们以莫大的鼓舞。

经过近四年的实践，我们又产生了一些新的认识，认为大学语文应在人文知识传授和人文修养培育基础上，侧重汉语语言审美能力的训练。于是，我邀请中国现当代文学研究者、浙江工业大学中文系左怀建教授合作主编进行了修订，并获得了人民出版社的大力支持。更令人欣慰的是，我们进行大学语文改革的思路获得了国家语委专家的认可和支持，这部教材自然成了我主持的国家语委规划项目《基于新课标语文的大学母语教育衔接与提高研究》的重要成果。本教材再次得到了国家文化素质教育委员会主任杨叔子院士的赞赏，他再次欣然修改自己的《科学文化与人文文化交融——兼论全面素质教育》论文作为本教材的序，深刻表达了编写本教材的核心思想，我们全体编写者倍感亲切和自豪，并向杨先生表示最诚挚的谢意！

近几年大数据信息发展迅猛，越来越显示出以语文能力为核心的信息沟通能力对人才之极其重要性。为了与时俱进，我们不得不再次对教材进行修订。这次修订在总体保留原来结构基础上，各章内容都进行了较大的调整：（1）减少和压缩了文学史、学术化的概论性内容，增加了一些新的名家评传、名著导读和侧重语用方面的专题及内容。重点帮助学生认知特色文体，指导进行写作训练，凸显语言运用。（2）在"研习与探索"题的设计方面更贴近学生心灵和生活，强调在研习的基础上开阔视野，多元思索，深入探究。（3）新创了"习得展示"栏目，力求将课堂学习与自我习得和社会实践结合起来，给学生充分展示的空间和机会，使之在研习和展示过程中获得能力提高。（4）提供推荐阅读书目，培养学生阅读的习惯，为营造书香校园探索新途径。

我们始终抱着一个宗旨：要编写出高质量、有特色的精品教材。为此，进一步精炼行文，几乎所有稿件都经过五遍以上的修改，有的反复修改达十多遍；有的专题一人写得不满意，就几人合作反复推敲。撰稿者电讯飞鸿，心驰神交，多次研讨，精益求精，满怀强烈的使命感，再次经历了一回提升人文精神境界的修炼。

在编写过程中，我们广泛汲取了现有的研究成果和一些优秀教材的经验及资料，都力求加以注明，在此对所有对我们有所帮助的同仁表示真诚感谢；或许有时在引用资料中遗忘了记录而有所缺漏，也在此表示歉意；待再次修订时努力补上。

因为时间紧，尽管我们竭心殚虑，做出了很大努力，但对一些内容的把握还会有许多不尽如人意之处，诚请有关专家和广大读者不吝赐教！欢迎合作！

周金声

（联系方式：湖北工业大学语言文化研究所，邮编：430068，邮箱：jszhou@126.com）